“十二五”普通高等教育本科国家级规划教材

汽车构造

（上册）

第六版

吉林大学汽车工程系 **编著**
（原吉林工业大学汽车工程系）
史文库 姚为民 **主编**

人民交通出版社

内 容 提 要

本书通过典型实例的分析，系统阐述了现代汽车的构造和工作原理。全书的主要内容有总论和五篇（二十六章），分上、下两册。上册为总论和第一篇（第一章至第十二章）汽车发动机。下册为第二篇至第五篇（第十三章至第二十六章），分别是汽车传动系统，汽车行驶系统，汽车制动与转向系统，汽车车身、仪表、照明及附属装置。

本书为高等院校汽车类（车辆工程、汽车服务工程、交通运输）专业教材，也可作为职业院校、成人教育等的教材，并可供汽车制造企业、汽车运输企业、汽车维修企业的工人和技术人员阅读参考。

图书在版编目（CIP）数据

汽车构造. 上册 / 史文库，姚为民主编. —6 版.
—北京：人民交通出版社，2013.6
ISBN 978-7-114-10437-4

Ⅰ. ①汽… Ⅱ. ①史… ②姚… Ⅲ. ①汽车-构造
Ⅳ. ①U463

中国版本图书馆 CIP 数据核字（2013）第 041620 号

书　　名：汽车构造（上册）第六版
著 作 者：史文库　姚为民
责任编辑：李　斌　夏　韡
出版发行：人民交通出版社
地　　址：（100011）北京市朝阳区安定门外外馆斜街 3 号
网　　址：http://www.ccpress.com.cn
销售电话：（010）59757973
总 经 销：人民交通出版社发行部
经　　销：各地新华书店
印　　刷：北京市密东印刷有限公司
开　　本：787×1092　1/16
印　　张：23.5
字　　数：543 千
版　　次：1976 年 4 月　第 1 版
1986 年 2 月　第 2 版
1993 年 9 月　第 3 版
2002 年 6 月　第 4 版
2006 年 6 月　第 5 版
2013 年 6 月　第 6 版
印　　次：2020 年12月　第 9 次印刷　累计第 61 次印刷
书　　号：ISBN 978-7-114-10437-4
定　　价：48.00 元
（有印刷、装订质量问题的图书由本社负责调换）

第六版前言

本《汽车构造》是原吉林工业大学汽车工程系(原汽车教研室)应人民交通出版社的约请而编著的。本版为第六次修订版。该书初版自1976年2月问世以来已修订了五次,重印52次,累计印数超过百万套,深受广大读者的欢迎和关注,并被多种版本的《汽车构造》参考和引用。本书的第二、三版被原机械电子工业部高等学校汽车与拖拉机专业教学指导委员会和交通部高等学校汽运工程专业教学指导委员会选定为《汽车构造》课程教材。其第三版于1996年6月获机械工业部第三届高等学校机电类优秀教材一等奖,并于1997年10月被国家教育委员会评定为国家级教学成果二等奖。2001年12月被中国书刊发行业协会评为2001年度全国优秀畅销书。第五版被列为"普通高等教育'十一五'国家级规划教材",本版(第六版)已被列为"'十二五'普通高等教育本科国家级规划教材"。

汽车结构虽然类型繁多、复杂,但是,目前世界各国生产的商业化汽车,仍然是以活塞式内燃机为动力的传统结构。各个组成系统或部件的结构形式虽然不同,但功能要求相同,因此在修订第六版时,仍然沿用了前几版形成的教材体系。它是通过对典型汽车,特别是国产轿车的有限几种实例进行结构和工作原理的分析阐述,并且在讨论整车及各个组成系统或部件时,都特别注意阐述整体功能要求,以及各组成部件之间在结构和功能上的有机联系。在介绍各种不同结构形式时,首先通过一种比较常见的、具有代表性的典型实例,说明在一般使用条件下,为满足主要功能要求而采取的一般结构措施,然后再介绍在某些特定条件和要求下发展出来的某些形式的结构及功能特点,从而使读者在较为深入地掌握汽车结构一般规律的基础上,以期取得举一反三、触类旁通的效果。

本书在选择典型实例时,尽量采用国产轿车的结构实例(例如捷达、宝来、桑塔纳、富康等轿车),并删除了原书中一些中、重型载货汽车陈旧的结构图。但是,也保留了仅在货车上采用的结构实例图。

当前由于电子技术在汽车上的应用快速发展,本版在内容上也做了一些改动和更新。例如删除了化油器和柴油机调速器部分的内容,强化了汽油和柴油的电控喷射内容,增加了缸内直喷技术、双离合技术内容;还增补了可变配气定时、电动转向助力器、驱动防滑转系统(ASR)以及汽车的电子导航系统等;同时也更新了发动机点火系统、起动系统、自动变速器、主动和半主动悬架系统和防抱死制动系统(ABS)等内容。

本书名词术语和计量单位符合国家相关标准和规范的要求,并力求做到文字准确、简练、流畅,插图正确,文图配合恰当,内容阐述条理清晰,循序渐进,富有启发性,便于自学。

本书内容包括总论及五篇二十六章,由史文库、姚为民任主编,编写成员及分工为:史文库(总论、第十三章)、吴坚(第一、十四章)、郝春光(第二、三章)、董伟(第四、十二章)、林学东(第五、六、七章)、高莹(第八、九章)、刘玉梅(第十、十一章)、马天飞(第十五、二十三章)、宋传学(第十六章)、王建华(第十七、十八章)、姚为民(第十九、二十、二十一、二十二章)、赵健(第二十四章)、冯原(第二十五、二十六章)。

本书自第一版编写以来,承蒙第一汽车制造厂、长春汽车研究所、天津中国汽车技术研究中心、一汽大众汽车有限公司、一汽轿车股份有限公司、上海大众汽车有限公司、神龙汽车有限公司、第二汽车制造厂、济南汽车制造总厂、中国重型汽车集团公司技术发展中心、北京汽车摩托车联合制造公司、北京吉普汽车有限公司、一汽吉林轻型汽车厂、南京汽车制造厂、第一汽车制造厂化油器厂、金杯汽车股份有限公司等单位的大力支持和帮助,并提供了有关图纸及资料,谨此致谢。

本书在编写过程中还得到了下列同志的具体帮助和指导:陈立中、王永惠、智百年、刘明科、付炳锋、吕昕、吕景华、王淑清、张晓艳、张兵、蒋立盛、杨文敬、李洪波、李宏光、李贵阳、邢春英、裘熙定、王志新、闵海涛。在此,对他们表示衷心的感谢。

最后,殷切期望广大读者对书中误漏之处,予以批评指正。

吉林大学汽车工程系

《汽车构造》编写组

目　　录

总　　论

一、汽车及汽车工业的发展

1. 国外汽车工业的发展

1885 年德国工程师卡尔·奔驰(Karl Benz)设计制造了一个单缸四冲程内燃机和一辆三轮汽车(图 0-1),并在 1886 年获得了专利(有人认为,这个专利证明卡尔·奔驰是汽车的发明者)。1886 年德国工程师哥特利布·戴姆勒(Gottlieb Daimler)将自制的单缸四冲程内燃机装在一辆改装的马车上,也制成了汽车。后来,人们把 1886 年确定为汽车诞生年。

图 0-1　卡尔·奔驰(1844—1929)以及他发明的三轮汽车

早期生产汽车的先驱者还有:法国的阿芒·标致(Armand Peugeot,其自行车厂于 1891 年转产汽车)和雷诺三兄弟(Renault Brothers,1898 年创立雷诺汽车公司),意大利的乔凡尼·阿涅利(Giovanni Agnelli,1899 年创立菲亚特汽车公司),德国的亚当·欧宝(Adam Opel,其缝纫机厂于 1897 年转产汽车)和奥古斯特·霍奇(August Horch,1899 年创立霍奇汽车厂,1909 年又创立奥迪汽车厂),英国的哈伯特·奥斯汀(Herbert Austin,1908 年创建奥斯汀汽车公司)以及查尔斯·劳斯(Charles Rolls)和亨利·莱斯(Henry Royce)二人(1906 年创建劳斯—莱斯汽车公司),还有法国的安德烈·雪铁龙(Andre Citroen,其齿轮厂于 1919 年转产汽车)等人。

亨利·福特于(Henry Ford)于 1903 年创立了福特汽车公司。1908 年,福特推出了著名的 T 型车(图 0-2),并于 1913 年在汽车行业率先采用流水生产线大批生产,使这种车型产量迅速上升和成本大幅度下降,促使汽车这种只是少数人享用的奢侈品变为普及到千家万户的经济实惠的产品。20 年间 T 型车共生产了 1500 万辆,具有极大的社会影响,亨利·福特亦因此被誉为"汽车大王"。

大众(VolksWagen)汽车公司成立于 1937 年。当时的德国政府为了使人民都买得起轿车,下达了生产一种大众化轿车并建立工厂的指令,由费迪南德·保时捷(Fedinand Porsche)博士主持设计,推出了著名的大众甲壳虫型轿车(图 0-3)。1940 年工厂建成投产,至 1974 年该厂换型生产高尔夫轿车时,甲壳虫轿车仍未停产,转至墨西哥继续生产,至 1981 年累计总产量超过 2000 万辆,成为世界上生产时间最长和产量最多的车型。

图 0-2　亨利·福特(1863—1947)以及他的 T 型车

图 0-3　费迪南德·保时捷(1875—1951)以及他主持设计的大众甲壳虫型轿车

日本的汽车工业在二战前规模较小,战争后期的猛烈轰炸使 40% 的城市成为废墟,经济完全崩溃。1950 年美国发动侵略朝鲜的战争,以日本为后方基地并向日本各公司大量订货,给正在复苏的日本经济注入了强心剂,使其得以喘息并站稳了脚跟。通过 10 年(1946—1955 年)恢复调整,20 年(1956—1975 年)创业投资和高速发展,日本这个资源贫乏的国家依靠引进国外先进技术和科学的经营管理方法而取得成功,奇迹般地一跃成为世界经济大国。日本汽车产量亦在 1961 年、1964 年、1967 年分别超过意大利、法国、德国等国而迅速跃居世界第二位,并于 1980—1993 年曾一度超过美国而居世界第一位。

20 世纪五六十年代,是美国、日本、欧洲汽车工业迅猛发展的年代,由于人民生活水平提高,购买力强,使汽车市场繁荣兴旺。高速公路的大力兴建以及交通运输的蓬勃发展,又与汽车工业的发展相互促进。然而,阿拉伯国家与以色列的几次中东战争引起了 70 年代初期石油价格暴涨,对汽车工业冲击极大,导致许多中、小企业严重亏损,股权转让和兼并改组。

与此同时,一些新兴的工业国家和发展中国家由于人民生活水平提高,致使汽车需求量迅速增长。但由于工业基础薄弱和缺乏自主开发技术,这些国家往往用优惠政策吸引外资,采取引进先进技术和装备，进口全拆散（CKD）或半拆散（SKD）零件装车，逐步提高零件的国产化率，进而使零部件自给，以满足国内市场需求的模式发展自己的汽车工业。韩国和西班牙的汽车工业就是采取这种模式发展起来的，在逐步增强自主开发能力以后，其汽车产品已打入国际市场参与竞争。此外，中国、巴西、墨西哥亦采取这种模式使汽车工业飞跃发展。

2. 我国汽车工业的发展

1）建国初期25年（1953—1978年）

中国汽车工业开始起步的标志是1953年7月15日第一汽车制造厂在长春市动工兴建。

建国初期，我国汽车工业在国家计划经济指导下发展，集中资金兴建了第一、第二汽车制造厂两个中型货车生产基地。第一汽车制造厂于1956年10月开工生产，从此结束了中国不能制造汽车的历史。第二汽车制造厂于1968年在湖北十堰市动工兴建，1975年开始投产。在20世纪50年代后期和60年代，我国一批汽车修配企业发展成为汽车制造厂。城建和交通部门也设立了一批公交客车厂，此后又建成了四川和陕西两个汽车制造厂。这个阶段的汽车制造厂及其主要产品如表0-1所示。由于依赖国家提供原材料和包销全部产品，汽车企业缺乏自主开拓的活力，只重视中型货车，对轿车认识不足，导致我国汽车工业"缺重少轻"、"轿车基本空白"的缺陷。极左思潮和"文化大革命"破坏了经济建设，使汽车产量从1966年开始滑坡，恢复生产以后又连续8年（1970—1977年）停滞不前。1977年我国汽车产量为12.54万辆。

建国初期我国的主要汽车企业及其产品　　表0-1

企　业	产品（括号内为装载量）
第一汽车制造厂	解放CA10中型货车（4t） 解放CA30中型越野汽车（2.5t） 红旗CA770高级轿车（7人）
第二汽车制造厂	东风EQ240中型越野汽车（2.5t） 东风EQ140中型货车（5t）
南京汽车制造厂	跃进NJ130轻型货车（2.5t） 跃进NJ230轻型越野汽车（1.5t）
济南汽车制造厂	黄河JN150重型货车（8t）
北京汽车制造厂	BJ212轻型越野汽车（5人）
北京第二汽车制造厂	北京BJ130轻型货车（2t）
上海汽车制造厂	上海SH760中级轿车（5人）
上海客车厂	上海SK640中型客车（80人） 上海SK660铰接式客车（145人）
北京市客车总厂	北京BK650大型客车（100人）
四川汽车制造厂	红岩CQ260重型越野汽车（10t）
陕西汽车制造厂	攀登①SX250重型越野汽车（10t）

注：①后更名为延安。

2）改革开放以后（1978年以后）

在改革开放的正确方针指引下，我国汽车行业逐渐从计划经济走向市场经济的发展道路，调动了企业的积极性，迈进了蓬勃发展的新时期。

20世纪80年代初期，我国汽车行业以各个大型骨干厂为主，联合一批相关的中、小企业组建了企业集团。1985 年，中央在“七五”计划建议书中提出了要把汽车工业作为支柱产业的方针，1987 年国务院又确定了发展轿车工业来振兴我国汽车工业的发展战略。这两项重要决定确立了我国汽车工业在国民经济中的地位和汽车工业发展的重点。1994 年 2 月国家经济计划委员会颁布了汽车工业产业政策，作为指导我国汽车工业发展的纲领。近十年是我国汽车工业大战迅猛的十年，到 2010 年底汽车产量已经达到 1826.47 万辆，成为世界汽车产销大国。

3）台湾的汽车工业概况

台湾的汽车工业是在 20 世纪 60 年代通过与国外合资和引进技术发展起来的。例如，裕隆汽车制造公司与日本日产汽车公司合作，福特六和汽车工业公司与日本马自达汽车公司合作，国瑞汽车公司与丰田汽车公司合作等。全省汽车年产量有限，绝大多数产品限于省内销售。面对国际汽车大集团的压力，台湾无法解决建立大企业集团、自主开发以及大部分零件自给自足等问题，惟有采取进入国际汽车大集团与其紧密合作的对策。

3. 汽车发展的趋势

汽车工业在经过了 120 多年发展后，将紧紧围绕安全、节能、环保、舒适四大主题，以汽车电子为引领，出现了各种各样汽车新技术。汽车电子化、智能化、多媒体化和网络化的应用，不仅提高了汽车的动力性、经济性、安全性和环保性，也改善了行驶的稳定性和舒适性。

二、汽车在现代社会的作用

汽车是最重要的现代化交通工具。汽车也是数量最多、最普及、活动范围最广泛、运输量最大的交通工具。在现代社会中，没有哪种交通工具可与汽车的作用媲美。火车和轮船虽然装载量大，但只能沿一定线路（铁路或水路）行驶，需要在固定地点（火车站或码头）装运乘客或货物。飞机适于长距离快捷的运输，但也需要有固定的机场。也就是说，火车、轮船、飞机只能在“点”和“线”上发挥作用，不可能到达城乡每一个角落。汽车则是在“面”上发挥作用，并且可以实现“门到门”的便利。正因为如此，汽车在过去数十年中已迅速发展成为最主要、最受青睐的交通工具。

社会对汽车不断增长的要求，促使汽车工业日益繁荣。一辆汽车上有上万个零件，由钢铁、有色金属、塑料、橡胶、玻璃、纺织品、木材、涂料等种类繁多的材料制成；应用冶炼、铸造、锻压、机械加工、焊接、装配、涂装等许多工艺技术制成；涉及冶金、机械制造、化工、电子、电力、石油、轻工等部门，汽车的销售和营运还涉及金融、商业、运输、旅游、服务等第三产业。

汽车又是科学技术发展水平的标志。在汽车上采用大量的新材料和新结构，特别是应用现代化的微电子技术实行控制操纵，大大地提高了汽车的性能。开发汽车的过程，需要集中一大批优秀的科技人才，开展上千项研究工作，应用了最先进的理论、最精确的计算技术、最现代化的设计方法和最完善的测试手段。制造汽车的过程还应用了工艺技术领域的许多最新成果，在工厂中采用了数以百计的自动化生产线并且应用了科学的生产和管理手段。毫无疑问，汽车是一种高科技产品，足以体现一个社会的科学技术水平。

电子技术的应用使得汽车向着电子化和智能化方向发展，电子地图技术，GPS 导航技术和物联网技术的应用，将使汽车更具有人性化和智能化。

与此同时，汽车也给社会带来了一些不易解决的难题：汽车数量增加导致交通堵塞和停车场地短缺，汽车碰撞事故频繁造成全世界每年 40 多万人死亡和 1200 多万人受伤。10 亿辆汽车耗能巨大,每年需要14.3多亿t燃油,超过世界石油年产量的1/3。这些燃油燃烧后约生成0.6亿t有害气体(其体积400亿m^3),严重污染了环境。由此可见,行车安全、节约能源和环境保护已成为当前汽车技术亟待解决的三大重要课题。近年来,经过不懈的研究和努力,治理这些问题的工作已取得明显的成绩。

三、汽车的类型

汽车是有自身的动力装置驱动,具有4个或4个以上车轮非轨道承载车辆,其主要用途是载运人员或货物、牵引载运人员或货物。

汽车的类型很多,分类方法也很多,通常可按其用途、动力装置类型、行驶道路条件、行驶机构特征、发动机位置及驱动形式、乘客座位数及汽车总质量等进行分类。

(一) 按用途分类

按用途不同,汽车可分为普通运输汽车、专用运输车和特殊用途汽车等类型。

1. 普通运输汽车

普通运输汽车可分为轿车、客车和货车,并按照各自的主要特征参数分级,即轿车按照发动机的工作容积(排量)、客车按照车辆总长度、货车按照汽车总质量分级。

现行国家标准《汽车和挂车类型的术语和定义》(GB/T 3730.1—2001)将汽车分为乘用车和商用车。

乘用车(Passenger Car)是指在设计和技术上主要用于载运乘客及其随身行李和临时物品的汽车,包括驾驶人座位在内最多不超过9个座位,它也可以牵引一辆挂车。乘用车包括普通乘用车、活顶乘用车、高级乘用车、小型乘用车、敞篷车、舱背乘用车(这6种俗称轿车),旅行车,多用途乘用车(MPV)短头乘用车,越野乘用车以及专用乘用车(房车、防弹车、救护车和殡仪车)等。

商用车(Commercial Vehicle)是指在设计和技术特性上用于运送人员和货物的汽车。商用车包括客车(小型客车、城市客车、长途客车、旅游客车、铰接客车、无轨电车、越野客车、专用客车)、半挂牵引车、货车(普通货车、多用途货车、越野货车、专用作业车、专用货车)等。

2. 专用汽车

专用汽车是用基本车型改装,装上专用设备,完成专门运输任务或作业任务的汽车。按其用途,专用汽车可分为运输型专用汽车和作业型专用汽车。

(1)运输型。运输型专用汽车的车身经过改装,用来运输专门的货物。例如运输易污货物的封闭厢式货车,运输易腐食品的冷藏车厢货车,运输砂土矿石的自卸汽车,运输大件货物的平板货车,运输液体、气体或粉状固体的罐车,此外还有挂车、半挂车、集装箱货车等。

(2)作业型专用汽车。作业型专用汽车是在汽车上安装各种特殊设备进行特定作业的车辆。例如商业售货车、医疗救护车、公安消防车、环卫环保作业车、市政工程车、电视广播车、机场作业车、石油地质作业车、农牧副渔作业车等。

3. 特殊用途汽车

(1)娱乐汽车(RV)。随着人民物质文化生活水平的不断提高,要求汽车不仅满足运输需要,而且还应满足精神生活需要。娱乐汽车有:带装备卧具和炊具的旅游汽车(房车)、高尔夫球场专用汽车、海滩游玩汽车等。

(2)竞赛汽车。竞赛汽车是按照特定的竞赛规范设计的汽车。著名的汽车竞赛有:一级方程式汽车竞赛、汽车拉力赛、勒芒24h汽车耐力赛、印第安纳波里斯500汽车大赛、汽车冲刺赛等。由于在竞赛过程中汽车的整车及各种零部件的性能都要经受极其严峻的考验,竞赛汽车都经过精心设计并集中使用了大量尖端科技成果。举办汽车竞赛对促进汽车科技的发展具有重要作用,也是各制造厂商及赞助商进行广告宣传的好时机。

（二）按动力装置类型分类

1. 内燃机汽车(ICV)

(1)活塞式内燃机汽车。这种类型的汽车占绝大多数,主要以汽油和柴油为燃料。为解决石油资源不足的能源问题,各种代用燃料的开发方兴未艾,例如:合成液体石油、液化石油气(LPG)、压缩天然气(CNG)、醇类等。

活塞式内燃机还可以按活塞的运动方式分为往复活塞式和旋转活塞式等类型。

(2)燃气轮机汽车。燃气轮机是涡轮式内燃机。与活塞式内燃机相比较,燃气轮机功率大、质量小、转矩特性好,对燃料没有严格限制,但耗油量较多、噪声较大、制造成本较高。燃气轮机汽车从未有过大批商品化产品。1964年,英国人唐纳·坎贝尔(DonaldCampbell)曾驾驶这种汽车在澳大利亚干涸的爱尔湖以648.71km/h创造了当时陆上车辆行驶速度最高世界纪录,这也是依靠车轮驱动(不是依靠喷气驱动)的陆上车辆迄今所能达到的最高速度。

2. 电动汽车(EV)

电动汽车是指由电动机驱动并且自身装备供电能源(不包括供电架线)的车辆。

(1)蓄电池电动汽车(ZEV)。由于传统的铅酸电池质量大、比能量低、充电时间长、寿命短,使这种电动汽车在车速和续驶里程等性能方面尚无法与轻巧强劲的内燃机汽车相媲美。然而,这种车辆却具有许多优点:不需石油燃料、零排放、操纵简便、噪声小,以及可以在特殊环境下(太空、海底、真空)工作。研制出轻巧、高效、价廉的蓄电池,是这种车辆进一步发展的关键。

(2)燃料电池电动汽车(FCEV)。这种车辆是使燃料(例如醇类)在转化器中产生反应而释出氢气,再将氢气输到燃料电池中与氧气结合而发出电力,推动电动机工作。该项技术问题已基本解决,但汽车的性能仍不及内燃机汽车,而且价格昂贵。

(3)混合动力汽车(HEV)。混合动力源电动汽车是装备两套动力源的车辆。这种车辆通常装有内燃机—发电机组以及蓄电池。汽车低负荷时,发电机组除向电动机供电外,多余的电能存入蓄电池。汽车高负荷时,蓄电池也参与供能。这种车辆的优点是发电机组的内燃机的排量小而且经常处于最佳的稳定工况,其耗油量和排放仅是同级别内燃机汽车的1/3,而且克服了蓄电池电动汽车动力性差、续驶里程短的主要缺点。显然,混合动力汽车是使蓄电池电动汽车和内燃机汽车两者扬长避短的折中式车型,虽然结构较复杂,如能大批生产以降低成本,则会有较好的发展前景。

(4)太阳能汽车。所谓太阳能汽车就是利用太阳能电池将太阳能转化为电能,并利用该电能作为驱动能源行驶的汽车。此定义包含两层含义的汽车:一是以装在车身表面的太阳能电池所得的电能为驱动能源的车辆;二是以装在车身外部的太阳能电池得到的电源给车载蓄电池,再利用蓄电池上的电源作为驱动能源的车辆。

3.喷气式汽车

这是依靠航空发动机或火箭发动机以及特殊燃料,并以喷气反作用力驱动的轮式汽车。普通汽车和竞赛汽车都不允许采用这种结构形式,这种汽车只能用于创造速度纪录。1997 年 10 月,英国的安迪·格林(Andy Green)在美国内华达州黑岩沙漠驾驶“推力 SSC”喷气式汽车,以 1227.73km/h(超过声速)创造了陆上车辆行驶速度的最高世界纪录。

(三)按行驶道路条件分类

1.公路用汽车

公路用汽车指适于公路和城市道路上行驶的汽车。为适应道路和桥涵的尺寸和承载能力,根据国家标准 GB 1589—2004 的规定,我国道路用双轴汽车(不带铰接或挂车)的车长、车宽和车高限值分别为 12m、2.5m 和 4m,最大单轴负荷为 10t(每侧双胎)或 7t(每侧单胎)。

2.非公路用汽车

非公路用汽车分为两类:一类是其外廓尺寸和单轴负荷等参数超过前述国家标准 GB 1589—2004 的限值,只能在矿山、机场工地、专用道路等非公路地区使用;另一类是能在无路地面上行驶的高通过性汽车,称为越野汽车。

(四)按行驶机构的特征分类

1.轮式汽车

通常可分为非全轮驱动和全轮驱动两种形式。汽车的驱动形式一般用符号“$n \times m$”表示,其中 n 为车轮总数(装在同一个轮毂上的双轮胎仍算 1 个车轮),m 为驱动轮数。例如,普通轿车和大多数汽车通常属 4×2(非全轮驱动)类型,而越野汽车属全轮驱动类型,有 4×4、6×6、8×8 等。

2.其他类型行驶机构的车辆

如履带式、雪橇式车辆,广义上还包括气垫式、步行式等无轮车辆。

(五)按照乘客座位数即汽车总质量分类

国家标准 GB/T 15089—2001 按乘客座位数及汽车总质量对汽车进行了分类,见表 0-2。

机动车辆记挂车分类(GB/T 15089—2001) 表 0-2

汽车类型			乘客座位数	厂定汽车最大总质量(t)	说明
M 类	至少有四个车轮并且用于载客的机动车辆	M_1类	≤9	—	包括驾驶人座位在内,座位数不超过 9 座的载客车辆
		M_2类	≤9	≤5.0	包括驾驶人座位在内,座位数不超过 9 个,且最大设计总质量不超过 5.0t 的载客车辆
		M_3类	>9	>5.0	包括驾驶人座位在内,座位数超过 9 个,且最大设计总质量超过 5.0t 的载客车辆

续上表

汽车类型			乘客座位数	厂定汽车最大总质量(t)	说明
N类	至少有四个车轮并且用于载货的机动车辆	N_1类	—	≤3.5	最大设计总质量不超过3.5t的载货车辆
		N_2类	—	3.5~12	最大设计总质量超过3.5t,但不超过12t的载货车辆
		N_3类	—	>12	最大设计总质量超过12t的载货车辆
O类	挂车(包括半挂车)	O_1类	—	≤0.75	最大设计总质量不超过0.75t的挂车
		O_2类	—	0.75~3.5	最大设计总质量超过0.75t,但不超过3.5t的挂车
		O_3类	—	3.5~10	最大设计总质量超过3.5t,但不超过10t的挂车
		O_4类	—	>10	最大设计总质量超过10t的挂车

(六)国产汽车产品型号编制规则

按照国家标准GB/T 9471—1988,国产汽车型号应能表明其厂牌、类型和主要特征参数等。该型号由拼音字母和阿拉伯数字组成,分为首部、中部和尾部三部分。

首部——由2个或3个拼音字母组成,是识别企业的代号。如:CA代表一汽,EQ代表二汽,BJ代表北京等。

中部——由4位阿拉伯数字组成,分为首位、中间两位和末位数字三部分,其含义如表0-3所示。

汽车型号中部4位阿拉伯数字的含义　　表0-3

首位数字(1~9)表示车辆类别		中间两位数字表示各类汽车的主要特征参数	末位数字
1	表示载货汽车	数字表示汽车的总质量①(t)	表示企业自定序号
2	表示越野汽车		
3	表示自卸汽车		
4	表示牵引汽车		
5	表示专用汽车		
6	表示客车	数字×0.1m表示车辆的总长度②	
7	表示轿车	数字×0.1L表示发动机工作容积	
8	(暂缺)		
9	表示半挂车或专用半挂车	数字表示汽车的总质量(t)	

注:①汽车总质量超过100t,允许用3位数字。

②汽车长度大于10m,数字×1m。

尾部——由拼音字母或加上阿拉伯数字组成,以表示变型车与基本型的区别或专用汽车的分类。

例如:型号 CA1092 表示一汽集团生产货车,总质量为 9t,末位数字 2 表示在原车型 CA1091 的基础上改进的车型。型号 CA7226L 表示一汽集团生产的轿车,发动机工作容积 2.2L,序号 6 为改进型号,尾号 L 表示加长型。

四、汽车总体构造

汽车通常由发动机、底盘、车身和电气设备四部分组成。典型的轿车总体构造如图 0-4 所示。

发动机的作用是使输进汽缸的燃料燃烧而发出动力。现代汽车广泛应用往复活塞式内燃机,它一般由机体、曲柄连杆机构、配气机构、燃油供给系统、冷却系统、润滑系统、点火系统(汽油发动机采用)、起动系统等部分组成。

底盘接受发动机的动力,使汽车产生运动,并保证汽车按照驾驶人的操纵正常行驶。底盘由下列部分组成:

传动系统——将发动机 1 的动力传给车轮 9,如图 0-4 所示。传动系统包括离合器-变速器 18、传动轴 6、主减速器及差速器 14、传动轴(半轴)12 等部分。

行驶系统——使汽车各总成及部件安装在适当的位置,对全车起支撑作用和对路面起附着作用,缓和道路冲击和振动。它包括支撑全车的承载式车身 17 及副车架 7、前悬架 2、前轮 3、后悬架 8、后轮 9 等部分。

转向系统——使汽车按驾驶人选定的方向行驶。它由带转向盘 16 的转向器及转向传动装置组成,有的汽车还有转向助力装置。

制动系统——使汽车减速或停车,并可保证驾驶人离去后汽车可靠地停驻。它包括前轮制动器 4、后轮制动器 10、驻车制动装置以及控制装置、传动装置和供能装置。

车身是驾驶人的工作场所,也是装载乘客和货物的地方。它包括车前板制件(俗称车头)19、车身本体 17,还包括货车的驾驶室和货箱以及某些汽车上的专用作业设备。

电气电子设备包括电源组、发动机起动系统和点火系统、汽车照明和信号装置、仪表、导航系统、电视、音响、电话等电子设备、微处理机、中央计算机、传感器及各种人工智能的操控装置等。

为满足不同的使用要求,汽车的总体构造和布置形式可以各不相同。按发动机和各个总成的相对位置不同,现代汽车的布置形式通常有五种(图 0-5):

发动机前置后轮驱动(FR)——是传统的布置形式。大多数货车、部分轿车和部分客车采用这种形式。

发动机前置前轮驱动(FF)——是在轿车上盛行的布置形式,具有结构紧凑、减小轿车质量、降低地板高度、改善高速行驶时的操纵稳定性等优点。

发动机后置后轮驱动(RR)——是目前大、中型客车盛行的布置形式,具有降低室内噪声、有利于车身内部布置等优点。少数轿车也采用这种形式。

发动机中置后轮驱动(MR)——是目前大多数跑车及方程式赛车所采用的形式。由于汽车采用功率和尺寸很大的发动机,将发动机布置在驾驶人座椅之后和后轴之前有利于获得最佳轴荷分配和提高汽车的性能。此外,某些大、中型客车也采用这种布置形式,把配备的卧式发动机装在地板下面。

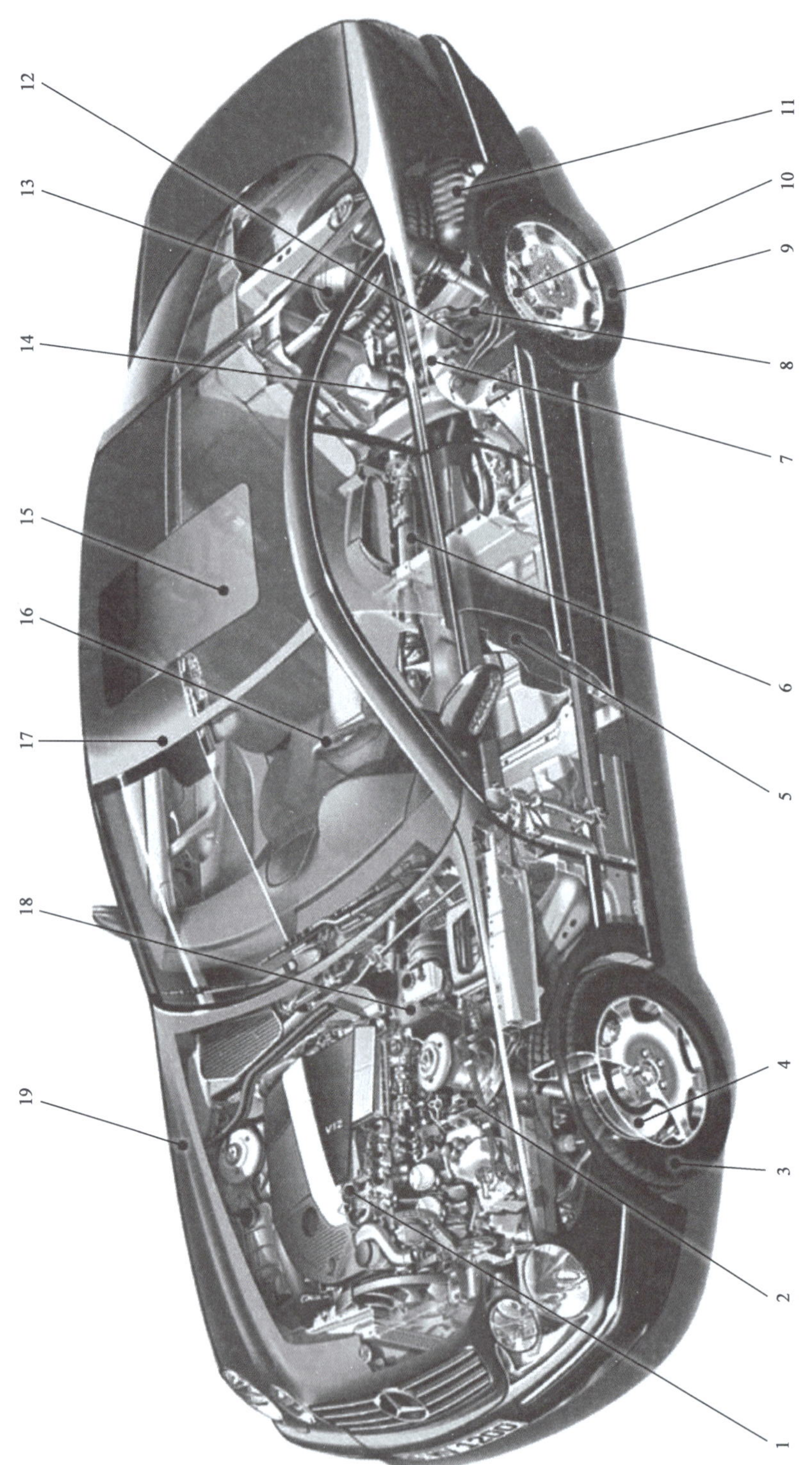

图 0-4　典型轿车的总体构造

1-发动机;2-前悬架;3-前轮;4-前轮制动器;5-车门;6-传动轴;7-副车架;8-后悬架;9-后轮;10-后轮制动器;11-消声器;12-传动半轴;13-备胎;14-后桥主减速器差速器;15-天窗;16-转向盘;17-车身;18-离合器-变速器;19-车前板制件

全轮驱动(AWD)——是越野汽车特有的形式,通常发动机前置,在变速器后面装有分动器,以便将动力分别输送到全部车轮上。

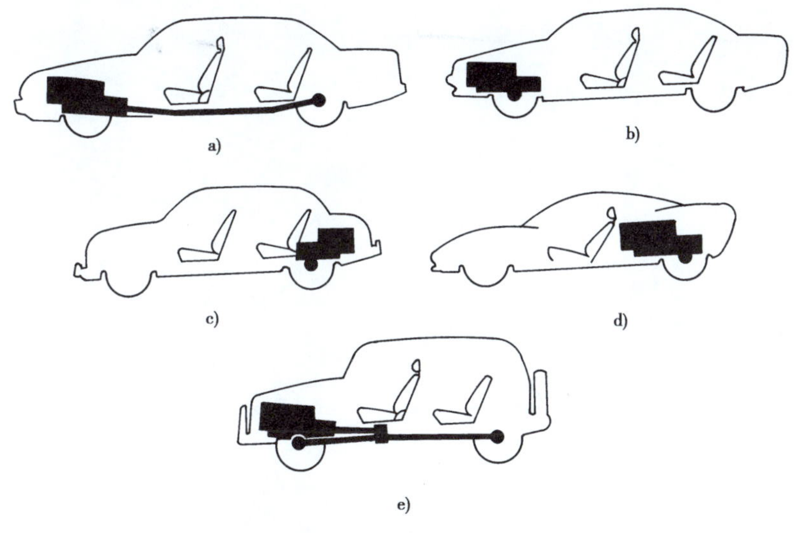

图 0-5　现代汽车的五种布置形式

a)FR 式;b)FF 式;c)RR 式;d)MR 式;c)AWD 式

思　考　题

1. 与火车、轮船、飞机运输比较,汽车运输有哪些突出的优点?
2. 为什么世界各个发达国家几乎无一例外地把汽车工业作为国民经济的支柱产业?
3. 亨利·福特采用什么方法使汽车普及到千家万户?
4. 试比较改革开放(1978 年)之前和之后,中国汽车工业发展道路的特点和成绩。
5. 为了使中国迅速成为汽车工业强国,需要采取哪些有力的措施?
6. 与内燃机汽车比较,蓄电池电动汽车有何优缺点?
7. 什么是道路用车? 需要对这种汽车的哪些参数加以限制?
8. 试解释汽车 SVW7149 和 CA1094 两种型号各个部分的含义。
9. 为什么绝大多数货车都采用前置发动机后轮驱动的形式?
10. 为什么 4×4 汽车比 4×2 汽车有较好的通过性?
11. 汽车发展的主要趋势有哪些?

第一篇

CHAPTER 1

汽车发动机

第一章　汽车发动机的工作原理及总体构造

第一节　汽车发动机的类型

发动机是汽车的动力源。迄今为止除为数不多的电动汽车外，汽车发动机都是热能动力装置，或简称热机。在热机中借助工质的状态变化将燃料燃烧产生的热能转变为机械能。

热机有内燃机和外燃机两种。直接以燃料燃烧所生成的燃烧产物为工质的热机为内燃机，反之则为外燃机。内燃机包括活塞式内燃机和燃气轮机。外燃机则包括蒸汽机、汽轮机和热气机（也称斯特灵发动机）等。内燃机与外燃机相比，具有结构紧凑、体积小、质量轻和容易起动等许多优点。因此，内燃机尤其是活塞式内燃机被极其广泛地用作汽车动力。

活塞式内燃机可按不同方法进行分类。

（1）按活塞运动方式的不同，活塞式内燃机可分为往复活塞式和旋转活塞式两种。前者活塞在汽缸内作往复直线运动，后者活塞在汽缸内作旋转运动。

（2）根据所用燃料种类，活塞式内燃机主要分为汽油机、柴油机和气体燃料发动机三类。以汽油和柴油为燃料的活塞式内燃机分别称作汽油机和柴油机。使用天然气、液化石油气和其他气体燃料的活塞式内燃机称作气体燃料发动机。

汽油和柴油都是石油制品，是汽车发动机的传统燃料。非石油燃料称作代用燃料。燃用代用燃料的发动机称作代用燃料发动机，如酒精发动机、氢气发动机、甲醇发动机等。代用燃料最终能否在汽车上大规模使用取决于许多因素，诸如获取这些代用燃料的方法及生产成本，是否便于在汽车上储存和携带，以及是否有利于改善环境等。

（3）按冷却方式的不同，活塞式内燃机分为水冷式和风冷式两种。以水或冷却液为冷却介质的称作水冷式内燃机，而以空气为冷却介质的则称作风冷式内燃机。

（4）往复活塞式内燃机还按其在一个工作循环期间活塞往复运动的行程数进行分类。活塞式内燃机每完成一个工作循环，便对外作功一次，不断地完成工作循环，才使热能连续地转变为机械能。在一个工作循环中活塞往复四个行程的内燃机称作四冲程往复活塞式内燃机，而活塞往复两个行程便完成一个工作循环的则称作二冲程往复活塞式内燃机。

（5）按进气状态不同，活塞式内燃机还可分为增压和非增压两类。若进气是在接近大气状态下进行的，则为非增压内燃机或自然吸气式内燃机；若利用增压器将进气压力增高，进气密度增大，则为增压内燃机。增压可以提高内燃机功率。

除此之外，还可以根据某些结构特征对活塞式内燃机进行分类。

目前，应用最广、数量最多的汽车发动机为水冷、四冲程往复活塞式内燃机，其中汽油机用于轿车和轻型客、货车上，而大客车和中、重型货车发动机多为柴油机。少数轿车和轻型客、货车发动机也有用柴油机的。以风冷或二冲程活塞式内燃机为动力的汽车为数不多。特别是从20世纪80年代起，在世界范围内，就不再有以二冲程活塞式内燃机为动力的轿车了。

随着交通密度的不断增加，对汽车加速性能的要求越来越高，这意味着应该提高内燃机的功率。因此，近年来增压内燃机备受重视，并得到了积极的发展。

第二节　往复活塞式内燃机的基本结构及基本术语

一、基本结构

往复活塞式内燃机的工作腔称作汽缸，汽缸内表面为圆柱形。在汽缸内作往复运动的活塞通过活塞销与连杆的一端铰接，连杆的另一端则与曲轴相连，构成曲柄连杆机构(图1-1)。

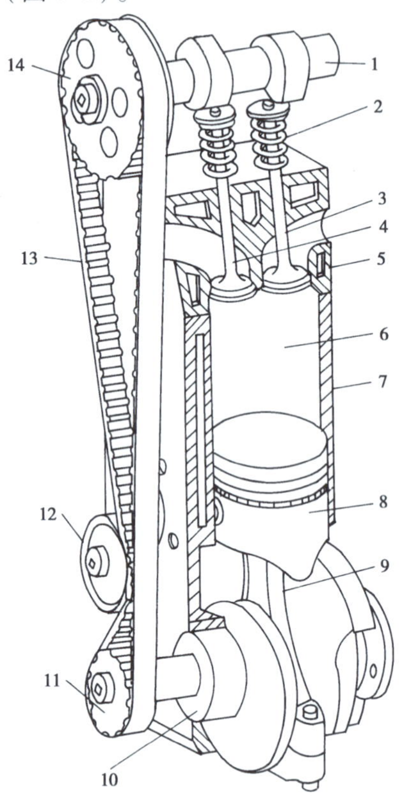

图1-1　往复活塞式内燃机的基本结构

1-凸轮轴；2-气门弹簧；3-进气门；4-排气门；5-汽缸盖；6-汽缸；7-机体；8-活塞；9-连杆；10-曲轴；11-曲轴齿形带轮；12-张紧轮；13-齿形带；14-凸轮轴齿形带轮

当活塞在汽缸内作往复运动时，连杆便推动曲轴旋转，或者相反。同时，工作腔的容积也在不断地由最小变到最大，再由最大变到最小，如此循环不已。

汽缸的顶端用汽缸盖封闭。在汽缸盖上装有进气门和排气门，进、排气门是头朝下尾朝上倒挂在汽缸顶端的。通过进、排气门的开闭实现向汽缸内充气和向汽缸外排气。进、排气门的开闭由凸轮轴控制。凸轮轴由曲轴通过齿形带或齿轮或链条驱动。进、排气门和凸轮轴以及其他一些零件共同组成配气机构。通常称这种结构形式的配气机构为顶置气门配气机构。现代汽车内燃机无一例外地都采用顶置气门配气机构。

构成汽缸的零件称作汽缸体，支撑曲轴的零件称作曲轴箱，汽缸体与曲轴箱的连铸体称作机体。

二、基本术语

1. 工作循环

活塞式内燃机的工作循环是由进气、压缩、作功和排气等四个工作过程组成的封闭过程。周而复始地进行这些过程，内燃机才能持续地作功。

2. 上、下止点

活塞顶离曲轴回转中心最远处为上止点；活塞顶离曲轴回转中心最近处为下止点(图1-2)。在上、下止点处，活塞的运动速度为零。

3. 活塞行程

上、下止点间的距离 S 称为活塞行程。曲轴的回转半径 R 称为曲柄半径。显然，曲轴每回转一周，活塞移动两个活塞行程。对于汽缸中心线通过曲轴回转中心的内燃机，其 $S=2R$。

4. 汽缸工作容积

上、下止点间所包容的汽缸容积称为汽缸工作容积，记作 V_S。

$$V_S=\frac{\pi D^2}{4\times10^6}\cdot S(\mathrm{L})$$

式中：D——汽缸直径，mm；

S——活塞行程，mm。

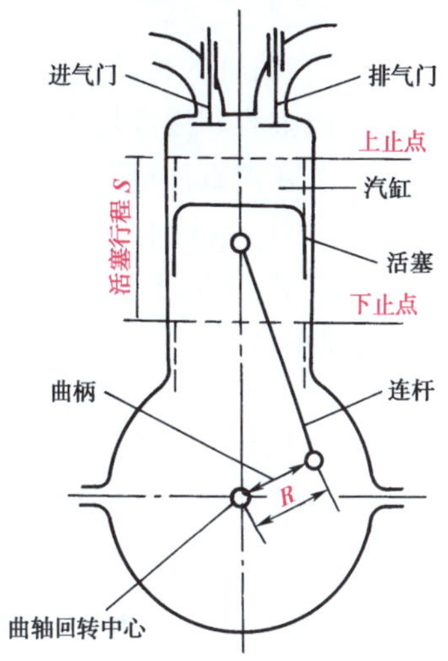

图 1-2　往复活塞式内燃机示意图

5. 内燃机排量

内燃机所有汽缸工作容积的总和称为内燃机排量，记作 V_L。

$$V_L=iV_S(\mathrm{L})$$

式中：i——汽缸数；

V_S——汽缸工作容积，L。

6. 燃烧室容积

活塞位于上止点时，活塞顶面以上汽缸盖底面以下所形成的空间称为燃烧室，其容积称为燃烧室容积，也叫压缩容积，记作 V_c。

7. 汽缸总容积

汽缸工作容积与燃烧室容积之和为汽缸总容积，记作 V_A。

$$V_A=V_S+V_c$$

8. 压缩比

汽缸总容积与燃烧室容积之比称为压缩比，记作 ε。

$$\varepsilon=\frac{V_a}{V_c}=+\frac{V_S}{V_c}$$

压缩比的大小表示活塞由下止点运动到上止点时，汽缸内的气体被压缩的程度。压缩比越大，压缩终了时汽缸内的气体压力和温度就越高。

9. 工况

内燃机在某一时刻的运行状况简称工况，以该时刻内燃机输出的有效功率和曲轴转速表示。曲轴转速即为内燃机转速。

10. 负荷率

内燃机在某一转速下发出的有效功率与相同转速下所能发出的最大有效功率的比值称为负荷率，以百分数表示。负荷率通常简称负荷。

第三节　往复活塞式内燃机工作原理

一、四冲程汽油机工作原理

四冲程往复活塞式内燃机在四个活塞行程内完成进气、压缩、作功和排气等四个过程，即在一个活塞行程中只进行一个过程。因此，活塞行程可分别用四个过程命名。

1. 进气行程（图 1-3a）

活塞在曲轴的带动下由上止点移至下止点。此时排气门关闭，进气门开启。在活塞移动过程中，汽缸容积逐渐增大，汽缸内形成一定的真空度。空气和汽油的混合物通过进气门被吸入汽缸，并在汽缸内进一步混合形成可燃混合气。

因为进气系统有阻力，所以进气终了时汽缸内的气体压力低于大气压力，为 0.08～0.09MPa。由于气门、汽缸壁、活塞等高温零件以及前一个循环残留在汽缸内的高温废气对混合气的加热，致使进气终了时汽缸内的气体温度高于大气温度，为 320～380K。

汽缸内的气体压力随汽缸容积或曲轴转角的变化关系称作示功图，它能直观地显示汽缸内气体压力的变化（图 1-4）。在示功图上，进气行程从进气行程上止点 r 开始至进气行程下止点 a 结束，曲线 ra 表示进气行程中汽缸内气体压力的变化。

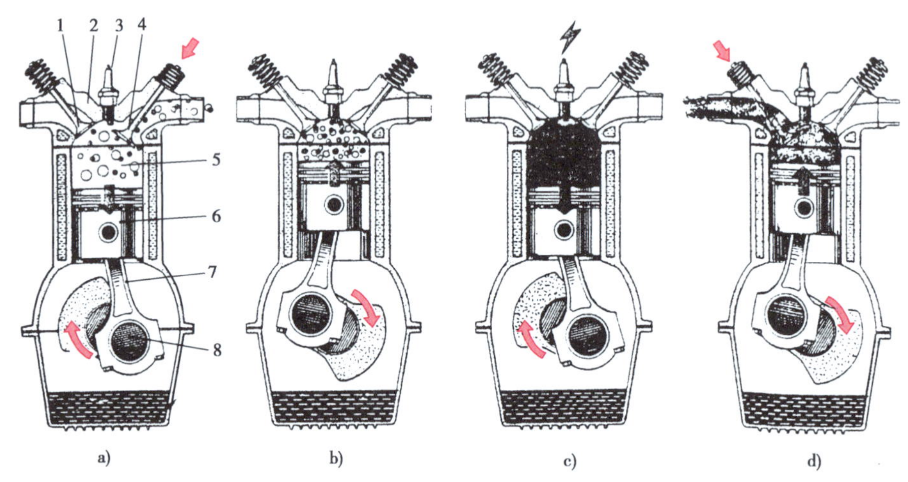

图 1-3 四冲程汽油机工作原理示意图

1-排气门；2-汽缸盖；3-火花塞；4-进气门；5-汽缸；6-活塞；7-连杆；8-曲轴

2. 压缩行程（图 1-3b）

进气行程结束后，曲轴继续带动活塞由下止点移至上止点。这时，进、排气门均关闭。随着活塞移动，汽缸容积不断减小，汽缸内的混合气被压缩，其压力和温度同时升高。压缩终了时，汽缸内气体的压力为 0.8～1.5MPa，温度为 600～750K。压缩行程的示功图如图 1-4b）所示，c 点为压缩行程终点，也是压缩行程上止点。

压缩行程有利于混合气的迅速燃烧并可提高内燃机的有效热效率。一般压缩比 $\varepsilon=7\sim10$，ε 太大容易发生不正常燃烧。

3. 作功行程（图 1-3c）

压缩行程结束时，安装在汽缸盖上的火花塞产生电火花，将汽缸内的可燃混合气点燃，火焰迅速传遍整个燃烧室，同时放出大量的热能。燃烧气体的体积急剧膨胀，压力和温度迅速升高。在气体压力的作用下，活塞由上止点移至下止点，并通过连杆推动曲轴旋转作功。这时，进、排气门仍旧关闭。

在作功行程中，燃烧气体的最大压力可达 3.0～6.5MPa，最高温度可达 2200～2800K。随着活塞向下止点移动，汽缸容积不断增大，气体压力和温度逐渐降低。在作功行程结束时，压力为0.35～0.5MPa，温度为1200～1500K。

在示功图(图1-4c)上的曲线 *czb* 表示作功行程汽缸内气体压力的变化情形。

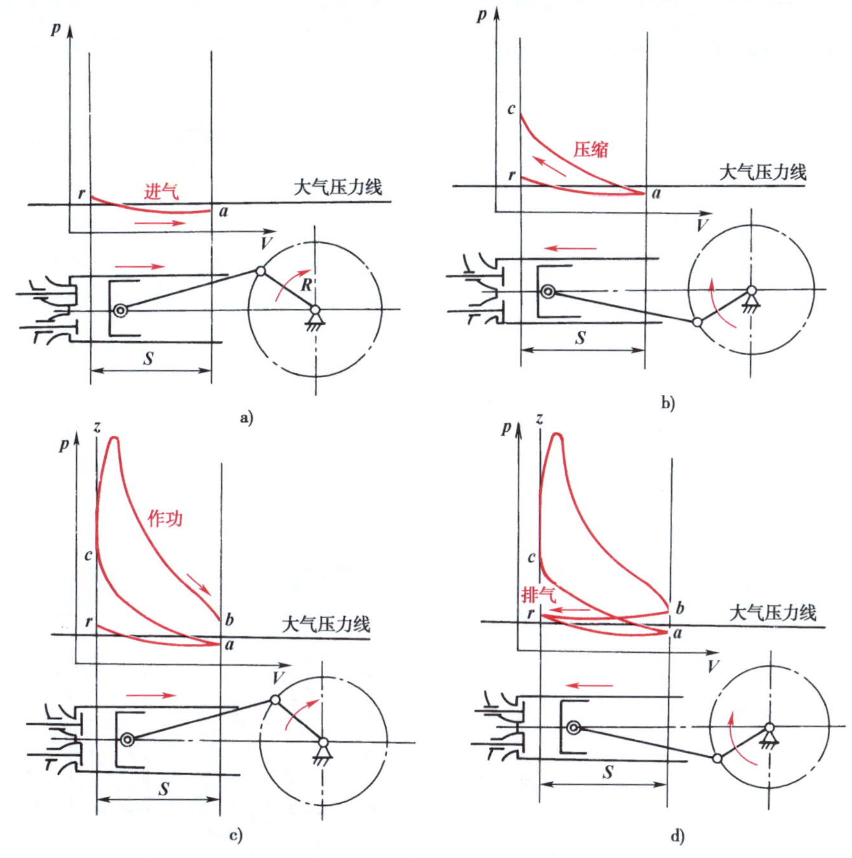

图1-4 四冲程汽油机的示功图

a)进气行程；b)压缩行程；c)作功行程；d)排气行程

4. 排气行程(图1-3d)

排气行程开始，排气门开启，进气门仍然关闭，曲轴通过连杆带动活塞由下止点移至上止点，此时膨胀过后的燃烧气体(或称废气)在其自身剩余压力和活塞的推动下，经排气门排出汽缸之外。当活塞到达上止点时，排气行程结束，排气门关闭。

排气行程终了时，在燃烧室内尚残留少量废气，称其为残余废气。因为排气系统有阻力，所以残余废气的压力比大气压力略高，为0.105～0.12MPa，温度为900～1100K。

在示功图(图1-4d)上的曲线 *br* 代表排气行程。

至此，四冲程汽油机经过进气、压缩、作功和排气四个行程而完成一个工作循环。这期间活塞在上、下止点间往复运动四个行程，曲轴旋转两周，即每一个行程有180°曲轴转角。

但在实际进气过程中，进气门早于上止点开启，迟于下止点关闭。在排气过程中，排气门早于下止点开启，迟于上止点关闭。即进、排气过程所占的曲轴转角均超过180°。

进气门早开晚关的目的是为了增加进入汽缸内的混合气量和减少进气过程所消耗的功。

排气门早开晚关的目的是为了减少汽缸内的残余废气量和排气过程消耗的功。减少残余废气量，会相应地增加进气量。

二、四冲程柴油机工作原理

四冲程柴油机的工作循环同样包括进气、压缩、作功和排气四个行程。在各个活塞行程中，进、排气门的开闭和曲柄连杆机构的运动与汽油机完全相同。只是由于柴油和汽油的使用性能不同，使柴油机和汽油机在混合气形成方法及点火方式上有着根本的差别。因此，在叙述柴油机工作原理时只涉及与汽油机不同之处。

1. 进气行程（图 1-5a）

在柴油机进气行程中，被吸入汽缸的只是纯净的空气。由于柴油机进气系统阻力较小，残余废气的温度较低，因此进气行程结束时汽缸内气体的压力较高，为 0.085 ~ 0.095MPa，温度较低，为 310 ~ 340K。

2. 压缩行程（图 1-5b）

因为柴油机的压缩比大，所以压缩行程终了时气体压力可高达 3 ~ 5MPa，温度可高达 750 ~ 1000K。

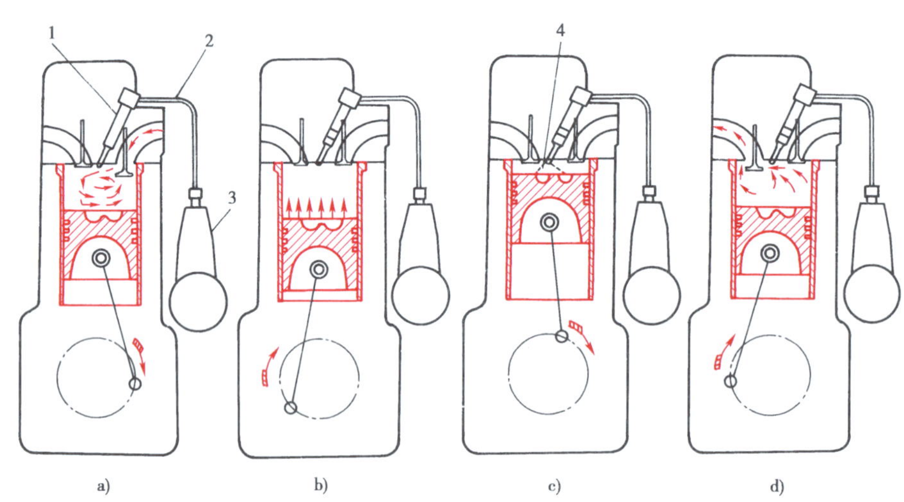

图 1-5 四冲程柴油机工作原理示意图

1-喷油器；2-高压油管；3-喷油泵；4-燃烧室

3. 作功行程（图 1-5c）

在压缩行程结束时，喷油泵将柴油泵入喷油器，并通过喷油器喷入燃烧室。因为喷油压力很高，喷油孔直径很小，所以喷出的柴油呈细雾状。细微的油滴在炽热的空气中迅速蒸发汽化，并借助于空气的运动，迅速与空气混合形成可燃混合气。由于汽缸内的温度远高于柴油的自燃点，因此柴油随即自行着火燃烧。燃烧气体的压力、温度迅速升高，体积急剧膨胀。在气体压力的作用下，活塞推动连杆，连杆推动曲轴旋转作功。

在作功行程中，燃烧气体的最大压力可达 6 ~ 9MPa，最高温度可达 1800 ~ 2200K。作功行程结束时，压力为 0.2 ~ 0.5MPa，温度为 1000 ~ 1200K。

4. 排气行程(图1-5d)

排气终了时汽缸内残余废气的压力为0.105~0.120MPa,温度为700~900K。

为了叙述上的方便和适应习惯上的称谓,本书用文如不特别说明,则将水冷四冲程往复活塞式内燃机简称为发动机。

第四节 发动机的总体构造

汽车发动机是极为复杂的机器。为了实现其由热能到机械能的转换,同时也为了达到优异的性能指标,发动机包含许多机构和系统(图1-6)。这些机构和系统的构造和组成,又随发动机的用途、生产厂家和生产年代的不同而千差万别。但就其总体构造而言,都是由机体组、曲柄连杆机构、配气机构、进排气系统、燃油系统、冷却系统、润滑系统、起动系统和有害排放物控制装置等组成。如果是汽油机,还包括点火系统。若为增压发动机,则还应有增压系统。

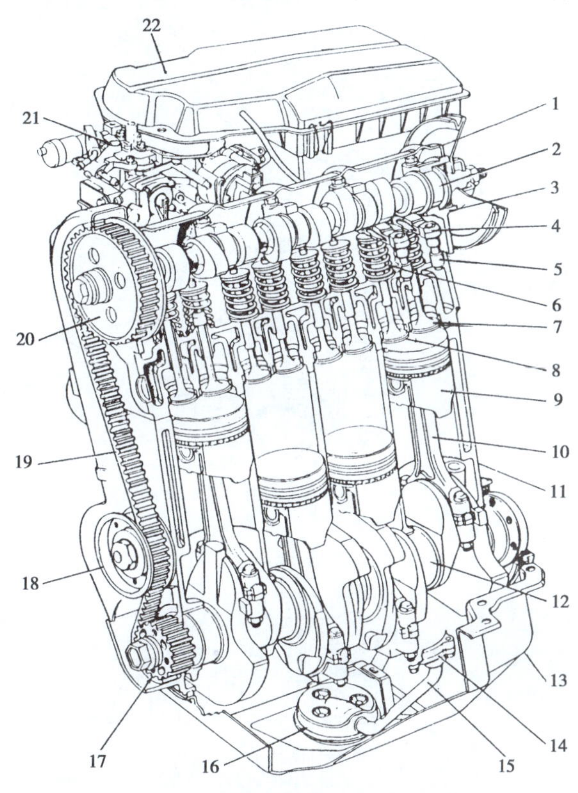

图1-6 发动机的总体构造

1-汽缸盖罩;2-凸轮轴;3-汽缸盖;4-摆臂;5-气门间隙自动调节器;6-气门弹簧;7-进气门;8-排气门;9-活塞;10-连杆;11-机体;12-曲轴;13-油底壳;14-机油泵;15-机油管;16-集滤器;17-曲轴齿形带轮;18-张紧轮;19-正时齿形带;20-凸轮轴齿形带轮;21-化油器;22-空气滤清器

图1-7所示为CA488型直列、四缸、水冷、四冲程汽油机的纵、横剖面图。该发动机曾经安装于红旗轿车和解放轻型货车上。

铸铁机体不镶汽缸套,相邻汽缸之间无水套。铝合金汽缸盖上镶嵌粉末冶金进、排气门座圈和气门导管。采用拖鞋式活塞裙部,活塞销座两侧镶嵌钢片,半浮式活塞销。曲轴前、后端均装置整体式橡胶油封。曲轴前端不装扭振减振器。

CA488型发动机的配气机构采用上置凸轮轴、镶嵌滚轮的摆臂和液力式气门间隙自动调节器等。

图1-8所示为欧宝2.5L轿车发动机的结构图。该发动机为六缸、水冷、四冲程、电控汽油喷射式汽油机。汽缸呈V形排列,汽缸夹角为54°。每缸四气门,双上置凸轮轴,倒置桶形液力挺柱。铝合金汽缸盖,进、排气道经成型研磨头加工,表面光滑。铝合金机体,在曲轴箱底面装设加强板,以增加机体刚度。在两列汽缸中间的水套中装置机油冷却器,用发动机的冷却液冷却机油。汽缸直径为81.6mm,而汽缸中心距只有91mm,加上汽缸夹角比较小,致使发动机结构非常紧凑,最适宜作为前轮驱动的汽车动力。

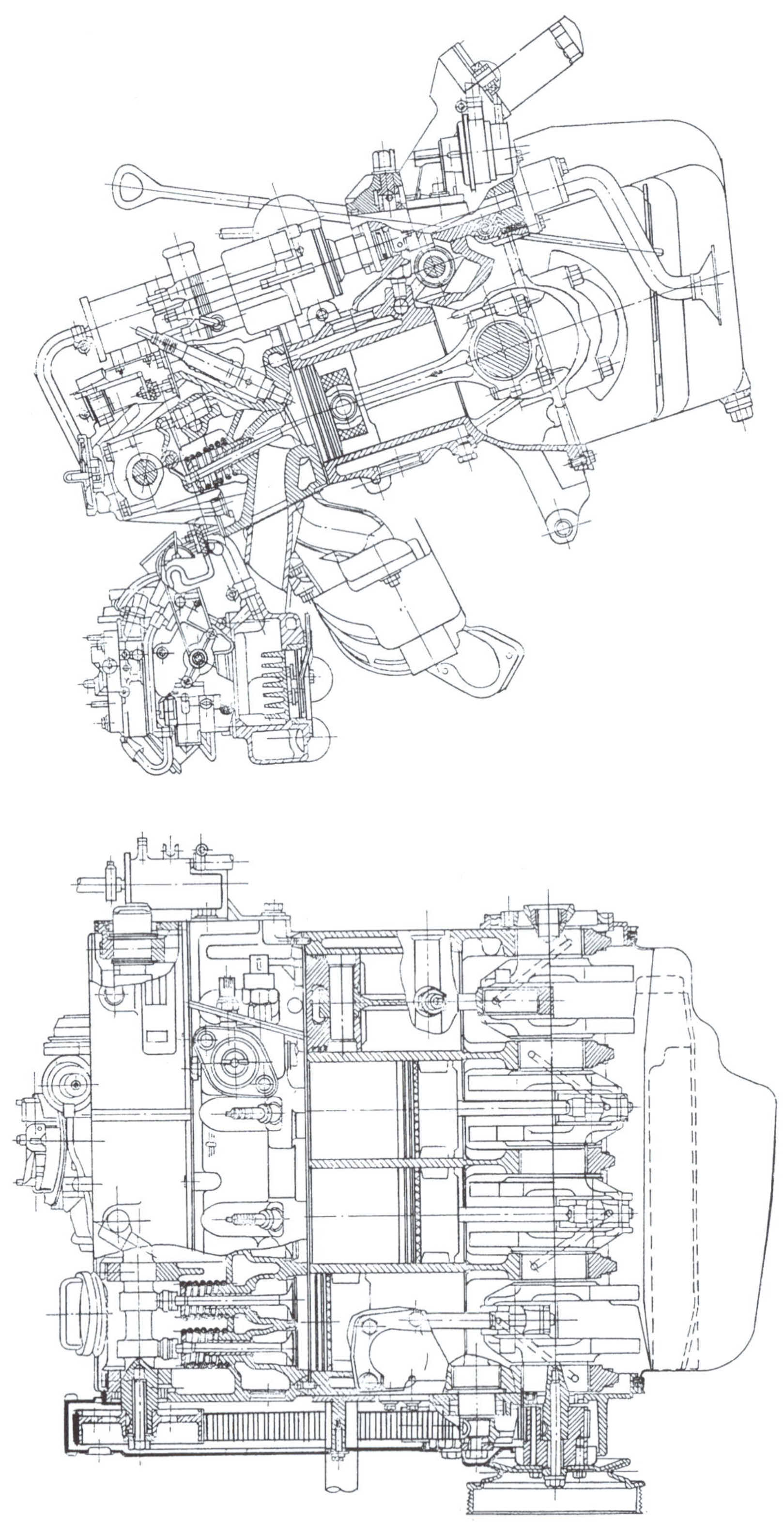

图1-7 CA488型汽油机纵、横剖面图

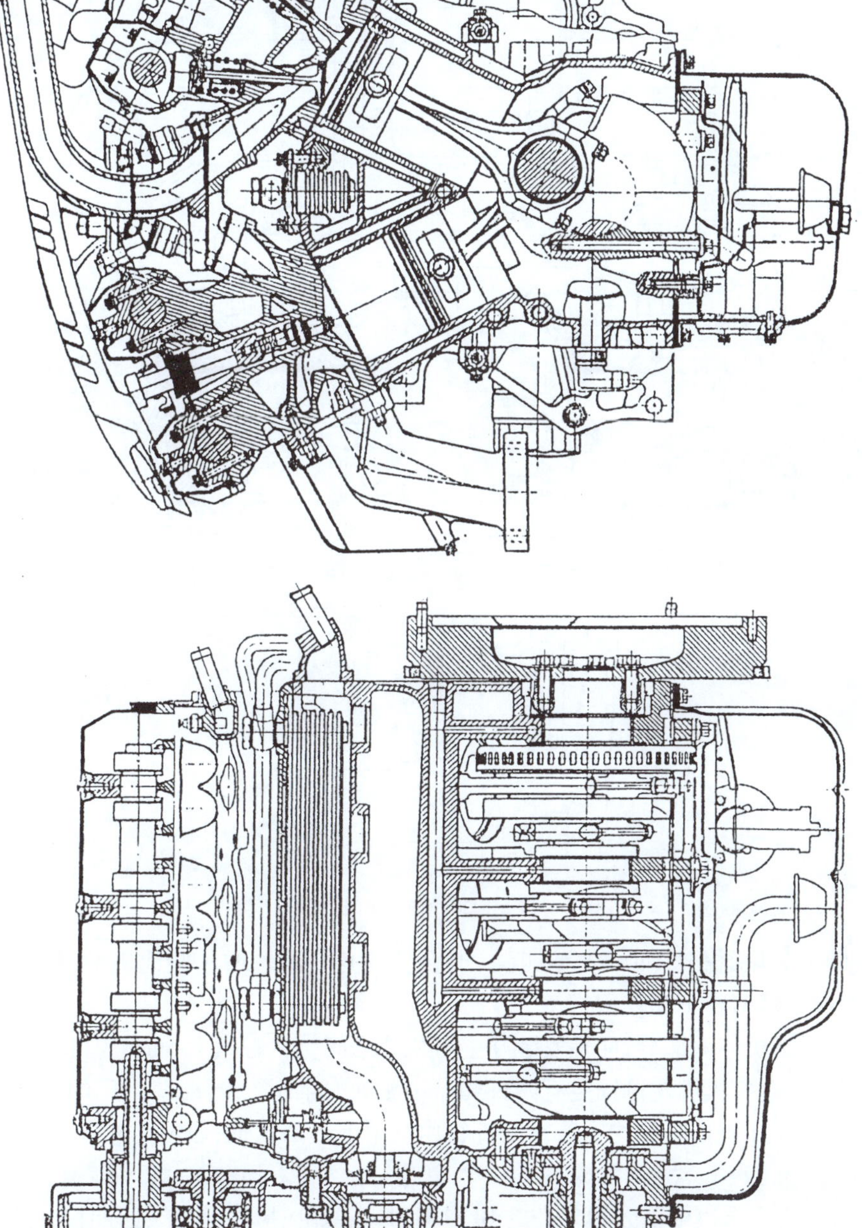

图1-8　欧宝V6汽油机纵、横剖面图

图 1-9 所示为日本富士重工业株式会社生产的 EJ20 型汽油机的结构图。该发动机为四缸、水冷、四冲程、电控汽油喷射式发动机。其最重要的结构特点是发动机机体为水平对置式。重心低，平衡性好是这类发动机得天独厚的优点。每缸四气门，双上置凸轮轴由宽幅球面正时齿形带传动，同时采用自动张紧器以提高齿形带的使用寿命和降低噪声。汽缸盖和机体均为铝合金铸件，汽缸镶嵌干式汽缸套。

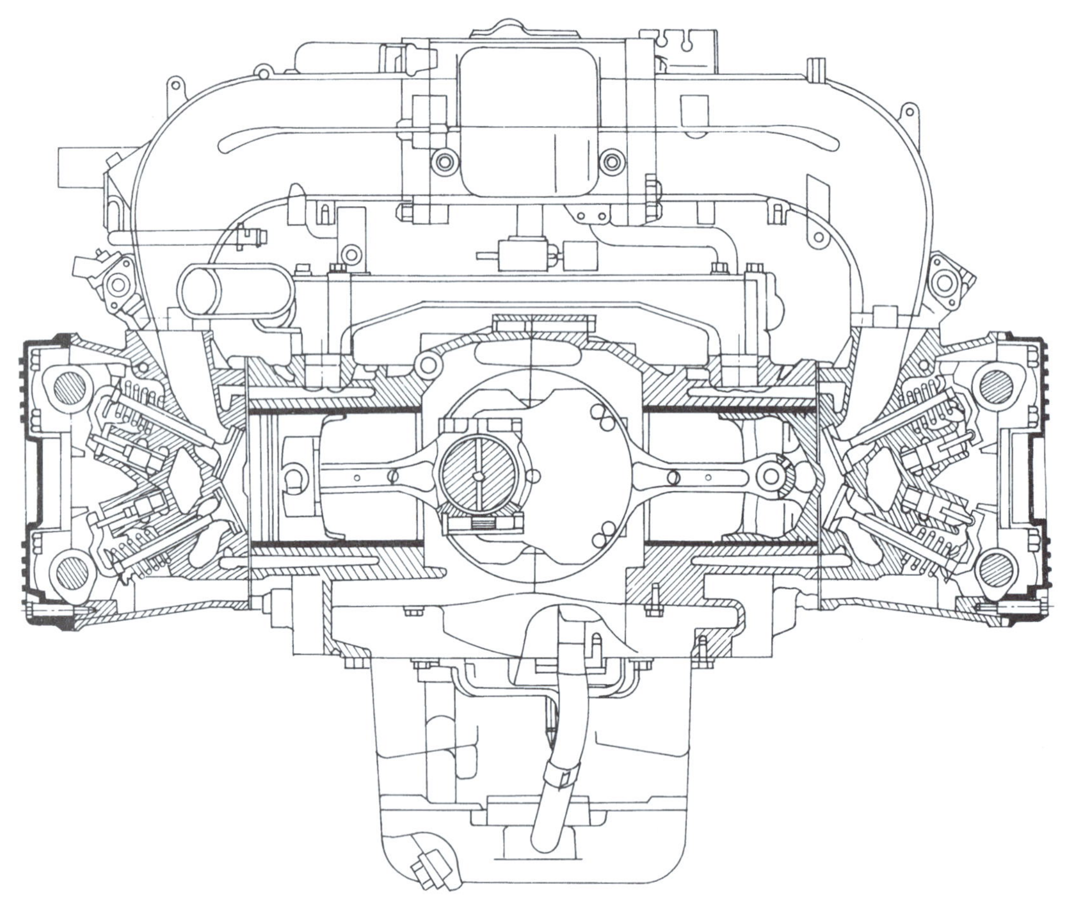

图 1-9　富士 EJ20 型汽油机剖面图

图 1-10 所示为依维柯 8140. 21 型四缸、水冷、四冲程、涡轮增压柴油机的纵、横剖面图。该发动机主要用于轻型客车和轻型货车。

机体分为上、下机体两部分，曲轴安装在上下机体之间。汽缸镶 1. 5mm 厚的干式汽缸套，相邻汽缸之间无水套。机体左侧固定有附件箱。喷油泵、输油泵、制动助力用的真空泵、机油滤清器、机油冷却器和机油泵等均安装在附件箱内。单上置凸轮轴，通过倒杯形机械式挺柱驱动进、排气门。

图 1-11 所示为德国道依茨公司生产的 BF8L413F 型八缸、风冷、增压、四冲程柴油机的纵、横剖面图。该发动机采用龙门式曲轴箱，分块式汽缸盖，每缸一盖。带自动调节风量的冷却风扇及电起动并辅以空气加热器的冷起动系统。

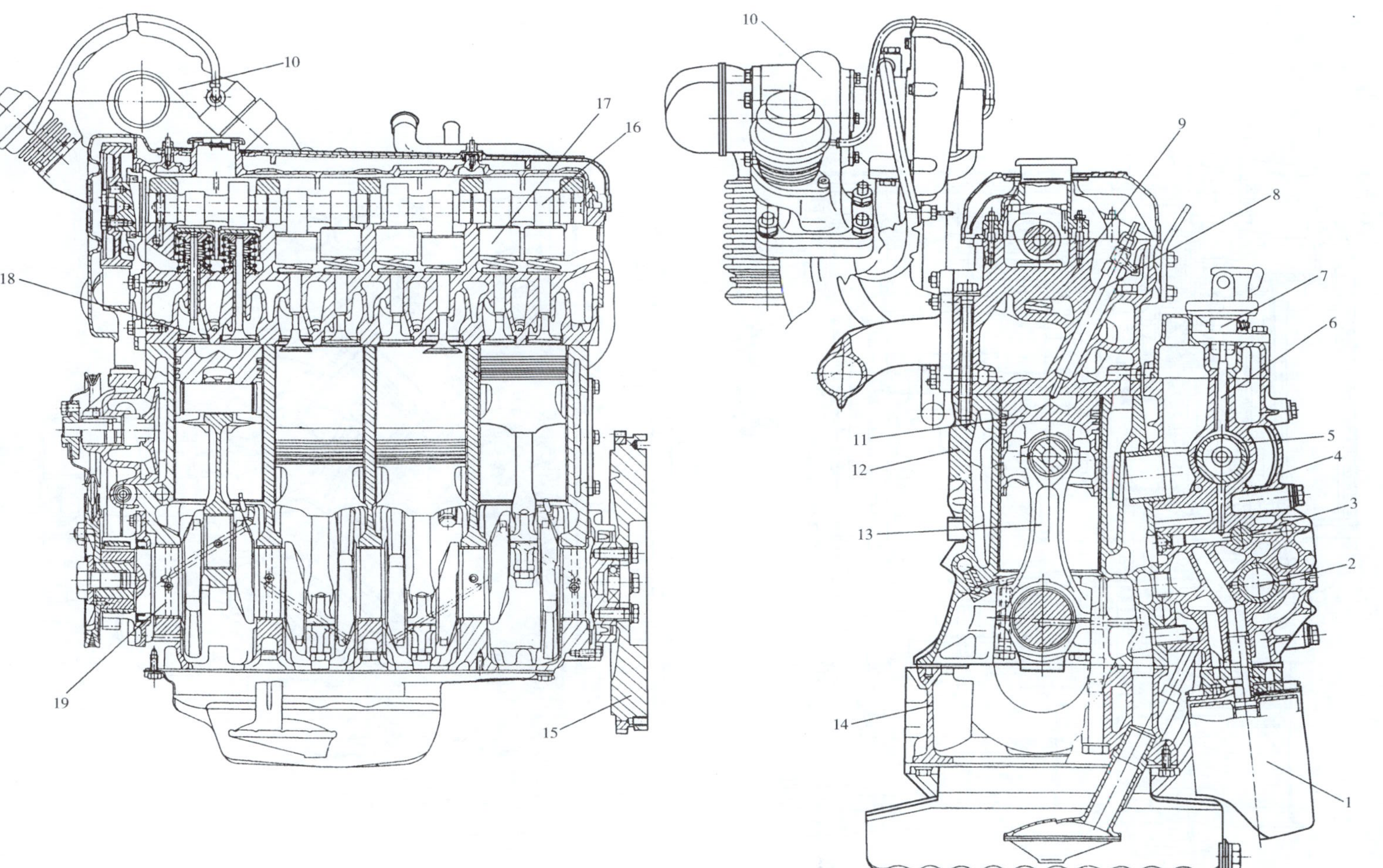

图 1-10　依维柯 8140.21 型柴油机纵、横剖面图

1-机油滤清器;2-机油泵从动轴;3-机油泵主动轴;4-附件箱;5-喷油泵驱动轴;6-输油泵推杆;7-输油泵;8-喷油器;9-汽缸盖;10-涡轮增压器;11-活塞;12-上机体;13-连杆;14-下机体;15-飞轮;16-凸轮轴;17-倒杯形机械式挺柱;18-气门;19-曲轴

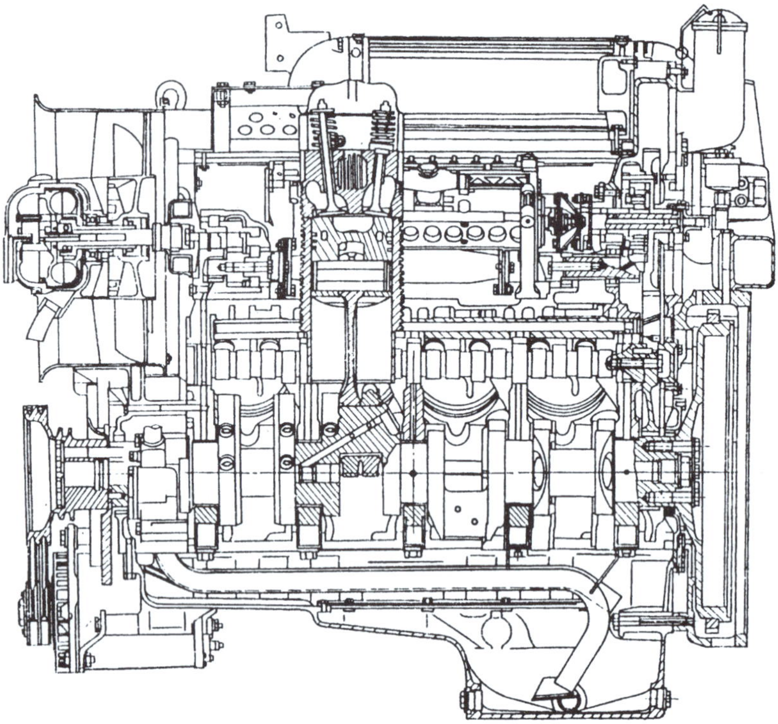

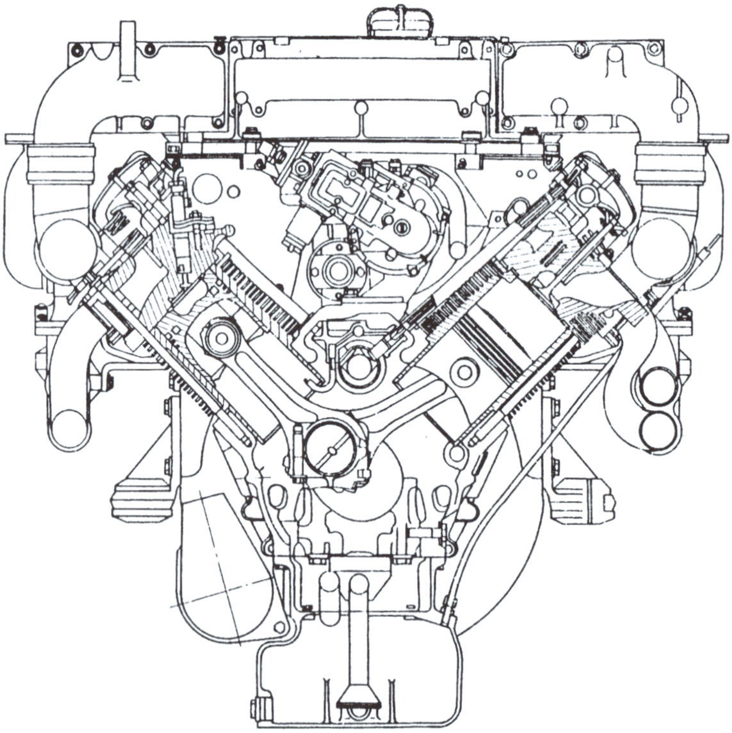

图 1-11　BF8L413F 型风冷柴油机纵、横剖面图

思　考　题

1. 汽车发动机有哪些类型?

2. 四冲程往复活塞式内燃机通常由哪些机构与系统组成? 它们各有什么功用?

3. 四冲程汽油机和柴油机在基本工作原理上有何异同?

4. CA488 型四冲程汽油机有 4 个汽缸,汽缸直径 87.5mm,活塞行程 92mm,压缩比为 8.1,试计算其汽缸工作容积、燃烧室容积和发动机排量。

第二章　机体组及曲柄连杆机构

第一节　概　　述

发动机在工作过程中，将燃料燃烧到动力输出给传动系统，这期间机体组和曲柄连杆机构承受了复杂、交变的作用力。有一些作用力和力矩是有益的，是驱动汽车的原动力；有些作用力是有害的，它们将产生振动和发动机内部零件的磨损。

作用在曲柄连杆机构上的力有气体力和运动质量惯性力。

气体力作用于活塞顶上，在活塞的四个行程中始终存在，但只有作功行程中的气体力是发动机对外作功的原动力。气体力通过连杆、曲柄销传到主轴承。气体力同时也作用于汽缸盖上，并通过汽缸盖螺栓传给机体。作用于活塞上和汽缸盖上的气体力大小相等、方向相反，在机体中相互抵消而不传至机体外的支撑上，但使机体受到拉伸。

曲柄连杆机构可视为由往复运动质量和旋转运动质量组成的当量系统。往复运动质量包括活塞组零件质量和连杆小头集中质量，它沿汽缸轴线作往复变速直线运动，产生往复惯性力；旋转运动质量包括曲柄质量和连杆大头集中质量，它绕曲轴轴线旋转，产生旋转惯性力，也称离心力。往复惯性力和旋转惯性力通过主轴承和机体传给发动机支撑。

若以 F_g、F_j 和 F_k 分别表示气体力、往复惯性力和旋转惯性力，则曲柄连杆机构中的作用力如图 2-1a）所示。

气体力 F_g 和往复惯性力 F_j 同时作用在活塞上，由于两者都是沿着汽缸轴线作用，故活塞上的总作用力 F 等于 F_g 与 F_j 的代数和。

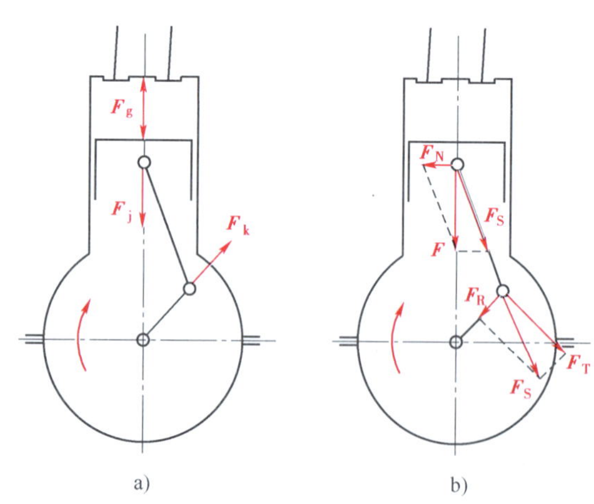

图 2-1　曲柄连杆机构中的作用力及其传递

总作用力 F 在活塞销中心分解为垂直汽缸轴线且使活塞压向汽缸壁的侧向力 F_N 及沿着连杆轴线作用的连杆力 F_S（图 2-1b）。侧向力使活塞和汽缸壁加剧磨损，同时它对曲轴旋转轴线的力矩称为翻倒力矩，有使发动机翻倒的倾向。翻倒力矩通过机体传到发动机支撑。连杆力使连杆受到压缩或拉伸。

连杆力 F_S 传到曲柄销中心分解为垂直曲柄的切向力 F_T 和沿着曲柄作用的径向力 F_R。切向力产生发动机转矩 T，径向力使轴承承受载荷。

由于发动机工作循环的周期性和曲柄连

杆机构运动的周期性,上述各力都随曲轴转角呈周期性变化。往复惯性力、旋转惯性力、翻倒力矩和发动机转矩的周期性变化将引起发动机在支撑上的振动,从而降低了汽车行驶的平顺性和舒适性。为了改善这种状况,应该尽量减小曲柄连杆机构运动件质量以减小惯性力,以及在曲轴上加平衡重和设置平衡机构来平衡惯性力。

第二节 机 体 组

一、机体组的功用及组成

现代汽车发动机机体组主要由机体、汽缸盖、汽缸盖罩、汽缸衬垫、主轴承盖以及油底壳等组成(图2-2)。镶汽缸套发动机的机体组还包括干式或湿式汽缸套。

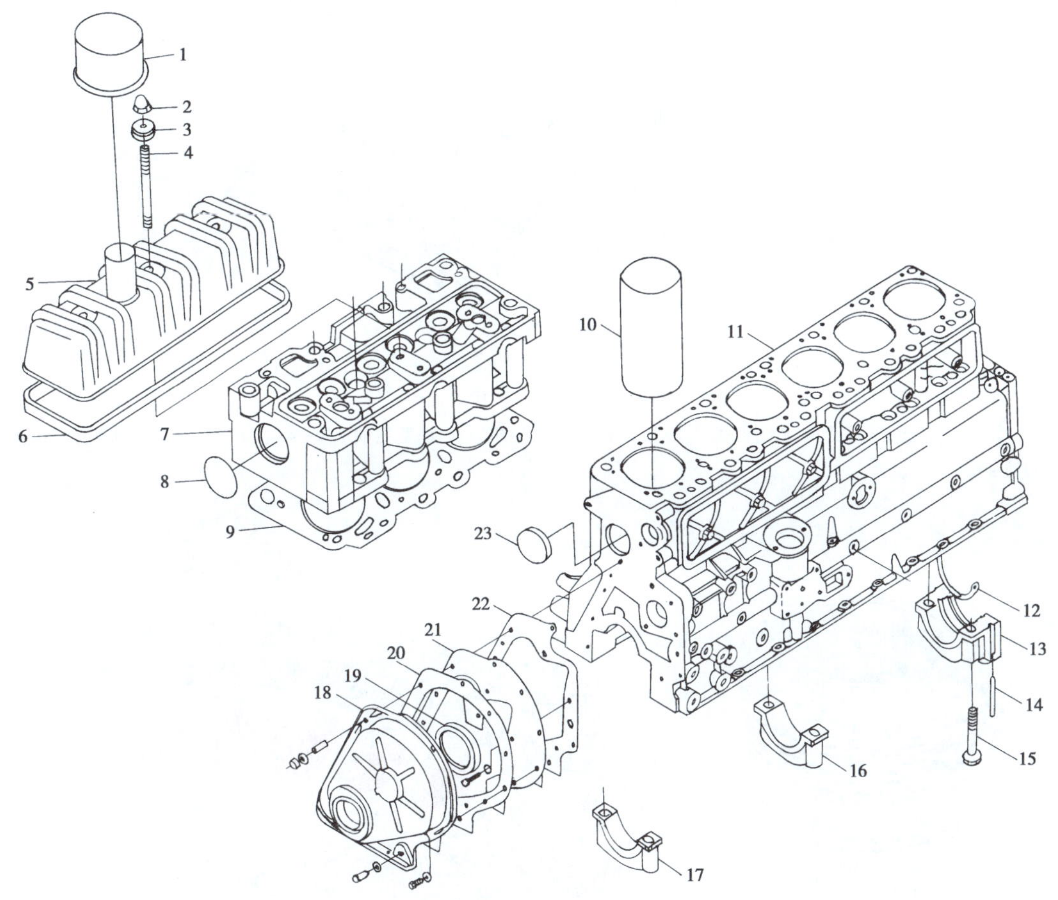

图2-2 机体组(EQ6100-1)

1-曲轴箱通风管盖;2-螺母;3-垫片;4-螺柱;5-汽缸盖罩;6-密封垫;7-汽缸盖;8、23-水堵(碗形塞);9-汽缸衬垫;10-干式汽缸套;11-机体;12、14-密封条;13、16、17-后、中、前主轴承盖;15-主轴承螺栓;18-定时齿轮室盖;19-曲轴前油封;20、22-衬垫;21-垫板

机体组是发动机的支架,是曲柄连杆机构、配气机构和发动机各系统主要零部件的装配基体。汽缸盖用来封闭汽缸顶部,并与活塞顶和汽缸壁一起形成燃烧室。另外,汽缸盖和机体内

的水套和油道以及油底壳又分别是冷却系统和润滑系统的组成部分。

二、机体

1. 机体的工作条件及要求

已如上述，机体是汽缸体与曲轴箱的连铸体。绝大多数水冷发动机的汽缸体与曲轴箱连铸在一起，而且多缸发动机的各个汽缸也合铸成一个整体(图2-3)。风冷发动机几乎无一例外地将汽缸体与曲轴箱分别铸制，而且汽缸体为单体的(图2-4)。

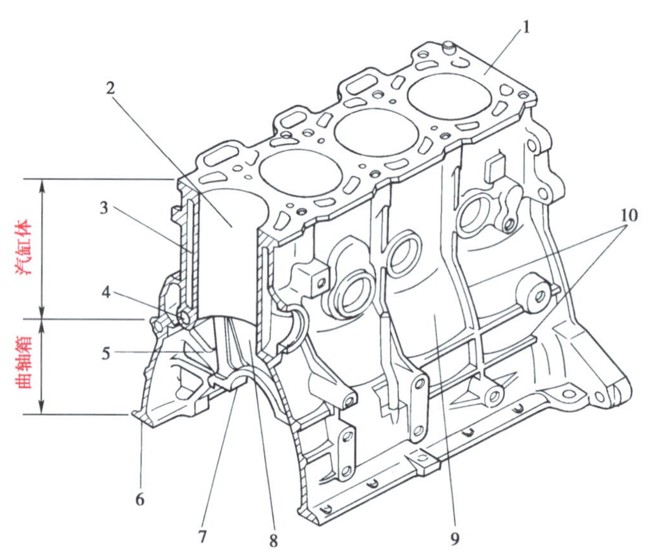

图2-3　水冷发动机的机体

1-机体顶面；2-汽缸；3-水套；4-主油道；5-横隔板上的加强肋；6-机体底面；7-主轴承座；8-缸间横隔板；9-机体侧壁；10-侧壁上的加强肋

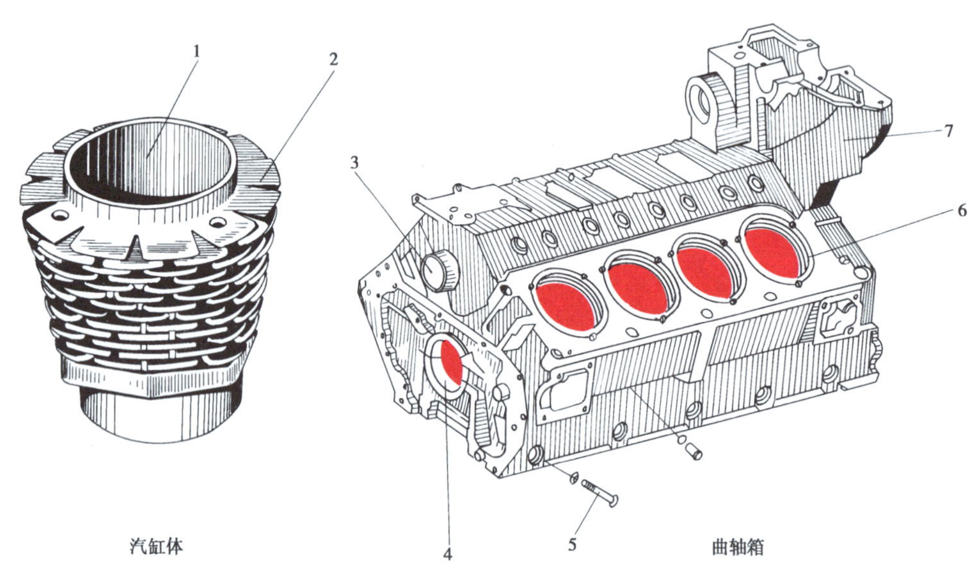

图2-4　风冷发动机的汽缸体与曲轴箱

1-汽缸；2-散热片；3-凸轮轴孔；4-主轴承孔；5-主轴承盖横向紧固螺栓；6-汽缸体安装孔；7-定时传动室

机体是发动机中最大的零件。在发动机工作时，机体承受拉、压、弯、扭等不同形式的机械负荷，同时还因为汽缸壁表面与高温燃气直接接触而承受很大的热负荷。因此，机体应具有足够的强度和刚度，且耐磨损和耐腐蚀，并应对汽缸进行适当的冷却，以免机体损坏和变形。机体也是最重的零件，应该力求结构紧凑、质量轻，以减小整机的尺寸和质量。

2. 机体材料

机体一般用高强度灰铸铁或铝合金铸造。最近，在轿车发动机上采用铝合金机体的越来越普遍。与铸铁机体相比，铝合金机体有下列优点：

(1)全铝机体与铝活塞的热膨胀系数相同，因此活塞与汽缸的间隙可以控制到最小，从而可以降低噪声和机油消耗量。

(2)由于铝合金的导热性很好，因此采用全铝机体可以提高压缩比，有利于提高发动机的功率。

(3)铝合金机体质量轻，有利于前置发动机前轮驱动的轿车前后轮载荷的合理分配。

(4)由于铝合金机体散热性能好，可以减少冷却液容量，减小散热器尺寸，使整个发动机轻量化。

铝合金机体的缺点是成本高。

3. 机体构造

机体是结构极为复杂的箱形零件，其大部分壁厚均为铸造工艺许用的最小壁厚。在机体侧壁和前后壁的内外表面以及缸间的横隔板上均有加强肋，旨在减小机体质量的同时，保证机体有足够的强度和刚度。在机体的前后壁和汽缸之间横隔板上铸有支撑曲轴的主轴承座或主轴承座孔以及满足润滑需要的纵、横油道。在水冷发动机汽缸的外壁铸有冷却水套和布水室，以增强散热。

机体的构造与汽缸排列形式、汽缸结构形式和曲轴箱结构形式有关。

(1)汽缸排列形式有 3 种：直列式、V 型和水平对置式。

各汽缸排成一直列的称为直列式汽缸排列(图 2-5)，其特点是机体的宽度小而高度和长度大，一般只用于六缸以下的发动机。通常把采用直列式汽缸排列的发动机称为直列式发动机。六缸直列式发动机的平衡性最好，发动机工作时不产生振动。

两列汽缸排列成 V 形的称为 V 型汽缸排列(图 2-6)。采用这种汽缸排列形式的发动机称为 V 型发动机。目前有 V4、V6、V8、V10、V12 和 V16 等机型。V 型发动机机体宽度大，而长度和高度小，形状比较复杂。但机体的刚度大，质量和外形尺寸较小。

对置式汽缸排列是指两列汽缸水平相对排列，其优点是重心低，而且水平对置式发动机的平衡性好。机体由左、右两个机体用螺栓紧固在一起(图 2-7)。

(2)汽缸内表面由于受高温高压燃气的作用并与高速运动的活塞接触而极易磨损。为了提高汽缸的耐磨性和延长汽缸的使用寿命而有不同的汽缸结构形式和表面处理方法。汽缸结构形式也有 3 种，即无汽缸套式、干汽缸套式和湿汽缸套式。

无汽缸套式机体即不镶嵌任何汽缸套的机体，在机体上直接加工出汽缸(图 2-8)。其优点是可以缩短汽缸中心距，从而使机体的尺寸和质量减轻。另外，机体的刚度大，工艺性好。其缺点是为了保证汽缸的耐磨性，整个铸铁机体须用耐磨的合金铸铁制造，这就既浪费了贵重的材料又提高了制造成本。汽缸内表面经珩磨加工成深度为 4 ~ 6.5μm 的网纹，以改善汽缸的润滑性和磨合性。国产轿车红旗 CA488—3、捷达 EA827、上海桑塔纳 JV 和富康 TU 等型发动机都是采用合金铸铁无汽缸套式的机体。

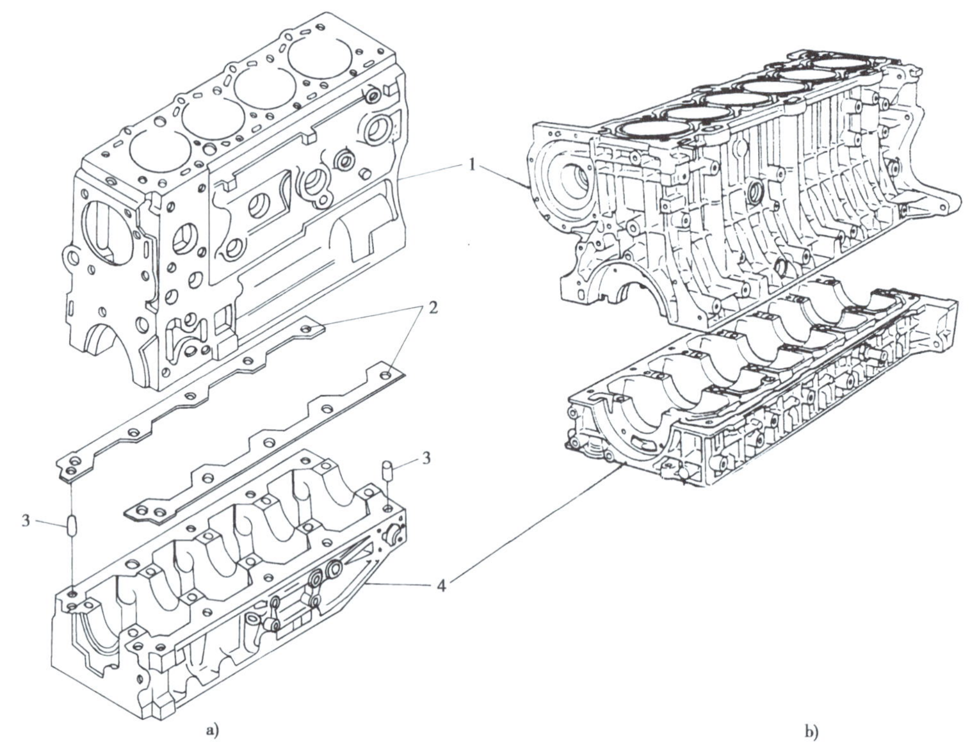

图 2-5 直列式发动机机体

a）雷诺 S8U 型柴油机机体；b）沃尔沃汽油机机体

1-机体；2-密封垫；3-定位销；4-梯形梁

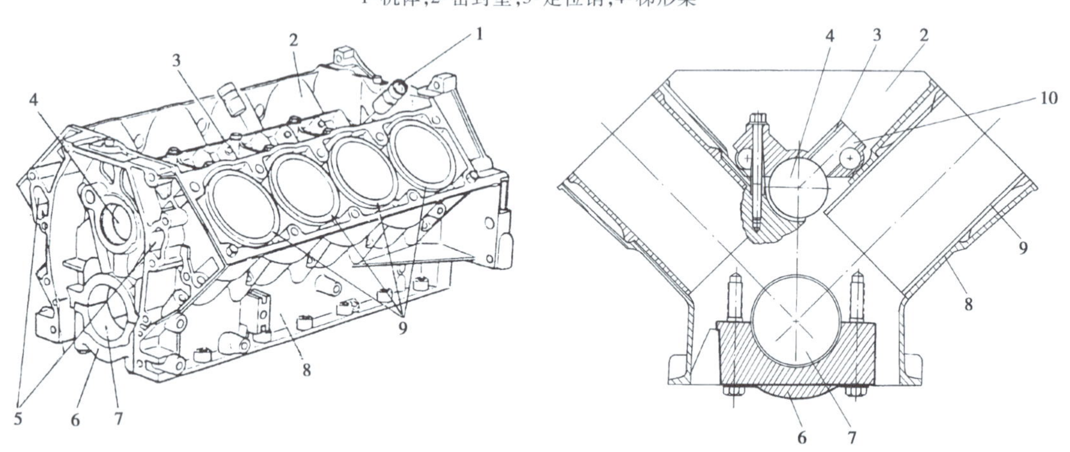

图 2-6 V8 发动机机体（凯迪拉克）

1-挺柱；2-推杆室；3-挺柱支架；4-凸轮轴承孔；5-进水口；6-主轴承盖；7-主轴承孔；8-铝合金机体；9-湿式汽缸套；10-挺柱孔

无汽缸套式铝合金机体，在汽缸内表面进行多孔镀铬，以提高其耐磨性。目前也只有少数几种发动机采用这种结构，如图 2-8 所示。

干汽缸套式机体是在一般灰铸铁机体的汽缸套座孔内压入或装入干式汽缸套（图 2-9）。

干式汽缸套不与冷却液接触。用合金铸铁离心铸造的干式汽缸套壁厚为 2 ~ 3mm，而精密拉伸的钢制汽缸套壁厚仅为 1.0 ~ 1.5mm。干式汽缸套的外圆表面和汽缸套座孔内表面均须精加工，以保证必要的形位精度和便于拆装。汽缸套与座孔的配合，现在多采用动配合，其间隙为 0.017 ~ 0.037mm。解放 CA6102 型和东风 EQ6100—1 型汽油机均在灰铸铁机体上镶入合金铸铁干式汽缸套。干汽缸套式铝合金机体则是将合金铸铁汽缸套与铝合金机体铸在一起。镶嵌干式汽缸套的优点是机体刚度大，汽缸中心距小，质量轻和加工工艺简单。缺点是传热较差，温度分布不均匀，容易发生局部变形。

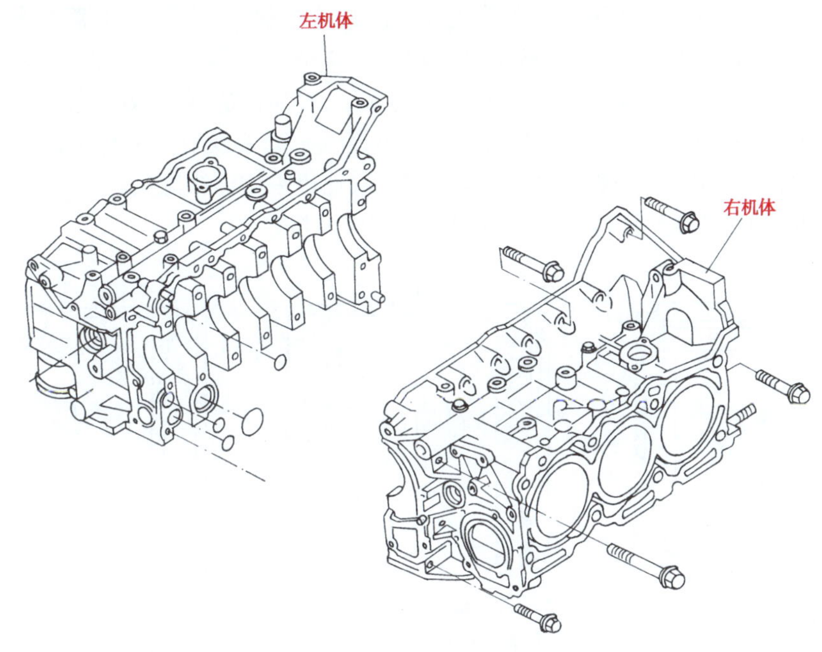

图 2-7　水平对置式机体（富士重工 SCX）

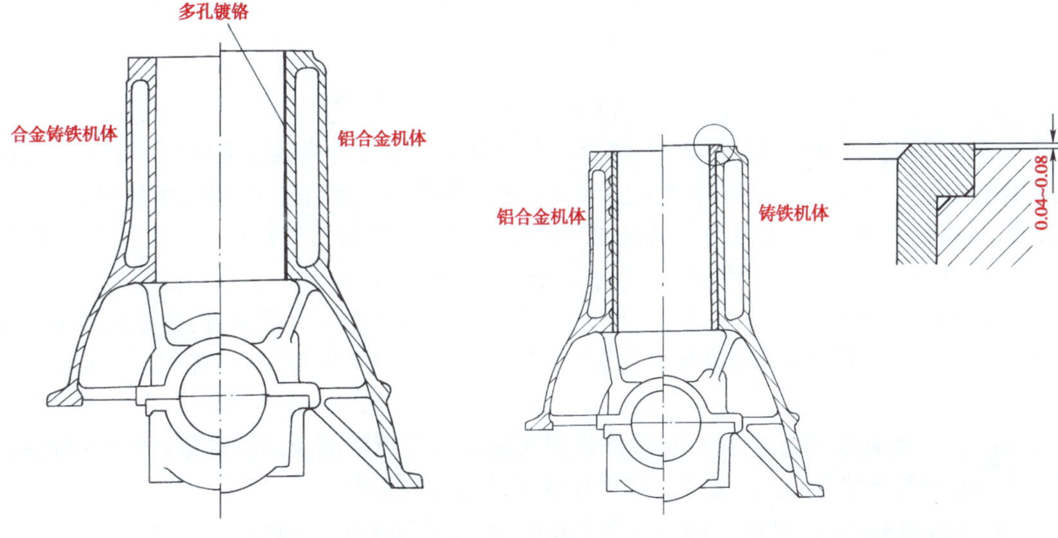

图 2-8　无汽缸套式机体

图 2-9　干汽缸套式机体

湿汽缸套式机体(图 2-10)，其汽缸套外壁与冷却液直接接触。用合金铸铁制造的湿式汽缸套的壁厚一般为 5 ~ 8mm。利用湿式汽缸套的上、下定位环带 A、B 实现其径向定位，而轴向定位一般是靠汽缸套上部凸缘与机体顶部相应的支撑面 C 实现的(图 2-10a)。湿式汽缸套轴向定位支撑面可以设在机体的不同高度上(图 2-10b、c)，而且支撑面越低对汽缸套上部和活塞的冷却越有利。湿式汽缸套下部用 1 ~ 3 道耐热耐油的橡胶密封圈进行密封，防止冷却液泄漏。密封圈既可装在汽缸套下定位环带上的环形槽内(图 2-10a)，也可装在机体上的导向定位孔上的环形槽内(图 2-10b、c)。湿式汽缸套上部的密封是利用汽缸套装入机体后，汽缸套顶面高出机体顶面 0.05 ~ 0.15mm。这样在拧紧汽缸盖螺栓时，大部分压紧力作用在汽缸套凸缘上，使其与汽缸盖衬垫和机体支撑面贴合得非常紧密，起到防止汽缸漏气和水套漏水的作用。湿汽缸套式机体的优点是机体上没有封闭的水套，容易铸造，传热好，温度分布比较均匀，修理方便，不必将发动机从汽车上拆下来就可以更换汽缸套。缺点是机体刚度差，容易漏水。湿汽缸套式机体广泛用于汽车柴油机上，也有部分汽油机采用铸铁湿汽缸套式铝合金机体，如图 2-6 所示的凯迪拉克 V8 发动机，以及 BJ492Q 型汽油机等。

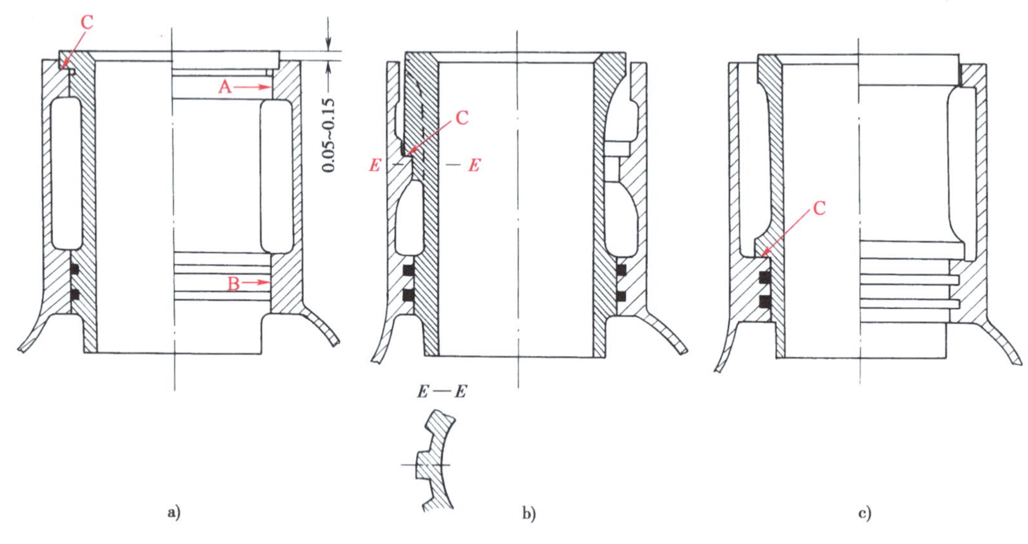

图 2-10　湿式汽缸套

风冷发动机汽缸体结构如图 2-11 所示。由于金属对空气的换热系数仅是金属对水的换热系数的 1/33。因此必须在风冷汽缸的外壁铸制散热片，以增加散热面积，增强散热能力。图 2-11a)表示 BF8L413F 型风冷发动机的高磷铸铁单金属汽缸体的结构。汽缸体上共有 28 排散热片，上边五排散热片不带缺口，以增加汽缸体上部的刚度；其余各排散热片均带缺口，每排有 6 个缺口，各排散热片缺口相互错开 30°角，以增强冷却空气的紊流，提高散热效果。图 2-11b)所示为 4120F 型风冷发动机的双金属汽缸体结构。汽缸由球墨铸铁铸造，外表面经加工后渗铝，再铸上铝合金散热片。散热片经机械加工，厚度为 2.5mm，高 24mm，散热片中心距为 7mm。为了增强散热效果，可以采用汽缸内表面为多孔镀铬的全铝汽缸体，例如部分保时捷 911 型水平对置式六缸风冷发动机即采用这种结构的汽缸体。

(3)按曲轴箱结构形式的不同机体有平底式、龙门式和隧道式 3 种。

平底式机体的底平面与曲轴轴线齐平(图 2-5)。这种机体高度小、质量轻、加工方便。但与另外两种机体相比刚度较差，且机体前后端与油底壳之间的密封比较复杂。通常轿车和轻型货车发动机多采用平底式机体。例如，BJ492Q 和 CA488—3 等型汽油机的机体即为此种结构。

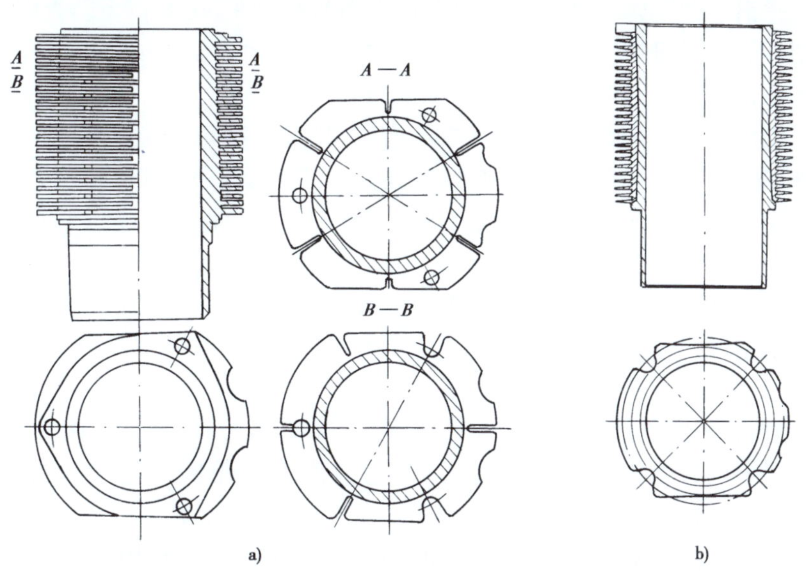

图 2-11 风冷发动机的汽缸体

龙门式机体是指底平面下沉到曲轴轴线以下的机体（参看图 2-3、图 2-4、图 2-6）。机体底平面到曲轴轴线的距离称作龙门高度。龙门式机体由于高度增加，其弯曲刚度和扭转刚度均比平底式机体有显著提高。机体底平面与油底壳之间的密封也比较简单。龙门式机体广泛用于各类汽车发动机上，如解放 CA6102、东风 EQ6100—1 等货车发动机以及上海桑塔纳 JV、捷达 EA827、富康 TU 等型国产轿车发动机均采用龙门式机体。BF8L413F 型风冷发动机的曲轴箱也为龙门式。

隧道式机体是指主轴承孔不剖分的机体结构。这种机体配以窄型滚动轴承可以缩短机体长度。隧道式机体的刚度大，主轴承孔的同轴度好，但是由于大直径滚动轴承的圆周速度不能很大，而且滚动轴承价格较贵，因此限制了隧道式机体在高速发动机上的应用。

随着发动机的不断强化，机体所承受的机械负荷越来越大。因此，必须增强主轴承的支撑刚度，以保证曲轴不发生弯曲变形。为此，在许多汽车上采用一种“梯形梁”结构（参看图 2-5）。这种结构是把各主轴承盖铸成一个整体，形如梯子，可以显著增加主轴承刚度。雷诺 S8U 型柴油机和沃尔沃直列六缸汽油机等均采用这种结构。

三、汽缸盖

1. 汽缸盖工作条件及要求

汽缸盖承受气体力和紧固汽缸盖螺栓所造成的机械负荷，同时还由于与高温燃气接触而承受很高的热负荷。为了保证汽缸的良好密封，汽缸盖既不能损坏，也不能变形。为此，汽缸盖应具有足够的强度和刚度。为了使汽缸盖的温度分布尽可能均匀，避免进、排气门座之间发生热裂纹，应对汽缸盖进行良好的冷却。

2. 汽缸盖材料

汽缸盖一般都由优质灰铸铁或合金铸铁铸造，轿车用的汽油机则多采用铝合金汽缸盖。铝合金导热性好，有利于提高发动机的压缩比。其次，铸造性能优异，适于浇铸结构复杂的零件。但必须注意铝合金汽缸盖的冷却，控制其底平面的温度在300℃以下。否则，底平面一旦过热将产生塑性变形而翘曲。目前国产轿车发动机均采用铝合金汽缸盖。

3. 汽缸盖构造

汽缸盖是结构复杂的箱形零件。其上加工有进、排气门座孔，气门导管孔，火花塞安装孔（汽油机）或喷油器安装孔（柴油机）。在汽缸盖内还铸有水套、进排气道和燃烧室或燃烧室的一部分。若凸轮轴安装在汽缸盖上，则汽缸盖上还加工有凸轮轴承孔或凸轮轴承座及其润滑油道。

显然，汽缸盖的构造受许多结构因素的影响，如每缸气门数、凸轮轴的位置、冷却方式以及进排气道及燃烧室形状等。

水冷发动机的汽缸盖有整体式、分块式和单体式3种结构形式。在多缸发动机中，全部汽缸共用一个汽缸盖的，则称该汽缸盖为整体式汽缸盖（图2-12a、b）；若每两缸一盖或三缸一盖，则该汽缸盖为分块式汽缸盖（图2-12c）；若每缸一盖，则为单体式汽缸盖（图2-12d）。风冷发动机均为单体式汽缸盖（图2-12e）。

整体式汽缸盖结构紧凑，可缩短汽缸中心距。当汽缸直径小于105mm，汽缸数不超过6个时，一般都采用整体式汽缸盖。而且，当工厂的产品品种单一，但生产批量很大时，采用整体式汽缸盖比较经济。

汽缸直径介于100～140mm之间时，采用何种形式的汽缸盖要看工厂的传统和产品系列。若工厂同时生产2、4、6、8、12缸发动机系列，则采用两缸一盖的分块式汽缸盖比较合理；若只生产直列6缸和V6、V12缸发动机，则采用三缸一盖更为合适，因为这样可以提高汽缸盖的通用性，增加生产批量。

单体式汽缸盖刚度大，且在备件储存、修理及制造等方面都比较优越。但是采用单体式汽缸盖在缩小汽缸中心距方面受到一定的限制，同时汽缸盖冷却液的回流需装设专门的回水管，使结构复杂。一般汽缸直径≥140mm的发动机采用单体式汽缸盖。

解放CA6102型汽油机为整体式汽缸盖（图2-12a），是由低铜钼合金铸铁铸造的，进排气道在汽缸盖的同一侧。由于凸轮轴下置，因此汽缸盖高度较小，结构比较简单。

马自达L3型汽油机是铝合金整体式汽缸盖（图2-12b）。进、排气道分别布置在汽缸盖的两侧。由于是双上置式凸轮轴，因此在汽缸盖上设置10道凸轮轴承座孔，这虽使汽缸盖高度有所增加，但刚度可增大许多。

6120Q型柴油机的汽缸盖为铜钼合金铸铁分块式汽缸盖，三缸一盖（图2-12c）。进排气道分置在汽缸盖两侧，进气道为螺旋形。

图2-12d）和图2-12e）所示分别为MAN D2866LF型六缸柴油机和太脱拉T—924型风冷柴油机的单体式汽缸盖。

4. 燃烧室

如前所述，当活塞位于上止点时，活塞顶面以上、汽缸盖底面以下所形成的空间称为燃烧室。在汽油机汽缸盖底面通常铸有形状各异的凹坑，习惯上称这些凹坑为燃烧室（图2-13）。

在柴油机中，有直喷式和分隔式燃烧室两种。直喷式燃烧室活塞顶部会设计出凹坑，混合气体在凹坑内形成；分割式燃烧室的主燃烧室在汽缸内，而副燃烧室则铸在汽缸盖中。

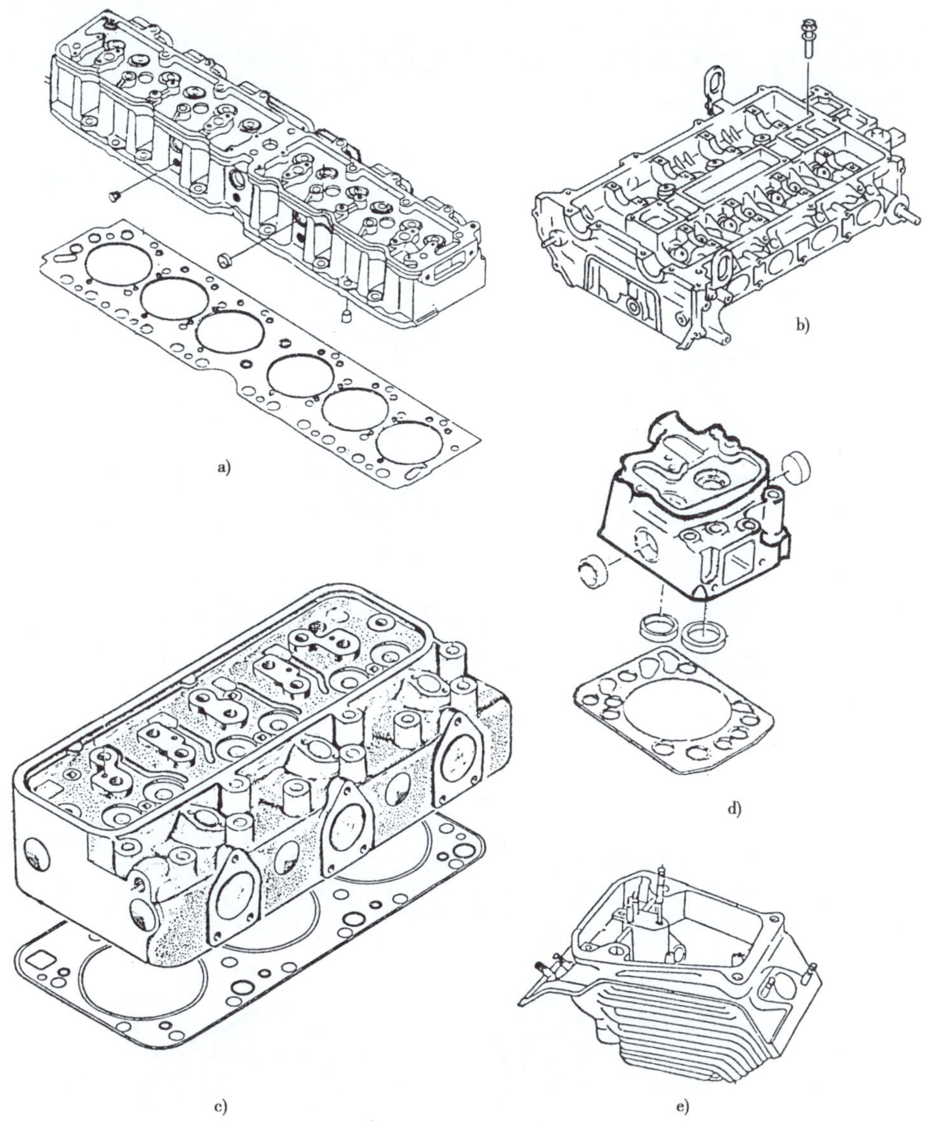

图 2-12　各种形式的汽缸盖

在改善燃料燃烧和提高发动机性能方面，燃烧室形状起着十分重要的作用。不论是汽油机还是柴油机的燃烧室都应满足下列基本要求：一是结构要紧凑，也就是燃烧室表面积与其容积之比要小，以减少热损失，提高发动机的热效率；二是能增大进气门直径或进气道通过面积，以增加进气量，进而提高发动机转矩和功率；三是能在压缩行程终点产生挤气涡流，以提高混合气燃烧速度，保证混合气得到及时和充分的燃烧。此外，汽油机燃烧室还应保证火焰传播距离最短，以防止发生不正常燃烧。柴油机燃烧室形状还应与燃油喷射、空气涡流运动进行良好的配合。

在汽油机上广泛应用的燃烧室有：

（1）楔形燃烧室（图2-13a），结构比较紧凑，气门相对汽缸轴线倾斜，进气道比较平直，进气阻力小。压缩行程终了时能产生挤气涡流。用于每缸两气门发动机上，如解放CA6102型汽油机。

（2）浴盆形燃烧室（图2-13b），结构简单，气门与汽缸轴线平行，进气道弯度较大。压缩行程终了能产生挤气涡流。用于每缸两气门发动机上，如东风EQ 6100—1、捷达EA827、奥迪100等汽油机。

（3）半球形燃烧室（图2-13c），结构最紧凑，燃烧室表面积与其容积之比（面容比）最小。

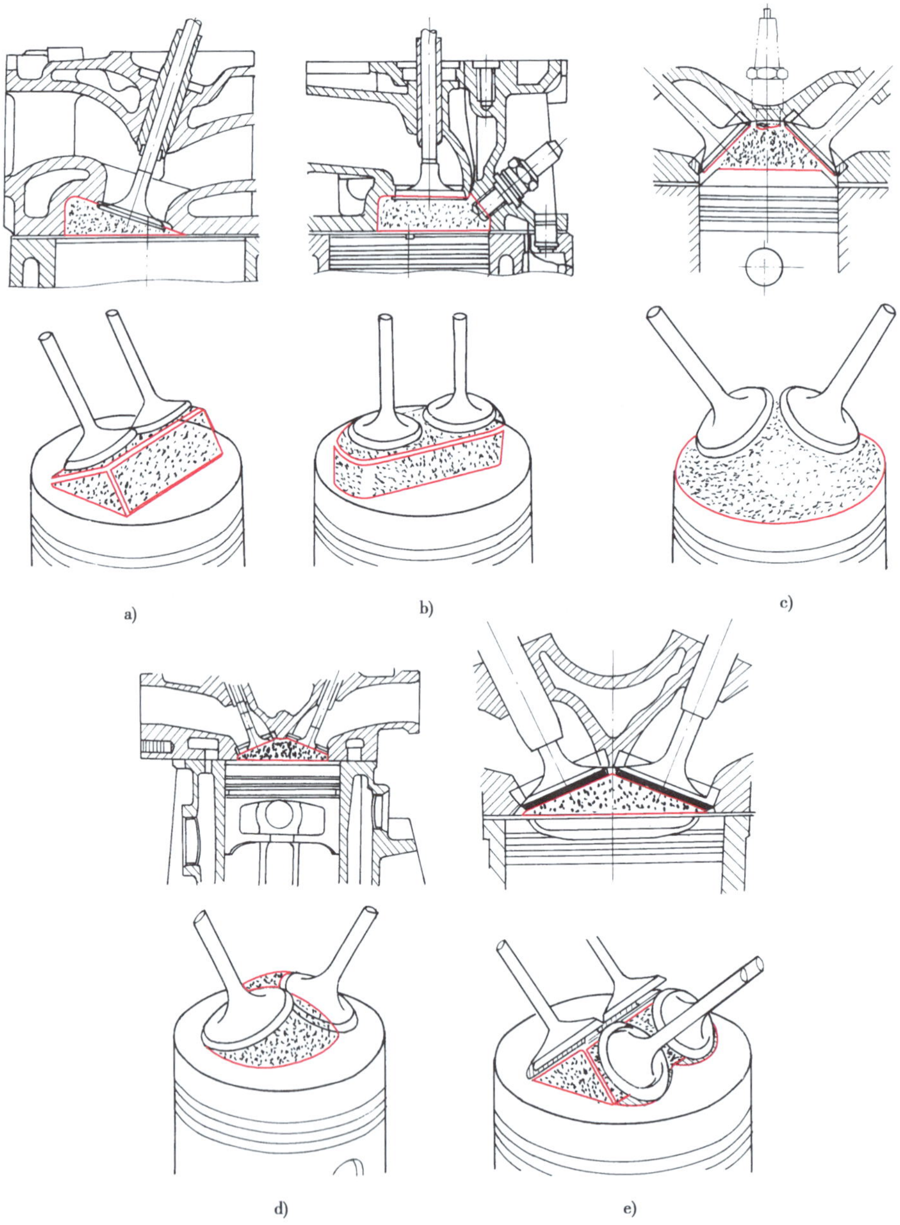

a) b) c)

d) e)

图2-13　汽油机燃烧室

进排气门呈两列倾斜布置，气门直径较大，气道较平直。火焰传播距离较短，不能产生挤气涡流。半球形燃烧室多用于高速发动机。国产轿车富康 TU 型汽油机即为这种半球形燃烧室。

（4）多球形燃烧室是由两个以上半球形凹坑组成的（图 2-13d），其结构紧凑，面容比小，火焰传播距离短，气门直径较大，气道比较平直，且能产生挤气涡流。

（5）篷形燃烧室（图 2-13e）是近年来在高性能多气门轿车发动机上广泛应用的燃烧室。特别是小气门夹角的浅篷形燃烧室得到了较大的发展。欧宝 V6、奔驰 320E、三菱 3G81、富士 EJ20 等型汽油机均为篷形燃烧室。其中 3G81 型汽油机为每缸五气门，其余均为四气门发动机。

柴油机的分隔式燃烧室有两种类型：

（1）涡流室燃烧室（图 2-14a），其主、副燃烧室之间的连接通道与副燃烧室切向连接，在压缩行程中，空气从主燃烧室经连接通道进入副燃烧室，在其中形成强烈的有组织的压缩涡流，因此称副燃烧室为涡流室。燃油顺气流方向喷射。涡流室燃烧室因其高速性能好而多用于轿车和轻型汽车的柴油机上，如依维柯 8140.01 型、五十铃 4FBI 型柴油机均为涡流室燃烧室，后者曾用作雪佛兰轿车发动机。

（2）预燃室燃烧室（图 2-14b），其主、副燃烧室之间的连接通道不与副燃烧室切向连接，且截面积较小。在压缩行程中，空气在副燃烧室内形成强烈的无组织的紊流。燃油迎着气流方向喷射，并在副燃烧室顶部预先发火燃烧，故称副燃烧室为预燃室。

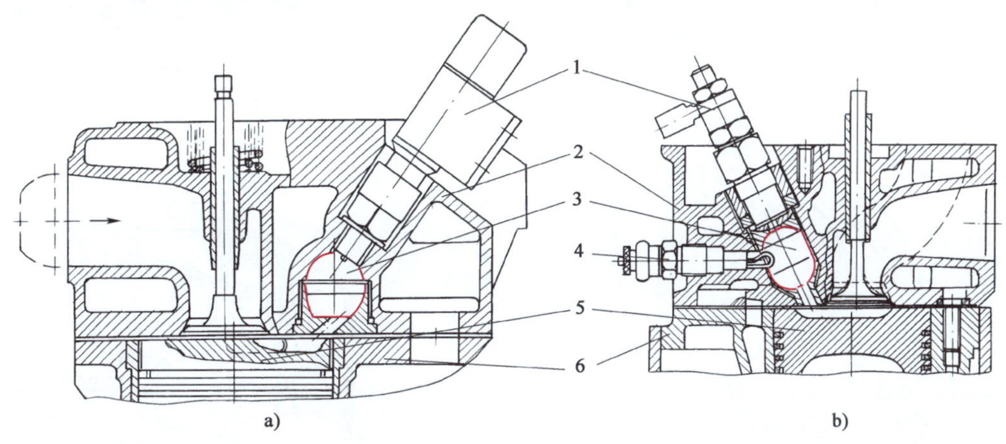

图 2-14　柴油机分隔式燃烧室

1-喷油嘴；2-汽缸盖；3 分隔式燃烧室；4-电热塞；5-活塞；6-缸体

5. 汽缸盖的冷却

汽油机汽缸盖的进、排气门座之间的“鼻梁区”和挤气面以及柴油机汽缸盖的进、排气门座和喷油器安装孔之间的“三角区”的冷却是十分重要的。这些部位如果冷却不良会导致汽油机发生不正常燃烧，柴油机喷油器过热，汽缸盖开裂，进、排气门座变形、漏气并最终烧损气门。

图 2-15 所示为汽缸盖冷却的实例。在汽油机汽缸盖内铸出导流板，将来自机体的冷却液导向鼻梁区（图 2-15a）。柴油机汽缸盖多采用分水管或分水孔将冷却液直接喷向三角区（图 2-15b、c）。

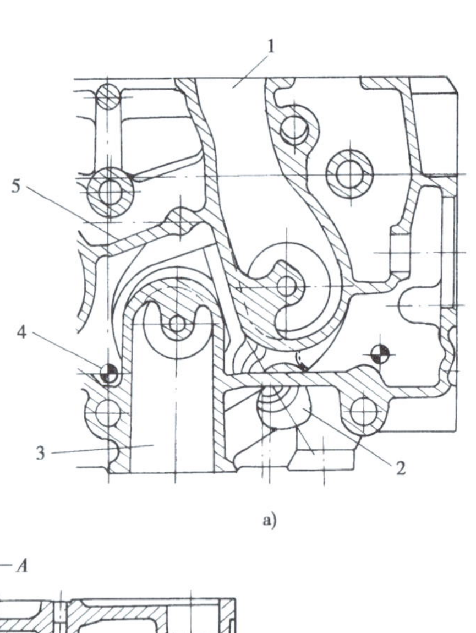

a)

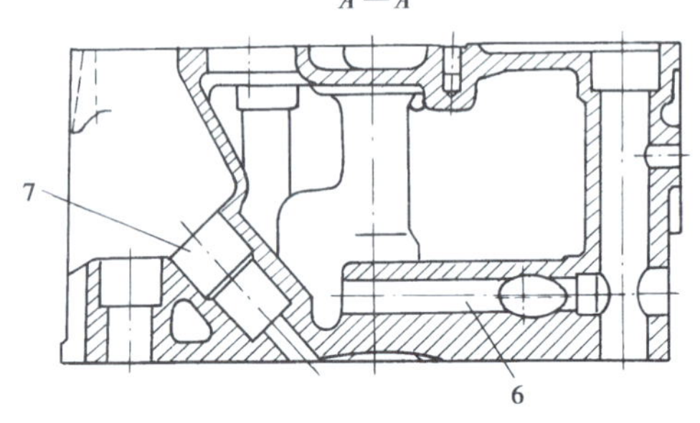

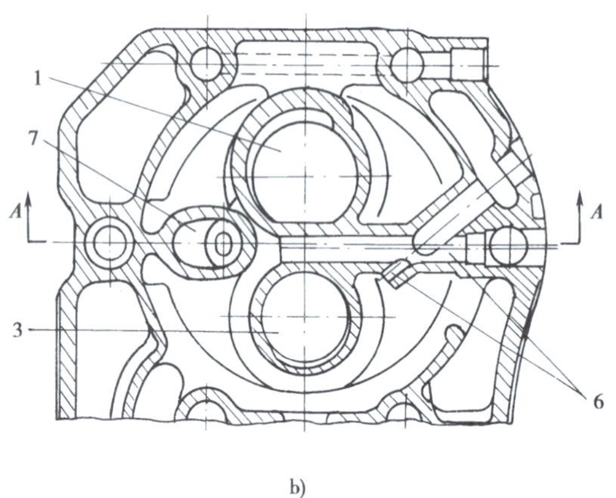

b)

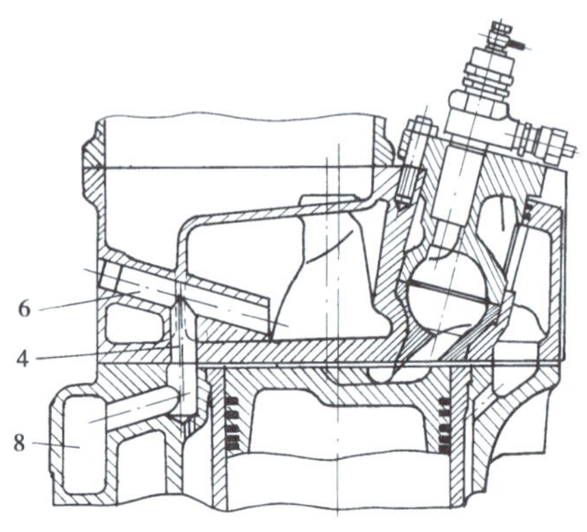

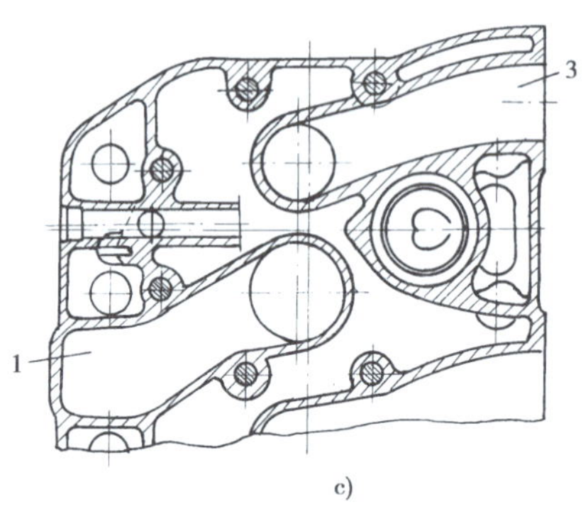

c)

图 2-15　汽缸盖的冷却

a）汽油机汽缸盖；b）直喷式燃烧室柴油机汽缸盖；c）分隔式燃烧室柴油机汽缸盖

1-进气道；2-火花塞安装孔；3-排气道；4-进水孔；5-导流板；6-分水孔；7-喷油器安装孔；8-分水室

四、汽缸衬垫

1. 汽缸衬垫的功用、工作条件及要求

汽缸衬垫是机体顶面与汽缸盖底面之间的密封件。其作用是保持汽缸密封不漏气，保持由机体流向汽缸盖的冷却液和机油不泄漏。汽缸衬垫承受拧紧汽缸盖螺栓时造成的压力，并受到汽缸内燃烧气体高温、高压的作用以及机油和冷却液的腐蚀。

汽缸衬垫应该具有足够的强度，并且要耐压、耐热和耐腐蚀。另外，还需要有一定的弹性，以补偿机体顶面和汽缸盖底面的粗糙度和不平度，以及发动机工作时汽缸盖受气体力出现的变形。

2. 汽缸衬垫的分类及结构

按所用材料的不同，汽缸衬垫可分为金属-石棉衬垫、金属-复合材料衬垫和全金属衬垫等多种。

金属-石棉衬垫以石棉为基体，外包铜皮或钢皮(图2-16a)；另一种金属-石棉衬垫是以扎孔钢板为骨架，外覆石棉及粘结剂压制而成(图2-16b)。所有金属-石棉衬垫均在汽缸孔、冷却液孔和机油孔周围用金属板包边。为了防止高温燃气烧蚀衬垫，还可在金属包边内置入金属加强环(图2-16b)。金属-石棉衬垫具有良好的弹性和耐热性，能重复使用多次。若将石棉板在耐热的粘合剂中浸渍以后，则可增加衬垫的强度。

金属-复合材料衬垫(图2-16c)是在钢板的两面粘覆耐热、耐压和耐腐蚀的新型复合材料，在汽缸孔、冷却液孔和机油孔周围用不锈钢皮包边。

全金属衬垫强度高，抗腐蚀能力强，多用于强化程度较高的发动机上。图2-16d)所示为优质铝板汽缸衬垫，冷却液孔用橡胶环密封。图2-16e)表示不锈钢叠片式汽缸衬垫的结构，冷却液孔也用橡胶环密封。

上述的金属-复合材料衬垫和全金属衬垫均属无石棉汽缸衬垫。因没有石棉夹层，从而可消除衬垫中气囊的产生，也减少了工业污染，是当前的发展方向。解放CA1091型汽车的6102型发动机的汽缸衬垫，就采用了这种较先进的无石棉汽缸衬垫。

五、油底壳

油底壳的主要功用是储存机油和封闭机体或曲轴箱。

油底壳用薄钢板冲压或用铝铸制而成。油底壳内设有挡板，用以减轻汽车颠簸时油面的振荡。此外，为了保证汽车倾斜时机油泵能正常吸油，通常将油底壳局部做得较深。油底壳底部设放油螺塞。有的放油螺塞带磁性，可以吸引机油中的铁屑。

为保证油底壳与机体或曲轴箱之间的密封，油底壳的密封凸缘应具有一定的刚度。用薄钢板冲压的油底壳密封凸缘应有特殊的断面形状(图2-17)。

六、发动机的支撑

发动机一般通过机体和飞轮壳或变速器壳上的支撑支撑在车架上。发动机的支撑方法，一般有三点支撑和四点支撑两种，如图2-18所示。

三点支撑可布置成前一后二(图2-18a)或前二后一(图2-18b)。例如，解放CA6102型和东风EQ6100Q—1型汽车发动机的支撑即为前一后二的支撑法。北京492QA型发动机的支撑则是前面两个支撑点位于曲轴箱的支撑上，后面一个支撑点在变速器壳体上。

采用四点支撑法时，前后各有两个支撑点(图2-18a)，跃进NJ1061A型汽车发动机的支撑即属于这种形式。

发动机在车架上的支撑是弹性的，这是为了消除在汽车行驶中车架的扭转变形对发动机的影响，以及减少传给底盘和乘员的振动和噪声(参见本章第四节)。

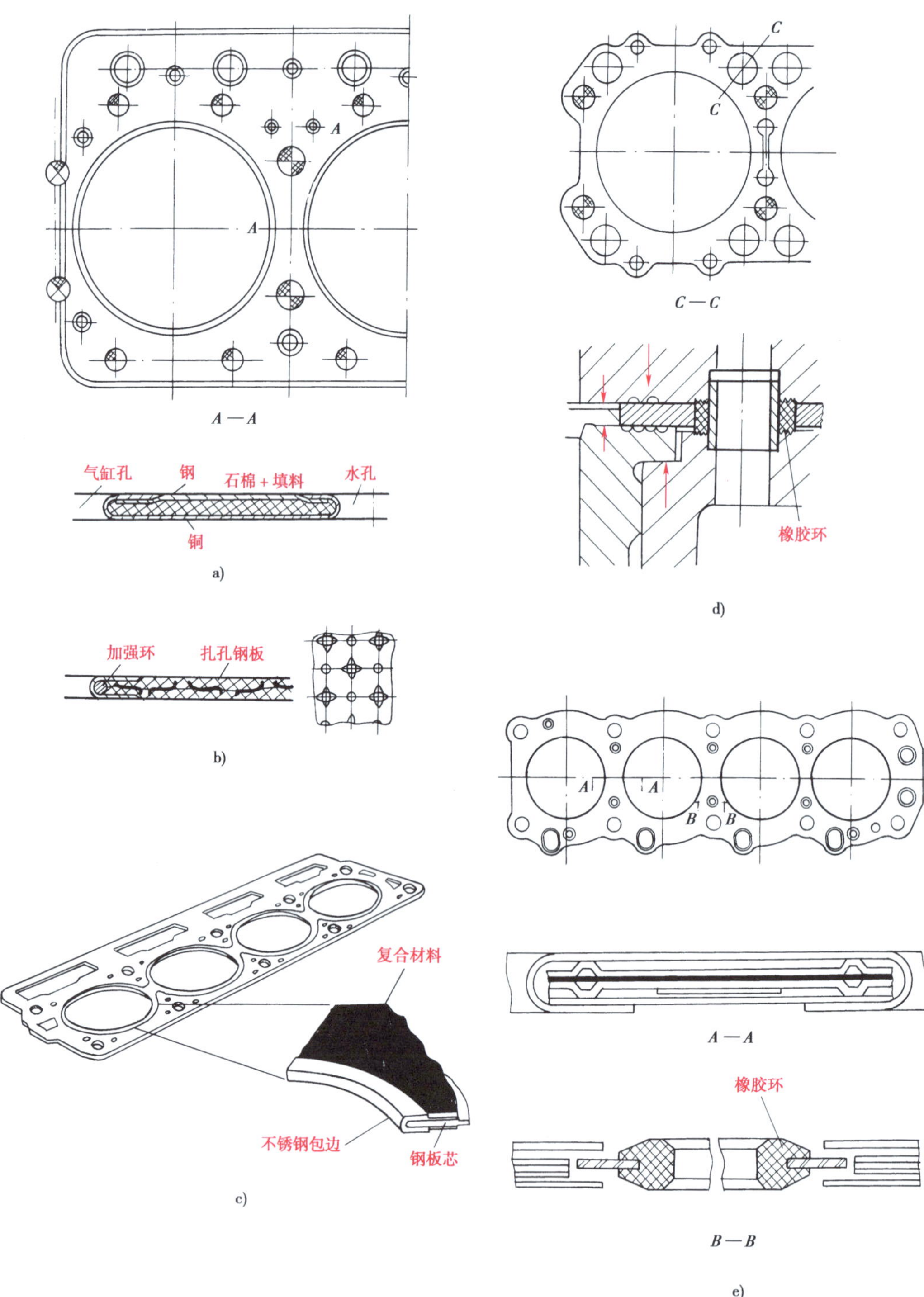

图 2-16　汽缸衬垫的种类及结构

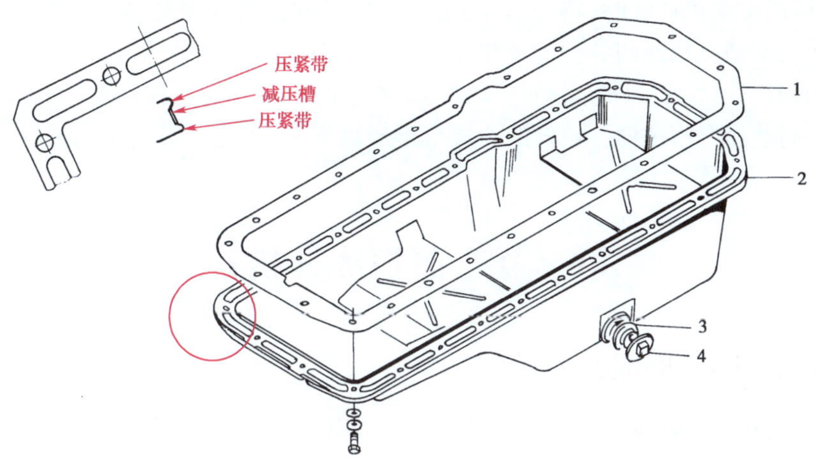

图 2-17　油底壳(EQ6100—I 型汽油机)

1-密封垫;2-油底壳;3-密封圈;4-磁性放油螺塞

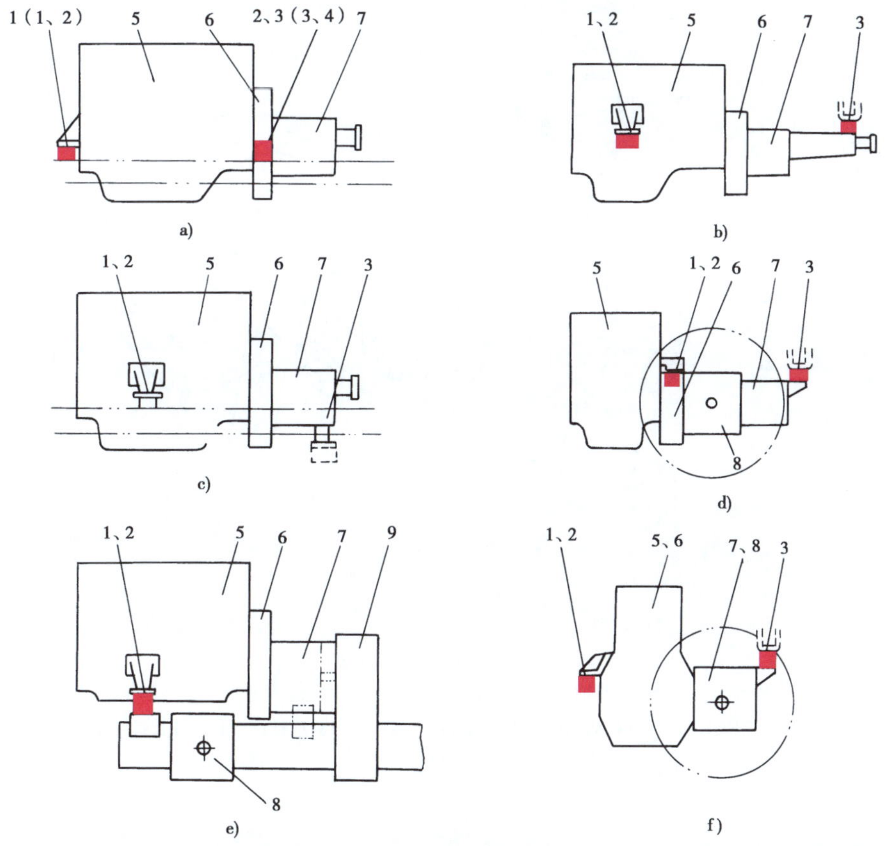

图 2-18　发动机支撑方法示意图

a)三点和四点支撑;b)、c)、d)、f)三点支撑;e)二点支撑

1、2、3、4-支撑;5-发动机;6-离合器壳;7-变速器;8-主减速器;9-分动器

弹性支撑的发动机运转时，特别是在工作不稳定（如低转速或超载荷）时，可能发生横向角振动，因此与发动机相连的各种管子和杆件等结构必须保证在发动机振动时不致破坏它的正常工作，如采用软管。为了防止当汽车制动或加速时由于弹性元件的变形而产生的发动机纵向位移，有时装用专门拉杆。拉杆的一端与车架纵梁相连，另一端与发动机连接，两端连接处有橡胶垫。

第三节　曲柄连杆机构

一、曲柄连杆机构的功用及组成

曲柄连杆机构是发动机的主要运动机构。其功用是将活塞的往复运动转变为曲轴的旋转运动，同时将作用于活塞上的力转变为曲轴对外输出的转矩，以驱动汽车车轮转动。

曲柄连杆机构由活塞组、连杆组和曲轴飞轮组的零件组成（图 2-19）。

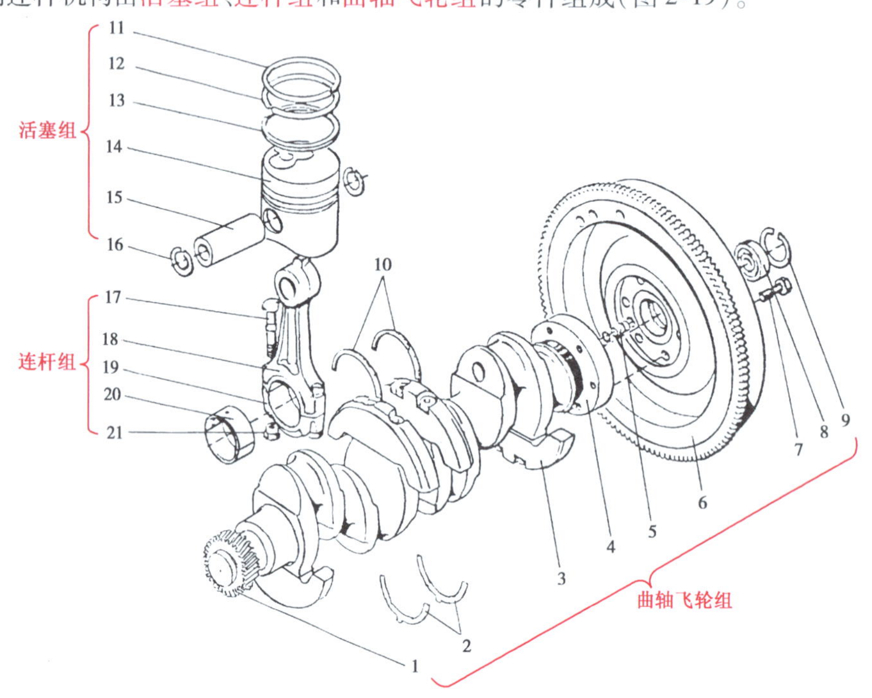

图 2-19　曲柄连杆机构组成

1-曲轴定时齿轮；2-下止推片；3-平衡重；4-曲轴；5-定位销；6-飞轮；7-飞轮螺栓；8-变速器一轴前端支撑轴承；9、16-挡圈；10-上止推片；11-上气环；12-下气环；13-油环；14-活塞；15-活塞销；17-连杆螺栓；18-连杆体；19-连杆盖；20-连杆轴承；21-连杆螺母

二、活塞组

1. 活塞

1）活塞的功用及工作条件

活塞的主要功用是承受燃烧气体压力，并将此力通过活塞销传给连杆以推动曲轴旋转。此外活塞顶部与汽缸盖、汽缸壁共同组成燃烧室。活塞的各部名称如图 2-20 所示。

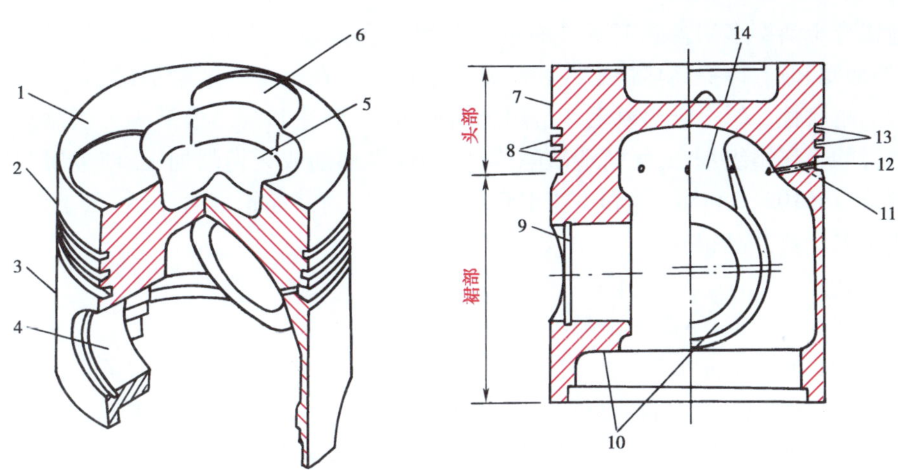

图 2-20　活塞各部名称

1-活塞顶;2-活塞头部;3-活塞裙部;4-活塞销孔;5-燃烧室凹坑;6-气门凹坑;7-活塞顶岸;8-活塞环岸;9-挡圈槽;10-活塞销座;11-回油孔;12-油环槽;13-气环槽;14-加强肋

活塞是发动机中工作条件最严酷的零件。作用在活塞上的有气体力和往复惯性力,这些力都是周期性变化的,且其最大值都很大。如增压发动机的最高燃烧压力可达 14 ~16MPa,这样大的机械负荷作用在形状复杂的活塞上,可能引起活塞变形、活塞销座开裂、第一道环岸折断等。

活塞顶与高温燃烧气体直接接触,使活塞顶的温度很高,活塞各部的温差很大。温度高使活塞材料的机械强度显著下降,活塞的热膨胀量增大,从而使活塞与其相关零件的正确配合遭到破坏。另外,由于冷热不均所产生的热应力容易使活塞顶表面开裂。柴油机活塞的热负荷比汽油机活塞更为严重,这是因为柴油机活塞与燃烧气体的对流换热比较强烈,燃烧生成的炭烟使火焰的热辐射能力增强,活塞顶上的燃烧室凹坑使活塞受热面积增大等造成的。

活塞在侧压力的作用下沿汽缸壁面高速滑动,由于润滑条件差,因此摩擦损失大,磨损严重。

根据上述工作条件,活塞结构及所用材料应满足下列要求:

(1)活塞应该具有足够的强度和刚度、合理的形状和壁厚。合理的活塞裙部形状,可以获得最佳的配合间隙。活塞质量应尽可能的小。

(2)受热面小、散热好。高强化发动机的活塞应进行冷却。

(3)活塞材料应该具有热膨胀系数小、导热性能好、比重小、减磨性好和热强度好的特点。

2)活塞材料

现代汽车发动机不论是汽油机还是柴油机都广泛采用铝合金活塞,只在极少数汽车发动机上采用铸铁或耐热钢活塞。

铝合金的优点是密度小,约为铸铁的 1/3,因此铝合金活塞质量轻,在发动机工作时产生的往复惯性力小。铝合金的另一个优点是导热性好,其导热系数为铸铁的 3 ~4 倍。因此铝合金活塞工作温度低,温度分布均匀,对减小热应力、改善工作条件和延缓机油变质都十分有利。铝合金的缺点是热膨胀系数大,另外当温度升高时,其机械强度和硬度下降较快。通过结构设计和调整材料配方等措施可以弥补这些缺陷。

目前铝合金活塞多用含硅12%左右的共晶铝硅合金和含硅18%～23%的过共晶铝硅合金制造，外加镍和铜，以提高热稳定性和高温力学性能。在铝合金中增加硅的含量，可以提高活塞表面的耐磨性。铝合金活塞毛坯可用金属型铸造、锻造和液态模锻等方法制造。用后一种方法制得的毛坯组织细密，无铸造缺陷，可以实现少切削或无切削加工，使金属利用率大为提高。解放CA6102、CA488—3和奥迪100等发动机均为共晶铝硅合金活塞，上海桑塔纳JV型发动机则采用过共晶铝硅合金活塞。

3）活塞构造

活塞可视为由顶部、头部和裙部等三部分构成。

（1）活塞顶部。汽油机活塞顶部的形状与燃烧室形状和压缩比大小有关。大多数汽油机采用平顶活塞（图2-21a），其优点是受热面积小、加工简单。采用凹顶活塞（图2-21b），可以通过改变活塞顶上凹坑的尺寸，从而调节发动机的压缩比。采用凸顶活塞（图2-21c），多数是为了在不改动汽缸盖结构的情况下增大压缩比，如保时捷911系列发动机。有的半球形燃烧室发动机采用凸顶活塞，则是为了增强挤流。

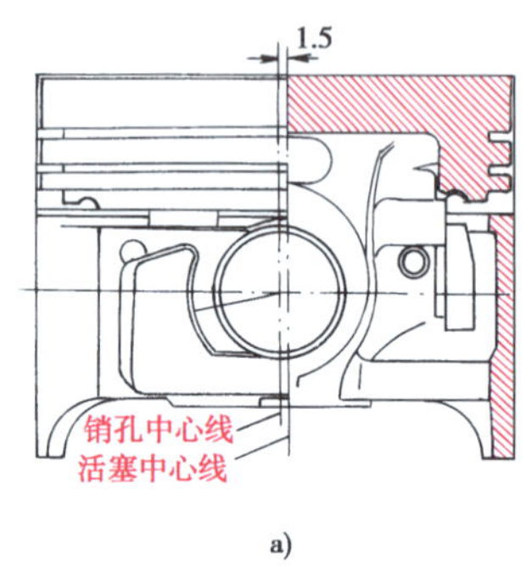

a)

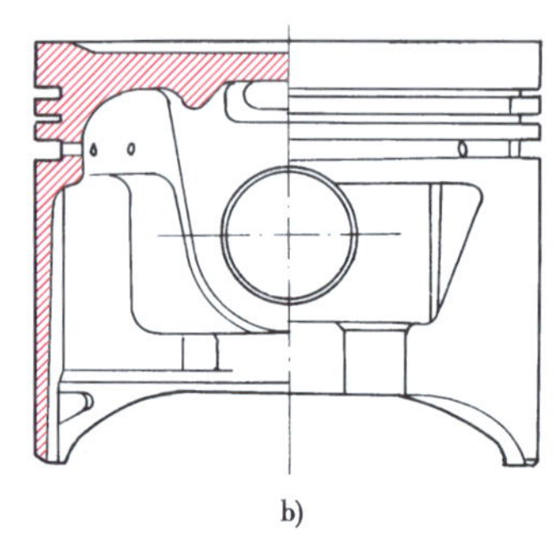
b)

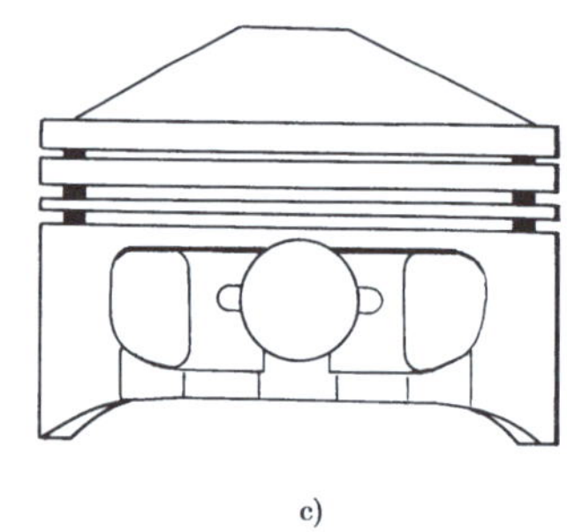
c)

图2-21　汽油机活塞

a）平顶活塞；b）凹顶活塞；c）凸顶活塞

柴油机活塞顶部形状取决于混合气形成方式和燃烧室形状。在分隔式燃烧室柴油机的活塞顶部设有形状不同的浅凹坑（图2-22），以便在主燃烧室内形成二次涡流，增进混合气形成与燃烧。

柴油机还有另一类燃烧室，称为直喷式燃烧室。其全部容积都集中在汽缸内，且在活塞顶部设有深浅不一、形状各异的燃烧室凹坑（图2-23）。在直喷式燃烧室的柴油机中，喷油器将燃油直接喷入燃烧室凹坑内，使其与运动气流相混合，形成可燃混合气并燃烧。

在活塞顶部除有燃烧室凹坑外，有的活塞顶还加工有避让气门的气门凹坑（参看图2-20）。

为减少活塞顶受热，可在活塞顶上焊一层不锈钢片。因为不锈钢既耐热又吸热缓慢，所以能减轻活塞顶部的热负荷并可提高发动机热效率。在活塞顶上喷镀0.2～0.3mm的陶瓷也能起到同样作用。

（2）活塞头部。现代汽车发动机普遍采用三环短活塞，三环指上气环、下气环和油环。为了减少摩擦损失，在竞赛汽车发动机的活塞上只安装一道气环和一道油环。由活塞顶至油环槽下端面之间的部分称为活塞头部（图2-20）。在活塞头部加工有用来安装气环和油环的气环槽和油环槽。在油环槽底部还加工有回油孔或横向切槽，油环从汽缸壁上刮下来的多余机油,经回油孔或横向切槽流回油底壳。

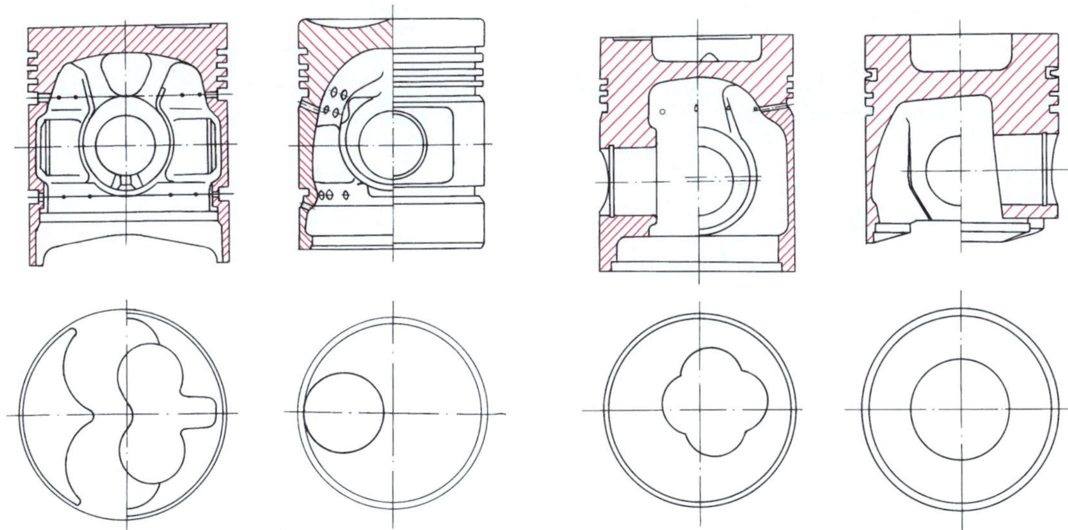

图 2-22　分隔式燃烧室柴油机活塞　　图 2-23　直喷式燃烧室柴油机活塞

活塞头部应该足够厚,从活塞顶到环槽区的断面变化要尽可能圆滑,过渡圆角 R(图 2-24)应足够大,以减小热流阻力,便于热量从活塞顶经活塞环传给汽缸壁,使活塞顶部的温度不致过高。

在第一道气环槽上方设置一道较窄的隔热槽(图 2-25)的作用是隔断由活塞顶传向第一道活塞环的热流,使部分热量由第二、三道活塞环传出,从而可以减轻第一道活塞环的热负荷,改善其工作条件,防止活塞环粘结。

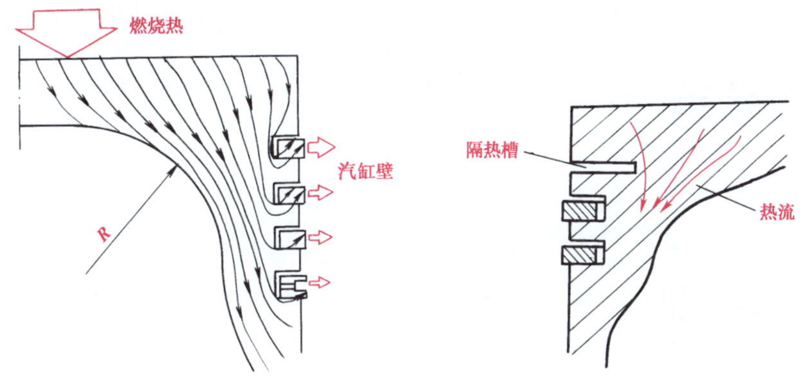

图 2-24　由活塞顶到汽缸壁的热流　　图 2-25　活塞隔热槽

活塞环槽的磨损是影响活塞使用寿命的重要因素。在强化程度较高的发动机中,第一道环槽温度较高,磨损严重。为了增强环槽的耐磨性,通常在第一环槽或第一、二环槽处镶嵌耐热护圈(图 2-26a、b)。在高强化直喷式燃烧室柴油机中,在第一环槽和燃烧室喉口处均镶嵌耐热护圈(图 2-26c),以保护喉口不致因为过热而开裂。耐热护圈的材料为热膨胀系数与铝合金接近的镍铬奥氏体铸铁或高锰奥氏体铸铁。

另外,在铝合金活塞的头部铸入纤维增强合金圆环(图 2-27),可以增加活塞的强度和提高第一道环槽的耐磨性。

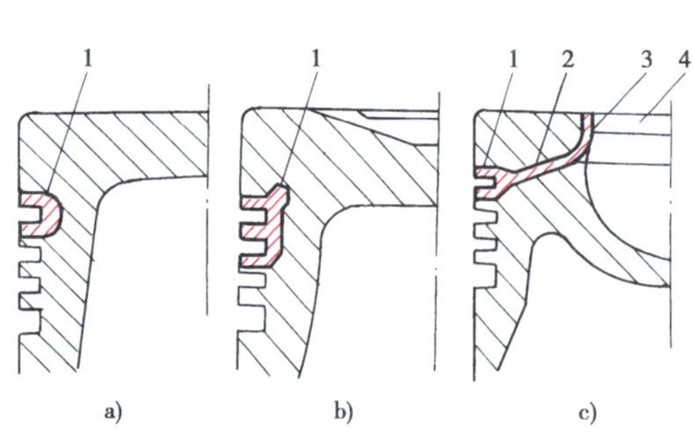

图 2-26 活塞环槽护圈

1 -活塞环槽护圈;2-沿圆周均布的 3 条连接带;3-燃烧室喉口护圈;4-燃烧室喉口

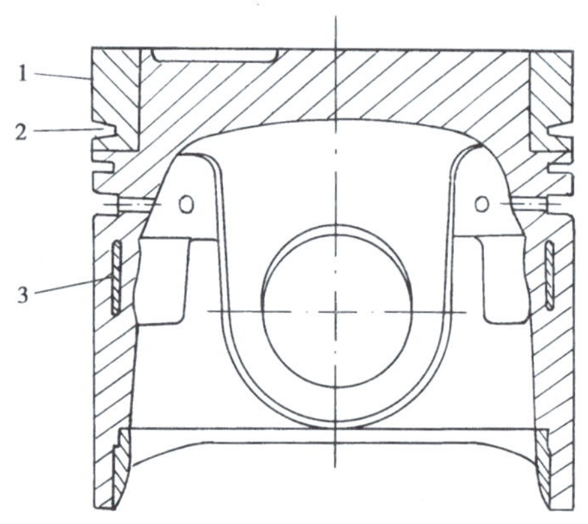

图 2-27 镶嵌纤维增强合金圆环的铝活塞

1-纤维增强合金圆环;2-第一道环槽;3-筒形防胀钢片

(3)活塞裙部。活塞头部以下的部分为活塞裙部(图 2-20)。裙部的形状应该保证活塞在汽缸内得到良好的导向,汽缸与活塞之间在任何工况下都应保持均匀的、适宜的间隙。间隙过大,活塞敲缸;间隙过小,活塞可能被汽缸卡住。此外,裙部应有足够的实际承压面积,以承受侧向力。发动机运转过程中,当活塞向下运动时活塞裙部承受侧向力的一面称主推力面,活塞向上运动时活塞裙部承受侧向力的一面称次推力面(参看图 2-1)。

发动机工作时,活塞在气体力和侧向力的作用下发生机械变形,而活塞受热膨胀时还发生热变形。这两种变形的结果都是使活塞裙部在活塞销孔轴线方向的尺寸增大(图 2-28a、b)。因此,为使活塞工作时裙部接近正圆形与汽缸相适应,在制造时应将活塞裙部的横断面加工成椭圆形,并使其长轴与活塞销孔轴线垂直(图 2-28c)。现代汽车发动机的活塞均为椭圆裙。

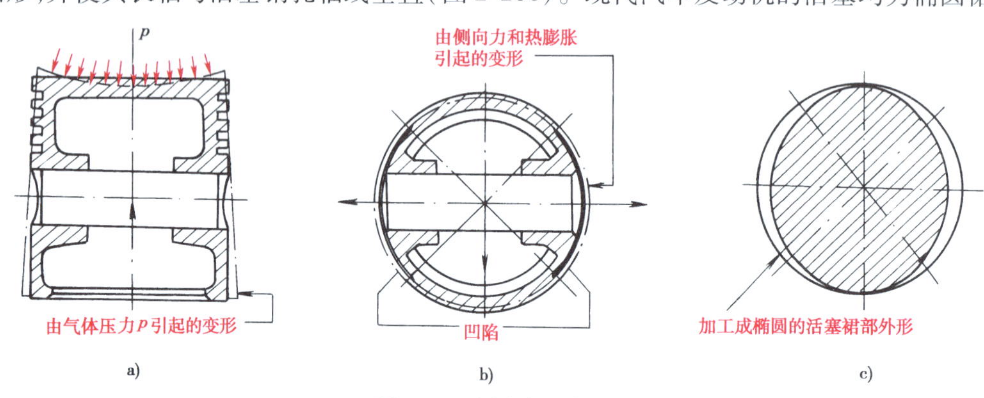

图 2-28 活塞裙部的变形

另外,沿活塞轴线方向活塞的温度是上高下低,活塞的热膨胀量自然是上大下小。因此为使活塞工作时裙部接近圆柱形,须把活塞制成上小下大的圆锥形或桶形。桶形裙不仅适应活塞的温度分布,而且裙部与汽缸壁之间能够形成双向楔形油膜,使裙部具有较高的承载能力和良好的润滑。奥迪 100 1.8L 型汽油机的活塞裙部为圆锥形。解放 CA6102 型发动机采用变椭圆桶形活塞,即在裙部的不同横断面上椭圆度是变化的,由下而上椭圆度逐渐增大。换言之,裙部横断面越往上越扁。裙部的纵断面为桶形,其轮廓线为抛物线。

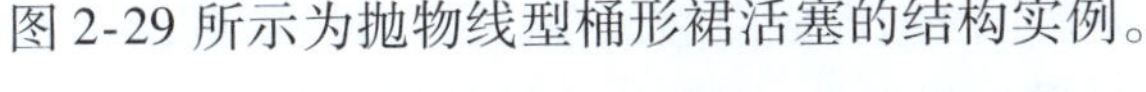

图 2-29 所示为抛物线型桶形裙活塞的结构实例。

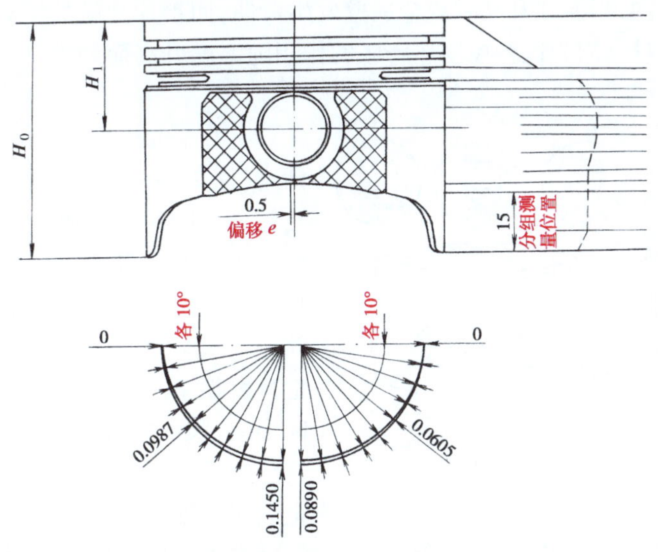

图 2-29　活塞裙部形状

在活塞销座处镶铸恒范钢片的活塞称恒范活塞(图 2-30a)。由于恒范活塞在销座处只靠恒范钢片与活塞裙相连且恒范钢的热膨胀系数只有铝合金的 1/10 左右,因此当温度升高时,在恒范钢片的牵制下,裙部在活塞销孔轴线方向的热膨胀量很小。

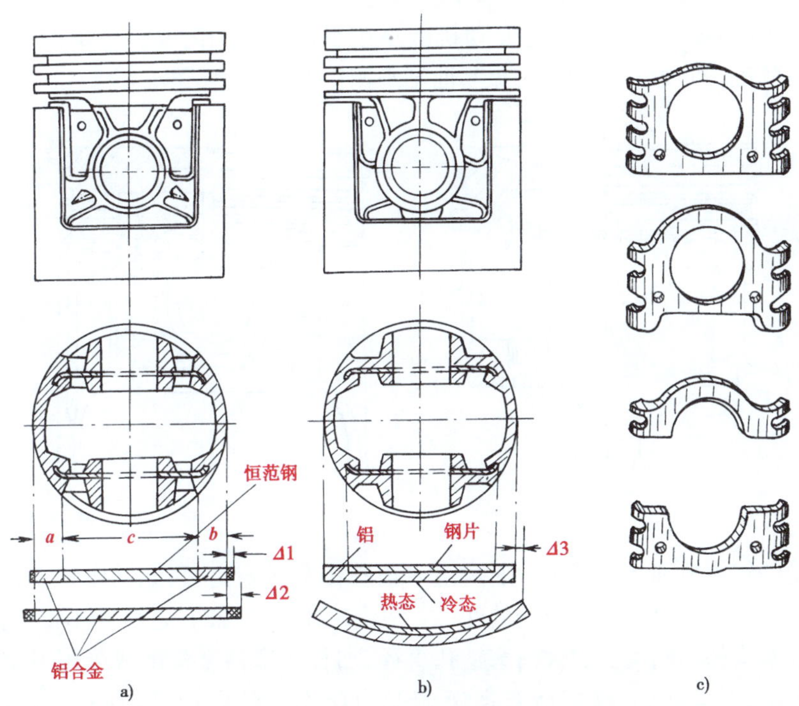

图 2-30　恒范活塞及自动热补偿活塞

a)恒范活塞;b)自动热补偿活塞;c)钢片形状

Δ1-恒范活塞膨胀量;Δ2-全铝活塞膨胀量;Δ3-有效膨胀量

若将普通碳素钢片铸在销座处的铝合金层内侧形成双金属壁(图 2-30b),则由于两种金属的热膨胀系数不同,当温度升高时双金属壁发生弯曲,而钢片两端的距离基本不变,从而限制了裙部的热膨胀量。因为这种控制热膨胀的作用随温度升高而增大,所以称这种活塞为自动热补偿活塞。

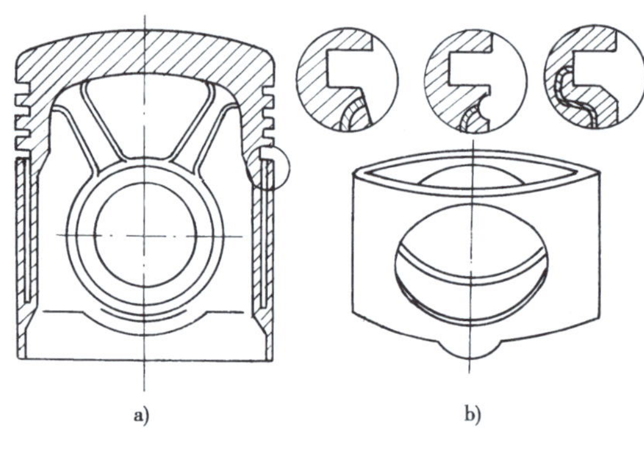

图 2-31 镶筒形钢片的活塞

a)裙部镶筒形钢片的活塞;b)筒形钢片形状

有些柴油机采用裙部镶铸圆筒式钢片的活塞(图 2-31)。在浇铸这种活塞时,钢筒夹在铝合金中间。在铝合金冷凝时,铝合金的收缩比钢大得多,因此钢筒外侧的铝合金层包紧在钢筒上,并使铝合金层产生拉应力,钢筒产生压应力。钢筒内侧的铝合金层无阻碍地自由收缩,于是在钢筒与内侧铝合金层之间形成“收缩缝隙”。发动机工作时,随着活塞温度的升高,首先要消除钢筒与内侧铝合金层间的收缩缝隙和钢筒与外侧铝合金层的残余应力,然后才向外膨胀,结果使整个活塞裙部的热膨胀量相应减小。

在现代汽车发动机上广泛采用半拖鞋式裙部或拖鞋式裙部的活塞。在保证裙部有足够承压面积的条件下,将不承受侧向力一侧的裙部部分地去掉,即为半拖鞋式裙部;若全部去掉则为拖鞋式裙部。半拖鞋式活塞(参看图 2-21)和拖鞋式活塞(图 2-32)的优点是:①质量轻,比全裙式活塞轻 10% ~20%,适应高速发动机减小往复惯性力的需要。②裙部弹性好,可以减小活塞与汽缸的配合间隙。③能够避免与曲轴平衡重发生运动干涉。

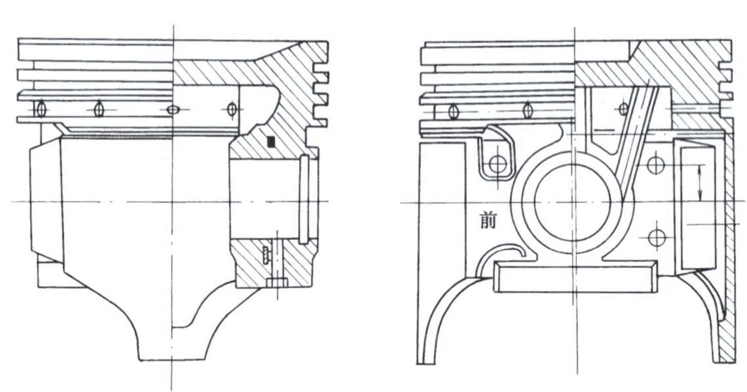

图 2-32 拖鞋式活塞

活塞承受的气体力和往复惯性力通过活塞销座传给活塞销,因此销座承受很大的力。在销座与活塞顶内壁之间设置不同形状的肋(参看图 2-21、图 2-22),这些肋不仅加强了销座,同时也提高了活塞头部的刚度。加大活塞销孔直径、加长活塞销座长度或采用下窄上宽的楔形销座(参看图 2-23)等均可改善活塞销座的受力状态。楔形销座与楔形连杆小头(参看图 2-50)相配合,可以降低活塞销孔主要受力表面的压强。

活塞销孔轴线通常与活塞轴线垂直相交。这时,当压缩行程结束、作功行程开始,活塞越过上止点时,侧向力方向改变,活塞由次推力面贴紧汽缸壁突然转变为主推力面贴紧汽缸壁,活塞与汽缸发生"拍击"(图 2-33a),产生噪声,且有损活塞的耐久性。在许多高转速发动机中,活塞销孔轴线朝主推力面一侧偏离活塞轴线 1 ~2mm(参看图 2-32)。这时,压缩压力将使活塞在接近上止点时发生倾斜(图 2-33b),活塞在越过上止点时,将逐渐地由次推力面贴紧汽缸壁转变为由主推力面贴紧汽缸壁,从而消减了活塞对汽缸的拍击。

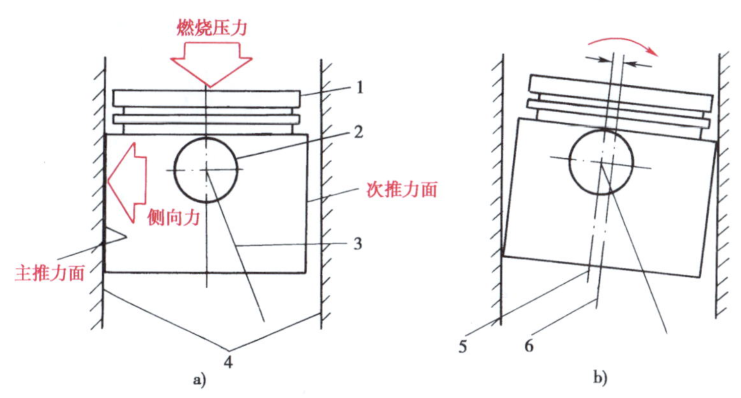

图 2-33　销孔位置对侧向力变向时活塞运动的影响

1-活塞;2-活塞销孔;3-连杆;4-汽缸壁;5-销孔轴线;6-活塞轴线

4)活塞的冷却

高强化发动机尤其是活塞顶上有燃烧室凹坑的柴油机,为了减轻活塞顶部和头部的热负荷而采用油冷活塞。用机油冷却活塞的方法有:

(1)自由喷射冷却法从连杆小头上的喷油孔或从安装在机体上的喷油嘴向活塞顶内壁喷射机油(图 2-34a、b)。

(2)振荡冷却法从连杆小头上的喷油孔将机油喷入活塞内壁的环形油槽中,由于活塞的运动使机油在槽中产生振荡而冷却活塞(图 2-34c)。

(3)强制冷却法在活塞头部铸出冷却油道或铸入冷却油管,使机油在其中强制流动以冷却活塞(图 2-34d)。强制冷却法广为增压发动机所采用。

5)活塞的表面处理

根据不同的目的和要求,进行不同的活塞表面处理,其方法有:

(1)活塞顶进行硬模阳极氧化处理,形成高硬度的耐热层,增大热阻,减少活塞顶部的吸热量。

(2)活塞裙部镀锡或镀锌,可以避免在润滑不良的情况下运转时出现拉缸现象,也可以起到加速活塞与汽缸的磨合作用。

(3)在活塞裙部涂覆石墨,石墨涂层可以加速磨合过程,可使裙部磨损均匀,在润滑不良的情况下可以避免拉缸。

2. 活塞环

1)活塞环的功用及工作条件

活塞环分气环和油环两种,其各部分名称如图 2-35 所示。

气环的主要功用是密封和传热。保证活塞与汽缸壁间的密封,防止汽缸内的可燃混合气和高温燃气漏入曲轴箱,并将活塞顶部接受的热传给汽缸壁,避免活塞过热。如果密封不良,不但发动机起动困难，功率下降，燃油和机油的消耗量增加，机油老化变质，而且还由于活塞环外圆面与汽缸壁贴合不严密，活塞顶部接受的热传不出去，而导致活塞及活塞环温度过高，甚至被烧坏。

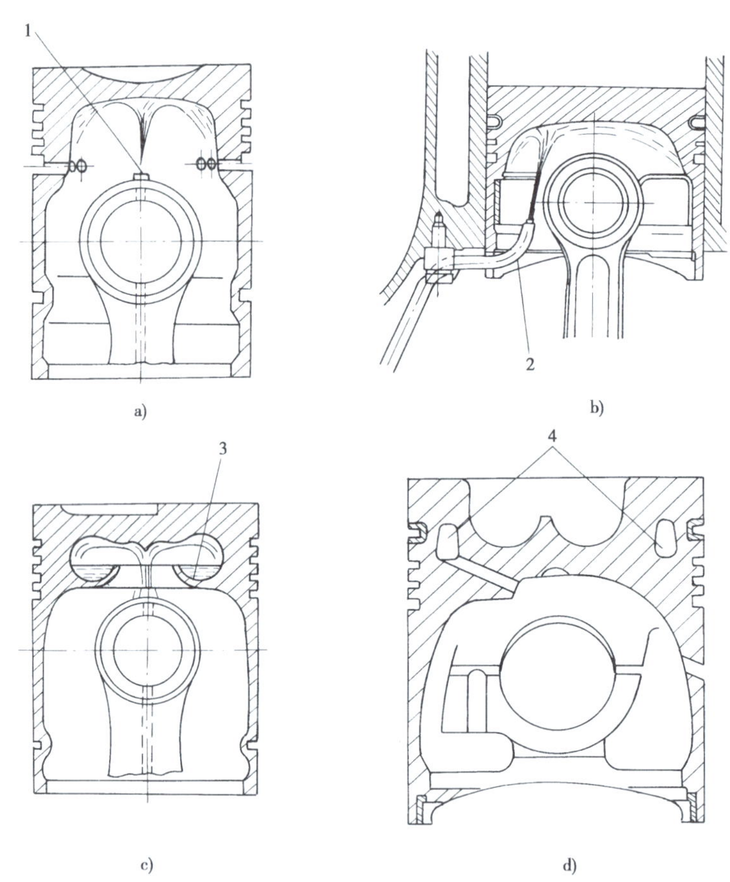

图 2-34　油冷活塞

1-喷油孔；2-喷油嘴；3-环形油槽；4-冷却油道

油环的主要功用是刮除飞溅到汽缸壁上多余的机油，并在汽缸壁上涂布一层均匀的油膜。这样，既能防止机油窜入燃烧室被烧掉，又能实现对活塞、活塞环和汽缸壁的润滑。

此外，气环和油环还分别起到刮油和密封的辅助作用。

活塞环工作时受到汽缸中高温、高压燃气的作用，并在润滑不良的条件下在汽缸内高速滑动。由于汽缸壁面的形状误差，使活塞环在上下滑动的同时还在环槽内产生径向移动。这不仅加重了环与环槽的磨损，还使活塞环受到交变弯曲应力的作用而容易折断。

2）活塞环材料及表面处理

根据活塞环的功用及工作条件，制造活塞环的材料应具有良好的耐磨性、导热性、耐热性、冲击韧性、弹性和足够的机械强度。目前广泛应用的活塞环材料有优质灰铸铁、球墨铸铁、合金铸铁和钢带等。

第一道活塞环外圆面通常进行镀铬或喷钼处理。多孔性铬层硬度高，并能储存少量机油，可以改善润滑减轻磨损。钼的熔点高，也具有多孔性，因此喷钼同样可以提高活塞环的耐磨性。

其他各道活塞环大都采用镀锡或磷化处理，以改善其磨合性。但是，钢带组合油环的上下刮片，其外圆面均进行多孔性镀铬。

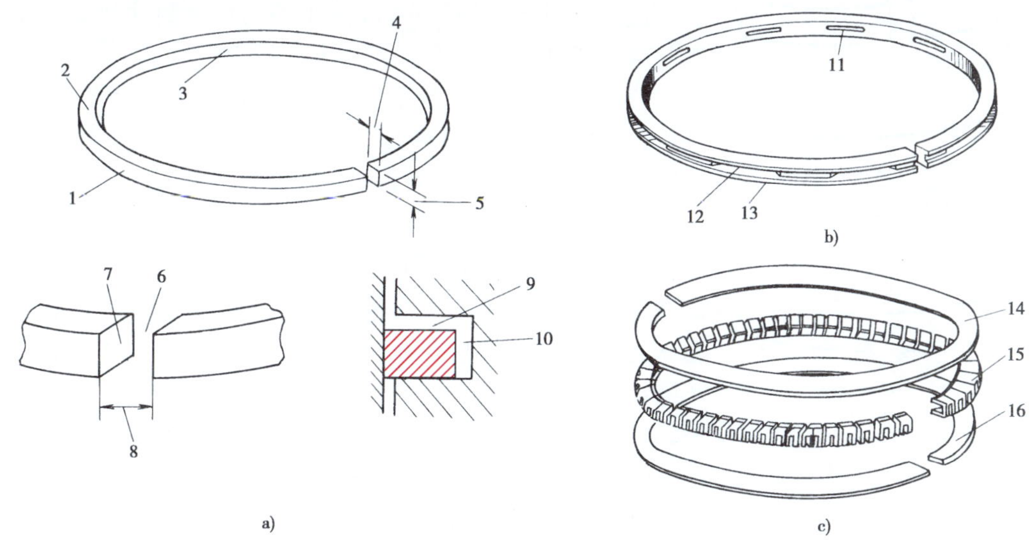

图 2-35　活塞环各部分名称

a) 气环；b) 槽孔式油环；c) 钢带组合油环

1-外圆面；2-侧面；3-内圆面；4-径向厚度；5-环高；6-开口；7-开口端面；8-端隙；9-侧隙；10-径向间隙；11-回油孔；12-上刮油唇；13-下刮油唇；14-上刮片；15-撑簧；16-下刮片

3) 气环

(1) 气环的密封原理。活塞环在自由状态下不是正圆形，其外廓尺寸比汽缸直径大。当活塞环装入汽缸后，在其自身的弹力作用下环的外圆面与汽缸壁贴紧形成第一密封面，汽缸内的高压气体不可能通过第一密封面泄漏。高压气体可能通过活塞顶岸与汽缸壁之间的间隙进入活塞环的侧隙和径向间隙中。进入侧隙中的高压气体使环的下侧面与环槽的下侧面贴紧形成第二密封面，高压气体也不可能通过第二密封面泄漏。进入径向间隙中的高压气体只能使环的外圆面与汽缸壁更加贴紧。这时漏气的唯一通道就是活塞环的开口端隙。如果几道活塞环的开口相互错开，那么就形成了迷宫式漏气通道。由于侧隙、径向间隙和端隙都很小，气体在通道内的流动阻力很大，致使气体压力 p 迅速下降（图 2-36），最后漏入曲轴箱内的气体就很少了，一般仅为进气量的 0.2% ~1.0%。

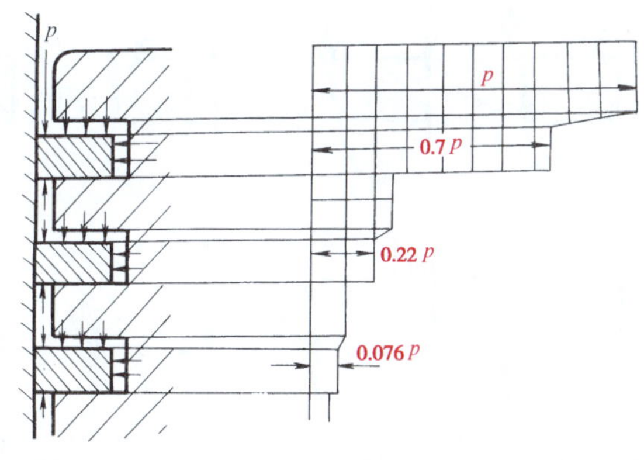

图 2-36　气环的密封原理

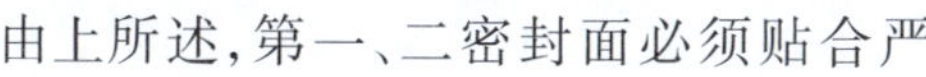

由上所述，第一、二密封面必须贴合严密，才能实现密封。因此，环的外圆面与汽缸壁面、环与环槽的侧面形状都必须正确，形状误差和表面粗糙度要小，间隙适当。开口端隙一般为 0.25 ~0.8mm，第一道气环的温度最高，其端

隙也最大。端隙过大，漏气严重；端隙过小，活塞环受热膨胀后可能卡死甚至折断。

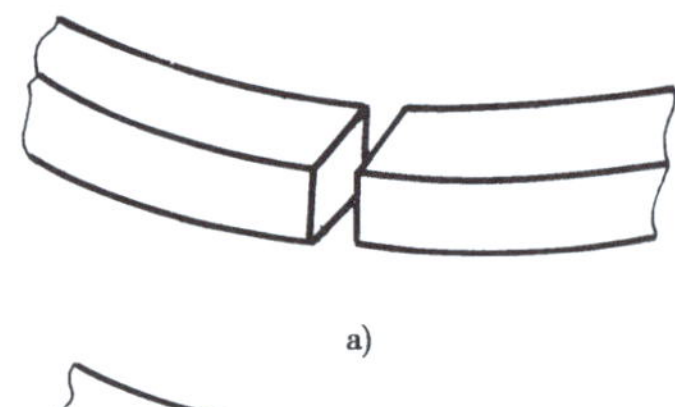

a)

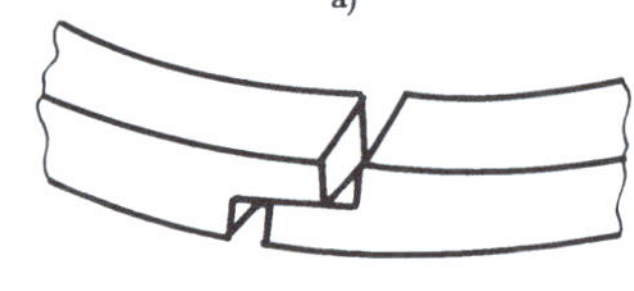

b)

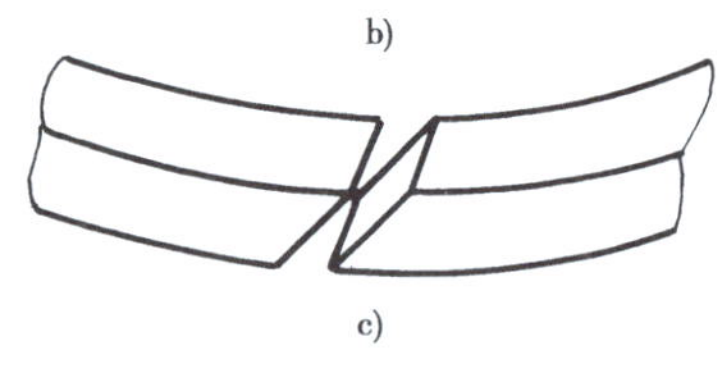

c)

图 2-37　气环开口形状

（2）气环开口形状。开口形状对漏气量有一定影响。直开口（图 2-37a）工艺性好，但密封性差；阶梯形开口（图 2-37b）密封性好，工艺性差；斜开口（图 2-37c）的密封性和工艺性介于前两种开口之间，斜角一般为 30°或 45°。

（3）气环的断面形状。气环的断面形状多种多样，根据发动机的结构特点和强化程度，选择不同断面形状的气环组合，可以得到最好的密封效果和使用性能。常见的气环断面形状如图 2-38 所示。

矩形环（图 2-38a）断面为矩形，形状简单，加工方便，与汽缸壁接触面积大，有利于活塞散热。但磨合性差，而且在与活塞一起作往复运动时，在环槽内上下窜动，把汽缸壁上的机油不断地挤入燃烧室中，产生“泵油作用”（图 2-39），使机油消耗量增加，活塞顶及燃烧室壁面积炭。

锥面环（图 2-38b）的外圆面为锥角很小的锥面。理论上锥面环与汽缸壁为线接触，磨合性好，增大了接触压力和对汽缸壁形状的适应能力。当活塞下行时，锥面环能起到向下刮油的作用。当活塞上行时，由于锥面的油楔作用，锥面环能滑越过汽缸壁上的油膜而不致将机油带入燃烧室。锥面环传热性差，所以不用作第一道气环。由于锥角很小，一般不易识别，为避免装错，在环的上侧面标有向上的记号。

扭曲环（图 2-38c、d、e、f），断面不对称的气环装入汽缸后，由于弹性内力的作用使断面发生扭转，故称扭曲环。扭曲环断面扭转原理如图 2-40 所示。活塞环装入汽缸之后，其断面中性层以外产生拉应力，断面中性层以内产生压应力。拉应力的合力 F_1 指向活塞环中心，压应力合力 F_2 的方向背离活塞环中心。由于扭曲环中性层内外断面不对称，使 F_1 与 F_2 不作用在同一平面内而形成力矩 M。在力矩 M 的作用下，使环的断面发生扭转。

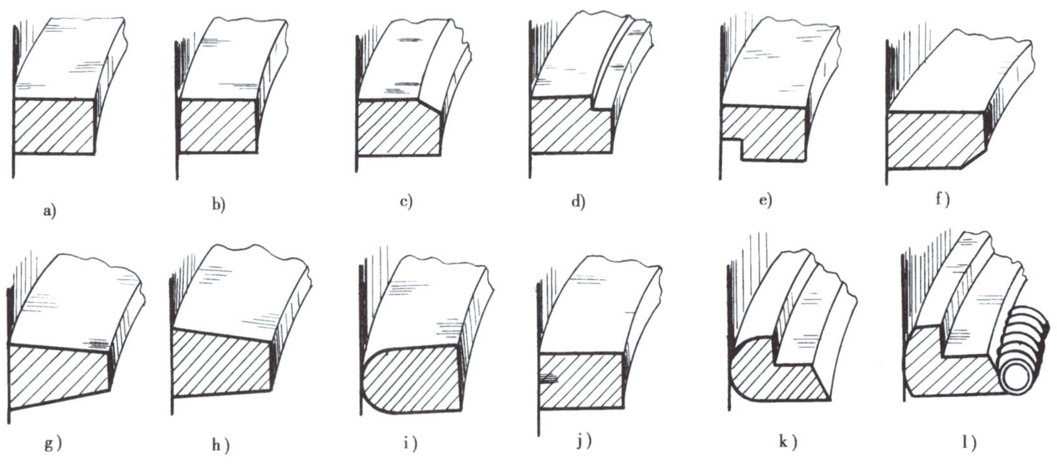

图 2-38　气环的断面形状

a）矩形环；b）锥面环；c）、d）上侧面内切正扭曲环；e）下侧面外切正扭曲环；f）下侧面内切反扭曲环；g）梯形环；h）楔形环；i）桶面环；j）开槽环；k）、l）顶岸环

若将内圆面的上边缘或外圆面的下边缘切掉一部分，整个气环将扭曲成碟子形，则称这种环为正扭曲环（图 2-38c、d、e）；若将内圆面的下边缘切掉一部分，气环将扭曲成盖子形，则称其为反扭曲环（图 2-38f）。在环面上切去部分金属称为切台。

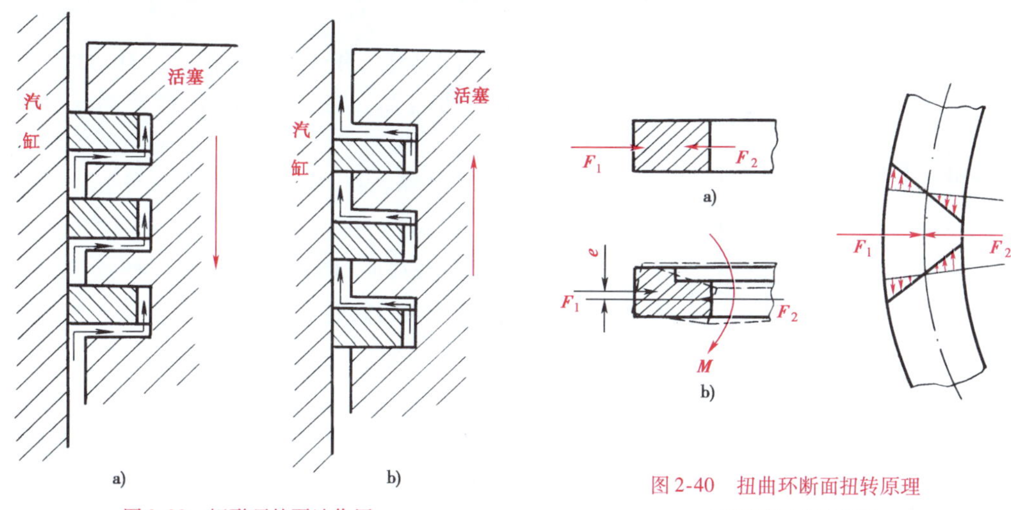

图 2-39　矩形环的泵油作用

图 2-40　扭曲环断面扭转原理

a）矩形环；b）扭曲环

当发动机工作时，在进气、压缩和排气行程中，扭曲环发生扭曲，其工作特点一方面与锥面环类似，另一方面由于扭曲环的上下侧面与环槽的上下侧面相接触（图 2-41a），从而防止了环在环槽内上下窜动，消除了泵油现象，减轻了环对环槽的冲击而引起的磨损。在作功行程中，巨大的燃气压力作用于环的上侧面和内圆面，足以克服环的弹性内力使环不再扭曲，整个外圆面与汽缸壁接触（图 2-41b），这时扭曲环的工作特点与矩形环相同。

若扭曲环的外圆面为锥面则为扭曲锥面环，也分正、反扭曲锥面环，作功行程时其工作特点与锥面环类似。

梯形环（图 2-38g），断面为梯形。其主要优点是抗粘结性好。当活塞头部温度很高时，窜入第一道环槽中的机油容易结焦并将气环粘住。在侧向力换向活塞左右摆动时，梯形环的侧隙、径向间隙都发生变化（图 2-42）将环槽中的胶质挤出。楔形环（图 2-38h）的工作特点与梯形环相似，而且由于断面不对称，装入汽缸后也会发生扭曲。

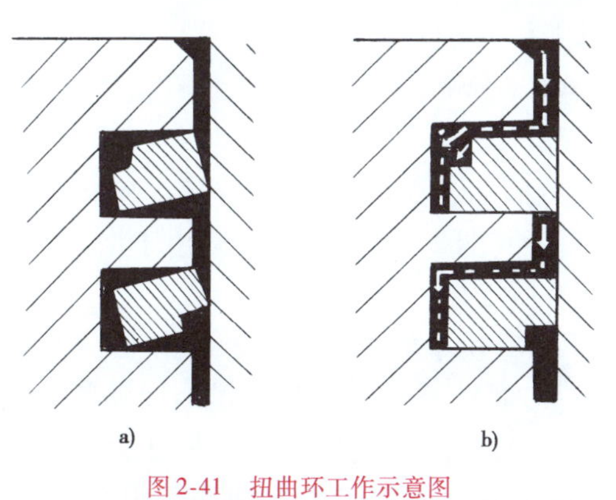

图 2-41　扭曲环工作示意图

a）进气、压缩、排气行程；b）作功行程

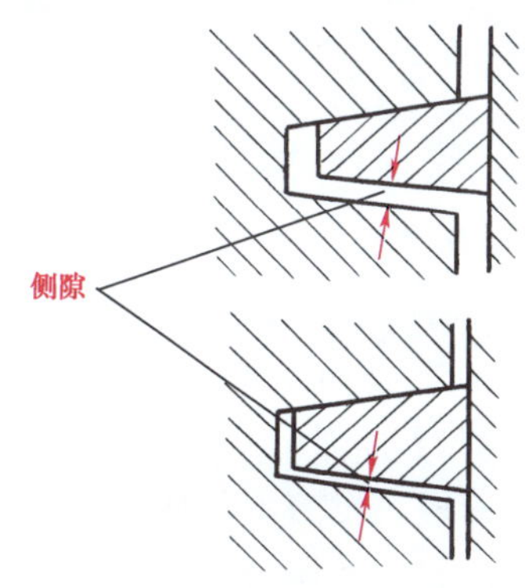

图 2-42　梯形环侧隙的变化

梯形环多用作柴油机的第一道气环。

桶面环(图2-38i),环的外圆面为外凸圆弧形。其密封性、磨合性及对汽缸壁表面形状的适应性都比较好。桶面环在汽缸内不论上行或下行均能形成楔形油膜,将环浮起,从而减轻环与汽缸壁的磨损。

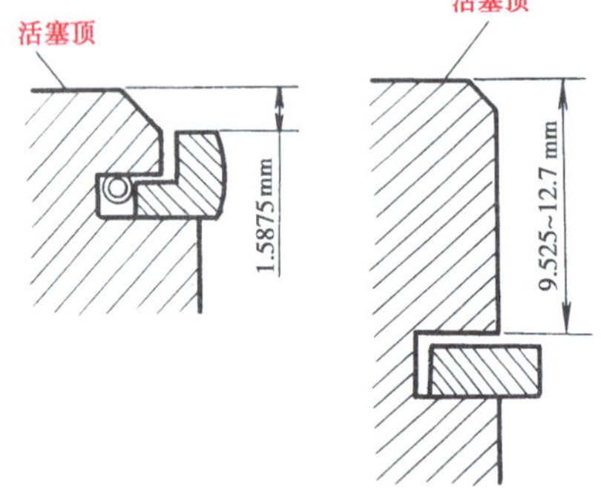

图2-43　顶岸环与其他类型的上气环安装位置的比较

开槽环(图2-38j),在外圆面上加工出环形槽,在槽内填充能吸附机油的多孔性氧化铁,有利于润滑、磨合和密封。

顶岸环(图2-38k、l),断面为“L”形。因为顶岸环距活塞顶面近(图2-43),作功行程时,燃气压力能迅速作用于环的上侧面和内圆面,使环的下侧面与环槽的下侧面、外圆面与汽缸壁面贴紧,有利于密封;由于同样的原因,顶岸环可以减少汽车尾气HC的排放量。

4)油环

(1)油环类型。油环有槽孔式、槽孔撑簧式和钢带组合式三种类型。

(2)槽孔式油环。因为油环的内圆面基本上没有气体力的作用,所以槽孔式油环的刮油能力主要靠油环自身的弹力。为了减小环与汽缸壁的接触面积,增大接触压力,在环的外圆面上加工出环形集油槽,形成上下两道刮油唇,在集油槽底加工有回油孔。由上下刮油唇刮下来的机油经回油孔和活塞上的回油孔流回油底壳。槽孔式油环的断面形状如图2-44所示。这种油环结构简单,加工容易,成本低。

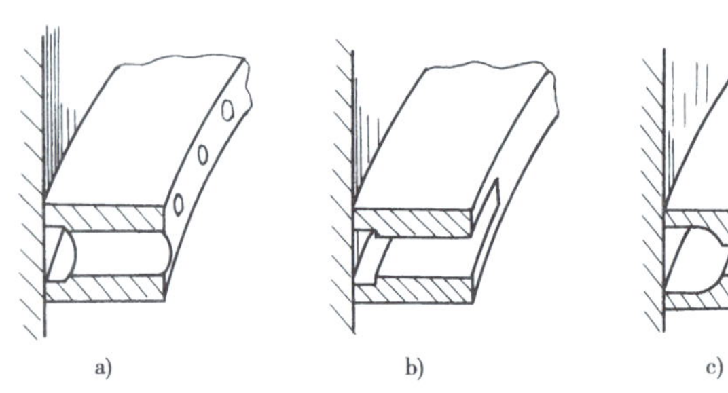

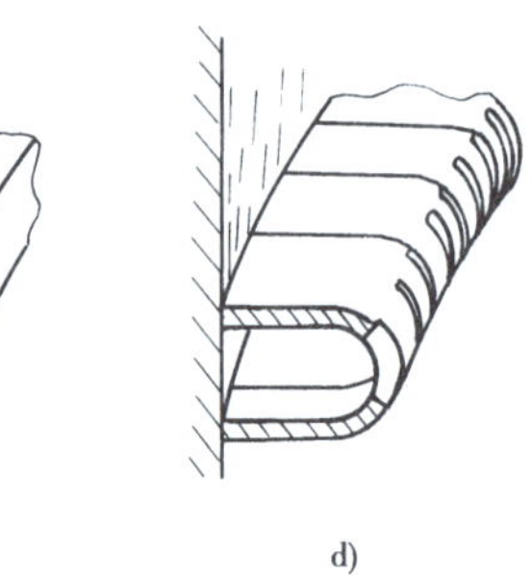

图2-44　槽孔式油环的断面形状

a)圆孔型;b)长孔型;c)渠型;d)弯片型

(3)槽孔撑簧式油环。在槽孔式油环的内圆面加装撑簧即为槽孔撑簧式油环。一般作为油环撑簧的有螺旋撑簧、板形撑簧和轨形撑簧三种(图2-45)。这种油环由于增大了环与汽缸壁的接触压力,从而使环的刮油能力和耐久性有所提高。

(4)钢带组合油环。其结构形式很多,图2-46所示的钢带组合油环由上、下刮片和轨形撑簧组合而成。撑簧不仅使刮片与汽缸壁贴紧,而且还使刮片与环槽侧面贴紧。这种组合油环的优点是接触压力大,既可增强刮油能力,又能防止上窜机油。另外,上、下刮片能单独动作,因此对汽缸失圆和活塞变形的适应能力强。但钢带组合油环需用优质钢制造,成本高。

3. 活塞销

1）活塞销的功用及工作条件

活塞销用来连接活塞和连杆，并将活塞承受的力传给连杆或相反。

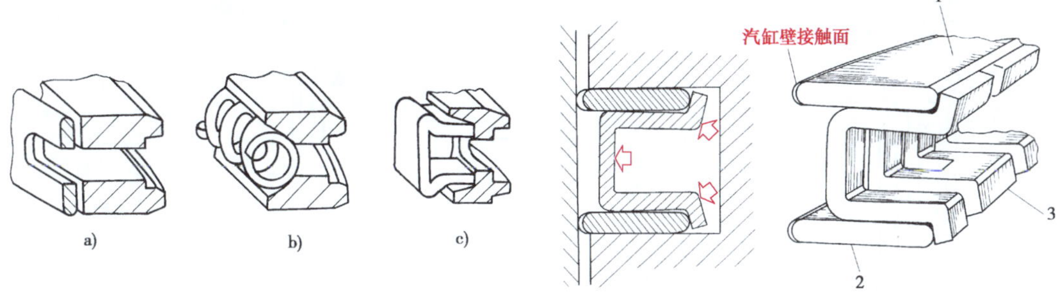

图 2-45 槽孔撑簧式油环

a）板形撑簧油环；b）螺旋撑簧油环；c）轨形撑簧油环

图 2-46 钢带组合油环

1-上刮片；2-下刮片；3-轨形撑簧

活塞销在高温条件下承受很大的周期性冲击负荷，且由于活塞销在销孔内摆动角度不大，难以形成润滑油膜，因此润滑条件较差。为此活塞销必须有足够的刚度、强度和耐磨性。

质量尽可能小，销与销孔应该有适当的配合间隙和良好的表面质量。在一般情况下，活塞销的刚度尤为重要，如果活塞销发生弯曲变形，可能使活塞销座损坏。

2）活塞销材料及结构

活塞销的材料一般为低碳钢或低碳合金钢，如 20、20Mn、15Cr、20Cr 或 20MnV 等。外表面渗碳淬硬，再经精磨和抛光等精加工。这样既提高了表面硬度和耐磨性，又保证有较高的强度和冲击韧性。

活塞销的结构形状很简单，基本上是一个厚壁空心圆柱。其内孔形状有圆柱形、两段截锥形和组合形（图 2-47）。圆柱形孔加工容易，但活塞销的质量较大；两段截锥形孔的活塞销质量较小，且因为活塞销所受的弯矩在其中部最大，所以接近于等强度梁，但锥孔加工较难。

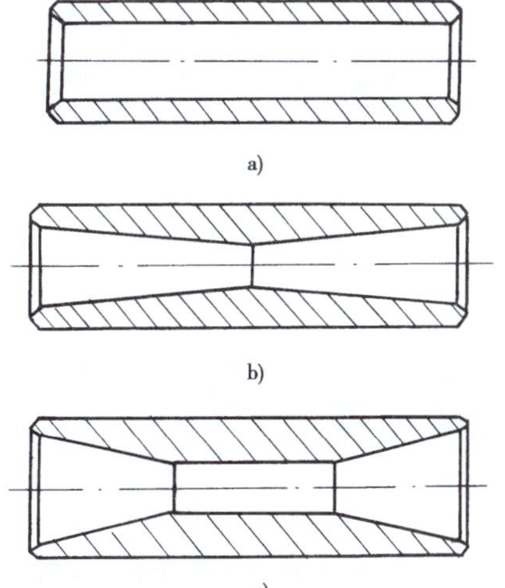

图 2-47 活塞销的结构

a）圆柱形内孔；b）截锥形内孔；c）组合形内孔

三、连杆组

连杆组包括连杆体、连杆盖、连杆螺栓和连杆轴承等零件（图 2-48）。习惯上常常把连杆体、连杆盖和连杆螺栓合起来称作连杆，有时也称连杆体为连杆。

1. 连杆组的功用及工作条件

连杆组的功用是将活塞承受的力传给曲轴，并将活塞的往复运动转变为曲轴的旋转运动。

连杆小头与活塞销连接，同活塞一起作往复运动；连杆大头与曲柄销连接，同曲轴一起作旋转运动，因此在发动机工作时连杆作复杂的平面运动。连杆组主要受压缩、拉伸和弯曲等交变负荷。最大压缩载荷出现在作功行程上止点附近，最大拉伸载荷出现在进气行程上止点附近。在压缩载荷和连杆组作平面运动时产生的横向惯性力的共同作用下，连杆体可能发生弯曲变形。

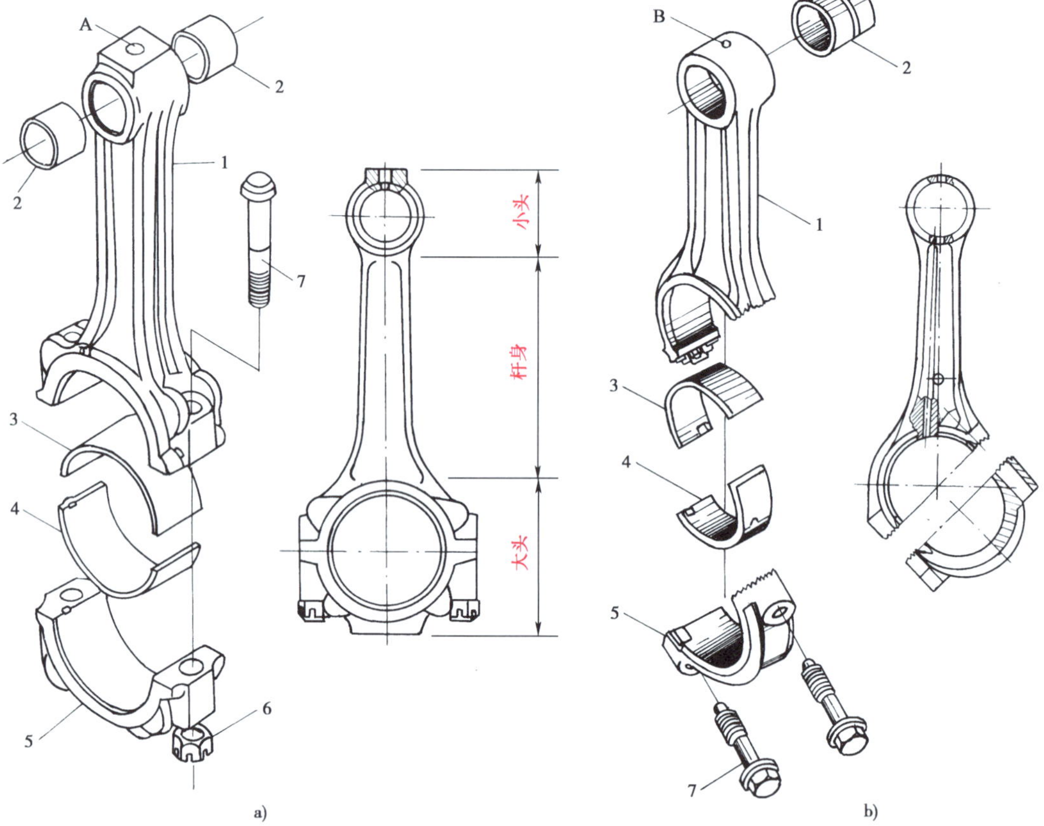

图 2-48　连杆组及其各部名称

a）平切口连杆；b）斜切口连杆

1-连杆体；2-连杆衬套；3-连杆轴承上轴瓦；4-连杆轴承下轴瓦；5-连杆盖；6-螺母；7-连杆螺栓；A-集油孔；B-喷油孔

根据连杆组的工作条件，连杆组应该具有足够的抗疲劳强度和结构刚度，质量应该尽可能小。若强度不足，连杆螺栓、连杆盖甚至连杆体都可能断裂。若刚度不够，则可能由于大头变形而使连杆螺栓弯曲；由于大头孔失圆而使连杆轴承的润滑遭到破坏；由于杆身弯曲而造成活塞与汽缸壁、连杆轴承与曲柄销偏磨、汽缸漏气和窜机油等弊病。

2. 连杆组材料

连杆体和连杆盖由优质中碳钢或中碳合金钢，如 45、40Cr、42CrMo 或 40MnB 等模锻或辊锻而成。连杆螺栓通常用优质合金钢 40Cr 或 35CrMo 制造。一般均经喷丸处理以提高连杆组零件的强度。

纤维增强铝合金连杆以其质量轻、综合性能好而备受注目。在相同强度和刚度的情况下，纤维增强铝合金连杆比用传统材料制造的连杆要轻 30%。

3. 连杆构造

连杆由小头、杆身和大头构成（图 2-48）。

1)连杆小头

小头的结构形状取决于活塞销的尺寸及其与连杆小头的连接方式。

在汽车发动机中连杆小头与活塞销的连接方式有两种,即全浮式和半浮式(图2-49)。全浮式活塞销工作时,在连杆小头孔和活塞销孔中转动,可以保证活塞销沿圆周磨损均匀。为防止活塞销两端刮伤汽缸壁 ,在活塞销孔外侧装置活塞销挡圈。另外,在连杆小头孔内以一定的过盈压入减磨青铜衬套或钢背加青铜镀层的双金属衬套,以减小其磨损(图2-49a)。在小头和衬套上加工有集油孔或集油槽,用来收集飞溅上来的机油以润滑活塞销和连杆衬套。有的发动机在连杆杆身上加工有纵向油道(图2-48b),机油经此油道到达连杆小头,一部分用来润滑活塞销和衬套,另一部分用来冷却活塞。

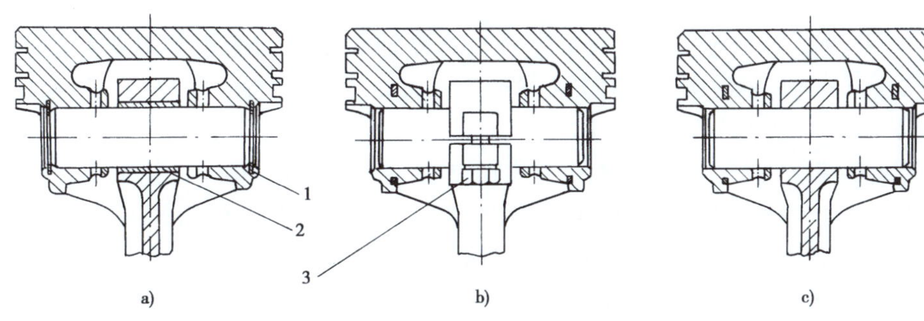

图2-49　连杆小头与活塞销的连接

a)全浮式;b)、c)半浮式

1-活塞销挡圈;2-连杆衬套;3-小头紧固螺栓

图2-49b)所示的半浮式活塞销是用螺栓将活塞销夹紧在连杆小头孔内,这时活塞销只在活塞销孔内转动,在小头孔内不转动。小头孔不装衬套,销孔中也不装活塞销挡圈。目前,在高速汽油机中日益普遍地采用另一种半浮式连接方式(图2-49c),这种方式首先将连杆小头加热到300℃左右,再将活塞销压入小头孔中,不用螺栓紧固,从而避免了因为过度拧紧螺栓而使活塞销变形的弊病。半浮式活塞销可以降低发动机噪声并消除了活塞销挡圈可能引起的事故。

在连杆小头顶部设有凸起A(图2-50),用来调整连杆质量或改变连杆重心的位置。

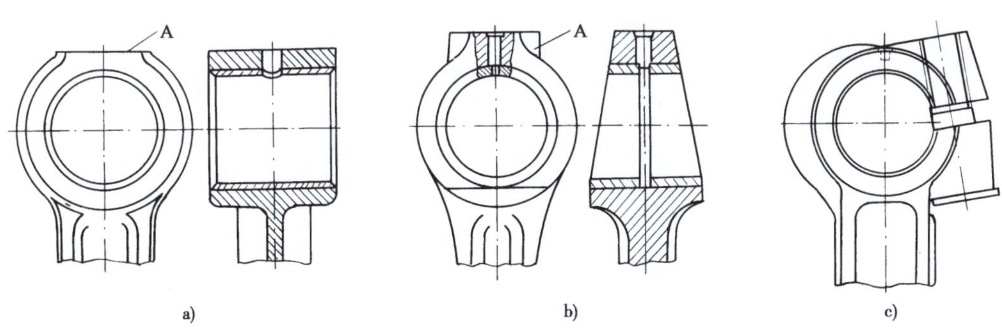

图2-50　连杆小头结构形状

a)全浮式连杆小头;b)楔形全浮式连杆小头;c)半浮式连杆小头

2）连杆杆身

杆身断面为工字形，刚度大、质量轻、适于模锻。工字形断面的 y-y 轴（图 2-51）在连杆运动平面内。有的连杆在杆身内加工有油道（图 2-51b），用来润滑小头衬套或冷却活塞。如果是后者，须在小头顶部加工出喷油孔。

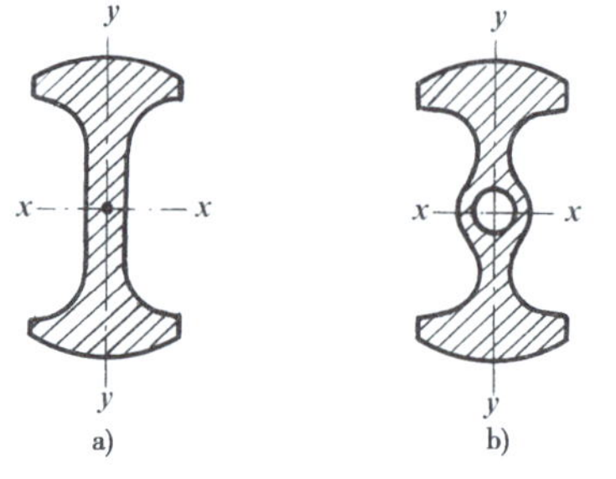

图 2-51 杆身的工字形断面

3）连杆大头

连杆大头除应具有足够的刚度外，还应保证外形尺寸小、质量轻，从而使拆卸发动机时能从汽缸上端取出。

连杆大头是剖分的，连杆盖用螺栓或螺柱紧固，为使结合面在任何转速下都能紧密结合，连杆螺栓的拧紧力矩必须足够大。

结合面与连杆轴线垂直的为平切口连杆（参看图 2-48a），而结合面与连杆轴线成 30° ~60°夹角的为斜切口连杆（参看图 2-48b）。平切口连杆体大端的刚度较大，因此大头孔受力变形较小，而且平切口连杆制造费用较低。汽油机均采用平切口连杆。柴油机连杆既有平切口的也有斜切口的。一般柴油机由于曲柄销直径较大，因此连杆大头的外形尺寸相应较大，欲在拆卸时能从汽缸上端取出连杆体，必须采用斜切口连杆。

连杆盖装合到连杆体上时须严格定位，以防止连杆盖横向位移。平切口连杆利用连杆螺栓上一段精密加工的圆柱面与精密加工的螺栓孔来实现连杆盖的定位（图 2-52a）。斜切口连杆的连杆螺栓由于承受较大的剪切力而容易发生疲劳破坏。为此，应该采用能够承受横向力的定位方法。如：①止口定位，利用连杆盖与连杆体大端的止口进行定位（图 2-52b），由止口承受横向力。这种方法工艺简单，但连杆大头外形尺寸大，止口变形后定位不可靠。②套筒定位，在连杆盖上的每一个连杆螺栓孔中，同心地压入刚度大、抗剪切的定位套筒（图 2-52c），套筒外圆与连杆体大端的定位孔为高精度动配合。这种定位方法的优点是多向定位，定位可靠。缺点是工艺要求高，若定位孔距不准，则会发生过定位而引起连杆大头孔失圆。另外，连杆大

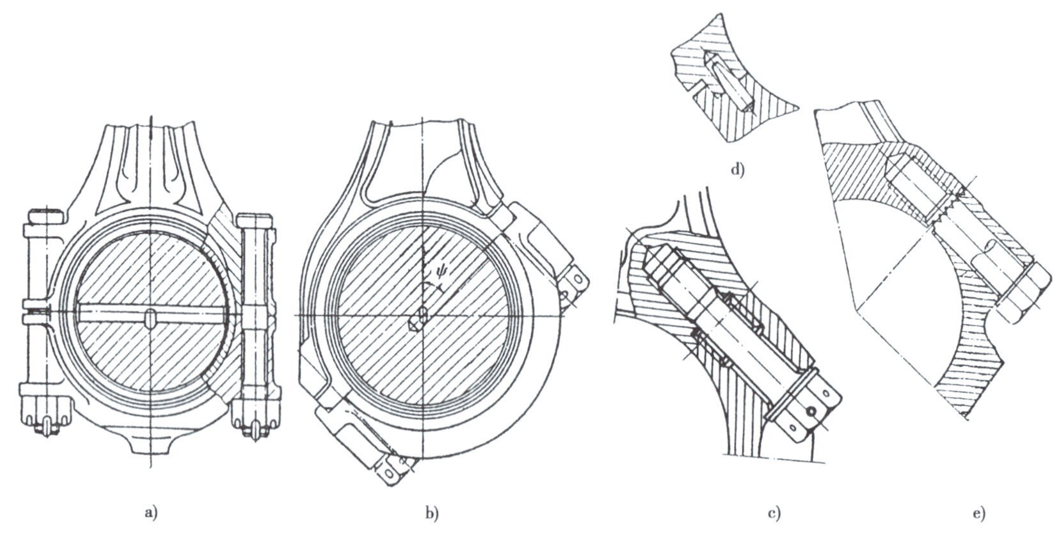

图 2-52 连杆盖的定位方式

a）平切口连杆盖的定位；b）、c、）、d）、e）斜切口连杆盖的定位

头的横向尺寸较大。定位销定位(图2-52d)与套筒定位的原理及优缺点基本相同。③锯齿定位,在连杆体与连杆盖的结合面上拉削出锯齿,依靠齿面实现横向定位(图2-52e)。这种定位方法的优点是锯齿接触面大、贴合紧密、定位可靠、结构紧凑,因此在斜切口连杆上应用最广泛。④胀断连杆,这种加工连杆大头的方法能够简化工艺,降低切削过程中产生的废屑。胀断连杆与锯齿定位连杆结构上的差异如图2-53所示。胀断连杆准备断裂前,连杆大头的侧面通过激光或拉床制造出预断切口,运用楔形机构(图2-54),胀开连杆大头。预断切口处裂纹迅速蔓延,直至断裂。如果工艺合理,那么断裂后的两部分在通过裂纹定位并固定后其失圆柱度能够小于30μm。

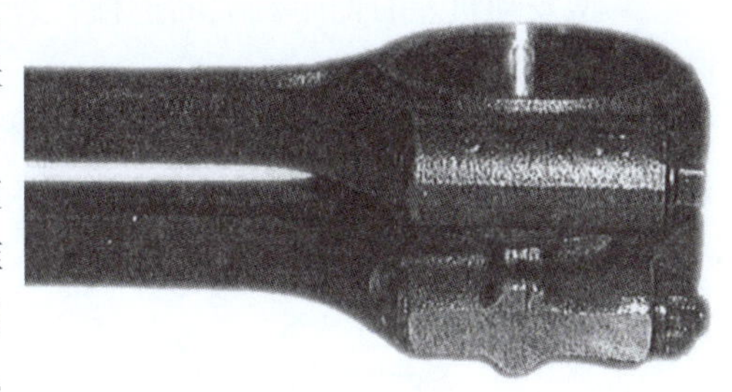

图2-53 胀断连杆(上)和锯齿定位连杆(下)

连杆大头孔是在连杆体与连杆盖组合之后镗削的,在连杆体和连杆盖的同一侧刻有配对记号。在拆卸之后重新装配时必须对号入座。大头孔表面粗糙度和形状误差很小,以保证能与连杆轴瓦紧密贴合。

4)连杆螺栓

连杆螺栓工作时承受交变载荷,因此在结构上应尽量增大连杆螺栓的弹性,而在加工方面要精细加工过渡圆角,消除应力集中,以提高其抗疲劳强度。图2-55a)、b)所示为用于平切口连杆的连杆螺栓。螺栓头部相对的两面铣平,当将其安装在连杆体大端相应的凹槽内时,可以防止拧紧螺母时螺栓随动。图2-55c)、d)所示则是用在斜切口连杆上的连杆螺栓。其非定位圆柱面的直径通常小于螺纹内径,目的是为了增大螺栓的弹性。

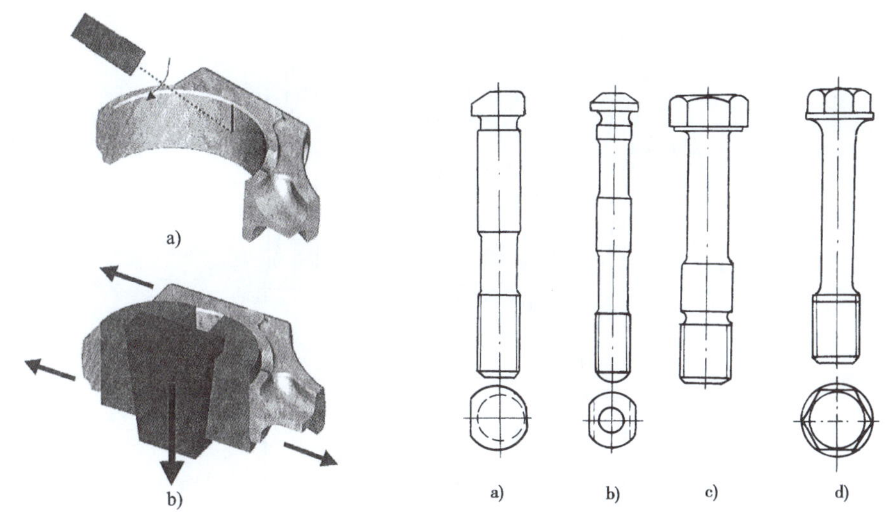

图2-54 胀断连杆胀断过程

图2-55 连杆螺栓

连杆螺栓用优质合金钢制造,如40Cr、35CrMo等。经调质后滚压螺纹,表面进行防锈处理。

连杆螺栓在屈服极限以内工作,只要加工精确,一般不需要锁紧装置,但装配时必须按规定的拧紧力矩或拧动的角度分几次拧紧。但也有些发动机使用锁紧装置或防松胶,以防止连杆螺栓松动。

4. V 型发动机连杆

V 型发动机左右两个汽缸的连杆安装在同一个曲柄销上，其结构随安装形式的不同而不同（图 2-56）。

（1）并列连杆（图 2-56a）。两个完全相同的连杆一前一后并列地安装在同一个曲柄销上。连杆结构与上述直列式发动机的连杆基本相同，只是大头宽度稍小一些。并列连杆的优点是

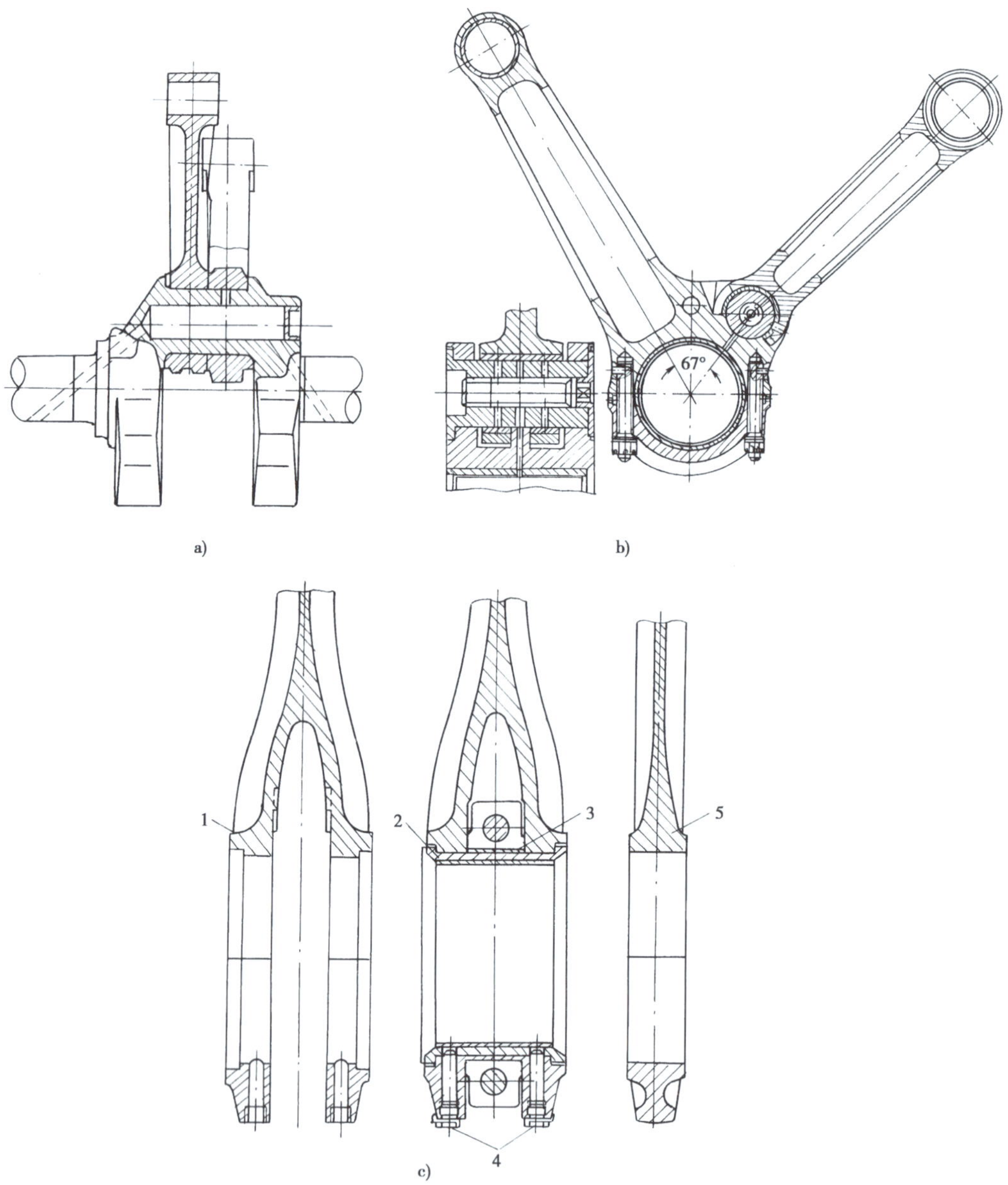

图 2-56　V 型发动机连杆

a）并列连杆；b）主副连杆；c）叉形连杆

1-叉形连杆；2-叉形连杆轴承；3-内连杆轴承；4-定位销；5-内连杆

前后连杆可以通用,左右两列汽缸的活塞运动规律相同。缺点是两列汽缸沿曲轴纵向须相互错开一段距离,从而增加了曲轴和发动机的长度。

(2)主副连杆(图2-56b)。一个主连杆一个副连杆组成主副连杆,副连杆通过销轴铰接在主连杆体或主连杆盖上。一列汽缸装主连杆,另一列汽缸装副连杆,主连杆大头安装在曲轴的曲柄销上。主副连杆不能互换,且副连杆对主连杆作用以附加弯矩。两列汽缸中活塞的运动规律和上止点位置均不相同。采用主副连杆的V型发动机,其两列汽缸不需要相互错开,因而也就不会增加发动机的长度。

(3)叉形连杆(图2-56c)。叉形连杆指一列汽缸中的连杆大头为叉形;另一列汽缸中的连杆与普通连杆类似,只是大头的宽度较小,一般称其为内连杆。叉形连杆1安装在曲轴的曲柄销上,内连杆5则插在叉形连杆大头的开裆中。内连杆轴承3套在叉形连杆轴承2的外圆面上,并绕其摆动。叉形连杆的优点是两列汽缸中活塞的运动规律相同,两列汽缸无需错开。缺点是叉形连杆大头结构复杂,制造比较困难,维修也不方便,且大头刚度较差。

四、曲轴飞轮组

1. 曲轴

1)曲轴的功用及工作条件

曲轴的功用是把活塞、连杆传来的气体力转变为转矩,用以驱动汽车的传动系统和发动机的配气机构以及其他辅助装置。

曲轴在周期性变化的气体力、惯性力及其力矩的共同作用下工作,承受弯曲和扭转交变载荷。

因此,曲轴应有足够的抗弯曲、抗扭转的疲劳强度和刚度;轴颈应有足够大的承压表面和耐磨性;曲轴的质量应尽量小;对各轴颈的润滑应该充分。

曲轴各部分名称如图2-57所示。

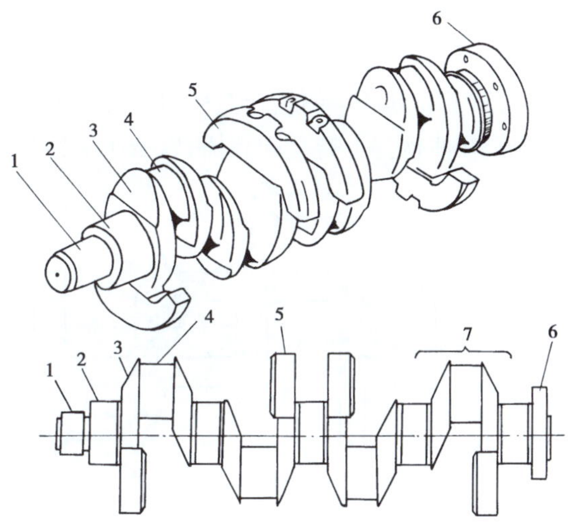

图2-57　曲轴各部分名称

1-曲轴前端;2-主轴颈;3-曲柄臂;4-曲柄销;5-平衡重;6-曲轴后端;7-单元曲拐

2)曲轴材料

曲轴一般由45、40Cr、35Mn2等中碳钢和中碳合金钢模锻而成,轴颈表面经高频淬火或氮化处理,最后进行精加工。

现代汽车发动机广泛采用球墨铸铁曲轴,如CA488—3、奥迪100、捷达EA827、富康TU和切诺基等汽油机,以及6120、YC6105Q等柴油机均采用球墨铸铁曲轴。球墨铸铁价格便宜,耐磨性能好,轴颈不需硬化处理,同时金属消耗量少,机械加工量也少。

为提高曲轴的疲劳强度,消除应力集中,轴颈表面应进行喷丸处理,圆角处要经滚压处理。

3)曲轴构造

曲轴基本上由若干个单元曲拐构成。一个曲柄销,左右两个曲柄臂和左右两个主轴颈构成一个单元曲拐(图2-57)。单缸发动机的曲轴只有一个曲拐,多缸直列式发动机曲轴的曲拐数与汽缸数相同,V型发动机曲轴的曲拐数等于汽缸数的一半。将若干个单元曲拐按照一定的相位连接起来再加上曲轴前、后端便构成一根曲轴。多数发动机的曲轴,在其曲柄臂上装有平衡重。

按单元曲拐连接方法的不同,曲轴分为整体式和组合式两类。

(1)整体式曲轴。各单元曲拐锻制或铸造成一个整体的曲轴为整体式曲轴。其优点是工作可靠、质量轻、结构简单、加工面少,为中小型发动机所广为采用。

(2)组合式曲轴。由单元曲拐组合装配而成的曲轴为组合式曲轴。单元曲拐便于制造,即使是大型曲轴也无需大型专用制造设备,另外,单元曲拐如果加工超差或使用中损坏可以更换,而不必将整根曲轴报废。组合式曲轴结构复杂,拆装不便。

按曲轴主轴颈数的多少,曲轴可分为全支撑曲轴和非全支撑曲轴。

(1)全支撑曲轴。在相邻的两个曲拐间都有主轴颈的曲轴为全支撑曲轴。其优点是抗弯曲能力强,并可减轻主轴承的载荷。但主轴颈多,加工表面多,曲轴和机体相应较长。在直列式发动机中,全支撑曲轴的主轴颈数比汽缸数多一个;在V型发动机中,全支撑曲轴的主轴颈数比汽缸数的一半多一个。现代汽车发动机多采用全支撑整体式曲轴。

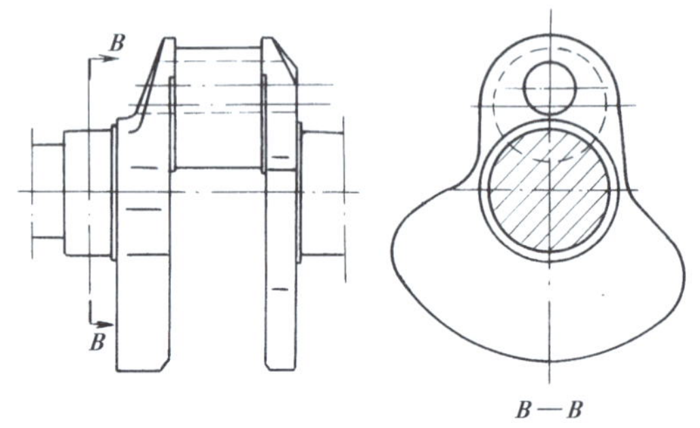

图2-58　空心曲柄销锻制曲轴

(2)非全支撑曲轴。主轴颈数少于全支撑曲轴的为非全支撑曲轴。其优缺点与全支撑曲轴恰好相反。

主轴颈和曲柄销一般是实心的,部分锻钢曲轴将曲柄销制成空心的(图2-58),旨在减小曲柄销的质量及其产生的旋转惯性力。部分铸铁曲轴将主轴颈和曲柄销均铸成空心的并具有桶形内腔,在曲柄臂上铸有卸载槽,以减小应力集中和增加疲劳强度(图2-59)。

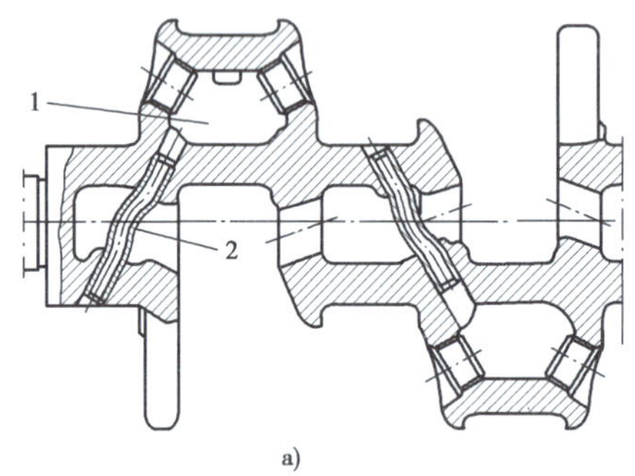

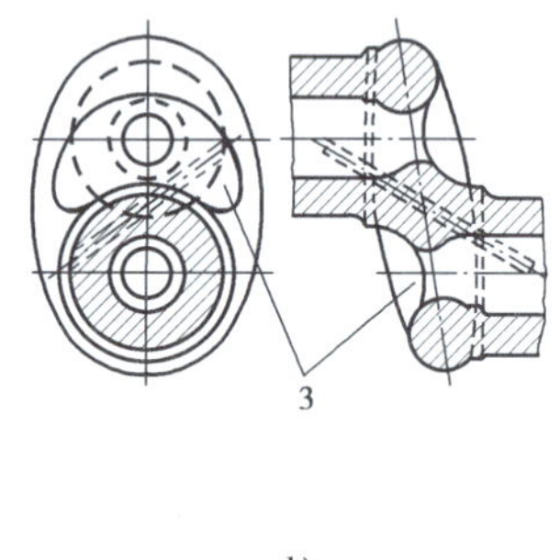

图2-59　空心轴颈铸铁曲轴

1-桶形空腔;2-油管;3-卸载槽

主轴颈和曲柄销均需润滑。机油经机体上的油道进入主轴承润滑主轴颈,再从主轴颈沿曲轴中的油孔(实心轴颈)进入连杆轴承润滑曲柄销(图2-60a),或沿着压入曲轴中的油管(空心轴颈)流向曲柄销(图2-59)。通常进入曲柄销空腔中的机油在离心力的作用下,其中的机械杂质沉积在空腔的壁面上,空腔中心的洁净机油经油管进入曲柄销工作表面(图2-60b)。

但是高速发动机由于离心力过大,可能造成曲柄销空腔中心无机油,从而使曲柄销表面得不到润滑。为了保证曲柄销的可靠润滑,在装有全流式机油滤清器的发动机中,曲轴中的油孔绕过曲柄销空腔直通曲柄销表面(图 2-60c)。

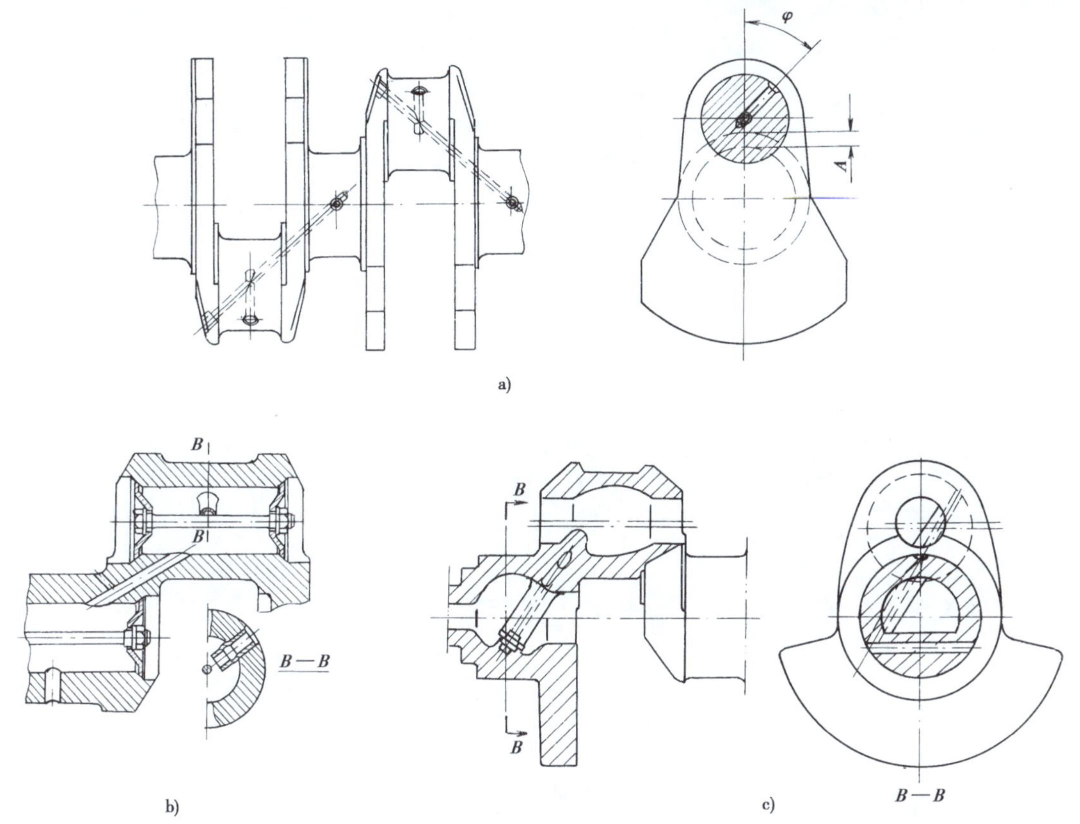

图 2-60　连杆轴承供油方式

曲柄臂用来连接主轴颈和曲柄销。曲柄臂一般是椭圆形的,因为椭圆形曲柄臂有较高的弯曲刚度和扭转刚度。曲柄臂的重心应尽可能靠近曲轴的回转中心。在非全支撑曲轴中,连接两个曲柄销的中间曲柄臂形状比较复杂,一般不进行机械加工。

曲轴平衡重用来平衡旋转惯性力及其力矩。对于曲拐呈镜像对称布置的四缸和六缸等发动机,其旋转惯性力和旋转惯性力矩是外部平衡的,但是内部不平衡,曲轴仍承受内弯矩的作用。如图 2-61a)所示,第一和第四曲拐的旋转惯性力 F_1 和 F_4 与第二和第三曲拐的旋转惯性力 F_2 和 F_3,大小相等,方向相反,互相平衡。F_1 和 F_2 形成的力矩 $M_{1\text{-}2}$与 F_3 和 F_4 形成的力矩 $M_{3\text{-}4}$也互相平衡,但是却给曲轴造成了弯曲载荷。为使曲轴达到内部平衡,需在曲柄上附加平衡重。

若在曲轴的每个曲柄臂上都装设平衡重则称完全平衡法。这时平衡重产生的旋转惯性力分别抵消每个曲拐产生的旋转惯性力(图 2-61b),使曲轴不受内弯矩的作用。但是完全平衡法的平衡重数量较多,曲轴质量增加,工艺性变差。若只在部分曲柄臂上装设平衡重则称分段平衡法。把曲轴分成两段,分别对各段进行平衡。例如,直列四缸发动机曲轴采用四块平衡重(图 2-61c),利用平衡重 1 和 2 产生反力矩以平衡力矩 $M_{1\text{-}2}$;利用平衡重 3 和 4 产生反力矩以

平衡力矩 $M_{3\text{-}4}$,从而可以减小整个曲轴的内弯矩。

形状多成扇形,使其重心远离曲轴回转中心,以期在较小的质量下获得较大的旋转惯性力。有的平衡重与曲柄臂锻或铸成一体(图 2-62a),有的则是单独制成零件,再用螺栓紧固在曲柄臂上(图 2-62b、c)。

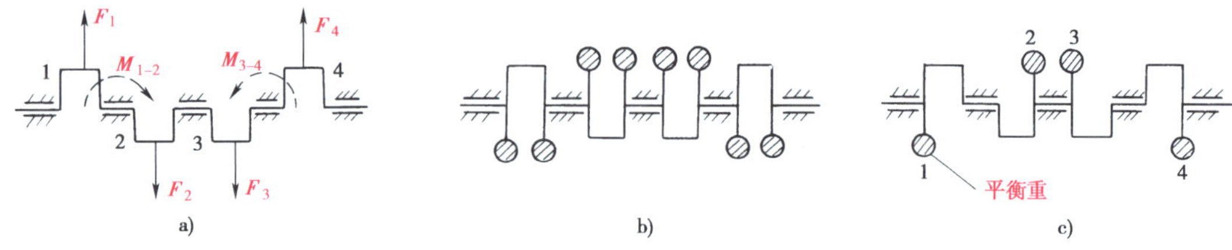

图 2-61　曲轴平衡重的作用

a)曲轴承受内弯矩;b)八块平衡重;c)四块平衡重

1、2、3、4-平衡重

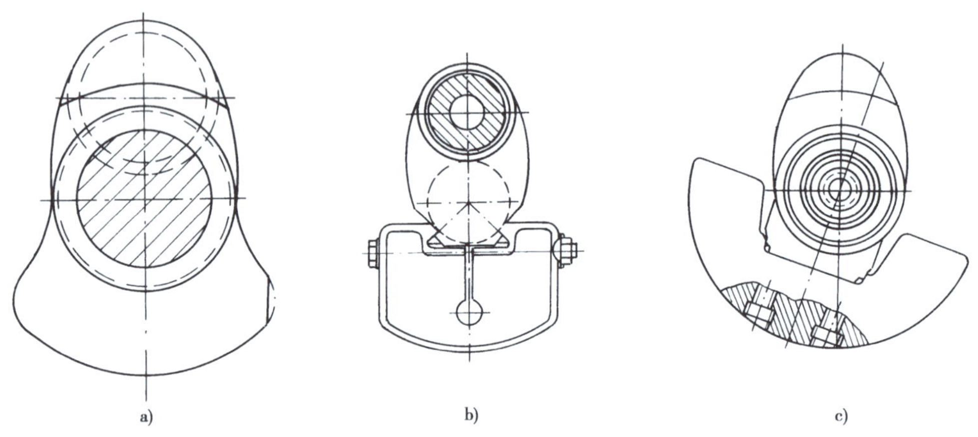

图 2-62　平衡重形状及安装方法

4)曲拐布置与多缸发动机的工作顺序

各曲拐的相对位置或曲拐布置取决于汽缸数、汽缸排列形式和发动机工作顺序。当汽缸数和汽缸排列形式确定之后,曲拐布置就只取决于发动机工作顺序。在选择发动机工作顺序时,应注意以下几点:

(1)应该使接连作功的两个汽缸相距尽可能远,以减轻主轴承载荷和避免在进气行程中发生抢气现象。

(2)各汽缸发火的间隔时间应该相同。发火间隔时间若以曲轴转角计则称发火间隔角。在发动机完成一个工作循环的曲轴转角内,每个汽缸都应发火作功一次。对于汽缸数为 i 的四冲程发动机,其发火间隔角应为 $720°/i$,即曲轴每转 $720°/i$ 时,就有一缸发火作功,以保证发动机运转平稳。

(3)V 型发动机左右两列汽缸应交替发火。

下面介绍几种不同汽缸数的发动机的工作顺序及其曲拐布置形式。

四冲程直列四缸发动机的发火间隔角为 $720°/4 = 180°$。4 个曲拐在同一平面内。发动机工作顺序为 1-3-4-2 或 1-2-4-3(图 2-63),其工作循环见表 2-1 和表 2-2。

四冲程直列四缸发动机工作循环表

（工作顺序 1-2-4-3）　表 2-1

曲轴转角(°)	第一缸	第二缸	第三缸	第四缸
0～180	作功	排气	压缩	进气
180～360	排气	进气	作功	压缩
360～540	进气	压缩	排气	作功
540～720	压缩	作功	进气	排气

四冲程直列四缸发动机工作循环表

（工作顺序 1-2-4-3）　表 2-2

曲轴转角(°)	第一缸	第二缸	第三缸	第四缸
0～180	作功	压缩	排气	进气
180～360	排气	作功	进气	压缩
360～540	进气	排气	压缩	作功
540～720	压缩	进气	作功	排气

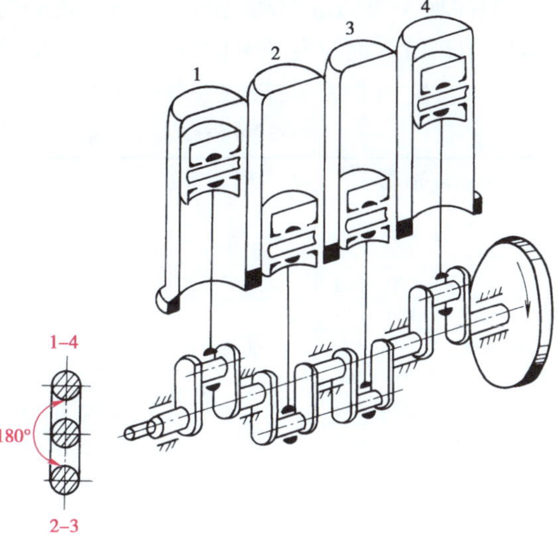

图 2-63　直列四缸发动机的曲拐布置

四冲程直列六缸发动机的发火间隔角为 720°/6 = 120°。6 个曲拐互成 120°。工作顺序为 1-5-3-6-2-4 或 1-4-2-6-3-5，前者应用比较普遍（图 2-64），其工作循环见表 2-3。

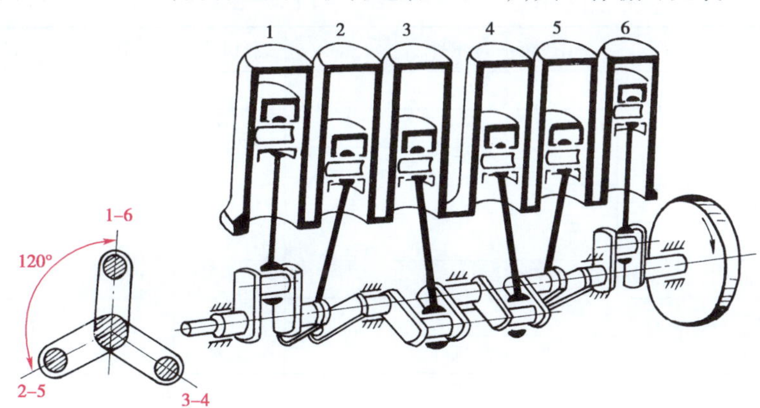

图 2-64　直列六缸发动机的曲拐布置

四冲程直列六缸发动机工作循环表（工作顺序 1-5-3-6-2-4）　表 2-3

<table>
<tr><th colspan="2">曲轴转角(°)</th><th>第一缸</th><th>第二缸</th><th>第三缸</th><th>第四缸</th><th>第五缸</th><th>第六缸</th></tr>
<tr><td rowspan="3">0～180</td><td>0～60</td><td rowspan="3">作功</td><td rowspan="2">排气</td><td></td><td></td><td rowspan="2">压缩</td><td rowspan="3">进气</td></tr>
<tr><td>60～120</td><td rowspan="3">压缩</td><td rowspan="3">排气</td></tr>
<tr><td>120～180</td><td rowspan="3">进气</td><td rowspan="3">作功</td></tr>
<tr><td rowspan="3">180～360</td><td>180～240</td><td rowspan="3">排气</td><td rowspan="3">压缩</td></tr>
<tr><td>240～300</td><td rowspan="3">作功</td><td rowspan="3">进气</td></tr>
<tr><td>300～360</td><td rowspan="3">压缩</td><td rowspan="3">排气</td></tr>
<tr><td rowspan="3">360～540</td><td>360～420</td><td rowspan="3">进气</td><td rowspan="3">作功</td></tr>
<tr><td>420～480</td><td rowspan="3">排气</td><td rowspan="3">压缩</td></tr>
<tr><td>480～540</td><td rowspan="3">作功</td><td rowspan="3">进气</td></tr>
<tr><td rowspan="3">540～720</td><td>540～600</td><td rowspan="3">压缩</td><td rowspan="3">排气</td></tr>
<tr><td>600～660</td><td rowspan="2">进气</td><td rowspan="2">作功</td></tr>
<tr><td>660～720</td><td></td><td></td></tr>
</table>

四冲程V型六缸发动机的发火间隔角仍为120°,3个曲拐互成120°。工作顺序为R1-L3-R3-L2-R2-L1。面对发动机的冷却风扇,右列汽缸用R表示,由前向后汽缸号分别为R1、R2、R3;左列汽缸用L表示,汽缸号分别为L1、L2和L3,工作循环见表2-4。

四冲程V6发动机工作循环表 （工作顺序R1-L3-R3-L2-R2-L1） 表2-4

<table>
<tr><th colspan="2">曲轴转角(°)</th><th>R1</th><th>R2</th><th>R3</th><th>L1</th><th>L2</th><th>L3</th></tr>
<tr><td rowspan="3">0~180</td><td>0~60</td><td rowspan="3">作功</td><td rowspan="2">排气</td><td></td><td></td><td rowspan="3">进气</td><td rowspan="2">压缩</td></tr>
<tr><td>60~120</td><td rowspan="3">压缩</td><td rowspan="3">排气</td></tr>
<tr><td>120~180</td><td rowspan="3">进气</td><td rowspan="3">作功</td></tr>
<tr><td rowspan="3">180~360</td><td>180~240</td><td rowspan="3">排气</td><td rowspan="3">压缩</td></tr>
<tr><td>240~300</td><td rowspan="3">作功</td><td rowspan="3">进气</td></tr>
<tr><td>300~360</td><td rowspan="3">压缩</td><td rowspan="3">排气</td></tr>
<tr><td rowspan="3">360~540</td><td>360~420</td><td rowspan="3">进气</td><td rowspan="3">作功</td></tr>
<tr><td>420~480</td><td rowspan="3">排气</td><td rowspan="3">压缩</td></tr>
<tr><td>480~540</td><td rowspan="3">作功</td><td rowspan="3">进气</td></tr>
<tr><td rowspan="3">540~720</td><td>540~600</td><td rowspan="3">压缩</td><td rowspan="3">排气</td></tr>
<tr><td>600~660</td><td rowspan="2">进气</td><td rowspan="2">作功</td></tr>
<tr><td>660~720</td><td></td><td></td></tr>
</table>

四冲程V8发动机的发火间隔角为720°/8=90°。4个曲拐互成90°。工作顺序基本上有两种:R1-L1-R4-L4-L2-R3-L3-R2和L1-R4-L4-L2-R3-R2-L3-R1,其工作循环见表2-5。

四冲程V8发动机工作循环表 （工作顺序R1-L1-R4-L4-L2-R3-L3-R2） 表2-5

<table>
<tr><th colspan="2">曲轴转角(°)</th><th>R1</th><th>R2</th><th>R3</th><th>R4</th><th>L1</th><th>L2</th><th>L3</th><th>L4</th></tr>
<tr><td rowspan="2">0~180</td><td>0~90</td><td rowspan="2">作功</td><td></td><td></td><td rowspan="2">压缩</td><td></td><td rowspan="2">进气</td><td rowspan="2">排气</td><td></td></tr>
<tr><td>90~180</td><td rowspan="2">排气</td><td rowspan="2">进气</td><td rowspan="2">作功</td><td rowspan="2">压缩</td></tr>
<tr><td rowspan="2">180~360</td><td>180~270</td><td rowspan="2">排气</td><td rowspan="2">作功</td><td rowspan="2">压缩</td><td rowspan="2">进气</td></tr>
<tr><td>270~360</td><td rowspan="2">进气</td><td rowspan="2">压缩</td><td rowspan="2">排气</td><td rowspan="2">作功</td></tr>
<tr><td rowspan="2">360~540</td><td>360~450</td><td rowspan="2">进气</td><td rowspan="2">排气</td><td rowspan="2">作功</td><td rowspan="2">压缩</td></tr>
<tr><td>450~540</td><td rowspan="2">压缩</td><td rowspan="2">作功</td><td rowspan="2">进气</td><td rowspan="2">排气</td></tr>
<tr><td rowspan="2">540~720</td><td>540~630</td><td rowspan="2">压缩</td><td rowspan="2">进气</td><td rowspan="2">排气</td><td rowspan="2">作功</td></tr>
<tr><td>630~720</td><td>作功</td><td>排气</td><td>压缩</td><td>进气</td></tr>
</table>

5)曲轴构造实例

(1)马自达6轿车L3型四冲程直列四缸汽油机的曲轴为全支撑整体式铸铁曲轴。4个曲拐在同一平面内,即所谓四曲拐平面曲轴。8块平衡重与各曲柄臂铸成一体,完全平衡旋转惯性力及其力矩。在第6曲柄臂上热套一个用来驱动平衡机构的齿圈。

(2)雪铁龙U25/651型四冲程直列四缸柴油机的曲轴是全支撑整体式锻制曲轴。曲拐夹角为180°,亦为四曲拐平面曲轴。在1、4、5、8曲柄臂上安装有平衡重,既平衡了内弯矩又可以减轻主轴承的载荷。平衡重用内六角螺栓紧固在曲柄臂上(参见图2-57)。

(3)解放CA6102型汽油机的曲轴为整体式、全支撑、曲拐夹角为120°的锻制曲轴,6个曲拐呈现镜面对称(图2-65)排列,这是四冲程直列六缸发动机曲轴的典型结构。由于不带平衡重,曲轴受内弯矩作用,各主轴承均受旋转惯性力的作用,其中尤以中央主轴承所承受的旋转惯性力为最大。

2. 曲轴前、后端密封

曲轴前端借助甩油盘和橡胶油封实现密封(图2-66)。发动机工作时,落在甩油盘2上的机油，在离心力的作用下被甩到定时传动室盖的内壁上，再沿壁面流回油底壳。即使有少量机油落到甩油盘前面的曲轴上，也会被装在定时传动室盖上的自紧式橡胶油封1挡住。

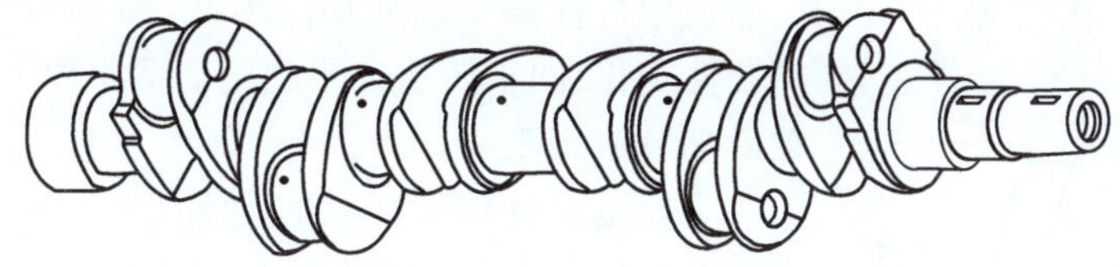

图2-65　曲轴构造实例

曲轴后端的密封装置如图2-67所示。由于近年来橡胶油封的耐油、耐热和耐老化性能的提高，在现代汽车发动机上曲轴后端的密封越来越多地采用与曲轴前端一样的自紧式橡胶油封（图2-67b）。自紧式油封由金属保持架、氟橡胶密封环和拉紧弹簧构成。

许多国产汽车发动机如BJ492Q、SH680Q和EQ6100—1等均采用如图2-67a）所示的密封结构。回油螺纹是在曲轴后端加工出的矩形或梯形右螺纹，其工作原理如图2-68所示。当曲轴旋转时，进入回油螺纹槽内的机油被曲轴带动旋转，并受到密封填料的摩擦阻力F_r。F_r可分解为平行于螺纹的分力F_{r1}和垂直于螺纹的分力F_{r2}。机油在F_{r1}的作用下，沿着螺纹槽被推送向前，流回油底壳。

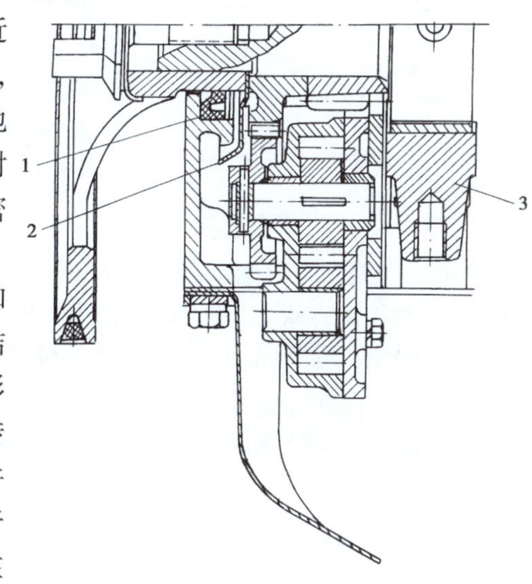

图2-66　曲轴前端的密封

1-自紧式橡胶油封；2-甩油盘；3-第一主轴承盖

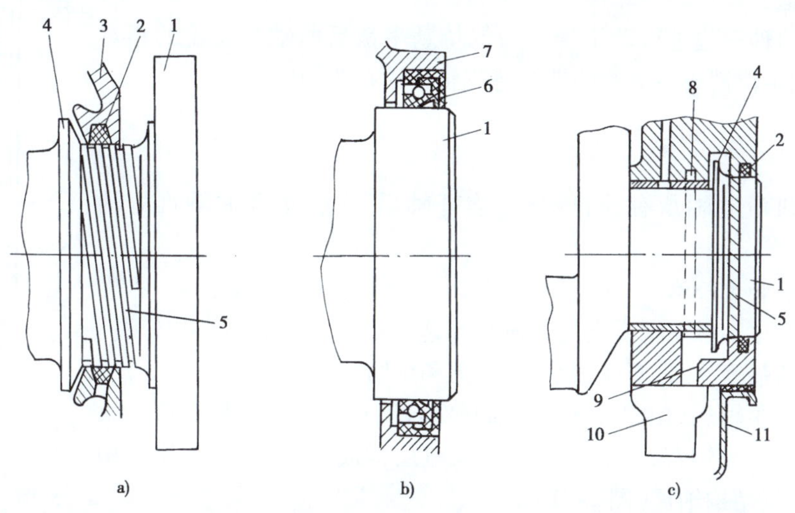

图2-67　曲轴后端的密封

a）挡油凸缘+回油螺纹+密封填料；b）自紧式橡胶油封；c）卸压槽+挡油凸缘+回油螺纹+密封填料

1-曲轴后端；2-密封填料；3-填料座；4-挡油凸缘；5-回油螺纹；6-自紧式橡胶油封；7-油封座；8-卸压槽；9-回油孔；10-主轴承盖；11-油底壳

3. 飞轮

对于四冲程发动机来说，每四个活塞行程作功一次，即只有作功行程作功，而排气、进气和压缩三个行程都要消耗功。因此，曲轴对外输出的转矩呈周期性变化，曲轴转速也不稳定。为了改善这种状况，在曲轴后端装置飞轮。

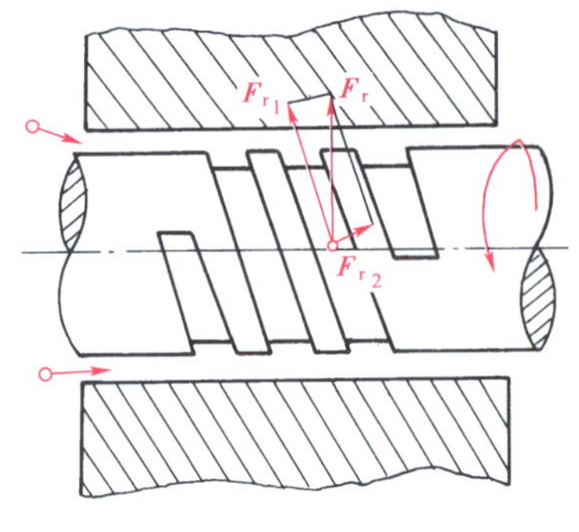

图 2-68　回油螺纹的封油原理

飞轮是转动惯量很大的盘形零件（图 2-69），其作用如同一个能量存储器。在作功行程中发动机传输给曲轴的能量，除对外输出外，还有部分能量被飞轮吸收，从而使曲轴的转速不会升高很多。在排气、进气和压缩三个行程中，飞轮将其储存的能量放出来补偿这三个行程所消耗的功，从而使曲轴转速不致降低太多。

除此之外，飞轮还有下列功用：飞轮是摩擦式离合器的主动件；飞轮中心的圆孔还需要安装轴承，为变速器输入轴前端提供支撑；在飞轮轮缘上镶嵌有供起动发动机用的飞轮齿圈 2；在飞轮上还刻有上止点记号，用来校准点火定时或喷油定时以及调整气门间隙。图 2-70 所示为解放 CA6102 型发动机的上止点记号。当刻在飞轮轮缘上的记号“上止点/1-6”与飞轮壳上的刻线对正时，即表示 1、6 两缸的活塞处于上止点位置。东风 EQ6100—1 型发动机，在飞轮轮缘上镶嵌一个钢球，当钢球与飞轮壳上的刻线对正时，即表示 1、6 两缸的活塞处于上止点位置。

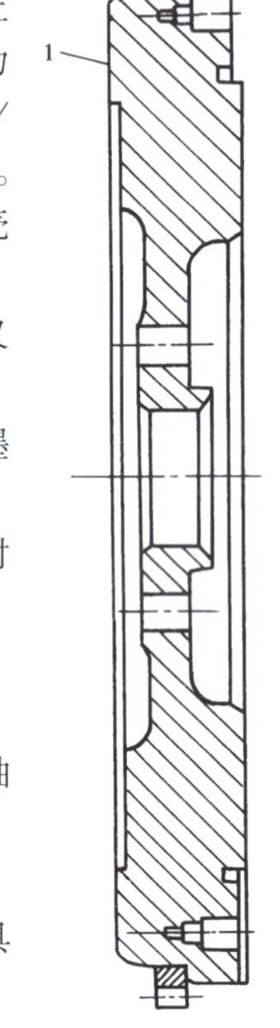

图 2-69　飞轮（雪铁龙 U25/651）

1-飞轮；2-飞轮齿圈

飞轮结构形状的特征是其大部分质量集中在轮缘上，所以轮缘做得又宽又厚（参看图 2-69），以便在较小的飞轮质量下获得较大的转动惯量。

飞轮多用灰铸铁制造，当轮缘的圆周速度超过 50m/s 时，应采用球墨铸铁或铸钢制造。

飞轮应与曲轴一起进行动平衡。为保持动平衡后曲轴与飞轮的相对位置，通常采用定位销或不等距的螺栓将飞轮紧固在曲轴后端。

五、汽车发动机滑动轴承

汽车发动机滑动轴承有连杆衬套、连杆轴承、主轴承和曲轴推力轴承等。

1. 连杆轴承和主轴承

连杆轴承和主轴承均承受交变载荷和高速摩擦，因此轴承材料必须具有足够的抗疲劳强度，而且要摩擦小、耐磨损和耐腐蚀。

连杆轴承和主轴承均由上、下两片轴瓦对合而成。每一片轴瓦都是由钢背和减磨合金层或钢背、减磨合金层和软镀层构成，前者称为二层结构轴瓦，后者称三层结构轴瓦（图 2-71）。

钢背是轴瓦的基体，由 1 ~ 3mm 厚的低碳钢板制造，以保证有较高的机械强度。钢背背面只有很小的粗糙度，旨在增大与连杆大头孔或主轴承孔的接触面积，以利散热。在钢背背面镀锡也可以达到同样的目的。

在钢背上浇铸减磨合金层，减磨合金材料主要有白合金、铜基合金和铝基合金。

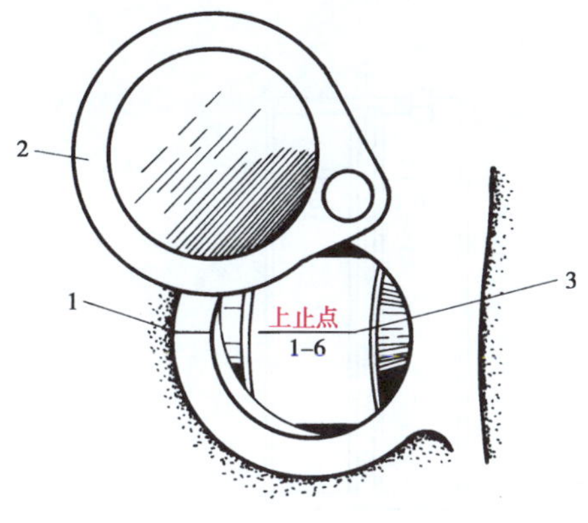

图 2-70　飞轮上的上止点记号

1-飞轮壳上的刻线；2-观察孔盖；3-飞轮上的记号

白合金也叫巴氏合金，应用较多的锡基白合金减摩性好，但疲劳强度低，耐热性差，温度超过 100℃ 硬度和强度均明显下降，因此常用于负荷不大的汽油机。

铜铅合金的突出优点是承载能力大，抗疲劳强度高，耐热性好。但磨合性能和耐腐蚀性差。为了改善其磨合性和耐腐蚀性，通常在铜铅合金表面电镀一层软金属而成三层结构轴瓦，多用于高强化的柴油机。

铝基合金包括铝锑镁合金、低锡铝合金和高锡铝合金。含锡 20% 以上的高锡铝合金轴瓦因为有较好的承载能力、抗疲劳强度和减磨性能而被广泛地用于汽油机和柴油机。

软镀层是指在减磨合金层上电镀一层锡或锡铅合金，其主要作用是改善轴瓦的磨合性能并作为减磨合金层的保护层。

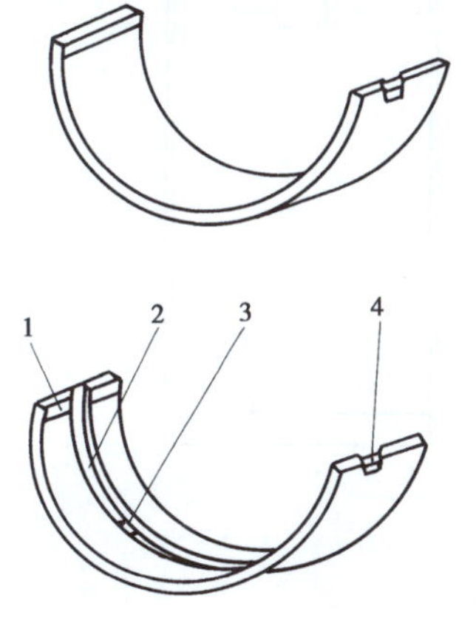

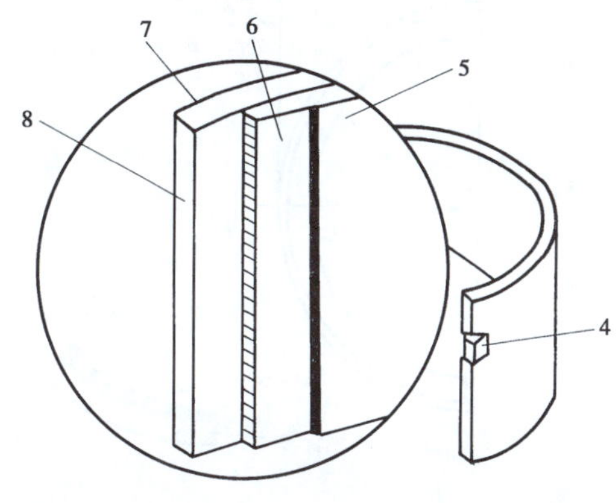

图 2-71　轴瓦及其各部名称

1-布油槽；2-环形油槽；3-油孔；4-定位唇；5-软镀层；6-减磨合金层；7-钢背；8-轴瓦结合面

图 2-72 所示为主轴承上、下轴瓦的构造实例。轴瓦一般是等壁厚的，但也有变厚度轴瓦，多用于强化程度较高的发动机。变厚度轴瓦可以改善轴承对轴颈变形的适应性，可以避免轴瓦棱缘过载。轴向变厚度轴瓦的内表面为双曲面（图 2-73）；径向变厚度轴瓦是将轴瓦端面附近适当减薄（图 2-72 中 *A—A* 放大部分）。这样既能适应轴颈变形，又有利于机油的分布。

轴瓦在自由状态时，两个结合面外端的距离比轴承孔的直径大，其差值称为轴瓦的张开量（图 2-72）。在装配时，轴瓦的圆周过盈变成径向过盈，对轴承孔产生径向压力，使轴瓦紧密贴合在轴承孔内，以保证其良好的承载和导热能力，提高轴瓦工作的可靠性和延长其使用寿命。

在轴瓦的结合端冲压出定位唇（参看图 2-71），在轴承孔中加工有定位槽，以便装配时能正确定位。定位唇的作用只在于方便装配，欲使轴瓦在轴承孔中不转动、不移动、不振动，则全靠轴瓦与轴承孔之间的过盈配合来保证。

通过连杆小头喷油孔喷油冷却活塞的发动机，在主轴承和连杆轴承的上、下轴瓦上均加工有环形油槽和油孔，以便不间断地向连杆小头喷油孔供油。为了保证轴瓦的承载能力，最好不在载荷较大的主轴承下轴瓦和连杆轴承上轴瓦开环形油槽。有的发动机为了润滑连杆轴承和曲柄销的需要，只在主轴承的上轴瓦加工有环形油槽（图 2-72）。

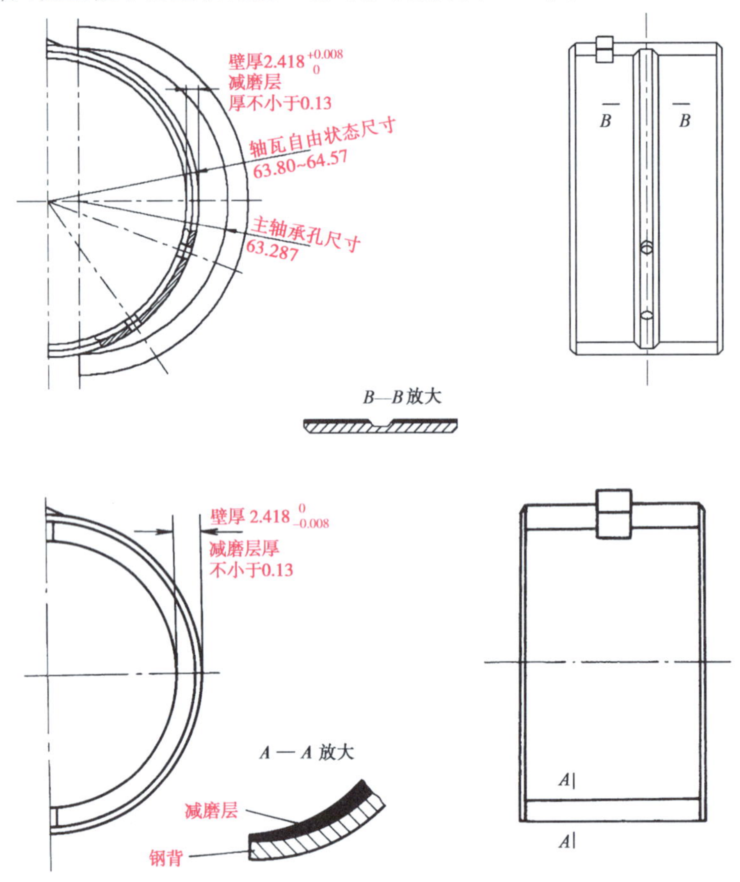

图 2-72　主轴承上下轴瓦结构（GM2.5L）

2. 曲轴推力轴承

汽车行驶时由于踩踏离合器而对曲轴施加轴向推力，使曲轴发生轴向窜动。过大的轴向窜动将影响活塞连杆组的正常工作和破坏正确的配气定时和柴油机的喷油定时。为了保证曲轴轴向的正确定位，需装设推力轴承，而且只能在一处设置推力轴承，以保证曲轴受热膨胀时能自由伸长。

曲轴推力轴承有翻边轴瓦、半圆环推力片和推力轴承环 3 种形式。

翻边轴瓦（图 2-74）是将轴瓦两侧翻边作为推力面，在推力面上浇铸减磨合金。轴瓦的推力面与曲轴推力面之间留有 0.06 ~0.25mm 的间隙，从而限制了曲轴轴向窜动量。

东风 EQ6100—1 型汽油机即采用翻边轴瓦作为曲轴轴向定位装置。

半圆环推力片（图 2-75）一般为四片，上、下各两片，分别安装在机体和主轴承盖上的浅槽中，用定位舌或定位销定位，防止其转动。装配时，需将有减磨合金层的推力面朝向曲轴的推力面，不能装反。

上海桑塔纳 JV 型汽油机和 YC6105QC、6102Q、6110 和 6120 等型柴油机均采用半圆环推力片作为曲轴的推力轴承。

推力轴承环(图 2-76)为两片推力圆环,分别安装在第一主轴承盖的两侧。解放 CA6102 型发动机即采用这种曲轴推力轴承。

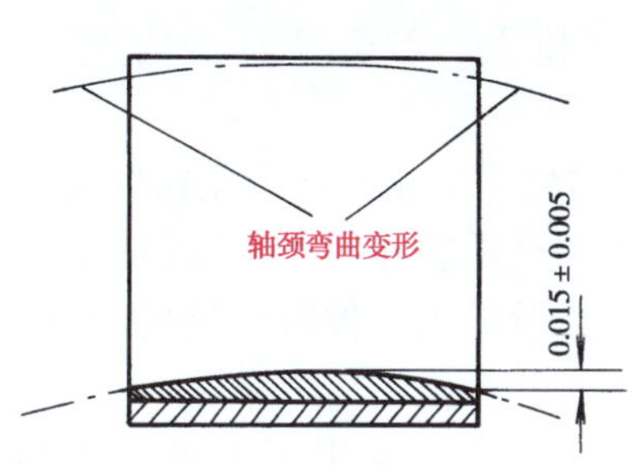

图 2-73　轴向变厚度轴瓦

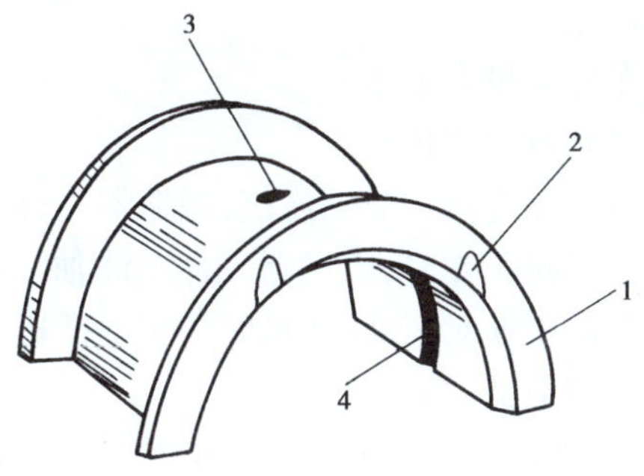

图 2-74　翻边轴瓦

1-推力面;2-储油槽;3-油孔;4-环形油槽

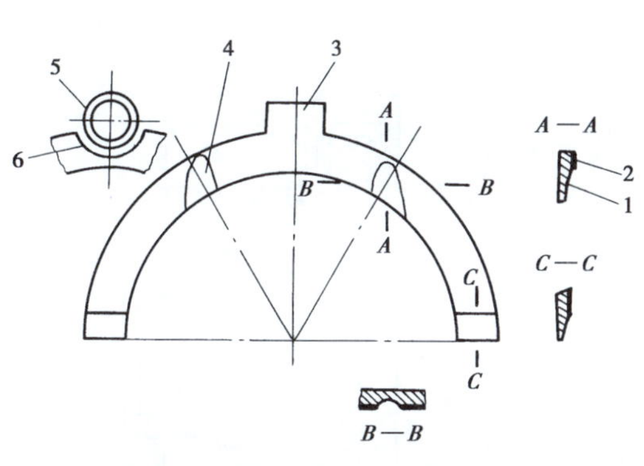

图 2-75　半圆环推力片

1-钢背;2-减磨合金层(推力面);3-定位舌;4-储油槽;5-定位销;6-定位销槽

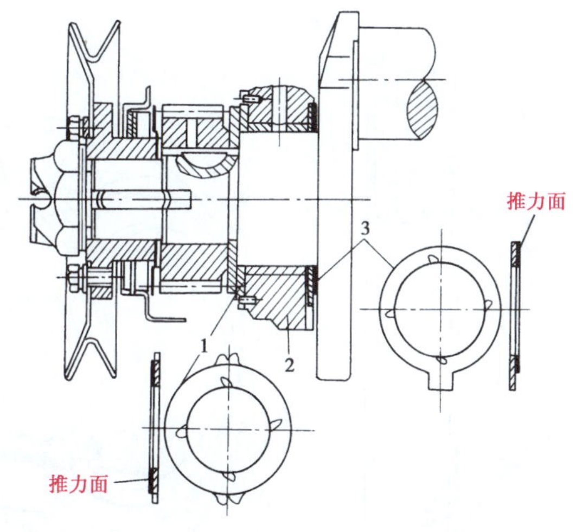

图 2-76　推力轴承环及其安装位置

1、3-推力轴承环;2-第一主轴承盖

第四节　减少振动和噪声的装置

汽车的舒适性是汽车(特别是轿车)的主要性能指标,发动机工作时的振动是引起汽车振动的主要激励之一。当今有很多的结构能够减少汽车乘员对发动机振动的主观感受,这些结构可以总结出两类:一类是减少发动机自身工作时的振动,如曲轴扭转减振器、平衡机构等;另一类是将发动机工作时的振动向外传递的路径阻断,如双质量飞轮、液压悬置等。

一、曲轴扭转减振器

当发动机工作时,曲轴在周期性变化的转矩作用下,各曲拐之间发生周期性相对扭转的现象称为扭转振动,简称扭振。当发动机转矩的变化频率与曲轴扭转的自振频率相同或成整数倍时，就会发生共振。共振时扭转振幅增大，并导致传动机构磨损加剧，发动机功率下降，甚至使曲轴断裂。为了消减曲轴的扭转振动，现代汽车发动机多在扭转振幅最大的曲轴前端装置扭转减振器。

汽车发动机多采用橡胶扭转减振器、硅油扭转减振器和硅油-橡胶扭转减振器等。

1. 橡胶扭转减振器

该减振器壳体与曲轴连接，减振器壳体与扭转振动惯性质量粘结在硫化橡胶层上（图2-77a）。发动机工作时，减振器壳体与曲轴一起振动，由于惯性质量滞后于减振器壳体，因而在两者之间产生相对运动，使橡胶层来回揉搓，振动能量被橡胶的内摩擦阻尼吸收，从而使曲轴的扭振得以消减。

图2-77b）所示为带轮与扭转减振器的组合件，类似的结构用于东风EQ6100-1和YC6105QC等型发动机上。

图2-77c）所示为复合惯性质量减振器，它由扭转振动惯性质量和弯曲振动惯性质量复合而成。既能消减曲轴的扭转振动振幅，又能消减曲轴的弯曲振动振幅。

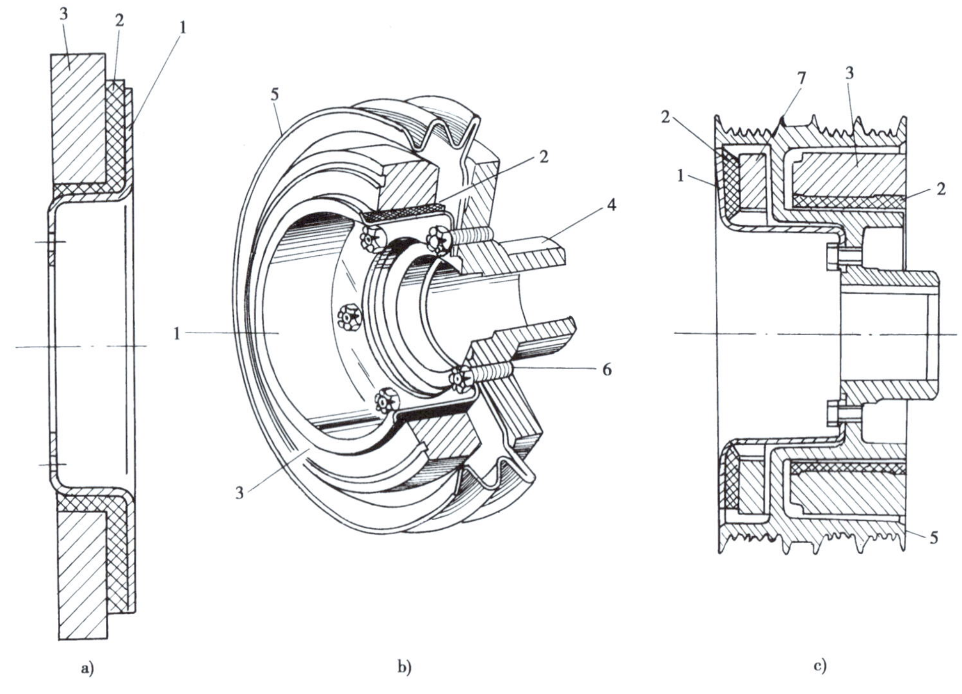

图2-77　橡胶扭转减振器

a）橡胶扭转减振器（CA8V100）；b）带轮-橡胶扭转减振器；c）复合惯性质量减振器（尼桑VH45DE）

1-减振器壳体；2-硫化橡胶层；3扭转振动惯性质量；4-带轮毂；5-带轮；6-紧固螺栓；7-弯曲振动惯性质量

橡胶扭转减振器结构简单、工作可靠、制造容易，在汽车上广为应用。但其阻尼作用小，橡胶容易老化，故在大功率发动机上较少应用。

2. 硅油扭转减振器

由钢板冲压而成的减振器壳体与曲轴连接。侧盖与减振器壳体组成封闭腔，其中滑套着扭转振动惯性质量。惯性质量与封闭腔之间留有一定的间隙，里面充满高黏度硅油（图2-78a）。

当发动机工作时，减振器壳体与曲轴一起旋转、一起振动，惯性质量则被硅油的黏性摩擦阻尼和衬套的摩擦力所带动。由于惯性质量相当大，因此它近似作匀速转动，于是在惯性质量与减振器壳体间产生相对运动。曲轴的振动能量被硅油的内摩擦阻尼吸收，使扭振消除或减轻。

硅油扭转减振器减振效果好，性能稳定、工作可靠、结构简单、维修方便，所以在汽车发动机上的应用日益普遍。但它需要良好的密封和较大的惯性质量，致使减振器尺寸较大。

3. 硅油-橡胶扭转减振器

硅油-橡胶扭转减振器中的橡胶环6（图2-78b）主要作为弹性体，并用来密封硅油和支撑惯性质量1。在封闭腔内注满高黏度硅油。硅油-橡胶扭转减振器集中了硅油扭转减振器和橡胶扭转减振器二者的优点，即体积小、质量轻和减振性能稳定等。

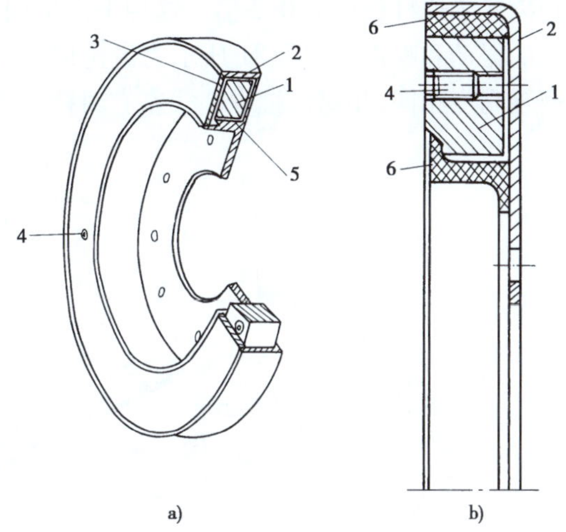

图2-78 硅油及硅油-橡胶扭转减振器

a）硅油减振器（依维柯8210.228）；b）硅油-橡胶减振器

1-扭转振动惯性质量；2-减振器壳体；3-侧盖；4-注油螺塞；5-衬套；6-橡胶环

二、平衡机构

必须将引起汽车振动和噪声的发动机不平衡力及不平衡力矩减小到最低限度。在曲轴的曲柄臂上设置的平衡重只能平衡旋转惯性力及其力矩，而往复惯性力及其力矩的平衡则需采用专门的平衡机构。

如前所述，发动机工作时，曲柄连杆机构的往复运动质量将产生往复惯性力 F_j。它可视作由一阶往复惯性力 F_{jI} 与二阶往复惯性力 F_{jII} 组成，即 $F_j = F_{jI} + F_{jII}$。当发动机的结构和转速一定时，一阶往复惯性力与曲轴转角的余弦成正比，二阶往复惯性力与二倍曲轴转角的余弦成正比。发动机往复惯性力的平衡状况与汽缸数、汽缸排列形式及曲拐布置形式等因素有关。

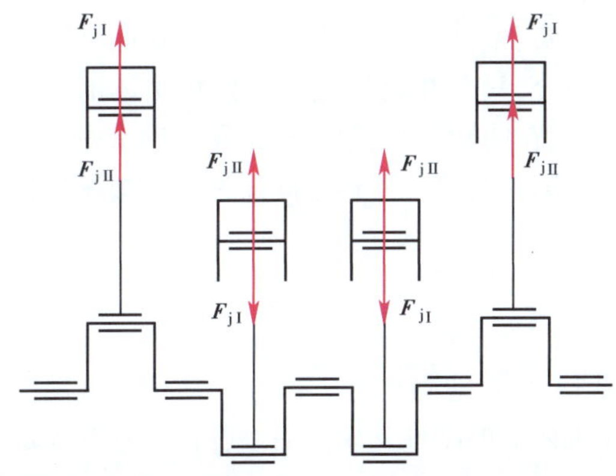

图2-79 作用在曲轴上的一、二阶往复惯性力示意图

现代中级和普及型轿车普遍采用四冲程直列四缸发动机。平面曲轴的四缸发动机的一阶往复惯性力、一阶往复惯性力矩和二阶往复惯性力矩都平衡，惟二阶往复惯性力不平衡（图2-79）。为了平衡二阶往复惯性力需采用双轴平衡机构。两根平衡轴与曲轴平行且与汽缸中心线等距，旋转方向相反，转速相同，都为曲轴转速的二倍。两根轴上都装有质量相同的平衡重，其旋转惯性力在垂直于汽缸中心线方向的分力互相抵消，在平行于汽缸中心线方向的分力则合成为沿汽缸中心线方向作用的力，与 F_{jII} 大小相等，方向相反，从而使 F_{jII} 得到平衡。图2-80所示为两根平衡轴一高一低在汽缸中心线左

右等距布置，上方的平衡轴与曲轴旋转方向相同，下方的平衡轴旋向相反，上下平衡轴的垂直距离等于连杆长度的0.7倍。这种平衡机构可以显著地降低由二阶往复惯性力和气体力所造成的振动和噪声。图2-81所示为齿轮传动的双轴平衡装置。整个装置置于油底壳内，两个平衡轴高度相同，相对汽缸中心线左右对称。

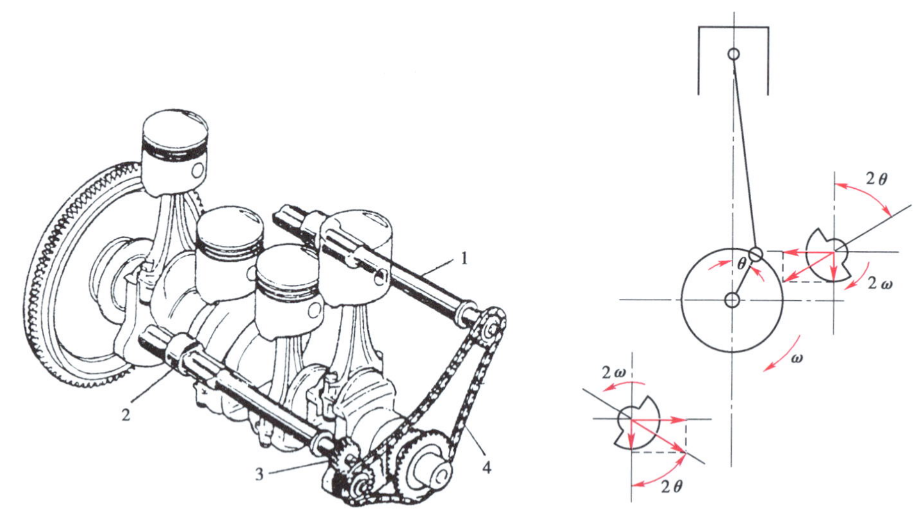

图2-80 链传动双轴平衡机构（三菱汽车公司）

1-右平衡轴及平衡重；2-左平衡轴及平衡重；3-传动齿轮；4-传动链

三、双质量飞轮

汽车的动力传动系是汽车振动和噪声的主要来源之一，其中起主要作用的便是动力传动系统中的扭振和扭振噪声。引起扭振的主要原因就是传动系统的固有频率与发动机的激励频率相近，从而传递并放大了来自发动机的振动。

在发动机后端安装双质量飞轮，大大降低发动机与变速器振动系统的固有频率，使得其固有频率对应的转速为发动机怠速转速的三分之一左右，从而降低振动的传递率。

双质量飞轮式扭转减振器与曲轴扭转减振器结构类似，主要零件也是由固定在曲轴上的主体部分（壳体）、惯性质量部分以及扭转弹性阻尼部分，只是在此处我们习惯称主体部分为第一质量，惯性质量部分称为第二质量。第一质量固定在曲轴后端，第二质量通过轴承安装在第一质量上，第二质量还负责将动力传递给传动系统，第一与第二质量之间通过扭转减振器传递转矩（图2-82）。

四、悬置

发动机的振动一部分通过支撑传递到汽车车架上，有效地隔离这一部分发动机的振动能够明显提高汽车的舒适性。发动机一般通过固定在机体上的刚性支架然后经弹性的悬置固定到车架上。

固定在机体上的支架为悬臂梁结构，缩短支架的悬臂长度，增加其刚度，使其一阶固有频率高于1000Hz是隔离发动机振动的第一步。出于这个原因，现代汽车上已很少使用具有开口截面的钣金支架，取而代之的是铸压铝架。其中图2-83就是一个例子。

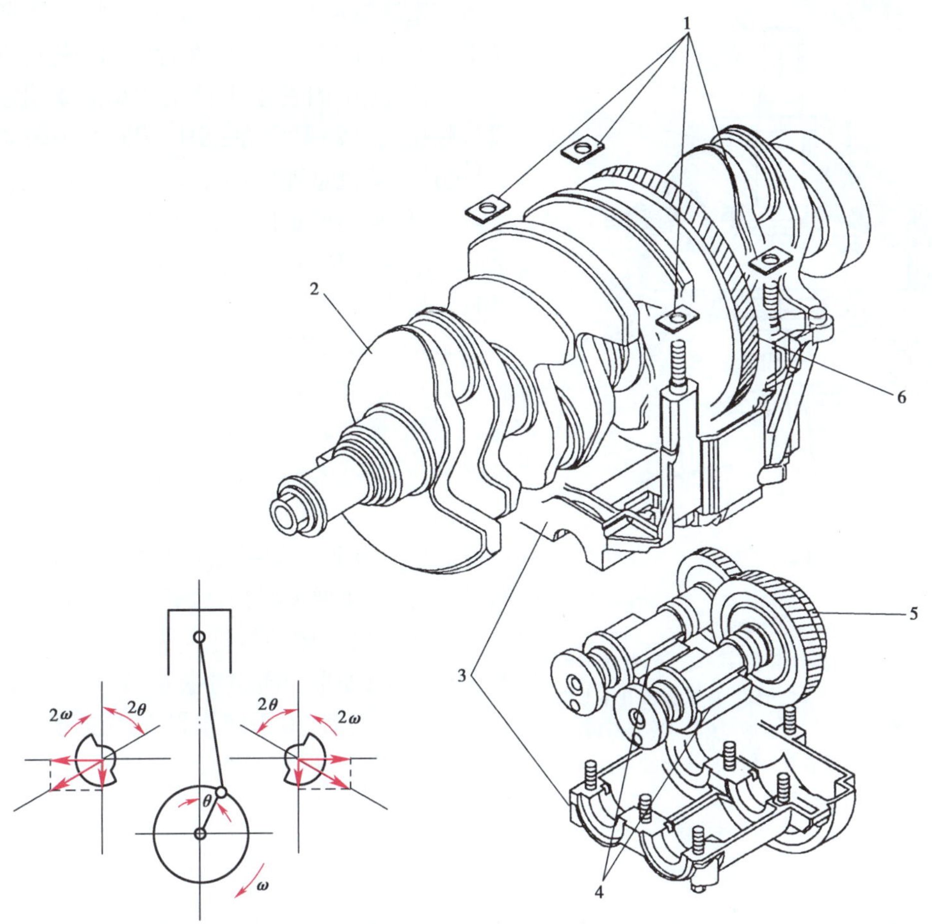

图 2-81　齿轮传动双轴平衡机构(马自达6 轿车)

1-垫片;2-曲轴;3-平衡机构壳体;4-平衡轴及平衡重;5-传动齿轮;6-平衡机构驱动齿轮

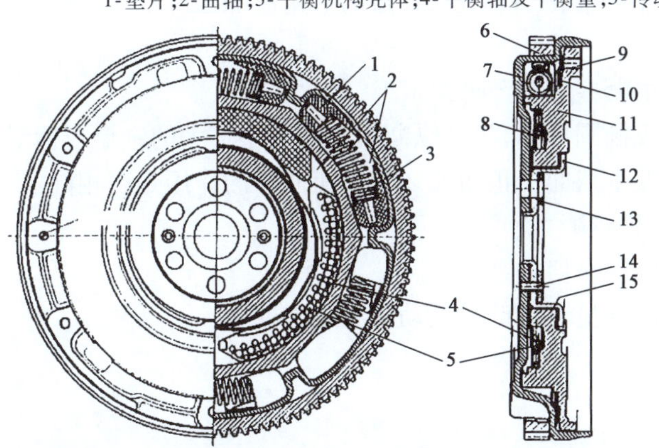

图 2-82　双质量飞轮结构

1-键;2-润滑油脂;3-压簧;4-偏心板;5-剪切键;6-起动齿圈;7-第一质量盘;8、10-端盖;9-防溅板;11-第二质量盘;12-中心法兰;13-加强环;14-铆钉;15-滑动轴承

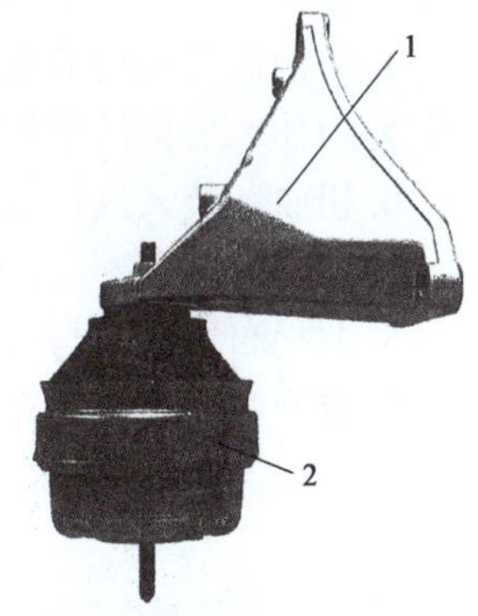

图 2-83　固定发动机的支架和悬置

1-发动机支架;2-悬置

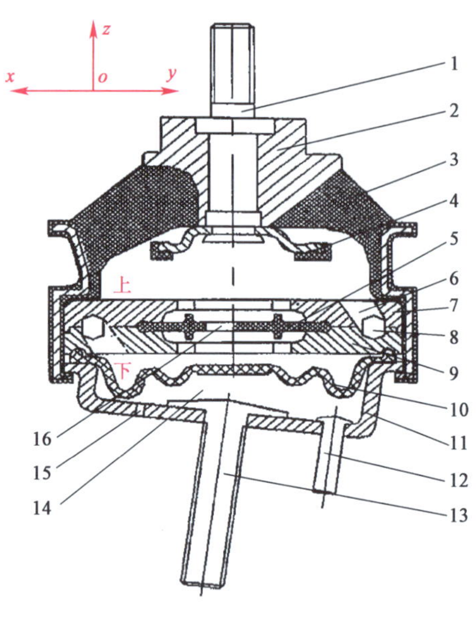

图 2-84　液压悬置结构

1-连接螺柱；2-金属骨架；3-橡胶主簧；4-缓冲限位盘；5-解耦盘；6-惯性通道；7-惯性通道体上半部分；8-惯性通道；9-惯性通道体下半部分；10-底模；11-底座；12-安装定位销；13-连接螺栓；14-空气室；15-气孔；16-补偿孔

为了阻断振动，对理想的悬置动特性要求是：(1)低频下具有大阻尼、高动刚度特性，以衰减汽车在起动、加速等过程中因发动机输出转矩波动引起的动力总成低频振动；(2)悬置在 25Hz 附近具有较低的动刚度，以衰减发动机怠速时的振动；(3)在高频范围内具有小阻尼、低动刚度特性，以降低振动的传递率。这些复杂的要求使得传统的橡胶悬置无法满足，液压悬置能够较好地满足这一要求。

图 2-84 表示了液压悬置的结构，其工作原理是由橡胶主簧和底膜组成一个密封的空腔，空腔内被液体填充，空腔被惯性通道体和解耦盘分解成上下两个腔，当橡胶主簧承受动态载荷上下运动时，上下腔的体积发生变化，液体流过惯性通道、补偿孔，同时解耦盘、底膜也可能发生变形。如果液压悬置承受低频、大振幅的激励时，液体主要流经惯性通道，在惯性通道的出入口处克服通道内液体的惯性损失了大量能量，从而耗散掉振动能量；如果在高频小振幅激励下，液体来不及在惯性通道内流动，由于解耦盘在小变形时刚度特别小，解耦通道内的液体和解耦盘高速振动，从而降低了液压悬置的高频动刚度。

思　考　题

1. 为什么说多缸发动机机体承受拉、压、弯、扭等多种形式的机械负荷？
2. 无汽缸套式机体有何利弊？为什么许多轿车发动机都采用无汽缸套式机体？
3. 为什么要对汽油机汽缸盖的鼻梁区和柴油机汽缸盖的三角区加强冷却？在结构上如何保证上述区域的良好冷却？
4. 曲柄连杆机构的功用如何？由哪些主要零件组成？
5. 为什么要把活塞的横断面制成椭圆形，而将其纵断面制成上小下大的锥形或桶形？
6. 扭曲环装入汽缸后为什么会发生扭曲？正扭曲环和反扭曲环的作用是否相同？
7. 若连杆刚度不足，可能发生何种故障？
8. 曲拐布置形式与发动机工作顺序有何关系？
9. 有哪些措施能够降低汽车内的乘员对发动机振动的主观感受？

第三章 配 气 机 构

第一节 配气机构的功用及组成

目前,四冲程汽车发动机都采用气门式配气机构。其功用是按照发动机的工作顺序和工作循环的要求,定时开启和关闭各缸的进、排气门,使新气进入汽缸,废气从汽缸排出。所谓新气,对于汽油机就是汽油与空气的混合物,对于柴油机则为纯净的空气。

进入汽缸内的新气数量(或称进气量)对发动机性能的影响很大。进气量越多,发动机的有效功率和转矩越大。因此,配气机构首先要保证进气充分,进气量尽可能的多;同时,废气要排除干净,因为汽缸内残留的废气越多,进气量将会越少。其次,配气机构的运动件应该具有较小的质量和较大的刚度,以使配气机构具有良好的动力特性。

气门式配气机构由气门组和气门传动组两部分组成,每组的零件组成则与气门的位置、凸轮轴的位置和气门驱动形式等有关。现代汽车发动机均采用顶置气门,即进、排气门置于汽缸盖内,倒挂在汽缸顶上。凸轮轴的位置有下置式、中置式和上置式三种。气门驱动形式则有摇臂驱动、摆臂驱动和直接驱动三种类型。

1. 凸轮轴下置式配气机构

凸轮轴置于曲轴箱内的配气机构为凸轮轴下置式配气机构,其典型结构如图 3-1 所示。其中气门组零件包括气门 12、气门座圈 13、气门导管 11、气门弹簧 10、气门弹簧座 8 和气门锁夹 9 等;气门传动组零件则包括凸轮轴 1、挺柱 2、推杆 3、摇臂 7、摇臂轴 5、摇臂轴座 4 和气门间隙调整螺钉 6 等。

下置凸轮轴由曲轴定时齿轮驱动。发动机工作时,曲轴通过定时齿轮驱动凸轮轴旋转。当凸轮的上升段顶起挺柱时,经推杆和气门间隙调整螺钉推动摇臂绕摇臂轴摆动,压缩气门弹簧使气门开启。当凸轮的下降段与挺柱接触时,气门在气门弹簧力的作用下逐渐关闭。

四冲程发动机每完成一个工作循环,每个汽缸进、排气一次。这时曲轴转两周,而凸轮轴只旋转一周,所以曲轴与凸轮轴的转速比或传动比为 2:1。

凸轮轴下置式配气机构的主要优点是凸轮轴离曲轴近,可以简单地用一对齿轮传动。缺点是零件多,传动链长,整个机构的刚度差。在高转速时,可能破坏气门的运动规律和气门的定时启闭。因此多用于转速较低的发动机,如解放 CA6102、东风 EQ6100—1、BJ492Q 等发动机均为凸轮轴下置式配气机构。

2. 凸轮轴中置式配气机构

凸轮轴置于机体上部的配气机构被称为凸轮轴中置式配气机构。其典型结构如图 3-2 所示。与凸轮轴下置式配气机构的组成相比,减少了推杆,从而减轻了配气机构的往复运动质量，增大了机构的刚度，更适用于较高转速的发动机。

有些凸轮轴中置式配气机构的组成与凸轮轴下置式配气机构没有什么区别，只是推杆较短而已，如YC6105Q、6110A、依维柯8210.22S和福特2.5ID等发动机都是这种机构。

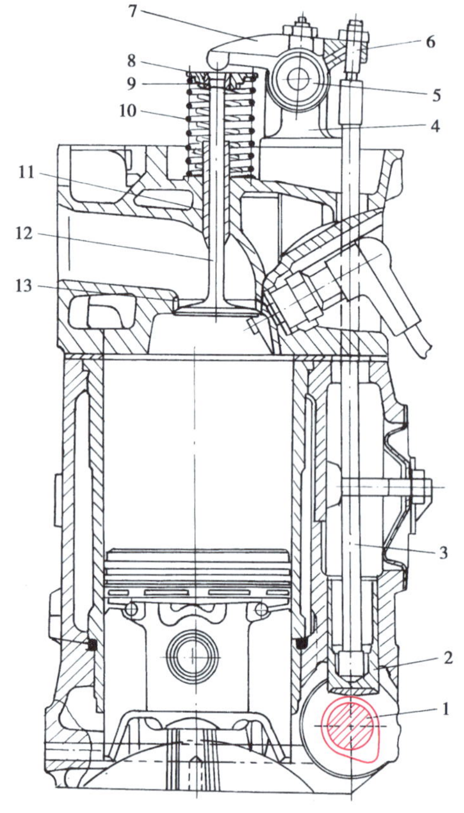

图3-1　凸轮轴下置式配气机构（BJ492Q）

1-凸轮轴；2-挺柱；3-推杆；4-摇臂轴座；5-摇臂轴；6-气门间隙调整螺钉；7-摇臂；8-气门弹簧座；9-气门锁夹；10-气门弹簧；11-气门导管；12-气门；13-气门座圈

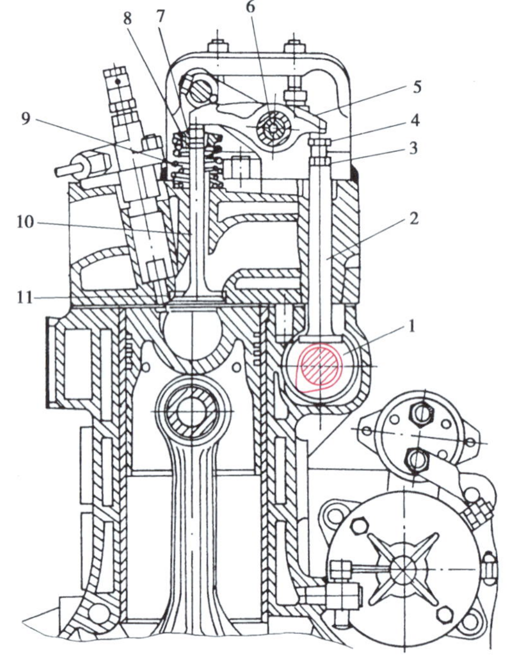

图3-2　凸轮轴中置式配气机构（贝利埃）

1-凸轮轴；2-挺柱；3-锁紧螺母；4-气门间隙调整螺钉；5-摇臂；6-摇臂轴；7-气门锁夹；8-气门弹簧座；9-气门弹簧；10-气门；11-气门座圈

3.凸轮轴上置式配气机构

凸轮轴置于汽缸盖上的配气机构为凸轮轴上置式配气机构（OHC）。其主要优点是运动件少，传动链短，整个机构的刚度大，适合于高速发动机。由于气门排列和气门驱动形式的不同，凸轮轴上置式配气机构有多种多样的结构形式。

图3-3所示为摇臂驱动、单凸轮轴上置式配气机构。凸轮轴推动液力挺柱，液力挺柱推动摇臂，摇臂再驱动气门（图3-3a）；或凸轮轴直接驱动摇臂，摇臂驱动气门（图3-3b）。

图3-4为摆臂驱动、凸轮轴上置式配气机构。由于摆臂驱动气门的配气机构比摇臂驱动式刚度更好，更有利于高速发动机，因此在轿车发动机上应用比较广泛。如CA488—3、SH680Q、克莱斯勒A452、奔驰QM615、奔驰M115等发动机均为单上置凸轮轴（SOHC）摆臂驱动式配气机构（图3-4a）；而本田B20A、尼桑VH45DE、三菱3G81、富士EJ20等发动机都是双上置凸轮轴（DOHC）摆臂驱动式配气机构（图3-4b）。

图3-5所示为直接驱动、凸轮轴上置式配气机构。在这种形式的配气机构中，凸轮通过吊

杯形机械挺柱驱动气门(图 3-5a);或通过吊杯形液力挺柱驱动气门(图 3-5b)。与上述各种形式的配气机构相比,直接驱动式配气机构的刚度最大,驱动气门的能量损失最小。因此,在高度强化的轿车发动机上得到广泛的应用。如奥迪、捷达、桑塔纳、马自达 6、欧宝 V6、奔驰 320E,还有依维柯 8140.01、8140.21 等均为直接驱动式配气机构。

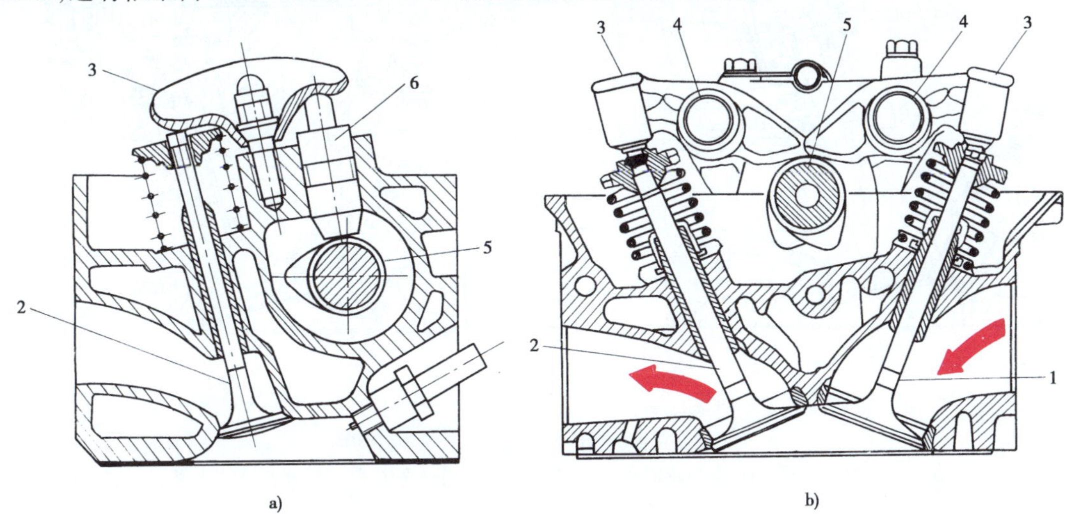

图 3-3 摇臂驱动、单凸轮轴上置式配气机构

1-进气门;2-排气门;3-摇臂;4-摇臂轴;5-凸轮轴;6-液力挺柱

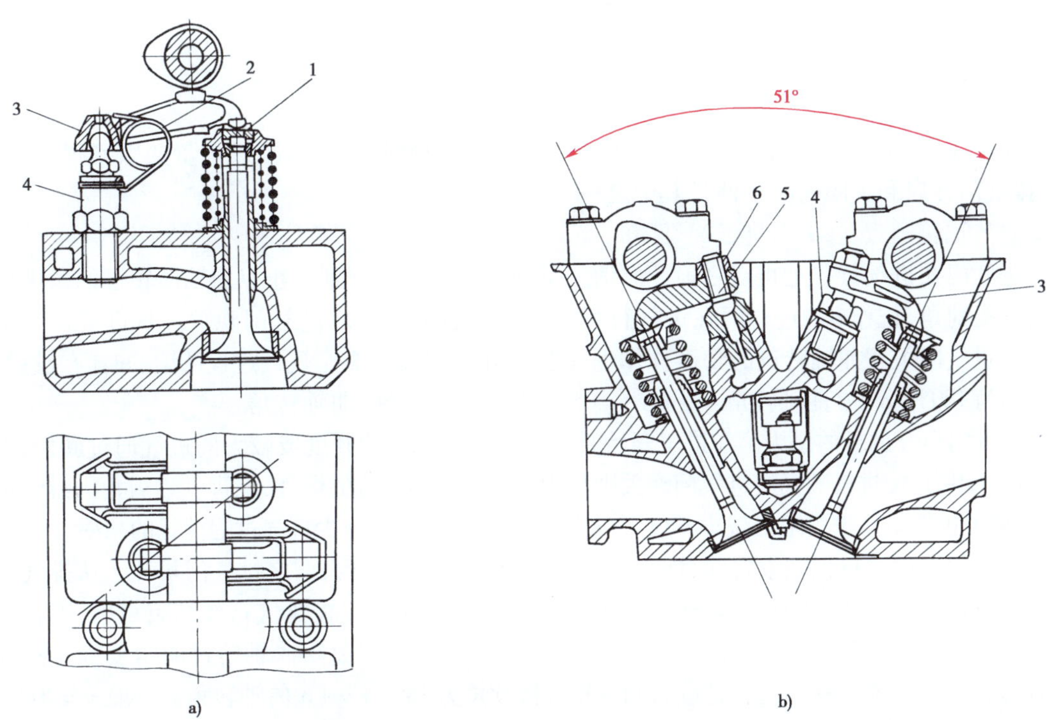

图 3-4 摆臂驱动、凸轮轴上置式配气机构

a)单上置凸轮轴(SOHC);b)双上置凸轮轴(DOHC)

1-气门间隙调整块;2-弹簧扣;3-摆臂;4-摆臂支座;5-气门间隙调整螺钉;6-锁紧螺母

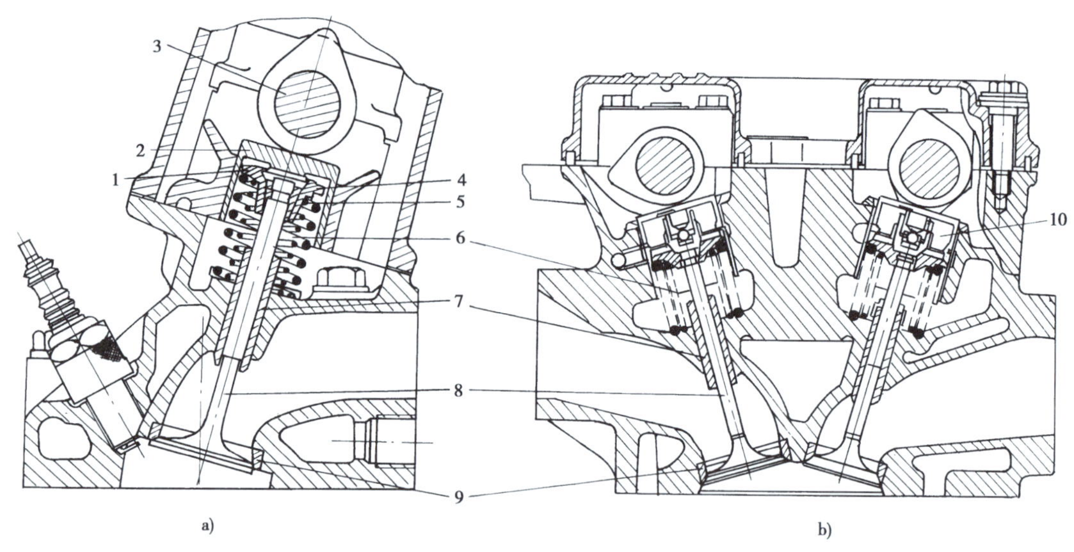

图 3-5　直接驱动、凸轮轴上置式配气机构

a）单上置凸轮轴（SOHC）；b）双上置凸轮轴（DOHC）

1-气门间隙调整垫片；2-吊杯形机械挺住；3-凸轮轴；4-气门弹簧座；5-气门锁夹；6-气门弹簧；7-气门导管；8-气门；9-气门座圈；10-吊杯形液力挺柱

第二节　配气定时及气门间隙

一、配气定时（配气相位）

前已述及，进入汽缸内的新气量越多，发动机的动力性越好。影响进气量的因素很多，而进、排气门开启和关闭的时刻便是其中之一。

以曲轴转角表示的进、排气门开闭时刻及其开启的持续时间称作配气定时。

进气门在进气行程上止点之前开启谓之早开。从进气门开到上止点曲轴所转过的角度称作进气提前角，记作 α。进气门在进气行程下止点之后关闭谓之进气门晚关。从进气行程下止点到进气门关闭曲轴转过的角度称作进气迟后角，记作 β。整个进气过程持续的时间或进气持续角为 $180° + \alpha + \beta$ 曲轴转角。一般 $\alpha = 0° \sim 30°$、$\beta = 30° \sim 80°$ 曲轴转角。

进气门早开的目的是为了在进气开始时进气门能有较大的开度或较大的进气通过断面，以减小进气阻力，使进气顺畅。进气门晚关则是为了充分利用气流的惯性，在进气迟后角内继续进气，以增加进气量。进气阻力减小不仅可以增加进气量，还可以减少进气过程消耗的功率。

排气门在作功行程结束之前，即在作功行程下止点之前开启，谓之排气门早开。从排气门开启到下止点曲轴转过的角度称作排气提前角，记作 γ。排气门在排气行程结束之后，即在排气行程上止点之后关闭，谓之排气门晚关。从上止点到排气门关闭曲轴转过的角度称作排气迟后角，记作 δ。整个排气过程持续时间或排气持续角为 $180° + \gamma + \delta$ 曲轴转角。一般 $\gamma = 40° \sim 80°$、$\delta = 0° \sim 30°$ 曲轴转角。

排气门早开的目的是为了在排气门开启时汽缸内有较高的压力，使废气能以很高的速度自由排出，并在极短的时间内排出大量废气。当活塞开始排气行程时，汽缸内的压力已大大下降，排气门开度或排气通过断面明显增大，从而使强制排气的阻力和排气消耗的功率大为减小。排气门晚关则是为了利用废气流动的惯性，在排气迟后角内继续排气，以减少汽缸内的残余废气量。

由于进气门早开和排气门晚关，致使活塞在上止点附近出现进、排气门同时开启的现象，称其为气门重叠。重叠期间的曲轴转角称为气门重叠角，它等于进气提前角与排气迟后角之和，即 $\alpha+\delta$。

虽然进、排气门在一段时间内同时开启，但是由于新气和废气都有较大的流动惯性，它们仍然各行其道，并不互相掺混。因此，只要气门重叠角选得适当，可以使进气更充分，排气更干净。如果气门重叠角太大，就会引起不良后果。例如，进气提前角过大，废气可能流入进气歧管，使进气量减少；若排气迟后角过大，则新气可能随同废气一起排出。增压柴油机可以选择较大的气门重叠角，这是因为进气压力较高，废气不可能流入进气歧管。另外还可以利用新气将汽缸内的废气扫除干净。

不同的发动机，由于结构和转速的不同，其配气定时也不相同。即使是同一台发动机，其配气定时也应随转速的变化而变化。欲使配气定时随发动机转速而变化，需采用可变配气定时机构。目前，大多数发动机采用不变的配气定时，它只适应发动机某一常用的转速。最有利的配气定时需通过反复试验确定。

配气定时可以用配气定时（配气相位）图表示（图 3-6）。

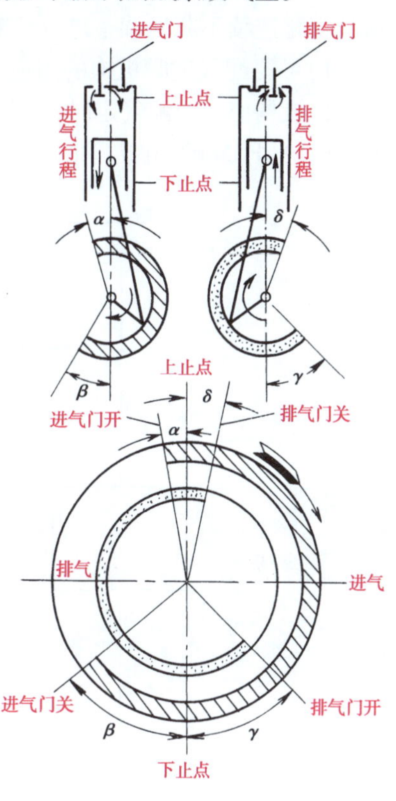

图 3-6 配气定时（配气相位）图

二、可变配气定时机构

如上所述，发动机转速不同，要求不同的配气定时。这是因为：当发动机转速改变时，由于进气流速和强制排气时期的废气流速也随之改变，因此在气门晚关期间利用气流惯性增加进气和促进排气的效果将会不同。例如，当发动机在低速运转时，气流惯性小，若此时配气定时保持不变，则部分进气将被活塞推出汽缸，使进气量减少，汽缸内残余废气将会增多。当发动机在高速运转时，气流惯性大，若此时增大进气迟后角和气门重叠角，则会增加进气量和减少残余废气量，使发动机的换气过程趋于完善。总之，四冲程发动机的配气定时应该是进气迟后角和气门重叠角随发动机转速的升高而加大。如果气门升程也能随发动机转速的升高而加大，则将更有利于获得良好的发动机高速性能。采用可变配气定时机构对发动机性能的改善，可由图 3-7 一目了然。

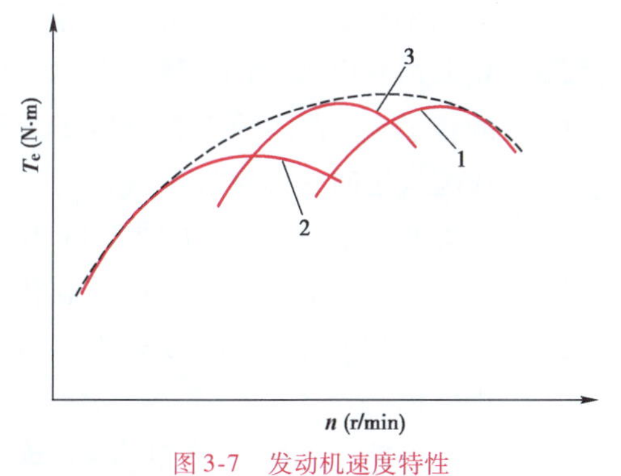

图 3-7 发动机速度特性

1-高速发动机；2-中、低速发动机；3-装有可变配气定时机构的发动机

1. 马自达 6 轿车的可变配气定时机构

马自达 6 轿车 L3 型发动机只在进气凸轮轴上装置可变配气定时器，它能够随着发动机的情况变化连续不断地调整进气凸轮轴与曲轴间的相位，以实现最佳配气定时。

1）可变配气定时机构的组成

该机构由可变配气定时器、凸轮轴位置传感器、曲轴位置传感器、机油控制阀和动力系统控制模块（PCM）等组成（图 3-8）。

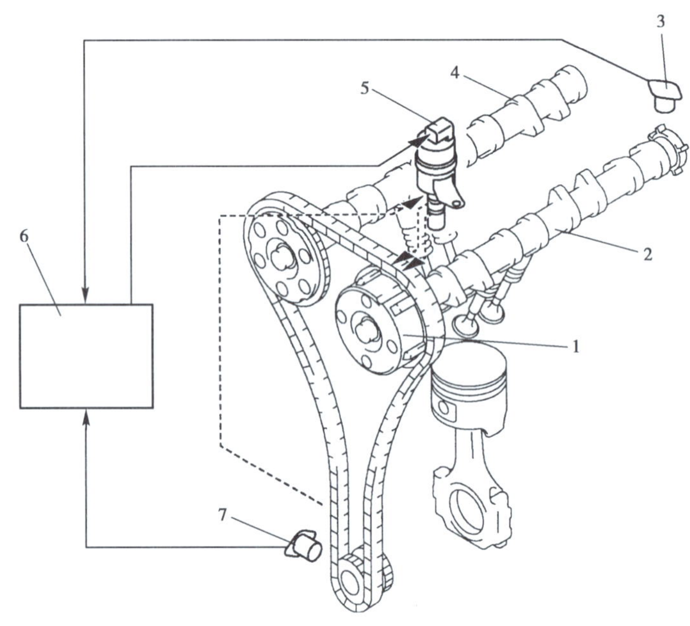

图 3-8 可变配气定时机构组成（马自达 6）

1-可变配气定时器；2-进气凸轮轴；3-凸轮轴位置传感器；4-排气凸轮轴；5-机油控制阀；6-动力系统控制模块（PCM）；7-曲轴位置传感器

可变配气定时器 1 安装在进气凸轮轴 2 的前端，其功用是利用来自机油控制阀 5 的油压连续不断地调整进气凸轮轴与曲轴之间的相位。可变配气定时器包括一个与凸轮轴链轮 1 结合为一体的壳体 2（图 3-9，以下同）、可变配气定时器盖 5、止动销 6 以及与凸轮轴结合为一体的转子 4。壳体的内腔被转子分隔成配气定时提前室和配气定时迟后室等两种油压室（参见图 3-11 和图 3-12）。在可变配气定时器盖和转子上均刻有记号，作为安装时的对正标记。

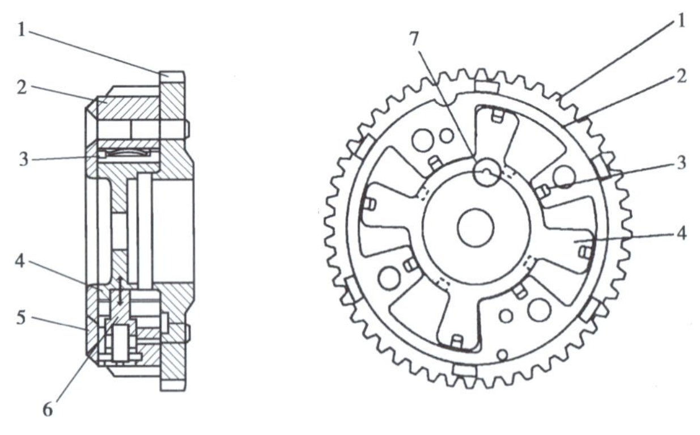

图 3-9 可变配气定时器

1-凸轮轴链轮；2-壳体；3-密封条；4-转子；5-盖；6-止动销；7-对正标记

机油控制阀受 PCM 控制，按照 PCM 的指令转换供给可变配气定时器的机油油道。机油控制阀由滑阀 1、电磁线圈 4、可动铁芯 3 和复位弹簧 5 等组成（图 3-10）。

曲轴位置传感器的功用是将发动机转速信号传输给 PCM。

凸轮轴位置传感器的功用是将汽缸识别信号传输给 PCM。

PCM 的功用是控制机油控制阀,使其适时地将机油供入相应的油道以改变配气定时。

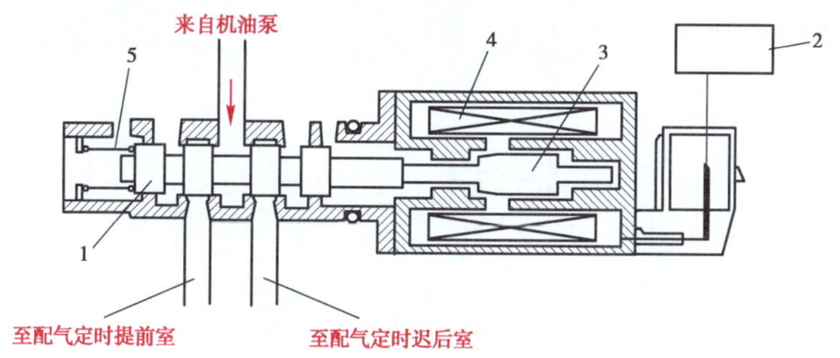

图 3-10　机油控制阀

1-滑阀;2-PCM;3-可动铁芯;4-电磁线圈;5-复位弹簧

2)可变配气定时机构的工作原理

当机油控制阀内的滑阀按照 PCM 的指令信号向左移动时(图 3-11),来自机油泵的油压经配气定时提前油道 11 传送到可变配气定时器 5 内的配气定时提前室 7。在油压的推动下,与凸轮轴结合为一体的转子 8 相对由曲轴驱动的壳体 9,向进气提前的方向旋转一定的角度,

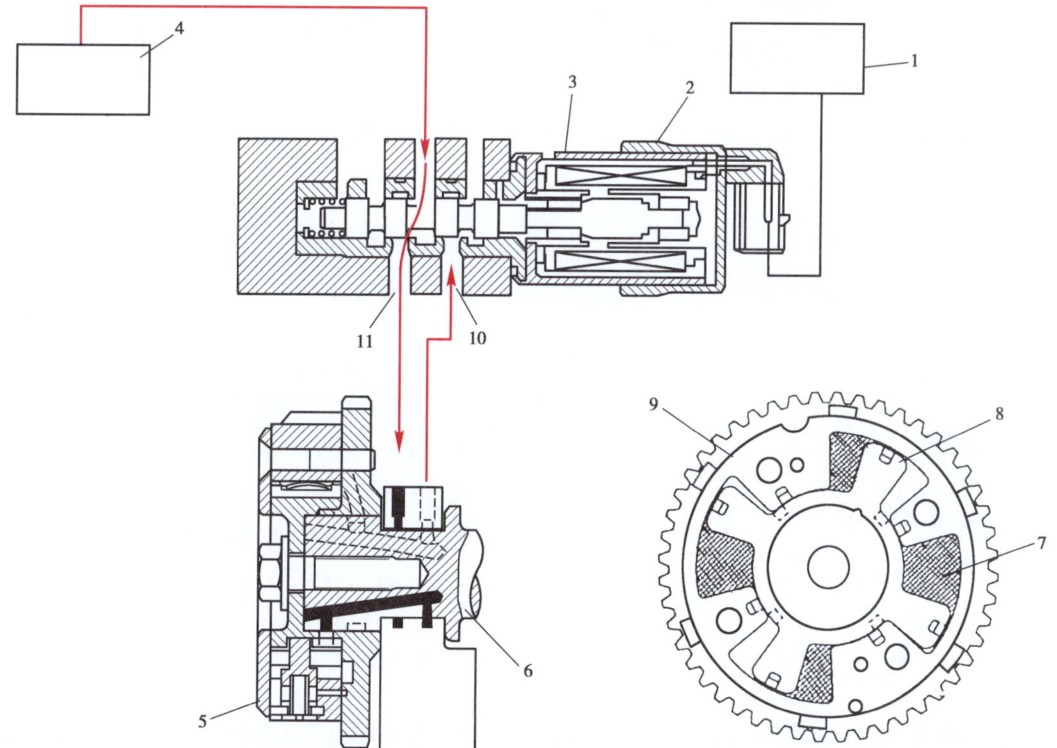

图 3-11　配气定时提前

1-PCM;2-机油控制阀;3-电磁阀;4-机油泵;5-可变配气定时器;6-凸轮轴;7-配气定时提前室;8-转子;9-壳体;10-配气定时迟后油道;11-配气定时提前油道

而使进气提前。与此相反,当滑阀按照 PCM 的指令信号向右移动时(图 3-12),来自机油泵的油压经配气定时迟后油道 10 传送到配气定时迟后室 8。在油压的推动下,转子相对壳体,向进气迟后的方向旋转一定角度,致使进气迟后。

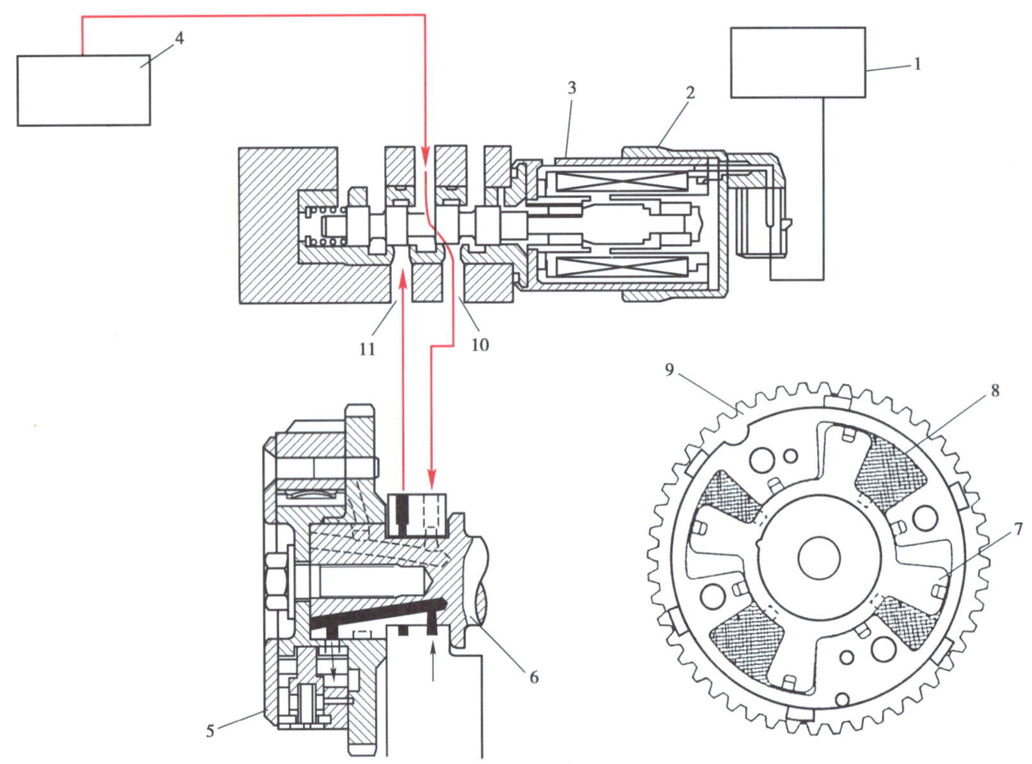

图 3-12 配气定时迟后

1-PCM;2-机油控制阀;3-电磁阀;4-机油泵;5-可变配气定时器;6-凸轮轴;7-转子;8-配气定时迟后室;9-壳体;10-配气定时迟后油道;11-配气定时提前油道

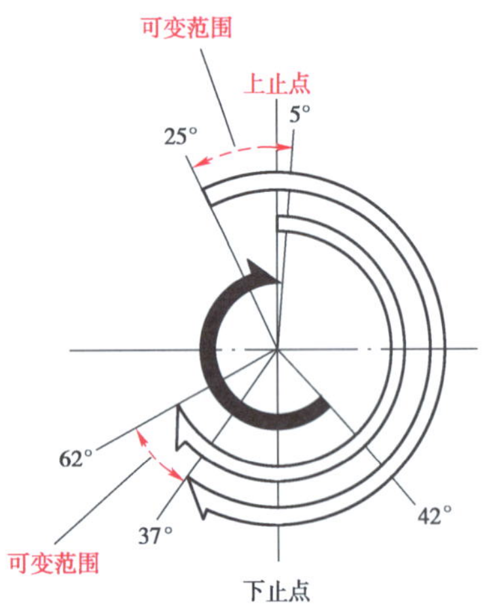

图 3-13 马自达 6 轿车 L3 型发动机配气定时图

当滑阀停在配气定时提前油道和配气定时迟后油道的中间位置时,配气定时提前室和配气定时迟后室内都保持着机油泵的油压。这时转子和壳体之间没有相对的转动,因而配气定时保持不变(图 3-10)。

这种可变配气定时机构的凸轮轮廓不变,进气持续角和气门升程都不变,虽然在高速时可以加大进气迟后角,但气门重叠角却相应减小(图 3-13)。

2. 本田 VTEC(可变配气定时电子控制)可变配气定时机构

VTEC 可变配气定时机构属于另一种类型的可变配气定时机构。它可以同时改变进、排气门的配气定时,而且在改变配气定时的同时,也改变气门升程。

1) VTEC 可变配气定时机构的组成

如图 3-14 所示,在该机构中,进、排气凸轮轴上均设置高速凸轮 3 和低速凸轮 2、4 两种凸轮。两个低速凸轮分别驱动第一摇臂 5 和第二摇臂 7,高速凸轮则驱动中间摇臂 6。在摇臂上装有可移动的液压活塞 11、12 和一个限位活塞 14。VTEC 可变配气定时机构能根据发动机转速的高低,自动转换不同的凸轮来驱动气门启闭。由于高、低速凸轮的轮廓不同,在改变配气定时的同时,也就改变了气门升程。

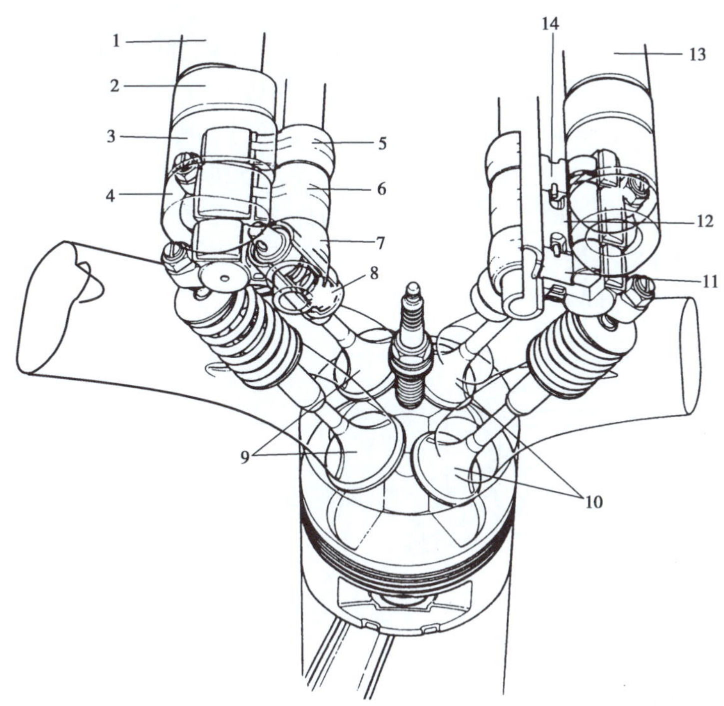

图 3-14 本田 VTEC 可变配气定时机构组成

1-进气凸轮轴;2-第一低速凸轮;3-高速凸轮;4-第二低速凸轮;5-第一摇臂;6-中间摇臂;7-第二摇臂;8-空动弹簧;9-进气门;10-排气门;11-液压活塞 A;12-液压活塞 B;13-排气凸轮;14-限位活塞

2)VTEC 可变配气定时机构的工作原理

当发动机在中、低速工作时,没有油压作用于液压活塞上,第一、二摇臂与中间摇臂分离,分别由第一、二低速凸轮驱动第一、二摇臂,再由第一、二摇臂驱动两个气门启闭。这时中间摇臂则随高速凸轮的转动而摆动,但与气门的启闭无关(图 3-15a)。当发动机在高速工作时,在油压的作用下,液压活塞 A、B 向图 3-15b)所示的箭头方向移动,使第一、二摇臂与中间摇臂结合成一个摇臂。三个摇臂一起在高速凸轮的作用下驱动气门启闭。这时低速凸轮不起作用。

油压作用与否由电控单元根据发动机转速的变化自动控制。

可变配气定时机构由于结构复杂,目前尚未得到普及。

3. 停缸控制

某些大排量汽车的发动机,例如 8 缸、10 缸、12 缸,在低负荷状态下,可以暂停某些汽缸的工作,以节省燃油。如果这些汽缸在停止工作的同时气门也停止动作,这样能进一步减小气体交换损失。这种气门的驱动结构如图 3-16 所示,在停止工作的汽缸凸轮工作时仅仅驱动空行程弹簧力，这种弹簧力比相对气门弹簧力小四到五个因数。这就大大降低了摩擦损失。使得等间隔点火顺序标准的 V8 或者 V12 发动机“切换成”V4 或者 6 缸直列式发动机。在试验台架上对 V8 发动机的实验表明，停缸可以比正常工作的发动机节省燃油 8% ~15%。

三、气门间隙

发动机在冷态下，当气门处于关闭状态时，气门与传动件之间的间隙称为气门间隙。

发动机工作时，气门及其传动件，如挺柱、推杆等都将因为受热膨胀而伸长。如果气门与其传动件之间，在冷态时不预留间隙，则在热态下由于气门及其传动件膨胀伸长而顶开气门，破坏气门与气门座之间的密封，造成汽缸漏气，从而使发动机功率下降，起动困难，甚至不能正常工作。为此，在装配发动机时，在气门与其传动件之间需预留适当的间隙，即气门间隙。气门间隙既不能过大，也不能过小。间隙过小，不能完全消除上述弊病；间隙过大，在气门与气门座以及各传动件之间将产生撞击和响声。最适当的气门间隙由发动机制造厂根据试验确定。

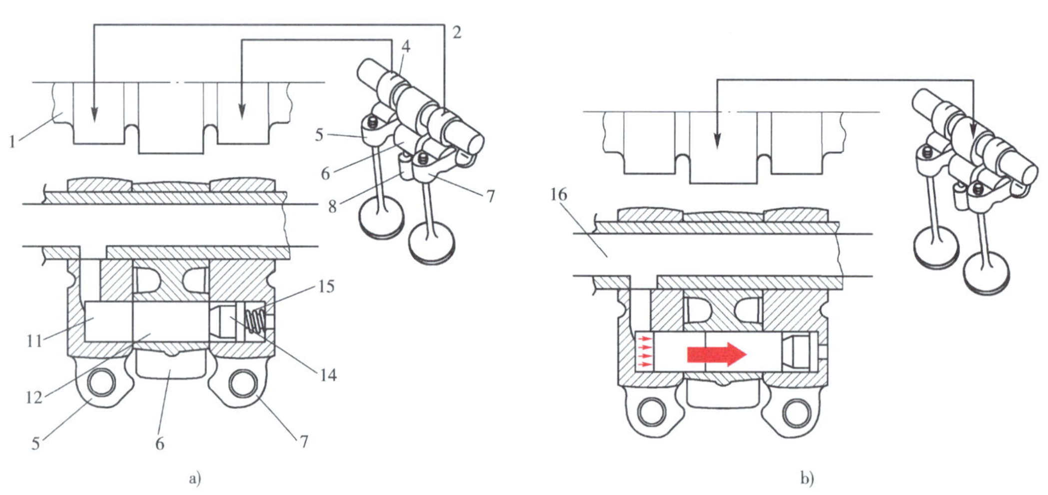

图 3-15 VTEC 可变配气定时机构的工作原理

15-复位弹簧；16-油道（其余图注同图 3-14）

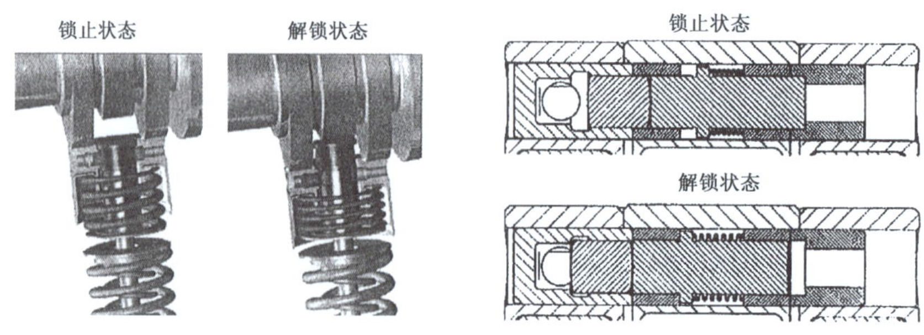

图 3-16 停缸控制的气门驱动机构

第三节 气 门 组

气门组的基本组成以及各零件间的装配关系,如图3-17所示。

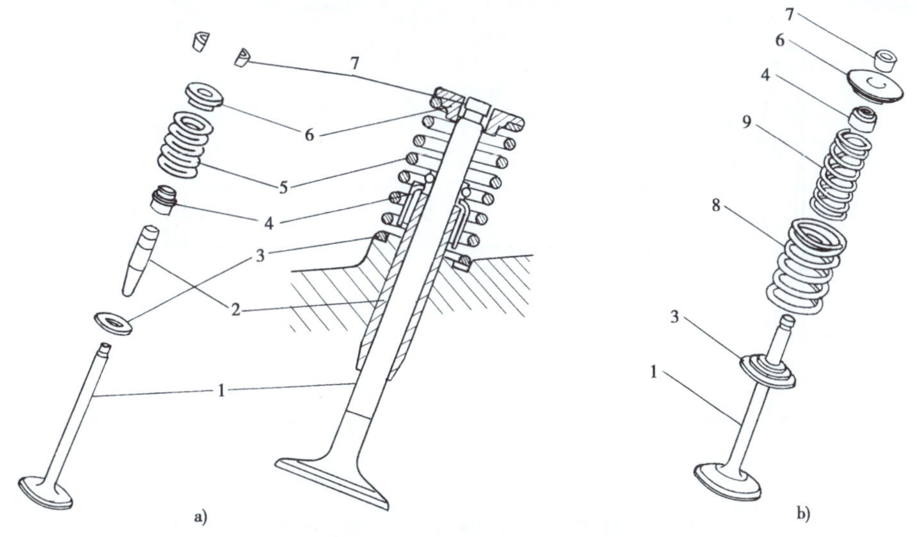

图3-17 气门组的基本组成

a)单气门弹簧;b)双气门弹簧

1-气门;2-气门导管;3-下气门弹簧座;4-气门油封;5-气门弹簧;6-上气门弹簧座;7-气门锁夹;8-外气门弹簧;9-内气门弹簧

一、气门

1. 气门的工作条件

气门的工作条件非常恶劣。首先,气门直接与高温燃气接触,受热严重,而散热困难,因此气门温度很高。排气门最高温度可达600~800℃,进气门由于受到新气的冷却温度稍低,约为300~400℃。其次,气门承受气体力和气门弹簧力的作用,以及由于配气机构运动件的惯性力使气门落座时受到冲击。第三,气门在润滑条件很差的情况下以极高的速度启闭并在气门导管内作高速往复运动。此外,气门由于与高温燃气中有腐蚀性的气体接触而受到腐蚀。

2. 气门材料

根据气门的工作条件,要求气门材料应具有下列特性。

(1)耐热,且有良好的导热性;

(2)在高温下仍能保持足够的硬度和强度,并耐冲击;

(3)耐磨损和耐腐蚀。

进气门一般用中碳合金钢制造,如铬钢、铬钼钢和镍铬钢等。排气门则采用耐热合金钢制造,如硅铬钢、硅铬钼钢、硅铬锰钢等。高度强化的发动机趋于用21—4N奥氏体钢和铬镍钨钼钢。

为了节省耐热合金钢,有的排气门头部用耐热合金钢,而杆部用普通合金钢制造,然后将二者对焊在一起。还有在排气门的气门锥面上堆焊或喷涂一层钨钴合金,以提高其硬度、耐磨性、耐热性和耐腐蚀性，达到延长气门使用寿命的目的。

3. 气门构造

汽车发动机的进、排气门均为菌形气门，由气门头部和气门杆两部分构成，其结构和各部分名称如图 3-18 所示。

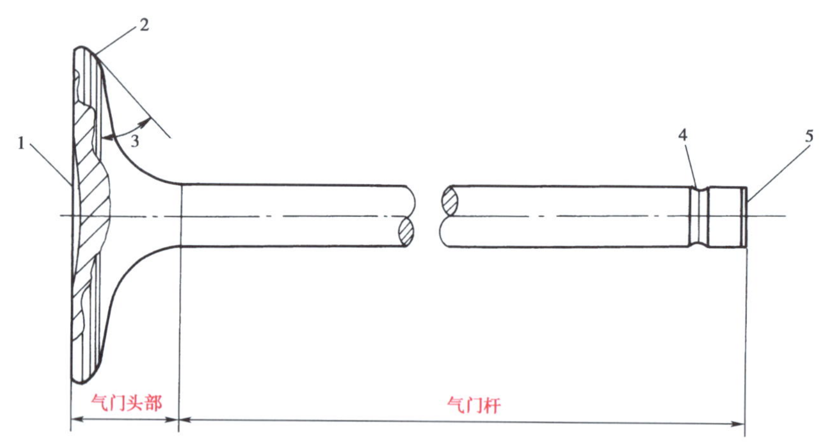

图 3-18　气门结构及各部名称

1-气门顶面；2-气门锥面；3-气门锥角；4-气门锁夹槽；5-气门尾端面

气门顶面有平顶、凹顶和凸顶等形状（图 3-19）。目前应用最多的是平顶气门（图 3-19a），其结构简单、制造方便、受热面积小，进排气门都可采用。凹顶气门（图 3-19b）头部与气门杆有较大的过渡圆弧，用作进气门时，可以减小进气阻力，而且凹顶气门具有较大的弹性，能较好地适应气门座圈的变形。但其受热面积大，不适合作排气门。凸顶气门（图 3-19c）头部刚度大，用作排气门时，排气阻力较小，但受热面积大、质量大，加工也比较复杂。

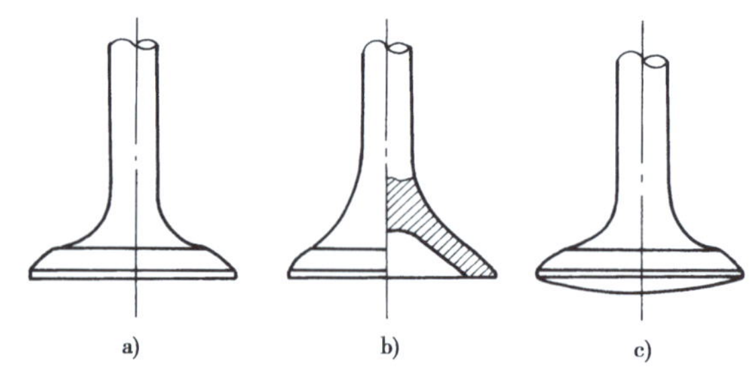

图 3-19　气门顶面的形状

a）平顶；b）凹顶；c）凸顶

气门与气门座或气门座圈之间靠锥面密封。气门锥面与气门顶面之间的夹角称为气门锥角（参看图 3-18）。进、排气门的气门锥角一般均为 45°，只有少数发动机的进气门锥角为 30°。在气门升程 H 和气门头部直径相同的情况下，气门通过断面的大小取决于 h（图 3-20）。显然，进气门锥角较小时，气门通过断面较大，进气阻力较小，可以增加进气量。但是，由于气门锥角小，其气门头部边缘较薄，刚度较差，容易变形，致使气门与气门座圈之间的密封性变差。较大的气门锥角可提高气门头部边缘的刚度，气门落座时有较好的自动对中作用，与气门座圈有较大的接触压力等。这些都有利于气门与气门座圈之间的密封和传热，并有利于挤掉密封锥面上的积炭。

气门头部接受的热量一部分经气门座圈传给汽缸盖；另一部分则通过气门杆和气门导管传给汽缸盖，最终都被汽缸盖水套中的冷却液带走。为了增强传热，气门与气门座圈的密封锥面必须严密贴合。为此，二者要配对研磨，研磨之后不能互换。为了同样的目的，由气门头部向气门杆过渡部分的几何形状应该圆滑,气门杆与气门导管之间的配合间隙应尽可能小,以减小热阻。

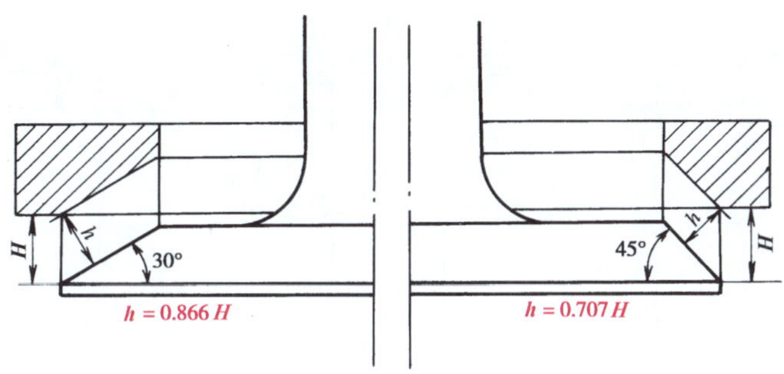

图 3-20　气门锥角及其对气门通过断面的影响

气门杆有较高的加工精度和较低的粗糙度,与气门导管保持较小的配合间隙,以减小磨损,并起到良好的导向和散热作用。

气门尾端的形状决定于上气门弹簧座的固定方式。采用剖分成两半且外表面为锥面的气门锁夹来固定上气门弹簧座(图 3-21a),结构简单、工作可靠、拆装方便,因此得到了广泛的应用。气门锁夹内表面有多种形状,相应地气门尾端也有各种不同形状的气门锁夹槽(图 3-22a ~ d)。解放 CA6102 型发动机采用圆柱销 8 来固定上气门弹簧座(图 3-21b),相应地在气门尾端钻有安装圆柱销的径向孔(图 3-22f)。

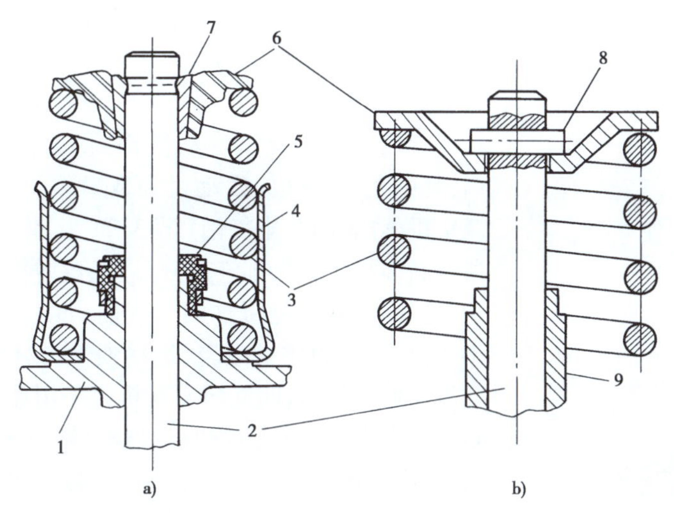

图 3-21　上气门弹簧座的固定方式

a)气门锁夹固定(GM2.5L);b)圆柱销固定(CA6102)

1-汽缸盖;2-气门杆;3-气门弹簧;4-气门弹簧振动阻尼器;5-气门油封;6-气门弹簧座;7-气门锁夹;8-圆柱销;9-气门导管

在某些高度强化的发动机上采用中空气门杆的气门,旨在减轻气门质量和减小气门运动的惯性力。为了降低排气门的温度,增强排气门的散热能力,在许多汽车发动机上采用钠冷却气门(图 3-23)。这种气门是在中空的气门杆中填入一半金属钠。因为钠的熔点是 97.8℃,沸点为 880℃,所以在气门工作时,钠变成液体,在气门杆内上下激烈地晃动,不断地从气门头部吸收热量并传给气门杆,再经气门导管传给汽缸盖,使气门头部得到冷却。钠冷却气门的制造成本比普通排气门高出几倍，但由于其十分明显的冷却效果，在一些风冷发动机和轿车发动机上得到了成功的应用，如奔驰190、尼桑SR系列发动机等。

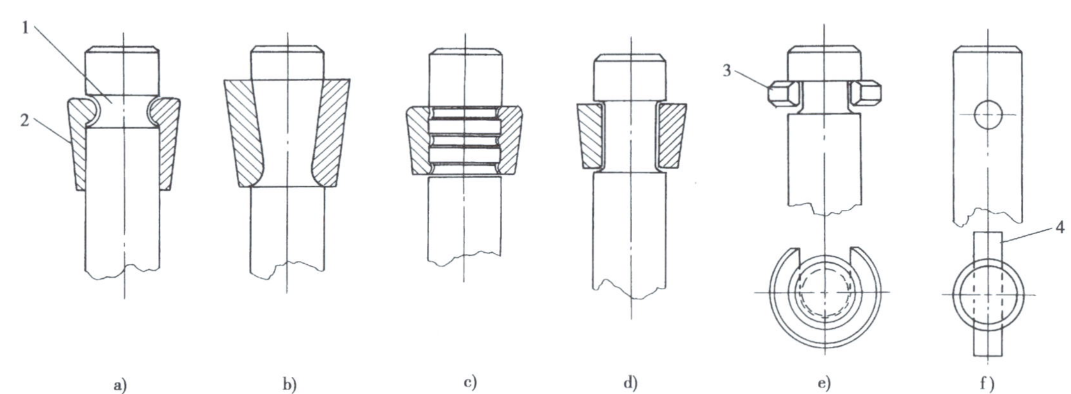

图3-22 气门尾端的形状

1-气门尾端；2-气门锁夹；3-卡块；4-圆柱销

4. 每缸气门数

一般发动机每个汽缸有两个气门，即一个进气门和一个排气门。进气门头部直径比排气门大15%～30%，目的是增大进气门通过断面面积，减小进气阻力，增加进气量。排气门头部直径略小，排气阻力稍大，但是排气阻力对发动机性能的影响比进气阻力小得多。凡是进气门和排气门数量相同时，进气门头部直径总比排气门大。每缸两气门的发动机又称两气门发动机。

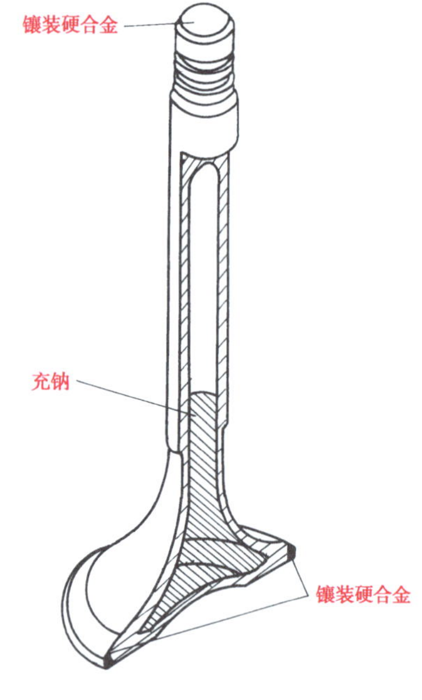

图3-23 充钠排气门（捷达EA1135 V1.6L）

现代高性能汽车发动机普遍采用每缸三、四、五个气门，其中尤以四气门发动机为数最多。四气门发动机每缸两个进气门、两个排气门（图3-24）。其突出的优点是气门通过断面积大，进、排气充分，进气量增加，发动机的转矩和功率提高。其次是每缸四个气门，每个气门的头部直径较小，每个气门的质量减轻，运动惯性力减小，有利于提高发动机转速。最后，四气门发动机多采用篷形燃烧室，火花塞布置在燃烧室中央，有利于燃烧。缺点是发动机零件数量增多，制造成本增加。欧宝V6、奔弛190E、奔弛320E、奥迪V8、尼桑VH45DE、尼桑VG30DEV6、富士EJ20等发动机均为四气门发动机。

三气门发动机每缸两个进气门、一个排气门，排气门头部直径比进气门大。凡是进气门数比排气门数多的发动机，排气门头部直径总是比进气门大。与两气门发动机相比，进气量有明显增加。其他方面不如四气门发动机，特别是火花塞很难布置在燃烧室中央，对燃烧不利。斯巴鲁J12、丰田A2E等汽油机为三气门发动机，德国大众公司的VR6系列发动机有每缸二、三、四气门三种机型。

五气门发动机每缸三个进气门、两个排气门（图3-25）。这种结构能够明显地增加进气量，在这方面比四气门还要优越。但是结构也非常复杂，尤其是增加了燃烧室表面积，对燃烧不利。捷达 EA113 型、三菱 3G81 型等发动机均为五个气门。

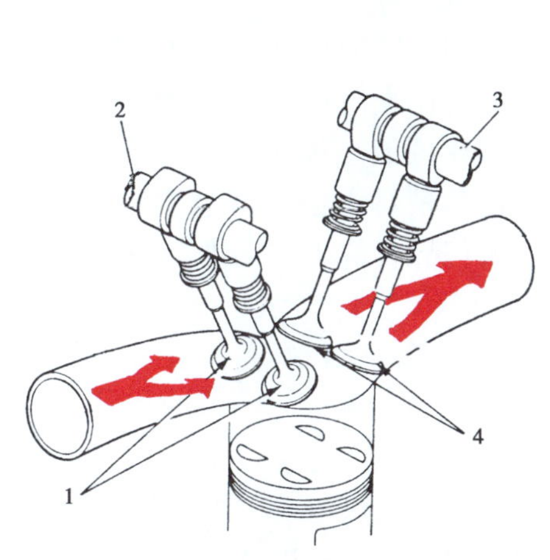

图 3-24 四气门配气机构

1-进气门；2-进气凸轮轴；3-排气凸轮轴；4-排气门

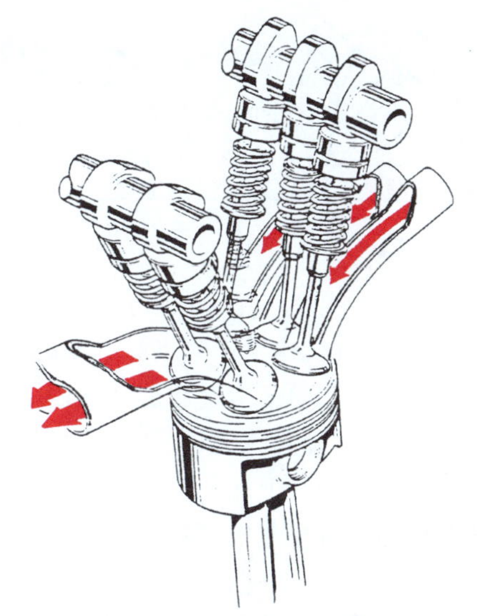

图 3-25 五气门配气机构

二、气门座与气门座圈

汽缸盖上与气门锥面相贴合的部位称气门座。气门座的温度很高，又承受频率极高的冲击载荷，容易磨损。因此，铝汽缸盖和大多数铸铁汽缸盖均镶嵌由合金铸铁或粉末冶金或奥氏体钢制成的气门座圈。在汽缸盖上镶嵌气门座圈可以延长汽缸盖的使用寿命，也有一些铸铁汽缸盖不镶气门座圈，直接在汽缸盖上加工出气门座。

气门座圈是单独制成的零件，以一定的过盈量压入汽缸盖上的座孔中，其结构如图 3-26 所示。气门座圈的外圆面可以是圆柱面（图 3-26a），也可以是锥角不超过 12°的圆锥面（图 3-26b）。在气门座圈的外圆面上加工有环形槽，当气门座圈压入座孔后，汽缸盖材料由于塑性变形而嵌入环形槽内，可以防止气门座圈脱落。图 3-26c）所示为另一种气门座圈结构和镶嵌方法。它是将气门座圈装入座孔后，将气门座圈周围的汽缸盖材料辗压入气门座圈与汽缸盖间的缝隙中使气门座圈固定。气门座圈也可以和汽缸盖一起铸造。

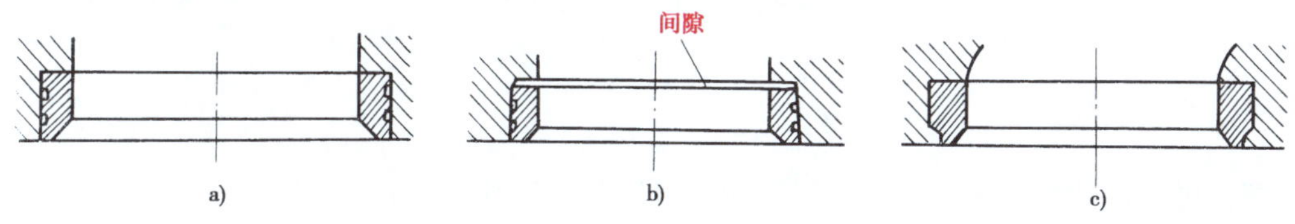

图 3-26 气门座圈

气门座或气门座圈的锥角与气门锥角相适应。一般气门锥角比气门座或气门座圈锥角小 0.5°～1°（图 3-27a），其作用是使二者不以锥面的全宽接触，这样可以增加密封锥面的接触压力，加速磨合，并能切断和挤出二者之间的任何积垢或积炭，保持锥面良好的密封性。但是，若在气门锥面上镀敷铬钴耐磨合金，气门座或气门座圈经过电感应法硬化处理后，气门与气门座或气门座圈则采用相同的锥角（图 3-27b）。

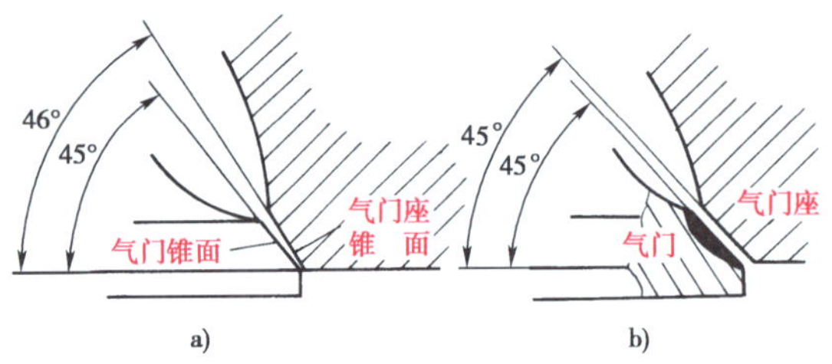

图 3-27 气门和气门座锥角

三、气门导管

气门导管的功用是对气门的运动导向，保证气门作直线往复运动，使气门与气门座或气门座圈能正确贴合。此外，还将气门杆接受的热量部分地传给汽缸盖。

气门导管的工作温度较高，而且润滑条件较差，靠配气机构工作时飞溅起来的机油来润滑气门杆和气门导管孔。气门导管由灰铸铁、球墨铸铁或铁基粉末冶金制造。在以一定的过盈将气门导管压入汽缸盖上的气门导管座孔之后，再精铰气门导管孔，以保证气门导管与气门杆的正确配合间隙。

一般气门导管上端孔口不倒角（图 3-28a），以减少进入导管孔内的机油量。排气门导管下端孔口加工有排渣槽（图 3-28b），以便刮除排气门杆上的沉积物或积炭。有的气门导管在外圆面上加工有卡环槽，嵌入卡环，防止气门导管工作时松落（图 3-28a）。

有的发动机不装气门导管，直接在汽缸盖上加工出气门杆孔，作为气门的导向孔（参看图 3-21a）。

气门杆与气门导管孔需要润滑，但进入气门导管孔内的机油又不能太多，否则将使机油消耗量增加。为了控制和减少机油消耗量，现代汽车发动机装有气门油封（参看图 3-21a）。气门油封组件的构造如图 3-29 所示。

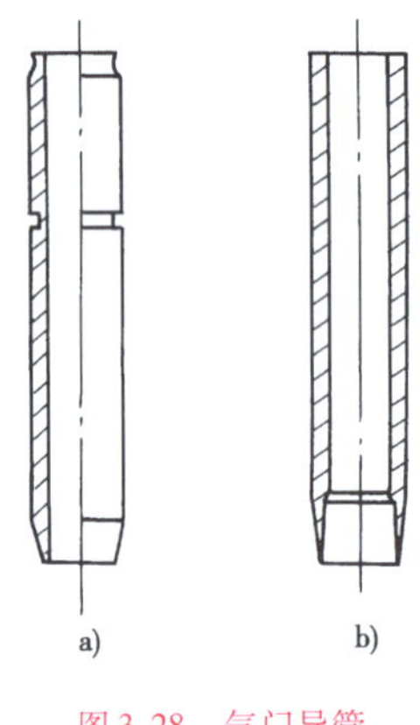

图 3-28 气门导管

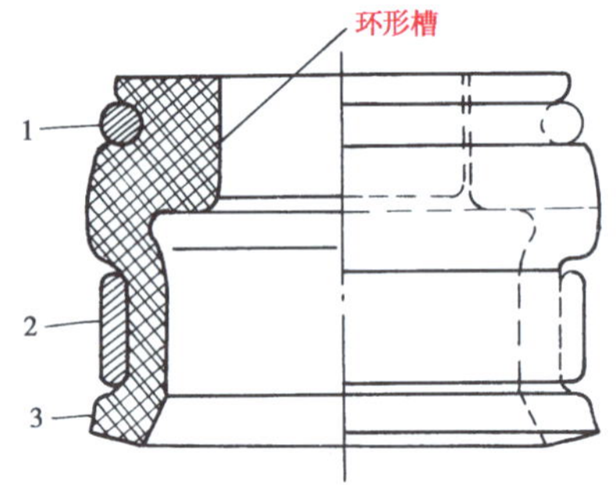

图 3-29 气门油封（GM2.5L）

1-卡环；2-卡箍；3-氟橡胶油封

四、气门弹簧

气门弹簧的功用是保证气门关闭时能紧密地与气门座或气门座圈贴合，并克服在气门开启时配气机构产生的惯性力，使传动件始终受凸轮控制而不相互脱离。

气门弹簧承受交变载荷，为保证其可靠的工作，气门弹簧应具有合适的刚度和足够的抗疲劳强度。通常气门弹簧采用高碳锰钢、铬钒钢等优质冷拔弹簧钢丝制造，并经热处理。为提高其疲劳强度，钢丝表面经抛光或喷丸处理。为了避免弹簧锈蚀，弹簧表面应镀锌、磷化或发蓝。弹簧的两个端面必须磨光并与弹簧轴线相垂直。

气门弹簧一般为等螺距圆柱形螺旋弹簧(图3-30a)。当气门弹簧的工作频率与其固有的振动频率相等或为整数倍时,气门弹簧就会发生共振。共振时将使配气定时遭到破坏,使气门发生反跳和冲击,甚至使弹簧折断。为防止共振的发生,可采取下列结构措施:

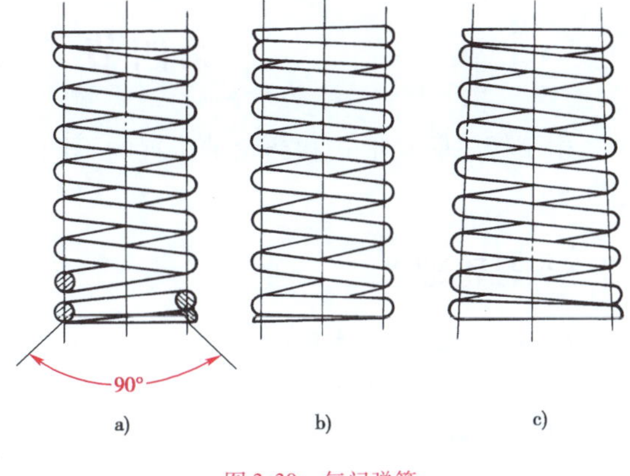

图3-30　气门弹簧

(1)采用双气门弹簧。在柴油机和高性能汽油机上广泛采用每个气门安装两个直径不同、旋向相反的内、外弹簧(参看图3-1)。由于两个弹簧的固有频率不同,当一个弹簧发生共振时,另一个弹簧能起到阻尼减振作用。采用双气门弹簧可以减小气门弹簧的高度,而且当一个弹簧折断时,另一个弹簧仍可维持气门工作。弹簧旋向相反,可以防止折断的弹簧圈卡入另一个弹簧圈内使其不能工作或损坏。

(2)采用变螺距气门弹簧(图3-30b)。某些高性能汽油机采用变螺距单气门弹簧。变螺距弹簧的固有频率不是定值,从而可以避开共振。

(3)采用锥形气门弹簧(图3-30c)。锥形气门弹簧的刚度和固有振动频率沿弹簧轴线方向是变化的,因此可以消除发生共振的可能性。

安装变螺距气门弹簧和锥形气门弹簧时,应该使螺距小的一端和弹簧大端朝向不动的汽缸盖顶面。

(4)采用气门弹簧振动阻尼器。当采用一个等螺距圆柱形螺旋弹簧时,可在弹簧外圈加装弹簧振动阻尼器(参看图3-21a)。

五、气门旋转机构

当气门工作时,如能产生缓慢的旋转运动,可使气门头部周向温度分布比较均匀,从而减小气门头部的热变形。同时,气门旋转时,在密封锥面上产生轻微的摩擦力,能够清除锥面上的沉积物。

强制式气门旋转机构如图3-31所示。在旋转机构的壳体4上有6个变深度的凹槽,凹槽中装有钢球5和复位弹簧8,碟形弹簧7安装在旋转机构壳体4与气门弹簧座3之间。当气门关闭时,碟形弹簧并没有压紧在钢球上。这时钢球在复位弹簧的作用下位于凹槽的最浅处。当气门开启时,气门杆尾端受到的压力传到碟形弹簧,使碟形弹簧变形并压紧在钢球上,迫使钢球沿凹槽的斜面滚动,同时带动旋转机构的壳体和气门

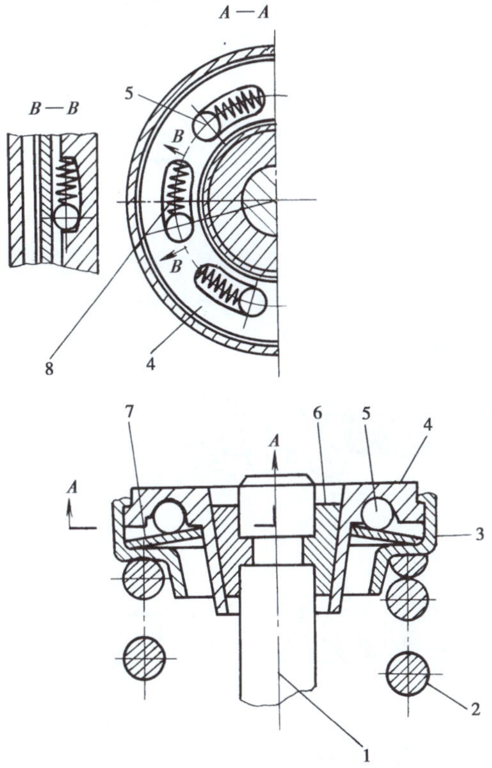

图3-31　气门旋转机构

1-气门;2-气门弹簧;3-气门弹簧座;4-旋转机构壳体;5-钢球;6-气门锁夹;7-碟形弹簧;8-复位弹簧

锁夹6以及气门1一起旋转一定的角度。

第四节　气门传动组

由于气门驱动形式和凸轮轴位置的不同,气门传动组的零件组成差别很大(参见图3-1～图3-5)。

一、凸轮轴

1. 凸轮轴工作条件及材料

凸轮轴承受周期性的冲击载荷。凸轮与挺柱之间的接触应力很大,相对滑动速度也很高,因此,凸轮工作表面的磨损比较严重。针对这种情况,凸轮轴轴颈和凸轮工作表面除应该有较高的尺寸精度、较小的表面粗糙度和足够的刚度外,还应有较高的耐磨性和良好的润滑。

凸轮轴通常由优质碳钢或合金钢锻造,也可用合金铸铁或球墨铸铁铸造。轴颈和凸轮工作表面经热处理后磨光。

2. 凸轮轴构造

凸轮轴的构造如图3-32所示。由于凸轮轴是通过凸轮轴轴颈支撑在凸轮轴轴承孔内的,因此凸轮轴轴颈数目的多少是影响凸轮轴支撑刚度的重要因素。如果凸轮轴刚度不足,工作

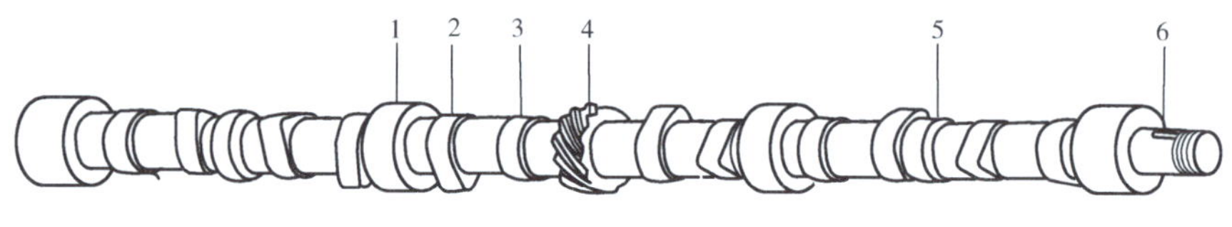

a)

b)

图3-32　凸轮轴构造

a)直列六缸发动机凸轮轴(CA6102);b)四气门直列四缸发动机双上置式凸轮轴(马自达L3)

1-凸轮轴轴颈;2-进气凸轮;3-排气凸轮;4-分电器驱动齿轮;5-偏心轮;6-键槽;7-进气凸轮轴;8-排气凸轮轴;9-轴向定位凸肩;10-凸轮轴位置传感器传感元件

时将发生弯曲变形，这会影响配气定时。下置式凸轮轴每隔 1 ~ 2 个汽缸设置一个凸轮轴轴颈。如 EQ6100—1、YC6105QC 等型六缸发动机均有 7 个凸轮轴轴颈，而 CA6102、6120、奔驰 OM421 等型发动机只有 4 个凸轮轴轴颈。上置式凸轮轴基本上是每隔一个汽缸设置一个凸轮轴轴颈。如 CA488—3、依维柯 8140.01、雷诺 S8U 等四缸发动机的凸轮轴均有 5 个凸轮轴轴颈。有些四缸发动机的凸轮轴只有 4 个轴颈，如捷达、桑塔纳等轿车发动机。

上置式凸轮轴的轴承若为剖分式结构时，各凸轮轴轴颈的直径均相等。下置式凸轮轴轴颈的直径由风扇端向飞轮端依次减小，目的是便于安装。

进、排气门开启和关闭的时刻、持续时间以及开闭的速度等分别由凸轮轴上的进、排气凸轮控制。凸轮轮廓如图 3-33 所示。转速较低的发动机，其凸轮轮廓由几段圆弧组成，这种凸轮称为圆弧凸轮。高转速发动机则采用函数凸轮，其轮廓由某种函数曲线构成。图中 O 点为凸轮轴回转中心，也是以 r_0 为半径的实际基圆和以 r'_0 为半径的理论基圆的圆心。凸轮轮廓上的 AB 段和 DE 段为缓冲段，BCD 段为工作段。挺柱在 A 点开始升起，在 E 点停止运动，凸轮转到 AB 段内某一点处，气门间隙消除，气门开始开启。此后随着凸轮继续转动，气门逐渐开大，至 C 点气门开度达到最大。再后气门逐渐关闭，在 DE 段内某一点处气门完全关闭，接着气门间隙恢复。气门最迟在 B 点开始开启，最早在 D 点完全关闭。由于气门开始开启和关闭落座时均在凸轮升程变化缓慢的缓冲段内，其运动速度较小，从而可以防止强烈的冲击。

凸轮轴上各同名凸轮（各进气凸轮或各排气凸轮）的相对角位置与凸轮轴旋转方向、发动机工作顺序及汽缸数或作功间隔角有关。如果从发动机风扇端看凸轮轴逆时针方向旋转，则工作顺序为 1-3-4-2 的四缸发动机其作功间隔角为 720°/4 = 180°曲轴转角，相当于 90°凸轮轴转角，即各同名凸轮间的夹角为 90°，如图 3-34a）所示。对于工作顺序为 1-5-3-6-2-4 的六缸发动机，其同名凸轮的相对角位置如图 3-34b）所示。

同一汽缸的进、排气凸轮的相对角位置即异名凸轮相对角位置，决定于配气定时及凸轮轴旋转方向。

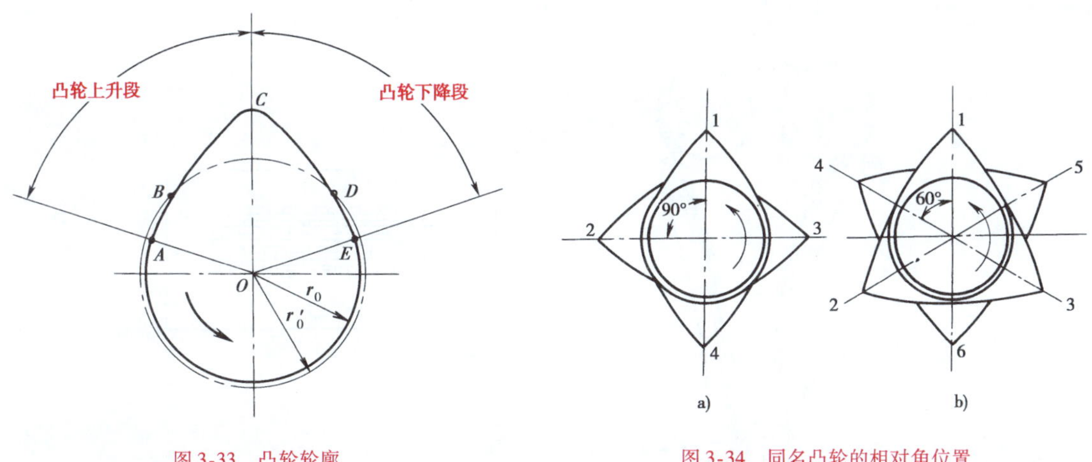

图 3-33 凸轮轮廓

图 3-34 同名凸轮的相对角位置

3. 凸轮轴轴承

中置式和下置式凸轮轴的轴承一般制成衬套压入整体式轴承座孔内，再加工轴承内孔，使其与凸轮轴轴颈相配合。上置式凸轮轴的轴承多由上、下两片轴瓦对合而成，装入剖分式轴承

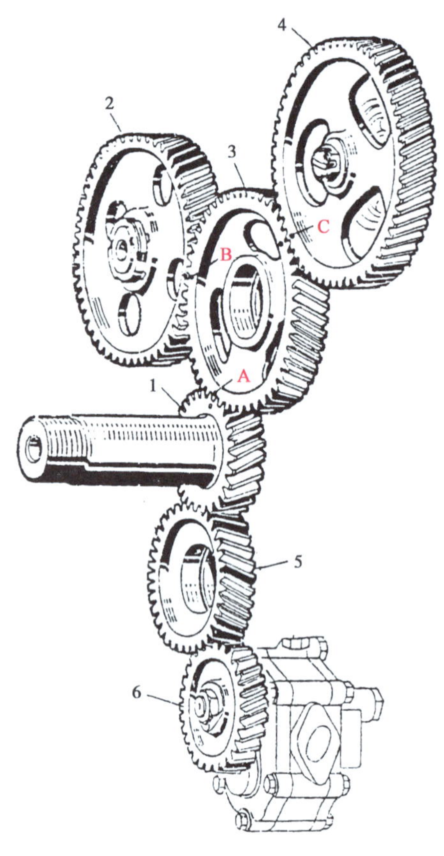

图 3-35　齿轮传动机构(6120 型发动机)

1-曲轴定时齿轮;2-凸轮轴定时齿轮;3、5-中间齿轮;4-喷油泵定时齿轮;6-机油泵传动齿轮;A、B、C-定时记号

座孔内。

轴承材料多与主轴承相同,在低碳钢钢背上浇敷减摩合金层。也有的凸轮轴轴承采用粉末冶金衬套或青铜衬套。

4. 凸轮轴传动机构

凸轮轴由曲轴驱动,其传动机构有齿轮式、链条式及齿形带式。

齿轮传动机构用于下置式和中置式凸轮轴的传动。汽油机一般只用一对定时齿轮,即曲轴定时齿轮和凸轮轴定时齿轮。柴油机需要同时驱动喷油泵,所以增加一个中间齿轮(图 3-35)。为了保证齿轮啮合平顺、噪声低、磨损小,定时齿轮都是圆柱螺旋齿轮并用不同的材料制造。曲轴定时齿轮用中碳钢制造,凸轮轴定时齿轮则采用铸铁或夹布胶木。为了保证正确的配气定时和喷油定时,在传动齿轮上刻有定时记号,装配时必须对正记号。

链传动机构用于中置式和上置式凸轮轴的传动(图 3-36),尤其是上置式凸轮轴的高速汽油机采用链传动机构的很多。链条一般为滚子链,工作时应保持一定的张紧度,不使其产生振动和噪声。为此在链传动机构中装有导链板并在链条的松边装置张紧器。

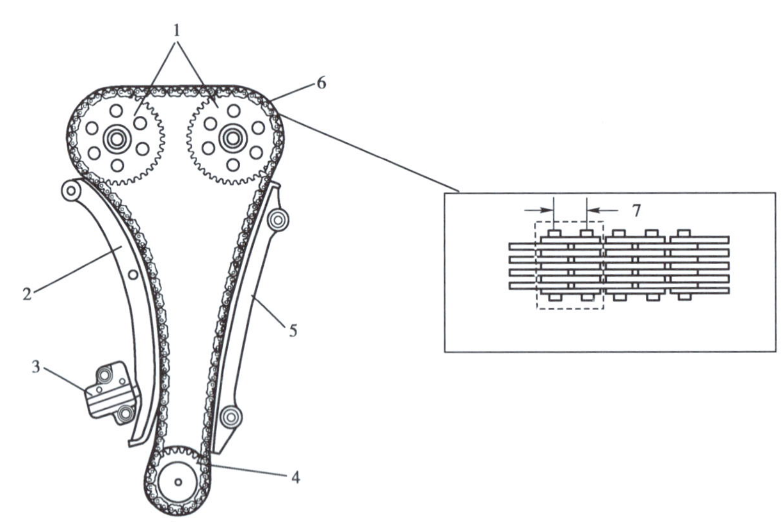

图 3-36　链传动机构(马自达 L3)

1-凸轮轴定时链轮;2-张紧器臂;3-张紧器;4-曲轴定时链轮;5-导链板;6-链条;7-链条节距

齿形带传动机构(图3-37)用于上置式凸轮轴的传动。与齿轮和链传动机构相比具有噪声小、质量轻、成本低、工作可靠和不需要润滑等优点。另外,齿形带伸长量小,适合有精确定时要求的传动。因此,被越来越多的汽车发动机特别是轿车发动机所采用。齿形带由氯丁橡胶制成,中间夹有玻璃纤维,齿面粘覆尼龙编织物(图3-38)。在使用中不能使齿形带与水或机油接触,否则容易引起跳齿。齿形带轮由钢或铁基粉末冶金制造。为了确保传动可靠,齿形带需保持一定的张紧力,为此在齿形带传动机构中也设置由张紧轮与张紧弹簧组成的张紧器。

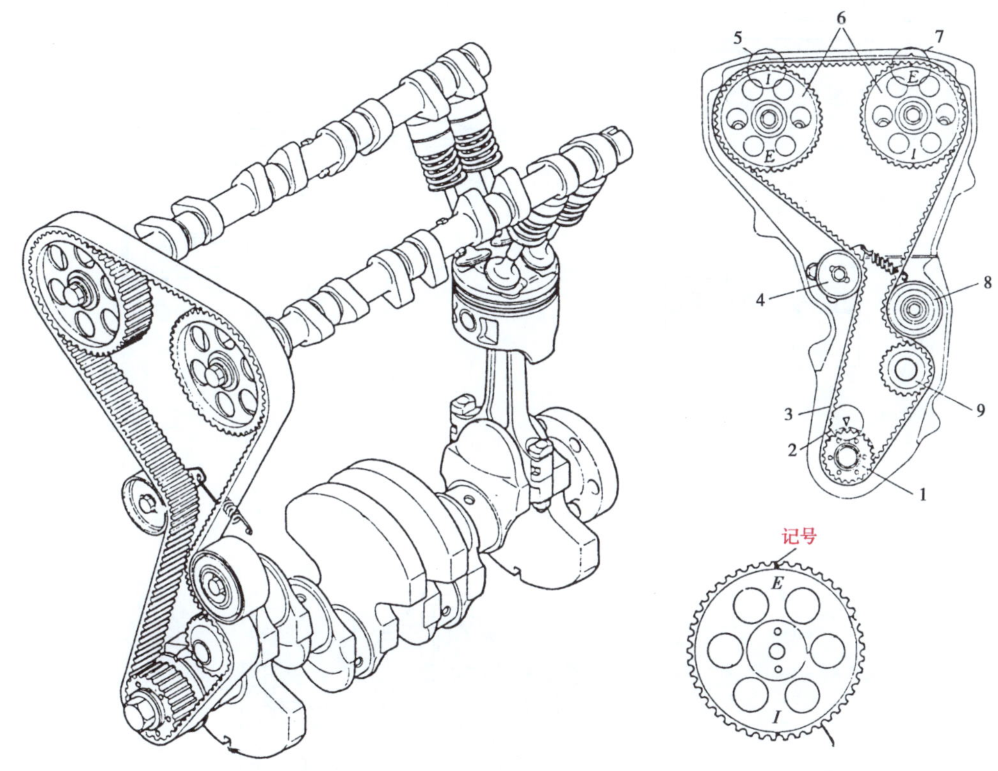

图3-37 齿形带传动机构(马自达FE)

1-曲轴定时齿形带轮;2-定时记号;3-齿形带;4-张紧轮;5-进气凸轮轴定时记号;6-凸轮轴定时齿形带轮;7-排气凸轮轴定时记号;8-中间轮;9-水泵传动齿形带轮

5. 凸轮轴的轴向定位

为了限制凸轮轴在工作中产生的轴向移动或承受螺旋齿轮在传动时产生的轴向力,凸轮轴需要轴向定位。凸轮轴轴向移动量过大,对于由螺旋齿轮传动的凸轮轴,会影响配气定时。

上置式凸轮轴通常利用凸轮轴承盖的两个端面和凸轮轴轴颈两侧的凸肩进行轴向定位(图3-39a)。其间的间隙$\Delta = 0.1 \sim 0.2$mm,也就是凸轮轴的最大许用轴向移动量。

中、下置式凸轮轴的轴向定位通常采用推力板(图3-39b)。在第一凸轮轴轴颈和凸轮轴定时齿轮之间装入调整环5,在调整环外再套上推力板6。推力板用螺栓固定在机体前端面上。调整环、凸轮轴定时齿轮毂与第一凸轮轴颈端面紧紧靠在一起。由于调整环比推力板厚

0.08～0.20mm，因此在推力板与凸轮轴定时齿轮毂或推力板与第一凸轮轴轴颈端面之间形成0.08～0.20mm的间隙，此间隙即为凸轮轴最大许用轴向移动量。欲改变凸轮轴轴向移动量，只需改变调整环的厚度即可。

第三种轴向定位的方法是推力螺钉定位（图3-39c）。在定时传动室盖7上与凸轮轴前端相对应的位置拧入推力螺钉9，使其端部与定时齿轮紧固螺栓8的六角头端面相距Δ=0.10～0.20mm时，将推力螺钉锁紧，即可实现凸轮轴的轴向定位。

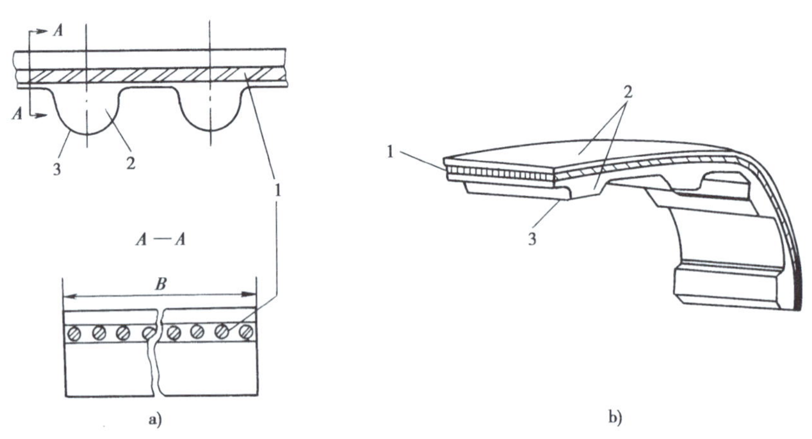

图3-38　齿形带结构

a)圆弧齿齿形带；b)梯形齿齿形带

1-玻璃纤维；2-氯丁橡胶；3-尼龙编织物

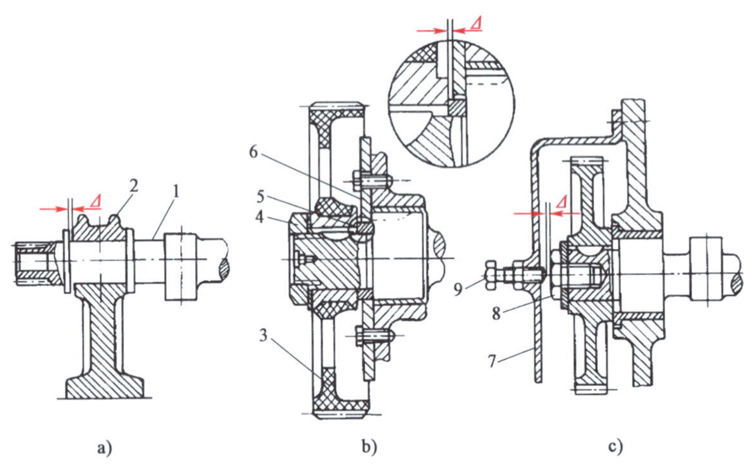

图3-39　凸轮轴轴向定位方式

1-凸轮轴；2-凸轮轴承盖；3-凸轮轴定时齿轮；4-螺母；5-调整环；6-推力板；7-定时传动室盖；8-螺栓；9-推力螺钉

二、挺柱

1. 挺柱的功用、材料及分类

挺柱是凸轮的从动件，其功用是将来自凸轮的运动和作用力传给推杆或气门，同时还承受凸轮所施加的侧向力，并将其传给机体或汽缸盖。

挺柱工作时，其底面与凸轮接触。由于接触面积小，接触应力较大，因此摩擦和磨损都相当严重。此外，在凸轮不变方向的侧向力作用下，还加重了起导向作用的挺柱侧表面与挺柱孔的偏磨。因此，挺柱工作面应该耐磨损并应得到良好的润滑。

制造挺柱的材料有碳钢、合金钢、镍铬合金铸铁和冷激合金铸铁等。

挺柱可分为机械挺柱和液力挺柱两大类，每一类中又有平面挺柱和滚子挺柱等多种结构形式。

2. 机械挺柱

机械挺柱的结构形式如图 3-40 所示。其中薄壁杯形平面挺柱（图 3-40a）由于结构简单、质量轻，在中、小型发动机中应用比较广泛。

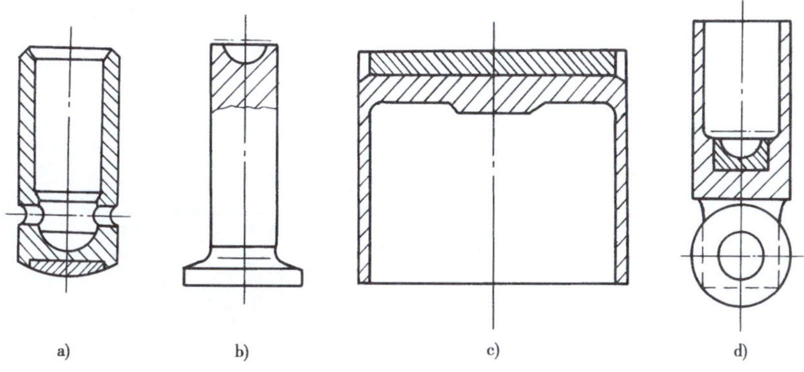

图 3-40 机械挺柱

a）杯形平面挺柱；b）菌形平面挺柱；c）吊杯形平面挺柱；d）滚子挺柱

挺柱上的推杆球面支座的半径比推杆球头半径略大，以便在两者中间形成楔形油膜来润滑推杆球头和挺柱上的球面支座。

为减轻平面挺柱工作面的磨损，可采取下列结构措施：

（1）挺柱轴线偏离凸轮的对称轴线，偏心距 $e = 1 \sim 3\text{mm}$（图 3-41a）。发动机工作时凸轮与挺柱底面的摩擦力可使挺柱围绕其自身的轴线旋转，以达到挺柱底面磨损均匀的目的。

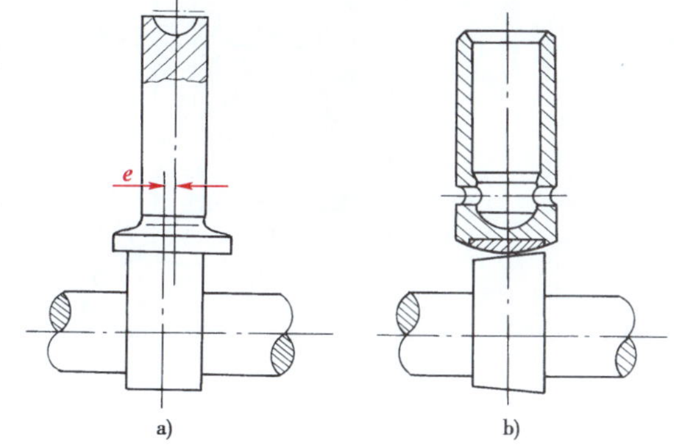

图 3-41 减轻挺柱底面磨损的结构措施

（2）将挺柱底面作成半径为 $R = 500 \sim 1000\text{mm}$ 的球面，将凸轮工作面制成锥角很小的锥面（图 3-41b）。这样即使在挺柱轴线与凸轮对称轴线重合的情况下，由于凸轮与挺柱的接触点偏离挺柱轴线，在工作时接触点处的摩擦力也可使挺柱绕其自身轴线转动。

（3）在挺柱底面镶嵌耐磨金属块（图 3-41b）。

（4）将挺柱侧表面制成桶形。当挺柱在挺柱孔内歪斜时，由于桶形侧表面的自位作用，可以减小凸轮与挺柱底面以及挺柱侧表面与挺柱孔内表面的接触应力，从而减轻磨损并使磨损均匀。

滚子挺柱的突出优点是摩擦和磨损小，但其结构比平面挺柱复杂（参看图3-40e），质量也比较大，多用于汽缸直径较大的发动机上。

3. 液力挺柱

在配气机构中预留气门间隙将使发动机工作时配气机构产生撞击和噪声。为了消除这一弊端，有些发动机尤其是轿车发动机采用液力挺柱，借以实现零气门间隙。气门及其传动件因温度升高而膨胀，或因磨损而缩短，都会由液力作用来自行调整或补偿。

平面液力挺柱的构造如图3-42a）所示。在挺柱体1中装有柱塞2，在柱塞上端压入推杆支座4。柱塞被柱塞弹簧9向上推压，其极限位置由卡环3限定。柱塞下端的单向阀保持架6内装有单向阀弹簧7和单向阀8。发动机润滑系统中的机油经进油孔11进入内油腔5，并在机油压力的作用下推开单向阀8充满高压腔10。在液力挺柱内始终充满着机油。

当气门关闭时，在柱塞弹簧的作用下，柱塞与推杆支座一起上移，使气门及其传动件相互接触而无间隙。当凸轮顶起挺柱时，挺柱体上移，高压腔内的机油压力骤然升高，使止回阀关闭，机油被封闭在高压腔内。由于机油不能压缩，因此液力挺柱如同机械挺柱一样向上移动，使气门开启。

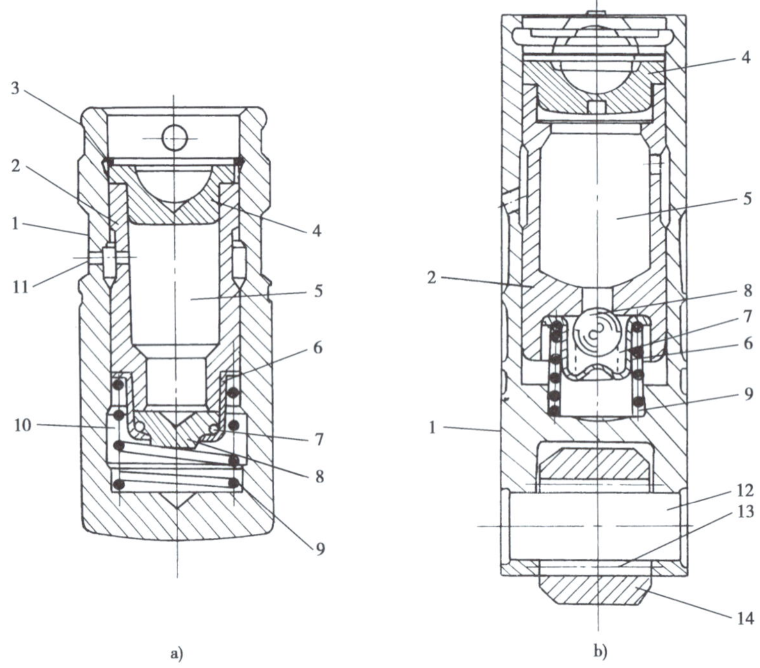

图3-42 液力挺柱

a）平面液力挺柱（CA8V100）；b）滚子液力挺柱（GM2.5L）

1-挺柱体；2-柱塞；3-卡环；4-推杆支座；5-内油腔；6-止回阀保持架；7-止回阀弹簧；8-止回阀；9-柱塞弹簧；10-高压腔；11-进油孔；12-滚轮销；13-滚针轴承；14-滚轮

在工作中会有少量机油从高压腔经挺柱体与柱塞之间的间隙泄漏出去，在气门关闭时将有相应数量的机油从内油腔经止回阀进入高压腔予以补充。

吊杯形液力挺柱（图3-43）由挺柱体1、柱塞5、柱塞套6、柱塞弹簧11、止回阀保持架8、止回阀弹簧9和止回阀7等构成。柱塞在柱塞套内滑动。柱塞和柱塞套构成高压腔10，由止回阀封闭。外油腔3和内油腔4通过连通槽2连通。吊杯形液力挺柱的工作原理与平面液力挺柱类似。

液力挺柱结构复杂、加工精度高，磨损后无法调整只能更换。

三、推杆

推杆处于挺柱和摇臂之间，其功用是将挺柱传来的运动和作用力传给摇臂。

在凸轮轴下置式的配气机构中，推杆是一个细长杆件，加上传递的力很大，所以极易弯曲。因此，要求推杆有较好的纵向稳定性和较大的刚度。

推杆一般用冷拔无缝钢管制造，两端焊上球头和球座(图3-44c)，也可以用中碳钢制成实心推杆(图3-44a)，这时两端的球头或球座与推杆锻成一个整体。对于机体和汽缸盖都是用铝合金制造的发动机，宜采用锻铝或硬铝制造推杆，并在其两端压入钢制球头和球座(图3-44b)，其目的是当发动机温度变化时，不致因为材料热膨胀系数的不同而引起气门间隙的改变。

推杆两端的球头或球座均需淬硬和磨光，以提高其耐磨性。

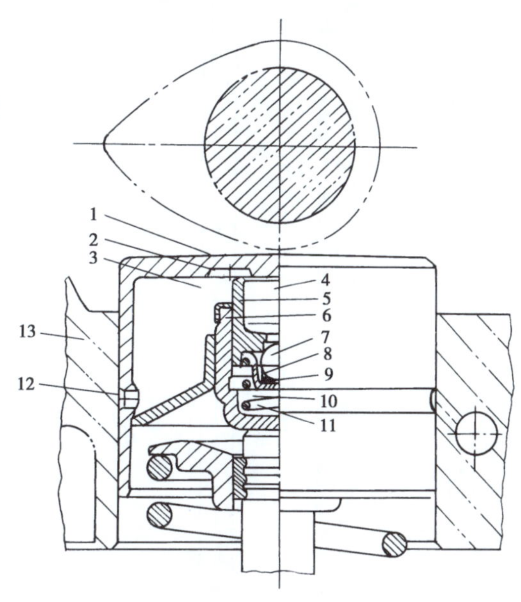

图3-43 吊杯形液力挺柱

1-挺柱体；2-连通槽；3-外油腔；4-内油腔；5-柱塞；6-柱塞套；7-止回阀；8-止回阀保持架；9-止回阀弹簧；10-高压腔；11-柱塞弹簧；12-进油孔；13-汽缸盖

四、摇臂

摇臂的功用是将推杆和凸轮传来的运动和作用力，改变方向传给气门使其开启。

摇臂在摆动过程中承受很大的弯矩，因此应有足够的强度和刚度以及较小的质量。摇臂由锻钢、可锻铸铁、球墨铸铁或铝合金制造。

摇臂是一个双臂杠杆，以摇臂轴为支点，两臂不等长(图3-45a)。短臂端加工有螺纹孔，用来拧入气门间隙调整螺钉。长臂端加工成圆弧面，是推动气门的工作面。由于摇臂工作面与气门杆尾端面的接触应力很大，且有相对滑移，因此磨损严重，通常圆弧工作面需在淬火后磨光。为使摇臂在尽可能小的质量下有较大的强度和刚度，特将摇臂制成“T”字形或“工”字形断面。图3-45b)所示为薄板冲压而成的摇臂，它与液力挺柱联用，所以摇臂上不安装气门间隙调整螺钉。

摇臂孔内镶有衬套并通过空心的摇臂轴支撑在摇臂轴座上，后者固定在汽缸盖上。摇臂在摇臂轴上的位置由限位弹簧或挡圈限定。

摇臂衬套与摇臂轴、摇臂工作面与气门杆尾端面以及气门间隙调整螺钉的球头或球座与推杆的球座或球头均需要润滑。为此将机油从机体经汽缸盖和摇臂轴座中的油道引入摇臂轴，再从摇臂轴、摇臂衬套和摇臂上的油孔流向摇臂两端。

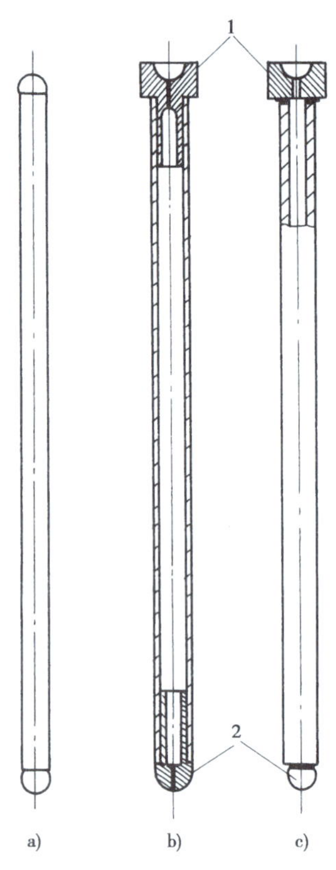

图 3-44　推杆

1-球座;2-球头

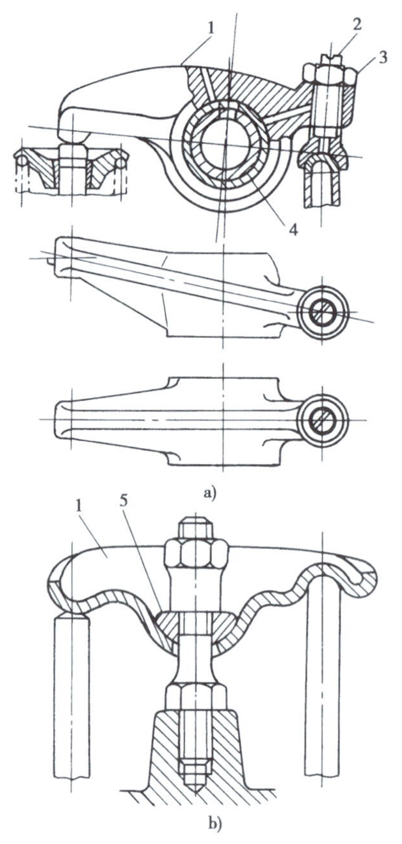

图 3-45　摇臂

1-摇臂;2-气门间隙调整螺钉;3-锁紧螺母;4-摇臂衬套;5-摇臂支点球座

五、摆臂与气门间隙自动补偿器

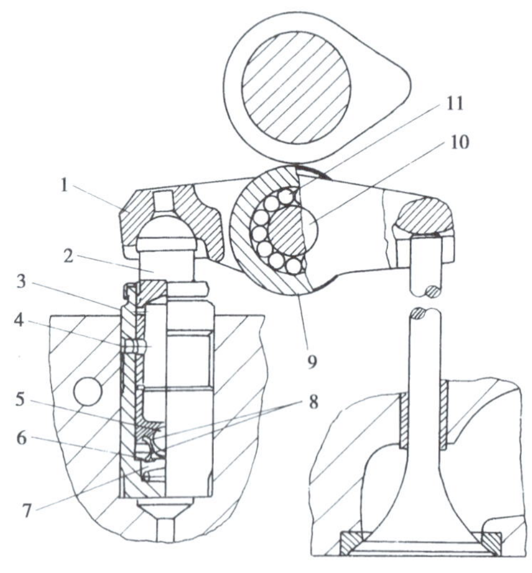

图 3-46　摆臂与气门间隙自动补偿器

1-摆臂;2-柱塞;3-壳体;4-进油孔;5-止回阀;6-柱塞弹簧;7-高压腔;8-止回阀保持架及止回阀弹簧;9-滚轮;10-销轴;11-滚针

摆臂的功用与摇臂相同。两者的区别只在于摆臂是单臂杠杆,其支点在摆臂的一端(图 3-46 和参看图 3-4)。为了减轻摩擦和磨损,可将凸轮与摆臂的接触方式由滑动(参看图 3-4)改为滚动(图 3-46)。

当摆臂以摆臂支座为支点时(参看图 3-4),在摆臂上需要装设气门间隙调整螺钉或气门间隙调整块。在许多轿车发动机上用气门间隙自动补偿器代替摆臂支座(图 3-46)来实现零气门间隙。气门间隙自动补偿器无论是结构或是工作原理都与液力挺柱相同,之所以不称其为液力挺柱,是因为它不是凸轮的从动件,仅仅是摆臂的一个支撑而已。因此,它既是摆臂的支座又是补偿气门间隙变化的装置。

思 考 题

1. 试比较凸轮轴下置式、中置式和上置式配气机构的优缺点及其各自的应用范围。

2. 进、排气门为什么要早开晚关?

3. 为什么在采用机械挺柱的配气机构中要预留气门间隙?怎样调整气门间隙?为什么采用液力挺柱或气门间隙补偿器的配气机构可以实现零气门间隙?

4. 如何根据凸轮轴判定发动机工作顺序?

5. 如何确定异名凸轮的相对角位置?

6. 试述两种可变配气定时机构的工作原理及其各自的优缺点。

第四章 汽油机燃油系统

第一节 汽油及其使用性能

汽油是汽油机的燃料。汽油是石油制品，它是多种烃的混合物，其主要化学成分是碳(C)和氢(H)。

汽油在发动机汽缸内燃烧时，如果氧气充足且与汽油蒸气混合均匀，则燃烧完全，其燃烧产物为二氧化碳(CO_2)和水(H_2O)；若氧气不足或混合不良，则燃烧不完全，这时燃烧产物中除包含 CO_2 和 H_2O 之外，还有一氧化碳(CO)和碳氢化合物(HC)。CO 和 HC 都是有害排放物，会对环境造成污染。

汽油使用性能的好坏对发动机的动力性、经济性、可靠性和使用寿命都有很大的影响。因此，车用汽油需要满足许多要求。

1. 良好的蒸发性

蒸发性良好的汽油能在极短的时间内完全蒸发汽化，并与空气均匀混合形成可燃混合气，保证发动机在各种条件下都能迅速起动、加速和正常运转。若蒸发性不好，则汽油不能完全汽化，不能形成均匀的混合气，致使燃烧不完全，从而造成燃油消耗量增加、有害排放物增多。同时，未蒸发的汽油还会冲掉汽缸壁上的润滑油膜，使汽缸和活塞磨损加剧，因此不宜使用蒸发性不好的汽油。但是汽油的蒸发性太好，在使用中容易发生“气阻”，即汽油在管路中蒸发形成气泡，阻碍汽油流通，使供油不畅，甚至中断，造成发动机熄火。

汽油的蒸发性用馏程和饱和蒸气压评定。馏程是指燃油在规定条件下蒸馏出某一百分比的温度范围。饱和蒸气压则是指在规定条件下燃油和燃油蒸气达到平衡状态时，燃油蒸气的压力。在国家标准中，对车用汽油的馏程和饱和蒸气压都有明确而又严格的规定(表 4-1)。

2. 高抗爆性

可燃混合气在压缩过程终了时利用火花塞点燃。在正常燃烧的情况下，火焰从火花塞端一直传播到远离火花塞的末端。若在火焰传播过程中，末端混合气自行发火燃烧，这时汽缸内的压力急剧增高，并发生强烈的振荡，在汽缸内产生清脆的金属敲击声，称这种不正常燃烧现象为爆燃。严重的爆燃将使发动机过热，功率下降，发动机磨损加剧，甚至损坏发动机零件。汽油在发动机汽缸内燃烧时不发生爆燃的能力称作汽油的抗爆性。燃用高抗爆性的汽油，可以提高发动机的压缩比而不会发生爆燃，从而可以提高发动机的热效率。

汽油的抗爆性用辛烷值评定。辛烷值越高，抗爆性越好。汽油的辛烷值是在规定条件下在标准的试验机上测定的。由于试验条件的不同，而有马达法辛烷值(*MON*)和研究法辛烷值(*RON*)之分。同一种汽油的 *RON* 比其 *MON* 高 6 ~ 10 个单位。

我国车用汽油技术要求(GB 17930—2011)　　表 4-1

项　目		车用汽油(Ⅱ)质量指标			车用汽油(Ⅲ)质量指标		
		90	93	97	90	93	97
抗爆性:							
研究法辛烷值(RON)	不小于	90	93	97	90	93	97
抗爆指数(RON + MON)/2	不小于	85	88	报告	85	88	报告
铅含量(g/L)	不大于	0.005			0.005		
馏程:							
10%蒸发温度(℃)	不高于	70			70		
50%蒸发温度(℃)	不高于	120			120		
90%蒸发温度(℃)	不高于	190			190		
蒸馏点(℃)	不高于	205			250		
残留量(%)(体积分数)	不大于	2			2		
蒸气压(kPa)							
11 月 1 日至 4 月 30 日	不大于	88			88		
5 月 1 日至 10 月 31 日	不大于	74			72		
实际胶质(mg/100mL)	不大于	5			5		
诱导期(min)	不小于	480			480		
硫含量(%)(质量分数)	不大于	0.05			0.015		
硫醇(需要满足下列条件之一):							
博士试验		通过			通过		
硫醇硫含量(%)(质量分数)	不大于	0.001			0.001		
铜片腐蚀(50℃,3h)/级	不大于	1			1		
水溶性酸或碱		无			无		
机械杂质及水分		无			无		
苯含量(%)(体积分数)	不大于	2.5			1.0		
芳烃含量(%)(体积分数)	不大于	40			40		
烯烃含量(%)(体积分数)	不大于	35			30		
氧含量(%)(质量分数)	不大于	2.7			2.7		
甲醇含量(%)(质量分数)	不大于	0.3			0.3		
锰含量(g/L)	不大于	0.018			0.016		
铁含量(g/L)	不大于	0.01			0.01		

近年来美国及其他一些国家采用抗爆指数这一新指标来评定汽油的抗爆性。抗爆指数被定义为 RON 和 MON 的平均数。即:

$$抗爆指数\ A_i = \frac{1}{2}(RON + MON)$$

目前,在我国国家标准中用 RON 划分车用汽油牌号,而有的国家则用抗爆指数 A_i 划分车用汽油牌号。

从 20 世纪初开始在汽油中加入四乙基铅液[Pb(C2H5)4]以大幅度地提高汽油的辛烷值。但是到了 60 年代以后,随着汽车的大量生产和使用,含铅汽油的危害逐步为人们所认识。

四乙基铅的危害主要有以下几个方面：

(1)燃用含铅汽油的发动机排气中有铅毒，直接污染环境，特别是对少儿智力发育有损害。

(2)含铅的排气使催化转换器中的催化剂中毒失效，使排气净化装置不起净化作用。

(3)燃用含铅汽油时，会大大增加发动机燃烧室的积炭和结胶，从而明显地增加发动机运动件的磨损。

鉴于燃用含铅汽油的危害，世界各国都在限制或禁止使用含铅汽油。

无铅汽油不加任何着色剂，无色透明。含铅汽油则呈淡黄色。

此外，在国家标准(表4-1)中还规定用实际胶质和诱导期来评价汽油的安定性；用硫含量、铜片腐蚀、水溶性酸或碱以及酸度作为汽油防腐性的评价指标；用机械杂质及水分评定汽油的清洁性。

汽车发动机必须使用符合标准的车用汽油。

第二节　汽油发动机燃油系统

一、燃油系统的功用及组成

燃油系统的功用是根据发动机运转工况的需要，向发动机供给一定数量的、清洁的、雾化良好的汽油，以便与一定数量的空气混合形成可燃混合气。同时，燃油系统还需要储存相当数量的汽油，以保证汽车有相当远的续驶里程。

汽油发动机燃油系统主要由油箱、电动燃油泵、燃油滤清器、燃油分配管、燃油压力调节器和喷油器等组成，如图4-1所示。

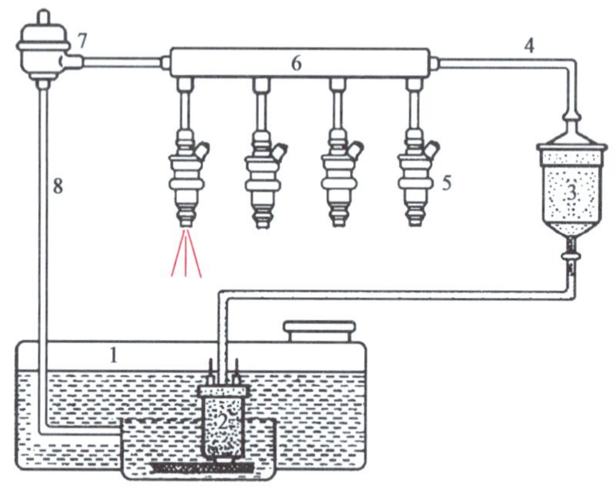

图4-1　汽油发动机燃油供给系统组成

1-油箱；2-电动燃油泵；3-燃油滤清器；4-输油管；5-喷油器；6-燃油分配管；7-燃油压力调节器；8-回油管

二、可燃混合气的形成过程

汽车发动机的可燃混合气形成时间很短，从进气过程开始算起到压缩过程结束为止，总共也只有0.01～0.02s的时间。要在这样短的时间内形成均匀的可燃混合气，关键在于汽油的雾化和蒸发。所谓雾化就是将汽油分散成细小的油滴或油雾。良好的雾化可以大大增加汽油的蒸发表面积，从而提高汽油的蒸发速度。另外，混合气中汽油与空气的比例应符合发动机运转工况的需要。因此，混合气形成过程就是汽油雾化、蒸发以及与空气配比和混合的过程。

如图4-2所示，对电控燃油喷射系统而言，通过进气管绝对压力传感器或者空气流量计间接或者直接测定进气量，根据当前工况的目标空燃比确定喷油量，并控制喷油器开启时间实现燃油喷射，燃油以一定压力和喷射角度喷入进气道进行蒸发、雾化，并与通过节气门进入的空气进行混合，形成可燃混合气，在进气门打开时可燃混合气进入汽缸，并经火花塞点火燃烧。

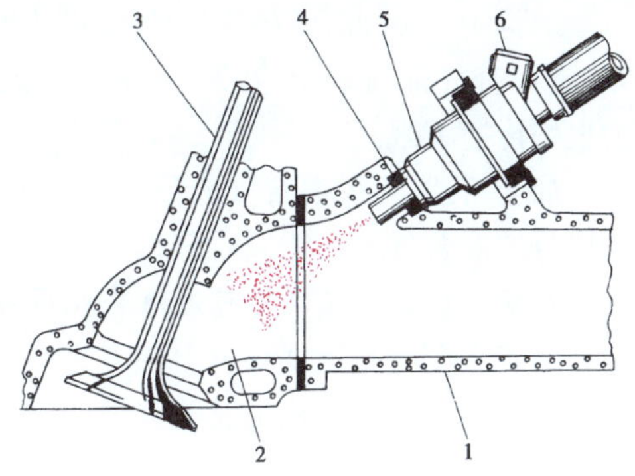

图4-2　进气道喷射

1-进气歧管；2-进气道；3-进气门；4-密封圈；5-喷油器；6-接线柱

三、发动机运转工况对可燃混合气成分的要求

1. 可燃混合气成分的表示法

可燃混合气中空气与燃油的比例称为可燃混合气成分或可燃混合气浓度，通常用过量空气系数和空燃比表示。

1）过量空气系数

燃烧1kg燃油实际供给的空气质量与完全燃烧1kg燃油的化学计量空气质量之比为过量空气系数，记作ϕ_a。即：

$$\phi_a = \frac{\text{燃烧1kg燃油实际供给的空气质量}}{\text{完全燃烧1kg燃油的化学计量空气质量}}$$

$\phi_a = 1$的可燃混合气称为理论混合气；$\phi_a < 1$的称为浓混合气；$\phi_a > 1$的称为稀混合气。

2）空燃比

可燃混合气中空气质量与燃油质量之比为空燃比，记作α。即：

$$\alpha = \frac{\text{空气质量}}{\text{燃油质量}}$$

按照化学反应方程式的当量关系，可求出1kg汽油完全燃烧所需空气质量即化学计量空气质量约为14.8kg。显然，$\alpha = 14.8$的可燃混合气为理论混合气；$\alpha < 14.8$的为浓混合气；$\alpha > 14.8$的为稀混合气。空燃比$\alpha = 14.8$称为理论空燃比或化学计量空燃比。

过量空气系数ϕ_a与空燃比α在数值上的对应关系如表4-2所示。

ϕ_a与α数值对应关系　　表4-2

ϕ_a	0.6	0.7	0.8	0.9	1.0	1.1	1.2	1.3	1.4
α	8.9	10.4	11.8	13.3	14.8	16.3	17.8	19.2	20.7

试验证明，当燃用$\phi_a = 1.05 \sim 1.15$的可燃混合气时，燃烧完全，燃油消耗率最低，故称这种混合气为经济混合气，其混合比为经济混合比。当$\phi_a = 0.85 \sim 0.95$时，混合气燃烧速度最快，热损失最小。这时发动机的有效功率最大，故称此种混合气为功率混合气，其混合比为功

率混合比。

试验还证明，混合气过浓或过稀都不能着火燃烧。在一般情况下，混合气浓到 $\phi_a = 0.4 \sim 0.5$ 或混合气稀到 $\phi_a = 1.3 \sim 1.4$ 时，火焰便不能传播。通常称前者为火焰传播上限，称后者为火焰传播下限。

如上所述，可燃混合气成分直接影响发动机的性能及发动机能否正常运转，而且使用同一种成分的混合气不可能同时获得最大功率和最低燃油消耗率。

2. 发动机运转工况对可燃混合气成分的要求

随着汽车行驶速度和牵引功率的不断变化，汽车发动机的转速和负荷也在很大范围内频繁变动。为适应发动机工况的这种变化，可燃混合气成分应该随发动机转速和负荷作相应的调整。

对于一般的汽车发动机来说，各种运转工况对混合气成分的要求如下所述。

1）冷起动

发动机在冷起动时，因温度低，汽油不容易蒸发汽化，汽油雾化不良，致使进入汽缸的混合气中汽油蒸汽太少，混合气过稀，不能着火燃烧。为使发动机能够顺利起动，要求供给 ϕ_a 约为 $0.2 \sim 0.6$ 的浓混合气，以使进入汽缸的混合气在火焰传播界限之内。

2）怠速

怠速是指发动机对外无功率输出的工况。这时可燃混合气燃烧后对活塞所作的功全部用来克服发动机内部的阻力，使发动机以低转速稳定运转。目前，汽油机的怠速转速为 700 ~ 900r/min。在怠速工况，节气门接近关闭，吸入汽缸内的混合气数量很少。在这种情况下汽缸内的残余废气量相对增多，混合气被废气严重稀释，使燃烧速度减慢甚至熄火。为此要求供给 $\phi_a = 0.6 \sim 0.8$ 的浓混合气，以补偿废气的稀释作用。

3）小负荷

小负荷工况时，节气门开度在 25% 以内。随着进入汽缸内的混合气数量的增多，汽油雾化和蒸发的条件有所改善，残余废气对混合气的稀释作用相对减弱。因此，应该供给 $\phi_a = 0.7 \sim 0.9$ 的混合气。虽然，比怠速工况供给的混合气稍稀，但仍为浓混合气，这是为了保证汽油机小负荷工况的稳定性。

4）中等负荷

中等负荷工况节气门的开度在 25% ~85% 范围内。汽车发动机大部分时间在中等负荷下工作，因此应该供给 $\phi_a = 1.05 \sim 1.15$ 的经济混合气，以保证发动机有较好的燃油经济性。从小负荷到中等负荷，随着负荷的增加，节气门逐渐开大，混合气逐渐变稀。

5）大负荷和全负荷

发动机在大负荷或全负荷工作时，节气门接近或达到全开位置。这时需要发动机发出最大功率以克服较大的外界阻力或加速行驶。为此应该供给 $\phi_a = 0.85 \sim 0.95$ 的功率混合气。从中等负荷转入大负荷时，混合气由经济混合比加浓到功率混合比。

6）加速

汽车行驶过程中，有时需要在短时间内迅速提高车速。为此驾驶人要猛踩加速踏板，使节气门突然开大，以期迅速增加发动机功率。这时虽然空气流量迅速增加，但是由于汽油的密度比空气密度大得多，即汽油的流动惯性远大于空气的流动惯性，致使汽油流量的增加比空气流量的增加滞后一段时间。另外，节气门开大，进气歧管的压力增加，不利于汽油的蒸发汽化。因此，在节气门突然开大时，将会出现混合气瞬时变稀的现象。这不仅不能使发动机功率增加、汽车加速，反而有可能造成发动机熄火。为了避免发生此种现象，保证汽车有良好的加速性能，在节气门突然开大、空气流量迅速增加的同时，额外供给一定数量的汽油，使变稀的混合气得到重新加浓。

四、辅助装置

1. 汽油箱

汽油箱的功用是存储汽油。其数目、容量、形状及安装位置均随车型而异。汽油箱的容量应使汽车的续驶里程达 300 ~ 600km。

汽油箱由钢板或塑料制造。红旗 CA7220 型和奥迪 100 型轿车的汽油箱由镀铅钢板制成，捷达和上海桑塔纳轿车则用高分子高密度聚乙烯塑料制造。塑料汽油箱的优点是质量轻、强度高、密封性好，可制成任意形状。

汽油箱是密封的，以防止汽油从中溅出，其上部有加油口和加油口盖。在专门使用无铅汽油的汽车上，汽油箱加油口的上部装有弹簧压力阀，在向汽油箱内加油时，只能使无铅汽油的加油嘴插入。加油口盖内有空气阀和蒸气阀（图 4-3）。随着汽油的不断消耗，汽油箱内的油

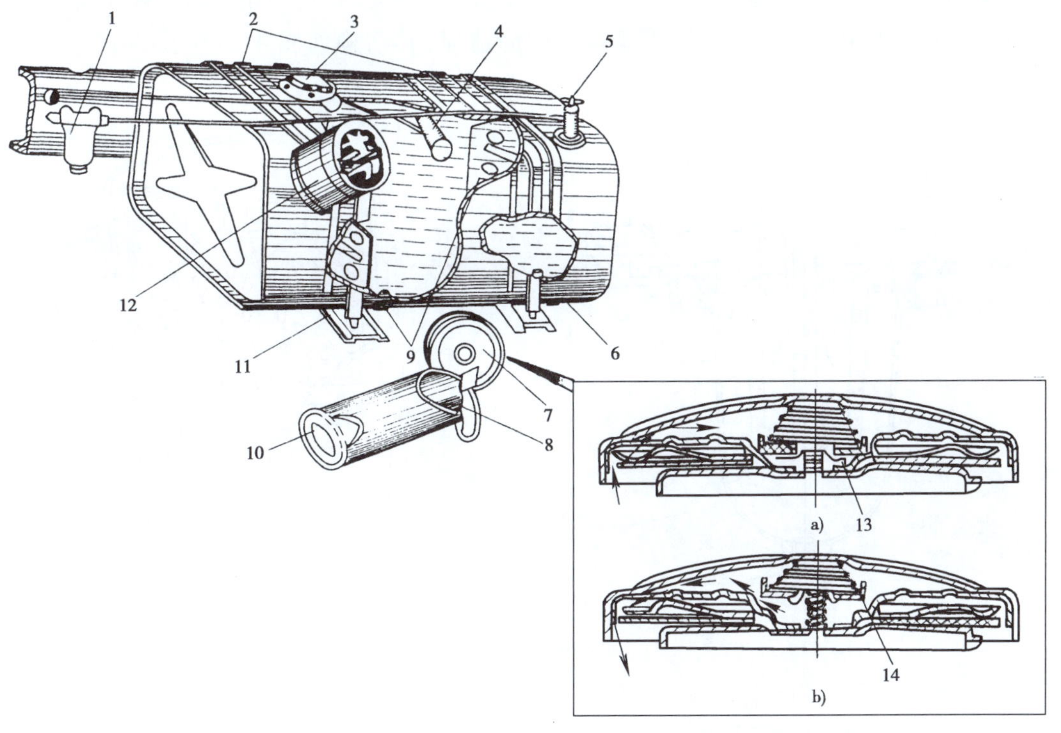

图 4-3　汽油箱及加油口盖

a）空气进入汽油箱 b）汽油蒸气逸出汽油箱

1-汽油滤清器；2-固定箍带；3-油面指示表传感器；4-传感器浮子；5-出油开关；6-放油螺塞；7-加油口盖；8-加油延伸管；9-挡油板；10-滤网；11-支架；12-加油口；13-空气阀；14-蒸气阀

面将逐渐下降，汽油箱内将出现一定的真空度。若真空度过大，汽油不可能被汽油泵吸出。这时，空气阀开启，使汽油箱与大气相通以消除汽油箱内的真空度。如果气温很高，汽油蒸发太快，将使汽油箱内压力过大。这时蒸气阀开启，使汽油蒸气逸出以保持汽油箱内的压力基本稳定。

在汽油箱上还装有油面指示表传感器、出油开关和放油螺塞等。汽油箱内通常有挡油板，为的是减轻汽车行驶时汽油的振荡。

2. 汽油滤清器

汽油从汽油箱进入汽油泵之前，先经过汽油滤清器除去其中的杂质和水分，以减少汽油泵和化油器等部件的故障。

图4-4所示为国产282型汽油滤清器。在滤清器盖1上有进油管接头2和出油管接头11，滤芯5用中心螺栓7紧固在滤清器盖上。由锌合金制成的沉淀杯8也用螺栓紧固在滤清器盖上。滤芯密封垫3、6的作用是防止汽油不经滤芯滤清直接从滤芯两端进入滤芯内腔。衬垫4、9是为了防止汽油外漏。

发动机工作时，汽油在汽油泵的作用下，经进油管接头2流入沉淀杯8。水及较重的杂质沉淀于杯底，较轻的杂质悬浮在汽油中并在通过滤芯5时被阻隔在滤芯之外。汽油则通过滤芯的微孔进入滤芯内腔，再经出油管接头11流出。

滤芯多用多孔陶瓷或微孔滤纸制造。陶瓷滤芯结构简单，不消耗金属，滤清效果较好，但滤芯不易清洗干净，使用寿命短。纸质滤芯滤清效果好，结果简单，使用方便。现代轿车发动机多采用一次性使用、不可拆式纸质滤芯汽油滤清器，其结构如图4-5所示。一般每行驶30000km整体更换一次。

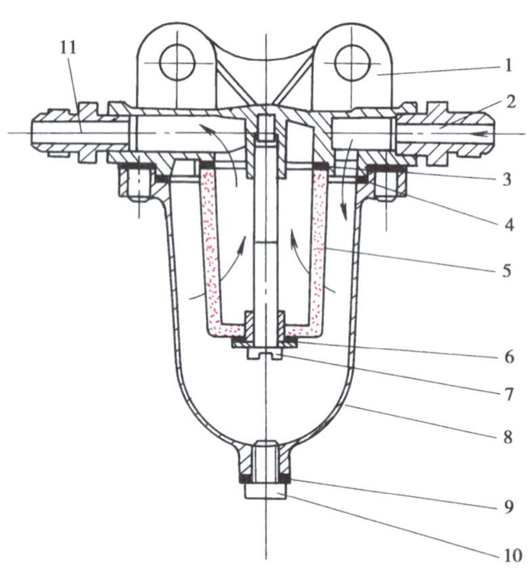

图4-4　282型汽油滤清器

1-滤清器盖；2-进油管接头；3、6-滤芯密封垫；4、9-沉淀杯密封垫；5-滤芯；7-中心螺栓；8-沉淀杯；10-放油螺塞；11-出油管

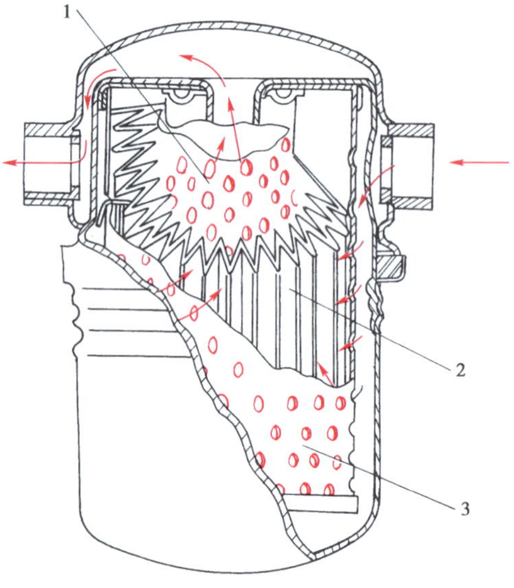

图4-5　不可拆式纸滤芯汽油滤清器

1-滤芯内衬筒；2-纸质滤芯；3-滤芯外衬筒

3. 汽油泵

汽油泵的功用是将汽油从汽油箱吸出。目前汽车上广泛采用的是电动式的汽油泵。

图4-6所示为国产B501型电动汽油泵，它主要由电磁驱动机构和供油机构组成。

在供油机构中，在泵筒12的底部装有进油阀17，泵筒内还装有柱塞10，而柱塞底部则装设出油阀19。柱塞在电磁线圈11产生的电磁力和复位弹簧18的弹簧力的作用下在泵筒内作往复运动。

作为驱动机构主要元件的电磁线圈11，其一端接电源，另一端接固定触点23。活动触点24与永久磁铁6固定在触点支架7上。触点支架可以绕固定在下极板8上的小轴摆动，使触点闭合或断开。

在接通电源之前汽油泵不工作，这时柱塞被复位弹簧18推到如图4-6所示的上极限位置。永久磁铁6由于吸引柱塞而向左摆动并带动触点支架7使活动触点24与固定触点23闭合。此时若接通电源，电磁线圈11便产生磁场，吸引柱塞克服复位弹簧力向下移动，从而使泵筒12内油压升高。在油压的作用下，进油阀17关闭，出油阀19开启，汽油经出油阀进入柱塞中心空腔。柱塞下移后，永久磁铁下端由于吸引下极板8而向右摆动，使触点分开，电路切断，电磁场消失。这时柱塞在复位弹簧的作用下向上移动到上极限位置，并将储存于柱塞中心空腔内的汽油经出油接合座3泵出，与此同时，出油阀关闭，进油阀开启，汽油从进油管接头20进入沉淀杯16，再经滤芯14滤清后从进油阀流入泵筒内腔。以后又重复上述动作，如此循环往复，其泵油频率为每秒20～25次。

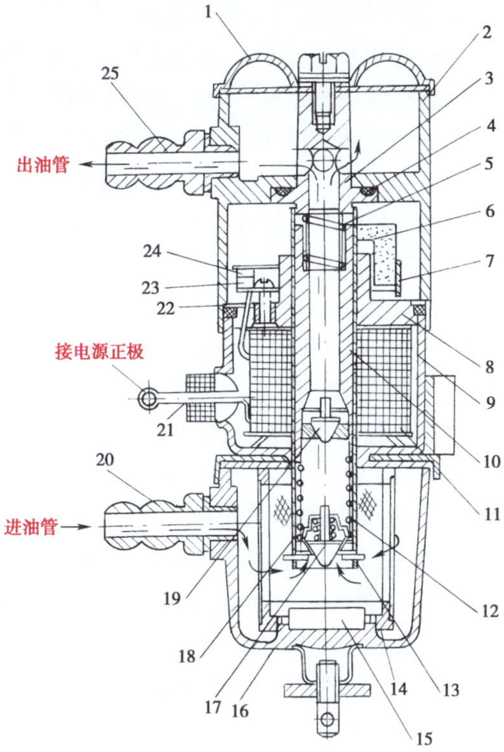

图4-6　B501型电动汽油泵

1-汽油泵盖；2-上体；3-出油接合座；4-密封圈；5-缓冲弹簧；6-永久磁铁；7-触点支架；8-下极板；9-中体；10-柱塞；11-电磁线圈；12-泵筒；13-进油阀座；14-滤芯；15-磁铁；16-沉淀杯；17-进油阀；18-柱塞复位弹簧；19-出油阀；20-进油管接头；21-接线柱；22-绝缘套；23-固定触点；24-活动触点；25-出油管接头

汽油泵盖1下面封存的空气和缓冲弹簧5起稳定油压的作用。

B501型电动汽油泵的供油量约85L/h，可用于110kW以下的汽油机。电动汽油泵必须竖直安装，使沉淀杯朝下。

电动汽油泵的优点是安装位置不受发动机结构的限制，可以安装在远离机体、排气管等高温机件而且通风良好的地方，这有利于降低油管中汽油的温度，减小产生汽阻的可能性。电动汽油泵可以在发动机起动前先行工作，使化油器和管路中充满汽油，以利于发动机起动。在汽车下坡滑行时，可以将电动汽油泵电路开关断开，停止向化油器供油，有利于节油。

第三节　电子控制汽油喷射系统

一、汽油喷射系统的分类

汽油喷射式发动机的燃油系统简称汽油喷射系统，它是在恒定的压力下，利用喷油器将一定数量的汽油直接喷入汽缸或进气管道内的汽油机燃油供给装置。

汽油喷射系统具有下列优点：

(1)能根据发动机工况的变化供给最佳空燃比的混合气；

(2)供入各汽缸内的混合气，其空燃比相同，数量相等；

(3)由于进气管道中没有狭窄的喉管，因此进气阻力小，充气性能好。

因此，汽油喷射式发动机具有较高的动力性和经济性，良好的排放性。此外，发动机的振动有所减轻，汽车的加速性也有显著提高。

车用汽油喷射系统有多种类型，可按不同方法进行分类：

(1)按汽油喷射系统的控制方法分为机械控制式、电子控制式及机电混合控制式三种。近十年来电子控制汽油喷射系统（以下简称电控汽油喷射系统）得到了迅速而又充分的发展，成本大幅度下降，使用可靠性和可维修性都达到了相当高的水平。

(2)按喷射部位的不同可分为缸内喷射和缸外喷射两种。缸内喷射是通过安装在汽缸盖上的喷油器，将汽油直接喷入汽缸内。这种喷射系统需要较高的喷射压力，约3~5MPa。因而喷油器的结构和布置都比较复杂。缸外喷射系统是将喷油器安装在进气管或进气歧管上，以0.20~0.35MPa的喷射压力将汽油喷入进气管或进气道内。前者称进气管喷射（单点喷射），后者称进气道喷射（多点喷射）。目前汽油机电控系统广泛采用的是进气道喷射。

进气道喷射（PFI）系统是每个汽缸设置一个喷油器，各个喷油器分别向各缸进气道（进气门前方）喷油（图4-2）。这种喷射方式又称多点喷射（MPI）。

(3)按喷射的连续性将汽油喷射系统分为连续喷射式和间歇喷射式。连续喷射是指在发动机工作期间，喷油器连续不断地向进气道内喷油，且大部分汽油是在进气门关闭时喷射的。这种喷射方式大多用于机械控制式或机电混合控制式汽油喷射系统。间歇式喷射是指在发动机工作期间，汽油被间歇地喷入进气道内。电控汽油喷射系统都采用间歇喷射方式。

二、电控汽油喷射系统的基本类型

电控汽油喷射系统（EFI系统）是以电控单元（ECU）为控制中心，并利用安装在发动机上的各种传感器测出发动机的各种运行参数，再按照电脑中预存的控制程序精确地控制喷油器的喷油量，使发动机在各种工况下都能获得最佳空燃比的可燃混合气。

目前，各类汽车上所采用的电控汽油喷射系统在结构上往往有较大的差别，在控制原理及工作过程方面也各具特点。本节只介绍最有代表性的、典型的电控汽油喷射系统。

1. 博世D型（D-叶特朗尼克）汽油喷射系统

D型汽油喷射系统是最早应用在汽车发动机上的电控多点间歇式汽油喷射系统，其基本特点是以进气管压力和发动机转速作为基本控制参数，用来控制喷油器的基本喷油量。

D型汽油喷射系统的组成如图4-7所示。

汽油箱1内的汽油被电动汽油泵2吸出并加压至0.35MPa左右，经汽油滤清器3滤除杂质后被送至燃油分配管。燃油分配管与安装在各缸进气歧管上的喷油器6相通。在燃油分配管的末端装有油压调节器12，用来调节油压使其保持稳定，多余的汽油经回油管返回汽油箱。

发动机的进气量由汽车驾驶人通过加速踏板操纵节气门来控制。节气门开度越大，进气量就越多，进气管压力也越大，反之亦然。安装在进气管上的进气管压力传感器7将进气管压力转变为电信号传输给电控单元 15。

喷油器的喷油量和喷油时刻由电控单元控制。电控单元首先根据分电器中的曲轴转角传感器信号确定发动机转速，再根据转速和进气管压力计算出相应的喷油量，并通过控制喷油持续时间来控制喷油量。电控单元还根据曲轴转角传感器发出的第一缸上止点信号，控制各缸喷油器在进气行程开始之前进行喷油。由于每个喷油器在发动机一个循环中只喷油一次，每次喷油的持续时间仅为 2～10ms，即喷油是间断进行的，故属间歇式喷射。

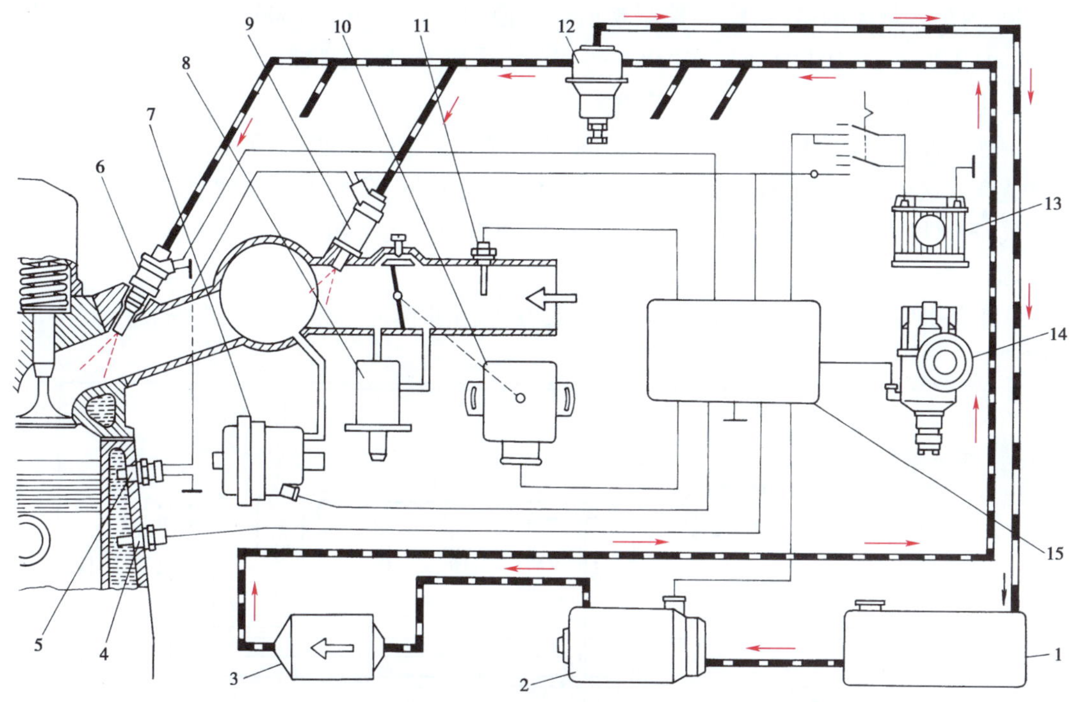

图 4-7　博世 D 型汽油喷射系统

1-汽油箱；2-电动汽油泵；3-汽油滤清器；4-发动机温度传感器；5-热时间开关；6-喷油器；7-进气管压力传感器；8-补充空气阀；9-冷起动喷嘴；10-节气门位置传感器；11-进气温度传感器；12-油压调节器；13-蓄电池；14-分电器；15-电控单元

电控单元根据进气管压力和发动机转速计算出的喷油量是基本喷油量，尚需根据发动机的运行状况加以修正，以满足发动机各种运行工况对混合气成分的要求。

当发动机在怠速工作时，节气门接近关闭，节气门位置传感器 10 中的怠速触点闭合，这时电控单元指令喷油器增加喷油量，供给发动机较浓的混合气，以维持怠速运转的稳定性，并将怠速的有害排放控制在最低水平。

发动机在中小负荷下运转时，电控单元根据发动机温度传感器 4 和进气温度传感器 11 传输来的发动机温度和进气温度信号，对基本喷油量进行修正，修正后的喷油量满足向发动机供给经济混合气的要求。

发动机在全负荷下工作时，节气门全开，节气门位置传感器中的全负荷触点闭合。电控单元按照供给发动机功率混合气的要求增加喷油量，实现全负荷加浓，以使发动机发出最大功率。

发动机起动时，点火开关置于起动位置，同时输送给电控单元一个起动信号。电控单元根据这个信号增加每次喷油的持续时间，以增加喷油量、提供起动所需的浓混合气。在发动机起动之后再逐渐减少喷油量。

当发动机在低温下起动时，利用装在进气管上的冷起动喷嘴 9，向进气管喷入一定数量的汽油，以加浓混合气，使发动机在低温下能够顺利起动。

D 型汽油喷油系统结构简单、工作可靠，但控制精度稍差，当大气状态有较大变化时，汽车加速反应不良。现代汽车发动机上所使用的 D 型汽油喷射系统都是经过改进的，如采用运算速度快、内存容量大的微机，完善控制功能等。德国大众公司的 1600 型、奔驰 250CE、奔驰 280SE，日本丰田公司的 HIACE、CROWN 等轿车均采用 D 型汽油喷射系统。

2. 博世 L 型（L-叶特朗尼克）汽油喷射系统

L 型汽油喷射系统是在 D 型汽油喷射系统的基础上，在 20 世纪 70 年代发展起来的多点间歇式汽油喷射系统。其构造和工作原理与 D 型基本相同，只是 L 型汽油喷射系统采用翼片式空气流量计直接测量发动机的进气量，并以发动机的进气量和发动机转速作为基本控制参数，从而提高了喷油量的控制精度。

L 型汽油喷射系统的组成如图 4-8 所示，其控制过程可用图 4-9 所示的程序框图加以说明。

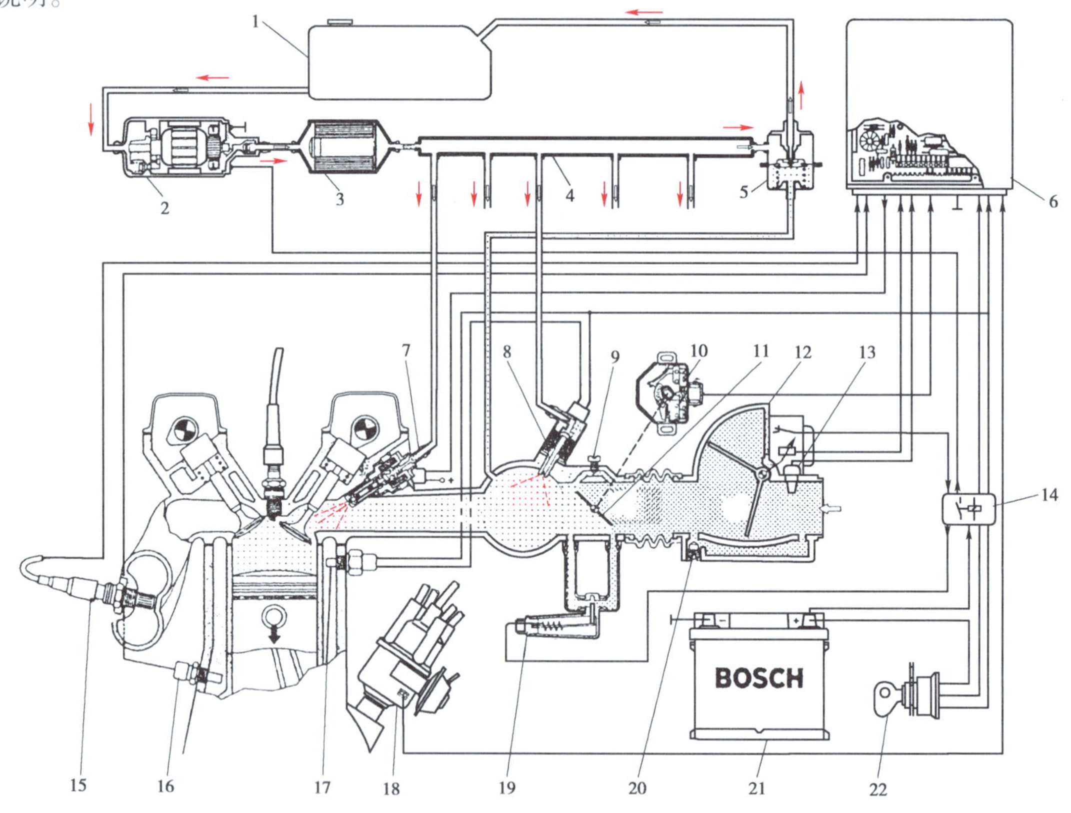

图 4-8 博世 L 型汽油喷射系统

1-汽油箱；2-电动汽油泵；3-汽油滤清器；4-燃油分配管；5-油压调节器；6-电控单元；7-喷油器；8-冷起动喷嘴；9-怠速调节螺钉；10-节气门位置传感器；11-节气门；12-空气流量计；13-进气温度传感器；14-继电器组；15-氧传感器；16-发动机温度传感器；17-热时间开关；18-分电器；19-补充空气阀；20-怠速混合气调节螺钉；21-蓄电池；22-点火开关

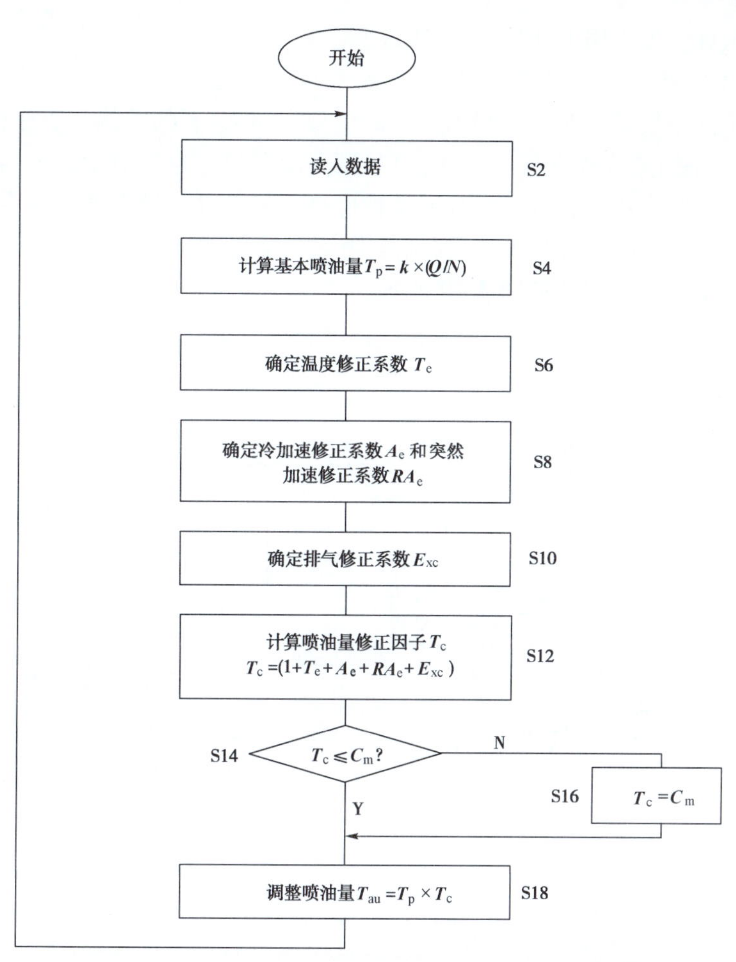

图 4-9　L 型汽油喷射系统的控制过程

在控制过程中，程序首先读入各传感器检测到的发动机运行参数。其中包括空气流量计 12 测得的进气量，分电器 18 内的曲轴位置传感器测得的发动机转速，发动机温度传感器 16 测得的冷却液温度，进气温度传感器 13 测得的进气温度，氧传感器 15 测得的混合气的空燃比，以及节气门位置传感器 10 测得的节气门位置及其运动状态等。随后，在程序的步骤 S4 中，根据进气量和发动机转速计算出基本喷油量 T_p。在步骤 S6 中电控单元根据进气温度和冷却液温度在内存的查值表中确定温度修正系数 T_e。在步骤 S8 中确定发动机在未充分预热的情况下加速和突然加速时的修正系数 A_e 和 RA_e。在步骤 S10 中电控单元根据氧传感器检测出的实际空燃比确定排气修正系数 E_{xc}。在步骤 S12 中综合各修正系数，计算基本喷油量的修正因子 T_c。然后，在步骤 S14 中将修正因子 T_c 与其最大值 C_m 进行比较。如果 $T_c \leqslant C_m$，则以 T_c 值来修正基本喷油量；如果 $T_c > C_m$，则将 C_m 赋值给 T_c，再以 T_c 修正基本喷油量。这样做可以避免发动机在低温加速或突然加速时喷油量过多。最后，在步骤 S18 中完成用 T_c 对基本喷油量 T_p 的修正，修正后的实际喷油量为 T_{au}。

L 型汽油喷射系统应用广泛。目前应用于某些汽车上的 L 型汽油喷射系统大都进行了若干改进，如完善主要组件的结构和性能，扩展电控单元的控制功能等，以期提高发动机的经济性、动力性和排放性。如丰田 PREVIA、CAMRY 等。

3. 博世 LH 型(LH-叶特朗尼克)汽油喷射系统

LH 型汽油喷射系统是 L 型汽油喷射系统的变型产品，两者的结构与工作原理基本相同，不同之处是 LH 型采用热线式空气流量计，而 L 型采用翼片式空气流量计。热线式空气流量计无运动部件，进气阻力小，信号反应快，测量精度高。另外，LH 型汽油喷射系统的电控装置采用大规模数字集成电路，运算速度快，控制范围广，功能更加完善。

LH 型汽油喷射系统的组成如图 4-10 所示。

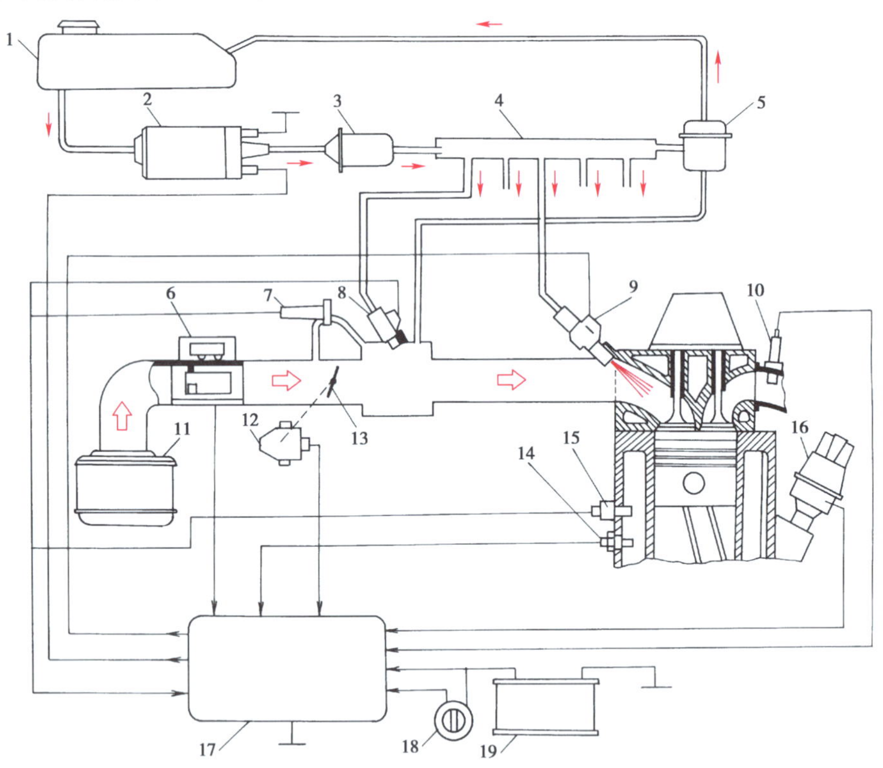

图 4-10　博世 LH 型汽油喷射系统

1-汽油箱；2-电动汽油泵；3-汽油滤清器；4-燃油分配管；5-油压调节器；6-热线式空气流量计；7-补充空气阀；8-冷起动喷嘴；9-喷油器；10-氧传感器；11-空气滤清器；12-节气门位置传感器；13-节气门；14-发动机温度传感器；15-热时间开关；16-分电器；17-电控单元；18-点火开关；19-蓄电池

LH 型汽油喷射系统中的节气门位置传感器 12 能向电控单元 17 提供节气门由全闭到全开整个范围内连续变化的开度信号，使电控单元可以根据节气门位置及其变化的速率适时地进行起动加浓、怠速加浓、全负荷加浓和加速加浓。此外，在汽车急减速时，还能实现急减速断油。当发动机转速下降至设定转速时，能够及时恢复喷油。这既可节省燃油，又能减少有害排放物。

LH 型汽油喷射系统的控制方式与 L 型汽油喷射系统一样均为闭环控制或反馈控制。即通过安装在发动机排气管上的氧传感器测量排气中剩余氧气的含量，可以确定上一循环的喷油量是否适当。电控单元根据氧传感器的输入信号，不断对喷油量进行调整，使混合气的空燃比保持在理想的范围内。

采用LH型汽油喷射系统的轿车很多,如雷克萨斯LS400、日产MAXIMA、马自达626及奔驰600SE等。

4. 博世M型(莫特朗尼克)汽油喷射系统

M型汽油喷射系统将L型汽油喷射系统与电子点火系统结合起来,用一个由大规模集成电路组成的数字式微型计算机同时对这两个系统进行控制,从而实现了汽油喷射与点火的最佳配合,进一步改善了发动机的起动性、怠速稳定性、加速性、经济性和排放性。广泛地用于轿车发动机上,如宝马535i、奥迪V8等。

M型汽油喷射系统的组成如图4-11所示。

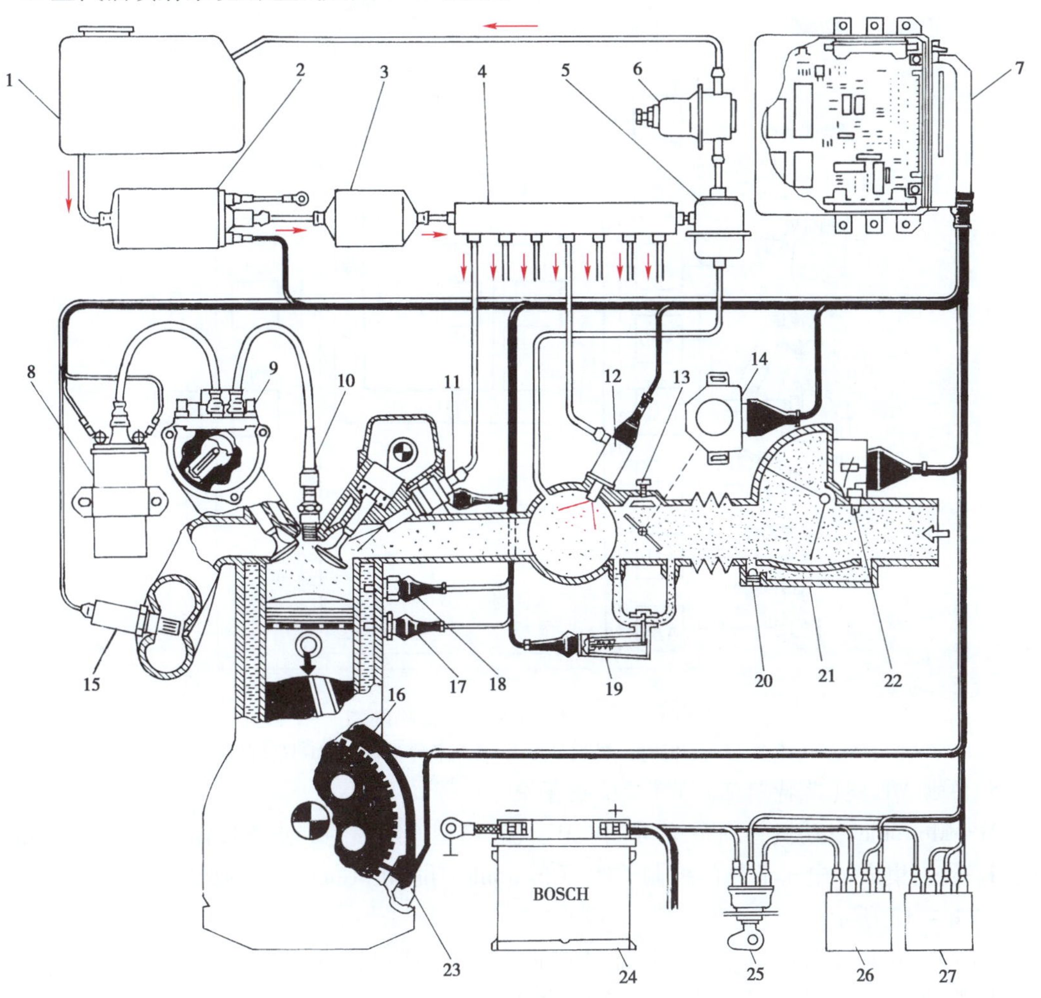

图4-11　M型汽油喷射系统

1-汽油箱;2-电动汽油泵;3-汽油滤清器;4-燃油分配管;5-油压调节器;6-油压脉动缓冲器;7-电控单元;8-点火线圈;9-分电器;10-火花塞;11-喷油器;12-冷起动喷嘴;13-怠速调节螺钉;14-节气门及节气门位置传感器;15-氧传感器;16-曲轴位置传感器;17-发动机温度传感器;18-热时间开关;19-补充空气阀;20-怠速混合气调节螺钉;21-空气流量计;22-进气温度传感器;23-发动机转速传感器;24-蓄电池;25-点火开关;26-主继电器;27-电动汽油泵继电器

M型汽油喷射系统中的点火子系统包括点火线圈8、分电器9、火花塞10和高压导线等。点火线圈的初级端经点火开关与蓄电池24的正极连接。当初级绕组中有电流流过时,点火线圈通过电控单元7中的输出晶体管搭铁。点火提前角的调节和触点闭合角的控制完全由电控单元完成。预先将发动机在各种工况下的最佳点火提前角制成点火特性脉谱图，并以数字形式存储在电控单元内。在发动机工作时，电控单元根据运行工况以及发动机温度、进气温度、节气门位置等信息确定一个最佳点火提前角，使发动机在最佳经济性、动力性和排放性的状况下运行。

M 型汽油喷射系统控制框图如图 4-12 所示。

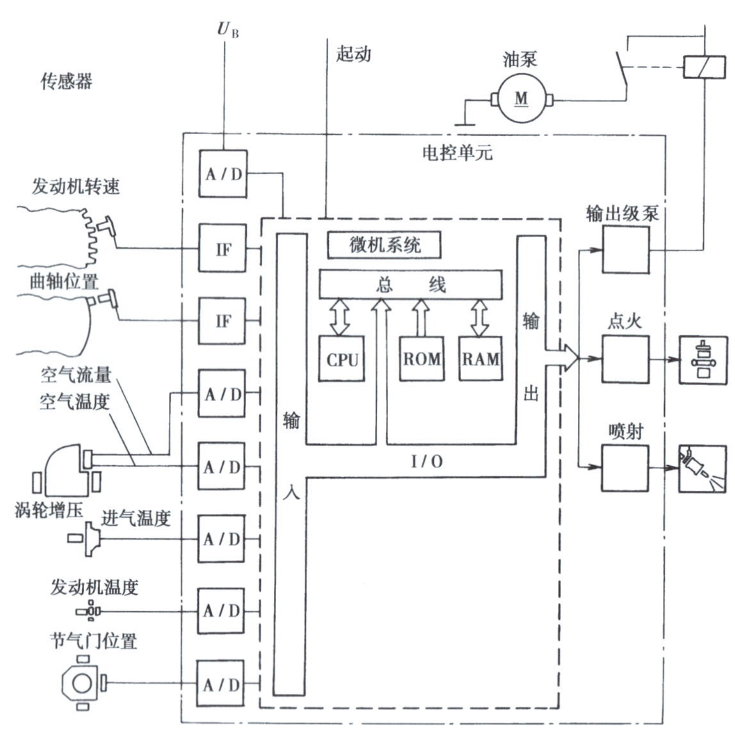

图 4-12 M 型汽油喷射系统控制框图

IF-脉冲成形电路；A/D-模数转换；CPU-中央处理单元；RAM-随机存储器；ROM-只读存储器；I/O-输入输出电路

5. 博世 ME 型（莫特朗尼克）汽油喷射系统

ME-Motronic 发动机管理系统，其中“M”代表典型的对喷射和点火协同控制的 Motronic 功能，“E”代表集成了电子节气门控制 ETC（Electronic Throttle Control）。典型的 ME 型汽油喷射系统如图 4-13 所示。

ME-Motronic 系统的一个明显特征是它的转矩引导控制原理。发动机管理系统的主要作用是把驾驶人的要求转化为发动机的功率输出和转矩，除此之外发动机管理系统还设定了许多附加控制功能，其中许多控制对象也消耗发动机功率。例如，附加功能（怠速控制、转速调节等）、汽车传动控制系统（如 TCS、变速器转换控制）以及一般的汽车功能（如空调操作）等。面对如此多的转矩需求，以往的控制系统是直接以互不相关的、独立的方式实施调整控制参数的命令。ME-Motronic 进了一步，它能将各不相同的转矩需求排序并协调，确定最终的特定转矩。对应任何要求的转矩，都有最佳的充量密度范围、喷射持续时间和点火正时，因此能够不断的维持最佳的废气排放和燃油经济性。

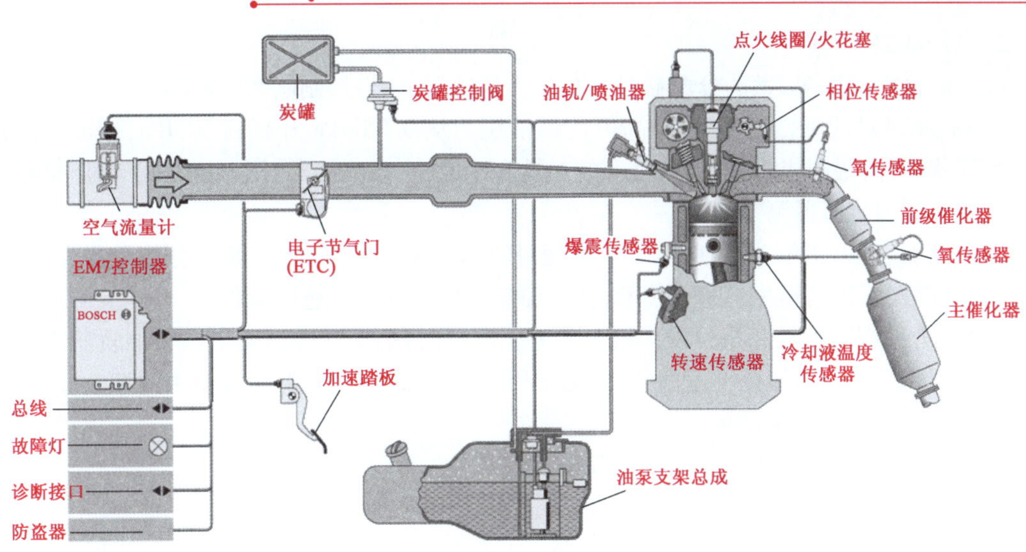

图 4-13 ME-Motronic 发动机管理系统

6. 博世 MED 型(莫特朗尼克)缸内直喷汽油喷射系统

MED-Motronic 发动机管理系统是以 ME-Motronic 进气道喷射发动机管理系统为基础的,其中"D"代表缸内直喷,主要用于 GDI 发动机的精确控制。典型的 MED 型汽油喷射系统如图 4-14 所示。

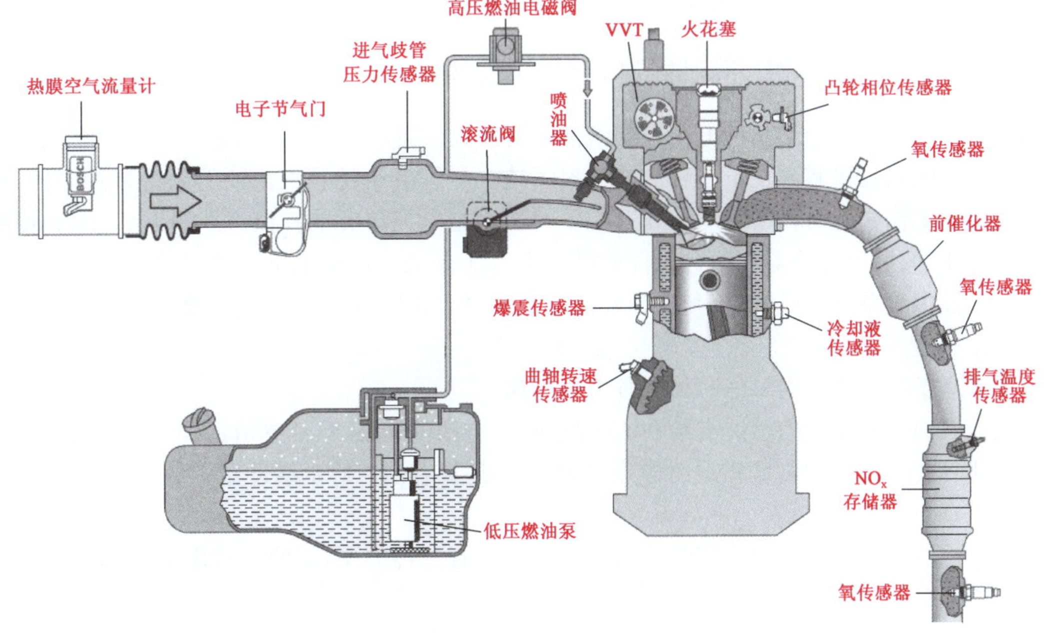

图 4-14 应用于 GDI 发动机的 MED-Motronic 系统

1)低压油路

低压油路位于系统的油箱一侧。它由电子燃油泵及与之并联的压力调节器组成,并产生 0.35MPa 的压力。通过低压油路将燃油供给高压泵。

2）高压油路

高压油路由高压泵、燃油分配器/油轨、压力传感器、压力控制阀和喷油器组成。

（1）高压泵对低压燃油加压，最高可使燃油压力从 0.35MPa 升高到 20MPa；燃油分配器/油轨为管状的，由铝制成，要求具有足够的弹性和刚度，它与喷油器、压力控制阀、高压泵相连，油轨压力由压力传感器测定；

（2）压力传感器能够测量油轨压力，实现对轨压的闭环精确控制，此压力传感器为高压传感器，采用焊入不锈钢膜片的薄膜技术，在上面装有应变片作为感应元件；

（3）压力控制阀的任务是在发动机全部工况范围内，根据其脉谱图来调整油轨压力，经过压力控制阀后多余的燃油并不返回油箱，而是回到高压泵进口，可避免油箱中的燃油被加热和油箱的活性炭罐清洁系统过载；

（4）喷油器的开启和关闭用来控制喷油正时和喷油量。

3）进气系统

通过控制电子节气门的开度控制进气量，通过空气流量计测量进气量，通过进气管压力传感器测量进气管压力。

4）排气系统

由于 GDI 发动机既可以工作在理论空燃比也可以进行稀燃，因此在三效催化器的前后各安装一个宽频氧传感器和根据前级氧传感器信号调整喷油量进行空燃比的闭环控制，通过后级氧传感器信号判断三效催化器是否失效，由于稀燃时产生大量的 NO_x，普通的三效催化器对 NO_x 的转换效率低，因此要采用 NO_x 吸藏型催化转换器。

三、气道喷射系统主要组件的构造与工作原理

博世公司设计生产的几种电子控制汽油喷射系统已被广泛地用于各国生产的汽车上。此外还有一些国家也研制开发了多种汽油喷射系统。尽管电子控制汽油喷射系统多种多样，但就其组成和工作原理而言却大同小异。主要的区别是电控单元的控制方式、控制范围和控制程序不尽相同，所用传感器和执行元件的构造也有所差别。各类电子控制汽油喷射系统均可视为由燃油供给系统、进气系统和控制系统三部分组成，以下分别介绍这三部分中各组件的构造和工作原理。

1. 燃油供给系统主要组件的构造与工作原理

电控汽油喷射系统的燃油供给系统由汽油箱、电动汽油泵、汽油滤清器、燃油分配管、油压调节器、喷油器、冷起动喷嘴和输油管等组成，有的还设有油压脉动缓冲器。

1）电动汽油泵

在电控汽油喷射系统中应用的电动汽油泵通常有两种类型，即滚柱式电动汽油泵和叶片式电动汽油泵。

由永磁电动机驱动的滚柱式电动汽油泵如图 4-15 所示。

转子 9 偏心地安装在泵体 7 内，滚柱 8 装在转子的凹槽中。当转子旋转时，滚柱在离心力的作用下紧压在泵体的内表面上。同时在惯性力的作用下，滚柱总是与转子凹槽的一个侧面贴紧，从而形成若干个工作腔。在汽油泵工作过程中，进油口 1 一侧的工作腔容积增大，成为低压吸油腔，汽油经进油口被吸入工作腔内。在出油口 6 一侧的工作腔容积减小，成为高压

油腔，高压汽油从压油腔经出油口流出。

限压阀2的作用是当油压超过0.45MPa时开启，使汽油回流到进油口，以防止油压过高损坏汽油泵。在出油口处装设止回阀5，当发动机停机时，止回阀关闭，防止管路中的汽油倒流回汽油泵，借以保持管路中有一定的油压，目的是再起动发动机时比较容易。

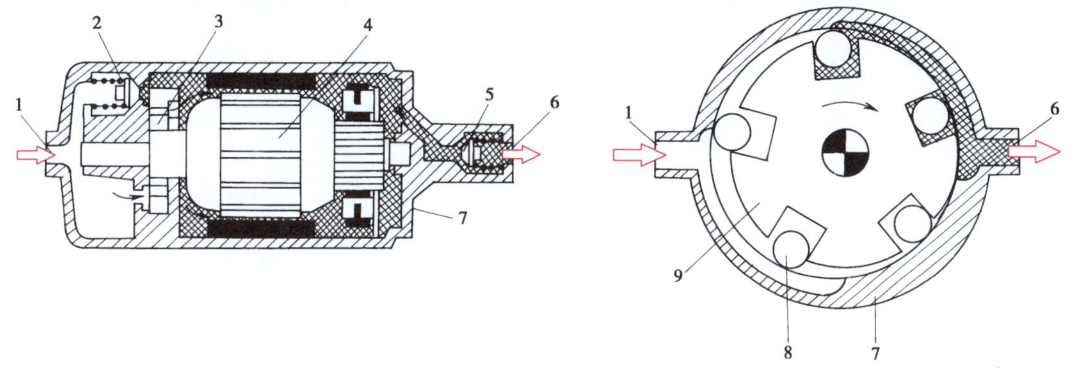

图4-15　滚柱式电动汽油泵

1-进油口；2-限压阀；3-汽油泵；4-电动机；5-止回阀；6-出油口；7-泵体；8-滚柱；9-转子

滚柱式电动汽油泵运转时噪声大，油压脉动也大，而且泵体内表面和转子容易磨损。

近来越来越多的发动机采用叶片式电动汽油泵，其结构如图4-16所示。叶轮3是一个圆形平板，在平板的圆周上加工有小槽，开成泵油叶片。叶轮旋转时，小槽内的汽油随同叶轮一同高速旋转。由于离心力的作用，使出口处油压增高，而在进口处产生真空，从而使汽油从进口吸入，从出口排出。叶片式电动汽油泵运转噪声小，油压脉动小，泵油压力高，叶片磨损小，使用寿命长。

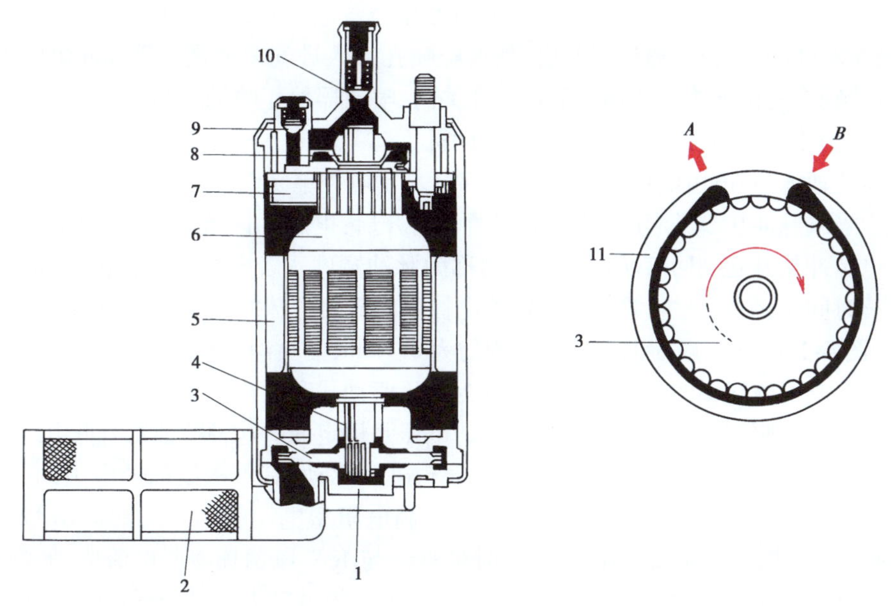

图4-16　叶片式电动汽油泵

1-橡胶缓冲垫；2-滤网；3-叶轮及叶片；4、8-轴承；5-永久磁铁；6-电枢；7-炭刷；9-限压阀；10-止回阀；11-泵体

2）燃油分配管

燃油分配管（图 4-17），也被称作“共轨”，其功用是将汽油均匀、等压地输送给各缸喷油器。由于它的容积较大，故有储油蓄压、减缓油压脉动的作用。

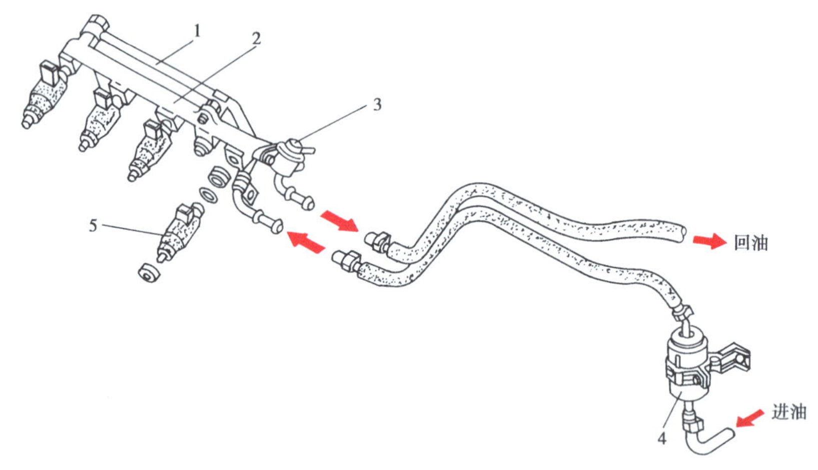

图 4-17 燃油分配管

1-进油管；2-燃油分配管；3-油压调节器；4-汽油滤清器；5-喷油器

3）喷油器

喷油器的功用是按照电控单元的指令将一定数量的汽油适时地喷入进气道或进气管内，并与其中的空气混合形成可燃混合气。

喷油器的构造如图 4-18 所示。不论是上端供油式（图 4-18a）还是侧面供油式（图 4-18b），喷油器都是由电磁线圈、衔铁、针阀、复位弹簧及喷油器体等主要零件构成。侧面供油式喷油器多用于节气门体汽油喷射系统。喷油器相当于电磁阀，通电时电磁线圈 3 产生电磁力，将衔铁 5 及针阀 6 吸起，喷油器开启，汽油经喷孔喷入进气道或进气管。断电时电磁力消失，衔铁及针阀在复位弹簧 4 的作用下将喷孔关闭，喷油器停止喷油。喷油器可以有 1、2 或 3 个喷孔，分别用于双气门、四气门和五气门发动机。

喷油器的通电、断电由电控单元控制（图 4-19）。电控单元以电脉冲的形式向喷油器输出控制电流。当电脉冲从零升起时，喷油器因通电而开启；电脉冲回落到零时，喷油器又因断电而关闭。电脉冲从升起到回落所持续的时间称为脉冲宽度。若电控单元输出的脉冲宽度短，则喷油持续时间短，喷油量少（图 4-19b）；若电控单元输出的脉冲宽度长，则喷油持续时间长，喷油量多（图 4-19c）。一般喷油器针阀升程约为 0.1mm，而喷油持续时间在 2 ~ 10ms 范围内。

喷油器按其电磁线圈的驱动方式不同分为电压驱动式和电流驱动式两种。电压驱动式喷油器是指电控单元驱动喷油器喷油的电脉冲的电压是恒定的。这种喷油器有低电阻型和高电阻型之分。低电阻型电压驱动式喷油器用 5 ~ 6V 电压驱动，其电磁线圈的电阻约 3 ~ 4Ω，不能与 12V 电源直接连接，否则会烧坏电磁线圈。高电阻型电压驱动式喷油器用 12V 电压驱动，其电磁线圈的电阻约为 12 ~ 16Ω，检修时可直接与 12V 电源连接。电流驱动式喷油器的驱动电脉冲开始时用较大的电流，使电磁线圈产生较大的电磁力，以便将针阀迅速吸起，随后再用较小的电流保持针阀的开启状态。这种喷油器为低电阻型，其电磁线圈的电阻一般为 2 ~ 3Ω。

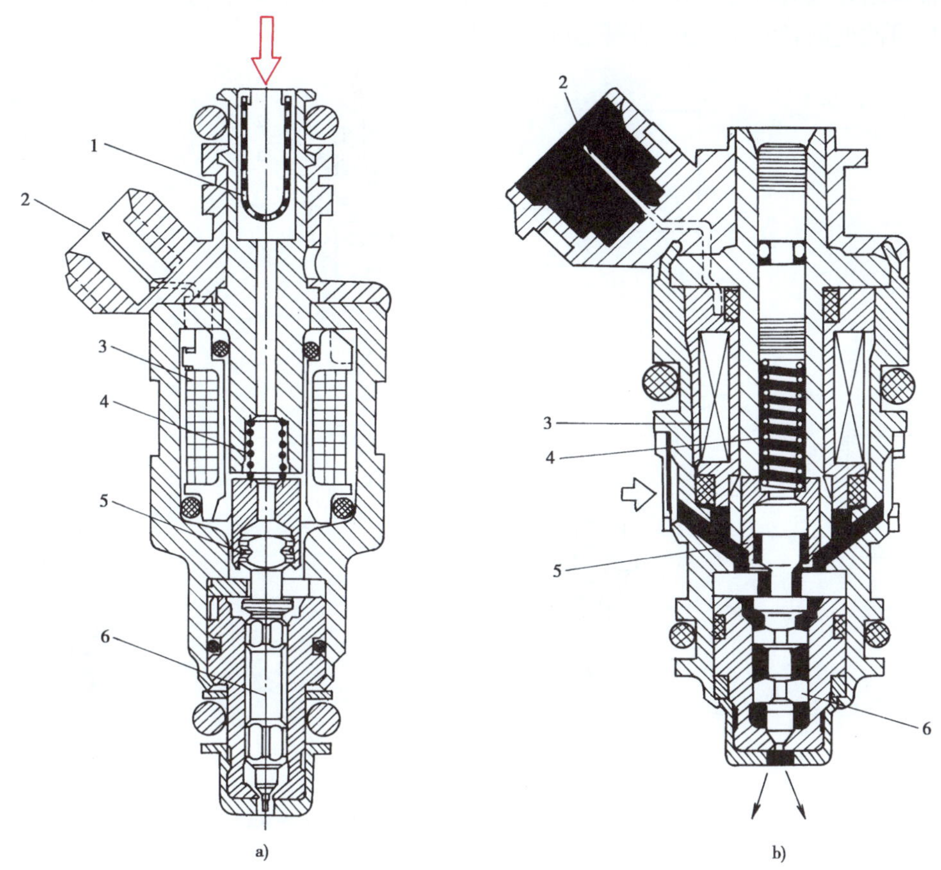

图 4-18　喷油器构造

a）上端供油式；b）侧面供油式

1-滤网；2-电接头；3-电磁线圈；4-复位弹簧；5-衔铁；6-针阀

4）油压调节器

油压调节器的功用是使燃油供给系统的压力与进气管压力之差即喷油压力保持恒定。

因为喷油器的喷油量除取决于喷油持续时间外，还与喷油压力有关。在相同的喷油持续时间内，喷油压力越大，喷油量越多，反之亦然。所以只有保持喷油压力恒定不变，才能使喷油量在各种负荷下都只惟一地取决于喷油持续时间或电脉冲宽度，以实现电控单元对喷油量的精确控制。

油压调节器的构造如图 4-20 所示。膜片 4 将油压调节器分隔成上下两个腔。上腔有进油口 1 连接燃油分配管，回油口 2 与汽油箱连通。下腔通过真空接管 6 与节气门后的进气管相连。

当进气管压力减小时，油压调节器中的膜片 4 克服弹簧 5 的弹力向下弯曲，平面阀 7 将回油管口开启，汽油经回油口 2 流回汽油箱，使燃油供给系统的压力下降，但两者的压差保持不变。相反，当进气管压力增大，膜片向上弯曲，平面阀将回油管口关闭，回油终止，燃油供给系统的压力增大，使两者的压差仍然保持不变，如图 4-21 所示。

燃油供给系统的压力与进气管压力之差由油压调节器中的弹簧5的弹力限定，调节弹簧预紧力即可改变两者的压力差，也就是改变喷油压力。

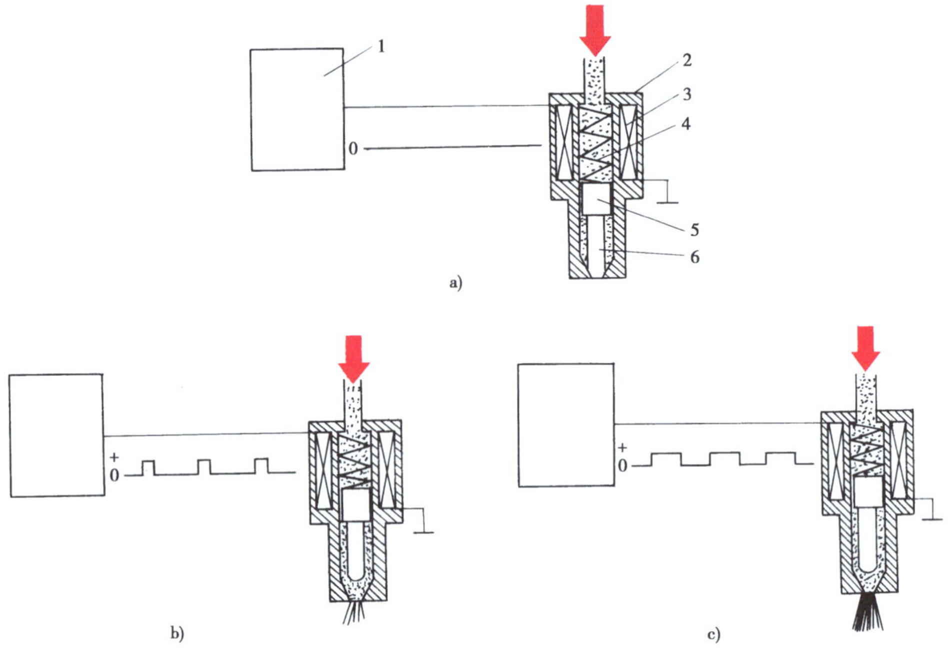

图4-19　喷油器工作原理示意图

a）发动机停机时无电脉冲输出；b）短脉冲宽度；c）长脉冲宽度

1-电控单元；2-喷油器体；3-电磁线圈；4-复位弹簧；5-衔铁；6-针阀

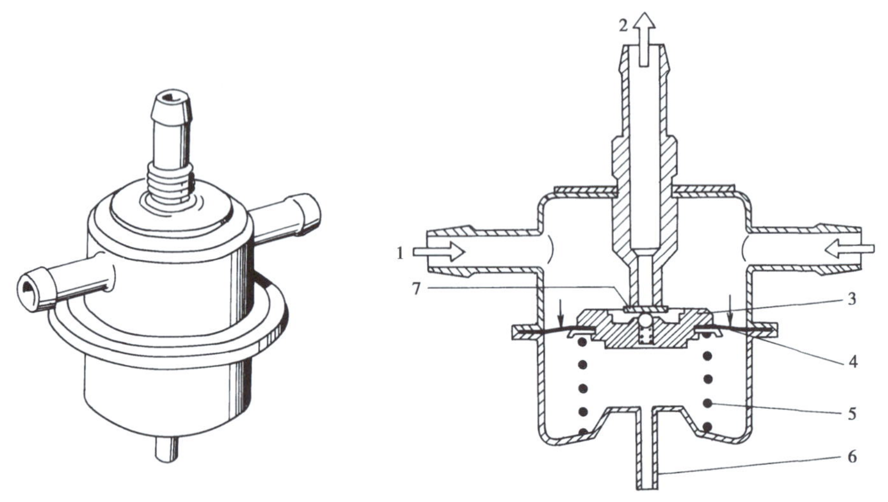

图4-20　油压调节器

1-进油口；2-回油口；3-阀座；4-膜片；5-弹簧；6-真空接管（接进气管）；7-平面阀

5）油压脉动缓冲器

当汽油泵泵油、喷油器喷射及油压调节器的回油平面阀开闭时，都将引起燃油管路中油压的脉动和脉动噪声。燃油压力脉动太大使油压调节器的工作失常。

油压脉动缓冲器的作用就是减小燃油管路中油压的脉动和脉动噪声，并能在发动机停机后保持油路中有一定的压力，以利于发动机重新起动。

油压脉动缓冲器的结构如图 4-22 所示，膜片 3 将缓冲器分成空气室 6 和燃油室 7 两部分。当发动机工作时，燃油从进油口 1 流进燃油室，由出油口 8 流出。压力脉动的燃油使膜片弹簧 4 或张或弛，燃油室的容积则或增或减，从而消减了油压的脉动。发动机停机后，膜片弹簧推动膜片向上，将燃油挤出燃油室，以保持管路中有一定的油压。

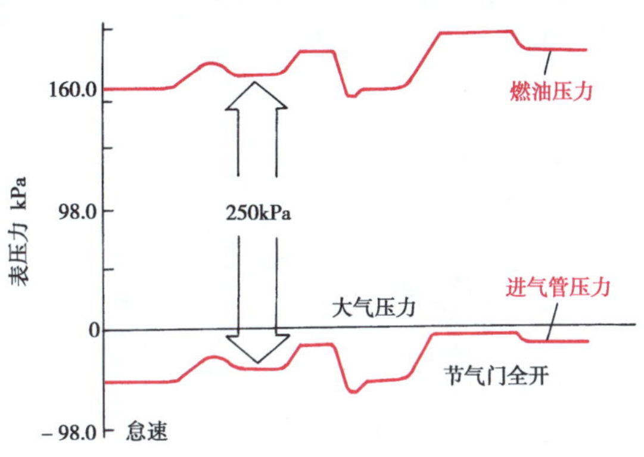

图 4-21　油压调节器调节工作示意图

2. 空气系统主要组件的构造与工作原理

各类电控汽油喷射系统的空气系统主要包括空气流量计、补充空气阀、怠速控制阀、节气门及空气滤清器等。

1）空气流量计

空气流量计的功用是测量进入发动机的空气流量，并将测量的结果转换为电信号传输给电控单元。空气流量计有多种形式，如翼片式、热线式、热膜式和涡流式等。

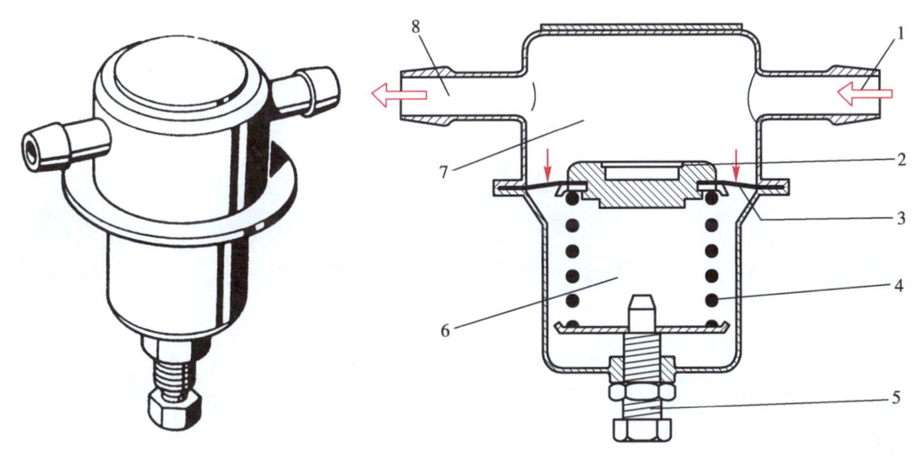

图 4-22　油压脉动缓冲器

1-进油口；2-膜片座；3-膜片；4-膜片弹簧；5-调节螺钉；6-空气室；7-燃油室；8-出油口

（1）翼片式空气流量计。其构造如图 4-23 所示。在空气流量计壳体 9 内有空气主流道 8 和旁通空气道 7。在主流道内装有与销轴 10 一起转动的翼片 3 和缓冲片 5。在没有空气流过的情况下，卷簧 1 总是使翼片处于关闭主流道的位置。在销轴的一端装有电位计 2，它将翼片转动的角度转换为电信号。电位计与电控单元连接。

如图 4-24 所示，翼片偏转时，缓冲片随之一起转动，由于缓冲室内的空气对缓冲片的阻尼作用，使翼片偏转时动作平稳。即使进气量急剧变化，也可避免翼片发生振摆。

旁通空气调节螺钉用来调节怠速时旁通空气量的大小，从而达到调节怠速混合气成分的目的。旋出调节螺钉，旁通空气量增加，流经主流道的空气量减少，喷油量相应减少，使怠速混合气变稀，反之亦然。

翼片式空气流量计工作可靠，但有一定的进气阻力。因为有运动件，所以容易磨损。

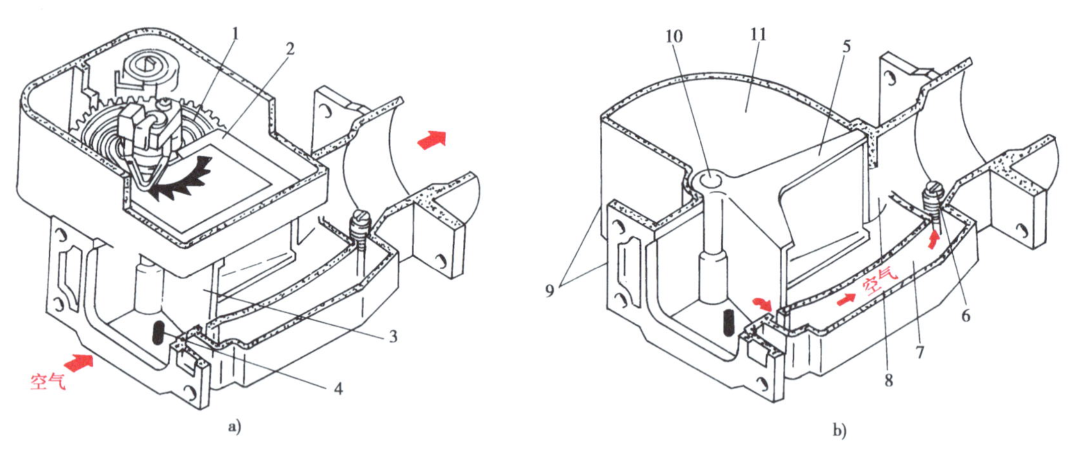

图 4-23 翼片式空气流量计

1-卷簧；2-电位计；3-翼片；4-进气温度传感器；5-缓冲片；6-旁通空气调节螺钉；7-旁通空气道；8-主流道；9-空气流量计壳体；10-销轴；11-缓冲室

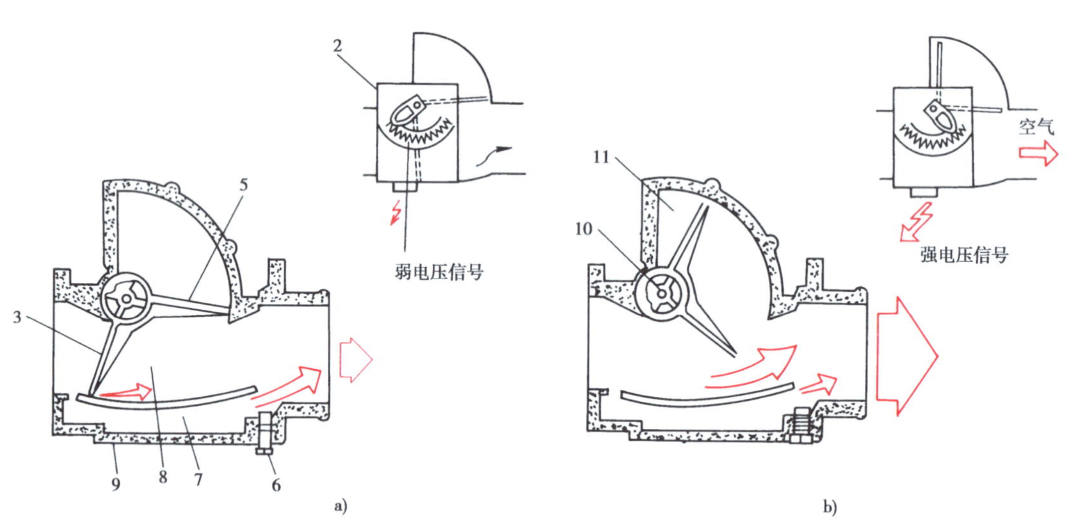

图 4-24 翼片式空气流量计工作原理（图注同图 4-23）

（2）热线式空气流量计。其构造如图 4-25 所示。测试管 2 置于空气流道的中央，空气流道装有金属防护网 1，并用卡环固定在壳体 7 上。在测试管内的支撑环上固定一根直径为 70μm 的铂金属丝 3，在工作中铂金属丝被电流加热至 100℃以上，故称之为铂热线。在支撑环前端装有铂薄膜温度补偿电阻 4，支撑环后端黏结有精密电阻，而在控制电路板上则装有高阻值电阻。铂热线、温度补偿电阻、精密电阻和高阻值电阻构成惠斯登电桥电路中的 4 个臂(图 4-26)。混合电路用来调节供给 4 个臂的电流使电桥保持平衡。

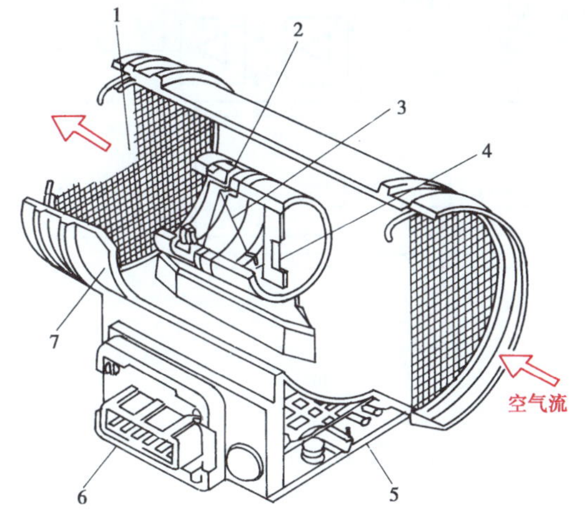

图 4-25　热线式空气流量计

1-金属防护网;2-测试管;3-铂热线;4-温度补偿电阻;5-控制电路板;6-电源插座;7-壳体

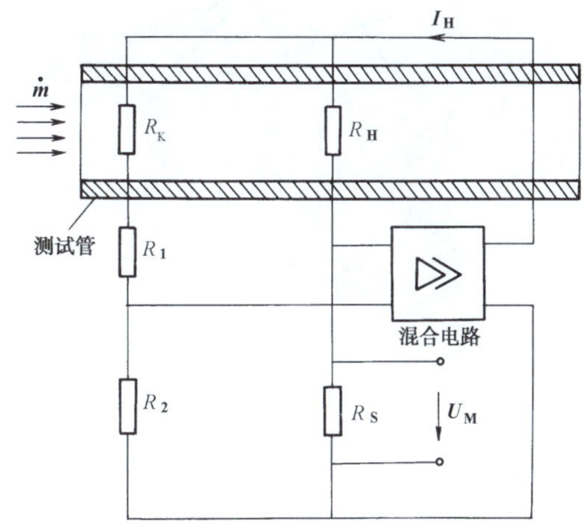

图 4-26　热线式空气流量计电路

R_H-铂热线;R_K-温度补偿电阻;R_1、R_2-高阻值电阻;R_S-精密电阻;U_M-电压输出信号;I_H-加热电流;m-空气流量

空气流量当空气流过热线式空气流量计时,铂热线向空气散热,温度降低,铂热线的电阻减小,使电桥失去平衡。这时混合电路将自动增加供给铂热线的电流,以使其恢复原来的温度和电阻值,直至电桥恢复平衡。流过铂热线的空气流量越大,混合电路供给铂热线的加热电流也越大,即加热电流是空气流量的单值函数。加热电流通过精密电阻产生的电压降作为电压输出信号传输给电控单元,电压降的大小即是对空气流量的度量。

温度补偿电阻的阻值也随进气温度的变化而变化,起到一个参照标准的作用,用来消除进气温度的变化对空气流量测量结果的影响。一般将铂热线通电加热到高于温度补偿电阻温度 100℃。

热线式空气流量计无机械运动件,进气阻力小、反应快、测量精度高。但在使用中,铂热线表面受空气中灰尘的染污而影响测量精度。为此,在电控单元中装有自洁电路,在发动机熄火后,自动将铂热线加热至 1000℃并维持 1s 时间,烧掉粘附在铂热线上的灰尘。

(3)热膜式空气流量计。其测量原理与热线式空气流量计相同,它是利用热膜与空气之间的热传递现象来测量空气流量的。热膜是由铂金属片固定在树脂薄膜上而构成的。用热膜代替热线提高了空气流量计的可靠性和耐用性,并且热膜不会被空气中的灰尘粘附。

热膜式空气流量计及其桥式电路如图 4-27 所示。

(4)卡门涡流式空气流量计。它是利用卡门涡流理论来测量空气流量的装置,其结构如图 4-28 所示。在流量计进气道的正中央有一个流线形或三角形的立柱 2,称作涡源体。当均匀的气流流过涡源体时,在涡源体下游的气流中会产生一列不对称却十分规则的空气漩涡,即所谓卡门涡流(图 4-28a)。据卡门涡流理论,此漩涡移动的速度与空气流速成正比,即在单位时间内流过涡源体下游某点的漩涡数量与空气流速成正比。因此,通过测量单位时间内流过的漩涡数量便可计算出空气流速和流量。

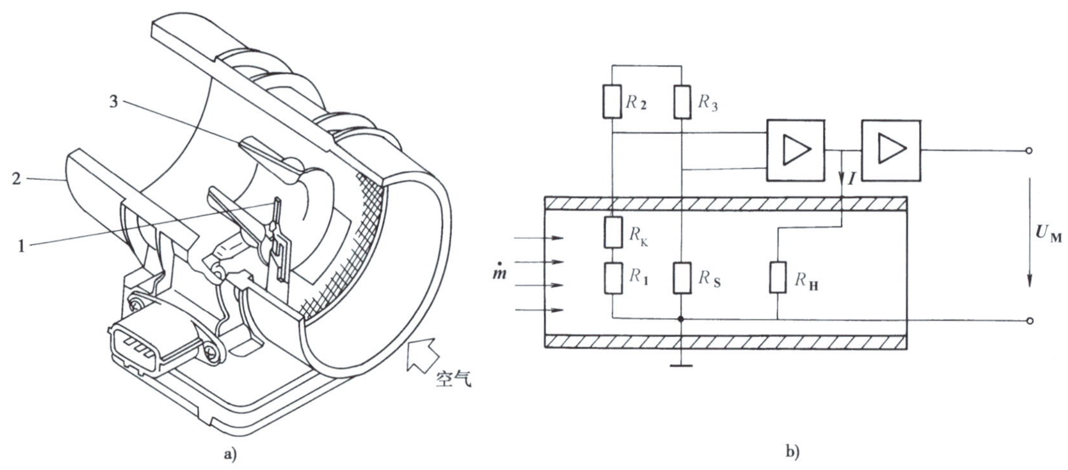

图 4-27　热膜式空气流量计及其桥式电路

1-热膜；2-空气流量计壳体；3-测量管；R_H-热膜电阻；R_K-温度补偿电阻；R_1、R_2、R_3-高阻值电阻；R_S-精密电阻；U_M-电压输出信号；I-加热电流；m-空气流量

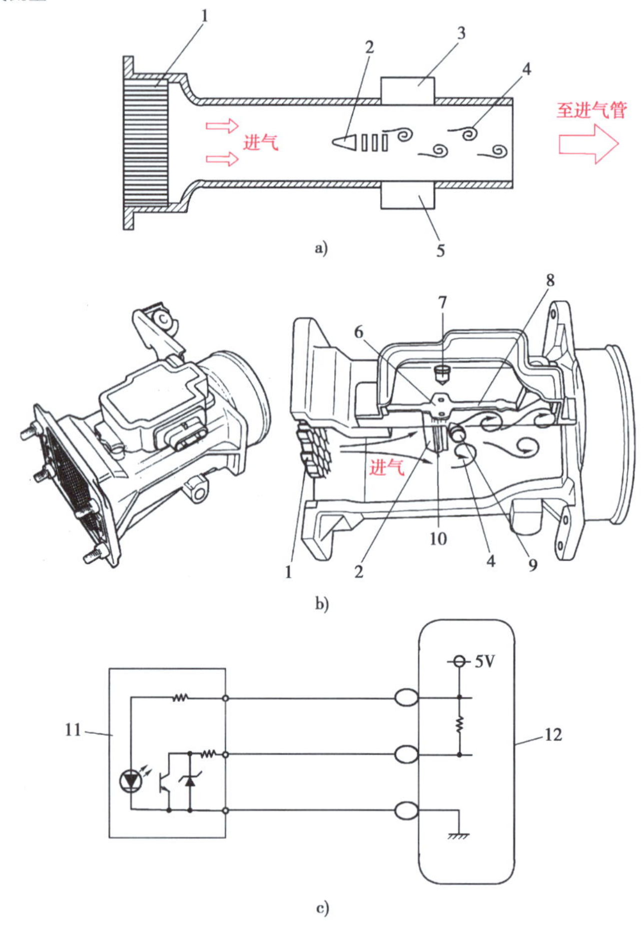

图 4-28　卡门涡流式空气流量计

1-整流网；2-涡源体；3-超声波发生器；4-漩涡；5-超声波接收器；6-反射镜；7-发光二极管；8-簧片；9-光敏三极管；10-压力传递孔；11-流量计电路；12-电控单元

测量漩涡数量的方法有两种。一种是超声波测量法。在涡源体下游的两侧设置一对超声波发生器 3 和接收器 5(图 4-28a)。在发动机工作期间,超声波发生器不断向接收器发出一定频率的超声波。当超声波通过气流中的漩涡时,其频率相位会受到干扰而发生变化。电控单元根据这一变化便可算出单位时间内产生的漩涡数量,进而算出空气流速和流量。

另一种是光学测量法。在空气流量计内设置一对发光二极管 7 和光敏三极管 9(图 4-28b)。发光二极管发出的光束被反射镜 6 反射到光敏三极管上,使光敏三极管导通。若光束没有被反射到光敏三极管上,则光敏三极管截止。反射镜安装在很薄的簧片 8 上,簧片在气流漩涡的压力作用下发生振动,其振动频率与单位时间内产生的漩涡数量相同。由于反射镜随簧片一起振动,因此被反射的光束方向也以相同的频率变化,最终是使光敏三极管以簧片的振动频率导通和截止。电控单元根据光敏三极管导通和截止的频率算出空气流量。

卡门涡流式空气流量计响应速度快,几乎能同步反映出空气流速的变化。此外,还有测量精度高、进气阻力小、无磨损等优点,但其成本较高。

2)进气管压力(MAP)传感器

博世 D 型汽油喷射系统不设空气流量计,而是利用进气管压力传感器测量节气门后进气管内的绝对压力,并以此作为电控单元计算喷油量的主要参数。在发动机工作时,节气门开大,进气量增多,进气管压力相应增加。因此,进气管压力的大小反映了进气量的多少。常见的进气管压力传感器有膜盒式和应变仪式两种。

(1)膜盒式进气管压力传感器在传感器中有一个密封的弹性金属膜盒(图 4-29),内部保持真空,外部与进气管相通。当进气管压力发生变化时,膜盒或收缩或膨胀,并带动衔铁在感应线圈中移动,从而在感应线圈中产生感应电压,将此电压信号传输给电控单元用来控制喷油量。

(2)应变仪式进气管压力传感器物体因承受应力而变形时,由于长度发生变化,其电阻值也将随之改变。应变仪式进气管压力传感器就是根据这一原理设计的。传感器的主要元件是一个很薄的硅片 1,四周较厚,中间最薄。硅片上下两面各有一层二氧化硅薄膜 2。沿硅片四周有 4 个传感电阻 5。在硅片的四角各有 1 个金属块 6,通过导线与传感电阻相连(图 4-30)。

硅片底部黏接硼硅酸玻璃片 3,在硅片中部形成真空室 4。硅片装在密闭的容器内,容器顶部与进气管相通,使进气管压力作用在硅片上。

硅片上的 4 个传感电阻接成桥式电路(图 4-31)。在硅片无变形时,电桥调到平衡状态。当进气管压力增加时,硅片弯曲,引起电阻值的变化,电桥失去平衡,在 A、B 端产生电位差,经差动放大器放大后,输出正比于进气管压力的电压信号。电控单元根据此信号计算进气压力。

应变仪式进气管压力传感器能在较大的温度范围内正常工作。因为温度改变后,各个电阻的电阻值变化相同。另外,它还具有可靠、耐用等优点,在 D 型汽油喷射系统中广为应用。

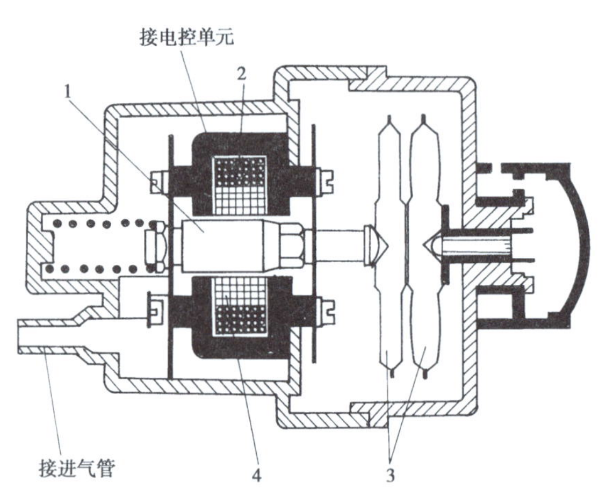

图 4-29　膜盒式进气管压力传感器

1-衔铁；2-二次（次级）感应线圈；3-膜盒；4-一次（初级）感应线圈

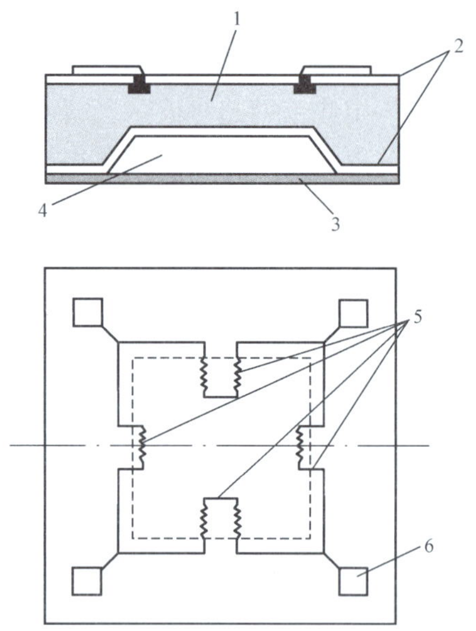

图 4-30　应变仪式进气管压力传感器

1-硅片；2-二氧化硅膜；3-硼硅酸玻璃片；4-真空室；5-传感电阻；6-金属块

3）怠速控制阀

在节气门体汽油喷射系统中，节气门体上装有步进电机式怠速控制阀（图 4-32）。其功用是自动调节发动机的怠速转速，使发动机在设定的怠速转速下稳定运转。在使用空调器或转向助力器的汽车上，电控单元通过怠速控制阀自动提高怠速转速，以防止发动机因负荷加大而熄火。

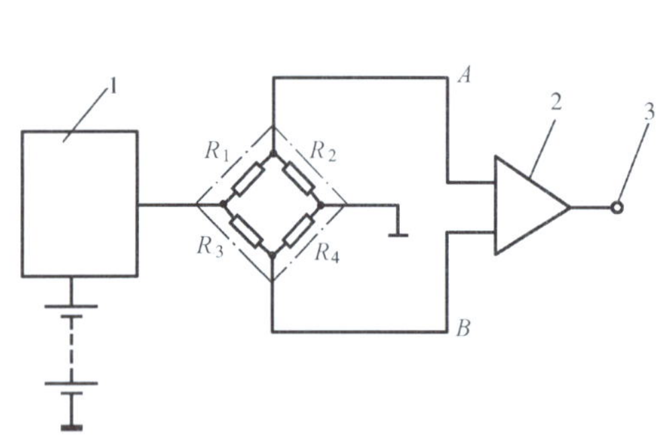

图 4-31　应变仪式进气管压力传感器电路

1-稳压电源；2-差动放大器；3-输出端

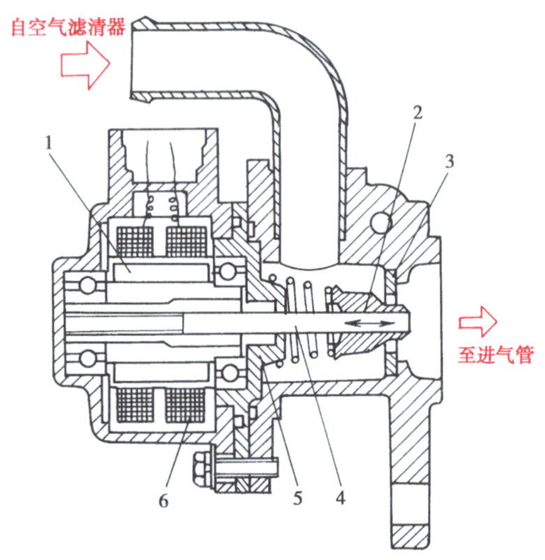

图 4-32　步进电动机式怠速控制阀

1-步进电动机转子；2-锥面控制阀；3-阀座；4-螺杆；5-挡板；6-励磁线圈

步进电机式怠速控制阀由步进电动机、螺旋机构和锥面控制阀等组成。螺旋机构中的螺母和步进电动机的转子制成一体，而螺杆和锥面控制阀制成一体。步进电动机中有几组励磁线圈，改变励磁线圈的通电顺序，可以改变电动机的旋转方向。步进电动机由电控单元控制。电控单元从发动机转速传感器获得发动机实际转速的信息，并将实际转速与预编程序中设定的转速相比较，根据两者偏差的大小向励磁线圈输出不同的控制脉冲电流。这时步进电动机或正转或反转一定的角度，并驱动螺杆和锥面控制阀或向前或向后移动一定的距离，使旁通空气道的通过断面或减小或增大，从而改变了进气量，达到控制怠速转速的目的。

采用图 4-32 所示的怠速控制阀的汽油喷射系统通常不再设置补充空气阀，而由怠速控制阀来实现冷车快怠速及热车后正常怠速的自动控制。

3. 控制系统主要组件的构造与工作原理

电控汽油喷射系统中的控制系统由电控单元、各种传感器、执行器，以及连接它们的控制电路所组成。不同类型的电控汽油喷射系统的控制功能、控制方式和控制电路的布置不完全一样，但基本原理相似。

1）传感器

有些传感器的构造和作用原理已在前面作了介绍，下面介绍其余几种传感器。

（1）发动机温度传感器。因为发动机的温度用冷却液的温度表征，所以发动机温度传感器又称冷却液温度传感器。它安装在发动机机体或汽缸盖上，与冷却液接触，用来检测发动机循环冷却液的温度，并将检测结果传输给电控单元以便修正喷油量。

发动机温度传感器内部是一个半导体热敏电阻（图 4-33）。冷却液温度越低，热敏电阻的阻值越大，反之亦然。传感器的两根导线都和电控单元连接，其中一根为搭铁线。

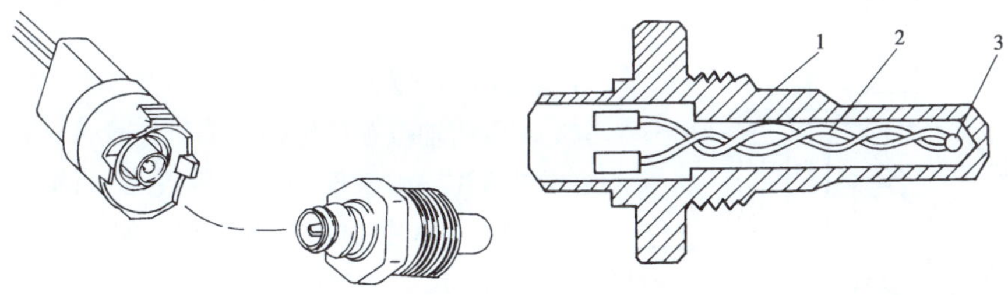

图 4-33 发动机温度传感器

1-传感器外壳；2-导线；3-热敏电阻

（2）进气温度传感器。进气温度传感器通常安装在空气流量计上，用来测量进气温度，并将温度变化的信息传输给电控单元作为修正喷油量的依据之一。

进气温度传感器内部也是一个热敏电阻，其电阻温度特性、构造、工作原理以及与电控单元的连接方式均与发动机温度传感器相同（图 4-34）。

（3）节气门位置传感器。节气门位置传感器安装在节气门轴上，与节气门联动。其功用是将节气门的位置或开度转换成电信号传输给电控单元，作为电控单元判定发动机运行工况的依据。

节气门位置传感器有开关型和线性输出型两种。

开关型节气门位置传感器内有两个触点，分别为怠速触点和全负荷触点。与节气门同轴的接触凸轮控制两个触点的闭合或断开。当发动机在怠速时，节气门接近关闭，怠速触点闭合

（图 4-35），这时电控单元将指令喷油器增加喷油量以加浓混合气。全负荷时，节气门全开，接触凸轮使全负荷触点闭合，这时电控单元将输出脉冲宽度最长的电脉冲，以实现全负荷加浓。

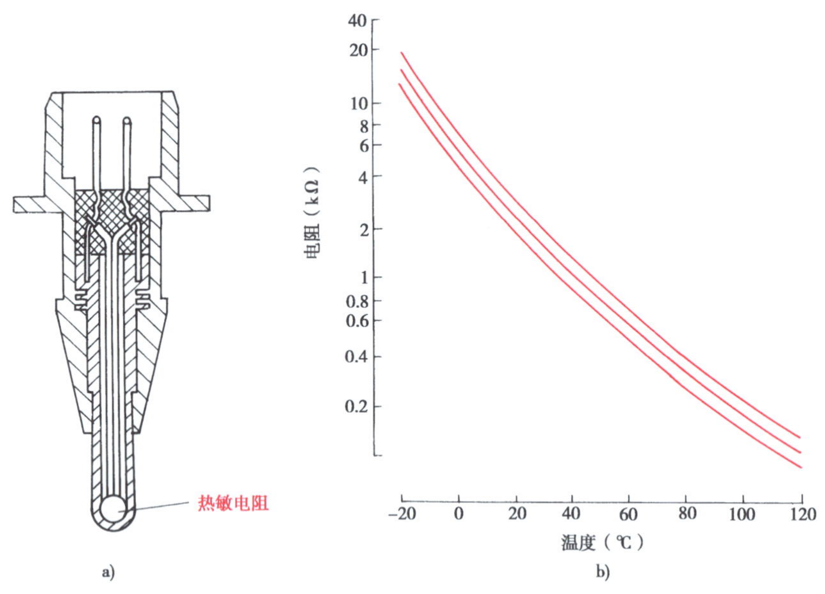

图 4-34　进气温度传感器

a）进气温度传感器结构；b）电阻温度特性

线性输出型节气门位置传感器（图 4-36）是一个线性电位计，由节气门轴带动电位计的滑动触点。当节气门开度不同时，电位计输出的电压也不同，从而将节气门由全闭到全开的各种开度转换为大小不等的电压信号传输给电控单元，使其精确地判定发动机的运行工况。

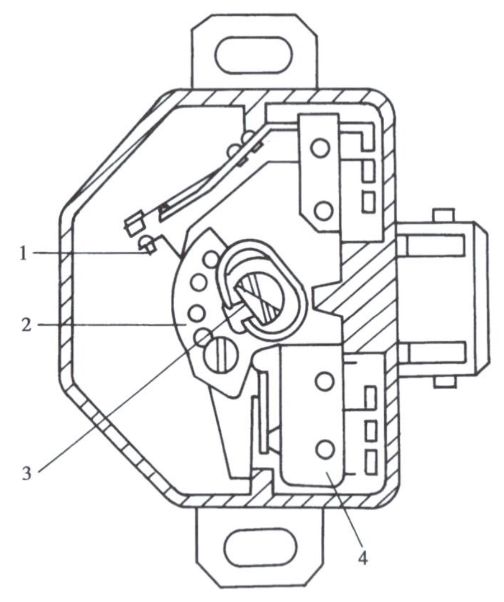

图 4-35　开关型节气门位置传感器

1-全负荷触点；2-接触凸轮；3-节气门轴；4-怠速触点

（4）曲轴位置传感器。曲轴位置传感器通常安装在分电器内，用来检测发动机转速、曲轴转角以及作为控制点火和喷射信号源的第一缸和各缸压缩行程上止点信号。

①光电式曲轴位置传感器。图 4-37 所示为用于尼桑 V6 汽车发动机的光电式曲轴位置传感器。它由发光二极管、光敏三极管、转盘等组成，并安装在分电器底板上。两对发光二极管和光敏三极管组成信号发生器。在转盘的边缘均匀地开有 360 个小细缝和 6 个大细缝。当转盘随分电器轴转动时，发光二极管通过细缝射向光敏三极管的光线使光敏三极管导通，光线被转盘遮断时，光敏三极管截止，由此产生脉冲信号。分电器每转一转，输出 360 个相间 1°的脉冲信号（相当于 2°曲轴转角）和 6 个相间 60°的脉冲信号（相当于 120°曲轴转角）。前者作为发动机转速信号，也称 Ne 信号；后者为各缸活塞位于上止点的基准信号，也称 G 信号，其中较宽的一个为第一缸活塞位于上止点的信号。

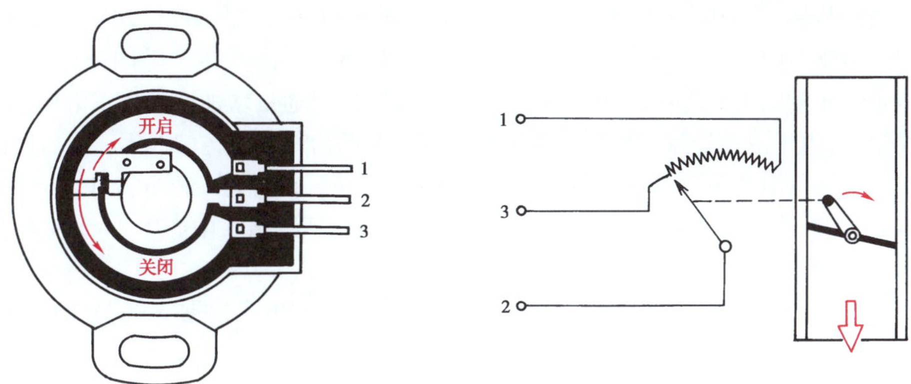

图 4-36　线性输出型节气门位置传感器

1-基准电压；2-输出电压；3-搭铁

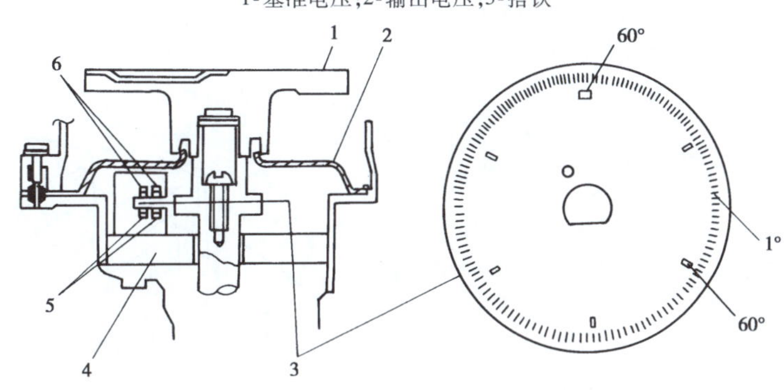

图 4-37　光电式曲轴位置传感器(尼桑汽车)

1-分火头；2-防尘罩；3-转盘；4-分电器底板；5-光敏三极管；6-发光二极管

光电式曲轴位置传感器输出矩形脉冲信号，适合与电脑单元的数字系统配用。

②磁脉冲式曲轴位置传感器。图 4-38 所示为用于丰田轿车的磁脉冲式曲轴位置传感器。它由安装在分电器轴上的两个信号转子和安装在分电器底板上的三个传感线圈组成。其中带

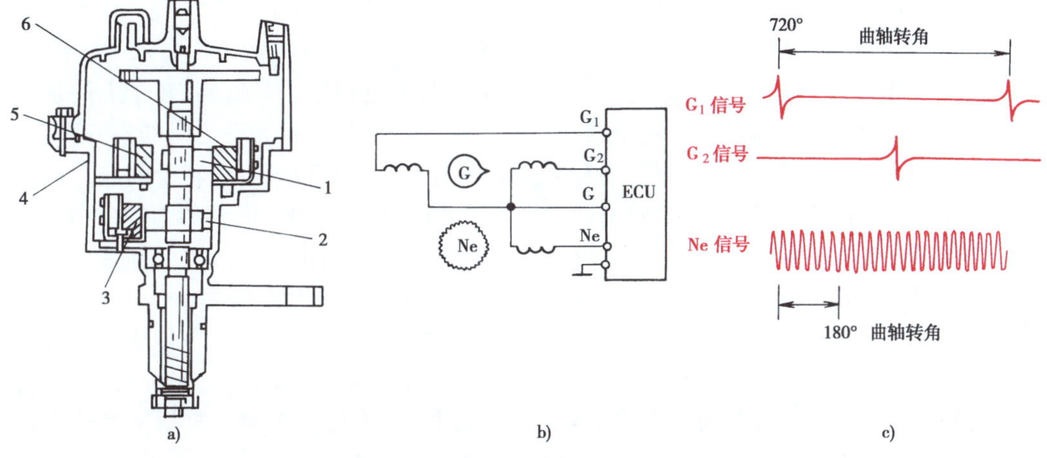

图 4-38　磁脉冲式曲轴位置传感器(丰田轿车)

a)组成；b)电路；c)信号波形

1、2-信号转子；3、5、6-传感线圈；4-分电器壳

一个凸齿的信号转子1和两个传感线圈5、6位于上部，产生G信号。带有24个凸齿的信号转子2和一个传感线圈3位于下部，产生Ne信号（图4-38a）。信号转子随同分电器轴一起转动。当信号转子的凸齿接近传感线圈时，由于传感线圈内磁通量增加而感生正电压；当凸齿离开传感线圈时，由于磁通量减少而感生负电压。即一个凸齿每转过传感线圈一次，便在其中产生一个交流电压信号或称电脉冲信号。分电器轴每转一转，在传感线圈5、6中各产生一个脉冲信号G1、G2，两个信号的相位相差360°曲轴转角。在传感线圈3中产生24个脉冲信号（图4-38c）。

G1、G2信号分别是第六缸和第一缸的上止点信号。电控单元根据Ne信号的频率计算出发动机的转速。

③霍尔效应式曲轴位置传感器。这种传感器由霍尔元件、永久磁铁和带缺口的转子组成（图4-39）。霍尔元件是带有集成电路的半导体基片。当把霍尔元件置于磁场中并通以电流，且使电流方向与磁场方向垂直，这时霍尔元件将在垂直于电流及磁场的方向产生霍尔电压，这一现象称作霍尔效应。改变磁场强度可以改变霍尔电压的大小，磁场消失霍尔电压为零。

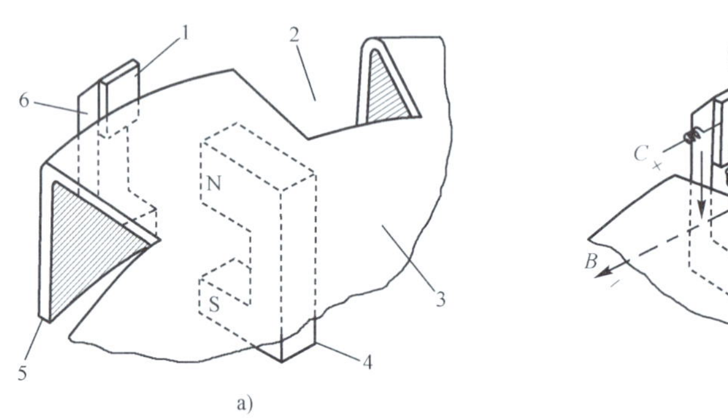

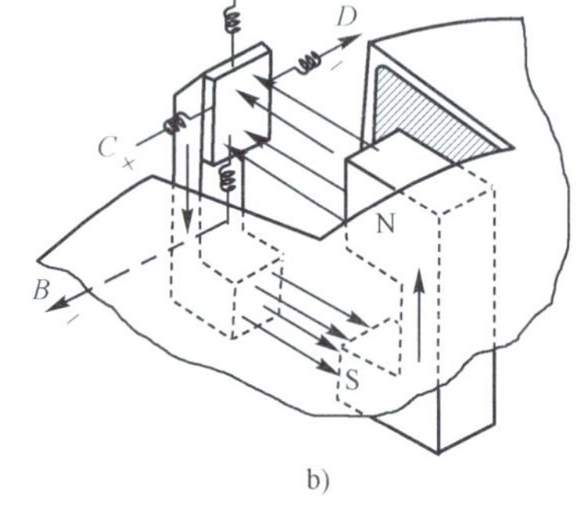

图4-39　霍尔效应式曲轴位置传感器工作原理

a）叶片将磁场旁路，霍尔传感器不输出电压信号；b）磁场通过霍尔元件，霍尔传感器输出电压信号

1-霍尔元件；2-转子缺口；3-转子；4-永久磁铁；5-转子叶片；6-陶瓷支座

霍尔效应式曲轴位置传感器一般安装在分电器内。霍尔元件1固定在陶瓷支座6上。它有4个电接头，电源由*AB*端输入，霍尔电压由*CD*端输出。霍尔元件的对面是永久磁铁4，其与霍尔元件之间留有一定的空气隙。传感器的转子3与分电器轴一起旋转，转子上的缺口数或叶片数与发动机汽缸数相同。当转子的叶片进入永久磁铁与霍尔元件之间的空气隙时，由于磁场被叶片旁路而不产生霍尔电压，传感器无信号输出（图4-39a）。当转子的缺口进入磁铁与霍尔元件之间的空气隙时，由于磁场通过霍尔元件而产生霍尔电压，传感器输出电压信号（图4-39b）。分电器轴每转一圈，霍尔效应式曲轴位置传感器输出与汽缸数相同数目的矩形电压脉冲信号。通常将脉冲信号的下降侧作为活塞到达上止点的基准信号。

一个安装在分电器内的霍尔效应式曲轴位置传感器如图4-40所示。在传感器的转子上设置与汽缸数相同数目的窗口及一个缺口。分电器轴每转一圈，传感器便产生与汽缸数相同的一组各缸活塞到达上止点的脉冲信号（Ne信号），同时还产生一个第一缸活塞到达上止点的信号（G信号）。前者用于控制点火及检测发动机转速，后者用于控制喷油顺序。

霍尔效应式曲轴位置传感器输出的信号是矩形脉冲，适用于电控单元的数字系统，且其信号电压的大小与发动机转速无关，在发动机低速状态下仍可获得很高的检测精度。

(5)氧传感器。氧传感器是电子控制汽油喷射系统进行反馈控制的传感器,安装在排气管上,反馈控制也称闭环控制。在这种控制方式中,利用氧传感器检测排气中氧分子的浓度,并将其转换成电压信号输入电控单元。排气中氧分子的浓度与进入发动机的混合气成分有关。当混合气太稀时,排气中氧分子的浓度较高,氧传感器便产生一个低电压信号;当混合气太浓时,排气中氧分子的浓度低,氧传感器将产生一个高电压信号。电控单元根据氧传感器的反馈信号,不断地修正喷油量,使混合气成分始终保持在最佳范围内。通常氧传感器和三元催化转化器同时使用,由于后者只有在混合气的空燃比接近理论空燃比的狭小范围内净化效果才最好,因此,在这种情况下,电控单元必须根据氧传感器的反馈信号,控制混合气的空燃比更接近于理论空燃比。

目前应用最多的是氧化锆氧传感器(图4-41)。氧化锆是具有传导氧离子能力的固体电解质,它能在氧分子浓度差的作用下产生电动势。在传感器壳体5内有一个由氧化锆陶瓷体制成的一端封闭的锆管11,锆管的内外表面均覆盖一层多孔性薄铂导电层作为电极。锆管的内电极10与大气相通,外电极与排气接触。在锆管外部套有带细长孔的耐热金属保护管7,以保护锆管不损坏。

在发动机工作时,排气从氧传感器锆管的外表面流过。在高温下氧分子发生电离,而且总是从氧离子浓度大的锆管内表面向浓度小的锆管外表面移动,从而在锆管的内外电极之间产生微小的电压。当发动机燃用浓混合气时,排气中无氧,锆管中氧离子移动强烈,产生0.8~1V的电压;当发动机燃用稀混合气时,排气中氧分子较多,锆管中氧离子移动能力减弱,只产生约0.1V的电压。因此,氧传感器输出的电压信号随混合气成分的不同而变化,并以理论空燃比为界发生突变(图4-42)。

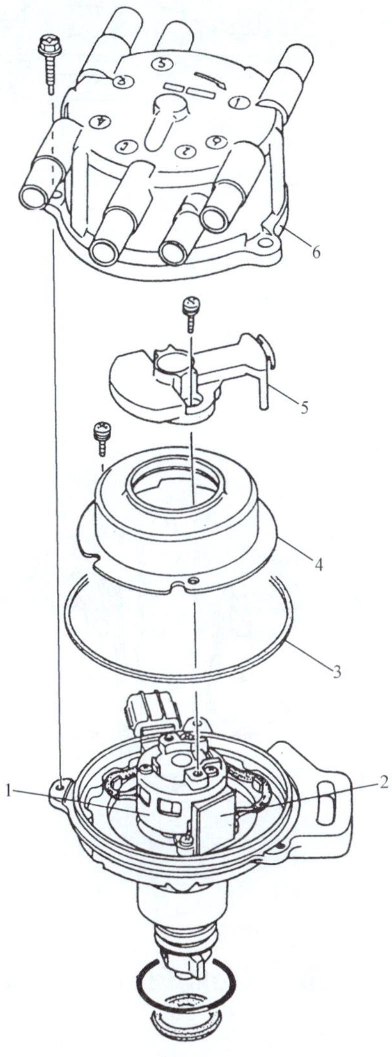

图4-40 霍尔效应式曲轴位置传感器

1-转子;2-霍尔元件;3-密封圈;4-防尘罩;5-分火头;6-分电器盖

(6)爆震传感器。爆震传感器作为点火定时控制的反馈元件用来检测发动机的爆燃强度,借以实现点火定时的闭环控制,以便有效地抑制发动机爆燃的发生。

通常使用的爆震传感器安装在发动机的机体上,它能将发动机发生爆燃而引起的机体振动信号转换为电压信号,且当机体的振动频率与传感器的固有振动频率一致而发生共振时,传感器将输出最大电压信号。ECU将根据此最大电压信号判定发动机是否发生爆燃。

爆震传感器有多种,其中应用最早的当属磁致伸缩式爆震传感器,它主要由磁芯、永久磁铁及感应线圈等组成(图4-43)。当机体振动时,磁心受振偏移,使感应线圈内的磁通量发生变化,而在感应线圈内产生感生电动势。

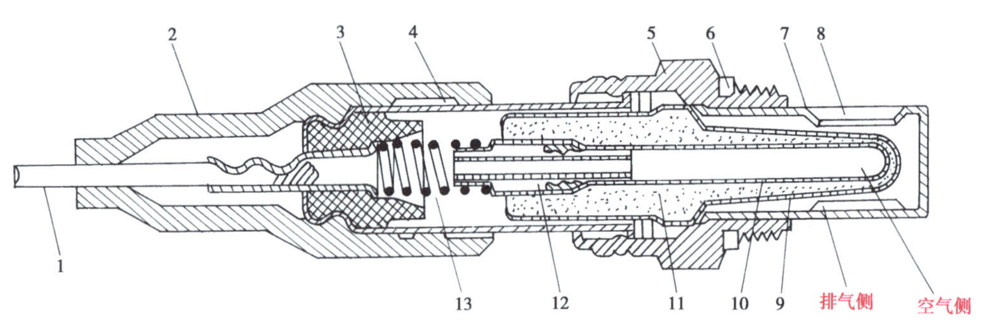

图 4-41　氧化锆氧传感器结构（福特汽车）

1-导线；2-护帽；3-陶瓷绝缘体；4-空气入口；5-壳体；6-衬垫；7-保护管；8-排气入口；9-外电极；10-内电极；11-锆管；12-接触套管；13-接触弹簧

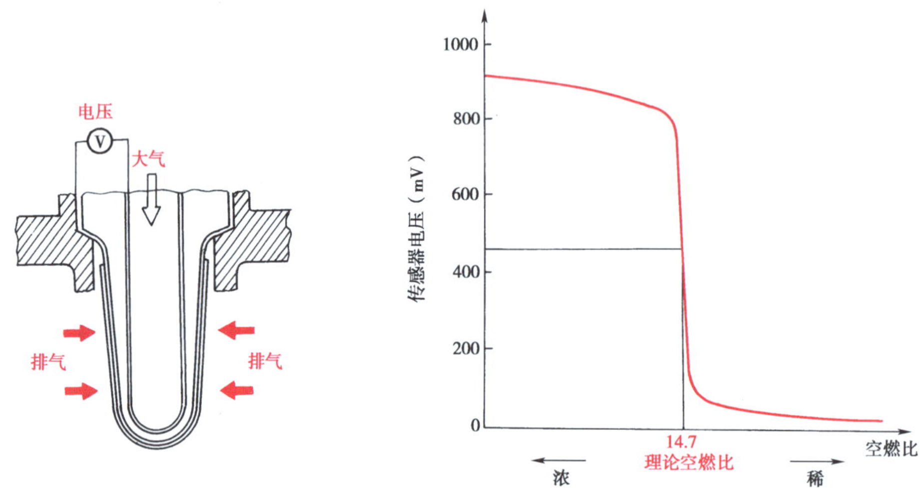

图 4-42　氧传感器输出特性

2）电控单元

电控单元是电子控制单元（ECU）的简称。电控单元的功用是根据其内存的程序和数据对空气流量计及各种传感器输入的信息进行运算、处理、判断，然后输出指令，向喷油器提供一定宽度的电脉冲信号以控制喷油量。

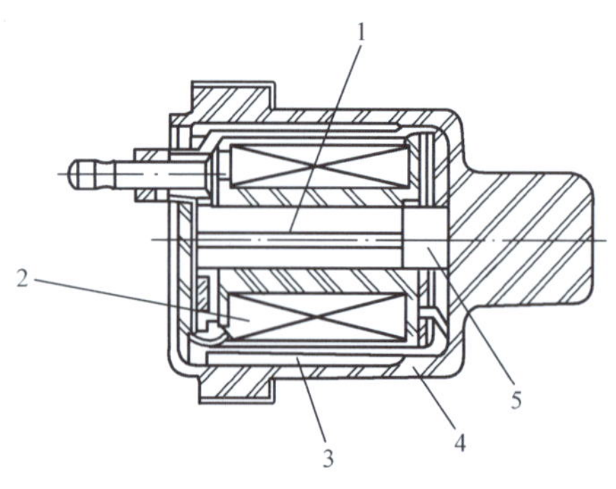

图 4-43　磁致伸缩式爆震传感器的结构

1-磁芯；2-感应线圈；3-内盖；4-外壳；5-永久磁铁

电控单元由微型计算机、输入、输出及控制电路等组成（图 4-44）。

微型计算机是 ECU 的核心部分，主要由中央处理器（CPU）、存储器及输入/输出（I/O）接口等组成。CPU 是计算机中运算器与控制器的总称，其功用是对输入的各种信号进行运算处理、逻辑判断，并确定最佳控制量，对执行器进行适时控制。存储器具有保存和存取数据的功能。存储器分为随机存储器(RAM)和只读存储器(ROM)两种。RAM用于数据的暂时保存以及不断变化的实时数据的存储。当电源断开时,所存储的数据立即消失。ROM用于存储固定不变的数据,如控制程序软件、喷油量脉谱图和点火定时脉谱图等。这些数据在制造电控单元时就被固化在ROM的集成电路中,是不会丢失的,即使切断电源,ROM中所存储的信息也不会消失。I/O接口是CPU与传感器、控制器进行正常通信的控制电路,是微机不可缺少的部分。

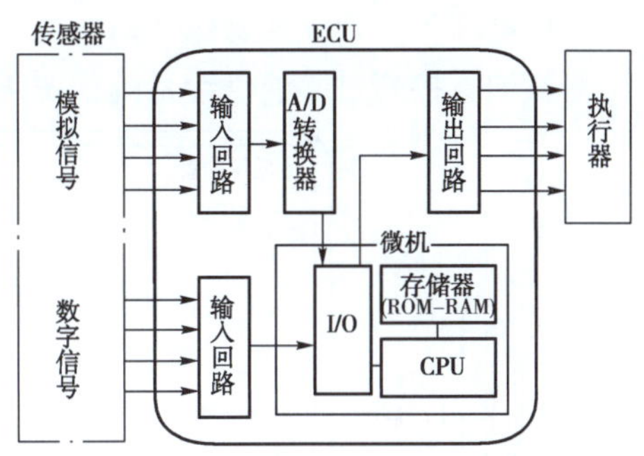

图4-44　ECU的基本组成框图

输入电路的作用是将各传感器检测到的信号进行滤波、整形、放大等处理后经过I/O接口送至CPU。由于CPU只能识别数字信号,因此,当传感器输出的是数字信号时,可直接送至CPU;而当传感器输出的是模拟信号(如冷却液温度信号、空气流量计输出信号等)时,则必须经A/D转换器将其转换成数字信号后,才能送至CPU进行运算处理。

输出电路的作用是将微机输出的控制指令转变为控制信号以驱动执行器(喷油器、电动汽油泵等)进行工作。一般微机输出的是数字信号,且其输出功率较小,通常难以直接驱动执行器动作,为此需用输出电路将微机输出的弱信号进行功率放大。

随着电子技术和数控技术的发展,电子控制系统的功能不断扩展。从单一的汽油喷射控制发展为对汽油喷射、点火定时、怠速及排气再循环等进行综合控制的发动机管理系统(图4-45)。

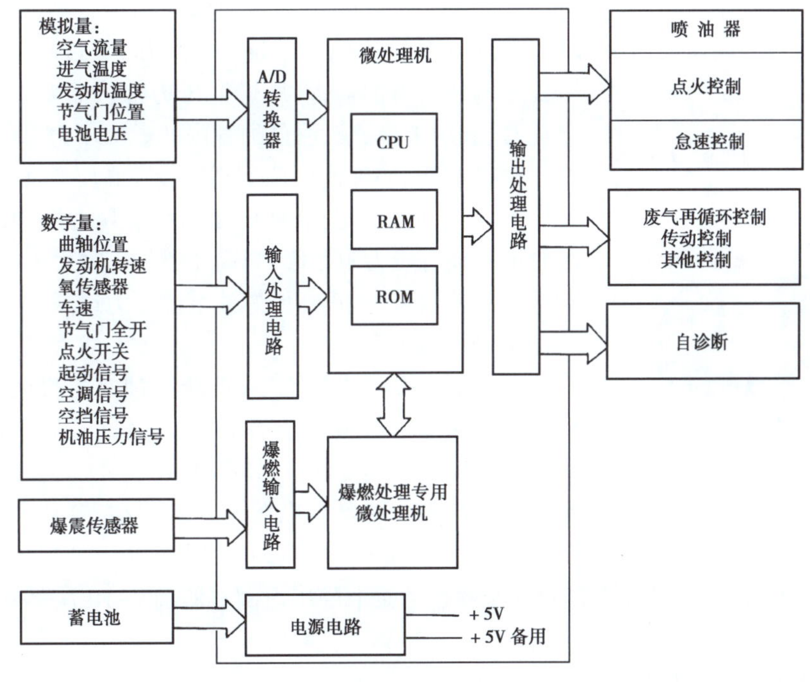

图4-45　电子控制系统框图

四、缸内直喷系统主要组件的构造与工作原理

1. 燃油供给系统主要组件的构造与工作原理

汽油直接喷射燃油供给系统如图4-46所示，分为低压燃油系统和高压燃油系统两部分。

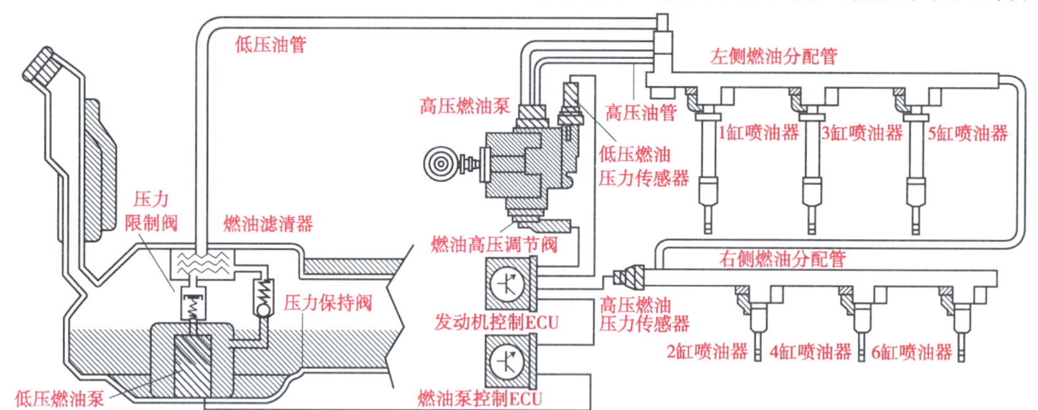

图4-46　汽油直接喷射燃油供给系统

低压燃油系统主要由燃油箱、低压燃油泵、压力限制阀、压力保持阀、滤清器、低压油管、低压燃油压力传感器等组成，其主要功用是将燃油从油箱中泵出，经滤清器滤清后输送给高压燃油泵。发动机控制ECU根据低压燃油压力传感器信号通过燃油泵控制ECU控制低压燃油泵工作，实现低压燃油压力的闭环控制。压力保持阀可使发动机熄火后低压系统保持一定的残余压力。压力限制阀可将低压燃油系统的压力限制在0.64MPa以下，以防止低压管路内的燃油压力过高。

高压燃油系统主要由高压燃油泵、燃油高压调节阀、高压燃油压力传感器、高压油管和燃油分配管等组成。高压燃油泵将低压燃油泵输送来的燃油进一步加压，通过高压油管和燃油分配管输送给喷油器；高压燃油压力传感器安装在右侧燃油分配管上，用来检测燃油分配管内的燃油压力，并将信号反馈给发动机ECU；燃油高压调节阀安装在高压燃油泵上，根据发动机ECU控制指令调节高压燃油系统压力。同时在燃油分配管上安装有压力限制阀，当高压燃油压力大于12MPa时，该阀开启回油通道，防止高压燃油系统压力过高。

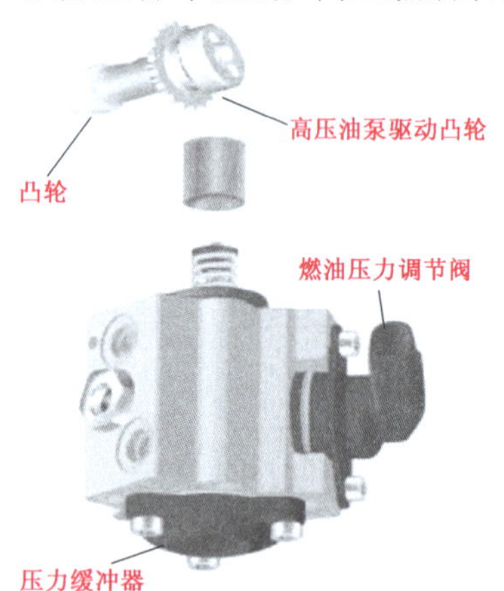

图4-47　高压燃油泵

1）高压燃油泵

在汽油直接喷射系统中，低压燃油泵与普通电控汽油喷射系统相同，高压燃油泵有多种形式，本书中以3凸轮活塞式高压燃油泵为例进行说明，如图4-47所示。高压燃油泵由凸轮轴一端的3凸轮泵以机械方式来驱动，电动燃油泵给高压泵预供油，预供油压力约为0.6MPa，高压泵泵活塞在凸轮作用下对燃油进行加压，燃油压力通过安装在燃油泵上的压力调节器调节，压力缓冲器会吸收高压系统内的压力波动。

2）高压燃油压力传感器

油轨内的压力保持恒定是精确控制喷油量的前提条件，同时对减少排放、降低噪声和提高

功率有重要意义。燃油压力在一个调节回路中进行调节，传感器的测量误差小于2%。传感器的核心为一个钢质膜片，在膜片上有应变电阻，当燃油经压力接口作用于钢质膜片时，钢质膜片变形，引起应变电阻阻值发生变化，如图4-48所示。通过测量电路将这种阻值变化变为电压信号输出。燃油压力传感器特性曲线如图4-49所示。发动机控制单元给传感器供电，供电电压为5V，燃油压力升高时，信号电压升高。

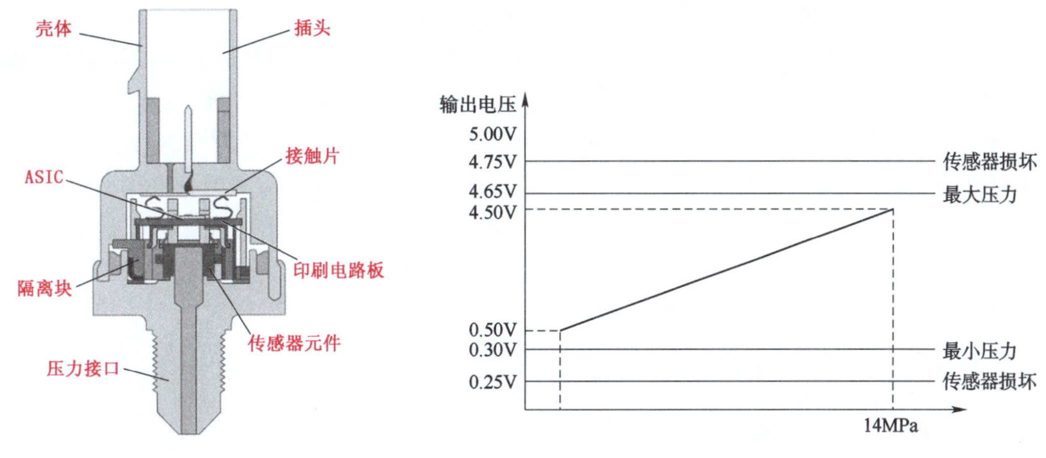

图4-48　高压燃油压力传感器

图4-49　燃油压力传感器特性曲线

3）高压喷油阀

高压喷油阀的主要任务是将高压燃油喷入汽缸形成细雾，通过控制喷油持续期实现喷油量的控制，燃油要在设定的喷油正时及时喷入，并准确地喷到燃烧室内相应区域。GDI发动机使用的是高压旋涡式喷油阀，如图4-50所示。

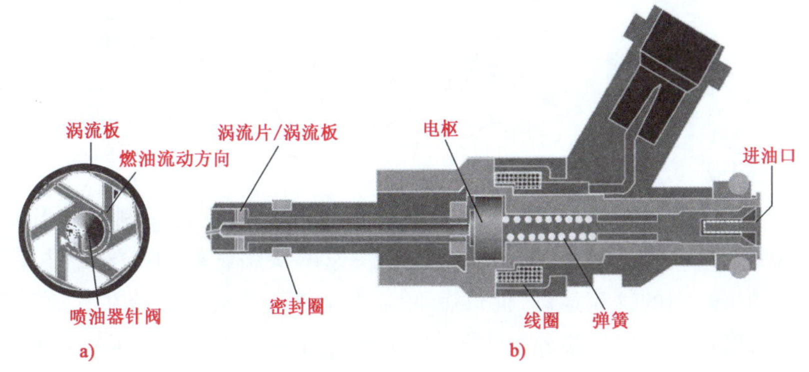

图4-50　高压旋涡式喷油阀

a）燃油喷射方向；b）喷油器结构

高压旋涡式喷油器的结构原理与传统电磁式喷油器基本相同。为改善混合气的形成条件，高压旋涡式喷油器内部装有涡流片/涡流板，以便使高压燃油从圆周分布的切线口高速喷出，在汽缸内气流作用下，雾化程度被进一步加强，燃油呈极细微状，其颗粒直径只有0.16～0.20μm以下。此外，为克服较高的喷油压力，喷油器驱动电压高达100～110V，比传统喷油器的12V驱动电压高出8倍以上，瞬间驱动电流可达17～20A，这也使得喷油器的喷油滞后时间大大缩短，比传统电流驱动型喷油器的控制精度和响应性还更优越。

2. 空气供给系统主要组件的构造与工作原理

GDI 发动机空气供给系统如图 4-51 所示。主要由电子节气门、进气翻板和进气门组成。

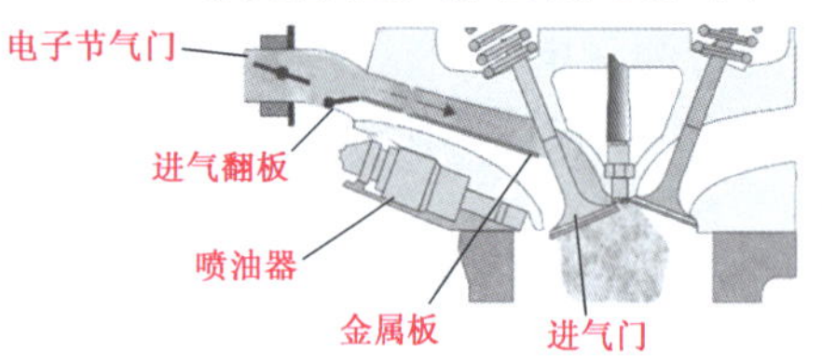

图 4-51 GDI 发动机进气系统结构图

1）电子节气门

图 4-52 为电子节气门结构图，它主要由节气门驱动电动机、节气门驱动机构（齿轮传动机构）、节气门和节气门开度传感器构成。

发动机 ECU 根据转矩需求发出节气门控制指令后，调节节气门驱动电动机的转动方向和角度，通过齿轮传动机构实现对节气门开度的控制，同时根据节气门开度传感器的反馈信号实现对节气门开度的精确闭环控制，从而实现对进气量的控制。出于安全考虑，在电子节气门处采用两个节气门开度传感器向 ECU 提供当前节气门位置的反馈信号。两个节气门开度传感器都是滑动触点电位计，滑动触点位于安装在节气门轴上的齿轮上，它们探测罩壳盖上的电位计条。每当加速踏板的位置发生变化时，电位计条电阻变化，输出信号电压发生变化。同时两个电位计的输出曲线是相反的，使得 ECU 可以区分这两个电位计并执行测试功能。

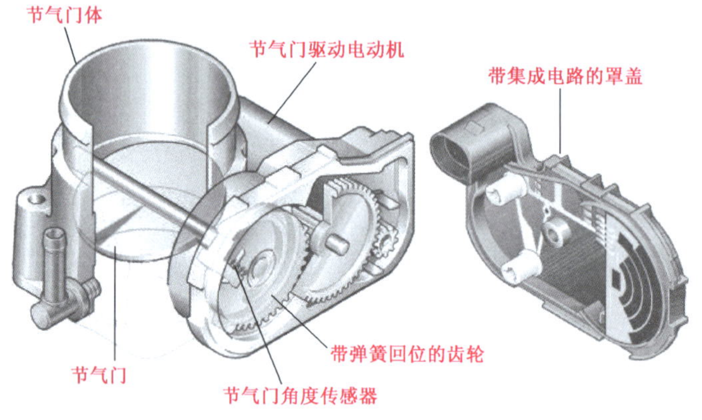

图 4-52 电子节气门结构图

2）进气歧管翻板

GDI 发动机进气歧管翻板的开闭是 ECU 根据发动机运行工况控制的。当发动机处在低负荷时，发动机关闭进气歧管翻板，新鲜空气以较快速度从涡旋板的上方流过，产生较大的进气涡流，加大发动机缸内的气流运动，促进燃油空气混合。当发动机处在大负荷时，发动机打开进气歧管翻板，增加进入发动机新鲜空气量，满足大负荷时功率和转矩的需求。

3. 排气系统主要组件的构造与工作原理

GDI 发动机既可以工作在理论空燃比也可以稀燃，在稀燃时，常用的三效催化器对 NO_x 的转换效率较低，因此排气系统应采用 NO_x 存储式催化转化器，同时由于二氧化锆和二氧化钛阶跃型氧传感器不能测量较稀混合气的空燃比，因此应采用宽带氧传感器，实现空燃比的精确控制。

1）NO_x 存储式催化转化器

普通的三元催化转化器在稀燃时只能将很少一部分氮氧化物转化为氮气和氧气，而 NO_x 存储式三元催化转化器在普通催化转换器的基础上混入了氧化钡，在 250～500℃ 可将氮氧化物转化成硝酸盐存储起来，当存储容量耗尽时催化转化器就必需再生，此时发动机控制单元会识别出这种情况，将工作模式暂时地切换到加浓的均匀充量工况，同时与 CO 结合，硝酸盐就可以分解为氮气。其工作原理如图 4-53 所示。

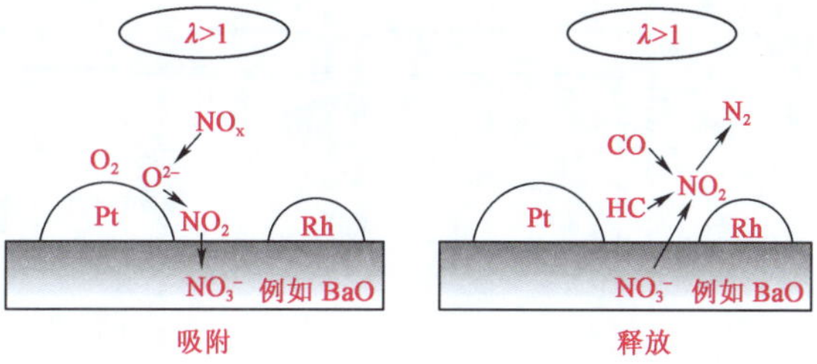

λ>1　吸附　λ>1　释放

图 4-53　NO_x 存储式催化转化器工作原理

2）宽带氧传感器

由于缸内直喷发动机存在稀燃状态因此需要加装宽带氧传感器，通过测量排气中氧的含量精确控制空燃比。宽带氧传感器如图 4-54 所示。

测量原理：

废气通过扩散小孔进入扩散室，氧化锆参考电池即为氧化锆型氧传感器，输出电压信号 U_s 与参考电压 0.45V 通过比较器 A 进行比较，比较结果送给泵电流控制器 B，控制氧化锆泵电池向扩散室内泵氧或从扩散室向外泵氧。如果混合气浓，则 $U_s=0.9V$，输出反方向泵电流 I_p，将 O_2 泵入扩散室；如果混合气稀，则 $U_s=0.1V$，输出同方向泵电流 I_p，将 O_2 泵出扩散室。通过控制氧化锆泵电池的泵电流大小和方向，达到向扩散室内泵氧或从扩散室向外泵氧的目的，最终使扩散室内空燃比为理论空燃比。通过泵电流的大小和方向就可以测量空燃比，其泵电流特性如图 4-55 所示。因此宽频氧传感器与阶跃型氧传感器不同，它可以实现较宽范围内空燃比的测量。

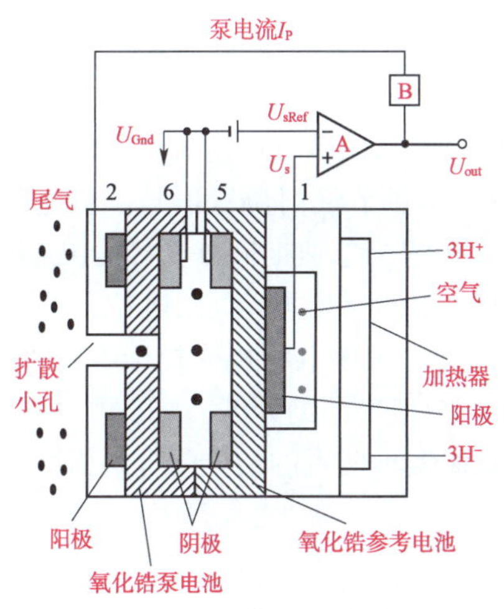

图 4-54　宽量程氧传感器结构

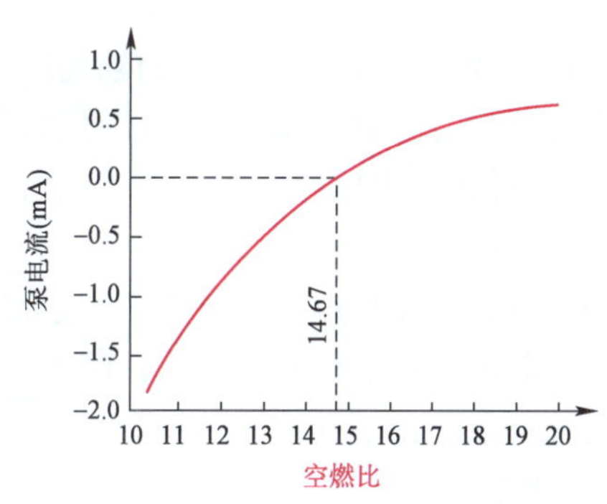

图 4-55　宽量程氧传感器泵电流特性

五、电控汽油喷射系统实例

1. 桑塔纳 2000GSi 型轿车的电控汽油喷射系统

桑塔纳 2000GSi 型轿车的 AJR 发动机装用德国博世公司的莫特良尼克 M3.8.2 型电控顺序多点汽油喷射系统，其组成如图 4-56 所示。

M3.8.2 型电控汽油喷射系统采用热膜式空气流量计，其输出的信号是电控单元用来计算点火时刻和喷油量的主要参数之一。在使用过程中，如果空气流量计的信号中断，电控单元将根据发动机转速、节气门位置及进气温度等信号计算出一个替代值。

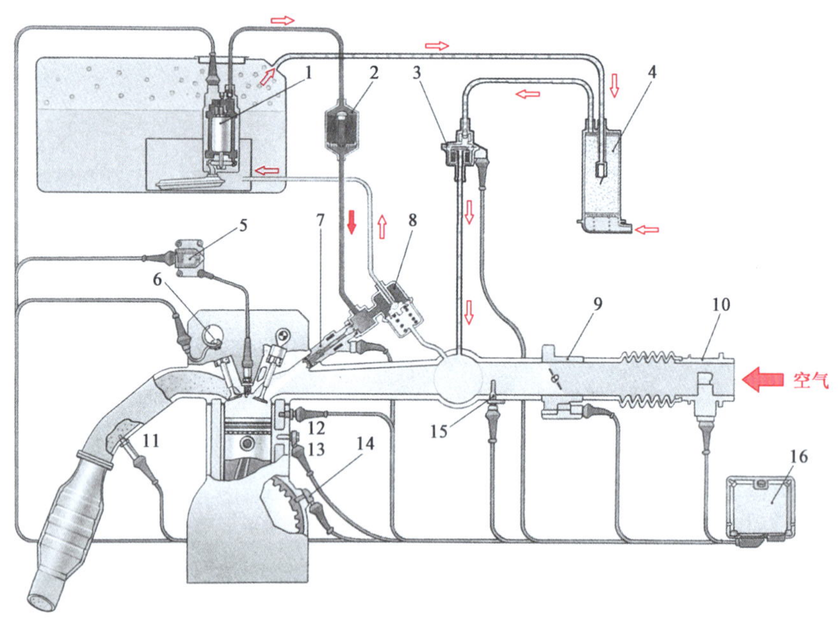

图 4-56　M3.8.2 型电控汽油喷射系统

1-电动汽油泵；2-汽油滤清器；3-汽油蒸气回收控制电磁阀；4-炭罐；5-点火线圈；6-凸轮轴位置传感器；7-喷油器；8-油压调节器；9-节气门控制装置；10-热膜式空气流量计；11-氧传感器；12-发动机温度传感器；13-爆震传感器；14-曲轴位置传感器；15-进气温度传感器；16-电控单元（ECU）

系统中的节气门控制装置由怠速开关、怠速节气门电位计、节气门电位计及怠速电动机等组成。节气门电位计直接与节气门轴连接，向电控单元提供节气门位置信号。怠速节气门电位计向电控单元提供怠速时的节气门位置。怠速开关在整个怠速期间处于闭合状态，电控单元根据此信号识别出怠速工况。如果此信号中断，电控单元将根据节气门电位计及怠速节气门电位计所提供的信号来判定发动机是否处于怠速状态。怠速电动机受控于电控单元，按照电控单元的指令，在怠速调节范围内通过齿轮传动来调节节气门的开度。

M3.8.2 电控系统同时控制汽油喷射及点火定时，以实现两者的最佳配合。借助各种传感器，该系统可以实现下列控制功能。

1）点火定时的控制

电控单元根据发动机的转速和进气量从存储在 ROM 中的点火特性脉谱图中确定基本点火提前角，再按照发动机温度、进气温度、节气门位置、怠速开关和有无爆燃等信号，对基本点火提前角进行修正，最终确定出最佳点火提前角。

2）爆燃控制

M3.8.2 电控系统采用双爆震传感器，能更有效地监控发动机爆燃。当电控单元根据爆震传感器的信号识别出某汽缸发生爆燃时，便将该汽缸的点火时刻向后推迟。如果爆震传感器信号中断，则各缸点火提前角均向后推迟约 15°曲轴转角，这时发动机性能将明显下降。

3）喷油量控制

电控单元根据发动机的转速和进气量确定基本喷油量，再根据节气门电位计、怠速节气门电位计、怠速开关、发动机温度传感器、进气温度传感器和氧传感器等信号进行修正，确定出最佳喷油量。然后根据点火基准算出各缸的喷油时刻，并按照 1-3-4-2 的发动机工作顺序向各缸进气门前喷射。

4）汽油蒸发控制系统的控制

汽油蒸发控制系统的作用是将汽油箱内蒸发的汽油蒸气引入到汽缸内烧掉，以防止其排入大气中对环境造成污染。

在 M3.8.2 电控系统中，电控单元通过控制汽油蒸气回收控制电磁阀的开闭频率来调节由汽油蒸发控制系统进入汽缸内的汽油蒸气数量。当电磁阀开启时，炭罐中的汽油蒸气被吸入到进气歧管中；当电磁阀关闭时，汽油蒸气被炭罐内的活性炭吸附（详见第六章）。

5）电动汽油泵的控制

在发动机起动时，电控单元根据曲轴位置传感器输出的转角信号，使汽油泵继电器动作，向汽油泵、空气流量计和氧传感器的加热装置供电。若曲轴位置传感器的信号中断，汽油泵继电器不动作，发动机不能起动。

此外，该电控系统还有故障自诊断以及备用控制等功能。

2. 本田雅阁 2.4i-VTEC 型轿车的电控汽油喷射系统

本田雅阁 2.4i-VTEC 型轿车的 K24A4 发动机装备程序控制燃油喷射（PGM-FI）系统。该系统由动力系统控制模块（PCM）进行控制。PGM-FI 系统的组成如图 4-57 所示。

PGM-FI 系统的控制功能有：

1）喷油量和喷油定时的控制

PCM 根据发动机转速和进气管绝对压力传感器的信号，从存储器中读取基本喷油定时与基本喷油持续时间等数据，然后再根据进气温度传感器、节气门位置传感器和氧传感器输入的信号对其进行修正，并通过控制各喷油器的搭铁回路来控制喷油时刻和喷油持续时间。

2）怠速控制

发动机怠速时，PCM 根据空调器开关、自动变速器挡位开关、制动开关、发动机温度传感器和动力转向开关等信号所确定的目标转速与发动机的实际怠速转速进行比较，并通过调节供给电控补充空气阀的电流强度，来调节怠速空气通道的面积，改变其空气流量，以使发动机的怠速保持在目标转速上。

3）点火定时控制

PCM 根据发动机转速和进气管绝对压力传感器的信号，从存储器中读取基本点火定时数据，再根据节气门传感器、发动机温度传感器、空调器开关和起动开关等信号，对基本点火定时进行修正，并通过点火控制模块（ICM）来实现最佳点火定时控制。

当爆震传感器检测到发动机发生爆燃时，点火定时将会自动推迟。

4）起动控制

在起动发动机时，PCM 在得到起动开关的起动信号后，将通过延长各喷油器的喷油持续时间来增加喷油量，以获得发动机起动时所需的浓混合气。

5）减速断油与限速断油控制

在汽车行驶中，如果驾驶人快速松开加速踏板（节气门全闭）减速时，PCM 将切断喷油器控制电路，使喷油器停止喷油。当发动机转速超过设定的转速时，PCM 将不管节气门的位置如何都会立即切断喷油器控制电路，喷油器停止喷油，以避免发动机超速运转。

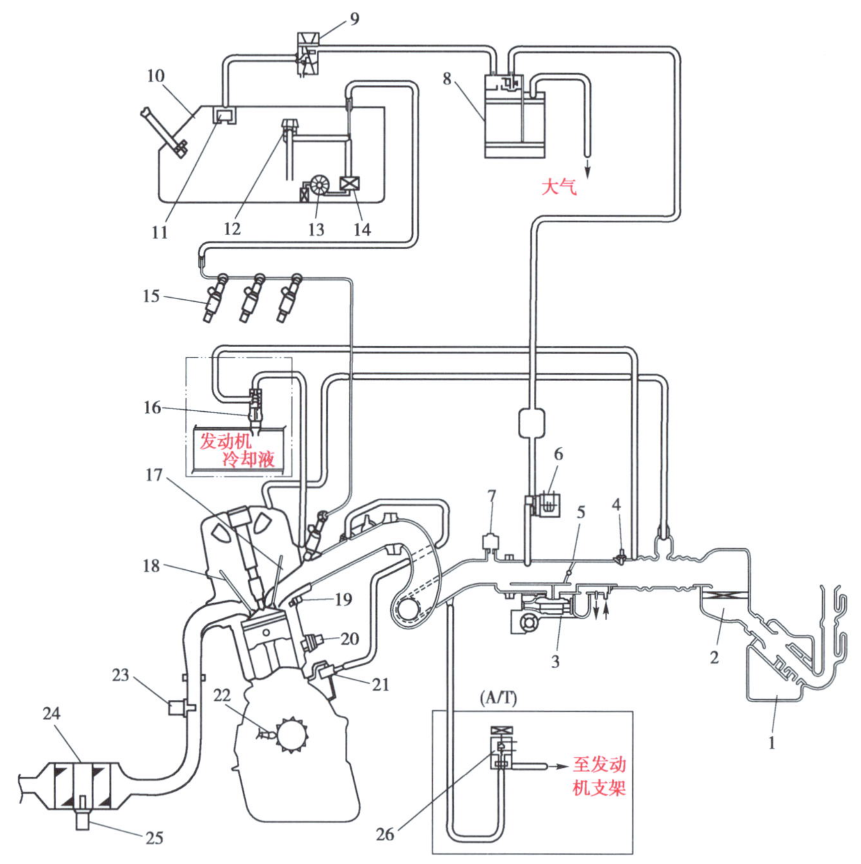

图 4-57　本田程序控制汽油喷射系统

1-进气谐振腔；2-空气滤清器；3-电控补充空气阀；4-进气温度传感器；5-节气门体；6-汽油蒸气回收控制电磁阀；7-进气管绝对压力（MAP）传感器；8-炭罐；9-汽油蒸气回收双通阀；10-汽油箱；11-气液分离器；12-油压调节器；13-电动汽油泵；14-汽油滤清器；15-喷油器；16-进气旁通控制阀；17-凸轮轴位置传感器 A；18-凸轮轴位置传感器 B；19-发动机温度传感器；20-爆震传感器；21-强制式曲轴箱通风（PCV）阀；22-曲轴位置传感器；23-氧传感器；24-三元催化转化器；25-副加热氧传感器；26-发动机支架控制电磁阀

6）失效保护

当传感器或电路出现故障时，PCM 将自动按原设定的程序和数据控制发动机继续运转，但这时汽车的性能将有所下降。

7）备用控制

当 PCM 本身出现故障时，控制系统将接通独立于系统之外的备用控制电路，并用固定不变的信号控制发动机进入应急运转状态，使汽车得以开回车库或去维修站。

此外，PGM-FI 系统还具有电动汽油泵控制、汽油蒸发控制系统的控制、空调压缩机控制及故障自诊断等功能。

3. 迈腾 1.8TSI 型轿车的电控汽油缸内直接喷射系统

迈腾 1.8TSI 型轿车的 EA888 发动机采用的是德国博世公司的莫特良尼克 MED 型控制系

统。图4-14为具有分层燃烧模式的非增压GDI发动机的控制系统组成图。

EA888系列的1.8TSI涡轮增压直喷发动机与图4-14相比增加了EGR，因此系统增加了空气循环阀、增压压力控制阀和进气温度传感器；进气歧管压力传感器变为增压压力传感器，安装在电子节气门前；由于在中国市场上该发动机取消了分层燃烧模式，只采用均质燃烧模式，所以排气系统中取消了NO_x存储器而用普通的三元催化器替代。前级催化器主要用于降低冷起动时的HC排放。

MED型控制系统的控制功能有：

1）起动控制

TSI发动机在绝大部分工作范围内过量空气系数$\lambda=1$，除了起动时混合气稍微加浓。起动时采用燃油空气分层高压起动，此时在压缩行程接近上止点时一次喷油起动发动机。此控制系统属于EA888发动机采用的第三代控制系统。在第二代控制系统中采用的高压泵，从发动机起动到正常工作之前，前几个循环是以低压喷油的，这样会消耗很多燃油，同时燃油雾化不好，导致排放变差；第三代控制系统采用新式的燃油高压泵，在发动机熄火断电后使轨压上升直到限压阀打开，最高压力达19MPa，因此起动时以高压喷油，燃油雾化好，HC排放较少。

2）起动后催化器快速起燃及暖机阶段控制

TSI发动机在几个循环就可以快速稳定起动，起动后为了使前级催化转化器快速起燃降低冷起动时HC排放，通常采用进气与压缩冲程两次喷油和推迟点火的控制策略。此时，节气门较大开启，进气翻板位置关闭，第一次喷油时刻在进气行程，约在压缩上止点前300°CA，第二次喷油量少，位于压缩行程，约在压缩上止点前60°CA，两次喷射形成微稀的分层混合气，分层稀燃可以推迟点火，甚至可在压缩上止点后点火，使排气温度尽快升高，催化转化器尽快达到正常工作温度。在冷却液温度小于80℃时的暖机阶段也同样采用两次喷射的控制策略，此时过量空气系数$\lambda=1$。

3）正常工作阶段控制

在冷却液温度达到正常工作温度后，采用进气行程一次喷射，混合气形成时间较长，形成均质混合气，此时过量空气系数$\lambda=1$。

思　考　题

1. 何谓汽油的抗爆性？汽油的抗爆性用何种参数评价？汽油的牌号与其抗爆性有何关系？
2. 汽车发动机运行工况对混合气成分有何要求？
3. 试比较各种空气流量计的优缺点。
4. 试述卡门涡流式空气流量计的工作原理。
5. 试述怠速控制阀的功用，以及步进电机式怠速控制阀的工作原理。
6. 试述霍尔效应式曲轴位置传感器的结构及其工作原理。
7. M3.8.2电控系统采用双爆震传感器，有何优点，各安装在什么位置？
8. 缸内直喷汽油机如何实现分层燃烧？

第五章 柴油机燃油系统

第一节 概 述

一、功用及组成

柴油机是到目前为止热效率最高的四冲程内燃动力装置。之所以热效率高是因为其压缩比高、膨胀比大，使得工质得到充分地膨胀作功。但是如果高压缩比的柴油机循环中采用挥发性好的燃料，则很容易产生爆燃；或者如果将柴油等黏性较大的燃料像汽油机那样在进气过程中喷油，则由于混合气形成时间较长，在压缩终了附近高温高压下，已形成的大量混合气同时燃烧造成工作粗暴。因此，柴油机采用在压缩终了的某一时刻向汽缸内高温高压的空气中喷射燃料，由此进行混合并燃烧的方式。所以柴油机混合气形成过程关系到其燃烧过程，从而直接影响柴油机的性能。

1. 柴油机混合气形成特点

柴油机以柴油为燃料。由于柴油黏性较大，其蒸发性和流动性都比汽油差，因此柴油机采用高压喷射强制雾化的方法在汽缸内形成可燃混合气。即在接近压缩行程终了时，通过喷油器把柴油高压喷入到汽缸内，使雾化了的柴油微小颗粒在炽热的空气中受热、蒸发、扩散，迅速与空气混合形成可燃混合气，最终自行着火燃烧。

因此，与汽油机相比，柴油机的混合气形成时间极短，只占15°～35°曲轴转角；同时在燃烧室各处，混合气成分分布很不均匀，且随时间而变化。虽然柴油机的平均过量空气系数 $\phi_a>1$，但是在燃烧室内仍然存在着局部地方混合气过浓而燃烧不完全，局部地方混合气过稀而空气得不到充分利用的现象。

为了改善柴油机的混合气形成和燃烧过程，燃油系统、燃烧室以及它们之间的相互匹配起着决定性的作用。不同形式的燃烧室对喷油始点、喷油持续角、喷油压力、喷油规律、喷雾质量及其在燃烧室内的分布等都有着不同的要求。这些喷油参数的变化对柴油机的经济性、动力性、排放性和噪声水平都有直接的影响。

随着节能与排放法规的不断严格，柴油机的喷射系统和燃烧室形状发生了很大的变化。以机械喷射方式为主的传统的柴油机，其最高喷射压力为20～26MPa，所采用的燃烧室大体上分为直喷式燃烧室和分隔式燃烧室两大类。由于燃烧室结构形状的不同，其混合气形成特点也不相同。但是这种方式因满足不了日趋严格的排放法规而被逐渐淘汰。

直喷式燃烧室主要集中在活塞顶部（图5-1），传统的直喷式燃烧室根据燃烧室凹坑形状的特点，又分为回转体（图5-1a）和非回转体（图5-1b、c、d）。这种燃烧室一般配合螺旋进气道在燃烧室内形成一定的气流，并采用多孔式喷油器，以空间雾化为主，配合燃烧室内的气流形成可燃混合气。虽然这种燃烧室结构紧凑、散热面积小，有利于提高经济性，而且强制空间喷射雾化的混合气形成方式有利于起动性，但是这种混合气形成方式相对发动机转速的适应性差，不利于柴油机的高速化，而且对喷射系统的要求也高。故随着节能与排放法规的日趋严格这种传统的直喷式燃烧室已被淘汰。

图 5-2 表示另一种传统的分隔式燃烧室，其特点是将燃烧室容积一分为二，一部分位于汽缸盖中，另一部分则在活塞顶上。在活塞顶部的那一部分燃烧室称为主燃烧室，位于汽缸盖上的那一部分称为副燃烧室。主、副燃烧室之间用通道连通。根据副燃烧室的结构特点，将分隔式燃烧室又分为涡流室燃烧室（图 5-2a）和预燃室燃烧室（图 5-2b）两种。

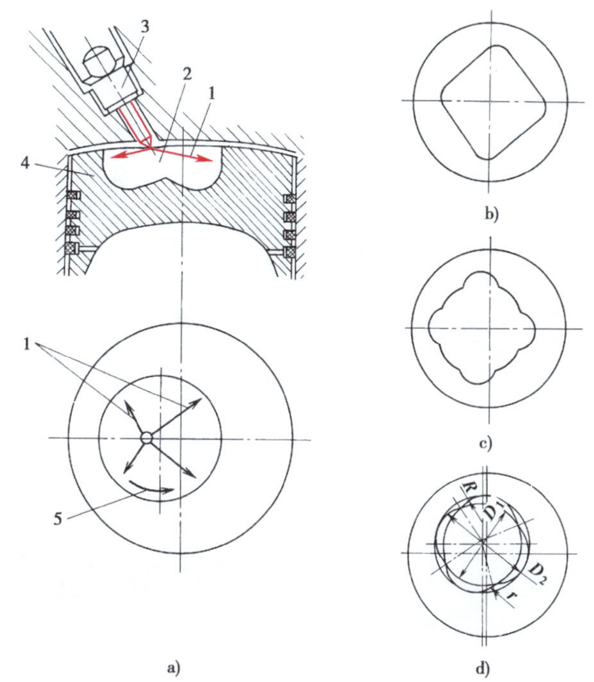

图 5-1　直喷式燃烧室

a）回转体燃烧室凹坑；b）四角形燃烧室凹坑；c）四角圆弧形燃烧室凹坑；d）花瓣形燃烧室凹坑

1-燃油喷注；2-燃烧室凹坑；3-喷油器；4-活塞；5-空气涡流

分隔式燃烧室采用轴针式喷油器，安装在副燃烧室中，将燃油喷入到副燃烧室内，并利用压缩过程中在涡流室或预燃烧室内形成的强大的涡流或紊流形成可燃混合气。所形成的部分可燃混合气在副燃烧室内燃烧后，将副燃烧室内的所有气体通过主、副燃烧室的连接通道，喷入到主燃烧室内，形成二次紊流，促进主燃烧室内的混合气形成和燃烧过程。由于这种燃烧室的副燃烧室内的气流强度随发动机转速的升高而加强，所以混合形成过程随发动机转速的适应性好，有利于发动机高速化。但是由于燃烧室结构复杂，散热面积大，而且主、副燃室之间的连接通道存在节流损失，所以不利于经济性，同时冷起动性差。因此，因满足不了现代车用柴油机的节能减排要求，也已被淘汰。

从经济性角度出发，车用柴油机燃烧室直喷化已成为发展趋势。但是直喷化的关键就是如何解决直喷式燃烧室混合气形成速率与发动机转速相适应的问题。20 世纪后期开发出来的缩口型低排放直喷式燃烧室(后简称直喷式燃烧室),是将传统的直喷式燃烧室的优点和涡流室燃烧室的优点集于一体的一种新型直喷式燃烧室。其主要结构特点是将燃烧室底部改成中央凸起的双涡流型,同时通过缩口加强燃烧室内的挤流强度(图5-3),而且这种挤流强度随转速的升高而得到加强。因此配合喷射系统,在保证经济性的前提下,可有效地降低柴油机的排放水平,为车用柴油机排放水平达标做出重要贡献。

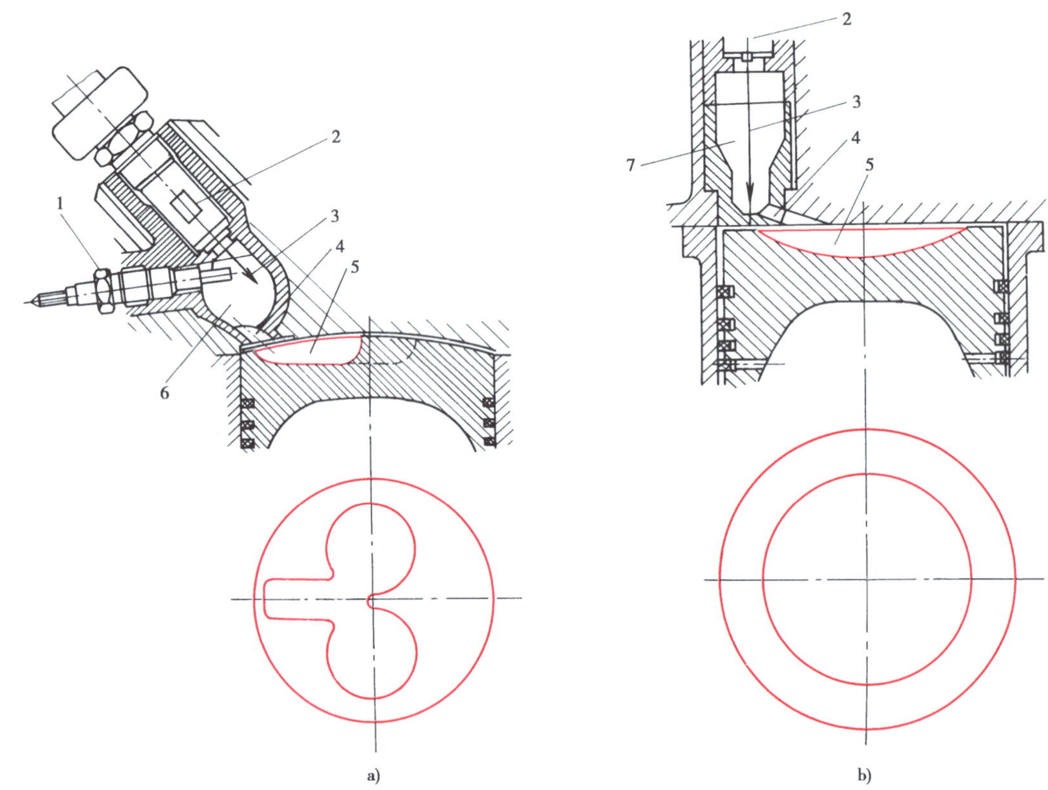

图5-2 分隔式燃烧室

a)涡流室燃烧室;b)预燃室燃烧室

1-电热塞;2-喷油器;3-燃油喷注;4-通道;5-主燃烧室;6-涡流室;7-预燃室

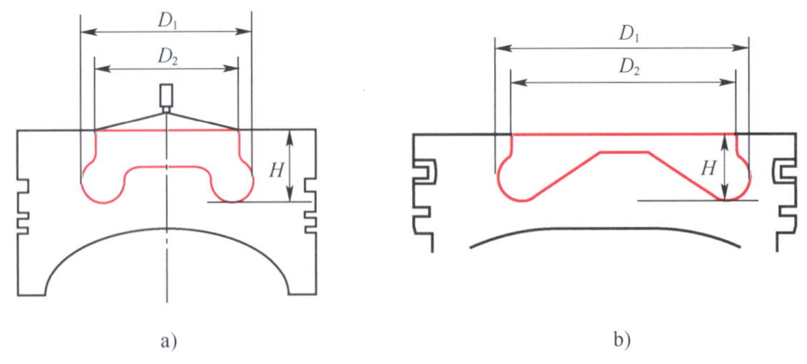

图5-3 缩口直喷式燃烧室

a)深坑型;b)浅坑型

针对日趋严格的节能与排放法规的要求，直喷式柴油机燃烧室结构根据汽缸直径分为如图5-3所示的两种，即汽缸直径小于120mm的中小型柴油机，由于其使用转速较高，所以采用深坑型燃烧室（燃烧室深度H较大），以便随转速的升高，加强燃烧室内的压缩挤流强度，加快混合气的形成和扩散燃烧速度；而汽缸直径大于120mm的大型柴油机，其使用转速较低，所以采用浅型燃烧室（H值较小）。

2. 柴油机燃油系统的功用及要求

汽车在行驶过程中负荷随时发生变化，因此作为车用柴油机其负荷随汽车的行驶条件应相应地变化。柴油机作为"质调节"式，其负荷的大小通过喷油量控制。因此车用柴油机燃料供给系统的作用，就是根据负荷的变化在一定的喷射时刻，按一定的喷射压力和喷射方式，按各汽缸的工作顺序，将一定量的清洁的燃油均匀地喷入到各汽缸。

为了保证各汽缸工作均匀，要求燃料喷射系统向各缸喷射的燃料量、喷射定时以及雾化条件相同；同时喷注雾化质量及其特性与燃烧室结构相匹配。

为了实现柴油机燃油供给系的上述功能，要求具备以下条件，即

（1）具备合适的喷油器，保证燃油的雾化质量，同时保证喷注和燃烧室空间合理匹配。

（2）具备高压输油泵，保证向喷油器提供一定压力和一定量的燃油。

（3）具备随负荷的变化可自动调节喷油量；具备喷射定时和喷射压力可调节的装置。

（4）具备柴油滤清器，以保证向燃油喷射系统提供清洁的燃料。

（5）能储存一定数量的柴油，以保证汽车的最大续驶里程。

因此，一般车用柴油机的燃料供给系包括燃油箱、燃油滤清器、输油泵、高压泵、高压油管以及喷油器等。随着柴油机电子控制技术的不断发展，为了适应日趋严格的节能与排放法规要求，柴油机燃料供给系的各部件结构及控制原理发生了很大的变化。图5-4表示了适应现代节能减排要求的理想的车用柴油机燃油喷射系统。相对传统的泵-管-喷嘴型机械式喷射系统，这种理想的喷射系统通过专用控制单元（ECU）独立控制喷油泵和喷油器，使喷油器和喷油泵的功能相对独立，即喷油泵只控制供油量和供油频率，由此控制共轨中的目标喷射压力；而喷射量、喷射时刻、喷射规律等由ECU通过喷油器直接控制。因此有效地提高了喷射系统的控制自由度。

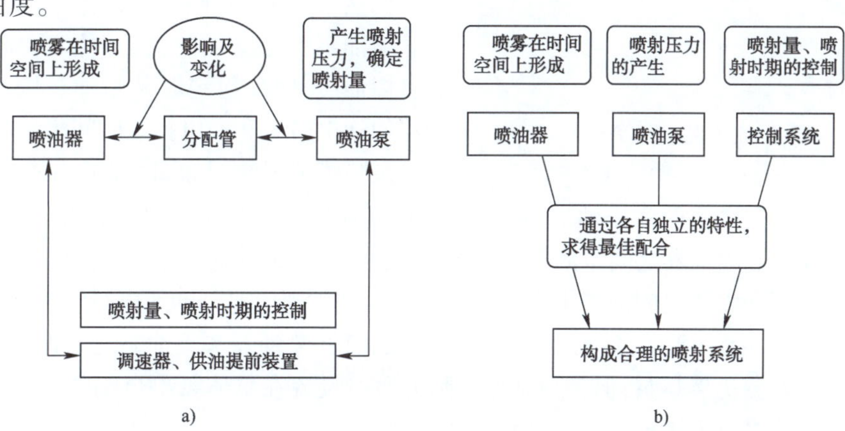

图5-4　理想喷射系统

a）传统型；b）理想型

二、柴油机燃油系统的组成及分类

1. 分类

自1897年由德国狄塞尔发明第一台柴油机以来，柴油机燃烧系统发生了很大的变化。燃料供给系从传统的机械式泵-管-喷嘴型的位置式控制方式，经历电子控制方式，已发展为泵-管-喷嘴型或泵喷嘴型的时间压力式控制方法。最高喷射压力从传统的20～24MPa提高到200MPa以上。

1）按控制方法分类

根据喷射系统的控制方式不同，柴油机燃油喷射系统分为机械位置式喷射系统、电控位置式喷射系统及电控时间式喷射系统三大类。

机械式喷射系统主要由喷油泵、高低压油管、喷油器、调速器等组成（图5-6）。其中喷油泵根据其结构特点又分为分配泵和直列泵。机械式喷射系统的主要控制对象是喷油泵，即通过驾驶人对加速踏板的控制或通过调速器，控制喷油泵的油门拉杆位置，由此控制喷油量。喷射时刻则通过喷油泵的供油时刻间接控制，并通过离心式提前装置来调节发动机不同转速下的供油时刻。喷射压力取决于供油速率和喷油器弹簧力。

电控位置式喷射系统，是在机械式喷射系统的基础上，将机械式调速器和离心式供油提前装置改进为由步进电动机或比例电磁阀控制的自动控制装置。由此将供油时刻和调速特性进行自动化控制。根据喷油泵的结构特点，将喷油泵分为VE型电控分配泵和直列型电控泵（TICS）。

电控时间式喷射系统，相对前两者喷射压力明显提高，同时控制方法也发生了根本性的变化，即相对位置式控制方法，喷油量及喷油时刻的控制改为时间式控制方法，喷射压力也提高到80～220MPa。电控时间式喷射系统，根据其结构特点又分为单体泵、泵喷嘴和高压共轨三种，如图5-5所示。

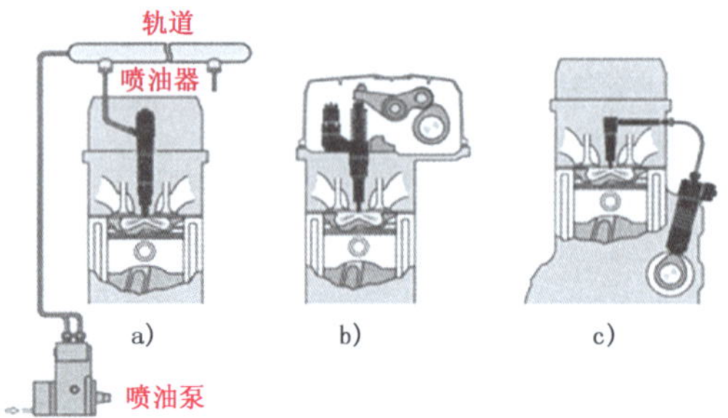

图5-5　电控高压喷射系统

a）高压共轨；b）泵喷嘴；c）单体泵

高压共轨喷射系统如图5-5a）所示，在结构上虽然仍然采用泵-管-喷嘴形式，但喷油器采用电控式。喷油泵也独立控制，其功能只是控制共轨中的目标油压，而喷射定时和喷油量则直接通过喷油器的通电时刻和通电持续时间来控制。

泵喷嘴喷射系统如图5-5b）所示，取消了传统的喷油泵和喷油器之间的高压油管，使喷油泵和喷油器在结构上实现一体化，并各缸独立设置。由于柱塞泵和喷油器之间空间很小，供油规律直接反映在喷油规律上，而且喷射时刻和喷油量是通过在泵和喷嘴之间油道上设置的高频电磁阀的通电时刻和通电持续时间来控制的。

单体泵如图5-5c）所示，各缸独立设置喷油泵，且在喷油器和喷油泵之间设有短的高压油管。虽然控制对象仍然是泵，但是控制方式则为通过设置在单体泵出口端的高频电磁阀的通电持续时间和通电时刻来控制喷油量和喷油时刻。

高压共轨、泵喷嘴和单体泵是新一代喷射系统，但是根据这三种控制方式的特点，将单体泵和泵喷嘴的控制方式可定义为时间控制方式，而高压共轨喷射系统又可任意控制喷射压力，故这种控制方法又称为时间-压力式控制方式。

2)按喷射系统布置方式分类

按燃料喷射系统的布置方式,将柴油机的燃料喷射系统分为泵-管-喷嘴型和泵喷嘴型两种。如前所述,机械式喷射系统、电控位置式喷射系统以及单体泵和高压共轨喷射系统,均属于泵-管-喷嘴型。但前两种由于采用位置式控制方式,控制对象为喷油泵,即通过喷油泵间接控制喷射过程,而且这种喷射系统在泵和喷嘴之间存在较长的高压油管,因此很难精确控制喷射时刻和喷射规律,从而不能适应日趋严格的节能和排放法规的要求而被淘汰。

单体泵虽然控制对象仍为喷油泵,但设置在泵和喷嘴之间的高压油管较短,同时采用高压喷射和时间式控制方法,因而可有效地改善供油规律和喷油规律之间不一致性的问题,同时提高喷射时刻和喷油量的控制精度。其最大的特点是结构简单、耐久可靠,对油品的适应性好。

高压共轨喷射系统虽然在高压输油泵和喷油器之间设有较长的高压油管,但其中设有蓄压室(共轨),而且泵和喷油器相对独立控制,直接通过喷油器的通电时刻和通电持续时间控制喷射定时和喷油量,因此喷射方式控制灵活、控制自由度宽。

泵喷嘴型喷射系统,由于取消了泵和喷嘴之间的高压油管,从而喷油泵的供油规律直接反映在喷油规律上,同时高压密封端面少,易实现高压化。但由于各缸喷油泵和喷油器一体化且在汽缸盖上倒置,需要专门的驱动机构,使得驱动机构复杂。

2. 组成

为适应不同阶段对柴油机性能的要求,柴油燃料喷射系统发生很大变化。为了系统地理解和掌握柴油机的喷射系统和作用,了解不同阶段燃料喷射系统的结构特点和工作原理是很有必要的。

1)机械式喷射系统

图 5-6 表示一种机械式直列柱塞泵柴油机燃油供给系统。直列柱塞泵 3 一般由柴油机曲轴的定时齿轮驱动。固定在喷油泵体上的活塞式输油泵 5 由喷油泵的凸轮轴驱动。当柴油机工作时,输油泵 5 从柴油箱 8 吸出柴油,经油水分离器 7 除去柴油中的水分后,再经柴油滤清器 2 滤除柴油中的杂质,然后送到喷油泵 3。在喷油泵内柴油经过增压和计量后,经高压油管 9 供入喷油器 1,通过喷油器将柴油按一定压力喷入到燃烧室内。喷油泵前端装有喷油提前器 4,后端与调速器 6 组成一体。输油泵供给的多余柴油及喷油器顶部的回油均经回油管 11 返回柴油箱。

图 5-7 表示机械式 VE 型分配泵的柴油机燃油供给系统。当柴油机工作时,一级输油泵 3 将柴油从柴油箱 1 吸出,经油水分离器 2 及柴油滤清器 5 滤清后送入二级输油泵 4,柴油在二级输油泵中加压后充入密闭的分配式喷油泵体 9 内,经分配式喷油泵 12 增压计量后送入到喷油器 10。

一级输油泵为膜片式,由配气机构的凸轮轴驱动。二级输油泵为滑片式,装在分配式喷油泵体内,并由分配式喷油泵的传动轴 7 驱动。滑片式输油泵出口油压随转速的提高而增加。为控制喷油泵体内腔油压保持稳定,在二级输油泵出口处设有调压阀 6。当喷油泵体内腔油压超过规定值时,将部分柴油经调压阀返回输油泵入口。喷油泵体内腔油压一般控制在0.3~0.7MPa。在分配式喷油泵体内还装有调速器和喷油提前器 13。

2)电控位置式喷射系统

电控位置式喷射系统的组成与机械式喷射系统基本相同,只是喷油泵的结构和控制方法

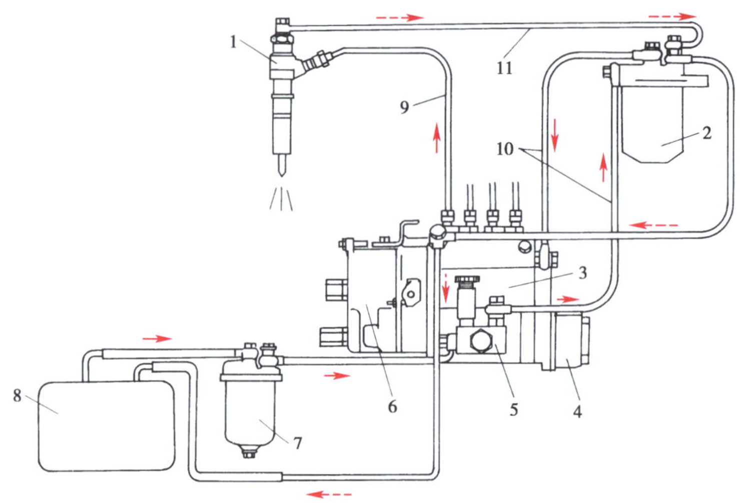

图 5-6　柱塞式喷油泵柴油机燃油系统示意图

1-喷油器;2-柴油滤清器;3-柱塞式喷油泵;4-喷油提前器;5-输油泵;6-调速器;7-油水分离器;8-柴油箱;9-高压油管;10-低压油管;11-回油管

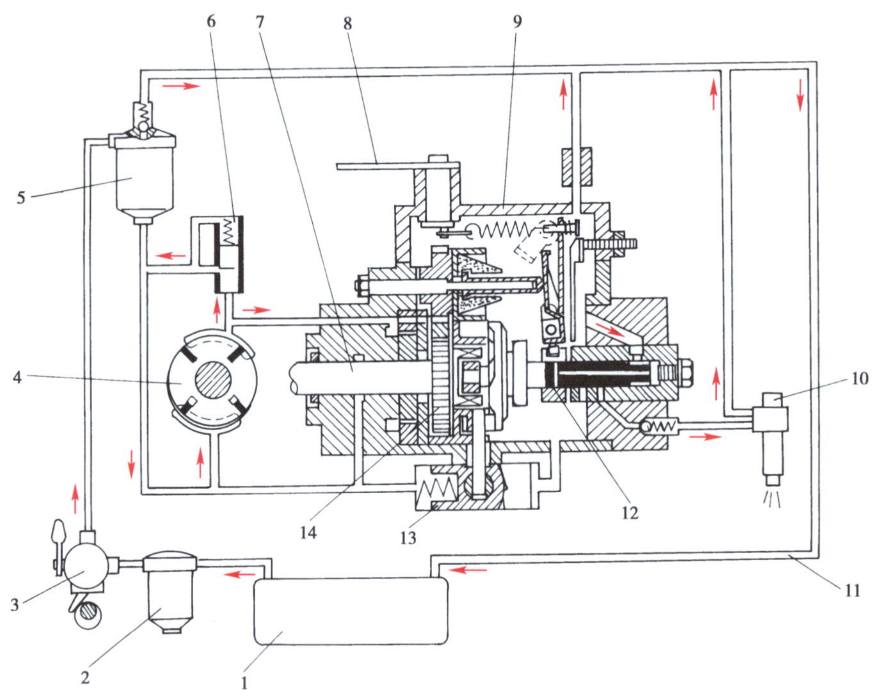

图 5-7　装有 VE 型分配式喷油泵的柴油机燃油系统示意图

1-柴油箱;2-油水分离器;3-一级输油泵;4-二级输油泵;5-柴油滤清器;6-调压阀;7-分配式喷油泵传动轴;8-调速手柄;9-分配式喷油泵体;10-喷油器;11-回油管;12-分配式喷油泵;13-喷油提前器;14-调速器传动齿轮

不同。对电控直列泵(TICS)而言,实际控制喷油量(油门拉杆位置)的执行机构,是用一种电子调速器替代传统的机械式调速器,其典型结构有 20 世纪 90 年代由日本 ZEXEL 公司生产的 REDⅢ型电子调速器。这种调速器实际上就是一种线性步进电动机,其结构如图 5-8 所示,主要由线性步进电动机、连杆、油量调节齿杆、齿杆位置传感器以及线束等组成。可通过线圈中流通的电流方向和大小，控制线圈套筒的移动位置，由此控制油门拉杆位置。这种步进电动机取消了平衡弹簧，这与有平衡弹簧的线性电磁铁相比较，具有较宽的动态范围和较大的作用力。在 RED Ⅲ型调速器上同时设有齿杆（油门拉杆）位置传感器，可实现齿杆位置的反馈控制（图 5-9）。相对机械式 P 型泵，TICS 泵在柱塞偶件上增设了一个控制滑套，由此取代原来的倒挂形固定柱塞套。通过控制滑套相对柱塞的位置来控制供油时刻，即供油预行程，由此在一定范围内实现供油时刻及供油规律的控制。

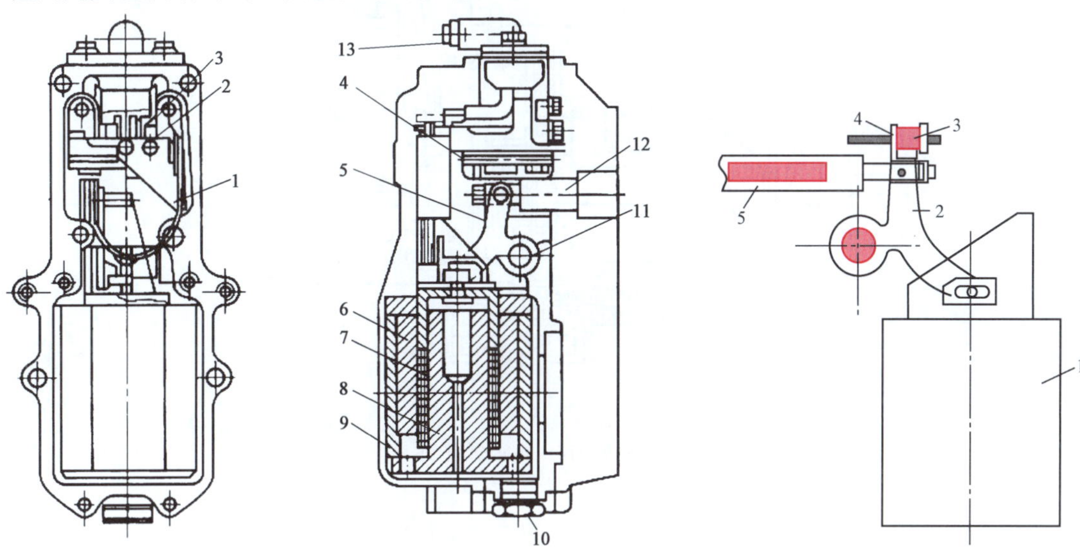

图 5-8　TICS 泵的电子调速器

1-扁平电缆；2-印刷电路板；3-柔性端头销；4-齿杆位置传感器；5-杠杆；6-永久磁铁；7-移动式线圈；8-内芯；9-外芯；10-润滑油回路；11-杠杆轴；12-调节齿杆；13-外线束

图 5-9　齿杆控制装置

1-线圈套筒；2-连杆；3-齿杆位置传感器；4-铜片；5-齿杆

VE 型电控分配泵是在机械式分配泵的基础上，将油量控制滑套的控制方式，由机械式调速器改为线性比例电磁阀的控制方式。所以，其泵油原理和结构特点基本上与 VE 型机械泵相同。只是在油量控制机构和喷油时刻的控制机构上进行了改动。消除了原机械式调速机构，增设了转速传感器、控制油量滑套位置比例电磁阀、油量控制滑套位置传感器、控制喷射定时的电磁阀以及喷射定时器位置传感器等。图 5-10 表示采用线性比例电磁阀的位置控制方式电控分配泵的结构图。

3）电控时间式喷射系统

（1）单体泵。电控单体泵是一种模块式结构的高压喷射系统，主要由柱塞偶件、柱塞回位弹簧、挺柱、电磁阀以及阀芯偶件等组成。各缸柱塞泵泵体相互独立，单体泵与喷油器之间用 1 根很短的高压油管连接（参见图 5-5）。每缸单体柱塞泵的泵油过程是通过 ECU 控制设在单体泵出口处的电磁阀（溢流阀）来实现的。

（2）泵喷嘴。电控泵喷嘴喷射系统是一种将柱塞偶件和喷油器偶件组合安装在一个壳体内的柴油机燃料喷射系统，主要由泵喷嘴体、控制阀以及电磁阀等组成（参见图 5-5）。相当于在机械式泵-管-喷嘴系统中取消了高压油管，需要在汽缸盖上设置专用凸轮轴以直接驱动挺柱控制柱塞泵的泵油过程。由于无高压油管，所以柱塞泵压油时所产生的高压燃油直接进入喷油器的承压环槽内。喷油正时和喷油量是通过高频电磁阀控制泵喷嘴进油阀的开启时刻和开启持续时间来控制。

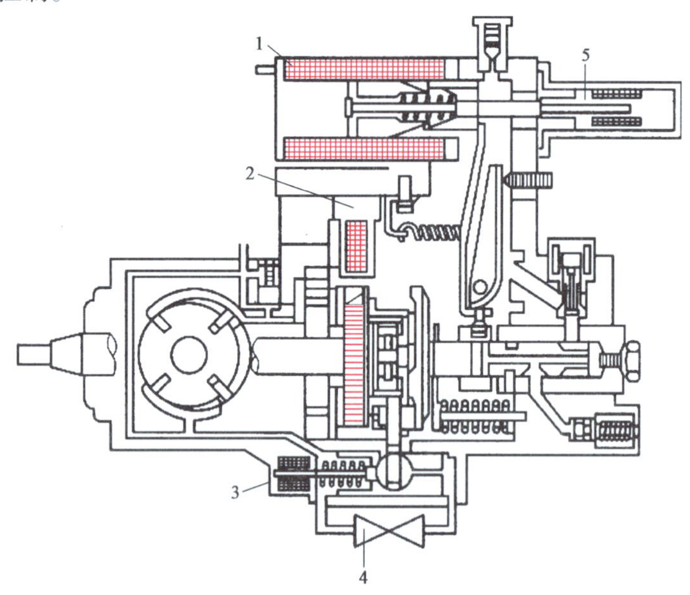

图 5-10　VE 型电控分配泵的结构示意图

1-线性电磁阀；2-转速传感器；3-定时器位置传感器；4-定时控制阀；5-滑套位置传感器

（3）高压共轨。Bosch 第二代 CR 型高压共轨系统，主要由电子控制单元（ECU）、高压油泵、共轨管、电控喷油器以及各种传感器等组成（参见图 5-5）。高压输油泵采用带有电控压力调节器的径向柱塞泵，可实现部分停缸控制，由此降低低压时的功率损耗。喷油器采用结构相对简单的二通阀。通过喷油器的通电时刻和通电持续时间来控制喷射定时和喷油量。

三、发展趋势

车用柴油机燃料喷射系统的发展与全球石油能源资源紧缺以及汽车尾气排放对环境污染问题密切相关。随着节能与排放法规要求的日趋严格，对柴油机喷雾质量要求以及对喷射方式和控制精度要求也不断提高。因此传统的机械式喷射系统以及以机械式喷射系统为基础的电控位置式喷射系统，由于不能精确控制喷射规律，满足不了日趋严格的节能与排放法规而逐渐被淘汰。目前国际汽车市场上广泛应用的主要柴油机燃油喷射系统，是以高压喷射为特色的单体泵、泵喷嘴和高压共轨三种时间控制式电控喷射系统。在国内车用柴油机市场上采用的主要是单体泵和高压共轨喷射系统，泵喷嘴喷射系统应用得比较少。

虽然这三种时间控制式电控喷射系统都不同程度地实现了高压喷射，但是由于三者结构特点和控制原理不同，其控制特性也不一样。单体泵虽然实现高压喷射、泵各缸相对独立的时间控制方式，缩短了泵和喷嘴之间的高压油管长度，有效地改善了供油规律和喷油规律不一致性的问题，但是其控制对象仍然是高压泵，不能直接控制喷射规律，而且对喷射压力也不能柔性控制。泵喷嘴取消了高压油管，使泵和喷嘴一体化，因此很容易实现高压喷射，同时直接通过供油特性控制喷油规律。但是喷油规律取决于供油规律和供油时刻。当柱塞泵的凸轮形线和供油时刻确定后，其供油规律也就确定。因此轨压和喷油规律的控制不灵活。相比之下，高压共轨喷射系统虽然泵和喷嘴之间设有高压油管，但是由于高压泵和喷嘴采用相对独立控制的方法，因此可实现喷射规律及喷射压力的柔性控制，这有利于车用柴油机不同工况下燃烧过程的控制。随着节能及排放法规的日趋严格，这种喷射方式和喷射压力均可柔性控制的高压共轨喷射方式已成为发展趋势。目前国内市场上广泛应用的高压共轨喷油器是电磁阀式电控喷油器，但是针对更严格的排放法规，这种电磁阀式电控喷油器在喷射过程控制时，其响应特性显得不够。故国外已开发研制出压电式电控喷油器，以提高其响应特性，实现多段喷射过程，由此适应欧V以上更严格的排放法规的要求。

第二节　柴油及其使用性能

柴油和汽油一样都是石油制品。在石油蒸馏过程中，温度在200～350℃之间的馏分即为柴油。柴油分为轻柴油和重柴油。轻柴油用于高速柴油机，重柴油用于中、低速柴油机。汽车柴油机均为高速柴油机，所以使用轻柴油。

一、柴油的使用性能

为了保证高速柴油机正常、高效地工作，轻柴油应具有良好的发火性、低温流动性、蒸发性、化学稳定性、防腐性和适当的黏度等诸多的使用性能。我国生产的轻柴油，其规格如表5-1所示，由GB19147—2009规定。

柴油的理化性能指标很多，但对车用燃油而言，其常用的主要使用性能指标有以下几种。

1. 着火性

着火性指柴油的自燃能力，用十六烷值评定。柴油的十六烷值大，着火性好，容易自燃，但过大容易冒烟。国家标准规定轻柴油的十六烷值在45～55之间。十六烷值的大小还直接影响柴油机的冷起动性和工作粗暴程度。对于自燃性好的燃料，着火延迟期短，所以在着火延迟期内形成的可燃混合气量少，着火后缸内压力升高率低，工作柔和，而且，对于自燃性好的燃料，冷起动性亦随之改善，但是负荷较大时很容易冒黑烟，因此十六烷值不宜过大。

柴油的十六烷值是在专用单缸试验机上，按照规定的条件通过待测柴油和标准燃料的自燃性对比试验来测定的。标准燃料是由十六烷和α—甲基萘按不同比例混合而成。由于十六烷容易自燃，令其十六烷值为100，而α—甲基萘不容易自燃，令其十六烷值为0。所以标准燃料的自燃性可用其中十六烷的含量来调节。当被测定柴油的自燃性与所配置的标准燃料的自燃性相同时，标准燃料中十六烷的体积百分数来定义待测柴油的十六烷值。

2. 蒸发性

蒸发性指柴油蒸发汽化的能力，用柴油馏出某一百分比的温度范围即馏程和闪点来表示。其中馏程是评价柴油蒸发性能的主要指标，可用一定体积（如100mL）的燃油馏出某一体积百分比时的温度范围来表示。常用50%馏出温度和90%馏出温度或95%馏出温度来表示。

车用柴油技术要求和试验方法　　表 5-1

项　目		5 号	0 号	-10 号	-20 号	-35 号	-50 号	试验方法
氧化安定性/(总不溶物)(mg/100 mL)	不大于	2.5						SH/T 0175
硫含量[①](质量分数)(%)	不大于	0.035						SH/T 0689
10%蒸余物残炭[②](质量分数)(%)	不大于	0.3						GB/T 268
灰分(质量分数)(%)	不大于	0.01						GB/T 508
铜片腐蚀(50℃,3h)/级	不大于	1						GB/T 5096
水分[③](体积分数)(%)	不大于	痕迹						GB/T 260
机械杂质[③]		无						GB/T 511
润滑性 磨痕直径(60℃)(μm)	不大于	460						SH/T 0765
多环芳烃含量[④](质量分数)(%)	不大于	11						SH/T 0606
运动黏度(20℃)/(mm^2/s)		3.0~8.0		2.5~8.0		1.8~7.0		GB/T 265
凝点(℃)	不高于	5	0	-10	-20	-35	-50	GB/T 510
冷滤点(℃)	不高于	8	4	-5	-14	-29	-44	SH/T 0248
闪点(闭口)(℃)	不低于	55			50	45		GB/T 261
着火性[⑤](需满足下列要求之一)								
十六烷值	不小于	49			46	45		GB/T 386
十六烷指数	不小于	46			46	43		SH/T 0694
馏程:								GB/T 6536
50%回收温度(℃)	不高于	300						
90%回收温度(℃)	不高于	355						
95%回收温度(℃)	不高于	365						
密度(20℃)/(kg/m^3)[⑥]		810~850			790~840			GB/T 1884 GB/T 1885
脂肪酸甲酯[⑦](体积分数)(%)	不大于	0.5						GB/T 23801

注:①也可采用 GB/T 380、GB/T 11140 和 GB/T 17040 进行测定,结果有争议时,以 SH/T 0689 方法为准。

②也可采用 GB/T 17144 进行测定,结果有争议时,以 GB/T 268 方法为准。若柴油中含有硝酸酯型十六烷值改进剂,10%蒸余物残炭的测定,应用不加硝酸酯的基础燃料进行。柴油中是否含有硝酸酯型十六烷值改进剂的检验方法见附录 B。

③可用目测法,即将试样注入 100mL 玻璃量筒中,在室温(20℃ ±5℃)下观察,应当透明,没有悬浮和沉降的水分及机械杂质。结果有争议时,按 GB/T 260 或 GB/T 511 测定。

④也可采用 SH/T 0806,结果有争议时,以 SH/T 0606 方法为准。

⑤十六烷指数的测定也可采用 GB/T 11139。结果有争议时,仲裁以 GB/T 386 方法为准。

⑥也可采用 SH/T 0604,结果有争议时,以 GB/T 1884 方法为准。

⑦不得人为加入。

50%馏出温度表示柴油的平均蒸发性,该温度越低,说明柴油中轻馏分含量越多,蒸发越快,有利于混合气的形成。所以 50%馏出温度主要影响柴油机的暖机性能、加速性和工作稳定性。国家标准规定此温度不得高于 300℃,但没有规定最低温度限值。如果 50%馏出温度过低,大部分轻馏分易蒸发,造成在混合气着火之前形成大量的可燃混合气。一旦着火,所形成的可燃混合气同时燃烧，压力升高率过大，造成柴油机工作粗暴。

90% 馏出温度和 95% 馏出温度标志柴油中难以蒸发的重馏分（重质成分）的含量，直接影响燃料能否及时完全燃烧。如果重馏分过多，则燃料来不及蒸发，所以不易完全燃烧，且易排气冒烟。因此高速柴油机常使用轻馏分柴油。

为了控制柴油的蒸发性不致过强，国家标准中还规定了闪点的最低数值。柴油的闪点是指在一定的试验条件下，当柴油蒸气与周围空气形成的混合气接近火焰时，开始出现闪火的最低温度。闪点低，蒸发性好。

3. 低温流动性

柴油的低温流动性的评定指标有凝点和冷滤点。凝点是指柴油失去流动性开始凝固时的最高温度，而冷滤点则是指在特定的试验条件下，在 1min 内柴油开始不能流过过滤器 20mL 时的最高温度。一般柴油的冷滤点比其凝点高 4 ~6℃。

因此，对应不同的环境温度，应采用不同凝点的柴油。我国柴油的牌号是按凝点命名的，对应不同的凝点，如 10℃、0℃、-10℃、-20℃和 -35℃，分别称为 CR10、CR0、CR10、CR20 和 CR35 号柴油。选用柴油时，须凝点比最低环境温度高出 5℃以上，如 -20 号柴油是适用于最低环境温度为 -15℃的环境下。

4. 黏度

黏度表示燃料分子间内聚力的大小，表现为抵抗分子间相对运动的能力，由此表示柴油的流动性的好坏，它直接影响柴油机喷射系统的喷雾质量。黏度随温度而变化，当温度升高时，黏度减小，流动性增强，喷雾质量提高；反之，当温度降低时，黏度增大，流动性减弱，燃料喷射雾化质量变差。此外黏度还影响供油系统中喷油器等偶件的润滑性。柴油机的黏度常用动力黏度和运动黏度表示。

动力黏度，是指当液体流动的速度梯度等于 1 时，单位面积上的内摩擦力的大小，用 μ 表示。在 SI 制中其单位是 Pa · S 或 MPa · S。

运动黏度，是指动力黏度与同温下密度的比值，用 υ 表示，即 $\upsilon=\mu/\rho$，单位为 m^2/s，轻柴油在 20℃时 $\upsilon=(2.5 \sim 8)\times 10^{-6} m^2/s$。

5. 热值

热值是指 1kg 燃料完全燃烧所释放的热量，表示燃料所具有的作功能力。燃料的热值越大，其单位燃料完全燃烧时所能放出的能量就越大。因此在相同的燃烧条件下，能转换的机械能越多，作功能力越强。柴油机燃烧后排出的废气中燃烧产物 H_2O 是以水蒸气状态排出的，故其汽化潜热不能有效利用，因此车用发动机柴油的热值采用低热值，即 $h_u=42700kJ/kg$。

GB/T 19147—2009 中还规定实际胶质、10% 蒸余物残炭和氧化安定性，总不溶物等三项指标，用来评定柴油的安定性。柴油的防腐性则用硫含量、硫醇硫含量、酸度、铜片腐蚀及水溶性酸或碱等指标来评定。柴油中的灰分、水分和机械杂质，是评定柴油清洁性的指标。

汽车柴油机应使用各项指标均符合国家标准的柴油。

二、轻柴油牌号、规格和选用

轻柴油按其质量分为优等品、一等品和合格品 3 个等级，每个等级又按柴油的凝点分为 5、0、-10、-20、-35 和 -50 等 6 种牌号，其规格参见表 5-1。

在选用柴油时，按照当地当月风险率为10%的最低气温（表5-2）选用柴油的牌号，柴油牌号的选择依据如表5-3所示。

各地区风险率为10%的最低气温（GB252-2000）（℃） 表5-2

省份＼月份	一	二	三	四	五	六	七	八	九	十	十一	十二
河北省	-14	-13	-5	1	8	14	19	17	9	1	-6	-12
山西省	-17	-16	-8	-1	5	11	15	13	6	-2	-9	-16
内蒙古自治区	-43	-42	-35	-21	-7	-1	4	1	-8	-19	-32	-41
黑龙江省	-44	-42	-35	-20	-6	1	7	4	-6	-20	-35	-43
吉林省	-29	-27	-17	-6	1	8	14	12	2	-6	-17	-26
辽宁省	-23	-21	-12	-1	6	12	18	15	6	-2	-12	-20
山东省	-12	-12	-5	2	8	14	19	18	11	4	-4	-10
江苏省	-10	-9	-3	3	11	15	20	20	12	5	-2	-8
安徽省	-7	-7	-1	5	12	18	20	20	14	7	0	-6
浙江省	-4	-3	1	6	13	17	22	21	15	8	2	-3
江西省	-2	-2	3	9	15	20	23	23	18	12	4	0
福建省	-4	-2	3	8	14	18	21	20	15	8	1	-3
台湾省①	3	0	2	8	10	16	19	19	13	10	1	2
广东省	1	2	7	12	18	21	23	23	20	13	7	2
海南省	9	10	15	19	22	24	24	23	23	19	15	12
广西壮族自治区	3	3	8	12	18	21	23	23	19	15	9	4
湖南省	-2	-2	3	9	14	18	22	21	16	10	4	-1
湖北省	-6	-4	0	6	12	17	21	20	14	8	1	-4
河南省	-10	-9	-2	4	10	15	20	18	11	4	-3	-8
四川省	-21	-17	-11	-7	-2	1	2	1	0	-7	-14	-19
贵州省	-6	-6	-1	3	7	9	12	11	8	4	-1	-4
云南省	-9	-8	-6	-3	1	5	7	7	5	-1	-5	-8
西藏自治区	-29	-25	-21	-15	-9	-3	-1	0	-6	-14	-22	-29
新疆维吾尔自治区	-40	-38	-28	-12	-5	-2	0	-2	-6	-14	-25	-34
青海省	-33	-30	-25	-18	-10	-6	-3	-4	-6	-16	-28	-33
甘肃省	-23	-23	-16	-9	-1	3	5	5	0	-8	-16	-22
陕西省	-17	-15	-6	-1	5	10	15	12	6	-1	-9	-15
宁夏回族自治区	-21	-20	-10	-4	2	6	9	8	3	-4	-12	-19

注：①台湾省所列的温度是绝对最低气温，即风险率为0%的最低气温。

轻柴油牌号的选择 表5-3

轻柴油牌号	适用于风险率为10%的最低气温在下列范围内的地区
0号	4℃以上
-10号	-5℃以上
-20号	-14～-5℃
-35号	-29～-14℃
-50号	-44～-29℃

第三节 机械式喷射系统

柴油机喷射系统的功用是根据负荷的变化将定量清洁的柴油按一定的喷射压力和喷射时刻喷入汽缸，并与燃烧室空间相匹配，以便快速形成可燃混合气。由于不同柴油机混合气形成方式以及喷油量控制方式不同，喷油器、喷油泵和调速器的结构也不相同。至今，柴油机喷射系统由机械式发展为电子控制式。机械式喷射系统主要由喷油器、喷油泵以及调速器等组成。

一、喷油器

对机械式喷射系统，喷油器的主要作用是根据柴油机混合气形成特点，将燃料喷射雾化成细微的油滴，并使喷注与燃烧室空间相匹配。为了满足不同类型燃烧室对喷雾特性的要求，一般要求喷注应有一定的贯穿距离和喷雾锥角，以及良好的雾化质量，同时在喷油结束时不发生滴漏现象。传统的车用柴油机的燃烧室分为直喷式和分隔式两种。由于此两种燃烧室所采用的混合气形成方式不同，对喷油器的要求也不一样。故根据喷油嘴结构特点将喷油器分为孔式和轴针式两种，分别用于不同类型的燃烧室。

孔式和轴针式喷油器均由喷油器体、调压装置及喷油嘴等部分组成。其中喷油嘴是由针阀和针阀体组成的一对精密偶件，其配合间隙仅为0.002~0.004。为此，在精加工之后，尚需配对研磨，故在使用中不能互换。一般针阀由热稳定性好的高速钢制造，而针阀体则采用耐冲击的优质合金钢制造。

1. 孔式喷油器

1)孔式喷油器结构

孔式喷油器主要用于直喷式燃烧室，其结构如图5-11所示，由针阀11和针阀体12构成的喷油嘴通过拧紧螺母10与喷油器体9紧固在一起。为了保证结合面的密封，针阀体的上端面与喷油器体的下端面都需经过精细的研磨。调压弹簧7的预紧力通过顶杆8作用在针阀上，将针阀压紧在针阀体内的密封锥面上，使喷油嘴关闭。调压弹簧的预紧力由调压螺钉5调节。

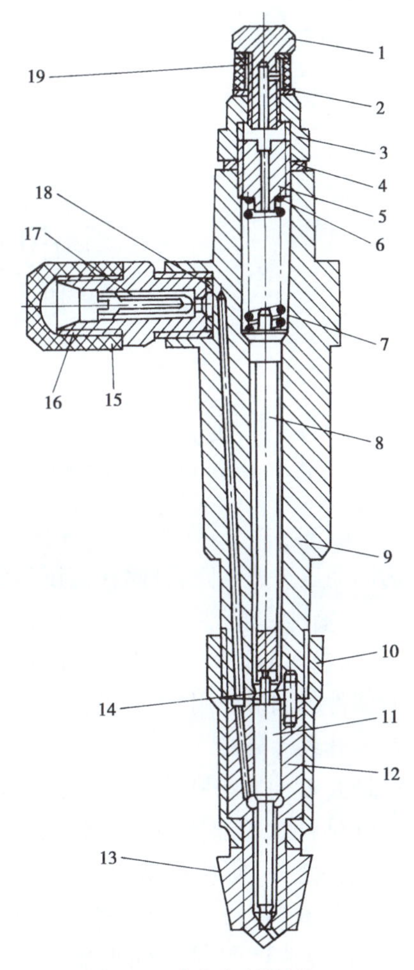

图5-11 孔式喷油器结构

1-回油管接头；2-衬垫；3-调压螺钉保护螺母；4、6-垫圈；5-调压螺钉；7-调压弹簧；8-顶杆；9-喷油器体；10-喷油嘴拧紧螺母；11-针阀；12-针阀体；13-垫块；14-定位销；15-进油管接头护帽；16-进油管接头；17-喷油器滤芯；18-进油管接头衬垫；19-保护套

孔式喷油器的喷油嘴有长型和短型两种结构形式(图5-12)。前者将喷油嘴加长,针阀的导向部分远离燃烧室,以减少针阀受热及变形,从而避免针阀卡死在针阀体内,所以长型喷油嘴多用于热负荷较高的柴油机上。针阀的上锥面称作承压锥面,用来承受油压产生的轴向推力,使针阀升起。针阀下端的锥面,称作密封锥面,与针阀体内的密封锥面配合,以实现喷油器内腔的密封。针阀的密封锥面与针阀体内的密封锥面都是在精加工之后再配对研磨,以保证其配合精度。孔式喷油器的喷油嘴头部加工有1个或多个喷孔,有1个喷孔的称单孔喷油器,有两个喷孔的称双孔喷油器,有三个以上喷孔的称为多孔喷油器。

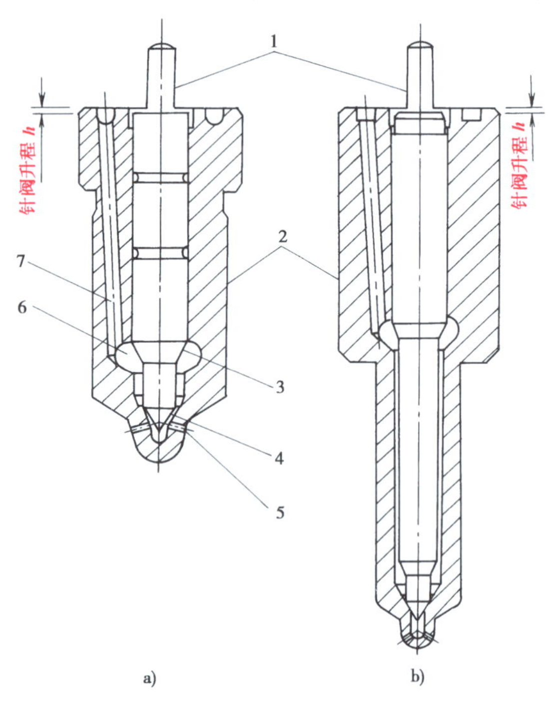

图5-12 孔式喷油器喷油嘴的结构形式

a)短型;b)长型

1-针阀;2-针阀体;3-承压锥面;4-密封锥面;5-喷孔;6-压力室;7-进油道

2)孔式喷油器工作原理

当柴油机工作时,来自喷油泵的高压柴油通过高压油管送到喷油器,经进油管接头16、喷油器滤芯17以及喷油器体9和针阀体12内的油道(图5-11)进入喷油嘴内的压力室6(图5-12)。油压作用在针阀的承压锥面上,产生向上的推力。当此推力超过调压弹簧的预紧力时,针阀升起并将喷孔打开,高压柴油经喷孔喷入燃烧室。针阀升起的最大高度即针阀升程,由喷油器体(或接合座)的下端面限制。当喷油泵停止供油时,喷油嘴压力室内的油压迅速下降,针阀在调压弹簧的作用下迅速落座,关闭喷孔,喷油结束。在喷油器工作期间,有少量柴油从针阀与针阀体配合表面之间的间隙中漏出,并沿顶杆周围的缝隙上升,最后通过回油管接头1(图5-11)进入回油管,流回燃油滤清器。这部分柴油在漏过针阀偶件时对偶件起润滑作用。

2. 轴针式喷油器

轴针式喷油器与孔式喷油器的工作原理相同,结构相似,只是喷油嘴头部的结构不同而已。在轴针式喷油器中,针阀密封锥面以下有一段轴针,它穿过针阀体上的喷孔且稍突出于针阀体之外,使喷孔呈圆环形。因此,轴针式喷油器的喷注是空心的。轴针可以制成圆柱形或截锥形(图5-13)。圆柱形轴针其喷注的喷雾锥角较小,而截锥形轴针其喷雾锥角较大。因此,轴针制成不同形状,可以得到不同形状的喷注,以适应不同形状燃烧室的需要。

轴针式喷油器的总体结构如图5-14所示。轴针式喷油器工作时,轴针在喷孔内往复运动,由此可以清除喷孔中的积炭,因此喷孔不易堵塞,喷油器工作可靠。且由于喷孔直径较大,一般在1~3mm范围内,因此加工方便。目前,柴油机电控化以后,轴针式喷油器基本不再使用。

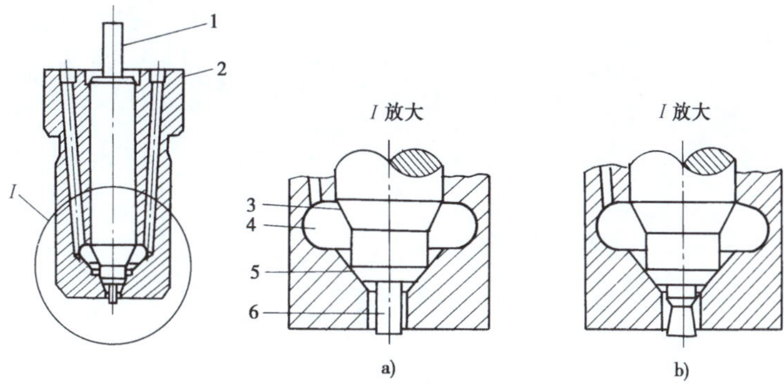

图 5-13 轴针式喷油嘴的结构形式

a)圆柱形轴针;b)截锥形轴针

1-针阀;2-针阀体;3-承压锥面;4-压力室;5-密封锥面;6-轴针

二、喷油泵

对机械式喷射系统,喷油泵的功用是按照柴油机运行工况和汽缸工作顺序,按一定的供油规律,定时定量地向喷油器输送高压燃油。

对多缸车用柴油机,喷油泵应满足以下要求:

(1)各缸供油量相等。在标定工况下各缸供油量相差不超过3%~4%。喷油泵的供油量应随柴油机工况的变化而变化,为此喷油泵必须有供油量调节机构。

(2)各缸供油提前角相同,误差小于0.5°~1°曲轴转角。供油提前角也应随柴油机工况的变化而变化,为此应安装供油提前器。

(3)各缸供油持续角一致。

(4)能迅速停止供油,以防止喷油器发生滴漏现象。

喷油泵种类很多,在汽车柴油机上得到曾广泛应用的有直列柱塞式喷油泵和转子分配式喷油泵两种。

1. 直列柱塞式喷油泵

1)直列柱塞式喷油泵系列

柴油机单缸功率变化范围很大,所以根据单缸功率所需要的循环供油量来设计和制造喷油泵的话,喷油泵的尺寸规格将不可胜数,给生产和使用都造成诸多不便。因此,世界各国喷油泵制造厂都是以几种不同的柱塞行程作为基础,将喷油泵划分成为数不多的几个系列或型号,然后再配以不同尺寸的柱塞偶件,构成若干种循环供油量不等的喷油泵,以满足各种不同功率柴油机的需要。使得喷油泵产品系列化。

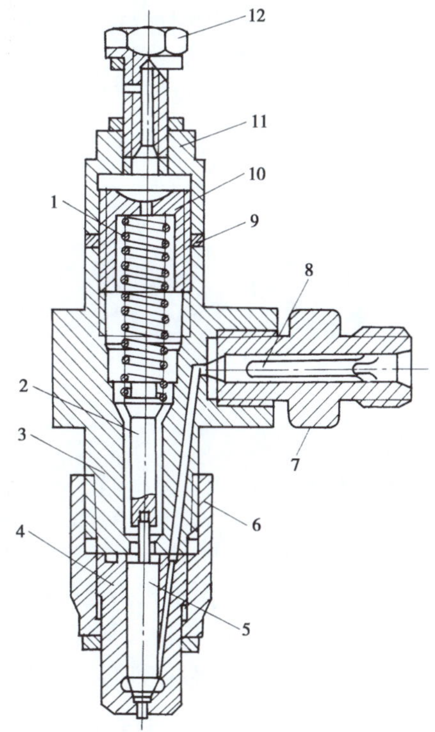

图 5-14 轴针式喷油器结构

1-调压弹簧;2-顶杆;3-喷油器体;4-针阀体;5-针阀;6-喷油嘴拧紧螺母;7-进油管接头;8-滤芯;9-垫圈;10-调压螺钉;11-保护螺母;12-回油管接头

2）A 型喷油泵的结构及工作原理

（1）A 型喷油泵结构。

A 型柱塞式喷油泵如图 5-15 所示，主要由泵油机构、供油量调节机构、驱动机构和喷油泵体等部分组成。

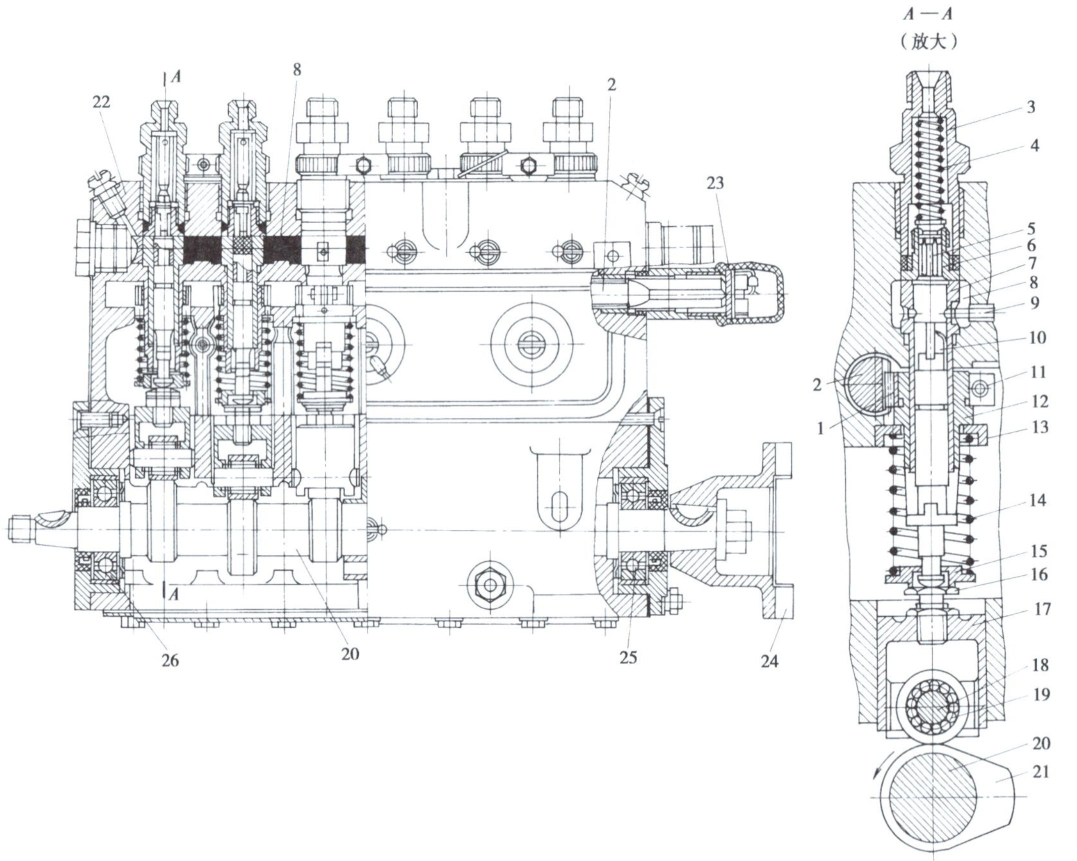

图 5-15　A 型喷油泵结构

1-齿圈；2-供油量调节齿杆；3-出油阀紧座；4-出油阀弹簧；5-出油阀；6-出油阀座；7-柱塞套；8-低压油腔；9-定位螺钉；10-柱塞；11-齿圈夹紧螺钉；12-油量调节套筒；13、15-上、下柱塞弹簧座；14-柱塞弹簧；16-供油定时调节螺钉；17-挺柱；18-滚轮轴；19-滚轮；20-喷油泵凸轮轴；21-凸轮；22-喷油泵体；23-供油量调节齿杆护帽；24-联轴节从动盘；25、26-轴承

①泵油机构。泵油机构包括柱塞套 7、柱塞 10、柱塞弹簧 14、上下柱塞弹簧座 13 和 15、出油阀 5、出油阀座 6、出油阀弹簧 4 和出油阀紧座 3 等零件。其中，柱塞和柱塞套构成喷油泵中最精密的偶件，称作柱塞偶件。正是由于柱塞偶件的精密配合及柱塞的高速运动，才得以实现对燃油的增压。每台喷油泵的柱塞偶件数和与其配套的柴油机汽缸数相同。一般柱塞偶件用优质合金钢制造，经过精细加工和配对研磨，使其配合间隙在 0.0015 ~ 0.0025mm 范围内。间隙过大，容易漏油，不易建立油压；间隙过小，对偶件润滑不利，且容易卡死。柱塞偶件在使用中不能互换。

在柱塞头部中加工有螺旋槽和直槽，柱塞下部加工有榫舌 7（图 5-16）。柱塞套安装在喷油泵体22(图5-16)的座孔中,柱塞套上的油孔与喷油泵内的低压油腔8(图5-15)相通。为了防止柱塞套转动,用定位螺钉9固定(图5-15)。

柱塞弹簧14的上端通过上柱塞弹簧座13支撑在喷油泵体上,下端则通过下柱塞弹簧座15支撑于柱塞尾端。借助柱塞弹簧的预紧力使柱塞始终压紧在挺柱17上的供油定时调节螺钉16上,同时使挺柱的滚轮19始终与喷油泵凸轮21保持接触(图5-15)。

出油阀2与出油阀座1是喷油泵中另一对精密偶件,称出油阀偶件(图5-17)。出油阀偶件位于柱塞偶件的上方,出油阀座1的下端面与柱塞套的上端面接触,通过拧紧出油阀紧座10使两者的接触面保持密合。同时,出油阀弹簧9将出油阀压紧在出油阀座上。出油阀的密封锥面3与出油阀座的接触表面经过精细研磨。出油阀减压环带4与出油阀座孔的配合间隙很小。减压环带以下的出油阀表面是其在出油阀座孔内往复运动的导向面,导向部分的横截面呈十字形。在有些出油阀紧座10中设有减容器,旨在减小高压管路系统的容积,改善燃油的喷射过程。此外,减容器还起到限制出油阀最大升程的作用。

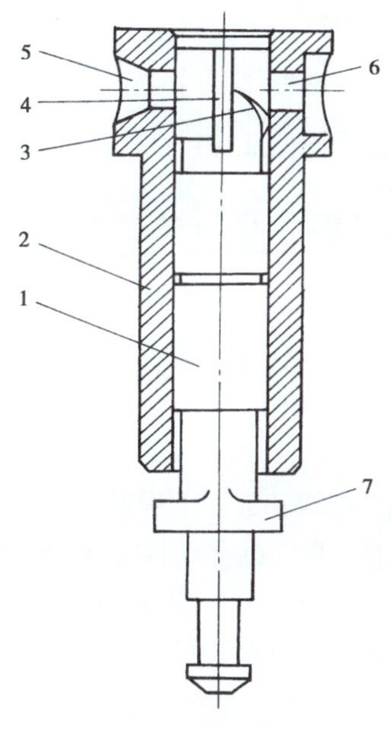

图5-16　柱塞偶件

1-柱塞;2-柱塞套;3-螺旋槽;4-直槽;5、6-油孔;7-榫舌

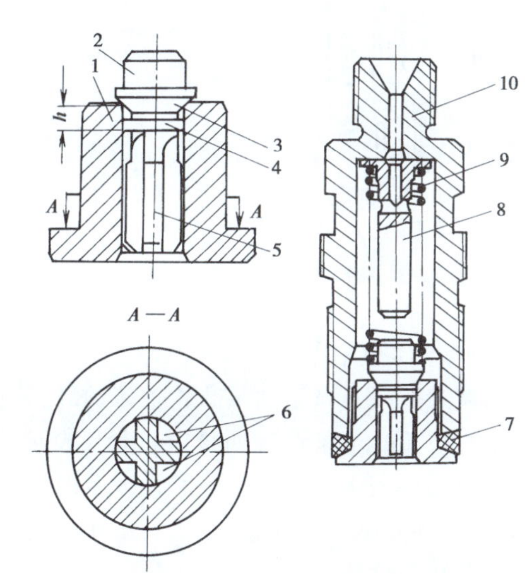

图5-17　出油阀偶件

1-出油阀座;2-出油阀;3-密封锥面;4-减压环带;5-导向面;6-切槽;7-密封衬垫;8-减容器;9-出油阀弹簧;10-出油阀紧座

②供油量调节机构。喷油泵供油量调节机构的功用是,根据柴油机负荷的变化,通过转动柱塞来改变循环供油量。供油量调节机构或由驾驶人直接操纵,或由调速器自动控制。

A型机械式喷油泵的供油量调节机构如图5-18所示。它包括调节齿杆1、调节齿圈2和控制套筒3等零件。喷油泵柱塞4下端的榫舌嵌入控制套筒3的豁口中。控制套筒松套在柱塞套5上,其上端装有调节齿圈2,并用螺钉夹紧。调节齿圈与调节齿杆相啮合。当驾驶人或调速器拉动齿杆时,调节齿圈连同控制套筒带动柱塞相对柱塞套转动,改变柱塞头部的螺旋槽相对柱塞套油孔的位置,以达到调节供油量的目的。

③驱动机构。喷油泵的驱动机构包括凸轮轴20和挺柱组件17(图5-15)。凸轮轴的前、

后端通过滚动轴承25和26支撑在喷油泵体22上。凸轮轴上凸轮21的数目与喷油泵的柱塞偶件数相同,各凸轮间的夹角与配套柴油机的汽缸数有关,并与汽缸工作顺序相适应。凸轮轴一般由曲轴定时齿轮驱动,四冲程柴油机喷油泵凸轮轴的转速是曲轴转速的一半,以实现在凸轮轴一转之内向各汽缸供油一次。

挺柱安装在喷油泵体上的挺柱孔内,其结构如图5-19所示。加长的滚轮销2的两端插入挺柱孔6的定位长槽5中,使挺柱在挺柱孔中只能作上下往复运动,而不能绕其自身的轴线旋转,以避免滚轮与凸轮卡死。滚轮3在滚轮销2上转动。在滚轮与滚轮销之间镶有滚针轴承4,也可镶衬套。在挺柱的顶端拧入供油定时调整螺钉7和锁紧螺母8。

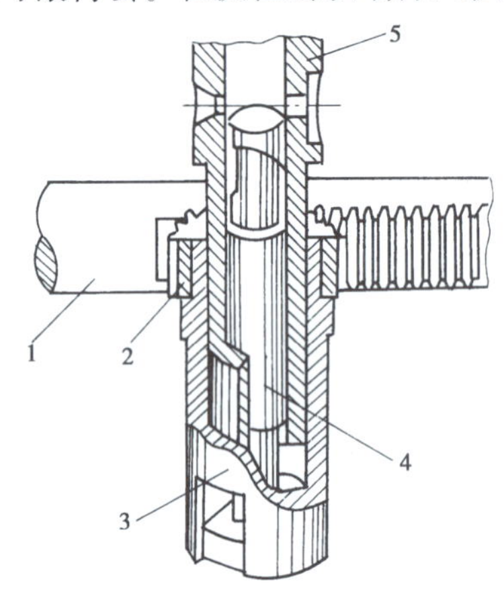

图5-18　齿杆式油量调节机构

1-调节齿杆;2-调节齿圈;3-控制套筒;4-柱塞;5-柱塞套

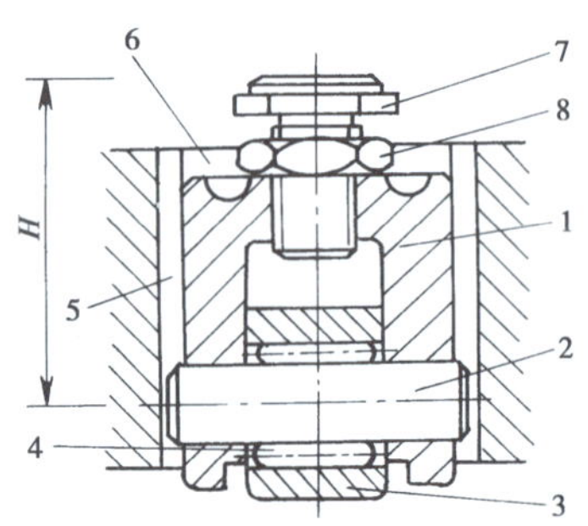

图5-19　挺柱

1-挺柱;2-滚轮销;3-滚轮;4-滚针轴承;5-定位长槽;6-挺柱孔;7-调整螺钉;8-锁紧螺母

(2)A型喷油泵工作原理。

①驱动柱塞过程。当喷油泵凸轮轴转动时,若挺柱滚轮在凸轮的基圆面上滚动,柱塞就停在柱塞下止点位置。当滚轮滚到凸轮的上升段时,凸轮推动挺柱,挺柱再推动柱塞上移,同时将柱塞弹簧压缩。当滚轮滚到凸轮的顶弧上时,柱塞到达柱塞上止点。随后滚轮在凸轮的下降段滚动,柱塞弹簧则推压柱塞,柱塞又推压挺柱下移,直到滚轮又滚到凸轮的基圆面上,柱塞又回到柱塞下止点位置。

②泵油过程。当柱塞顶面下移至柱塞套油孔5以下,随柱塞下移直到下止点,柴油从喷油泵的低压油腔经油孔5充入柱塞顶部的空腔或称柱塞腔(图5-20a)。当柱塞从下止点上移的过程中,将部分柴油从柱塞腔经油孔5挤回低压油腔,这一过程一直延续到柱塞顶面将油孔的上边缘封闭为止(图5-20b)。此后,柱塞继续上移,压油过程开始,柱塞腔内的油压骤然增高,克服出油阀弹簧8的预紧力,将出油阀7顶起。当出油阀密封锥面已经离开出油阀座,但减压环带尚在出油阀座孔内时,喷油泵仍然不能供油。仅当减压环带全部离开出油阀座孔之后,高压柴油才能经出油阀上的切槽供入高压油管,并经喷油器喷入燃烧室(图5-20c)。当柱塞上移至图5-20d)所示位置时,柱塞上的螺旋槽3将油孔5的下边缘打开,此时柱塞腔内的高压柴油经柱塞上的直槽4、螺旋槽3和油孔5流回喷油泵的低压油腔,柱塞腔油压降低,出油阀在其弹簧力的作用下落座,供油终止。当出油阀落座时,减压环带的下边缘首先进入出油阀座孔,此时高压油管与柱塞腔的通路被切断,使高压油管燃油不能回流到柱塞腔。当出油阀完全

落座之后,高压管路系统的容积因为空出减压环带以上的体积而增大,致使高压管路系统内的油压迅速膨胀而降低,喷油器立即停止喷油,从而可以避免喷油器滴漏和其他不正常喷射现象的发生。

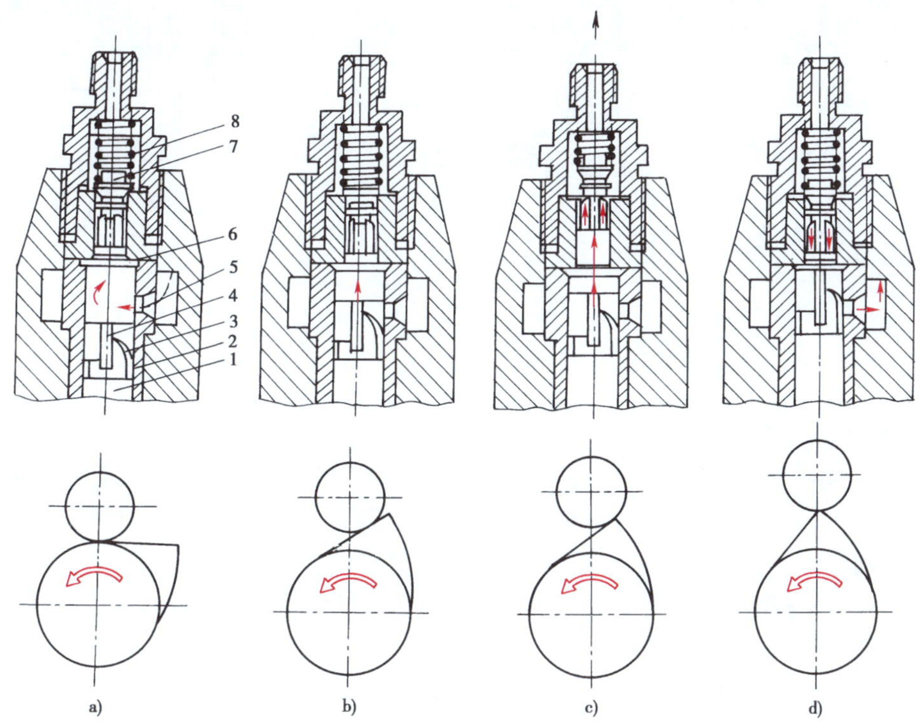

图 5-20　柱塞式喷油泵泵油原理示意图

1-柱塞;2-柱塞套;3-螺旋槽;4-直槽;5-柱塞套油孔;6-出油阀座;7-出油阀;8-出油阀弹簧

柱塞从下止点移动到上止点所经过的距离称为柱塞的几何行程,而从柱塞顶面封闭柱塞套油孔开始到柱塞螺旋槽打开柱塞套油孔位置,这一段实际供油的柱塞行程称为有效行程。柱塞有效行程越大,供油持续时间越长,喷油泵循环供油量就越多。

③供油量的调节。当供油量调节机构的调节齿杆拉动柱塞转动时,柱塞上的螺旋槽与柱塞套油孔之间的相对位置发生变化,从而改变柱塞的有效行程(图 5-21)。当柱塞上的直槽对正柱塞套油孔时,柱塞有效行程为零,这时喷油泵不供油(图 5-21a)。当按图 5-21 中箭头所示方向拉动调节齿杆 6 时,调节齿圈 11 按箭头方向转动,则柱塞有效行程增加,循环供油量就增多(图 5-21b、c)。如果朝相反方向拉动调节齿杆,则柱塞有效行程减小,循环供油量减少。

④供油定时的调节。供油定时是指喷油泵相对汽缸内活塞的工作位置有正确的供油时刻,而供油时刻用供油提前角表示。供油提前角是指从柱塞顶面封闭柱塞套油孔使出油阀开始供油起到活塞上止点为止曲轴所转过的角度。各缸供油提前角的调节方法是,调节各缸挺柱调节螺钉伸出挺柱体外的高度 H(图 5-19)。挺柱的高度 H 增加,柱塞位置升高,供油提前。反之拧入调整螺钉,供油提前角减小。这种调节只是用来补偿加工和装配误差,调节幅度很小。欲同时或较大幅度地改变各缸供油提前角,须借助于供油提前器。

3)P 型喷油泵结构特点

P 型喷油泵的工作原理与 A 型喷油泵基本相同,但是在结构上却有很大的区别,有以下明显特征。

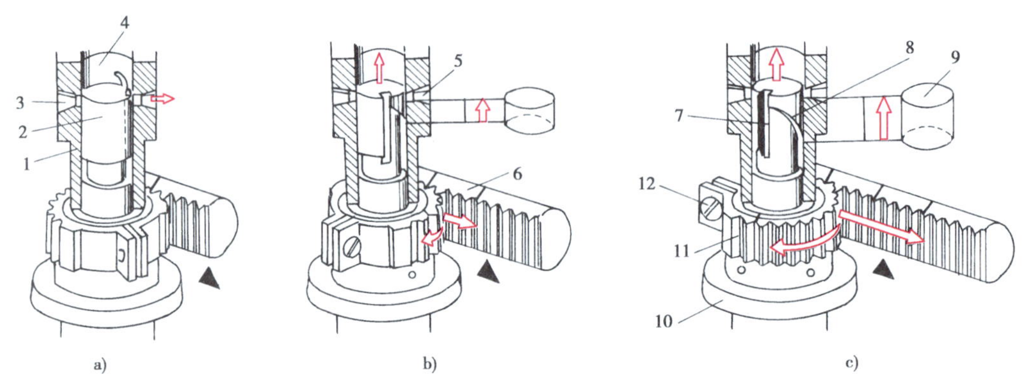

图 5-21　循环供油量的调节

1-柱塞套;2-柱塞;3、5-柱塞套油孔;4-柱塞腔;6-调节齿杆;7-直槽;8-螺旋槽;9-循环供油量容积;10-控制套筒;11-调节齿圈;12-调节齿圈紧固螺钉

(1)箱形封闭式喷油泵体。P 型喷油泵采用不开侧窗口的箱形封闭式喷油泵体,由此提高喷油泵体的刚度,可以承受较高的喷油压力而不发生变形,以适应柴油机不断向大功率、高转速强化的需求。

(2)吊挂式柱塞套。喷油泵柱塞 5(图 5-22)和出油阀偶件 3 都装在有连接凸缘的柱塞套 4 内,当拧紧柱塞套顶部的出油阀紧座 1 之后,柱塞偶件和出油阀偶件构成一个独立的组件。然后用柱塞套紧固螺栓 14 将柱塞套凸缘紧固在泵体的上端面上,形成吊挂式结构。这种结构改善了柱塞套和喷油泵体的受力状态。

P 型喷油泵的柱塞顶部开有起动槽 3。当柱塞处于起动位置时,此槽与柱塞套油孔相对,在柱塞上移到起动槽的下边缘封闭油孔时开始供油。由于起动槽的下边缘低于柱塞顶面,因此供油迟后,供油提前角减小。这使喷油时汽缸温度较高,柴油喷入汽缸容易着火燃烧,有利于柴油机低温起动。

在柱塞套油孔的外面装有导流罩 16(图 5-22)。当柱塞供油结束时,高压柴油以很高的速度(音速)经柱塞套油孔流回低压油腔,并强烈地冲击喷油泵体,使其发生穴蚀。导流罩可以防止喷油泵体穴蚀的发生。

(3)钢球式油量调节机构。P 型喷油泵的油量调节机构包括调节拉杆 7、控制套筒 8 和嵌入调节拉杆凹槽中的钢球 6。柱塞上的榫舌 9 嵌入控制套筒的豁口中(图 5-22)。移动调节拉杆,通过钢球带动控制套筒使柱塞转动,从而改变供油量。这种油量调节机构结构简单、工作可靠、配合间隙小。

(4)压力润滑。利用柴油机润滑系统主油道内的机油对各润滑部位施行压力式润滑。

P 型泵各缸供油提前角是通过调整柱塞套凸缘下面调节垫片 15(图 5-22)的厚度来调节的。各缸供油量均匀性,则通过转动柱塞套 4 来调节。柱塞套凸缘上的螺栓孔是长圆孔,拧松紧固螺栓 14,柱塞套可绕其轴线转动 10°左右。当转动柱塞套时,改变了柱塞套油孔与柱塞的相对位置,从而改变了柱塞的有效行程,即改变了循环供油量。

4)供油提前器

供油提前器就是指喷油泵供油提前角的自动调节装置。

喷油提前角对柴油机性能有很大的影响,喷油提前角过大或过小均使柴油机的动力性和经济性恶化。但是机械式喷射系统不能直接控制喷射时刻,因此只能通过供油时刻来间接地控制喷射时刻。一般最佳供油提前角随柴油机转速和负荷而变化:转速越高,负荷越大,最佳供油提前角相应地越大。

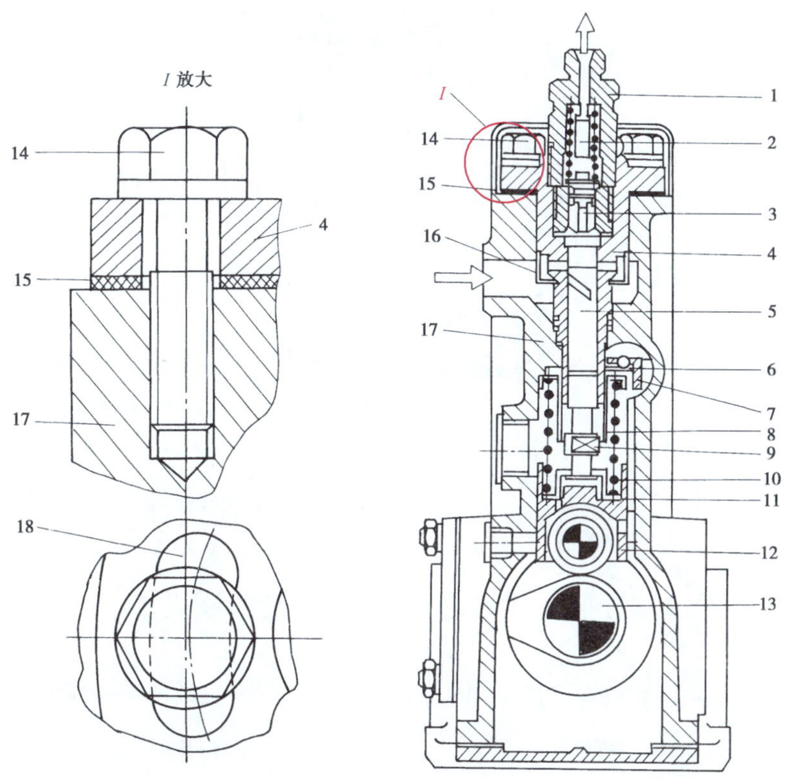

图 5-22 P 型喷油泵

1-出油阀紧座;2-减容器;3-出油阀偶件;4-柱塞套;5-柱塞;6-钢球;7-调节拉杆;8-控制套筒;9-柱塞榫舌;10-柱塞弹簧;11-弹簧座;12-挺柱;13-凸轮轴;14-柱塞套紧固螺栓;15-调节垫片;16-导流罩;17-喷油泵体;18-柱塞套凸缘上的螺栓孔

汽车柴油机的转速和负荷都在很大范围内变化,所以机械式喷射系统的柴油车都装有供油提前器。这样,当柴油机工况发生变化时,能自动调节供油提前角,使喷油泵始终保持最佳供油时刻。

图 5-23 表示一种机械式喷油提前装置。整个装置由防护罩 9 密封,其内部包括主动盘 6 和从动盘 1。主动盘凸缘 5 的外侧有两个传动爪 B,它们与喷油泵的驱动轴刚性连接。主动盘凸缘的内侧固定有两个传动销 4 和 7。在传动销的圆柱面上加工有平凹坑,作为提前器弹簧 8 的支座。从动盘 1 与喷油泵凸轮轴刚性连接,其上固定有两个飞锤销 2,在飞锤销的圆柱面上也加工有平凹坑作为弹簧 8 的另一端支座。飞锤 3 上的销孔套在飞锤销上。弹簧 8 支撑在传动销与飞锤销之间,并使飞锤的圆弧面压紧在传动销上。可见,主动盘与从动盘之间为弹性连接,并能相互转动一定的角度。

当柴油机恒速运行时,喷油泵驱动轴通过主动盘凸缘 5、传动销 4 和 7、飞锤圆弧面 10、飞锤销2和从动盘1来驱动喷油泵凸轮轴。

若转速升高,则飞锤的离心力 F_f 克服弹簧力使飞锤向外张开。当飞锤的圆弧面沿传动销由内向外滑动时,便带动从动盘或喷油泵凸轮轴相对于主动盘或喷油泵驱动轴顺喷油泵旋转方向转过一定角度,从而使供油提前。供油提前器的调节范围为0°~10°。

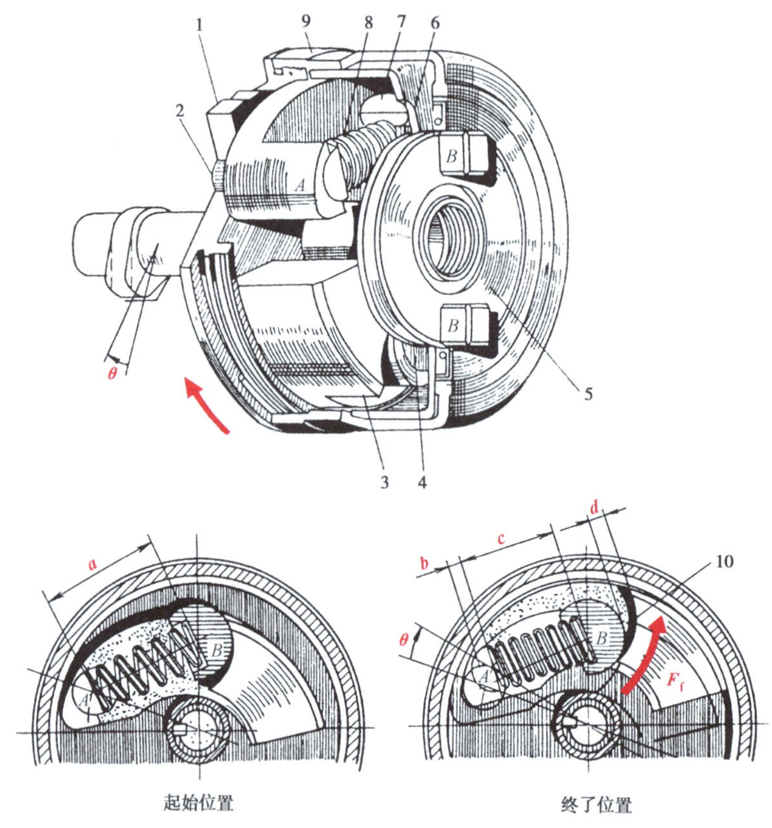

图5-23 机械式自动喷油提前器

1-从动盘;2-飞锤销;3-飞锤;4、7-传动销;5-主动盘凸缘;6-主动盘;8-提前器弹簧;9-防护罩;10-飞锤圆弧面;*a*-起始时弹簧长度;*b*-终了时飞锤销的移动距离;*c*-终了时弹簧长度;*d*-终了时飞锤移动距离;*θ*-提前角调节范围;F_f-飞锤离心力

2. VE型分配泵

常见的分配式喷油泵简称分配泵,有德国博世公司的VE型分配泵,为单柱塞式,又称轴向压缩式。

分配泵与柱塞式喷油泵相比,有许多特点:

(1)分配泵结构简单,零件少、体积小、质量轻,使用中故障少,容易维修。

(2)分配泵精密偶件加工精度高,供油均匀性好,因此不需要进行各缸供油量和供油定时的调节。

(3)分配泵的运动件靠喷油泵体内的柴油进行润滑和冷却,因此,对柴油的清洁度要求很高。

(4)分配泵凸轮的升程小,有利于提高柴油机转速。

1)VE型分配泵结构

VE 型分配泵由驱动机构、二级滑片式输油泵、高压分配泵头和电磁式断油阀等部分组成。此外，机械式调速器和液压式供油提前器也安装在分配泵体内（图 5-24）。

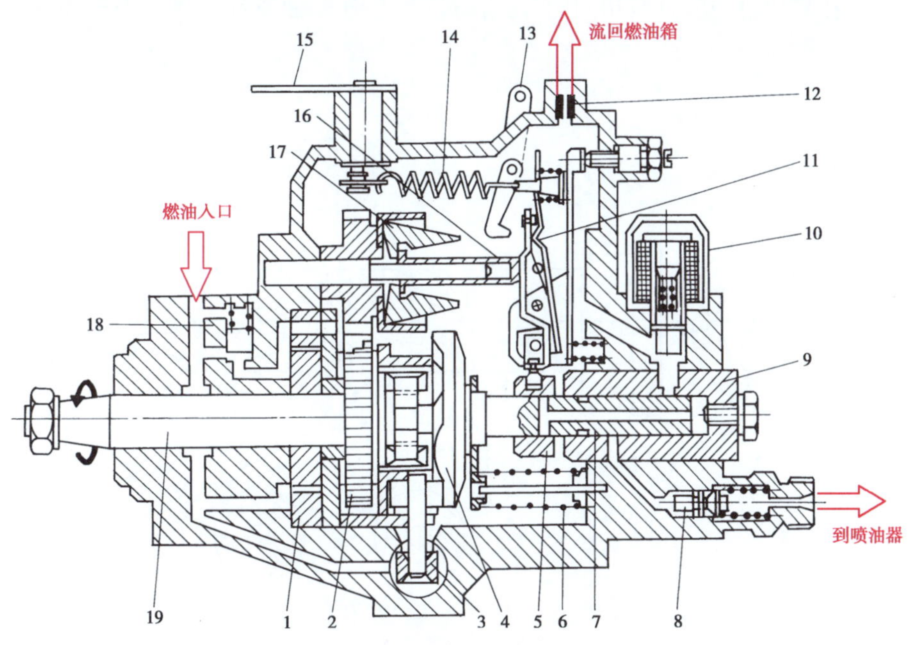

图 5-24　VE 型分配泵

1-二级滑片式输油泵；2-调速器驱动齿轮；3-液压式喷油提前器；4-平面凸轮盘；5-油量调节套筒；6-柱塞弹簧；7-分配柱塞；8-出油阀；9-柱塞套；10-断油阀；11-调速器张力杠杆；12-溢流节流孔；13-停车手柄；14-调速弹簧；15-调速手柄；16-调速套筒；17-飞锤；18-调压阀；19-驱动轴

驱动轴 19 由柴油机曲轴定时齿轮驱动。驱动轴带动二级滑片式输油泵 1 工作，并通过调速器驱动齿轮 2 带动调速器轴旋转。在驱动轴的右端通过联轴器 21（图 5-25）与平面凸轮盘 4 连接，利用平面凸轮盘上的传动销带动分配柱塞 7（图 5-24）。柱塞弹簧 6 将分配柱塞压紧在平面凸轮盘上，并使平面凸轮盘压紧滚轮 22（图 5-25）。滚轮轴嵌入静止不动的滚轮架 20 上。当驱动轴 19 旋转时，平面凸轮盘与分配柱塞同步旋转，而且在滚轮、平面凸轮和柱塞弹簧的共同作用下，凸轮盘还带动分配柱塞在柱塞套 9 内作往复运动。柱塞的往复运动使压油腔内柴油增压，旋转运动则向各缸进行柴油分配。

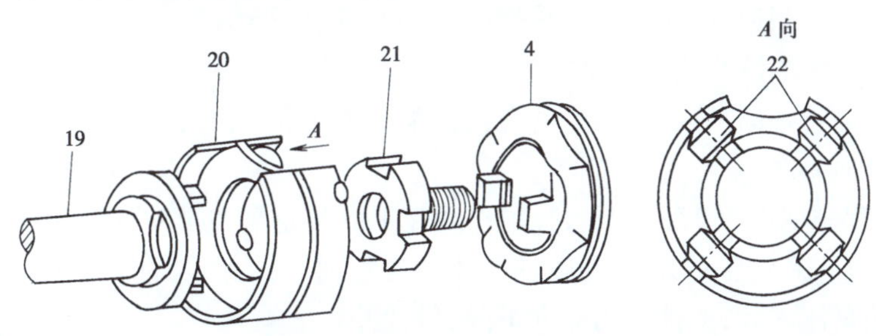

图 5-25　滚轮、联轴器及平面凸轮

20-滚轮架；21-联轴器；22-滚轮（其余图注同图 5-24）

凸轮盘上平面凸轮的数目与柴油机汽缸数相同。分配柱塞的结构如图 5-26 所示。在分配柱塞1的中心加工有中心油孔3，其右端与柱塞腔相通，而左端与泄油孔2相通。分配柱塞上还加工有燃油分配孔5、压力平衡槽4和数目与汽缸数相同的进油槽6。柱塞套9(图5-24)上有一个进油孔和数目与汽缸数相同的分配油道，每个分配油道都连接一个出油阀8和一个喷油器。

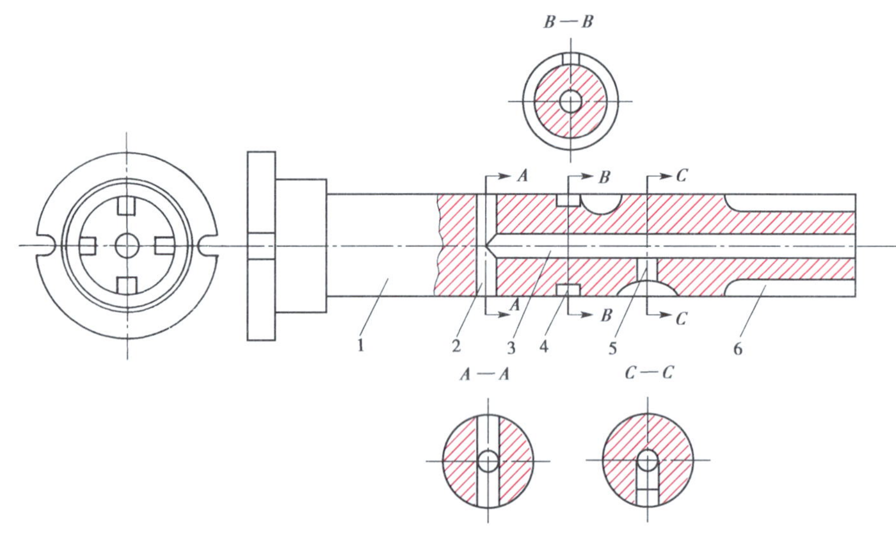

图5-26 分配柱塞

1-分配柱塞;2-泄油孔;3-中心油孔;4-压力平衡槽;5-燃油分配孔;6-进油槽

2)VE型分配泵的工作过程

VE型分配泵的工作如图5-27所示，分为4个过程：

(1)进油过程。如图5-27a)所示，当平面凸轮盘12的凹下部分转至与滚轮13接触时，柱塞弹簧将分配柱塞14由右向左推移至柱塞下止点位置，这时分配柱塞上的进油槽3与柱塞套20上的进油孔2连通，柴油自喷油泵体19的内腔经进油道17进入柱塞腔4和中心油孔10内。

(2)泵油过程。如图5-27b)所示，当平面凸轮盘由凹下部分转至凸起部分与滚轮接触时，分配柱塞在凸轮盘的推动下由左向右移动。在进油槽转过进油孔的同时，分配柱塞将进油孔封闭，这时柱塞腔4内的柴油开始增压。与此同时，分配柱塞上的燃油分配孔18转至与柱塞套上的一个出油孔8相通，高压柴油从柱塞腔经中心油孔、燃油分配孔、出油孔进入分配油道7，再经出油阀6和喷油器5喷入燃烧室。

平面凸轮盘每转一周，分配柱塞上的燃油分配孔依次与各缸分配油道接通一次，即向柴油机各缸喷油器供油一次。

(3)停油过程。如图5-27c)所示，分配柱塞在平面凸轮盘的推动下继续右移，当柱塞上的泄油孔11移出油量调节套筒15并与喷油泵体内腔相通时，高压柴油从柱塞腔经中心油孔和泄油孔流进喷油泵体内腔，柴油压力立即下降，供油停止。

从柱塞上的燃油分配孔18与柱塞套上的出油孔8相通的时刻起，至泄油孔11移出油量调节套筒15的时刻为止，这期间分配柱塞所移动的距离为柱塞有效供油行程。显然，有效供油行程越大，供油量越多。移动油量调节套筒即可改变有效供油行程，向左移动油量调节套筒,停油时刻提前,有效供油行程缩短,供油量减少;反之,向右移动油量调节套筒,供油量增加。油量调节套筒的移动由调速器操纵。

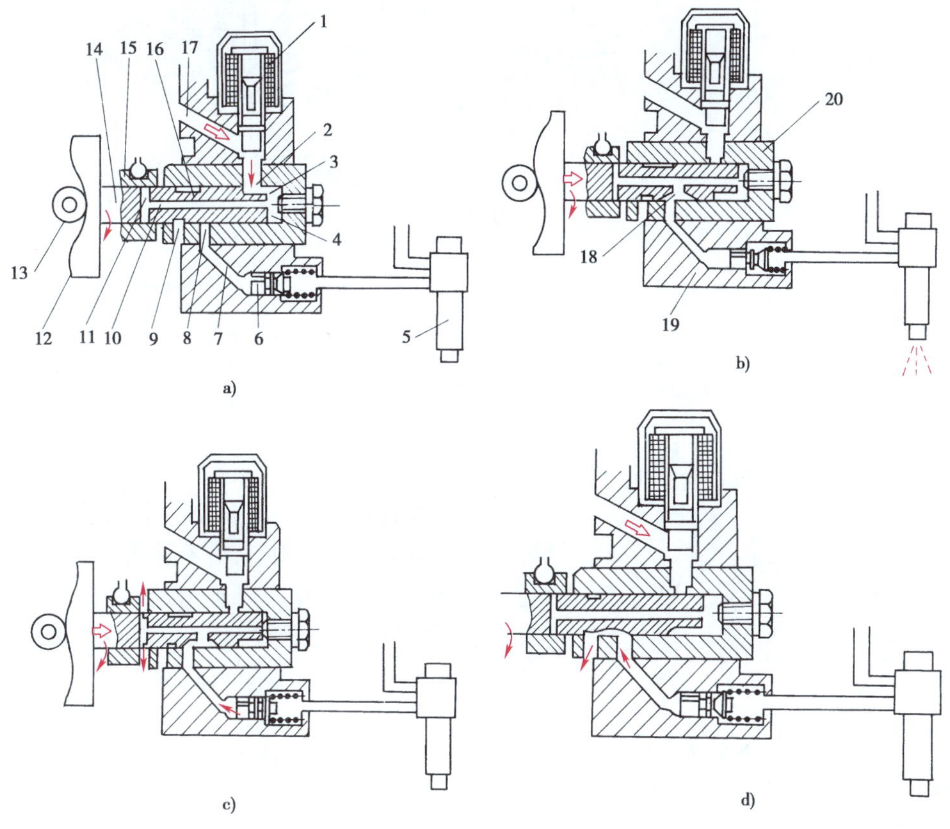

图 5-27　VE 型分配泵的工作过程

a)进油过程;b)泵油过程;c)停油过程;d)压力平衡过程

1-断油阀;2-进油孔;3-进油槽;4-柱塞腔;5-喷油器;6-出油阀;7-分配油道;8-出油孔;9-压力平衡孔;10-中心油孔;11-泄油孔;12-平面凸轮盘;13-滚轮;14-分配柱塞;15-油量调节套筒;16-压力平衡槽;17-进油道;18-燃油分配孔;19-喷油泵体;20-柱塞套

(4)压力平衡过程。如图 5-27d 所示,分配柱塞上设有压力平衡槽 16,在分配柱塞旋转和移动过程中,压力平衡槽始终与喷油泵体内腔相通。在某一汽缸供油停止之后,且当压力平衡槽转至与相应汽缸的分配油道连通时,分配油道与喷油泵体内腔相通,于是两处的油压趋于平衡。在柱塞旋转过程中,压力平衡槽与各缸分配油道逐个相通,致使各分配油道内的压力均衡一致,从而可以保证各缸供油的均匀性。

3)电磁式断油阀

VE 型分配泵装有电磁式断油阀,其电路和工作原理如图 5-28 所示。起动时,将起动开关 2 旋至 ST 位置,这时来自蓄电池 1 的电流直接流过电磁线圈 4,在线圈中产生的电磁力压缩回位弹簧 5,将阀门 6 吸起,进油孔 7 开启。

柴油机起动之后,将起动开关旋至 ON 位置,这时电流经电阻 3 流过电磁线圈,电流减小,但由于有油压的作用,阀门仍然保持开启状态。

当柴油机停机时,将起动开关旋至 OFF 位置,这时电路断开,阀门在复位弹簧的作用下关闭，从而切断油路，停止供油。

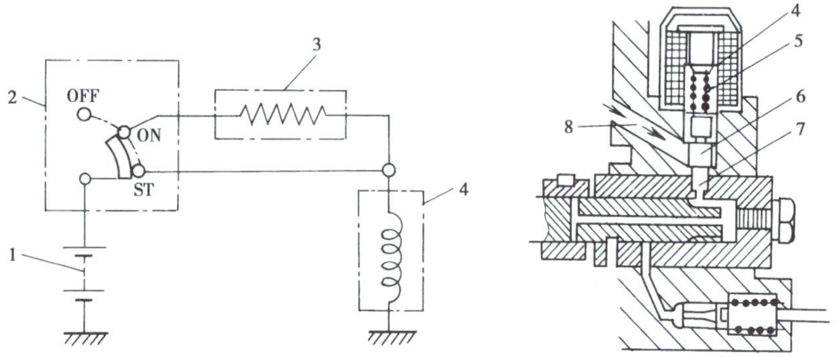

图 5-28　电磁阀式断油阀电路及其工作原理

1-蓄电池；2-起动开关；3-电阻；4-电磁线圈；5-复位弹簧；6-阀门；7-进油孔；8-进油道

4）液压式喷油提前器

在 VE 型分配式喷油泵体的下部安装有液压式喷油提前器，其结构如图 5-29 所示。

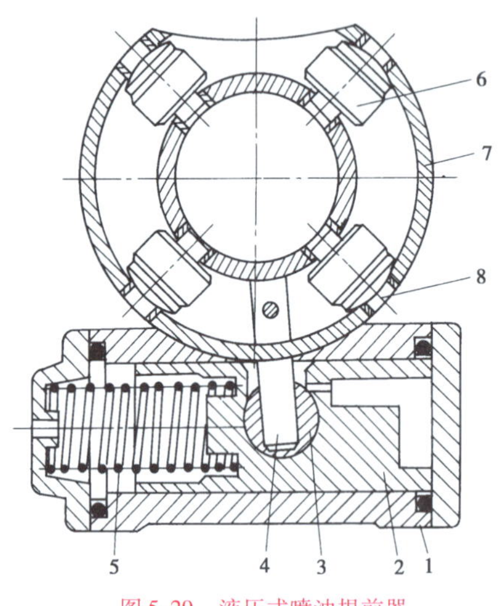

图 5-29　液压式喷油提前器

1-壳体；2-活塞；3-连接销；4-传力销；5-弹簧；6-滚轮；7-滚轮架；8-滚轮轴

在喷油提前器壳体 1 内装有活塞 2，活塞左端与二级滑片式输油泵的入口相通，并有弹簧 5 压在活塞上。活塞右端与喷油泵体内腔相通，其压力等于二级滑片式输油泵的出口压力。当柴油机在某一转速下稳定运转时，作用在活塞左、右端的力相等，活塞处于某一平衡位置。若柴油机转速升高，二级滑片式输油泵的出口压力增大，作用于活塞右端的压力随之增加，推动活塞向左移动，并通过连接销 3 和传力销 4 带动滚轮架 7 绕其轴线转动一定的角度，直至活塞两端的压力重新达到平衡为止。滚轮架的转动方向与平面凸轮盘的旋转方向正好相反，使平面凸轮提前一定角度与滚轮接触，供油时刻提前。反之，若柴油机转速降低，则二级滑片式输油泵的出口压力也随之降低，作用于活塞右端的压力减小，活塞向右移动，并带动滚轮架向着平面凸轮盘旋转的同一方向转过一定的角度，使供油提前角减小。

三、调速器

1. 调速器的必要性

对机械柱塞式喷油泵，当拉杆位置不变，柱塞有效行程一定时，随转速的升高，因柱塞和柱塞套进回油孔之间的节流作用，柱塞在压油过程中尚未关闭进油孔，压油过程提前；在回油过程中即便是柱塞斜槽和回油孔连通，回油时刻也迟后，同时柱塞偶件间隙漏油量也随转速升高而减小。所以尽管喷油泵拉杆位置一定，但随发动机转速的提高供油量增加。

由于机械式柱塞泵具有上述速度特性，因此在不操作拉杆位置的条件下，当外界阻力减小时，发动机转速增加，喷油泵根据其速度特性循环供油量增多，发动机输出转矩增加，发动机转速进一步升高。因此如果不加以调节,将会造成发动机高速飞车现象;当外界阻力增加,发动机转速降低,喷油泵供油量减少,输出转矩进一步降低,从而克服不了外界阻力,转速继续降低,最终造成低速熄火。为了保证发动机在外界阻力变化的条件下能稳定工作,必须需要调速器以自动调节发动机转速稳定。

所以,调速器的功用就是根据柴油机负荷的变化,自动调节喷油泵的供油量,使柴油机转速保持稳定。

根据调速器起作用的转速范围不同,将机械式调速器分类为单程式调速器、两极式调速器和全程式调速器三种。单程式调速器用于发电用发动机等使用转速固定的发动机,车用发动机常用两速式调速器,而工程机械用柴油机常用全程式调速器。

随着柴油机电控技术的发展,电控位置式喷射系统曾采用电控调速器,主要采用步进电动机或磁电动机,用事先在 ECU 中标定的 MAP 图随发动机转速控制供油量。

近年来,车用柴油机采用高压共轨、泵喷嘴等时间-压力式控制系统以后,直接采用控制 MAP 图来进行喷射量的控制,不再需要调速器了。但是,机械式调速器在前期柴油机实际应用和发展过程中做出不可或缺的重要贡献,故在此做简单介绍。

2. 两极式调速器

两极式调速器只在车用柴油机最高转速和怠速时起作用,而在最高转速和怠速之间的其他转速范围不起作用,由驾驶人控制柴油机转速的变化。

图 5-30 表示的德国 Bosch 公司生产的 RQ 型两极式调速器,主要由感应部件、传动部件和

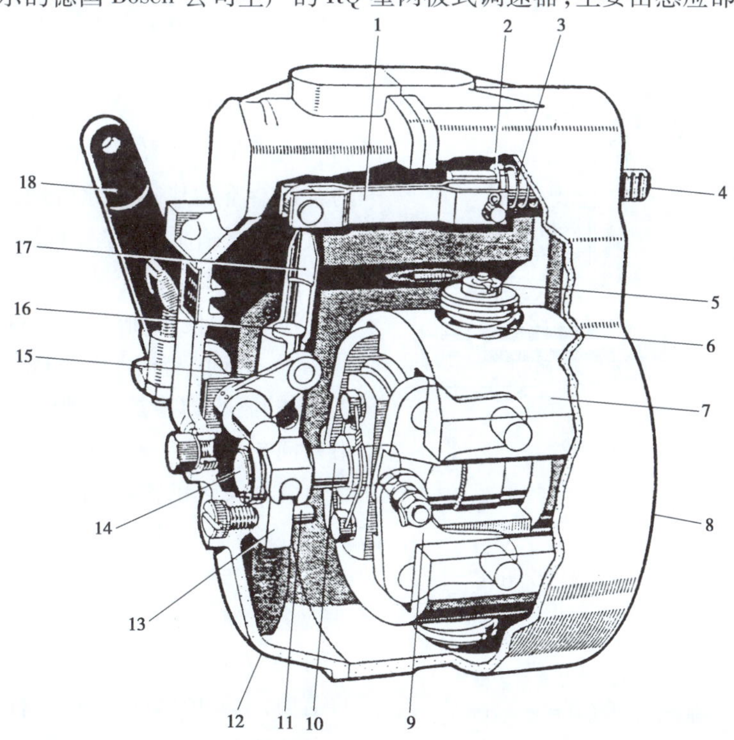

图 5-30　RQ 型两极式调速器

1-连接杆;2-弹簧座;3-间隙补偿弹簧;4-供油量调节齿杆;5-调节螺母;6-调速器外弹簧;7-飞锤;8-调速器壳体;9-角形杠杆;10-调速套筒;11-导向销;12-调速器盖;13-导向挡块;14-滑动销;15-摇杆;16-滑块;17-调速杠杆;18-调速手柄

附加装置组成。其中感应部件由飞锤、内中外弹簧等构成，主要感知发动机转速的变化，并发出相应的信号；传动部件由角形杠杆、调速套筒、调速杠杆、连接杆（油门拉杆）以及停车挡块和最高速挡块等构成，主要根据感应部件发出的转速信号进行供油量的调节。

飞锤3通过角形杠杆18、调速套筒22、调速杠杆15、连接杆2与油泵的供油量调节齿杆1连接。飞锤内的外弹簧9为怠速弹簧，中弹簧8和内弹簧7为高速弹簧。图5-31表示RQ型两极式调速器速度感应件（飞锤）的不同工作位移。

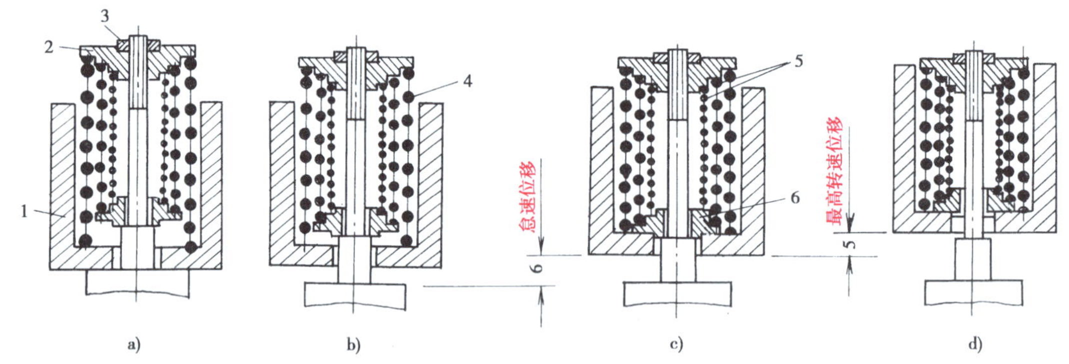

图5-31 RQ型两极调速器飞锤的位移

1-飞锤；2-外弹簧座；3-调节螺母；4-怠速弹簧；5-高速弹簧；6-内弹簧座

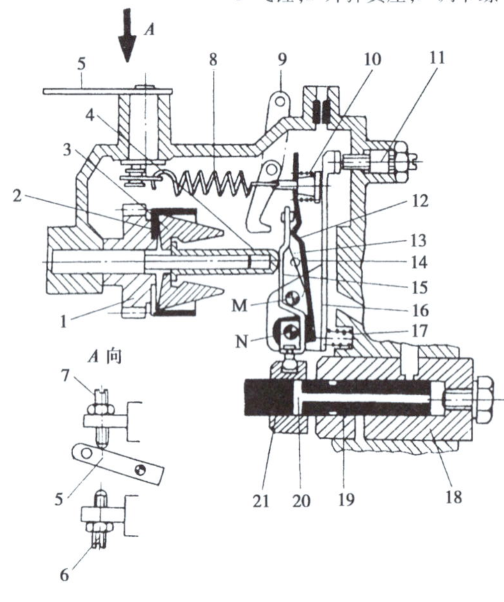

图5-32 VE型分配泵全速调速器结构图

1-调速器传动齿轮；2-飞锤支架；3-飞锤；4-调速套筒；5-调速手柄；6-怠速调节螺钉；7-最高速限止螺钉；8-调速弹簧；9-停车手柄；10-怠速弹簧；11-最大供油量调节螺钉；12-张力杠杆；13-起动弹簧；14-张力杠杆挡销；15-起动杠杆；16-导杆；17-复位弹簧；18-柱塞套；19-分配柱塞；20-泄油孔；21-供油量调节套筒；M-导杆支撑销轴（固定）；N-起动杠杆、张力杠杆及导杆支撑销轴（可动）

怠速转速是通过图5-31所示的调节螺母来调节怠速弹簧4预紧力来调节的，当柴油机转速升高，飞锤外移到与内弹簧座接触为止（图5-32b、c）。内弹簧弹力设定较高，在中速范围内飞锤离心力不足以克服内弹簧力。所以，在中速范围内调速器不起作用。此时通过驾驶人控制手柄位置（加速踏板）来控制供油量调节齿杆位置。当汽车需要最高车速行驶时，将调速手柄置于最高速挡块，使供油量调节齿杆处于全负荷供油量位置，此时柴油机转速从中速升高到最高速，飞锤的离心力增加，克服全部调速器弹簧的作用力向外飞至一个新的位置上（图5-32d）。在此位置上飞锤的离心力与弹簧作用力达到新的平衡，同时供油量调节齿杆位置向减油方向移动，从而防止柴油机高速飞车。

3. 全程调速器

图5-32表示用于VE型分配泵的全程调速器的结构，主要由感应部件、杠杆系统、控制系统以及附加装置组成。其中，感应部件由4个飞锤3构成，安装在飞锤支架2上，以控制调速套筒4的移动位置。

杠杆系统包括起动杆15、张力杆12和导杆16。这三个杆都通过销轴N连在一起,并可分别绕N摆动。导杆16通过销轴M与分配泵体固定,下端与回位弹簧连接,上端靠在最大油量调节螺钉上。起动杆15下端为球体,嵌入供油量调节套筒的凹槽中。当起动杆摆动时,带动油量调节套筒移动,从而改变分配泵柱塞的有效行程。张力杆12上端通过怠速弹簧与调速弹簧连接,调速弹簧的另一端挂在调速手柄5的销轴上。

控制系统包括调速手柄5、高速限制螺钉7、怠速调节螺钉6、最大供油量调节螺钉11、怠速弹簧10、调速弹簧8以及回位弹簧17等。其中调速弹簧的一端与调速手柄连接,通过调速手柄调节调速弹簧的预紧力。

这种全程式调速器是通过手柄位置来调正调速弹簧的预紧力,使之与不同转速下的飞锤的离心力相平衡来控制发动机转速稳定。当转速升高,飞锤离心力大于原调速弹簧时,飞锤向外飞推动供油量调节套筒向左移动,供油量减少,使转速稳定;反之,柴油机转速降低时,飞锤离心力减小,调速弹簧力推动供油量调节套筒向右移动,供油量增加。由此控制柴油机转速稳定。

第四节　电子控制柴油喷射系统

一、柴油机电控喷射系统的类型

柴油机的电控技术是基于成熟的汽油机电控技术,为适应不断严格的车用柴油机排放法规要求,从20世纪80年代初期开始发展,并逐渐应用于车用柴油机上的。

柴油机虽然热效率高,经济性好,CO_2排放量少,耐久可靠,但其主要缺点是工作粗暴,且NO_x和微粒(碳烟)排放较为严重,成为污染大气环境的主要因素之一。

传统的机械式喷射系统只能通过负荷的变化控制供油量,不能直接控制喷射规律,从而不能有效控制NO_x和微粒排放而被淘汰。而柴油机的电控喷射系统具有以下几个主要特点:

①控制自由度宽,喷油量、喷射时刻、喷射规律等任意控制。

②控制精度高,直接检测控制对象进行反馈控制。

③增设自诊断系统和故障应急机能,以提高维修性和安全性。

④增设数据通信机能提高总体系统的功能。

⑤通过改变ECU的程序,易开发各种控制机能。

柴油机的电控喷射系统,适应不同时期社会环境的要求,按以下几方面得到发展:即基于机械式喷油泵的电控VE型分配泵喷射系统和TICS直列泵电控喷射系统;电控单体泵喷射系统、电控高压共轨喷射系统、电控泵喷嘴喷射系统。

从20世纪80年代初期开始发展的柴油机电控喷射技术,先后形成了两种基本类型,即位置控制型和时间控制型。到了20世纪90年代,高压共轨的时间控制型电控柴油喷射系统得到了快速发展,同时单体泵、泵喷嘴系统也得到发展。根据这些电控喷射系统的特点,将柴油机电控喷射系统的控制方式分为位置式控制、时间式控制和时间压力式控制等三种方式。

1. 位置控制型

在位置式电控柴油喷射系统中,如TICS电控直列泵和VE型电控分配泵,喷油泵和喷油器与机械式喷射系统相同,只是将机械式调速器和液压式喷油提前器分别用电磁式供油量控制装置（或步进电动机）和电磁式供油定时控制装置取代。而这两个控制装置是按照电控单元（ECU）的控制指令，通过改变供油量调节套筒的位置和喷油提前器活塞的位置来实现柴油机喷油量和喷油定时的控制。

位置式电控喷射系统与机械式喷射系统相比，控制精度和响应特性都有所提高。而且将机械式喷射系统改造为位置控制型电控系统时，柴油机的结构无需改动，生产继承性好。但是，这种系统的控制响应特性低，喷油压力和喷油规律不能独立控制。

2. 时间控制型

在早期的 VE 型分配泵上采用的时间式电控喷射系统中，仍然保留了机械式喷射系统的基本结构特点。它利用具有高响应特性的电磁溢流阀、电控单元及各种传感器进行喷油量的控制，通过供油定时控制阀调节喷油定时。这种控制系统虽然控制精度有很大提高，但喷油压力仍不能独立控制。

后期开发的时间控制型喷射系统有电控泵喷嘴系统和电控单体泵等，它们共同的特点不仅是控制方式上实现时间控制式，而且喷射压力高压化。其中，电控泵喷嘴系统是将喷油泵和喷油器作成一体，取消了高压油管。所以喷油泵的响应特性更快，即当泵喷嘴电磁式控制阀接通后喷射规律基本上取决于喷油泵的供油规律。喷射时刻和喷射量由电磁控制阀的接通时刻和通电持续时间来控制。由于泵喷嘴取消了高压油管，更容易实现喷射压力高压化，不存在高压油管及连接处漏油等问题。所以对车用柴油机，也是一种很有发展前景的喷射系统之一。

电控单体泵是一种通过发动机凸轮轴驱动设置在发动机内部的喷油泵柱塞部位，经短高压油管向喷射器供油的喷射系统。这种喷射系统是通过设置在单体泵出口端的高频电磁阀的通电时刻和通电持续时间来间接控制喷射定时和喷射量。因此喷射规律受单体泵供油规律的限制。由于单体泵也要求高压化，现最高喷射压力已达到 200MPa 以上的水平，同时高压油管比较短，所以单体泵供油响应特性，相对机械式喷射系统得到很大的改进。

3. 时间压力控制型

电控高压共轨喷射系统虽然也是时间控制式，但与单体泵和泵喷嘴不同，不仅可实现高压喷射化，而且喷射压力可柔性控制。因此这种控制方式称为时间压力式控制。

高压共轨喷射系统在结构上采用泵-管-喷嘴型，在泵和喷嘴之间设置共轨（蓄压室），因此高压油管较长，连接处较多，为高压密封带来困难。在克服和解决了高压密封的结构和材料难题、高压共轨系统中共轨压力的微小波动造成各缸喷油量不均匀问题，以及高频电磁阀的设计与制造等一系列关键技术之后，高压共轨喷射技术才得以广泛应用和普及。

由于高压共轨喷射系统的喷油压力与喷油泵转速无关，可任意调节。因此，可实现喷射压力和喷油速率的柔性控制。而且这种控制系统是在喷射压力（轨压）相对稳定的条件下控制喷油定时和喷油量的，所以可以避免传统喷油泵由于脉动供油而引起的输出峰值转矩过大和小喷油量难以稳定控制等问题。因此，高压共轨喷射系统被认为是 20 世纪发动机技术的三大突破之一。

二、位置控制式电控喷射系统

1. TICS 直列泵电控系统

1）结构特点

第一代直列式电控喷油泵，即 TICS（Timer injection control system）泵的泵体是在原 P 型泵的基础上进行改进的，所以具有与 P 型泵相似的结构特点。TICS 泵主要由控制单元、电控调速器（线性步进电动机）、滑套式可变预行程控制系统以及喷油泵等组成。

图 5-33 表示一种 TICS 电控直列泵的结构示意图，由 RED-Ⅲ型电控调速器 4、喷油定时控制器 2、离心式供油提前装置 1 以及柱塞泵 5 组成。

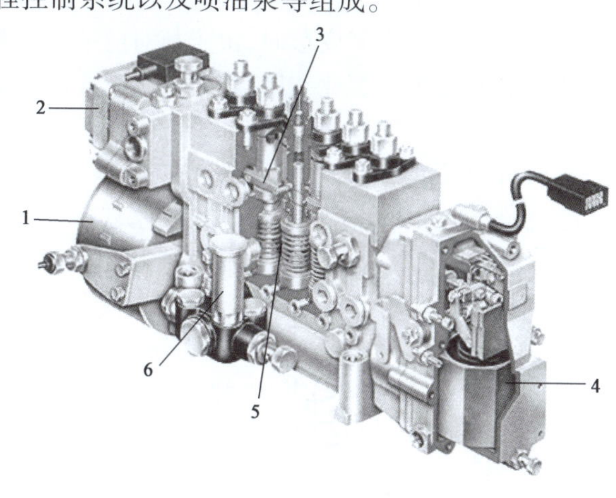

图 5-33　TICS 泵（RED-Ⅲ型调速器）

1-供油提前装置；2-喷油定时控制器；3-拉杆；4-RED-Ⅲ型电控调速器；5-柱塞；6-手油泵

（1）电控调速器。RED-Ⅲ型电控调速器是由线性步进电动机、连杆 5、供油量调节齿杆 12 及其位置传感器 4 等组成（图 5-8）。其中步进电动机由外壳 9、环状形永久磁铁 6、移动式线圈 7 以及内芯盘座 8 等构成。永久磁铁主要产生向心的磁场，而外壳和盘座形成磁路，有效地引导磁通量。可移动线圈及其套筒设在磁场中，当改变线圈中导通的电流方向时，在磁场的作用下线圈及其套筒就会上下移动。

可移动线圈的电流方向是用一种开关电路（图 5-34）由 ECU 以 1kHz 的频率进行控制。当可移动线圈套筒处于平衡状态时，开关电路中“UP”信号和“DOWN”信号比为 1:1。但是，若想要控制可移动线圈套筒上移或下移时，就得改变此“UP”信号和“DOWN”信号比，即占空比。通过改变占空比，可调整移动线圈套筒的位置，由此调节供油量。

（2）供油量调节齿杆位置传感器。齿杆位置传感器是由“E”形铁芯 1、检测线圈 4 和可动铜片 2、温度修正线圈 6 和固定铜片 5 等组成（图 5-35）。其中可动铜片是固定在齿杆末端，并滑套在“E”形铁芯的中间轴上，随齿杆同步移动。当检测线圈中流通电流时，在“E”形铁芯上产生磁场。此时在磁场中放置的随齿杆移动的可动铜片上产生电涡流，由此抵消可动铜片之前的磁场。随着铜片位置的变化，被抵消的磁场强度发生变化，所以在检测线圈中所产生的感应电压也相应地发生变化。通过检测检测线圈中感应电压的大小，来检测可动铜片即齿杆的位置。

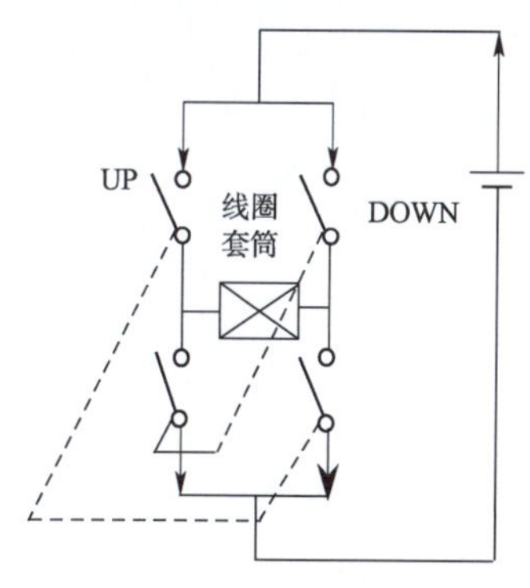

图 5-34　开关驱动电路

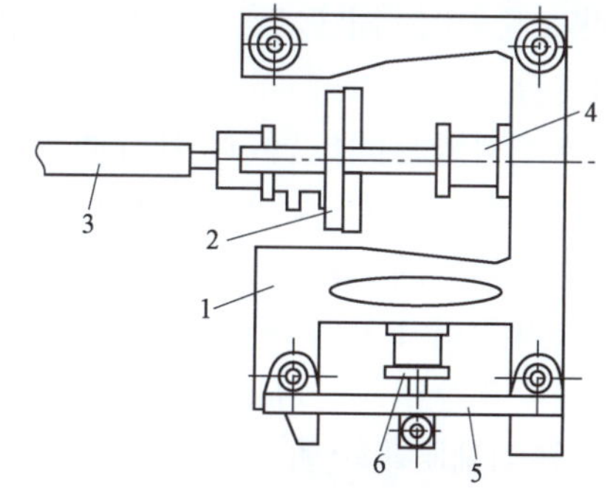

图 5-35　齿杆位置传感器

1-E 形铁芯；2-可动铜片；3-齿杆；4-检测线圈；5-固定铜片；6-温度修正线圈

当温度变化时，铜片发生膨胀变化，使可动铜片相对检测线圈的位置也发生变化。因此直接影响齿杆位置的测量精度。为此设置由固定铜板和固定线圈构成的温度修正装置。当固定铜板随温度变化而膨胀变形时，由于与对应的线圈距离发生变化，所以在温度修正线圈中的感应电压也相应地发生变化。所以，通过两个线圈感应电压之比，就可以精确地测量不同温度下的齿杆位置。

(3)滑套式可变预行程控制机构。滑套式可变预行程控制机构是在柱塞偶件上增设了一个可控制的滑套，由此取代了P型泵柱塞偶件的固定式倒挂形柱塞套。通过控制滑套3相对柱塞4的位置，可改变柱塞的预行程或供油时刻(图5-36)。滑套式可变预行程控制系统，主要由滑套控制机构、驱动器1以及滑套位置传感器等组成。其中，滑套控制机构包括套在柱塞上的可动滑套、控制滑套上下移动的调节臂和控制杆2，在控制杆上，相对各缸设置调节臂使之插入各缸滑套的对应槽中，控制杆一端为“U”形连接器与驱动轴相连接。驱动轴前端偏心设置球形销，安装时嵌入控制杆的“U”形槽中。因此，当驱动轴转动时，通过“U”形连接器带动控制杆绕其中心转动，此时通过调节臂控制滑套相对柱塞上下滑动，由此改变滑套相对柱塞的位置，以达到控制供油时刻的目的。当滑套相对柱塞上移时，柱塞的预行程增加，喷油泵供油速率提高，但是柱塞的有效行程不变，即供油量保持不变。

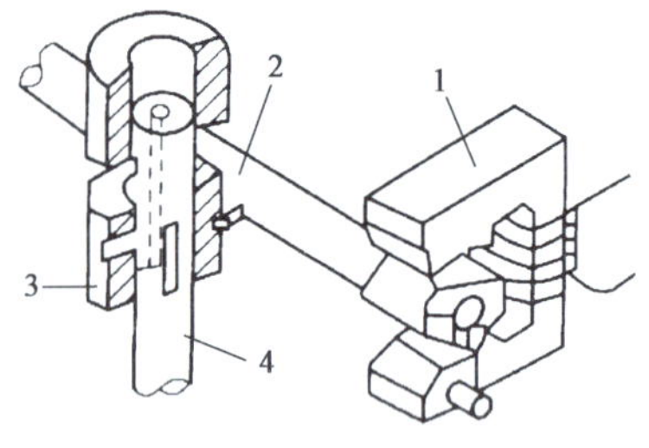

图5-36　滑套式可变预行程机构

1-驱动器;2-控制杆;3-滑套;4-柱塞

对于柱塞式直列泵，喷油泵的供油压力随转速的增加而增加，在高速时喷油速率高，喷射压力也高，而低速时往往造成喷油速率降低，喷射压力随之也降低，从而使低速工况下喷雾质量变差，导致燃烧过程恶化，使得柴油机低速性能不好，排放超标。采用TICS泵以后，低速时可以把供油范围调整到高预行程区域，使得低速时的供油速率和供油压力不至于过低；而当高速时把供油范围调到低预行程区域，这样使高速时的喷油速率和喷射压力不至于过大，保证高低速时的发动机性能。当然TICS泵在改变供油预行程的同时也改变喷油正时。一般柴油机要求高速时喷射时刻提前，低速时喷射时刻迟后。TICS泵在低速时将供油范围往高预行程方向移动，此时喷射时刻也迟后，正好与柴油机对喷油正时的要求相吻合。

为了精确控制滑套的位置(喷射时期)，在驱动轴另一端安装滑套位置传感器，由此对滑套位置进行反馈控制。滑套位置传感器的结构如图5-37所示，主要由“U”形铁芯5、可动铜环片1和检测线圈2以及固定铜环片4和温度修正线圈3等组成。可动短路铜环片直接安装在转动轴上，随转动轴同步转动。当检测线圈导通时，“U”形铁芯上产生磁场。此时在该磁场中设置的可动短路铜环片中产生电涡流，由此产生的电磁感应现象，将铜环片之前的磁场抵消，在线圈中产生相应的感应电压。可动短路铜环片随转动轴转动，对不同环片的位置，被抵消的磁场强度不同，所以在线圈中所产生的感应电压也不同。

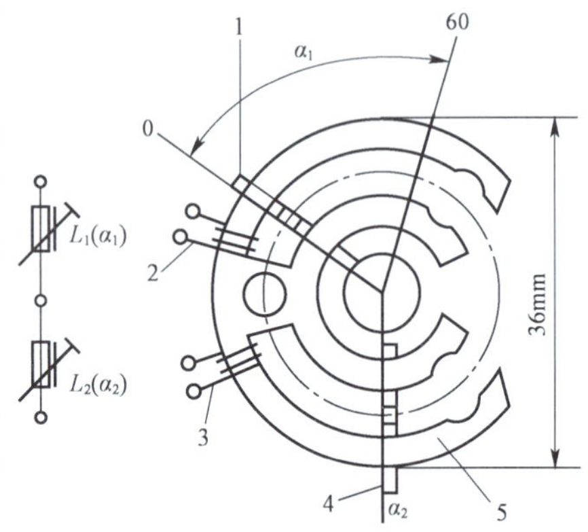

图5-37　滑套位置传感器

1-可动铜环片;2-检测线圈;3-温度修正线圈;4-固定铜环片;5-U形铁芯

因此，通过检测线圈中所产生的感应电压的大小，就可以检测滑套的位置。由于在实际工作中温度不同，所以可动短路铜环片受热变形，直接影响测量精度。因此为了消除温度变化对滑套位置测量精度的影响，在滑套位置传感器上专门设置了由固定铜环片和温度修正线圈构成的温度修正装置。当温度升高时，固定铜环片受热膨胀而改变了相对温度修正线圈的距离。因此当该线圈中流通电流时，产生与固定铜环片膨胀量相对应的感应电压。通过检测线圈和温度修正线圈的感应电压之比，可以精确地测量不同温度下的滑套位置，并以此信号作为滑套的位置信息，进行滑套位置反馈控制。

2）工作原理

（1）泵油原理。图5-38表示TICS喷油泵的泵油原理示意图。当柱塞下行使进油孔露出滑套下端时（图5-38a），由于压油室内的体积增加而产生真空，使存油室内的燃油经进油孔及柱塞内部油道进入压油室；当柱塞上行时，一开始由于进油孔未关闭，所以压油室内的燃油从进油孔回流，因此压油室内的压力不会升高；当柱塞继续上移，使进油孔和回油孔均被滑套关闭时，压油室内的压力才开始上升。进油孔和回油孔关闭的时刻为压油开始时刻（如图5-38b）。根据柱塞和滑套的相对位置，柱塞上的斜槽相对滑套上的回油孔有一定距离，这一段距离称为有效压油行程，在有效压油行程内，随柱塞的上移，压油室内的燃油向喷油器压送（图5-38c）。当柱塞继续上移使柱塞上的斜槽与回油孔相连通时，压油室内的高压燃油经柱塞内部油道及斜槽回流到存油室，使压油室内的压力迅速下降，出油阀落座，泵油过程结束（图5-38d）。

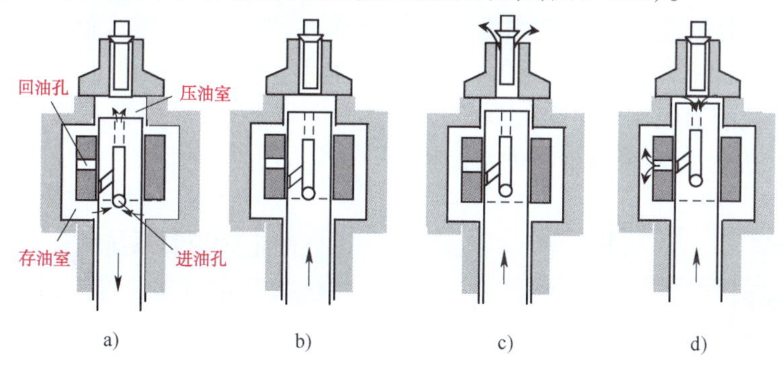

图5-38 TICS泵的工作原理

a）进油过程；b）压油过程；c）压送过程；d）回油过程

（2）喷射时期的控制。可变预行程喷油泵是通过滑套相对柱塞的位置来控制喷射定时的。当滑套控制机构控制驱动轴摆动时，滑套相对柱塞上下移动，当驱动轴旋转角度减小时，滑套相对柱塞位置下移，柱塞的压油开始时刻提前，即供油时刻提前；当驱动轴旋转角度增大时，滑套相对柱塞位置上移，压油开始时刻迟后，供油时刻延迟。

由于这种方法是通过改变滑套相对柱塞的位置来实现供油定时的控制。因此，在改变供油时刻的同时也改变了喷油泵凸轮的工作段，所以喷射速率也发生变化。

2. VE型电控分配泵喷射系统

1）结构

VE型电控分配泵喷射系统，根据其喷射量和喷射定时的控制方式不同，分为位置控制方式和时间控制方式两种。前者是在机械式VE型分配泵的基础上，取消了断油阀，并用比例电磁阀替代机械式调速器；而后者则取消机械式调速器，将原断油阀用高频电磁阀来代替。

图5-39表示位置式VE型电控分配泵喷射系统的结构原理示意图，主要由柱塞3、控制滑套1、平面凸轮2、执行器以及滑套位置传感器6等组成。其中执行器可采用线性比例电磁阀或旋转式比例电磁阀。

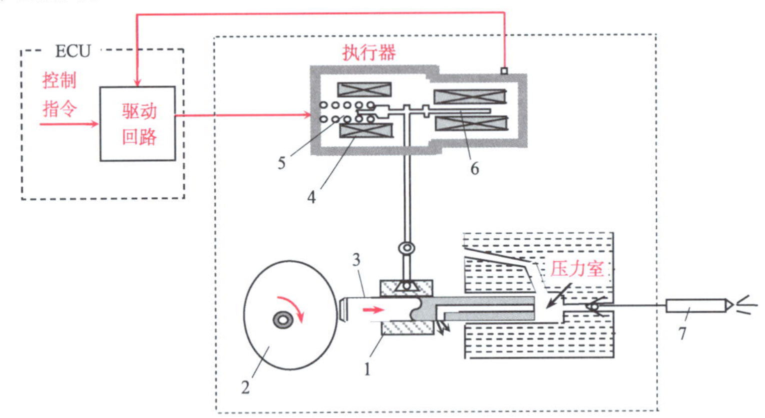

图5-39 位置式VE型电控分配泵结构原理示意图

1-油量控制滑套；2-平面凸轮；3-柱塞；4-线圈；5-复位弹簧；6-滑套位置传感器；7-喷油器

2）控制原理

（1）喷油量的控制。如图5-39所示，控制单元（ECU）根据发动机的运转条件，演算出适应该工况的目标滑套位置，并与来之滑套位置传感器的实际滑套位置进行比较，演算确定控制量后，通过输出电路将对应于控制量的控制信号（脉宽）传输到驱动电路，由驱动电路根据ECU的指令反馈控制流经比例电磁阀线圈的信号占空比，由此控制铁芯的位移，使控制滑套位置控制在目标值上，以实现目标喷油量的控制。

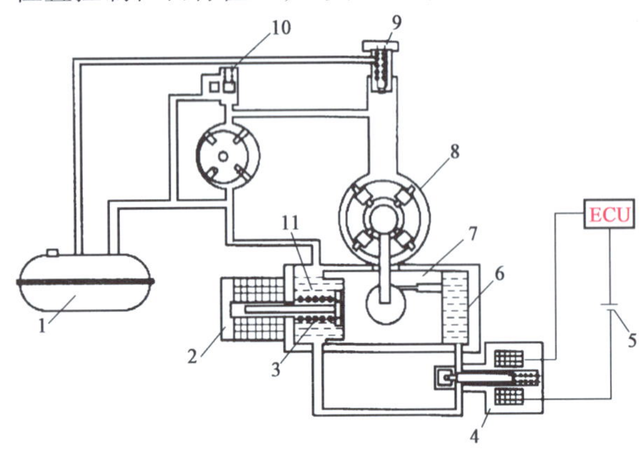

图5-40 供油定时控制系统

1-油箱；2-定时器位置传感器；3-弹簧；4-定时控制阀；5-电源；6-压力室；7-柱塞；8-滚轮；9-溢出阀；10-调节阀；11-吸油室

（2）喷射定时的控制。喷射定时是通过供油定时控制系统间接控制的，主要由定时柱塞7、定时器位置传感器2、复位弹簧3、供油定时控制阀4、滚轮8以及ECU等组成（图5-40）。定时柱塞将柱塞室分为吸油室11和压力室6，供油定时控制阀设在压力室入口处，主要控制压力室内的油压大小。当压力室内的油压发生变化时，定时柱塞的位置相应地变化，此时通过传动杆带动滚轮相应地偏转，由此调节供油时刻。通过定时柱塞位置传感器检测定时柱塞位置的变化情况，由此实现定时柱塞位置的反馈控制。

三、时间控制式电控喷射系统

柴油机时间控制式电控喷射系统，包括VE型时间控制式电控喷射系统、单体泵和泵喷嘴。

1. VE 型时间控制式电控喷射系统

1）结构特点

时间控制式 VE 型电控分配泵喷射系统如图 5-41 所示，主要由控制喷射量的高速电磁阀 2、泵角传感器 3、曲轴转角传感器 8，以及 ECU 等组成。其特点是用高频电磁阀直接控制供油定时和供油量。即通过电磁阀的关闭时刻确定供油始点，电磁阀关闭的持续时间确定供油量。

与位置控制式电控 VE 型泵相比，时间控制式电控系统具有泵体结构紧凑、控制电路简单等优点。

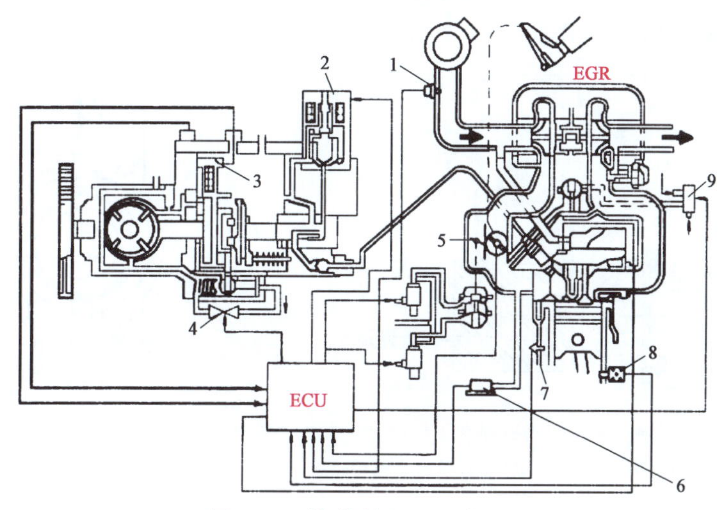

图 5-41　时间控制式 VE 型分配泵

1-进气温度传感器；2-高速电磁阀；3-转速传感器；4-供油定时控制阀；5-节流阀；6-进气压力传感器；7-冷却液温度传感器；8-曲轴转角位置传感器；9-VSV（EGR 用）

2）控制原理

（1）喷油量控制。当发动机工作时，ECU 随时检测曲轴转角和喷油泵凸轮转角信号。当发动机曲轴带动喷油泵驱动轴旋转时，喷油泵平面凸轮盘同步旋转，此时柱塞左右移动。当平面凸轮顶起柱塞向右移动时，柱塞腔开始压油。此时 ECU 通过泵角传感器检测喷油泵驱动轴的转角位置，在设定的柱塞压油（右移）时刻，关闭电磁阀，柱塞腔压油开始，并向喷油器端供油；当喷油泵驱动轴从供油开始时刻位置旋转到相当于目标喷射量的位置时，ECU 就控制电磁阀打开，使柱塞腔泄压，供油过程结束（图 5-42）。

由于喷油量取决于电磁阀的关闭持续时间，所以必须精确控制电磁阀的开启时刻和关闭时刻，为此专门设置了泵角传感器（图 5-43）。泵角传感器安装在驱动平面凸轮的滚轮环上，随滚轮环同步偏转。而有缺齿部分的泵角脉冲信号发生器则固定在驱动轴上，与驱动轴同步旋转。所以从柱塞压油开始到电磁阀开启为止的凸轮转角保持不变，这样相对供油时刻可以独立控制喷射量。一般高频电磁阀全开的响应时间为 1.1ms，全关的响应时间为 1.2ms，可满足 4 缸柴油机 5000r/min 转速的要求。

（2）喷油时刻控制。喷油时刻是通过供油时刻间接控制的。VE 型时间控制式喷射系统，直接通过设在喷油泵驱动轴上的泵角传感器信息和曲轴转角位置传感器信息，来确定供油时刻。在实际工作过程中，ECU 通过曲轴转角位置信号和泵角传感器位置信号，检测实际供油时刻，并使之换算成时间后，与目标供油时刻进行比较，演算出二者之间的差值，由此确定控制量,进行供油时刻的反馈控制。

2. 单体泵

1)单体泵电控喷油系统的结构特点

图 5-44 表示在车用柴油机上采用的一种单体泵电控喷射系统(UPS:Unit Pump System),主要由燃油箱 1、手油泵 2、燃油粗滤器 3、输油泵 4、燃油细滤器 5、单体泵 6 以及限压阀 7 等组成。其中手油泵 2 是在柴油机起动之前排除燃油系统中的空气,以便起动机工作时正常供油;输油泵 4 和限压阀 7 配合保证向单体泵供给一定压力和流量的燃油;而燃油粗滤器 3 和细滤器 5 保证向单体泵供给清洁柴油。

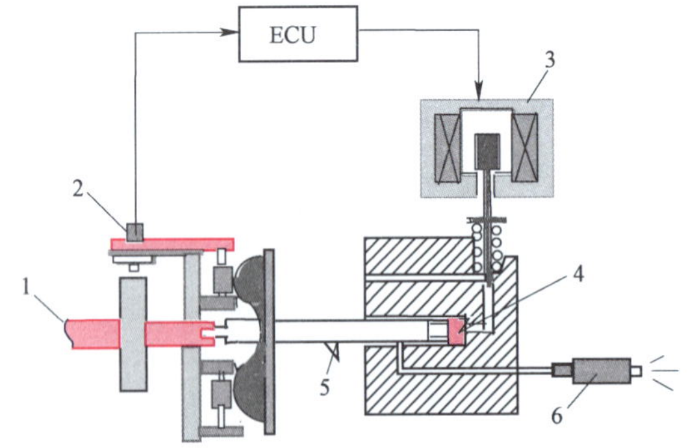

图 5-42　时间控制式 VE 型分配泵喷射量的控制

1-驱动轴;2-泵角传感器;3-高速电磁阀;4-高压室;5-柱塞;6-喷油器

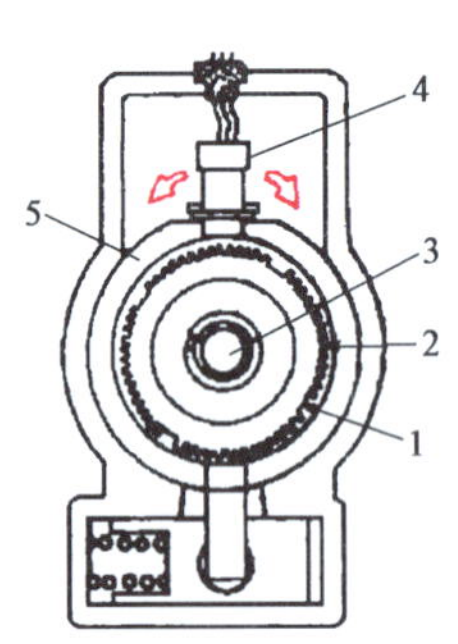

图 5-43　泵角传感器

1-缺齿部分;2-脉冲发生器;3-驱动轴;4-泵角传感器;5-滚轮环

单体泵电控喷射系统安装位置如图 5-45 所示,具有以下特点:

①各缸单体泵通过高频电磁阀 2 相对独立控制,各缸控制精度高;

②由凸轮轴 1 通过挺柱 5 直接驱动单体泵的柱塞(图 5-45),所以结构紧凑、刚性好、安装空间小;

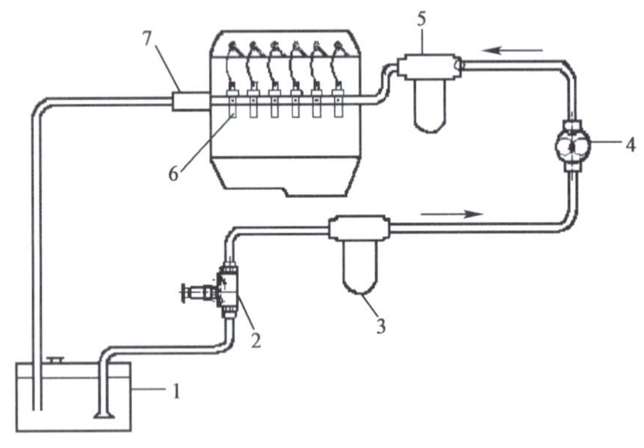

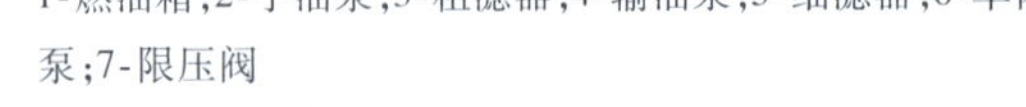

图 5-44　单体泵电控喷射系统

1-燃油箱;2-手油泵;3-粗滤器;4-输油泵;5-细滤器;6-单体泵;7-限压阀

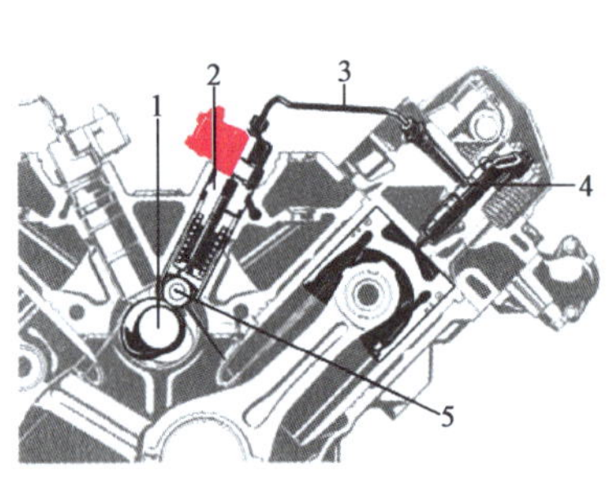

图 5-45　单体泵的安装位置及驱动

1-凸轮轴;2-单体泵;3-高压短管;4-喷油器;5-挺柱

③喷油压力可高达 200MPa;

④单体泵到喷油器 4 之间的高压油管 3 短,且标准化,所以响应特性较高;

⑤维修简单,换泵容易。

2)单体泵结构及控制原理

图5-46a)表示单体泵的结构原理示意图,主要由挺柱1、柱塞弹簧2、柱塞3、泵体4、高频电磁阀5、阀芯6等组成。其中阀芯与电磁阀铁芯固定在一起,并设置在柱塞顶端的出口端控制供油。当柴油机工作时,凸轮轴驱动柱塞上移,在某一设定时刻ECU控制电磁阀接通(ON),此时电磁阀将铁芯吸引,与铁芯固定的阀芯关闭柱塞顶端的低压油腔,同时打开高压油管(图5-46b),柱塞室的燃油随柱塞的上移压入高压油管,送到喷油器。当喷油器端的油压超过喷油器的启喷压力时,喷油器针阀升启,喷油开始,喷油量取决于电磁阀的通电持续时期。当关闭电磁阀使其OFF状态时,电磁阀铁芯在其弹簧力的作用下回位,此时阀芯打开低压油腔,则高压油管的燃油和柱塞继续上移时,所推上来的燃油均经阀芯回到低压油腔(图5-53c),高压油管压力迅速降低,喷油器停止喷射。当柱塞下移时,电磁阀保持OFF状态,则低压油腔的燃油充入柱塞室。当凸轮驱动柱塞上移,而电磁阀仍保持OFF状态时,柱塞腔的燃油在柱塞的推动下经阀芯回到低压油腔,高压油管不能建立油压,喷油器不喷油。

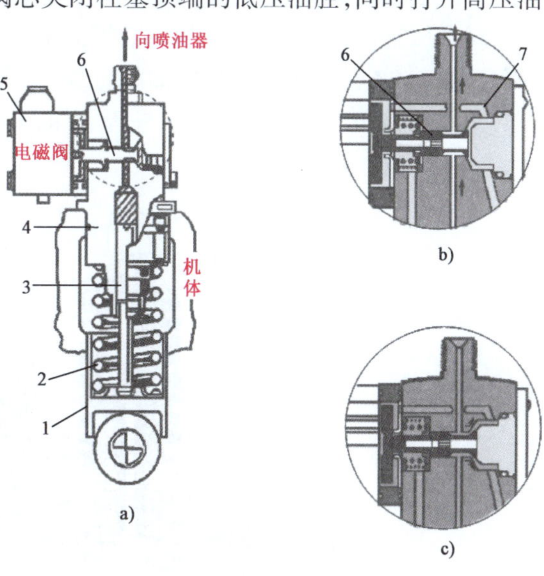

图5-46　单体泵结构原理示意图

a)单体泵结构;b)泵油过程;c)泵油停止

1-挺柱;2-柱塞弹簧;3-柱塞;4-泵体;5-电磁阀;6-阀芯;7-回油管

3. 泵喷嘴

1)泵喷嘴喷射系统的结构特点

泵喷嘴UIS(Unit Injector System)也是一种单体泵喷射系统,与前述单体泵同样各缸喷油泵相互独立。不同点是在结构上泵喷嘴喷射系统将各缸喷油器和单体泵做成一体,取消了泵与喷嘴之间的高压油管,同时将各缸泵喷嘴安装在汽缸盖上,用专用顶置凸轮轴来驱动(图5-47)。

泵喷嘴电控喷射系统由于无高压油管,所以柱塞泵油时所产生的高压燃油直接进入到喷油器的承压环槽内。图5-47表示一种典型的电控泵喷嘴喷射系统。主要由泵喷嘴体、电磁控制阀、驱动机构以及其他辅助系统等组成。泵喷嘴实际上就是将喷油泵和喷油器作成一体,而且在喷油泵柱塞6上取消了在普通机械式喷油泵柱塞上用于控制供油量的螺旋槽。电磁控制阀由电磁线圈13、衔铁14以及控制阀15构成,喷油正时和喷油量是通过高速电磁阀控制泵喷嘴控制阀15的开启时刻和开启持续时间来控制。驱动机构由顶置凸轮轴9和摇臂11等构成,通过曲轴传动,直接驱动柱塞泵。其他辅助系统还包括燃油箱1、输油泵28、手动泵3、滤清器31以及溢流阀等。由于这种电控泵喷嘴喷射系统将喷油泵柱塞和喷油器以及电磁控制阀都安装在一个壳体里,又没有高压油管,所以高压系统容积很小,因此易产生更高的喷射压力,同时减小了密封表面和密封接头,所以具有良好的可靠性。

2)泵喷嘴喷射系统的工作原理

图5-48表示泵喷嘴喷射系统的工作原理示意图,当凸轮1在基圆上工作时,柱塞2在其

弹簧3的作用下，移动到下止点，此时电磁阀关闭，控制阀保持开启状态，燃油从低压油路经控制阀充入柱塞腔4（图5-48a）；当凸轮克服柱塞弹簧力顶起柱塞开始压油时，如果此时电磁阀9仍处于关闭状态，控制阀5仍保持开启状态，则柱塞腔的燃油在柱塞的推动下，经控制阀回流（图5-48b），喷油器仍不喷射；在柱塞压油行程中某一时刻接通电磁阀时，在电磁阀磁场力的作用下衔铁被吸引，控制阀被关闭，则柱塞腔内的燃油在柱塞的推动下，迅速传入到喷油针阀承压锥面，立即建立油压，当油压超过喷油器的启喷压力时，针阀11升起，喷油开始（图5-48c）；之后在柱塞继续压油的行程中，关闭电磁阀，则电磁阀磁场消失，衔铁在起弹簧力的作用下复位，控制阀开启，柱塞腔的高压油迅速从控制阀泄压，喷油器停止喷射（图5-48d）。

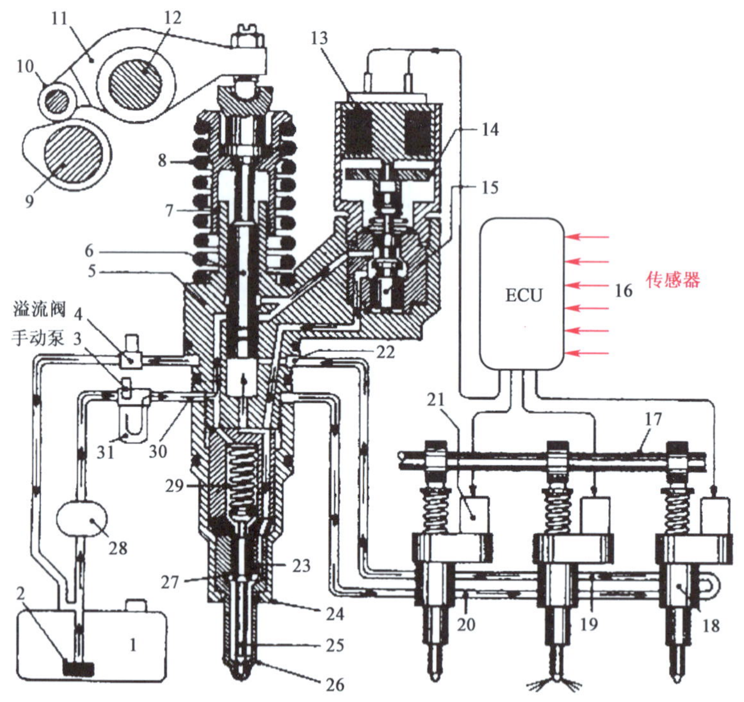

图5-47　DDEC型泵喷嘴系统结构示意图（美国Detroit公司生产）

1-燃油箱；2-吸油盘；3-手动泵；4-溢流阀；5-泵体；6-柱塞；7-挺柱；8-柱塞弹簧；9-驱动凸轮；10-滚轮；11-摇臂；12-摇臂轴；13-电磁线圈；14-衔铁；15-控制阀；16-ECU；17-驱动轴；18-喷油器；19-回油管；20-进油管；21-电磁阀；22-回油口；23-针阀体；24-针阀紧固套；25-针阀；26-喷孔；27-承压锥面；28-燃油输油泵；30-进油口；31-滤清器

在发动机实际工作时，由ECU根据事先设定的目标喷射时刻和喷射量控制电磁阀的接通时刻和通电持续时间，由此达到控制喷射时刻和喷射量的目的。

为了提高电磁阀的响应特性，采用短行程、小质量、压力平衡式阀和平面盘形电磁铁。在整个系统中把检测电磁阀的关闭时刻作为反馈信号，实现喷射过程的闭环控制。电磁阀的关闭时刻可以通过检测电磁阀线圈的电压或电流波形来确定，这样不再需要另设传感器。

泵喷嘴系统虽然取消了高压油管，将柱塞泵和喷油器合为一体，避免了高压密封问题，同时使喷射系统简化，但是由于通过凸轮轴来驱动柱塞泵，所以专门设置摇臂轴，使得驱动系统结构复杂。

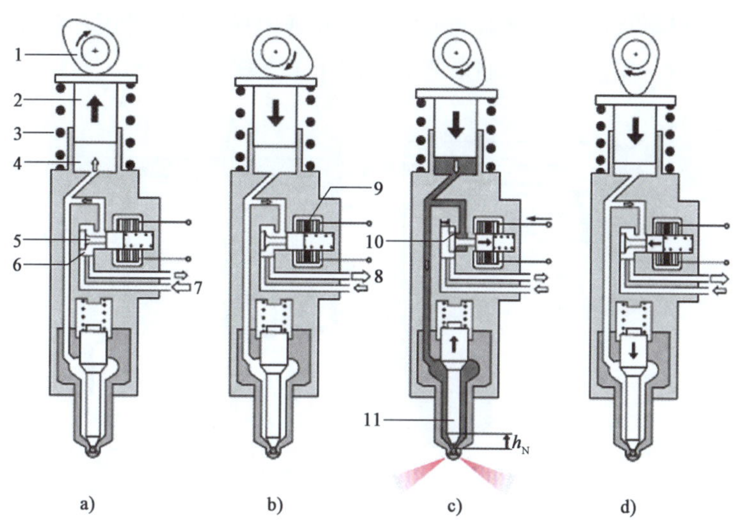

图 5-48　泵喷嘴工作原理示意图

1-凸轮;2-柱塞;3-柱塞弹簧;4-柱塞腔;5-控制阀;6-阀室;7-喷油器入口;8-回油口;9-电磁阀;10-阀座;11-针阀

四、时间压力控制式电控喷射系统

高压共轨喷射系统虽然也是一种时间控制式,在结构上仍采用与传统喷射系统类似的泵-管-喷嘴类型,但其特点是喷油器和高压油泵独立控制,在控制方式上不仅喷射时刻和喷射量采用时间控制,而且喷射压力也任意控制。因此与上述时间控制式喷射系统具有很大区别,其主要特点是:

(1)采用先进的电子控制装置及配有高频电磁阀,使得喷油过程的控制十分方便,并且可控参数多,有利于柴油机燃烧过程的全程优化。

(2)采用共轨方式供油,喷射压力波动小,各喷油器之间相互影响小,喷射压力控制精度高,喷油量控制精确。

(3)高频电磁阀响应性高,控制灵活,喷射压力控制范围宽,便于实现预喷射、后喷射等多段喷射方式,为优化柴油机喷油规律、改善其性能和降低排放提供了有效手段。

高压共轨喷射系统根据共轨中的介质和压力分为中压共轨喷射系统和高压共轨喷射系统。中压共轨喷射系统,主要指美国 Caterpillar 公司的 HEUI 系统,共轨中用来驱动喷油器的工作介质为高压润滑油,共轨压力可达 70MPa 左右;而高压共轨喷射系统,直接把高压燃油通过共轨送往各缸喷油器。典型的高压共轨喷射系统,根据生产厂家不同分为德国 Bosch 公司开发生产的 CR 系统、日本电装公司开发生产的 ECD-U2 型高压共轨喷射系统以及意大利 Fiat 集团开发生产的 Unijet 系统等,其中 CR 系统在国内市场比较普及。

1. BOSCH CR 型高压共轨系统

1)结构特点

BOSCH CR(Commom Rail)型高压共轨燃油喷射系统主要由燃油箱 1、燃油滤清器 2、高压输油泵 3、电磁阀 4、轨压传感器 5、共轨 6、喷油器 7、传感器 8 以及控制单元 ECU 等组成(图 5-49)。ECU 根据来自传感器的信息进行工况判定、演算后,确定对应该工况的目标控制量,如喷射时刻、喷射量和喷射压力等,然后对喷油器 7 和高压喷油泵 4 分别进行独立控制。

实际喷射时刻和喷射量是通过喷油器的通电时刻和通电脉宽来控制的，而目标喷射压力是通过轨压传感器5的信息反馈控制喷油泵的电磁阀4来实现。

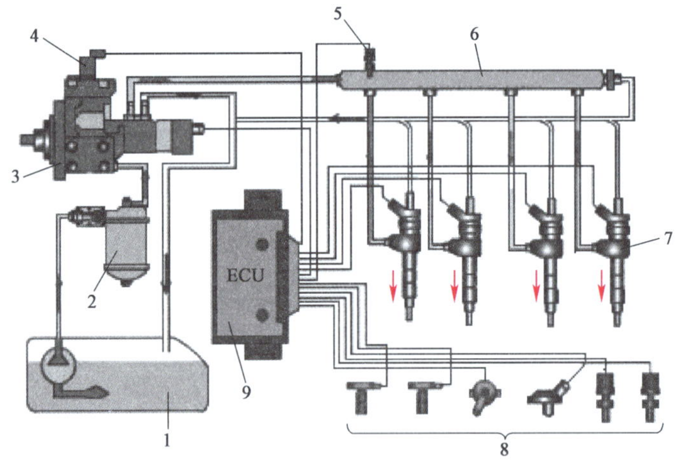

图5-49　BOSCH CR型喷射系统示意图（第二代）

1-燃油箱；2-滤清器；3-高压输油泵；4-电磁阀；5-轨压传感器；6-共轨；7-喷油器；8-其他传感器类；9-ECU

Bosch公司已向市场推出四代高压共轨喷射系统。第一代于1997年7月批量投放市场，主要应用于轿车，最高喷射压力达135MPa。第二代于2000年开始批量生产，开始使用具有油量调节功能的高压喷油泵和经改进的电磁阀喷油器，喷射过程由预喷射、主喷射和多次喷射等组成，主要用于升功率在55kW/L以下的轻型车用柴油机上，最高喷射压力提高到145MPa。第三代产品特点主要体现在其技术的复杂程度和精密程度上。高压喷油泵前端的齿轮泵（输油泵）将燃油从燃油箱中吸出，通过滤清器送入具有泵油量可调节的高压喷油泵，此时控制单元将进入的燃油分成两路，一路充入高压泵的柱塞腔，另一路用以冷却。高压泵将燃油压缩至最高压力达到160MPa左右后送入到共轨（蓄压室）。共轨上安装的压力传感器、压力调节器（溢流阀）和电控单元（ECU）形成共轨压力闭环控制系统。高压燃油经共轨传送到各缸喷油器。第三代高压共轨喷射系统另一个特点是采用了响应特性更高的压电式喷油器，由此替代了电磁阀式喷油器。压电执行器内置于喷油器轴体上，相对电磁阀式喷油器减少了约75%的运动件及质量，开关速度也得到很大的提高，由此实现多段喷射，可满足欧洲Ⅳ号排放法规标准。第四代产品是在第三代压电式喷油器的基础上将最高喷射压力提高到200MPa以上，以满足日益严格的排放法规的要求。

CR型高压共轨喷射系统，采用如图5-50所示的三缸径向“Y”字形分布的柱塞式高压泵，主要由泵体1、泵盖2、柱塞泵组件8、柱塞弹簧7以及凸轮6等组成。其主要作用是将低压燃油加压成高压燃油，并传送到共轨中保证其设定的共轨压力。三缸径向柱塞泵相隔120°均匀分布，泵体和泵盖采用铝合金，以减轻整体重量。凸轮轴承采用滑动轴承，以减少摩擦损失，凸轮轴前后端采用油封以防漏油。柱塞弹簧的作用是保证柱塞底部经挺柱始终与三角形凸轮平面接触，三角形凸轮通过与凸轮轴一体的偏心轮驱动，随凸轮轴旋转一周，偏心凸轮将三个分别与三角形凸轮平面相接触的柱塞在各自汽缸内工作一次，完成泵油任务。高压输油泵的供油量必须保证在任何工况下柴油机工作所需的喷油量。由于共轨系统中喷油压力的产生与燃油喷射过程无关，且喷油时刻也与高压油泵的供油时刻无关，因此高压泵的凸轮可以按照接触应力最小和耐磨性原则来设计。

此外，每副柱塞偶件有一个进油阀和一个出油阀，可以通过持续关闭进油阀来切断某个柱塞偶件的进油，以降低高压泵的功率损耗，提高发动机机械效率。

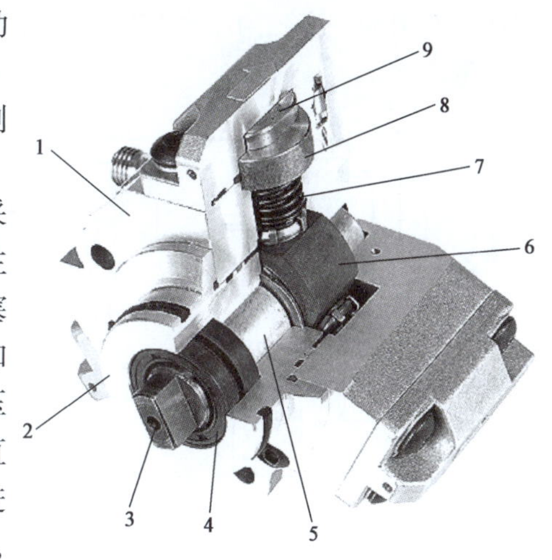

图 5-50　高压输油泵

1-泵体；2-泵端盖；3-驱动轴；4-油封；5-滑动轴承；6-三角平面凸轮；7-柱塞弹簧；8-柱塞泵组件；9-电磁阀

2）二位二通电磁阀式喷油器结构特点及其控制原理

CR 型高压共轨喷射系统的另一特点是喷油器采用二位二通式电磁阀，其结构特点如图 5-51 所示，主要由电磁阀线圈 3、衔铁、出油孔、柱塞、柱塞套、柱塞弹簧以及针阀偶件等组成。柱塞套上设置进油孔和回油孔，回油孔通过电磁阀来控制。来自共轨的高压燃油经喷油器入口进入喷油器体后分为两路：一路直接进入针阀的承压锥面环槽，另一路经柱塞套上的进油孔进入柱塞顶部的柱塞腔。如果此时电磁阀关闭，回油阀在衔铁回位弹簧力的作用下落座，关闭回油孔；此时柱塞顶部的燃油压力与针阀承压锥面上的燃油压力相等，这样在柱塞弹簧的作用下针阀落座，喷油器不喷油。当 ECU 根据设定的程序和控制 MAP 控制电磁阀接通时，在电磁阀磁场力的作用下衔铁被吸引，回油阀打开，柱塞腔内的高压燃油经回油孔迅速泄压，作用在针阀承压锥面上的推力大于柱塞腔顶部的压力和柱塞弹簧力之和，所以推动针阀迅速升起，喷油开始。当设定的喷射脉宽之后重新关闭电磁阀时，回油阀重新落座，柱塞腔迅速建立起与针阀承压锥面推力相当的油压，针阀在柱塞弹簧的作用下落座，喷射过程结束。

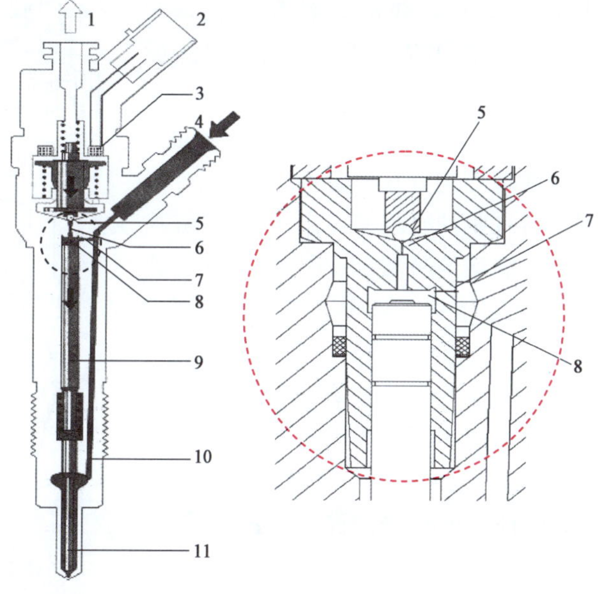

图 5-51　二位二通电磁阀式喷油器结构原理示意图

1-回油口；2-电插头；3-电磁阀；4-进油口；5-球阀；6-出油孔；7-进油孔；8-柱塞压力室；9-柱塞；10-油道；11-针阀

由于这种喷油器是通过电磁阀控制柱塞顶部回油阀的开启时刻和开启持续时间来控制喷射时刻和喷射量，因此柱塞腔内的压力变化规律直接影响针阀的升程规律，从而直接影响喷油规律。而影响柱塞腔内压力变化规律的主要因素有柱塞腔容积大小以及进油孔和回油孔直径之比等。

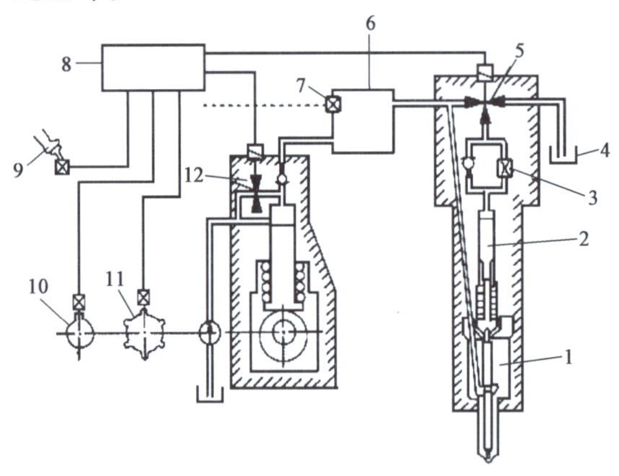

图 5-52　ECD-U2 型高压共轨喷射系统

1-针阀；2-柱塞；3-节流孔；4-回油槽；5-三向电磁阀；6-共轨；7-轨压传感器；8-ECU；9-加速踏板；10-凸轮位置传感器；11-曲轴转角位置传感器；12-溢流阀

2. ECD-U2 型高压共轨喷射系统

1）结构特点

ECD-U2 型高压共轨喷射系统是由日本电装公司开发生产的另一种典型的高压共轨喷射系统，其系统结构特点如图 5-52 所示，其组成部分与 CR 型高压共轨系统类似，主要由喷油器、共轨 6、轨压传感器 7、ECU8、凸轮位置传感器 10、曲轴位置传感器 11 以及喷油泵溢流阀 12 等组成。其中喷油器采用二位三通式电磁阀，通过电磁阀控制液压柱塞腔内的油压，由此控制针阀的升程规律。目标轨压（喷射压力）是 ECU 根据轨压传感器 7 的信息反馈控制设在喷油泵上的压力控制阀（PCV）12 来实现的，由此保证适应各种工况的最佳轨压。

2）高压泵结构及其泵油原理

与 BOSCH 公司的 CR 型共轨系统不同，ECD-U2 型高压共轨喷射系统采用如图 5-53 所示的多山凸轮（在一个平面上有 3 个凸起，故称为多山（或三山）凸轮）直列型喷油泵，主要由多山凸轮 1、挺柱 2、柱塞弹簧 3、柱塞 4、柱塞套 5、压力控制阀（PCV）6 以及溢流阀 9 等组成。这种泵一般采用直列 2 缸，每缸柱塞用多山凸轮来驱动。

当发动机曲轴带动凸轮轴旋转一圈时，每缸各泵油三次，这样 2 个缸将循环泵油量均匀分 6 次泵油，每缸三个凸轮呈 120°夹角布置，通过各缸泵油时刻的设定，相对各缸喷油器的喷射过程，喷油泵各缸均匀泵油，以便尽可能保证轨压相对稳定。当凸轮偏过柱塞下移时，PCV 阀开启，柱塞腔进油；当凸轮顶起柱塞上移时，若 PCV 阀仍保持开启状态，柱塞腔的燃油经 PCV 阀回油，这一段为柱塞的预行程；当柱塞继续上移的某一时刻，由 ECU 控制 PCV 阀关闭，则柱塞腔燃油被压，经出油阀泵油送到共轨中。每缸柱塞的泵油量取决于 PCV 阀关闭后的柱塞的有效行程，并通过每缸泵油量控制轨压。

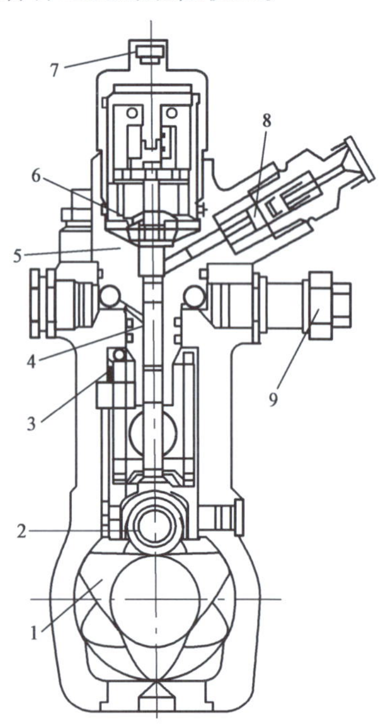

图 5-53　多山凸轮直列喷油泵

1-多山凸轮；2-挺柱；3-柱塞弹簧；4-柱塞；5-柱塞套；6-PCV 阀；7-接头；8-出油阀；9-溢流阀

在高压喷油泵中设置溢流阀的目的是，当共轨压力异常时溢流阀开启而卸压，以保证共轨系统的安全。

3)二位三通电磁阀式喷油器结构及其控制原理

ECD-U2 型高压共轨喷射系统采用如图 5-54 所示的二位三通电磁阀式喷油器,主要由喷油器针阀偶件 1、液压柱塞 2、阀座 3、外阀 4、内阀 5 以及电磁阀线圈 6 等组成。阀座上开有进油孔和回油孔,外阀在进油孔侧对应位置上也开有进油孔,并在内阀和阀座之间可上下移动;内阀相对阀座的位置固定。内阀和外阀同轴,并精密地配合在一起,两阀分别具有各自的密封锥面。

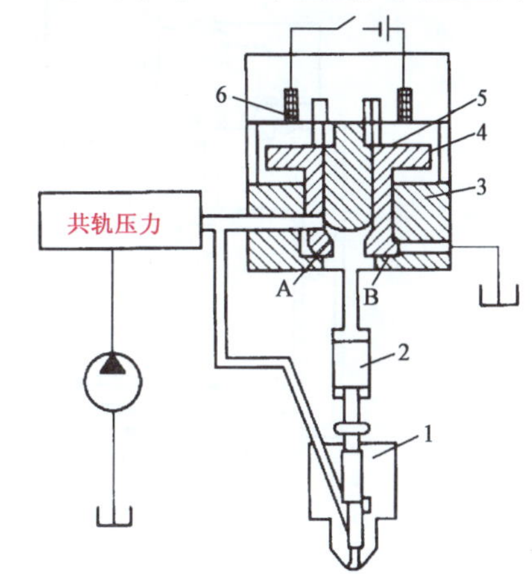

图 5-54 二位三通电磁阀式喷油器结构原理示意图

1-针阀偶件;2-液压柱塞;3-阀座;4-外阀;5-内阀;6-电磁线圈

当 ECU 控制电磁阀保持关闭状态时,电磁阀线圈不通电,外阀 4(衔铁)在其弹簧力的作用下下移,进油孔打开,来自共轨的高压燃油使外阀紧密压紧阀座以保证密封的同时,进入柱塞腔,柱塞在高压燃油的压力和其弹簧力的作用下,克服针阀承压锥面的推力,推动喷油器针阀关闭,喷油器不喷油;当 ECU 接通电磁阀线圈时,线圈所产生的磁场力吸引外阀上移,此时进油孔关闭,回油孔被打开,柱塞腔的高压燃油,经回油孔流出,柱塞腔油压迅速降低,针阀承压锥面上的推力大于柱塞腔油压和其弹簧力的合力,推动针阀开启,喷油开始;当 ECU 再次控制电磁阀断电时,外阀重新落座,关闭回油孔,同时打开进油孔,来自共轨的高压燃油迅速充入柱塞腔,针阀迅速落座,喷射过程结束。

喷油量取决于喷油器针阀开启持续时间,即针阀通电脉宽长度;而喷射定时,则取决于电磁阀的通电时刻。

3. HEUI 型中压共轨系统

1)结构特点

HEUI 型中压共轨系统是由美国 Caterpillar 公司开发生产的,其主要特点是采用了一种电控液压增压活塞式喷油器,即喷油器的开启和关闭是用来自共轨的一定压力(中压)的润滑油来驱动。所以 HEUI 型中压共轨喷射系统如图 5-55 所示,专门设置了润滑油和燃油两套油路,其中润滑油路又分为低压油路和高压油路。低压油路主要包括油底壳 11、低压泵 10、机油冷却器 9、机油滤清器 8 等,用来向发动机供给相对运动件润滑所需的润滑油,同时向高压机油泵供机油,低压系统的机油压力为 300kPa 左右,以保证柴油机润滑系统所必要的正常机油压力;高压油路主要包括高压机油泵 6、共轨 5、液压增压活塞式喷油器 4 以及压力控制阀(PCV)7 等,主要作用是通过 ECU 根据轨压传感器(图中省略)信息反馈控制 PCV 阀,由此调节高压机油泵的泵油量来控制不同工况下的目标轨压,轨压的控制范围为 4 ~ 23MPa。高压机油泵是由柴油机驱动齿轮传动的斜盘式轴向柱塞泵。

共轨中的机油通过在汽缸盖上设置的专门油道直接进入到喷油器的电磁阀阀芯下方,当电磁阀通电时,中压机油再直接抵达增压活塞顶部。

燃油供给系统包括燃油箱、燃油泵、燃油滤清器以及液压增压活塞式喷油器等,主要作用是向增压活塞式喷油器的压力室供给一定压力的燃油,增压活塞压力室和针阀承压锥面环槽连通,燃油系统的供油压力为200kPa。

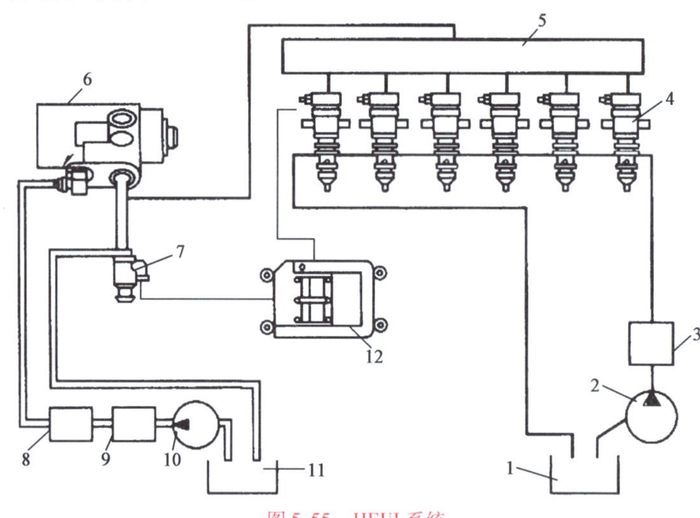

图5-55　HEUI系统

1-燃油箱;2-燃油泵;3-燃油滤清器;4-喷射装置;5-高压机油共轨;6-高压机油泵;7-压力控制阀;8-机油滤清器;9-机油冷却器;10-低压机油泵;11-机油箱;12 控制模块

2)液压增压活塞式喷油器结构及控制原理

喷油器采用电控液压增压活塞式,主要由电磁阀、增压活塞偶件和针阀偶件等三个部分组成(图5-56)。其主要作用是通过电磁阀控制来自共轨的中压机油进入增压活塞顶部的时刻和持续时间来控制喷油定时和喷油量。

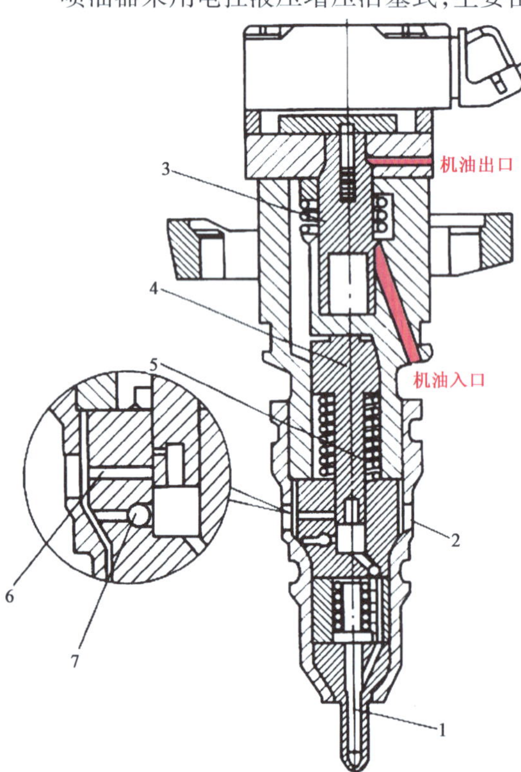

图5-56　HEUI喷油器结构示意图

1-针阀;2-活塞套;3-控制阀;4-增压活塞;5-弹簧;6-燃油回油孔;7-燃油进油孔

当ECU接通电磁阀时,在电磁阀线圈周围产生磁场。在该磁场力的作用下,吸引衔铁,使与衔铁一体的控制阀3上移,打开机油入口,关闭机油出口。此时共轨中的中压机油进入增压活塞4上方,推动增压活塞下移,压缩增压活塞下方的燃油。在液压增压活塞式喷油器的燃油进油道上设有止回阀,使得进入喷油器的燃油只能由喷油器喷出,而不能回流。增压活塞其顶端面积与燃油相接触的增压活塞底端面积之比为7:1,因此在一定的共轨压力的作用下,当增压活塞下移时,增压活塞下方的燃油被压缩而增压,由此实现高压喷射。最高喷射压力可达150MPa。

当电磁阀线圈断电时,磁场消失,衔铁在其复位弹簧的作用下下移,控制阀关闭进油孔,阻止共轨中机油进入增压活塞顶部,同时打开回油孔,使作用在增压活塞上方的高压机油迅速泄油到气门罩框区,增压活塞顶部压力迅速下降，增压活塞在其弹簧力的作用下上移，喷油器针阀在其弹簧力的作用下迅速落座，停止喷油。

在增压活塞上移的过程中，燃油在输油泵供油压力的作用下，经球形止回阀进入喷油器内部，为下一次喷油做准备。电磁阀的通电时刻决定喷射始点，通电持续时间决定喷油量。

HEUI 系统电磁阀的驱动电压为 110V，其功率消耗约为 45W。为了减小系统的功率消耗量，当驱动电流达到峰值后降为维持电流。

这种液压增压活塞式喷油器，通过在增压活塞和活塞套上设置的精密回油孔 6，可实现预喷射，由此控制喷射规律，以适应日益严格的排放法规要求。当接通电磁阀使增压活塞下移时，从活塞下端面关闭活塞套上的回油孔 6 开始，到活塞上的回油孔与活塞套上的回油孔打开之前，增压活塞有一段预喷射行程。此时随增压活塞的下移，喷油器进行预喷射，当活塞上的回油孔与活塞套上的回油孔连通时，增压活塞下段的高压燃油经回油孔回油，停止预喷射。增压活塞继续下移，使增压活塞上的回油孔越过活塞套上的回油孔之后，才开始主喷射。

五、压电式电控喷油器

随着节能与排放法规的日趋严格，对柴油机喷射系统的要求也越来越高。在保证柴油机动力性和经济性的前提下，为有效降低有害气体的排放和振动噪声，不断提高喷射压力以改善喷雾质量，并有效控制喷射规律，实施多节段喷射，由此控制燃烧过程，实现高效率低温燃烧过程。为此对喷射系统的响应特性和控制精度要求也越来越高。前述高压共轨喷射系统，由于高频电磁阀存在固有的电感效应，其响应特性和控制精度已适应不了多段喷射控制的要求。为此在国外相继开发生产以压电晶体式电控喷油器为核心的高压共轨喷射系统。这种高压共轨喷射系统除了喷油器外，其余部分与上述电磁阀式电控喷油器的高压共轨系统基本都相同，故不再重复熬述，只介绍压电晶体式喷油器结构及其控制原理。

1. 压电晶体材料及特性

压电晶体的主要特点是，当压电晶体被挤压或拉伸变形时，其两端产生与其变形量成比例的电荷，这种效应被称为压电效应。

压电材料主要包括压电单晶材料、压电陶瓷（压电多晶材料）、有机压电材料等。压电敏感元件的受力变形有厚度变形型、长度变形型、体积变形型、厚度切变型、平面切变型等 5 种基本形式。压电晶体是各向异性的，并非所有晶体都能在这 5 种状态下产生压电效应。石英晶体就没有体积变形压电效应，但它具有良好的厚度变形和长度变形的压电效应。

压电效应可分为正压电效应和逆压电效应。正压电效应是指当晶体受到某固定方向外力的作用时，其内部就会产生电极化现象，同时在某两个表面上产生符号相反的电荷。当外力撤去后，晶体又恢复到原来的不带电状态；当外力作用方向改变时，电荷的极性也随之改变；晶体受力所产生的电荷量与外力的大小成正比。压电式传感器大多是利用正压电效应。而逆压电效应是指对晶体施加交变电场引起晶体机械变形的现象。

在喷油器等高速开关控制中利用逆压电效应，主要采用的压电材料，一般是各类压电陶瓷和压电单晶体材料中的石英晶体。石英晶体性能稳定，无热释电效应，介电常数和压电常数的温度稳定性特别好，所以广泛应用，缺点是压电常数较小。压电陶瓷是一种多晶电体，有锆钛酸铅系列陶瓷、铌酸盐系列陶瓷和铌镁酸铅陶瓷等，其主要特点是烧制方便、易成型、耐湿、耐高温，而且具有较高的压电常数（锆钛酸铅系列陶瓷：$d = 2 \times 10^{9} \sim 5 \times 10^{9}CN^{-1}$）。缺点是具有热释电性，会对力学量的测量造成干扰。

当用压电晶体来控制高速开关阀时，阀芯开关响应快（约为 10 ~ 30μs），阀芯位移控制精度高，可达 0.01μm；但是压电晶体的应变很小，约为 10^{-3}左右。如果采用一个 20mm 厚的压电晶体时，其变形只有 20μm，这不仅无法作为阀芯开度的位移，而且所需驱动电压也很高，所以，在高压共轨喷射系统中实际应用压电晶体时，对压电晶体的输出位移需要进行放大。

2. 压电晶体式喷油器

在车用柴油机上为了适应日趋严格的节能与排放法规的要求而采用的压电式电控喷油器，是在多层压电薄片叠加而形成的压电堆的基础上，利用液压放大机构来放大压电驱动器的位移，以满足高速开关阀的流量要求。这种在厚度方向伸缩变形的积层型压电晶体，在力学上串联，在电学上并联。这样构成的压电堆其输出位移为各压电片的输出位移之和。但是压电晶体片在电学上是纯电容负载，级联后电容成倍增加，故级联过多，势必充放电时间增加而产生较大迟滞现象。因此在实际应用时压电晶体片的积层量要合适。

图 5-57 中表示 BOSCH 公司开发的第三代高压共轨喷射系统中采用压电式电控喷油器，主要由针阀偶件 1、控制阀 2、液压放大机构 3、压电堆 4 等组成。其工作原理与电磁阀式喷油器类似，来自共轨的高压燃油进入喷油器体后分两路：一路经喷油器体内的油道进入喷油器承压锥面环槽，并作用于针阀承压锥面上；另一路通过节流孔进入液压活塞顶部的压油腔内。当喷油器压电晶体堆不通电时，控制阀 2 关闭，此时压油腔内的油压及液压活塞弹簧力的合力，大于作用在针阀承压锥面上的推力，针阀落座，喷油器不喷油；当接通压电晶体堆时，压电晶体堆伸长变形，将其变形量通过液压放大机构进行放大后，推动控制阀开启一定升程，以保证足够大的流通面积。这样压油腔内的高压油迅速泄压，针阀承压锥面上的推力大于液压活塞弹簧力和压油腔内的油压之和，针阀迅速开启，喷油器开始喷油。当压电晶体堆再次断电时，压电晶体变形量恢复，控制阀关闭，喷油器喷油过程结束。喷油时刻和喷油量取决于压电晶体堆的通电时刻和通电持续时间。

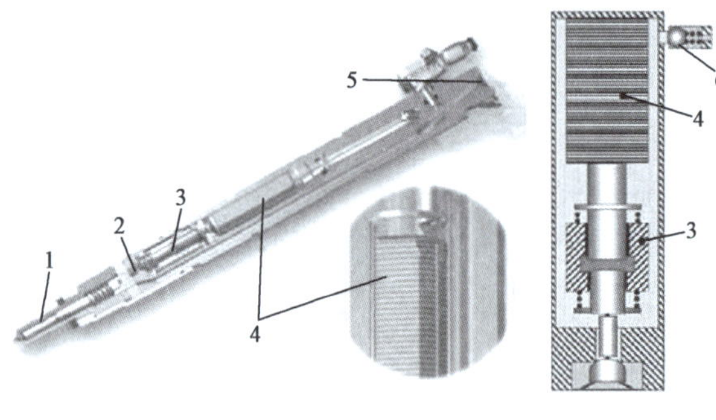

图 5-57　压电式喷油器（BOSCH 第三代）

1-针阀；2-控制法；3-液压放大机构；4-压电堆；5-进油口；6-球阀

这里液压放大机构是由大活塞、小活塞、压油室及弹簧等构成。大活塞与压电晶体堆连接，直接反映压电晶体堆的变形位移。小活塞与控制阀连接，直接控制控制阀的位移。当压电晶体堆通电后变形时，大活塞位移通过压油室内的高压油传递到小活塞，使小活塞产生位移。由于大活塞与小活塞的面积比大于 1，因此小活塞的位移被放大。小活塞的实际位移就是控制阀开启的升程。

电磁阀式喷油器，其控制阀的响应时间为 0.45s 左右，而采用压电晶体后，压电晶体通电膨胀响应时间仅为 0.1s。因此喷油器的响应特性得到明显提高，其最小喷射量可以小于 1.5mm^3/st，预喷射与主喷射之间的最小时间间隔可小于 100μs，不仅可以提高喷射速率的控制精度；而且可有效缩短喷射持续时间，有利于实现多段喷射过程。

第五节　柴油辅助供给装置

不管是机械式喷射系统，还是电控高压共轨喷射系统，为了保证喷射系统正常工作，除了上述所介绍的几种核心零部件以外，还需要其他输油泵、滤清器及燃油箱等辅助装置。

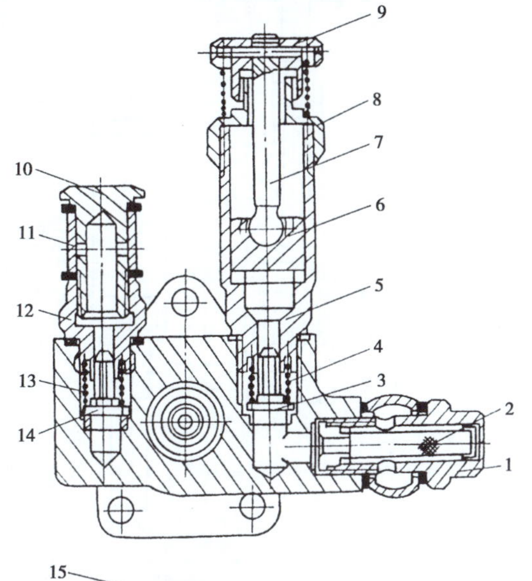

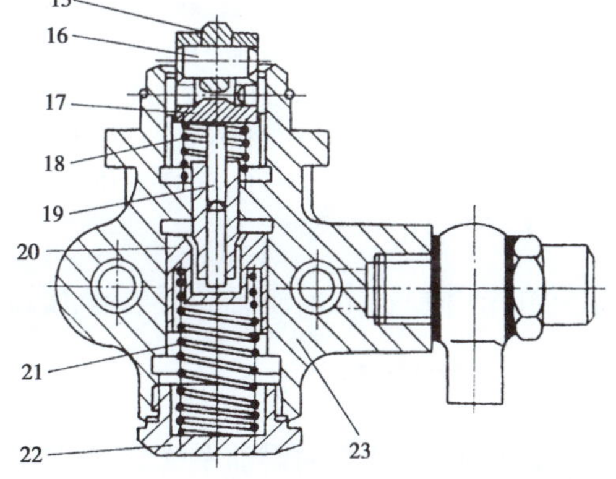

图 5-58　活塞式输油泵结构

1-进油管接头；2-滤网；3-进油止回阀；4-进油止回阀弹簧；5-手压泵体；6-手压泵活塞；7-手压泵杆；8-手压泵盖；9-手压泵拉钮；10-出油管接头；11-保护套；12-接头；13-出油止回阀弹簧；14-出油止回阀；15-滚轮；16-滚轮销；17-输油泵挺柱；18-输油泵推杆弹簧；19-输油泵推杆；20-输油泵活塞；21-活塞弹簧；22-螺塞；23-输油泵体

一、输油泵

输油泵的功用是保证有足够数量的柴油自燃油箱输送到高压喷油泵，并维持一定的供油压力以克服低压管路及柴油滤清器的阻力，使柴油在低压管路中正常循环。输油泵的输油量一般为柴油机全负荷喷油量的 3 ~4 倍。

输油泵根据泵油原理的不同，可分为膜片式、滑片式、活塞式及齿轮式等几种。膜片式和滑片式输油泵分别作为机械式分配泵的一级和二级输油泵，而活塞式或齿轮式输油泵则与其他各种柱塞式喷油泵配套使用。

1. 活塞式输油泵

活塞式输油泵安装在柱塞式喷油泵的侧面，并由喷油泵凸轮轴上的偏心轮驱动。其结构如图 5-58 所示，图 5-59 表示其工作原理示意图。

如图 5-59 所示，当喷油泵凸轮轴 13 转动时，在偏心轮 14 和活塞弹簧 17 的共同作用下，输油泵活塞 16 在输油泵体 15 内作往复运动。当输油泵活塞在活塞弹簧的作用下向上运动时，A 腔容积增大，产生真空，进油止回阀 6 开启，柴油经进油口被吸入 A 腔。与此同时，B 腔容积缩小，其中的柴油压力增高，出油止回阀 7 关闭，B 腔中的柴油经出油口被压出，送往燃油滤清器。当偏心轮 14 推动滚轮 12、挺柱 11 和推杆 9，使输油泵活塞向下运动时，A 腔油压增高，进油止回阀关闭，出油止回阀开启，柴油从 A 腔流入 B 腔。

如果喷油泵供油量减少，或柴油滤清器阻力过大，则会使 B 腔油压增高。当活塞弹簧的弹力恰好与 B 腔的油压平衡时，活塞便停留在某一位置而不能回到其行程的止点处。在这种情况下，活塞的行程减小，输油泵的输油量自然减少，从而限制了油压的继续增高，实现了输油量与供油压力的自动调节。

当起动长时间停止工作的柴油机时，首先需要将燃油滤清器和喷油泵的放气螺钉拧松，然后再将手压泵拉钮旋出来，并上下反复拉动手压泵活塞，使柴油自进油止回阀吸入，经出油止回阀压出，并在充满燃油滤清器和喷油泵低压油腔的同时，将其中的空气驱除干净；然后拧紧放气螺钉；旋进手压泵拉钮，再起动柴油机。

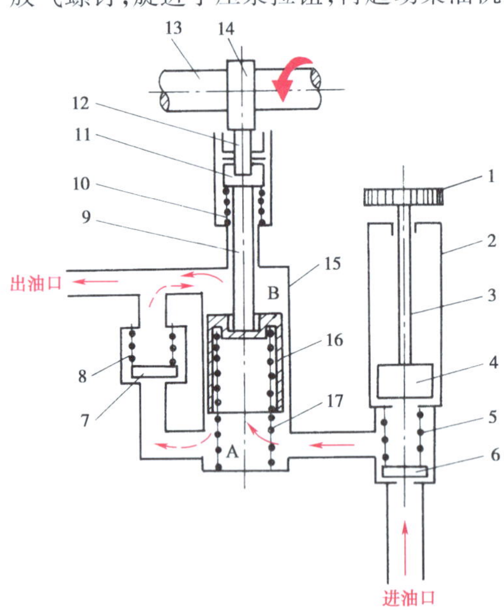

图 5-59　活塞式输油泵工作原理示意图

1-手压泵拉钮；2-手压泵体；3-手压泵杆；4-手压泵活塞；5-进油止回阀弹簧；6-进油止回阀；7-出油止回阀；8-出油止回阀弹簧；9-推杆；10-推杆弹簧；11-挺柱；12-滚轮；13-喷油泵凸轮轴；14-偏心轮；15-输油泵体；16-输油泵活塞；17-活塞弹簧

手压泵活塞与手压泵体、输油泵活塞与输油泵体以及推杆与导管等偶件，都经过选配和研磨，达到较精密的配合，在使用中不能拆对互换。

2. 滑片式输油泵

在采用分配式喷油泵的柴油机燃油系统中有两个输油泵，即一级膜片式输油泵和二级滑片式输油泵，前者与汽油机燃油系统中的膜片式输油泵完全相同。分配泵燃油系统采用两级输油泵，是因为分配泵每次进油的时间很短，进油节流阻力较大。为了保证分配泵进油充分，需要提高输油压力，为此在分配泵内增设一个滑片式输油泵。

滑片式输油泵由输油泵体、输油泵盖、转子和滑片等零件构成。输油泵转子由分配泵驱动轴传动。4 个滑片分别安装在转子的 4 个滑片槽内（参看图 5-7）。转子偏心地安装在输油泵体的内孔中，在转子和输油泵体之间形成弯月形工作腔，并被 4 个滑片分隔成 4 个工作室。当转子旋转时，由于工作室的容积不断地由小变大或由大变小，而产生吸油或压油的作用。

滑片式输油泵出口油压随其转速增高而增大。为了保持油压稳定，在输油泵出口装置调压阀。

二、柴油滤清器

柴油的清洁程度对燃油系统，尤其是对喷油泵和喷油器中精密偶件的工作可靠性和使用寿命有很大的影响。柴油在运输和储存过程中，不可避免地会混入灰尘、水分和金属容器表面的锈蚀物等杂质。长期储存之后，柴油还可能氧化变质而结焦。

柴油滤清器的功用是滤除柴油中的杂质。对滤清器的基本要求是阻力小、寿命长、过滤效率高。

在采用纸质滤芯的滤清器中，滤芯表面能过滤粒度为 1 ~ 3μm 的杂质。若在纸面上刷一层清漆，滤清器效果将更好。现有纸质滤芯的使用寿命约为 400h。纸质滤芯具有质量轻、体积小、成本低、滤清效果好等优点，被广泛用于轻型汽车上。在轿车柴油机上多使用一次性纸质滤芯柴油滤清器。纸质滤芯柴油滤清器的结构如图 5-60 所示。来自输油泵的柴油从进油口 5 进入滤清器壳体 6 与纸质滤芯 7 之间的空隙，然后经过滤芯过滤之后，由中心杆 8 经出油口 3 流出。在滤清器盖上设限压阀 2，当油压超过 0.1 ~ 0.15MPa 时，限压阀开启，多余的柴油自进油口经限压阀直接返回柴油箱。

在重型汽车柴油机上，常用粗、精两级滤清器。当两级滤清器串联使用时，粗滤清器采用毛毡等纤维滤芯，精滤清器仍用纸滤芯。毛毡滤芯可滤除粒度为 5 ~ 10μm 的杂质。毛毡具有一定的机械强度和弹性，堵塞以后可清洗再用。

三、油水分离器

为了除去柴油中的水分，一些柴油机上，在柴油箱和输油泵之间装设油水分离器。

油水分离器（图 5-61）由手压膜片泵 1、液面传感器 5、浮子 6、分离器壳体 7 和分离器盖 8 等组成。

来自柴油箱的柴油经进油口 2 进入油水分离器，并经出油口 9 流出。柴油中的水分在分离器内从柴油中分离出来并沉积在壳体 7 的底部。浮子 6 随着积水的增多而上浮。当浮子到达规定的放水水位 3 时，液面传感器 5 将电路接通，仪表板上的报警灯发出放水信号，这时驾驶人应及时旋松放水塞 4 放水。手压膜片泵 1 供放水和排气时使用。

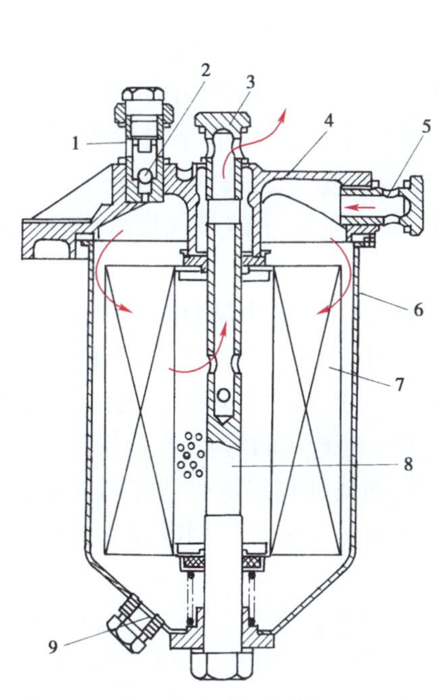

图 5-60　纸质滤芯柴油滤清器

1-旁通孔；2-限压阀；3-出油口；4-滤清器盖；5-进油口；6-滤清器壳体；7-纸质滤芯；8-中心杆；9-放油塞

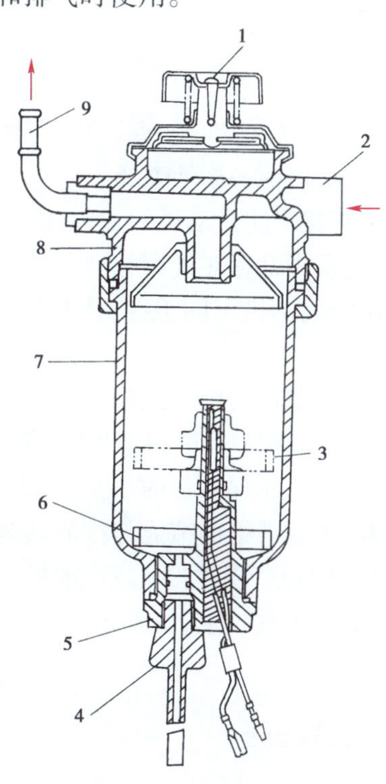

图 5-61　油水分离器

1-手压膜片泵；2-进油口；3-放水水位；4-放水塞；5-液面传感器；6-浮子；7-分离器壳体；8-分离器盖；9-出油口

思　考　题

1. 什么叫风险率 10% 的最低气温？为什么按当地当月风险率 10% 的最低气温选用轻柴油？

2. 柱塞式喷油泵与分配式喷油泵供油量的计量和调节方式有何差别？

3. 什么是低惯量喷油器？结构上有何特点？为什么采用低惯量喷油器？

4. 电控柴油喷射系统有几种基本类型？试比较电磁溢流阀式时间控制型与燃油分配管式时间控制型在系统组成和控制功能等方面的异同及各自的优缺点。

第六章 进排气系统

第一节 概 述

一、功用及组成

发动机进排气系统的主要功用是排除汽缸内燃烧后的废气，并向汽缸内尽可能多地充入新鲜气体，为实现热功转换提供物质基础。

排净汽缸内前一循环燃烧后的废气，是向汽缸内充入新鲜气体的前提，而汽缸内新鲜气体的充入量，直接影响发动机的动力性。由于四冲程发动机进排气过程是间歇进行的，因此在进气管和排气管中都存在气流脉动。为了尽可能排净汽缸内的废气，并尽可能多地充入新鲜气体，需要结合发动机不同工况，优化匹配配气相位，同时尽可能减小进排气道及进排气管的阻力。

汽缸内燃烧后的废气经排气系统排除时，具有一定的压力脉动，不仅会造成排气系统的振动，同时会产生排气噪声。因此为了降低排气噪声一般车用发动机均采用排气消声器。

随着全球汽车保有量的增加，汽车尾气中有害气体的排放对大气环境的污染日趋严重。为了适应越来越严格的节能与排放法规，减轻汽车尾气对大气环境的污染，在现代汽车排气系统中均装有后处理装置。一般汽油机采用三效催化装置，而柴油机根据排放控制策略的不同采用不同的后处理技术，如氧化型催化装置（DOC）、选择型还原装置（SCR）以及微粒捕集器（DPF）等。

二、发展趋势

进排气系统作为影响发动机性能的重要部分，其结构伴随节能减排的要求得到不断完善，概括起来主要体现在以下两个方面：

1. 进排气系统协调控制技术

进排气系统协调控制技术主要包括：回收利用排气能量以提高进气能力的废气涡轮增压技术和利用废气成分改善进气成分的废气再循环（EGR）技术。

1）废气涡轮增压技术

废气涡轮增压，就是通过排气能量驱动涡轮机，由此驱动与涡轮机同轴连接的压器机，达到提高进气密度的目的。这项技术因不仅有效地回收利用了废气能量，而且由此提高了进气密度，因此不仅有利于节能和降低排放，而且作为提高单位汽缸工作容积作功能力（升功率）的有效手段而广泛应用。

但是由于废气涡轮增压器是流体机械，即增压效果取决于废气的流动特性；而发动机是动力机械，即要求低速时大转矩。因此如何匹配车用发动机废气涡轮增压器和发动机成为了重要的课题。一般发动机转速低时，排气流速降低，排气能量减少，所以涡轮转速低，增压效果差，因此不利于提高低速转矩；当发动机转速提高时，排气流速也增加，涡轮转速提高，压气机转速增加，进气压力得到提高，从而有利于提高发动机高速转矩。而且高速时很容易造成发动机过增压，使得机械负荷和热负荷过大。

为此，作为发展趋势在国内外广泛开展可变增压、复合增压以及双级增压等技术。由此兼顾废气涡轮增压发动机兼顾高低速性能匹配的问题。

2）废气再循环（EGR）技术

废气再循环是指将排气中已燃烧的部分废气，再次引入到进气管，随新鲜气体一起进入汽缸参与燃烧的过程。再循环废气的主要成分是 CO_2 和 H_2O 等已燃的惰性气体和部分 HC、CO 等未完全燃烧的气体。因此实施 EGR，实质上就是改变进入汽缸的新鲜充量的成分，CO_2 和 H_2O 等已燃的惰性气体，不仅阻碍燃烧过程，降低燃烧速率，而且因 CO_2 的热容量高，使得最高燃烧温度降低，所以可有效地降低 NO_x 排放；同时排气中没有完全燃烧的产物 HC 和 CO 部分随再循环的废气重新进入汽缸参加燃烧，故 HC 和 CO 排放也有所降低。因此 EGR 作为改善发动机排放特性的有效手段，已被广泛应用。但是如果再循环废气量过多，则直接降低燃油经济性，同时炭烟排放增加。所以根据发动机的不同工况，需要精确控制最佳再循环废气量。

根据 EGR 实施的方式不同，EGR 技术分为外部 EGR 和内部 EGR，外部 EGR 是通过专用 EGR 管道将排气中的部分废气引入到进气管的系统。其中专门设置 EGR 阀，用来控制再循环废气量。这种方式的特点是在再循环管路中，通过设置中冷器可以降低进入进气道的再循环废气的温度，从而提高 EGR 降低 NO_x 排放的效果。缺点是系统较复杂。而内部 EGR 系统是通过排气相位的控制，在进气过程中重新开启排气门，使得在排气道上已被排出汽缸的部分废气经排气门直接进入汽缸，由此实现 EGR 的过程。实施内部 EGR 只需控制排气相位即可，不需要专门的系统，所以结构比较简单，再循环废气量可通过配气相位的精确控制来调节。其缺点是再循环废气的温度较高，所以其降低 NO_x 排放效果不如外部 EGR，而且可实施 EGR 的范围有限。

2. 可变技术

进排气系统的发展趋势的另一特点是采用可变技术。即采用可变增压、可变进气谐振管长度等，由此优化车用发动机不同转速下的性能。

可变增压技术（VGS/VNT）是针对涡轮增压器不能兼顾车用发动机高低速性能问题而开发的。其主要特点是，在涡轮入口处设置可变翼片，由此根据发动机转速控制涡轮入口几何截面积，以调整涡轮的工作转速，达到发动机不同转速下增压比的可变控制。

可变进气技术是根据发动机不同转速，选择不同长度的进气管，由此兼顾高低发动机性能的技术。详细内容后续章节中再介绍。

第二节 进气系统

一、概述

进气系统的功用是将新鲜气体或纯净的空气尽可能多地供入汽缸内，并尽可能使各缸进气量一致，为各汽缸热功转换提供物质基础。

为了保证向汽缸供给清洁的新鲜气体或空气，一般在进气系统中普遍设置空气滤清器。对多缸机为了向各汽缸均匀地供气，进气系统包括进气总管和进气支管，并尽可能使进气支管长度及形状一致。为了增强进气效果，尽可能向汽缸多供气，有的进气系统还装有谐振进气管或增压装置。

对车用发动机，根据其混合气形成方式及负荷调节方式不同，进气系统组成也有所区别。

由于汽油机和柴油机因负荷调节方式不同，因此它们的进气系统有较大的差别。对汽油机本身而言，又因其混合气形成方式不同，进气系统也不尽相同。而且对同类发动机，由于对性能要求不同进气管形状也有很大的区别。

1. 汽油机的进气系统

汽油机的负荷调节方式采用量调节式，即适应汽车不同的运行工况，由驾驶人操纵节气门开度来调节进入汽缸的混合气量，由此控制发动机的负荷。同时，汽油机利用汽油这种燃料挥发性好的特点，采用汽缸外部形成混合气的方式。对采用化油器的传统汽油机来说，利用进气过程中气流的流动特性，将燃料自动喷入到高速气流之中，以达到冲散、雾化、蒸发、气化形成混合气的目的。这种发动机在进气总管中专门设置一个化油器，由此向各缸提供混合气。这种混合气形成方式，不仅在化油器喉管处产生较大节流损失，不利于经济性；而且对各缸的混合气分配均匀性也较差，不能精确控制混合气的空燃比，从而不能满足日趋严格的节能与排放法规要求而被淘汰。现代车用汽油机已实现电控化，即通过测量实际工况下进入汽缸的进气量，并根据目标空燃比控制喷油量。因此，对于电控化的汽油机，其进气系统的主要作用是，适应发动机工况变化的要求，将清洁的一定量的空气均匀地分配到各个汽缸，并对进气量进行准确的计量。

因此，在现代汽油机的进气系统中除了空气滤清器以外，还专门设置了检测进气量的空气流量计，以及可精确控制进气量的电控节气门等。

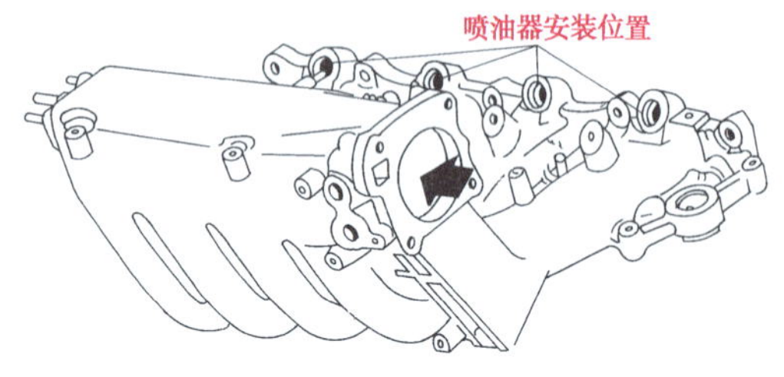

图 6-1　汽油机的进气系统组成

图 6-1 为电控多点汽油喷射式（MPI）汽油机进气系统的组成图，在各缸的进气支管上分别安装喷油器。这种进气系统各缸进气支管长度及形状可按动力性要求设计。

2. 柴油机进气系统

柴油机的负荷调节方式采用质调节式，即通过安装在汽缸盖上的喷油器直接控制喷入到燃烧室内的燃料量，由此控制发动机的输出功率。因此进气系统的作用就是尽可能多地将清洁的空气供入汽缸。所以柴油机的进气系统主要由空气滤清器、进气总管、进气支管等组成。为了提高发动机的升功率，改善经济性和排放特性，在车用柴油机上广泛采用增压中冷技术。因此增压中冷柴油机的进气系统中还设置压气机和中冷器。图 6-2 为增压中冷柴油机的进排气系统组成图。

二、空气滤清器

1. 空气滤清器的功用

内燃机是将燃料的化学能通过燃烧转换为热能，再把热能通过曲柄连杆机构转换为机械能的动力机械装置。而内燃机输出功率的大小取决于所提供的燃料量及其燃烧过程。对一定量的燃料,燃烧过程是能量转换的关键环节。为了充分燃烧所供给汽缸的燃料量,需要有足够多的空气量。以普通轿车为例,每消耗1L汽油需要消耗5000～10000L空气。大量的空气进入汽缸,若不将其中的杂质或灰尘滤除掉,必然加速汽缸的磨损,缩短发动机的使用寿命。实践证明,发动机不安装空气滤清器,其寿命将缩短2/3。

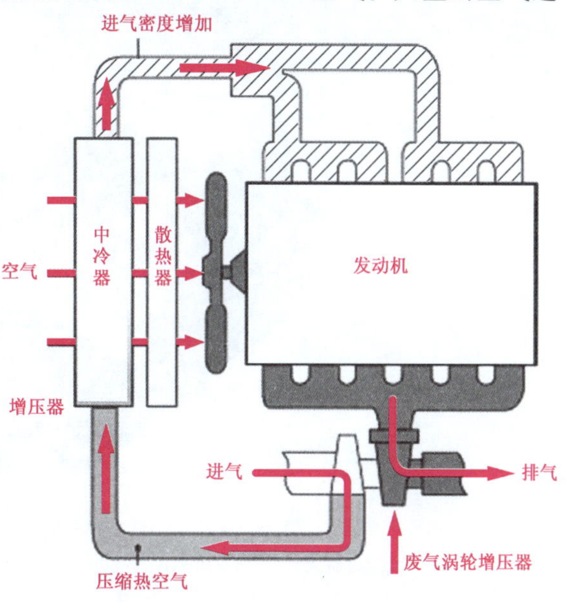

图6-2 增压中冷柴油机的进排气系统

因此,空气滤清器的主要功用就是在尽可能降低进气阻力的前提下滤除空气中的杂质或灰尘,让洁净的空气进入汽缸。另外,空气滤清器也有降低进气噪声的作用。

2. 空气滤清器结构

空气滤清器一般由进气导流管、空气滤清器盖、空气滤清器外壳和滤芯等组成。车用发动机的空气滤清器根据滤清器滤清原理的不同分为油浴式空气滤清器、纸滤芯空气滤清器和复合式滤清器等多种结构形式。

1)油浴式空气滤清器

图6-3表示油浴式空气滤清器的结构图,这种油浴式空气滤清器多用于越野车发动机等在多尘条件下工作的发动机上。它主要包括空气滤清器外壳1、滤芯2、密封圈3和滤清器盖4等。外壳底部是储油池,其中盛有一定数量的机油。当发动机工作时,环境空气经外壳与滤清器盖之间的狭缝进入滤清器,并沿着滤芯与外壳之间的环形通道向下流到滤芯底部,再向上通过滤芯后进入进气管。当气流转弯时,空气中粗大的杂质被甩入机油中被机油粘附,细小杂质被滤芯滤除。粘附在滤芯上的杂质被气流溅起的机油所冲洗,并随机油一起流回储油池。滤芯多用金属丝制成。空气中的杂质可被滤除95%～97%。油浴式空气滤清器的优点是滤芯清洗后可以重复使用。

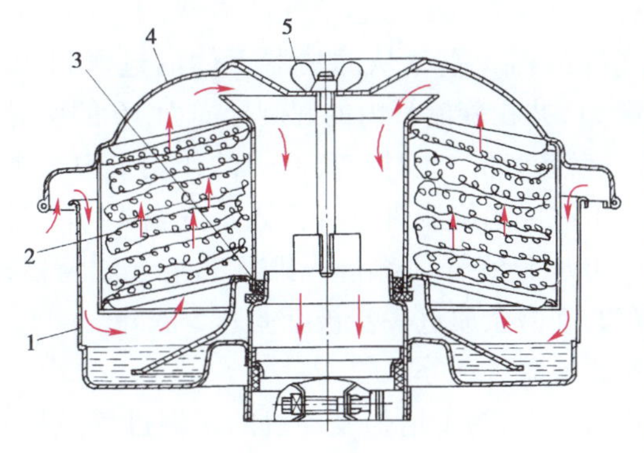

图6-3 油浴式空气滤清器

1-滤清器外壳;2-滤芯;3-密封圈;4-滤清器盖;5-蝶形

2)纸滤芯空气滤清器

纸滤芯空气滤清器被广泛用于各类汽车发动机上。图6-4表示桑塔纳2000GSi型轿车发动机上采用的一种干式纸滤芯空气滤清器结构图。空气从空气滤清器进气短管1经滤网3进入到滤清器底部,再经纸滤芯5和空气滤清器出气短管7流出滤清器,进入进气支管。空气中粗大的杂质被滤网阻留,而细微杂质则被纸滤芯滤除。

纸滤芯空气滤清器有质量轻、成本低以及滤清效果好等优点。纸滤芯由经过树脂处理的微孔滤纸制成,有干式和湿式两种。干式纸滤芯可以反复使用。纸滤芯经过浸油处理后即为湿式纸滤芯，其优点是使用寿命长，吸附杂质的能力强，滤清效果好，但不能反复使用，需定期更换。

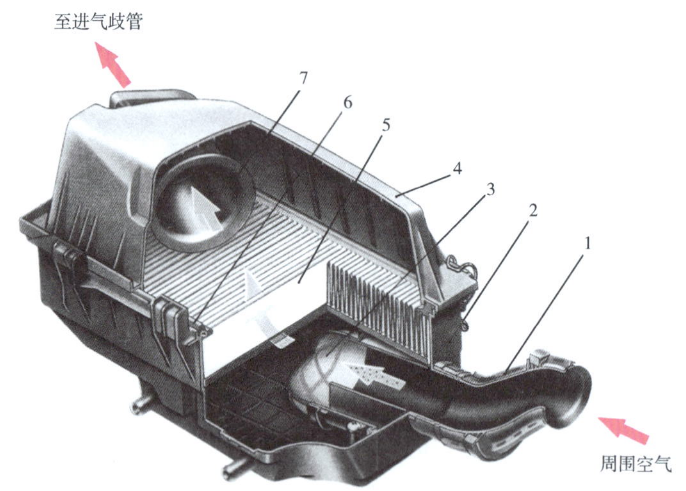

图 6-4 干式纸滤芯空气滤清器（桑塔纳 2000GSi 型轿车）

1-空气滤清器进气短管；2-下壳体；3-滤网；4-上壳体；5-纸滤芯；6-密封圈；7-空气滤清器出气短管

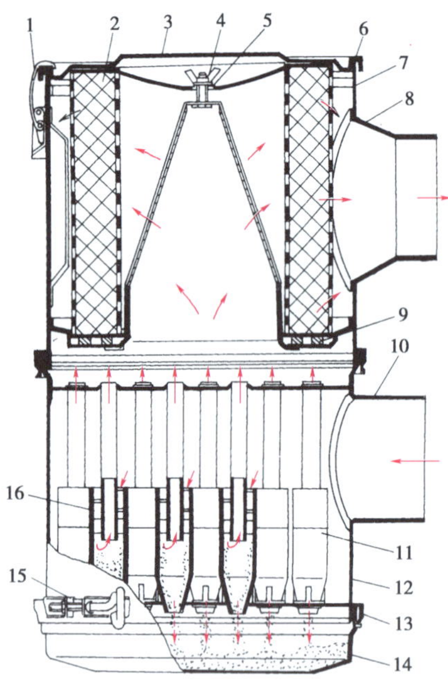

图 6-5 双级复合式空气滤清器

1-卡簧；2-纸滤芯；3-滤清器上盖；4-蝶形螺母；5-密封垫；6、9、13-密封圈；7-上体；8-出气口；10-进气口；11-旋流管；12-下体；14-集灰盘；15-卡箍；16-旋流管螺旋导向面

3）离心式及复合式空气滤清器

离心式空气滤清器多用于大型载货汽车上。在许多自卸车或矿山用汽车上还使用离心式与纸滤芯式相结合的双级复合式空气滤清器（图 6-5）。双级复合式空气滤清器的上体 7 是纸滤芯空气滤清器，下体 12 是离心式空气滤清器。空气从滤清器下体的进气口 10 进入旋流管 11，并在旋流管内的螺旋导向面 16 的引导下产生高速旋转运动。此时在离心力的作用下空气中的大部分灰尘被甩向旋流管壁并落入集灰盘 14 中，过滤后的空气再从旋流管顶部进入纸滤芯空气滤清器，空气中残存的细微杂质进一步被纸滤芯 2 滤除。

3. 空气滤清器进气导流管

在现代轿车上，为了增强发动机的谐振进气效果，将空气滤清器进气导流管做成较大的容积。但是导流管不能太粗，以保证空气在导流管内有一定的流速，因此，进气导流管只能做得很长（图 6-6）。较长的进气导流管有利于实现从车外吸气。汽车行驶时由于车外空气温度一般比发动机舱内的温度低 30℃ 左右，所以从车外吸入的空气密度可增大近 10%，由此发动机的燃油消耗率可降低 3%。

三、节气门

对汽油机等量调节式发动机，在进气总管均设有可调节进气量的节气门，其作用就是根据驾驶人对加速踏板的操作，适应汽车的行驶条件调节或控制进入汽缸的新鲜气体量。传统的化油器式汽油机将节气门与化油器作成一体（图6-7），并通过钢丝与加速踏板直接连接，因此驾驶人通过加速踏板直接操纵节气门的开度。这种结构不能根据汽车实际行驶的条件自动调节进气量，故不能有效控制发动机的输出转矩。

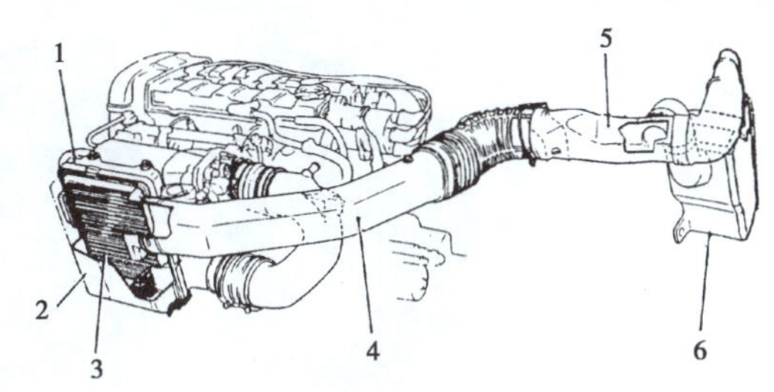

图 6-6　空气滤清器进气导流管

1-空气滤清器外壳;2-空气滤清器盖;3-滤芯;4-后进气导流管;5-前进气导流管;6-谐振室

随着汽油机电控技术的发展，节气门也逐渐向电控化发展。图 6-8 表示电控节气门控制系统，主要由加速踏板 1、加速踏板位置传感器 2、ECU3、节气门 4、节气门位置传感器 5 等组成。其特点是加速踏板并非直接控制节气门，而是通过电缆线将驾驶人操纵加速踏板的信息传递给 ECU，ECU 对该信息进行运算处理计算出相应的控制信号后，向驱动节气门的伺服电动机发出控制指令，由此控制节气门的开度。

图 6-9 表示电子节气门的实物照片及结构示意图。主要由伺服电动机 8 及其驱动齿轮 7、减速器 5、扇形齿 3、节气门开度传感器 6、节气门复位弹簧 2、节气门 1 等构成。当 ECU 根据加速踏板的信息控制伺服电动机 8 时，减速器 5 将驱动轮 7 的角位移进行缩小后驱动扇形齿 3，由此将伺服电动机的角位移转换为节气门的开度。通过设置两极减速，可实现用较大的伺服电动机角位移量来控制较小的节气门开度的变化，这样可提高节气门开度的控制精度。节气门复位弹簧 2 采用盘形结构，用来关闭节气门。

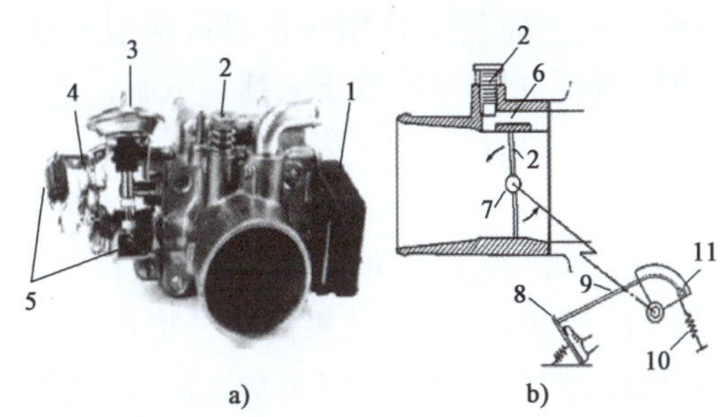

图 6-7　化油器式节气门-加速踏板

a）外形；b）节气门控制示意图

1-节气门传感器;2-旁通空气调节螺钉;3-节气门缓冲器;4-控制杆;5、10-复位弹簧;6-旁通空气道;7-节气门轴;8-加速踏板;9-加速踏板拉索;11-节气门拉杆

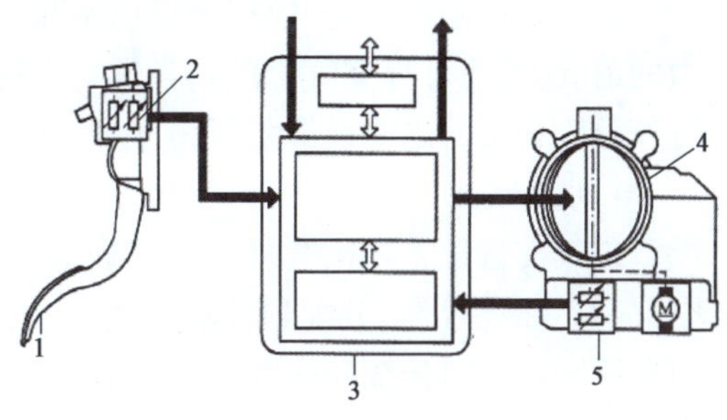

图 6-8　电控节气门控制系统

1-加速踏板;2-加速踏板位置信号;3-ECU;4-节气门;5-节气门位置传感器

电子节气门的最大特点是可根据汽车行驶的实际条件，控制最佳的发动机输出转矩。因此电子节气门控制系统，可以设置各种功能来改善汽车驾驶的安全性和舒适性等。其中最常见的就是牵引力控制系统（TCS）和巡航控制系统等。TCS（Traction Control System）是在汽车行驶或起动、急加速时防止驱动轮打滑的牵引力控制系统，主要包括 ECU、车轮转速传感器、

节气门控制系统和车轮制动力控制系统。在汽车行驶过程中 ECU 根据从动轮传感器的信息设定目标车速，然后检测驱动轮的转速，如果由驱动轮转速计算的车速超过目标车速时，就判定驱动轮为滑动状态，此时 ECU 通过控制电控节气门开度和制动器，抑制驱动轮滑动，以保证车辆行驶稳定。

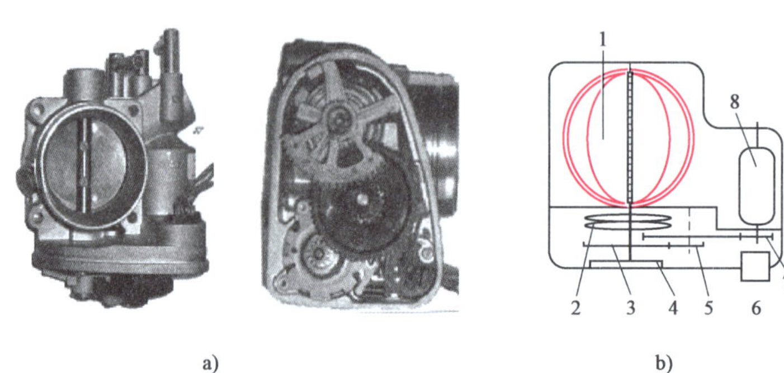

a)　　　　b)

图 6-9　电子节气门

a）实物照片；b）结构示意图

1-节气门；2-节气门回位盘弹簧；3-扇形齿轮；4-轴承；5-减速齿轮；6-节气门开度传感器；7-驱动齿轮；8-伺服电动机

当电子节气门控制系统接受到 TCS 系统的指令时，它对节气门的控制指令，只来自于 TCS 系统，这样就可以避免驾车人的误操作。

电子节气门控制系统也可用于定车速行驶功能。在设定目标行驶车速后，ECU 通过由车速传感器检测的因行驶阻力而变化的车速信息来反馈控制节气门开度，使行驶车速稳定在目标车速上。因此电子节气门控制系统也可以兼容巡航控制功能。

四、进气管

进气管一般包括进气总管、稳压箱和进气支管。进气总管的作用是在尽可能减小进气阻力的前提下，将外界空气分配到各进气支管，以便将新鲜气体均匀地导入到各汽缸。为此，在进气总管和支管之间设置稳压箱，以保证各进气支管的进气状态相对稳定。

1. 进气支管

进气支管位置在进气总管和汽缸盖上的进气道之间，其主要功用是将新鲜气体（空气或空气和燃油混合气）分配到各缸进气道。进气支管的形状，根据发动机混合气形成方式不同而有所区别。对传统的化油器式汽油机，由于各汽缸的混合气通过化油器分配的，而化油器的安装位置相对固定，因此各缸到化油器的距离不同，使得各缸进气支管长度及形状不等，从而造成各缸进气量的不均匀性（如图 6-10a，GM2.5L）。对电控多点喷射式汽油机，喷油器分别安装在各进气支管上，取消了化油器，因此进气支管的设计不受混合气形成条件的限制，可以按动力性要求设计，其作用只是将洁净的空气均匀分配到各缸进气道。为此将各缸进气支管长度和形状尽可能设计成相同。图 6-10b）表示多点喷射式发动机进气支管形状图（桑塔纳 2000GSi 型轿车）。为了减小进气流动阻力，提高进气能力，进气支管内壁应光滑。

一般汽油机的进气支管由合金铸铁制造，轿车发动机多用铝合金制造。铝合金进气支管质量轻、导热性好。随着轻量化的要求，进气道喷射式汽油机除应用铝合金进气支管外，近几年来采用复合塑料材料进气支管的倾向日渐增多。这种进气支管质量极轻，内壁光滑，无需加工。

汽油机通常利用发动机排气或循环冷却液来加热进气支管。利用循环冷却液加热进气支管时，需要在进气支管内设置水套(图6-10a)，并使其与发动机冷却系相连通，让冷却液在进气支管的水套内循环流动。对多点进气道燃油喷射式汽油机，进气支管无需加热。

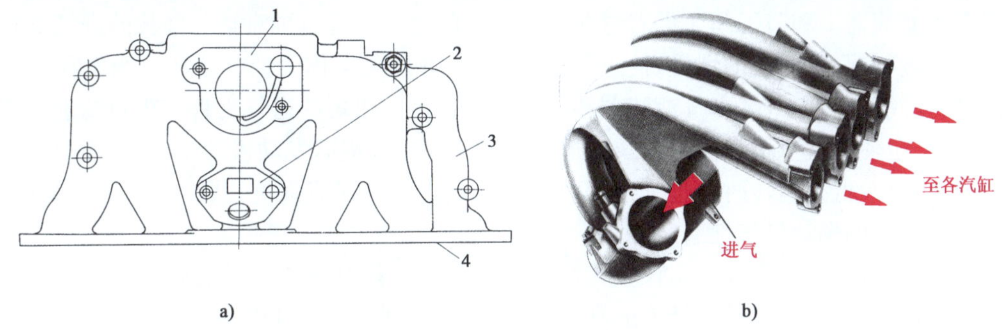

图6-10　汽油机进气支管

a)化油器式；b)电控多点喷射式

1-节气门体安装面；2-废气再循环阀安装面；3-循环冷却液管；4-进气支管安装面

柴油机作为“质调式”发动机，进气系统的作用只是将清洁的空气尽可能均匀地分配到各个汽缸。因此进气支管长度和形状尽可能设计成一致。

2. 进气谐振

进气谐振是指在进气过程中有效利用进气管内压力波的往复震荡来多进气。由于4冲程内燃机进气过程具有间歇性和周期性，致使进气管内产生一定幅度的压力波。此压力波以当地声速在进气系统内传播和往复反射。进气支管通过稳压箱与进气总管连接，因稳压箱具有一定的容积，对进气支管内的压力波构成一个开口边界，故利用一定长度和直径的进气支管与一定容积的稳压箱(谐振室)就可构成一个进气谐振系统(图6-11)，并使其固有频率与进气门的进气周期调谐，那么在特定的转速下，就会在进气门关闭之前，在进气支管内产生大幅度的压力波，使进气支管靠近进气门处的压力峰值提高，从而增加进气量。这种效应称作进气波动效应。

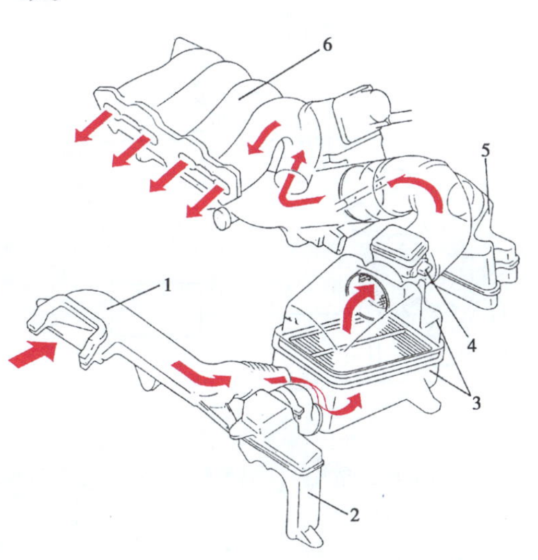

图6-11　谐振进气系统

1-进气导流管；2-副谐振室；3-空气滤清器；4-空气流量计；5-主谐振室；6-进气支管

进气谐振系统的优点是没有运动件，工作可靠、成本低。但只能增加特定转速下的进气量和发动机转矩。

五、可变进气系统

为了充分利用不同转速下的进气波动效应，改善发动机高速和中低速时的经济性和动力性，要求发动机在高转速时装备粗短的进气支管；而在中、低速时配用细长的进气支管，以提高压力波动效应。可变进气支管就是为了适应这种要求而设计的。

1. 可变进气支管

图6-12是一种根据发动机转速的变化可自动改变进气支管有效长度的系统。当发动机低速运转时，发动机电子控制装置5输出控制指令，使转换阀控制机构4关闭转换阀3，这时空气经空气滤清器1和节气门2沿着弯曲而又细长的进气支管流进汽缸。细长的进气支管提高了进气速度，增强了气流的惯性，使进气量增多，这种现象又称为惯性增压。当发动机高速运转时，转换阀开启，空气经空气滤清器和节气门直接进入粗短的进气支管。粗短的进气支管进气阻力小，也使进气量增多。可变长度进气支管不仅可以提高发动机的动力性，还由于它提高了发动机在中、低速运转时的进气速度而增强了汽缸内的气流强度，从而改善了燃烧过程，使发动机中低速的燃油经济性有所提高。

图6-13是另一种可变进气支管。其特点是每个支管都有一长一短的两个进气通道。在发动机运行过程中，根据发动机转速的高低，由旋转阀控制空气经其中一个通道流进汽缸。当发动机在中、低速运转时，旋转阀将短进气通道封闭，则空气沿长进气支管经进气道、进气门进入汽缸。当发动机高速工作时，旋转阀使长进气支管短路，将长进气支管也变为短进气通道。这时空气同时经两个短进气通道进入汽缸。

可变进气支管在整个使用转速范围，可以使发动机转矩平均提高8%。

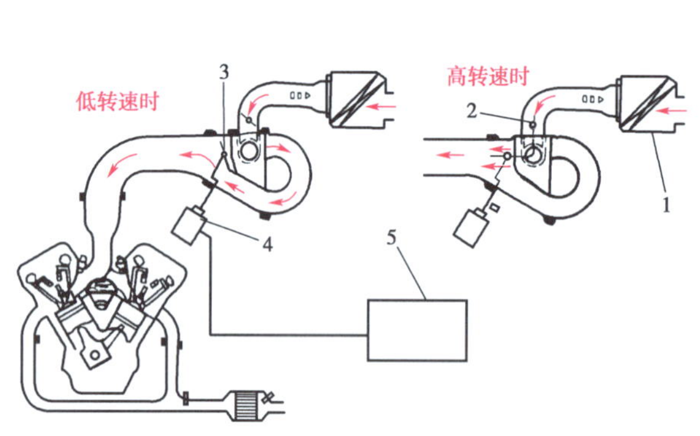

图6-12　可变长度进气支管

1-空气滤清器；2-节气门；3-转换阀；4-转换阀控制机构；5-发动机电子控制装置

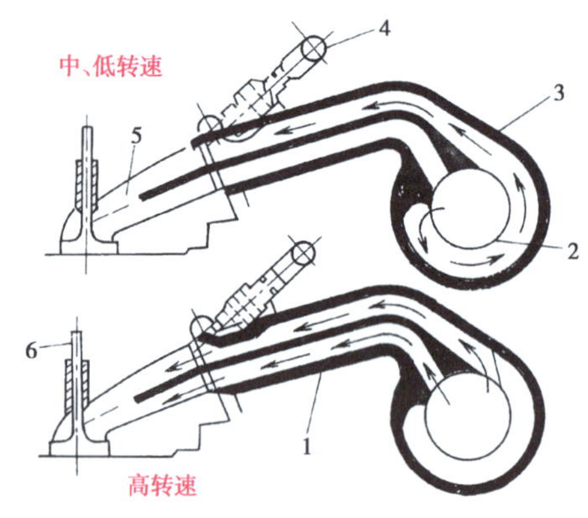

图6-13　双通道可变进气支管

1-短进气通道；2-旋转阀；3-长进气通道；4-喷油器；5-进气道；6-进气门

2. 可变谐振管

如前所述，当发动机工作时由于活塞的往复运动和进气门的周期性开闭，在进气管内气体流动产生压力波，并在进气管内来回传播。通过对进气管的设计，当进气门关闭之前，在进气门上游出现正压力波的峰值时就可以多充气，具有一定的增压效果。因此称这种效果为压力波动增压效果，主要与发动机转速和进气管长度有关。即低速时为了获得压力波动增压效果要求进气管较长，而在高速区为了降低高速时的气流流动损失，要求较短的进气管。于是，根据发动机转速控制进气管长度的变化，使得在整个转速领域内都可以提高充气效率，改善发动机的性能。

1）谐振控制式进气系统ACIS（Acoustic Control Induction System）

控制进气管内压力波的方式很多,其中最简便的方式是用2个长短不同的进气管。图6-14a)中表示一种进气总管与稳压箱接口部设计成“Y”字形,并在稳压箱中部设置控制阀进气支管长度可变的可变谐振进气系统。当低速时由发动机控制单元(ECU)关闭设在稳压箱内的控制阀时,空气通过长的进气管进入汽缸,使进气压力波传播途径变长,由此有效利用发动机低速时的谐振增压效果,改善低速充气效率;而高速时打开控制阀,使气流通过稳压箱分配到各汽缸,缩短了进气压力波传播路程。因此在高低速范围内都能有效地利用进气压力波的谐振增压效果。图6-14b)是另一种采用双谐振箱式可变谐振增压系统。其结构特点是在进气支管中设置第二谐振箱,并在其入口处设置控制阀。当高转速时打开控制阀,此时由于第二谐振箱的作用,实际进气压力波起作用的管段为从进气门处到第二谐振箱之间的较短部分。当发动机转速降低到中低速时关闭控制阀,则第二谐振箱不起作用,所以实际进气压力波起作用的管段为从进气门处到第一谐振箱之间的较长部分。因此,同样起到了根据转速的变化调节谐振管长度的作用。

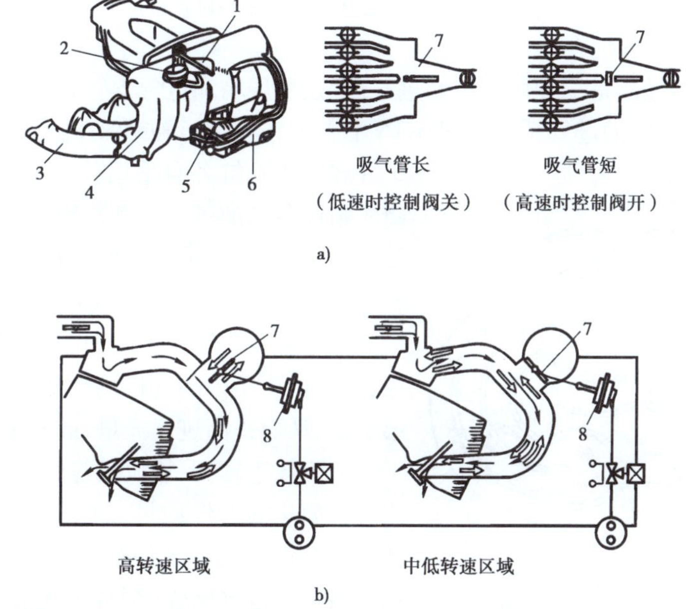

图6-14　可变谐振式进气系统

a)“Y”型进气总管式;b)双谐振箱式

1-谐振控制杆;2、7-谐振控制阀;3-进气支管;4-谐振管;5-负压切换阀;6-真空室;8-控制机构

2)可变惯性增压进气系统VICS(Variable Inertia Charging System)

这是一种利用进气过程中各进气支管之间反射波传播原理进行的惯性增压系统,其结构原理如图6-15所示,在各进气支管之间用连接通道相连接,并设置控制阀来控制。当发动机高速时,打开进气支管连接通道,这样从其他进气支管反射过来的压力波不经谐振箱,直接通过连接通道传播,从而起到了惯性增压的作用。图6-15b)表示其工作原理,着火顺序为1-3-4-2的四缸机,当第1缸在压缩上止点时,从第1缸进气门处反射的压力波按箭头所示方向传播到第3缸。当第3缸进气门关闭之前传播一个正压波时,第3缸就起到增压的效果,可改善发动机的高速性;低速时关闭控制阀,使各进气支管相互独立,进气管变长,从而兼顾发动机高低速性能。

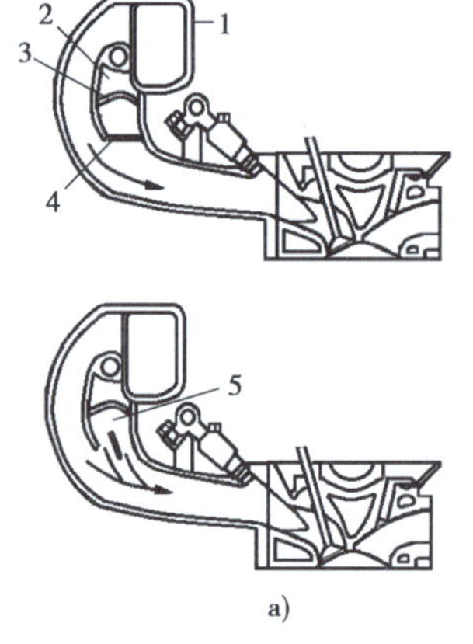

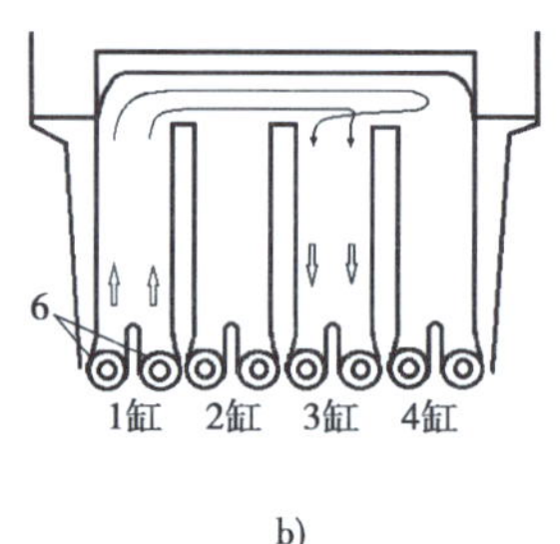

图6-15　可变惯性增压进气系统

a）VICS系统；b）VICS的作用原理

1-稳压箱；2-真空室；3-密封板；4-控制阀；5-连通道；6-进气阀

3. 复合谐振进气系统

复合谐振进气系统，是一种协调控制进气总管、稳压箱和进气支管来实现适应不同转速可变控制进气谐振管长度的进气系统。图6-16中表示在V型6缸发动机上采用的这种复合谐振进气系统的结构示意图。同一侧的1、3、5缸和2、4、6缸各自采用独立的进气管（共振管）、稳压箱和各自的进气支管。稳压箱和各缸的进气支管长度构成该汽缸的惯性增压系统。而长的进气管、稳压箱以及各汽缸构成各自的共振系统。当第1缸进气终了进气门关闭时，由于进气压缩波的作用，两个稳压箱内的气柱发生共振，其压力波反射到第1缸，从而提高进气充量，此时惯性增压系统停止工作。为便于理解，假设长进气管内（共振管）的气流质量简化为惯性质量，两个稳压箱简化为2个弹簧。则共振管内的气柱在2个弹簧的作用下振动。相对共振管进气支管（惯性系统）很短，所以其惯性影响很小可忽略。进气过程中汽缸内的容积与稳压箱容积相比也很小，所以可以看成是一个硬弹簧。当发动机低速运行（2000r/min）时，惯性系统相对比较短，其共振点转速高，所以基本不振动，此时通过长的共振管的谐振效果提高充气效率；当发动机高速（4000r/min）运行时，共振管内的气流和2个大容积的稳压箱内的气流，因其固有频率低而不共振，只有短的惯性系统的气柱共振，从而提高充气效率。当发动机在某一中速（3000r/min）下运行时，由于共振管内的气柱和惯性系统的气柱均不共振，或振动很小，因此充气效率降低，使得发动机输出转矩在该

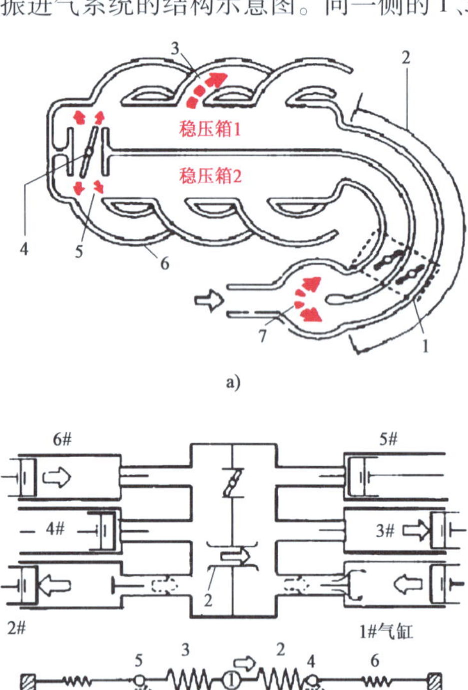

图6-16　复合可变谐振进气系统

a）复合谐振系统；b）工作原理示意图

1-双节气门；2-共振长管；3-惯性增压；4-切换阀；5、7-共振增压；6-进气支管

转速下出现低谷现象。为了避免这种低谷现象，在两个稳压箱之间设置切换阀，由此接通两个稳压箱，使之合成为一个大稳压箱，由此实施惯性增压，提高该转速下的充气效率，改善转矩低谷现象，使得整个转速领域内具有良好的充气效率，提高发动机的整机性能。

第三节 排气系统

随着节能减排要求的不断严格，车用发动机排气系统的功用不仅是将汽缸内的已燃废气及时地排除干净，以便保证充入更多的新鲜气体，同时还要保证尽可能降低有害物的排放和噪声，尽可能回收利用排气能量。因此，车用发动机的排气系统根据发动机的不同类型以及适应不同阶段的排放法规要求而有所不同。

一、单排气系统及双排气系统

直列型发动机在排气行程期间，各汽缸中的废气经排气门进入各自的排气支管，由此进入排气总管，并经设置在排气总管中的催化转换器和消声器，最后由排气尾管排到大气中。这种排气系统称作单排气系统（图6-17）。

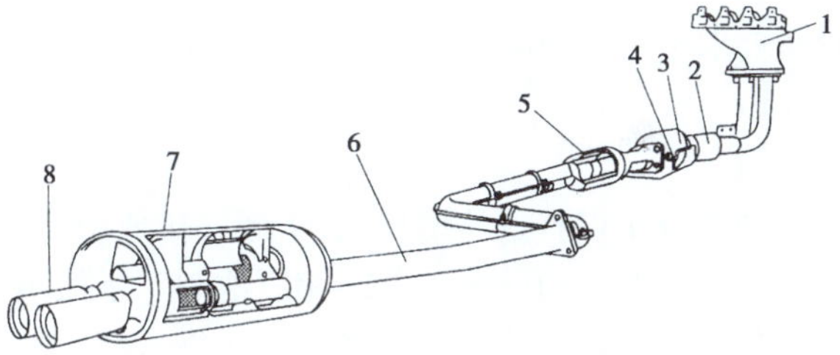

图6-17 单排气系统的组成

1-排气支管；2-前排气管；3-催化转换器；4-排气温度传感器；5-副消声器；6-后排气管；7-主消声器；8-排气尾管

V型发动机有两个排气支管，在大多数装配V型发动机的汽车上仍采用单排气系统，即通过一个叉形管将两个排气支管连接到一个排气总管上。来自两个排气支管的废气经同一个排气管、同一个消声器和同一个排气尾管排出（图6-18a）。但是现代有些V型发动机采用两个单排气系统，即每个排气支管各自都连接一个排气管、催化转换器、消声器和排气尾管（图6-18b）。这种布置形式称作双排气系统。

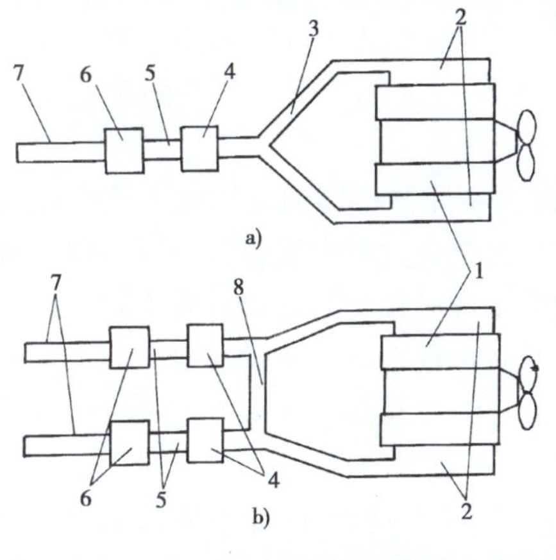

图6-18 V型发动机排气系统

a）单排气系统；b）双排气系统

1-发动机；2-排气支管；3-叉形管；4-催化转换器；5-排气管；6-消声器；7-排气尾管；8-连通管

采用双排气系统可降低排气系统内的压力，使发动机排气更为顺畅，汽缸中残余的废气较少，可以充入更多的空气和燃油混合气或洁净的空气，因而发动机的功率和转矩都相应地有所提高。

一般排气支管由铸铁或球墨铸铁制造（图6-19a），但其质量较重。近些年来采用不锈钢排气支管的汽车越来越多，其原因是不锈钢排气支管质量轻、耐久性好，同时内壁光滑、排气阻力小。

排气支管的形状十分重要。为了使各缸排气互不干扰及不出现排气倒流现象，并尽可能地利用惯性排气，应该将排气支管做得尽可能长，而且各缸支管应该相互独立、长度相等。图6-19b）所示的不锈钢排气支管的结构较好地满足了上述要求。相互独立的各个支管都很长，而且1、4缸排气支管汇合在一起，2、3缸汇合在一起，可以完全消除各缸之间的排气干扰现象。

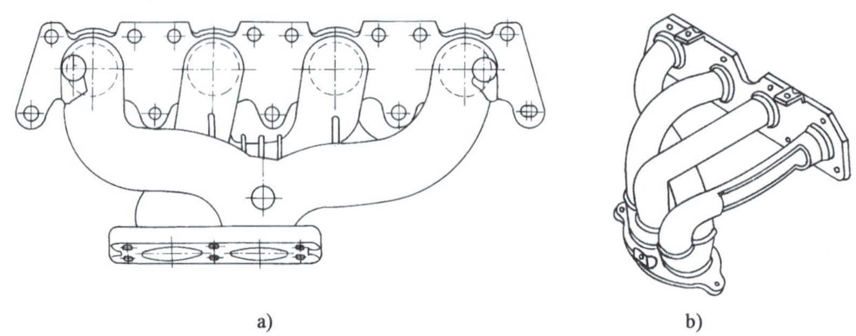

图6-19 排气支管结构图

a）铸铁（捷达轿车）；b）不锈钢（丰田汽车）

汽车排气总管长度和形状根据排气尾管（排气口）的布置位置而不同。一般汽车将尾管设在汽车尾部由此将发动机的废气排入大气，因此排气总管较长。所以在设计或布置排气总管时要求尽可能地减小排气阻力。

二、后处理器

随着汽车保有量的增加，汽车尾气排放中有害物质对大气环境的污染日趋严重，已成为刻不容缓的课题。为此世界各国相应地制定了汽车尾气有害物排放的限制法规。为了有效控制汽车尾气有害物排放对大气环境的污染，现阶段不同车型均采用后处理器。由于不同类型汽车其有害尾气排放物种类不同，而且不同阶段对有害尾气排放物的限制标准不同，因此，根据不同车型适应不同阶段排放法规的控制措施不同，汽车排气系统有较大的变化。

像进气道多点喷射的汽油机，根据其用火花塞点燃预混合气以火焰传播方式燃烧的特点，其主要有害排放物为NO_x、CO、HC，且常用工况下混合气特征参数——过量空气系数的变化范围比较窄，为0.8~1.1。当过量空气系数为1时。三效催化转换器能同时有效地降低NO_x、CO和HC三种有害排放物，转换效率高达96%以上。因此，目前汽油机普遍采用三效催化转换器（图6-17），并用电控汽油喷射技术将混合气严格控制在过量空气系数为1的理论混合气上。

与汽油机不同，柴油机是在接近压缩终了的某一时刻由喷油器将燃油高压喷入到高温高压的空气中进行强制雾化，由此边混合边燃烧，因此在柴油机燃烧过程中混合气极不均匀。这种混合气形成方式和燃烧特点决定柴油机的有害排放物的生成机理与汽油机有所不同。尽管柴油机有害排放物中都含有CO、HC和NO_x，但因柴油机汽缸内混合气的平均过量空气系数远大于1，燃烧过程中空气相对充足，所以CO和HC排放较少；但NO_x排放较多。此外在柴油机燃烧过程中由于混合气不均匀，很容易造成局部浓混合气高温缺氧的局面，而生成炭烟。

由于柴油机混合气的平均过量空气系数大于1，且混合气极不均匀，因此不能采用三效催化转换装置来净化CO、HC和NO_x。而且一般降低NO_x的技术措施和降低炭烟排放的技术措施相互矛盾，成为现代柴油机排放控制的主要技术难点。因此对柴油机的CO、HC、NO_x和炭烟排放采用不同的后处理技术。CO和HC采用氧化型催化转换装置使之氧化处理为CO_2和H_2O，NO_x采用还原型催化转换装置来还原处理成N_2，而炭烟颗粒则采用捕集器来捕集以后再烧掉。后处理器的详细内容在下一章节分别介绍。

三、消声器

由于四冲程内燃机工作过程为间歇的，所以其排气过程也具有间歇性，而且在汽缸内燃烧气体膨胀终了之前某一时刻排气门打开，因此排气压力较高。排气管内平均排气压力一般为0.3～0.5MPa，而且排气压力在排气管内波动。这种压力波动不仅造成排气系统的振动，而且如果把发动机燃烧后的废气直接排到大气，就会产生强烈的、频谱比较复杂的排气噪声，直接影响社会环境的安宁和整车的舒适性，因此车用发动机都装有排气消声器。

排气消声器的主要功用是降低或衰减排气压力脉动，以降低排气噪声。

消声器的结构根据其消声机理不同有很大的区别，但其基本结构有吸收式、干涉式、扩张式和共振式等四种（图6-20）。实际消声器多为这些基本结构的不同组合形式。

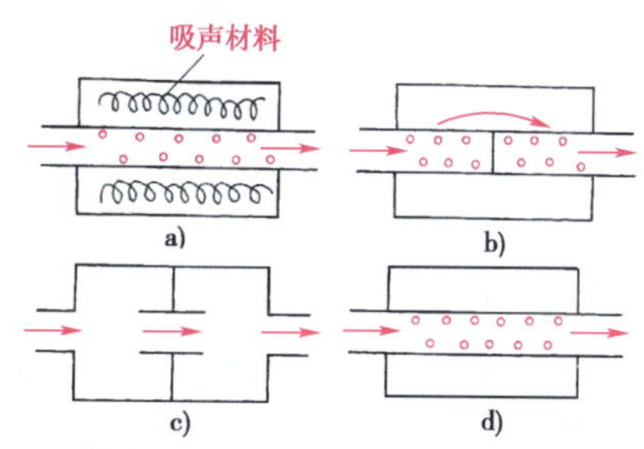

图6-20　消声器的基本结构

a）吸收式；b）干涉式；c）扩张式；d）共振式

国产红旗CA7220型轿车的排气消声器由前、中、后三消声器构成（图6-21）。前消声器为扩张式，壳体由内、外壳和纤维夹层构成，纤维夹层为石棉陶瓷纤维，主要起隔热作用。壳体内用两个带孔隔板将壳体内空间隔成三个扩张室。扩张式消声器主要用来降低中、低频噪声。这种扩张式前消声器材料全部为金属，结构简单，且耐高温、耐腐蚀，使用寿命长（图6-21a）。

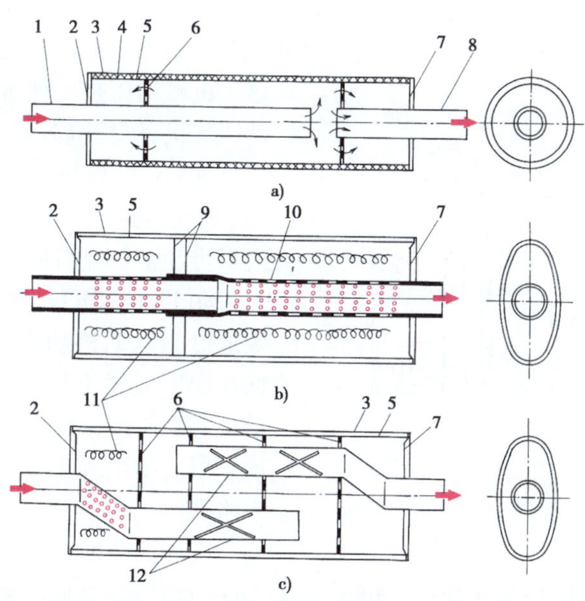

图6-21　红旗轿车排气消声器结构示意图

a）前消声器；b）中消声器；c）后消声器

1-进气管；2-前端盖；3-外壳；4-纤维夹层；5-内壳；6-多孔隔板；7-后端盖；8-出气管；9-隔板；10-带孔管；11-吸声材料；12-带缝管

中消声器是吸收式和共振式的组合，其内部由两个多孔管和两个隔板形成两个共振室，在共振室内装填多孔性吸声材料——岩棉。共振室对共振频率附近的噪声消减效果最好。吸声材料能降低中、高频噪声，但在高温和腐蚀性气体的作用下会丧失其消声能力，所以这种中消声器使用寿命较短（图6-21b）。

后消声器是吸收式、扩张式和共振式的多种组合，其结构如图6-21c）所示。排气在后消声器内循环流动，既能降低噪声，又可降低排气温度。

为了提高消声器的消声效果，消声器的壳体也可做成双层结构，由此降低消声器表面辐射噪声。

第四节 增压系统

一、概述

增压是在发动机进气过程中预先把空气压缩，然后再供入汽缸，以此提高进气密度，增加进气量的一项技术。进气量增加，可以相应地增加循环喷油量，从而增加发动机的升功率。同时，增压不仅可以改善燃油经济性，而且也是控制排放的有效技术之一，因而被广泛应用。实践证明，在小型车用发动机上采用涡轮增压或机械增压时，当汽车以正常的经济车速行驶时，不仅可以获得良好的燃油经济性，而且还可以有效地降低有害排放物的比排放（单位功率小时的排放量）。同时提高发动机的功率，改善整车动力性。

根据提高进气密度（增压）方式的不同，或驱动压气机的方式不同，增压发动机可分类为机械增压、废气涡轮增压和气波增压等三种基本类型。实现进气增压的装置称为增压器。上述三种基本增压类型所用的增压器分别称为机械增压器、废气涡轮增压器和气波增压器。

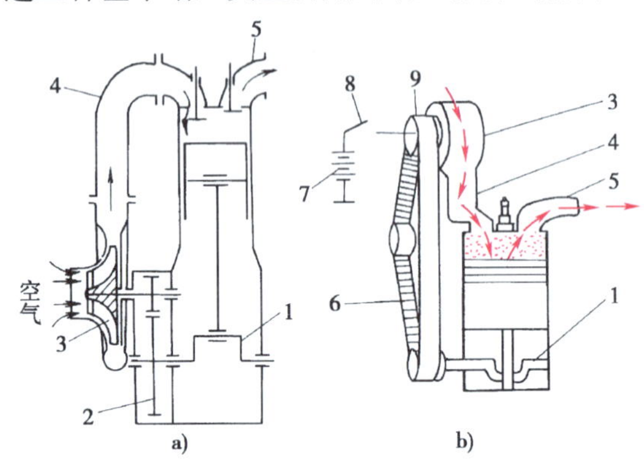

图6-22 机械增压示意图

1-曲轴；2-齿轮增速器；3-机械增压器；4-进气管；5-排气管；6-齿形传动带；7-蓄电池；8-开关；9-电磁离合器

机械增压是一种通过发动机曲轴直接驱动压气机，以提高发动机进气压力的增压方式，如图6-22所示。增压器3由发动机曲轴1经齿轮增速器2驱动（图6-22a），或由曲轴齿形传动带轮经齿形传动带6及电磁离合器9驱动（图6-22b）。机械增压的特点是能有效地提高发动机功率。与涡轮增压相比，其低速增压效果更好。另外，机械增压器与发动机容易匹配，结构也比较紧凑。但是，驱动增压器需要消耗发动机功率，因此燃油消耗率略高。

废气涡轮增压是车用发动机广泛采用的一种增压方式，主要由涡轮机2和压气机3构成（图6-23）。这种增压器是将具有一定能量的由发动机排出的废气引入涡轮机，利用废气能量推动涡轮机旋转，由此驱动与涡轮同轴连接的压气机实现增压。废气涡轮增压器与发动机无机械连接。这种增压方式能有效地回收利用排气的能量，所以经济性比机械增压和非增压发动机都好，并可大幅度地降低有害气体的排放和排气噪声水平。缺点是因涡轮机是流体机械，而发动机是动力机械，因此废气涡轮增压发动机的低速增压效果差，而且在发动机过渡工况瞬态响应特性较差。这直接影响汽车的加速性，特别是低速加速性。

气波增压是一种利用排气压力波使空气受到压缩，以提高进气压力的方式。气波增压器结构示意图如图 6-24 所示，内设一个特殊形状的转子 3，由发动机曲轴带轮经传动带 4 驱动。在转子 3 中发动机排出的废气直接与空气接触，利用排气压力波使空气受到压缩，以提高进气压力。气波增压器结构简单，加工方便，工作温度不高，不需要耐热材料，也无需冷却。与涡轮增压相比，其低速转矩特性好，但是体积大、噪声高，安装位置受到一定的限制。这种增压器只能在低速范围内使用。

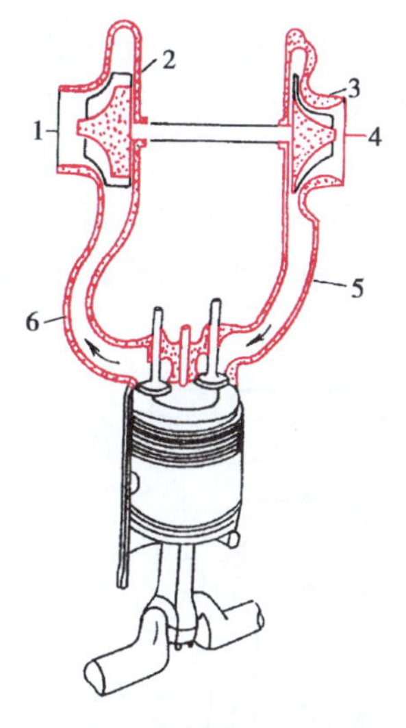

图 6-23　废气涡轮增压示意图

1-排气口；2-涡轮机；3-压气机；4-进气口；5-进气管；6-排气管

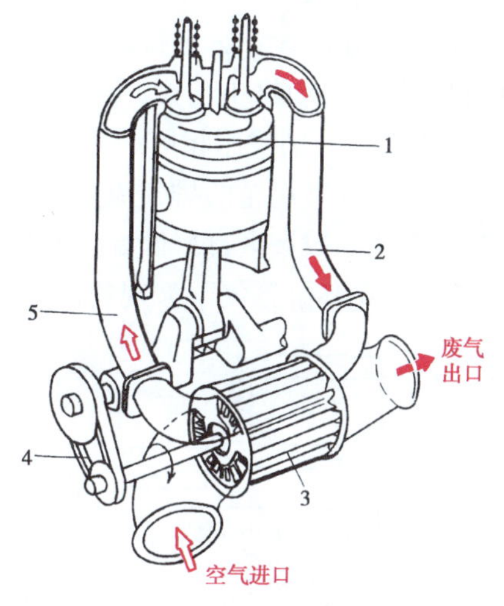

图 6-24　气波增压示意图

1-活塞；2-排气管；3-气波增压器转子；4-传动带；5-进气管

目前，在车用柴油机上已广泛采用废气涡轮增压技术，但在车用汽油机上应用增压技术比柴油机困难得多，其主要原因是：

（1）汽油机增压后爆震倾向增加。

（2）由于汽油机混合气的过量空气系数小，燃烧温度高，因此增压后汽油机和涡轮增压器的热负荷大。

（3）车用汽油机工况变化频繁，使用转速和功率范围宽，致使涡轮增压器与汽油机的匹配困难。

（4）涡轮增压汽油机的加速性较差。当节气门突然开大要求混合气量迅速增加时，由于增压器转子的惯性，使增压器加速迟缓，发动机进气量的增加相对滞后一段时间。

近年来，乘用车用汽油机的增压技术得到较大的发展。这是因为随着高速公路的发展，车主对汽车高动力性能的追求日益强烈。另外，汽油喷射式发动机和电控技术的发展，以及增压器性能的改善，都为普及和发展汽油机增压技术创造了有利条件。尽管如此，用废气涡轮增压方式提高汽油机的进气压力仍然受到爆震的限制，所以汽油机的增压比普遍较低。

二、涡轮增压

如前所述，废气涡轮增压是通过发动机排出的废气能量推动涡轮增压器来实现增压的。根据一台发动机上设置的增压器数量，废气涡轮增压系统分为单级增压系统和双级复合增压系统。普通车型常用单级增压系统，即采用一个废气涡轮增压器，而双级增压系统采用两个废气涡轮增压器，主要用于大排量车用柴油机。根据两个增压器的连接方式不同，双级增压系统又可分为直列双级增压和并列双级增压两种系统（图 6-25）。直列双级增压系统一般由一个小型增压器 4 和一个大型增压器 5 直列布置而构成，并根据发动机转速分别使用。当低速时关闭进气切换阀 3 和排气切换阀 6，使小型增压器 4 工作，以提高低速进气量，改善低速转矩特性；中高速时如图 6-25a）所示，打开排气切换阀 6 和进气切换阀 3，使排气流向大型增压器 5，以便增压发动机在高效率区进行匹配，提高发动机的经济性。此时小型增压器 4 涡轮的进出口压力相等，所以自动停止工作。对 6 缸机可采用并列式双级增压系统，如图 6-25b）所示 1、2、3 缸和 4、5、6 缸分别采用相同的增压器，与 6 个缸采用一个增压器相比，采用并列双级增压器时所流通每个废气涡轮的排气流量减小一般，所以可采用小型增压器，由此达到兼顾低速转矩特性和中高速高效率区良好匹配的问题。多缸发动机采用并列式双级增压系统的另一个目的，就是为了避免各缸排气干涉现象。

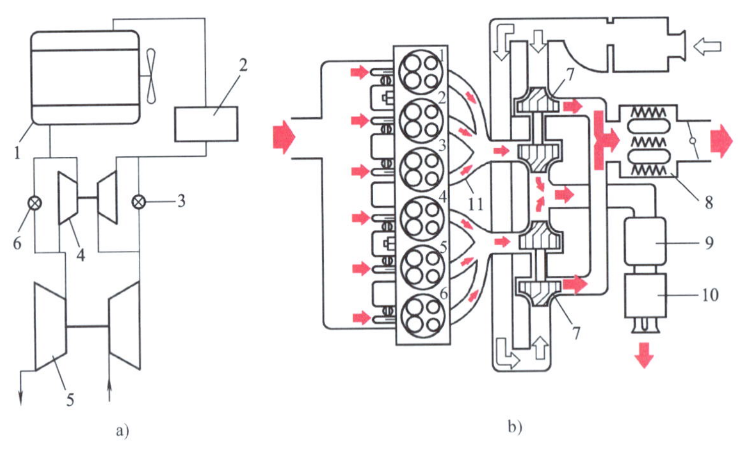

图 6-25 复合增压系统

a）直列双级增压系统；b）并列双级增压系统

1-发动机；2、9-中冷器；3-进气切换阀；4-小型增压器；5-大型增压器；6-排气切换阀；7-喷油器；8-增压器；10-催化转换装置；11-消声器

1. 涡轮增压器的结构及工作原理

车用涡轮增压器由离心式压气机、径流式涡轮机以及中间体三部分组成（图 6-26）。增压器轴 5 通过两个浮动轴承 9 支撑在中间体 14 内。中间体内有润滑和冷却轴承的油道，还有防止机油漏入压气机或涡轮机中的密封装置等。

1）离心式压气机

离心式压气机由进气道 6、压气机叶轮 3、无叶式扩压管 2 及压气机蜗壳 1 等组成（图 6-26）。叶轮包括叶片和轮毂，并由增压器轴 5 带动旋转。

当压气机旋转时，空气经进气道进入压气机叶轮，并在离心力的作用下沿着压气机叶片 1

之间形成的流道(图 6-27),从叶轮中心流向叶轮的周边。空气从旋转的叶轮获得能量,使其流速、压力和温度均有较大的提高,然后进入叶片式扩压管 3。扩压管为渐扩形流道,空气流过扩压管时减速而增压,温度也有所升高,在扩压管中,空气所具有的大部分动能转变为压力能。

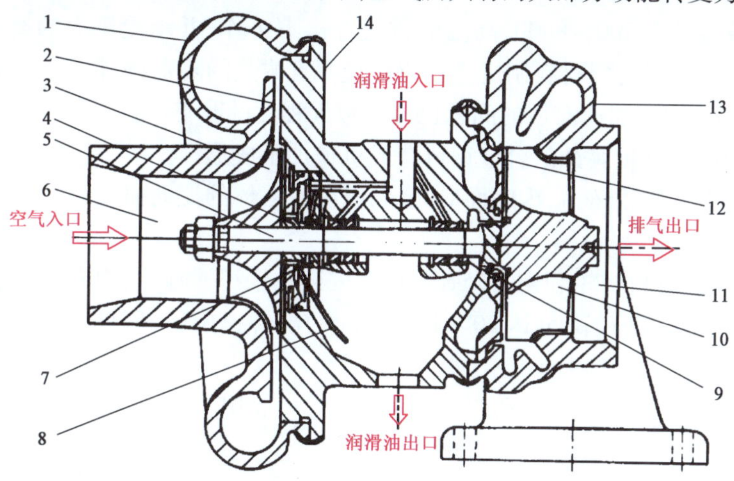

图 6-26　涡轮增压器结构

1-压气机蜗壳;2-无叶式扩压管;3-压气机叶轮;4-密封套;5-增压器轴;6-进气道;7-推力轴承;8-挡油板;9-浮动轴承;10-涡轮机叶轮;11-出气道;12-隔热板;13-涡轮机蜗壳;14-中间体

扩压管分叶片式和无叶式两种。无叶式扩压管实际上就是由蜗壳和中间体侧壁所形成的环形空间。无叶式扩压管构造简单,工况变化对压气机效率的影响很小,适合于车用增压器。叶片式扩压管是由相邻叶片构成的流道,其扩压比大、效率高,但结构复杂,工况的变化对压气机效率有较大的影响。

蜗壳的作用是收集从扩压管流出的空气,并引向压气机出口。空气在蜗壳中继续减速增压,完成其由动能向压力能转变的过程。

压气机叶轮由铝合金精密铸造,蜗壳也用铝合金铸造。

2)径流式涡轮机

涡轮机是将发动机排气的能量转变为机械能的装置。径流式涡轮机由蜗壳 4、喷管 3、叶轮 1 和出气道等组成(图 6-28),蜗壳 4 的进口与发动机排气管相连,发动机排气经蜗壳引导进入叶片式喷管 3。喷管是由相邻叶片构成的渐缩形流道。排气流过喷管时降压、降温、膨胀、增速,使排气的压力能转变为动能。由喷管流出的高速气流冲击叶轮 1,并在叶片 2 所形成的流道中继续膨胀加速,推动叶轮旋转。

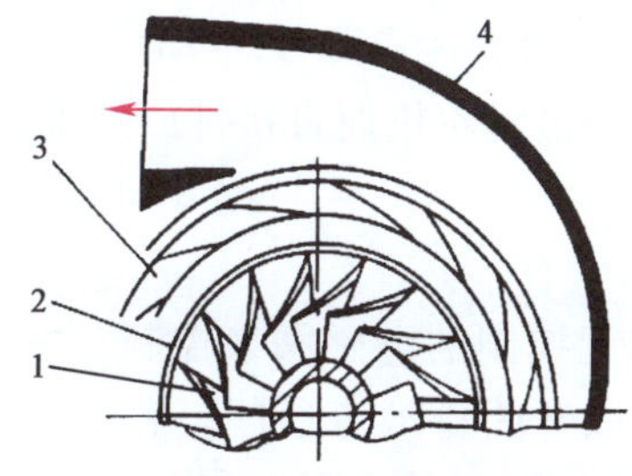

图 6-27　离心式压气机

1-压气机叶片;2-叶轮;3-叶片式扩压管;4-压气机蜗壳

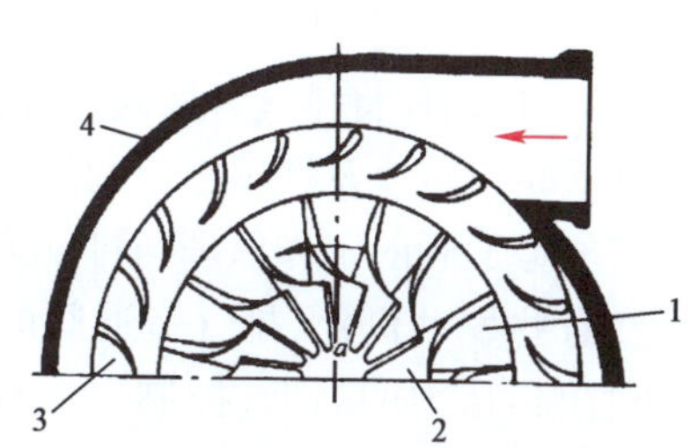

图 6-28　径流式涡轮机示意图

1-叶轮;2-叶片;3-叶片式喷管;4-蜗壳

与压气机的扩压管类似,涡轮机的喷管也有叶片式和无叶式之分。现代车用径流式涡轮机多采用无叶式喷管(图6-28)。涡轮机的蜗壳除具有引导发动机排气以一定的角度进入涡轮机叶轮的功能以外,还有将排气的压力能和热能部分地转变为动能的作用。

涡轮机叶轮经常在700~800℃高温的排气冲击下工作,并承受巨大的离心力作用,所以采用镍基耐热合金钢或陶瓷材料制造。用质量轻并且耐热的陶瓷材料可使涡轮机叶轮的重量大约减轻2/3,涡轮增压加速滞后的问题也得到很大程度的改善。

喷管叶片用耐热和抗腐蚀的合金钢铸造或机械加工成形。

蜗壳用耐热合金铸铁铸造,内表面应光洁,以减少气体的流动损失。

3)转子

涡轮机叶轮、压气机叶轮和密封套等零件都安装在增压器轴上,构成涡轮增压器转子。转子以超过10×10^4r/min,最高可达20×10^4r/min的高转速旋转,因此,转子的平衡是非常重要的。

增压器轴在工作中承受弯曲和扭转交变应力,一般用韧性好、强度高的合金钢40Cr或18CrNiWA制造。

4)增压器轴承

增压器的轴承是关系到车用涡轮增压器可靠性的关键问题之一。现代车用涡轮增压器都采用浮动轴承(图6-29)。浮动轴承实际上是套在轴上的圆环。圆环与轴以及圆环与轴承座之间都有间隙,形成双层油膜。圆环浮在轴与轴承座之间。一般内层间隙为0.05mm左右,外层间隙大约0.1mm。轴承壁厚约3~4.5mm,用锡铅青铜合金制造,轴承表面镀一层厚度约为0.005~0.008mm的铅锡合金或金属铟。在增压器工作时,轴承在轴与轴承座中间转动。

增压器工作时产生轴向推力,由设置在压气机一侧的推力轴承1承受。为了减少摩擦,在整体式推力轴承两端的推力面6上,各加工有四个布油槽7;在轴承上还加工有进油孔5,以保证推力面的润滑和冷却(图6-29)。

2. 增压压力的调节

在涡轮增压系统中一般设有进气旁通阀或排气旁通阀,用以控制增压压力。排气旁通阀及其控制装置在增压器上的安装位置如图6-30所示。控制膜盒1中的膜片将膜盒内部空间分为压力室和弹簧室,压力室经连通管11与压气机出口相通,弹簧室内设有膜片弹簧并作用在膜片上。膜片还通过连动杆2与排气旁通阀3连接。当压气机出口压力,即增压压力低于限定值时,膜片在膜片弹簧力的作用下移向压力室,并带动连动杆使排气旁通阀保持关闭状态。当增压压力超过限定值时,压力室内的增压压力克服膜片弹簧力,推动膜片向弹簧室内移动,并带动连动杆将排气旁通阀打开,使部分排气不经过涡轮机而直接排放到大气中,从而达到控制涡轮机转速及增压压力的目的。

进气旁通阀的工作原理与排气旁通阀相似。

在有些发动机上,排气旁通阀的开闭由电控单元控制的电磁阀来控制。电控单元根据压气机出口压力的高低,控制电磁阀通电或断电,以开闭排气旁通阀。有的电控单元还能按照预编程序,在发动机突然加速时,允许增压压力短时间超出限定值,以提高发动机的加速性。

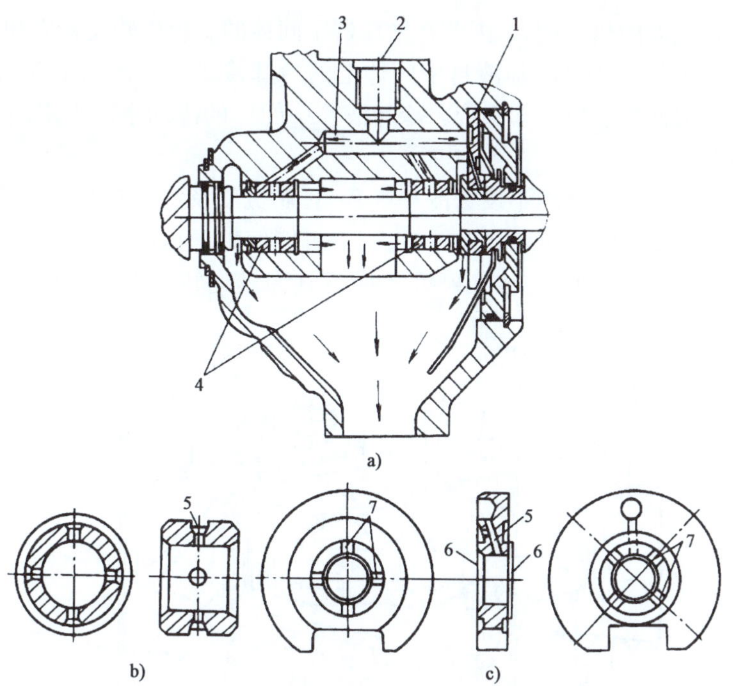

图 6-29 涡轮增压器轴承及其润滑

a)润滑油道;b)浮动轴承结构;c)推力轴承结构

1-推力轴承;2-润滑油入口;3-润滑油道;4-浮动轴承;5-进油孔;6-推力面;7-布油槽

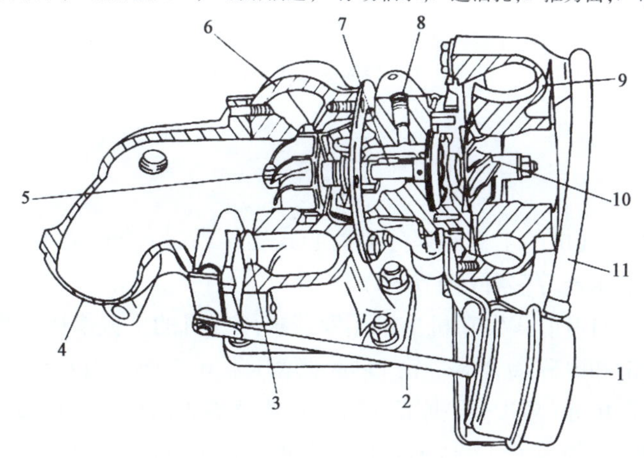

图 6-30 排气旁通阀及其控制装置

1-控制膜盒;2-连动杆;3-排气旁通阀;4-排气管;5-涡轮机叶轮;6-涡轮机蜗壳;7-增压器轴;8-中间体;9-压气机蜗壳;10-压气机叶轮;11-连通管

3. 涡轮增压器的润滑及冷却

来自发动机润滑系统主油道的机油,经增压器中间体上的机油进口 1 进入增压器,润滑和冷却增压器轴和轴承。然后经中间体上的机油出口 2 返回发动机油底壳(图 6-31)。在增压器轴上装有油封,用来防止机油窜入压气机或涡轮机的蜗壳内。如果油封损坏,不仅机油消耗量增加,而且排气冒蓝烟。

由于汽油机增压器的热负荷大，因此在增压器中间体的涡轮机侧设置冷却水套，并用软管与发动机的冷却系统相连接。冷却液自中间体上的冷却液进口3流入中间体内的冷却水套4，从冷却液出口5流回发动机冷却系统。冷却液在中间体的冷却水套中不断循环，使增压器轴和轴承得到冷却。

有些涡轮增压器在中间体内不设置冷却水套，只靠机油及空气对其进行冷却。当发动机在大负荷或高转速工作之后，如果立即停机，则有可能使轴承内的机油因轴承温度太高而燃烧。因此，这类涡轮增压发动机应该在停机之前，至少怠速运转一段（1min）时间。

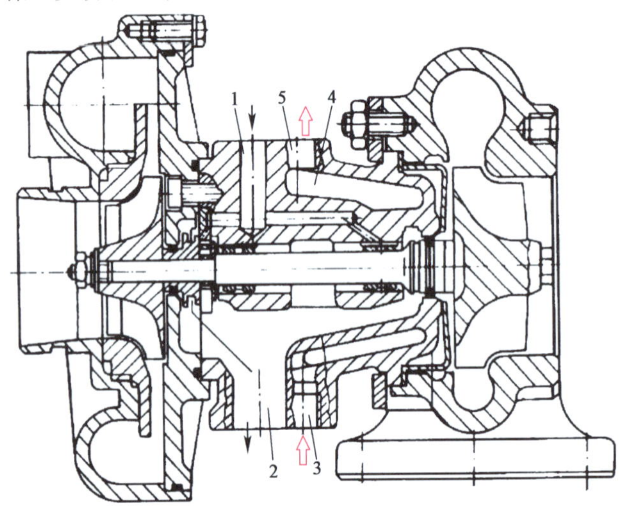

图6-31　增压器的润滑与冷却

1-机油进口；2-机油出口；3-冷却液进口；4-冷却水套；5-冷却液出口

三、机械增压

1. 类型

机械增压器根据压气机的工作原理分为离心式增压器、罗茨式增压器、滑片式增压器、螺旋式增压器、转子式增压器等多种（图6-32）。

图6-33为电控汽油喷射式发动机上采用罗茨式压气机的机械增压系统示意图，由发动机曲轴带轮12经传动带和电磁离合器带轮11驱动增压器6工作。当发动机在小负荷下运行时不需要增压，这时电控单元（ECU）根据节气门位置传感器3的信号使电磁离合器断电，增压器停止工作。与此同时，电控单元17接通，进气旁通阀5开启，使空气经进气旁通阀5进入汽缸。在进入汽缸之前，空气先经中冷器7降温。爆震传感器9安装在发动机机体上，它将发动机爆震信号传输给电控单元17，电控单元则发出相应的指令减小点火提前角，以消除爆燃。

2. 罗茨式压气机

在机械增压器中，罗茨式压气机最广为人知，其结构如图6-34所示。它由转子3、转子轴4、传动齿轮7、壳体9、后盖5和齿轮室罩8等构成。在压气机前端装有电磁离合器2及电磁离合器带轮1。在罗茨式压气机中有两个转子。发动机曲轴带轮经传动带、电磁离合器带轮1和电磁离合器2驱动其中的一个转子；而另一个转子则由传动齿轮7带动，与第一个转子同步旋转。转子的前后端支撑在滚子轴承10上，滚子轴承和传动齿轮用合成高速齿轮油润滑。在转子轴的前后端安装油封，以防止润滑油漏入压气机壳体内。

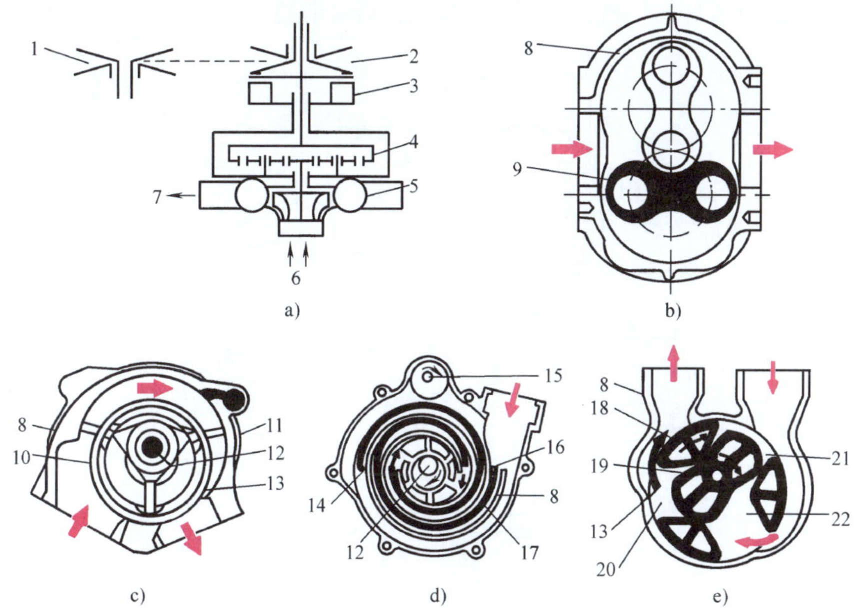

图 6-32　机械式增压器的种类

a）机械离心式增压器；b）罗茨式增压器；c）滑片式增压器；d）螺旋式增压器；e）转子活塞式增压器

1-初级变速带轮；2-次级变速带轮；3-电磁离合器；4-增速行星齿轮系；5-压气机；6-进气口；7-排气口；8-外壳；9-旋转活塞；10-转子；11-滑片；12-驱动轴；13-出口边缘；14-二级工作室空气进口；15-抽气导向器；16-第一级工作室空气进口；17-抽气元件；18-外转子；19-内转子；20-工作腔Ⅲ；21-工作腔Ⅱ；22-工作腔Ⅰ

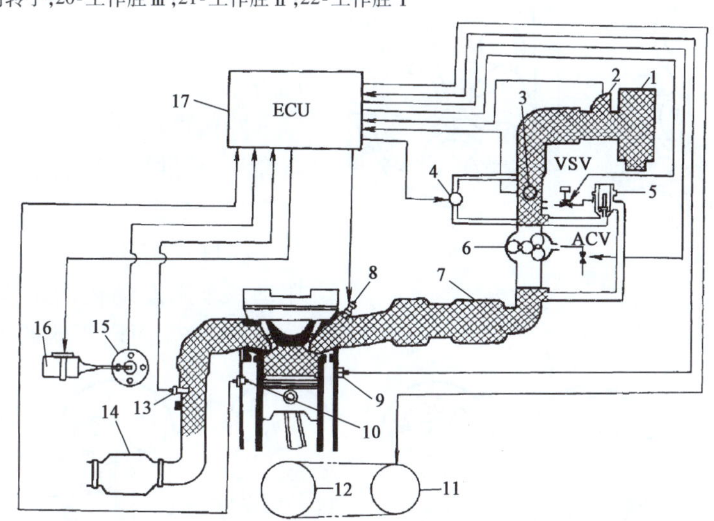

图 6-33　罗茨式机械增压系统

1-空气滤清器；2-空气流量计；3-节气门及节气门位置传感器；4-怠速空气控制阀；5-进气旁通阀；6-罗茨式机械增压器；7-中冷器；8-喷油器；9-爆震传感器；10-冷却液温度传感器；11-电磁离合器带轮；12-曲轴带轮；13-氧传感器；14-三效催化转换器；15-分电器；16-点火线圈；17-电控单元

罗茨式压气机的转子有两叶的，也有三叶的。通常两叶转子为直线型（图 6-35a），而三叶转子为螺旋型（图 6-35b）。三叶螺旋型转子有较低的工作噪声和较好的增压特性。在相互啮合的转子之间以及转子与壳体之间都有很小的间隙。在转子表面涂敷树脂，以保持转子之间以及转子与壳体间有较好的气密性。转子一般用铝合金制造。

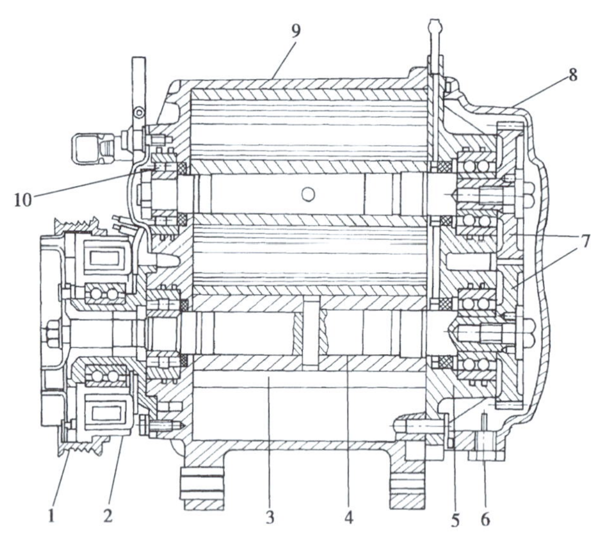

图 6-34　罗茨式压气机

1-电磁离合器带轮；2-电磁离合器；3-转子；4-转子轴；5-后盖；6-放油螺塞；7-传动齿轮；8-齿轮室罩；9-壳体；10-滚子轴承

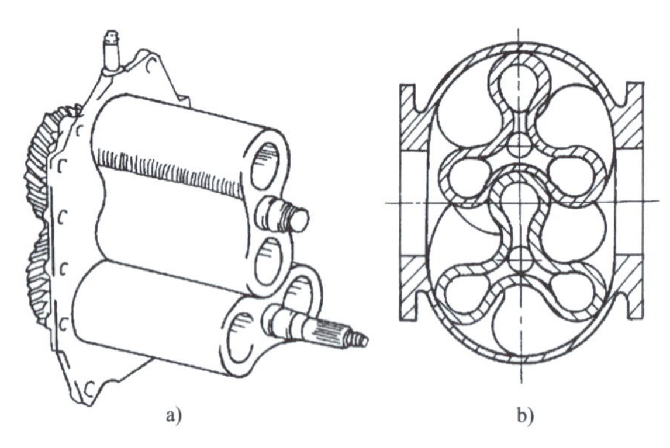

图 6-35　罗茨式压气机类型

a）两叶型；b）三叶型

罗茨式压气机的工作原理如图 6-36 所示。当转子旋转时，空气从压气机入口吸入，在转子叶片的推动下空气被加速，然后从压气机出口压出。出口与进口的压力比可达 1.8。

罗茨式压气机结构简单、工作可靠、寿命长，其供气量与转速成正比。

3. 电磁离合器

机械式增压器一般由发动机曲轴来驱动。车用发动机的工作转速范围为每分钟几千转，而增压器的工作转速范围为每分钟几万转至十几万转。增压发动机的进气压力，即增压程度与增压器转速有关，增压器转速越高，进气压力也越高，反之增压器转速低时增压效果差。这种特性不利于增压发动机的低速转矩特性。所以，当机械增压器由发动机曲轴驱动时，为了改善发动机的低速性能，在发动

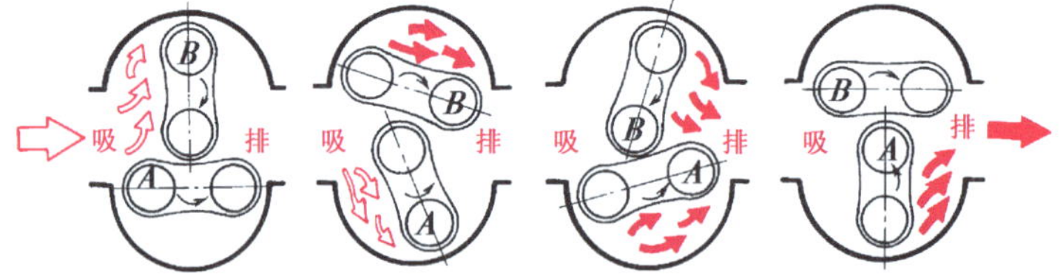

图 6-36　罗茨式压气机工作原理

机曲轴和压气机之间设置增速器(变速器)(图6-32),由此根据发动机的不同转速,调节适合的增压器工作转速,以保证发动机低速转矩特性;当发动机在高速区运行时,需要降低增压器转速,以免发动机过增压。为此常采用离合器来控制。

图6-37表示安装在传动带轮1中的一种电磁式离合器结构。电控单元根据发动机工况,发出接通或切断离合器电源的控制指令,以控制增压器的变速工作。当接通电源时,电磁线圈3通电,主动板2吸引从动摩擦片6,使离合器处于接合状态,增压器工作。当切断电源时,电磁线圈断电,主动板与从动摩擦片分开,增压器停止工作。

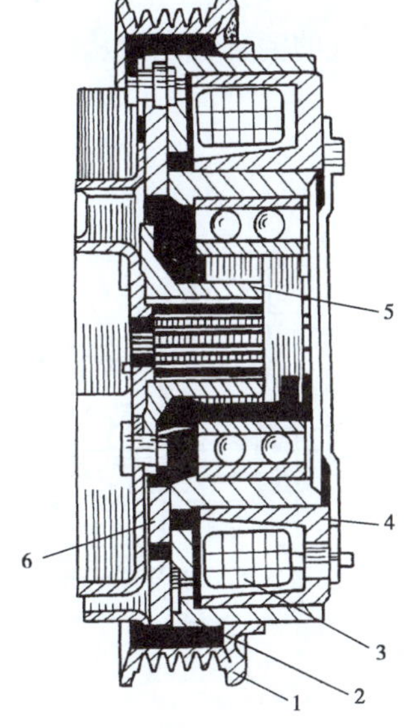

图6-37　电磁式离合器结构

1-传动带轮;2-主动板;3-电磁线圈;4-衔铁;5-花键套;6-从动摩擦片

四、气波增压

1. 气波增压器的结构

气波增压器中有一个转子,沿其轴向开有许多梯形截面的气体流道(图6-24)。转子5支撑在两个轴承4上(图6-38),与增压器壳6和前后端盖都不接触。一个端盖接低压空气管和高压空气管,称空气端盖1;另一个端盖接高压排气管和低压排气管,称排气端盖8。支撑转子5的两个轴承4布置在空气端盖1中,以保证轴承得到良好的冷却。

空气端盖用铝合金铸造,排气端盖用铸铁铸造,增压器壳和转子则用低膨胀钢制造。在增压器外面包敷绝热材料,以减少热量的散失。

2. 气波增压器工作原理

气波增压器的工作原理基于一种气体动力现象:即当压缩波在管道内传播时,在管道的开口端反射为膨胀波,而在管道的封闭端反射为压缩波。反之亦然,即当膨胀波在管道内传播时,在管道的开口端反射为压缩波,而在封闭端反射为膨胀波。

在气波增压器中,空气增压所需要的能量来自发动机的排气。空气的压缩过程和排气的膨胀过程均在转子中的气体流道内进行,其工作过程可用图6-39所示的转子周向展开图来说明。

首先从图的底部的A点开始,在转子的流道中充满来自大气的低压空气。图中的竖直线表示气体处于静止状态。发动机的排气先流入排气箱1中,然后从排气箱以定压流入高压排气管2。当转子旋转到充满低压空气的气体流道3与高压排气管相通时,排气的压缩波立即以当地声速传入流道,并压缩其中的空气,使其向高压空气管6加速流动,排气则随压缩波之后流入流道。由于转子沿着U方向不停地转动,因此每个流道中压缩波波峰的连线相对转子的转动方向是一条斜线。在流道中被压缩的空气经高压空气管6流入空气箱7,然后进入汽缸。当流道的左端转过高压排气管时,排气不再流入转子,但流道中原有的压缩波继续传播;当压缩波抵达转子的右端时,转子流道已转过高压空气管。这时排气充满流道长度的2/3左右,之前为排气与空气的混合区,混合区之前是残留的高压空气。原压缩波的反射波仍为压缩波,这种压缩波在传播和反射过程中有所衰减,致使封闭流道内的静压力略低于高压排气管内的静压力,但是其总压力仍略高于高压空气管内的总压力。当转子继续转动时,流道中的排气

在区域 B 内处于静止状态。当转子流道的左端与低压排气管 4 相连通时,压缩波反射为膨胀波传入流道,并向流道的右端推进,致使流道内的压力下降。当流道右端与低压空气管连通时,大气中的低压空气从右端流入流道,流道内的排气则加速流进低压排气管。当排气及排气和空气的混合气完全从流道中清除出去后,整个工作循环又从 A 点开始。

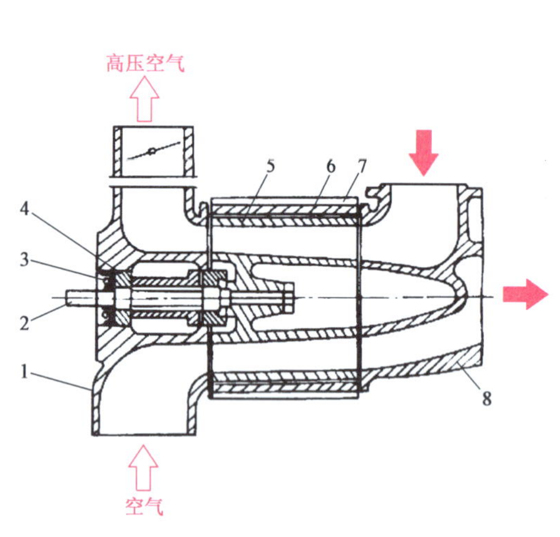

图 6-38　气波增压器结构

1-空气端盖;2-传动轴;3-油封;4-轴承;5-转子;6-增压器壳;7-绝热层;8-排气端盖

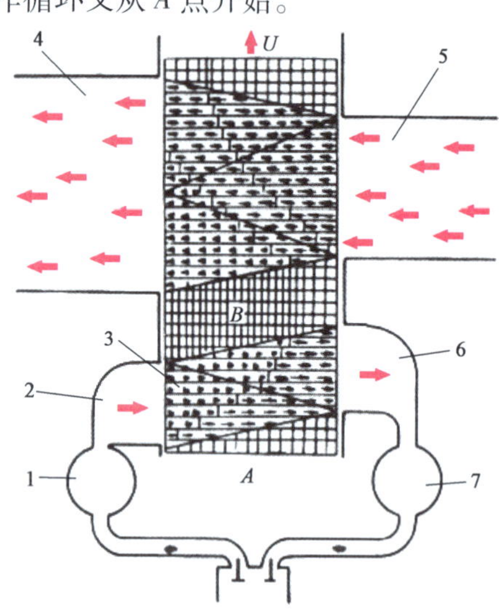

图 6-39　气波增压原理图

1-排气箱;2-高压排气管;3-气体流道;4-低压排气管;5-低压空气管;6-高压空气管;7-空气箱

气波增压器的工作原理简单,但在实际运用中却遇到许多困难,其中最大的难题便是如何在较宽的转速范围内始终获得高的增压压力。由于转子和发动机之间的速比是固定的,当发动机转速低时,转子的转速也随之降低。但是,压力波在转子流道中的传播速度只决定于排气或空气的温度,而排气温度取决于发动机的负荷,与转速关系不大。因此只能根据发动机的某一转速来确定最佳转子尺寸和转子转速。当转子转速偏离设计转速时,增压效果将明显降低。

五、发展趋势

1. 柴油机增压技术

随着对车用发动机节能与减排要求的不断严格,废气涡轮增压已成为车用发动机必备的系统。对增压发动机如何兼顾高低速性能,是增压发动机匹配所要解决的重要问题。为了使涡轮增压器同时兼顾发动机低速性和高速性,以满足车用发动机宽广的使用转速范围内性能优化的要求,已开发应用可变涡轮增压技术。这已成为柴油机废气涡轮增压技术的发展趋势。图 6-40 中表示几何截面可变的涡轮增压器 VGT(Variable Geometry Turbocharger)或 VNT(Variable Nozzle Turbocharger)的结构示意图。这种可变增压技术是在涡轮旋转半径一定的条件下,根据发动机不同转速通过设在叶轮入口处的可动翼片来改变涡轮入口(喷嘴)截面积的。这样在低速时减小入口截面积,以提高流入涡轮的气流速度,使增压器转速增加,提高低速增压比,改善发动机低速转矩特性;在高速时扩大入口(喷嘴)截面积,由此降低排气阻力,以保证发动机的高速性能。

这种可变增压系统对应发动机不同工况，可根据发动机控制单元（ECU）任意控制可动翼片的不同开度，以调节涡轮喷嘴的任意截面积。这样，不仅可兼顾发动机高低速性能，而且在整个使用转速和负荷范围内，可充分发挥增压器的性能，达到与发动机优化匹配的目的，由此适应日趋严格的节能与排放法规的要求。

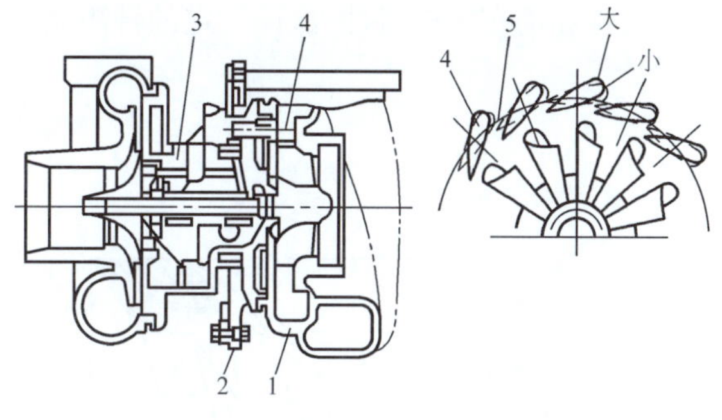

图 6-40　可变面径比增压器

1-涡壳；2-驱动柄；3-轴承座；4-可动翼片；5-连接环

图 6-41 表示一种可变增压器控制的逻辑框图。发动机在不同工况下运行时，都存在着其最佳的 VGS 段数，此最佳段数可事先通过台架试验标定，以如图 6-42 所示的三维脉谱图形式来设定，并存于 ROM 中。当发动机实际运行时，ECU 通过转速传感器和油门开度传感器判定实际工况后，直接在 VGT 的控制脉谱图中读取相应工况的最佳 VGT 段数，由此确定三个 VGT 阀的 ON/OFF 状态，并驱动三个 VGT 阀的驱动电路，控制 VGT A、VGT B、VGT C 三个阀的开或关，达到随发动机转速控制涡轮喷嘴截面积可变的目的。图 6-43 中表示可变增压器涡轮喷嘴截面积的控制效果，由此可兼顾增压发动机的高低速性能。

但是，这种可变增压器存在的主要问题是可动翼片的工作可靠性和耐久性。由于可动翼片长期在高温下工作，因此翼片和销轴之间的连接很容易松动，直接影响可动翼片的正常工作。

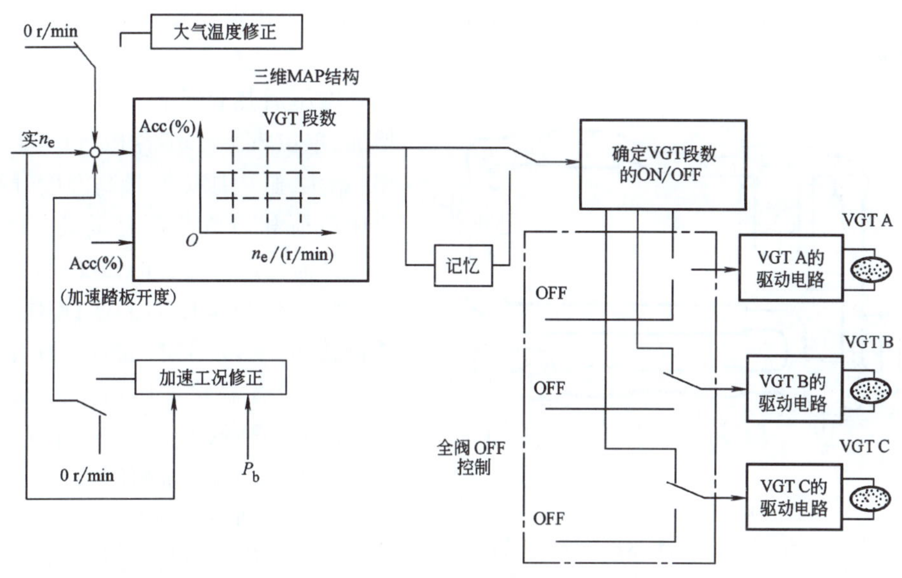

图 6-41　VGT 控制逻辑框图

目前国外增压技术发展的另一趋势就是开发双增压器。双增压器实质上就是将大小不同的两个增压器做成一体，常用于轻型柴油车上。其增压效果与双级增压系统雷同。

为了进一步提高柴油机的增压效果，在压气机出口处设置空对空式中冷器（图 6-44），以降低增压后进入汽缸的进气温度，由此进一步改善经济性，并有效降低 NO_x 排放。

2. 汽油机增压技术

汽油机增压的目的是在保证额定功率的前提下，要求部分负荷和部分转速下具有良好的转矩特性和动态响应特性，保证一定的转矩储备系数。但汽油机增压所面临的问题是：

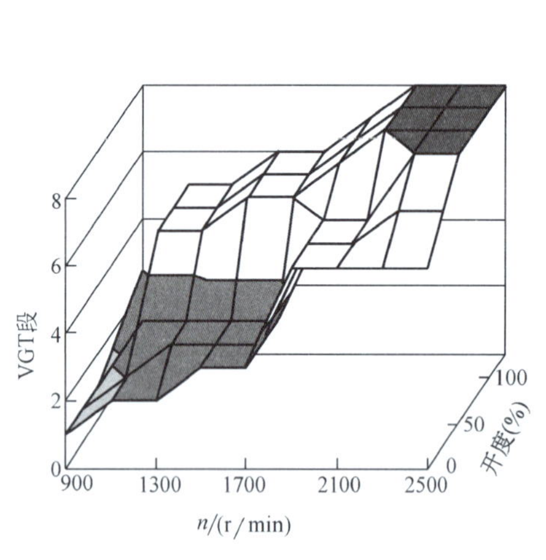

图 6-42　VGT 控制 MAP 图

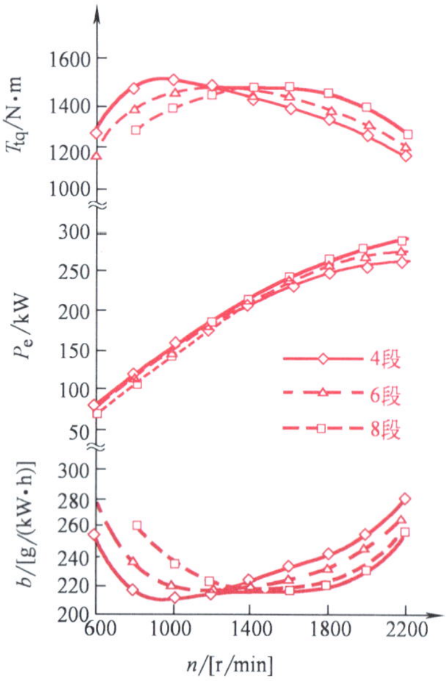

图 6-43　VGT 的控制效果

易爆震。汽油机增压使混合气的温度和压力升高，很容易引起爆震。这是限制汽油机增压的主要原因。

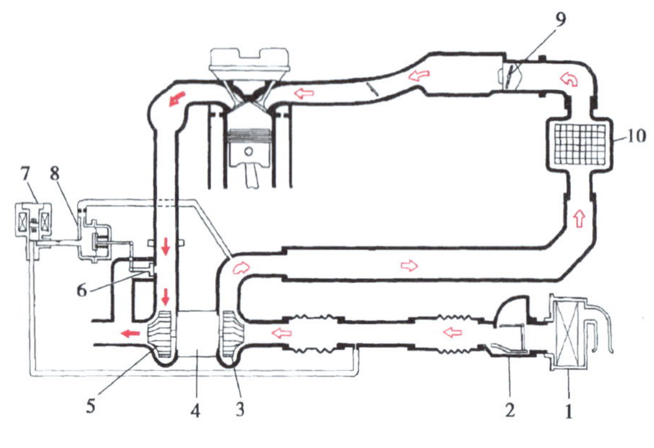

图 6-44　增压中冷系统

1-空滤器；2-空气流量计；3-压气机；4-增压器轴承；5-废气涡轮；6-EGR 阀；7-EGR 控制电磁阀；8-真空阀；9-节流阀；10-中冷器

增压后热负荷高。增压后进气密度增加，单位汽缸工作容积所作的功（升功率）增大，缸内压力和最高温度升高，造成机械负荷和热负荷都有提高。所以对关键零件需要进行必要的强度校核。

汽油机与增压器的匹配困难。因汽油机转速高、范围宽，混合气质量流量变化大，而废气涡轮增压器作为流体机械，不可能兼顾高低速。另外，当节气门开度突然加大时，增压器响应滞后，影响发动机及整车的动态响应特性，而且增压后汽油机排气温度高，对涡轮机不利。

解决上述问题的主要技术措施有：降低压缩比，但膨胀比降低，不利于提高热效率；再者采用增压中冷。

抗爆措施。如紧凑型燃烧室，由此缩短火焰传播距离；提高燃料的辛烷值；采用双火花塞点火，推迟点火提前角等。

加大气门叠开角，用扫气作用冷却。这种方式常适用于 GDI 方式，而对于均匀混合气，不利于经济性和 HC 排放。

汽油机增压器的基本匹配点一般选择在部分工况。但这样往往会使额定工况造成过渡增压,为此需要对增压压力进行控制,或采用电控可变增压系统(VGT/VNT),适应不同工况控制进气压力。

由于汽油机转速高、变化范围宽,而废气涡轮增压器作为流体机械存在响应滞后现象,所以在汽油机和增压器进行匹配时,对整机过渡响应特性提出一定要求。而增压汽油机过渡响应特性差的主要原因,是汽油机转速高,而废气涡轮增压器的惯性质量大,从而造成过渡工况下混合气供给相对转速变化滞后的问题。因此改善过度响应特性的主要措施,有:合理布置进、排气系统的长度和直径;在满足高速性能的要求下,尽可能选择较小的涡轮截面积;减小节气门到进气门之间的容积,即进气系统容积。

3. 米勒循环

米勒循环是美国人米勒于 1947 年在四冲程发动机循环理论的基础上改进并发布的。其主要特征是在压缩行程中,活塞从下止点上升到五分之一行程时进气门才关闭。即在几何压缩比不变的前提下,将有效压缩行程缩短了五分之一(图 6-45)。由此有效地降低了影响爆震的有效压缩比,从而可以防止爆震的发生,但膨胀比不变,所以又可以提高热效率。为了实现米勒循环,需要一种能从低速开始能获得高增压比,响应性又好效率又高的增压器。

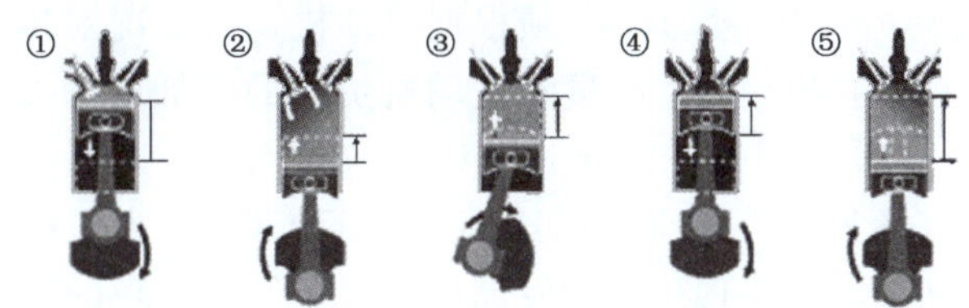

图 6-45　米勒循环

但是,一般废气涡轮增压器的特点是在低速区由于排气流量小,涡轮转速低,增压作用不充分,而且涡轮转速随发动机转速的变化存在时间滞后现象;而罗茨式增压器虽然响应特性好,但不能实现高的增压比,且效率低。因此,米勒循环发布以来一直没有得到应用。直到 20 世纪 90 年代初,由日本马自达汽车公司和石川岛播磨公司共同开发了一种由两个耦合双螺杆转子构成的新型容积式压气机(图 6-46)以来,米勒循环在汽油机增压技术上得到应用,并体现出其优异的特点。

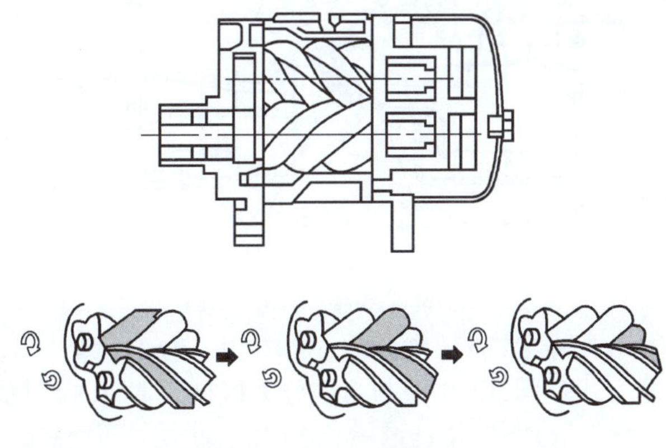

图 6-46　耦合双螺杆式压气机

这种容积式压气机，当双螺杆转子旋转时，螺杆转子之间形成的空间向前移动的同时容积减小，因此可进行连续压缩，而且其压缩程度不因转速而变。故从低速域开始可以获得高的增压比，而且响应快，效率高，满足实现米勒循环的基本条件。通过采用这种增压器在汽油机上实现米勒循环后，基本上解决了汽油机增压易爆震的难题，同时可大幅度地提高增压汽油机的热效率。

第五节　EGR　系　统

一、排气再循环

排气再循环是指把发动机排出的部分废气回送到进气支管，并与新鲜混合气一起再次进入汽缸。由于废气中含有大量的 CO_2 和 H_2O，而这两种物质不能燃烧却吸收大量的热，使汽缸中混合气的燃烧温度降低，从而抑制 NO_x 的生成。所以排气再循环作为净化排气中 NO_x 的主要方法，在现代车用发动机上得到广泛应用。

在新鲜的混合气中掺入废气之后，使混合气的热值降低，而且影响燃烧效率，因此如果再循环的废气量过多就会导致发动机有效功率下降，经济性恶化。为了作到既能减少 NO_x 的排放，又能保持发动机的动力性和经济性，必须根据发动机运转工况对再循环的废气量加以控制。一般在中小负荷范围内，NO_x 的生成量随发动机负荷的增加而增多，因此，再循环的废气量也应随负荷而增加。在暖机期间或怠速时，NO_x 生成量不多，为了保持发动机运转的稳定性，此时一般不进行排气再循环。在全负荷或高转速下工作时，为了使发动机有足够的动力性，也不进行排气再循环。因此对现代车用发动机需要排气再循环的控制系统。EGR 系统主要由 EGR 阀及其控制系统组成，如图 6-47 所示，EGR 阀安装在排气再循环通道上，排气再循环通道的一端通排气门，另一端连接进气支管。当 EGR 阀开启时，部分废气从排气门经排气再循环通道进入进气支管，进行排气再循环。EGR 阀一旦关闭，排气再循环随即终止。

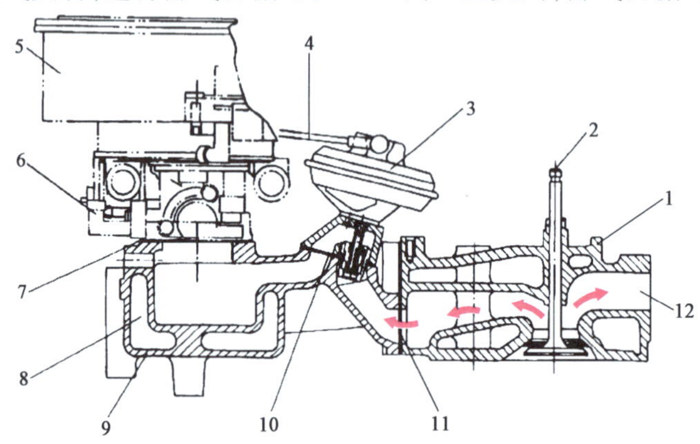

图 6-47　EGR 系统(GM2.5L)

1-汽缸盖；2-排气门；3-EGR 阀；4-真空传送管；5-空气滤清器；6-节气门体；7、10、11-衬垫；8-水套；9-进气支管；12-排气道

根据 EGR 阀的控制方式不同，EGR 控制系统分为机械式 EGR 控制系统和电控式 EGR 控制系统。

二、机械式 EGR 控制系统

在早期的汽油机上采用的机械式 EGR 系统，主要是利用进气真空度或排气背压随负荷变化的特点来控制 EGR 阀的。

1. 真空式 EGR 控制系统

由进气真空度直接控制的 EGR 阀的结构及其工作原理如图 6-48 所示。进气管真空度经真空传送管 1 传入膜片室 2。当真空度较小或没有真空度时，在膜片弹簧 3 的作用下，锥阀 6 将排气再循环通道关闭(图 6-48a)；当真空度较大时，膜片 4、膜片推杆 5 和锥阀 6 一起向上提起，将排气再循环通道打开(图 6-48b)。排气再循环通道开启的程度决定于进气管真空度的大小，因此当进气真空度随节气门开度和发动机转速变化时，再循环的废气量将会自动地得到调节。

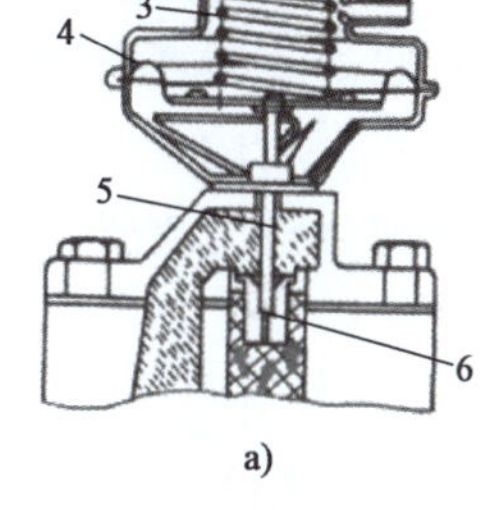

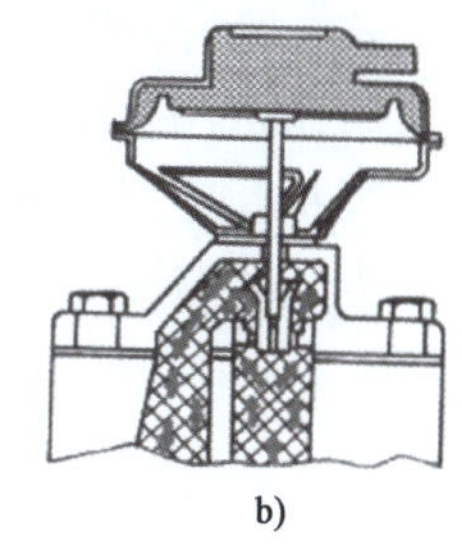

图 6-48　真空直接控制的 EGR 阀(奥兹莫比尔)

1-真空传送管；2-膜片室；3-膜片弹簧；4-膜片；5-膜片推杆；6-锥阀

2. 正背压式 EGR 控制系统

正背压式 EGR 控制系统是利用排气背压传送阀(BPV)来控制作用在 EGR 阀膜片室内的真空度，由此控制 EGR 阀的启闭。

正背压式 EGR 控制系统及工作原理如图 6-49 所示。在膜片 10 的上方设有排气背压传送阀(BPV)3，在膜片上加工有通气孔 6，当 BPV 阀开启时，膜片室 2 与大气相连通。在 BPV 阀下面装有 BPV 阀弹簧 5，使 BPV 阀保持常开状态。当发动机工作时，排气再循环通道内的排气压力经膜片推杆 7 的中心孔作用在膜片上。当发动机转速较低或节气门开度很小时，排气压力不大，不足以使 BPV 阀关闭。这时由于膜片室与大气相通，致使传到膜片室的真空度被减弱或消除，锥阀 8 保持关闭(图 6-49a)状态。当排气压力增大时，膜片被推向上移，关闭 BPV 阀，使膜片室与大气的通路隔断。这时进气管真空度传到膜片室，吸引膜片、膜片推杆和锥阀一起向上提起，使排气再循环通道开启(图 6-49b)。

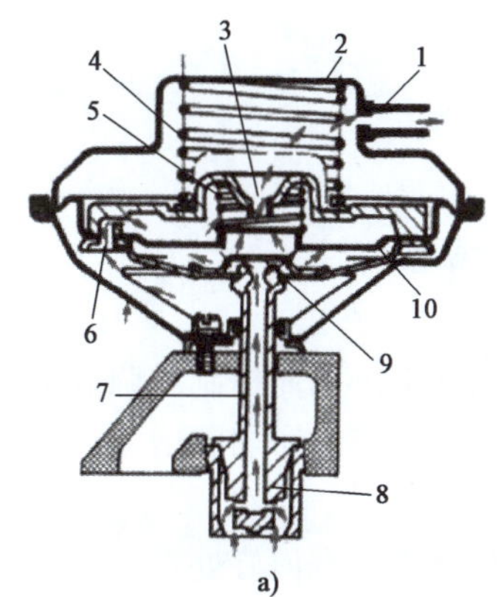

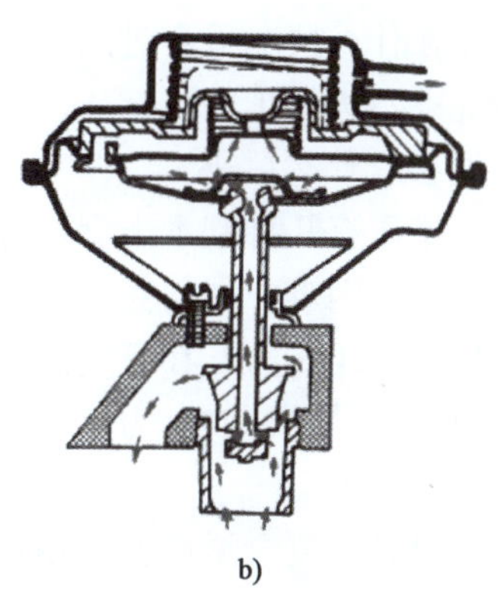

图 6-49　正背压 EGR 阀(雪佛兰)

1-真空传送管；2-膜片室；3-BPV 阀；4-膜片弹簧；5-BPV 阀弹簧；6-通气孔；7-膜片推杆；8-锥阀；9-导流板；10-膜片

三、电子控制式 EGR 阀

机械式 EGR 控制系统虽然随发动机的工况能自动控制再循环的废气量，但其控制精度不高。随着节能与排放法规的不断严格，需要根据不同的工况精确控制 EGR，为此开发应用电控式 EGR 系统。图 6-50 中所示为一种汽油机用电控 EGR 系统，其中电控单元（ECU）根据点火开关、曲轴位置传感器、节气门位置传感器和冷却液温度传感器等输入的信号，判定发动机运转工况后，对 EGR 阀控制用电磁阀进行通电或断电控制。当 ECU 对电磁阀通电时，电磁阀关闭，隔断了通向 EGR 阀膜片室的真空通道，EGR 阀关闭，不进行排气再循环。当 ECU 对电磁阀断电时，电磁阀开启，进气管的真空经真空通道传送到 EGR 阀膜片室，使 EGR 阀开启，部分废气经排气再循环通道进入进气支管。

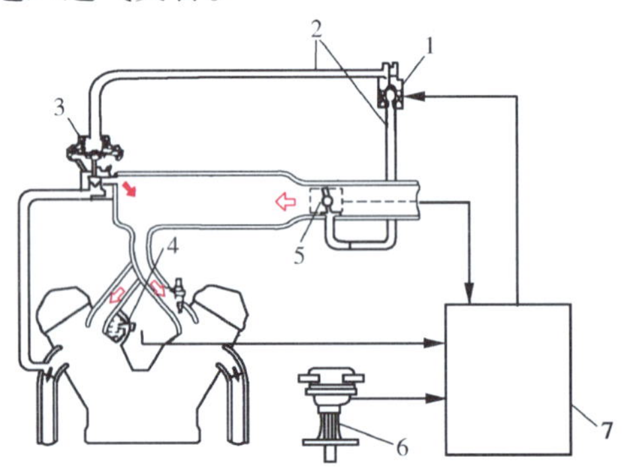

图 6-50　电子控制 EGR 系统（日产 VG30 型发动机）

1-电磁阀；2-真空通道；3-EGR 阀；4-冷却液温度传感器；5-节气门位置传感器；6-曲轴位置传感器；7-ECU

思　考　题

1. 为什么发动机在大负荷、高转速时应装备粗短的进气支管，而在低转速和中、小负荷时应装备细长的进气支管？

2. 一台 6 缸发动机，哪几个汽缸的排气支管汇合在一起能较好地消除排气干扰现象？

3. 为什么说恒温进气系统是一种排气净化装置？

4. 催化转换器在什么情况下会过热，为什么？

5. 在什么情况下不进行排气再循环，为什么？

6. PCV 阀堵塞会有什么后果？

7. 何谓增压？增压有几种基本类型？各有何优缺点？

8. 汽油机增压有何困难？如何克服？

9. 为什么要控制增压压力？在废气涡轮增压系统中是如何控制或调节增压压力的？

10. 对废气涡轮增压器发动机，为什么进气压力随转速的增加而增加？这对发动机的动力性有何影响？

11. 什么叫双级增压、复合增压？采用双级或复合增压有何好处？

12. 气波增压器是基于何种气体动力学原理而工作的？

第七章　发动机有害排放物净化系统

第一节　概　　述

汽车的有害排放物主要包括尾气排放物、燃油系统蒸发物和噪声。随着汽车工业的发展，汽车保有量的增加，汽车排放对社会环境的影响日趋严重。特别是汽车尾气的有害气体排放对大气环境的污染已成为全球性亟待解决的课题。为此世界各国相应地制定了汽车有害排放物的控制法规标准，以法律形式严加控制汽车有害物质的排放，而且这种排放法规日趋严格。为了适应这种日趋严格的排放法规，十几年来已开发研制出许多汽车尾气有害排放物的净化处理装置和新技术，成为现代汽车发动机不可缺少的后处理装置。

对汽油车其主要有害尾气排放物是 CO、HC 和 NO_x，而对柴油车除了 CO、HC、NO_x 以外，还有微粒和烟度。这些尾气有害排放物的生成直接与发动机的混合气形成和燃烧过程有关。

一、一氧化碳（CO）

CO 是燃料不完全燃烧的产物，是一种无色无臭无味的气体。其溶点为 -205.0℃，沸点为 -191.5℃，着火点为 651.0℃。它与血液中血红素的亲和力是氧气的 300 倍，因此当人吸入 CO 后，血液吸收和运送氧的能力降低，导致头晕、头痛等中毒症状。当 CO 气体的吸入体积分数达到 0.3% 时，可致人于死亡。

生成 CO 的主要原因是碳氢燃料的不完全燃烧，除此之外，在燃烧过程中局部高温热分解也是重要原因。当燃烧温度达到 2000K 以上的高温状态时，即使在过量空气系数大于 1 的混合气下燃烧，燃烧生成物中的稳定分子 CO_2 和 H_2O 的一部分，按以下反应式被高温分解为 CO、NO 以及 H、O、OH 等活性分子，并在 CO_2、H_2O、CO、NO、H、O、OH 共存状态下达到平衡。

$$
\begin{aligned}
CO_2 &\Leftrightarrow CO + 1/2O_2 \\
H_2O &\Leftrightarrow H_2 + 1/2O_2 \\
H_2O &\Leftrightarrow 1/2H_2 + OH
\end{aligned}
\tag{7-1}
$$

由于式（7-1）右向热分解反应均为吸热反应，所以燃烧温度越高，热分解度越大，形成 CO 的可能性也就越大。所以控制 CO 时，有必要相应地控制燃烧温度。

造成燃料不完全燃烧的主要原因有氧气不足，即混合气过浓或局部混合气过浓；燃烧温度过低；燃烧室容积过小使燃烧滞留时间不充分；空气和燃料混合不充分等。因此促进混合气的形成，有效控制燃烧温度，都可以有效地降低 CO 的生成。

二、碳氢化合物（HC）

碳氢化合物（HC）作为燃烧产物，大体上可分类为不含氧的 HC 和醛类等含氧的 HC 化合物两大类。

HC 化合物在阳光照射下，引起光化学反应，产生臭氧（O_3）、PAH（多环芳香族 HC 化合物）等具有强氧化特性的物质，形成光化学烟雾。它不仅降低大气能见度，使橡胶开裂、植物受害，刺激人眼和咽喉，而且在 HC 化合物中的 PAH 是致癌物质，是导致炭烟的副产物。

HC 化合物产生的主要原因有未完全燃烧而生成的 HC、未燃燃料直接从燃烧室排出的 HC、由燃料供给系统蒸发而产生的 HC 以及从曲轴箱通风口排出的 HC 等几种。其中引起未完全燃烧的原因有燃烧室内的氧气量不足、燃烧室壁面温度过低、混合气形成不充分、燃烧室内局部混合气过浓等。

HC 化合物的控制方法主要有采用含 C 量少的代用燃料；或采用电控技术，改善燃烧，保证混合气的浓度和燃烧温度最佳，以及排气后处理技术等。

三、氮氧化合物（NO_x）

对车用发动机 NO_x 是指 NO 和 NO_2 的总称，是在燃烧过程中空气中的 N_2 高温分解后与 O 反应的结果。其中绝大部分是 NO（约占 95%），在燃烧后期或排气过程中，部分 NO 氧化成 NO_2。

NO_x 对大气环境、植物生长乃至人类身体健康有极大的危害。NO 在大气层中，与 O_3 反应急速氧化成 NO_2，直接破坏大气层。此外，NO_2 是呈红褐色的有毒气体，具有强烈的刺激味，对肺和心肌等都有很强的损害作用。同时，NO_x 和 HC 一样也是形成光化学烟雾的主要元素之一。

控制 NO_x 产生的主要机内措施有降低混合气中的氧的浓度，降低燃烧温度，缩短在高温燃烧带内的滞留时间，以及改善混合气形成等。作为降低 NO_x 排放的后处理装置有还原型催化转换装置。

四、微粒

微粒（炭烟）是柴油机主要有害排放物之一，由可溶性有机成分（SOF）和不可溶成分（SOOT）组成。柴油机排气中的微粒尺寸比较小，可长期悬浮在大气中，不仅降低大气的可见度，而且易于被人吸入肺部，同时微粒中的 SOF 成分具有致癌物。

炭烟是碳氢系列燃料的燃烧产物，所以其产生与碳氢系列燃料的燃烧状态直接有关。对预混合火焰，在燃料过多的浓混合气下，混合气接近火焰带时受到火焰面的高温热辐射而热分解成炭烟。产生炭烟的另一个条件就是温度场。对预混合火焰，当温度在 2100 ~ 2400K 时炭烟生成量最大，火焰温度进一步升高时，炭烟生成量反而减少。在扩散火焰区内产生炭烟的主要原因是缺氧。

柴油机的燃烧过程一般包括预混合燃烧和扩散燃烧。在柴油机燃烧室内由于混合气极不均匀，尽管总体上是富氧燃烧，但局部高温缺氧，易形成炭烟。特别是燃烧后半期随活塞的下移，缸内温度和压力降低，使燃烧过程不稳定，不能保证炭烟的充分氧化时间，最终导致炭烟的生成。因此，炭烟的控制方法主要是提高火焰温度，避免火焰领域内混合气过浓。其中前者与控制 NO_x 排放相互矛盾，所以不可取。因此控制炭烟的基本原理，就是如何控制火焰领域内的混合气浓度。为此需要组织燃烧室内的气流运动，促进紊流混合，同时促进喷雾的微粒化。具体措施有提高喷射速率，实施高压喷射，由此促进喷雾的微粒化等。

第二节　汽油机排放物的净化装置

车用发动机有害尾气排放物的控制技术主要有机内措施和后处理技术两种。其中机内措施主要包括混合气形成和燃烧过程的控制技术、废气再循环技术以及增压中冷技术等。而后处理技术是通过利用催化剂的作用，将排气中的 CO、HC 和 NO_x 等有害气体净化为无害气体。

1. 催化转换装置

催化转换装置是利用催化剂的作用将汽车有害尾气排放物转换成对人体无害物的一种排气净化装置。它是在催化剂的作用下通过氧化反应、还原反应、水性气体反应以及水蒸气改质反应，将排气中的 CO、HC 及 NO_x 三种有害气体转换成 CO_2、N_2、H_2 及 H_2O 等无害气体。

汽油机的催化转换装置，根据其净化形式分为氧化型催化转换装置、还原催化转换装置和三效催化转换装置。目前常用的是第三种。

2. 三效催化转换装置

带有氧传感器的三效催化转换装置，是汽油汽车排放控制方面最重要的发明之一，是由沃尔沃汽车公司在 20 世纪 70 年代初在环保技术专家斯蒂芬·沃尔曼（Stephen Wallman）的领导下开发出来的，并于 1976 年首次应用于沃尔沃汽车上。

这种三效催化转换装置的特点是，当发动机在空燃比为 14.7（理论混合气）的狭窄范围内运行时，能同时净化 CO、HC 和 NO_x，而且这三者有害排放物的净化效率都超过 95%。它以排气中的 CO 和 HC 作为还原剂，把 NO_x 还原为氮气（N_2）和氧气（O_2），而 CO 和 HC 在还原反应中被氧化为 CO_2 和 H_2O。由于三效催化转换装置的有效净化作用受空燃比的影响，所以在使用中要求精确控制混合气的空燃比。目前已开发应用氧传感器反馈控制的燃料电控喷射技术，使得汽油机能精确地控制空燃比，因此现代汽油机上广泛应用三效催化转换装置。

三效催化转换装置，主要由催化剂、载体、垫层和壳体等组成。其中，催化剂是由铂、铑等活性成分（也称主催化剂）、催化助剂等组成。将催化剂固化在载体上构成催化反应床，如图 7-1 所示。对车用催化剂，催化反应是在催化剂表面上发生，所以为了提高主催化剂的有效利用率，采用 Ni、Cu、V、Cr 等软金属作为添加剂使用。在催化转换装置中采用添加剂的目的是，为了改善催化剂的催化性能，提高催化剂的选择性和耐久性。具有代表性的催化添加剂是二氧化铈（CeO_2），它具有在氧化（稀薄）侧吸藏氧气、在还原（浓）侧放出氧气的特性。同时还具有扩大净化 HC、CO、NO_x 三成分的空燃比范围和提高净化效率的功效。

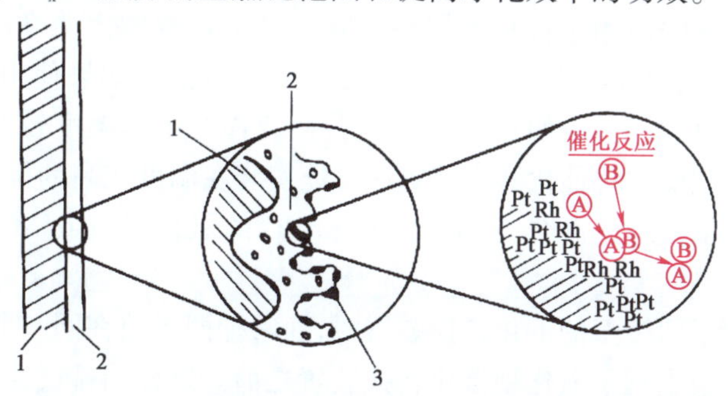

图 7-1　催化剂与载体

1-载体；2-活性层；3-催化材料（如 Pt/Rh）

三效催化转换装置的工作原理是，当含有 CO 和 HC 的废气通过三效催化转换装置时，HC 和 CO 在催化剂铂和钯的作用下，与转换器中的氧发生反应生成 H_2O 和 CO_2，此氧化过程对 NO_x 排放没有影响；而 NO_x 在催化剂铑的作用下，与 HC 等发生反应，还原成无害的氮和氧氮。当温度为 350℃左右时，三效催化转换装置就会有效地净化 CO、HC 和 NO_x。

三效催化转换装置由金属外壳、陶瓷格栅基底和大约 2g（克）左右的铑、铂涂层（作为催化剂）组成。为了提高净化效果催化转化装置，需要有足够大的表面积，以保证足够多的排气与转化装置表面上的活性催化物质（主要是铂、铑、钯）充分接触。为此常采用蜂窝陶瓷或金属孔网载体，表面涂催化剂。其结构如图 7-2 所示有两种形式，一种是颗粒型催化转换装置（图 7-2a），其中由 100 个直径为 2～3mm 的多孔性陶瓷小球构成反应床，排气从反应床流过。另一种是整体型催化转换装置（图 7-2b），具有很多蜂窝状小孔的陶瓷块，排气从蜂窝状小孔流过。转换装置内的陶瓷小球或陶瓷块小孔表面有一层薄薄的铂、钯或铑的镀层。小球或陶瓷块均装在不锈钢外壳内。与颗粒型催化转换器相比，整体型催化转换器有体积小、与排气接触的表面积大和排气阻力小等优点。

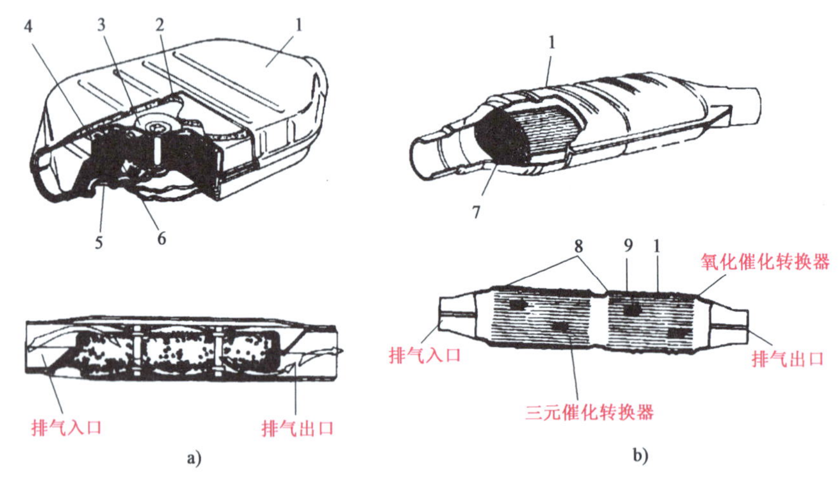

图 7-2　三效催化转换装置的结构

a）颗粒型催化转换装置（凯迪拉克）；b）整体型催化转换装置（克莱斯勒）

1-转换装置外壳；2-隔热层；3-转换装置内壳；4-挡板；5-螺塞；6-陶瓷小球；7-陶瓷块；8-密封件；9-金属网

三效催化转换装置的使用条件相当严格。除了必须将空燃比严格控制在理论空燃比以外，还要求其工作温度超过 350℃，同时要求只使用无铅汽油。如果使用含铅汽油，则铅覆盖在催化剂表面上，使催化剂失效；如果三效催化转换装置的工作温度较低（<350℃）时，其转换效率急剧下降。因此要求将催化转换装置尽可能安装在温度较高的排气支管后面。

如果混合气成分偏离理论混合气，那么 CO 和 HC 的氧化反应或 NO_x 的还原反应就不可能进行得很完全。

当同时采用两种不同类型的催化转换装置时，通常把两者放在同一个转换器外壳内，而且一般将三效催化转换装置置于氧化型催化转换装置之前。这样当排气经过三效催化转换装置之后，部分未被氧化的 CO 和 HC 继续在氧化型催化转换装置中与供入的二次空气进行进一步氧化。

三效催化转换装置安装在汽车发动机的排气总管上，并通过电控燃油喷射装置将空燃比严格控制在理论空燃比。

三效催化转换装置的技术要求较高，制造工艺相当严格，但由于有良好的废气转换效果，目前在汽油车上得到广泛应用。

3. 低温 HC 排放净化装置

当发动机排气温度较低(<350℃)时，三效催化转换装置不能正常工作，此时 HC 排放较多。这里介绍发动机刚起动后的冷态下 HC 排放的几种控制方法。

1）直接催化法

这种方法是将催化转换装置直接安装在排气管之后，加快催化剂的升温速速度。所以 HC 净化早期开始，对降低冷态下的 HC 排放很有效。但是这种方式存在的问题是，由于催化装置安装在离发动机排气管尽可能接近的位置，所以受高温的影响，促使催化剂热劣化。因此，需要提高催化装置的耐热性。提高催化装置耐热性的技术，包括贵金属劣化抑制技术，氧化铝母体的劣化抑制技术以及氧吸藏物质的劣化抑制技术等。

2）利用电加热催化转换法

这是一种通过外部电力提前加热的催化转换装置，以降低发动机冷态下 HC 排放量的系统(EHC:Electrically Heated Catalyst)。外部供电方式，有蓄电池供电和交流发电机供电两种方式。交流发电机供电方式的特点是可以施加高电压，以减小电流。电加热催化转换装置(EHC)的主要缺点是耗电量大，耐久可靠性较差。

3)二次燃烧装置

将燃料的一部分或过浓混合气送到催化转换装置入口处后，再通过燃烧器点火燃烧，以提高催化转换装置的工作温度。这种方式多数是将燃烧器放在催化转换装置之前，并专门设置燃料和空气的供给系统。采用这种系统后可在发动机起动后的 6s 内，将催化转换装置的入口温度升高到 300℃左右，使 HC 排放量降低约 90% 。但当燃烧器点火失败时，HC 排放量反而增加。缺点是结构复杂。

4)采用 HC 捕捉器

HC 捕捉器主要采用沸石或活性炭作为吸附剂，其特点是不需要外部能量，也能将低温排出的 HC 吸附。HC 捕捉器在低温时吸附的 HC 在吸附剂温度上升时被释放出来，所以常与三效催化转换装置同时使用。如图 7-3 所示，将 HC 捕捉器安装在三效催化转换装置之后，这样吸附剂上游的催化剂达到活性温度之前所排放出的 HC 被 HC 捕捉器 5 的吸附剂捕捉，随吸附剂温度的上升，由 HC 捕捉器释放的 HC，通过控制阀 6 的适当控制，经 HC 回流管 4 回送到发动机 3 再次燃烧后随排气通过三效催化转换装置 1、8 进行净化。

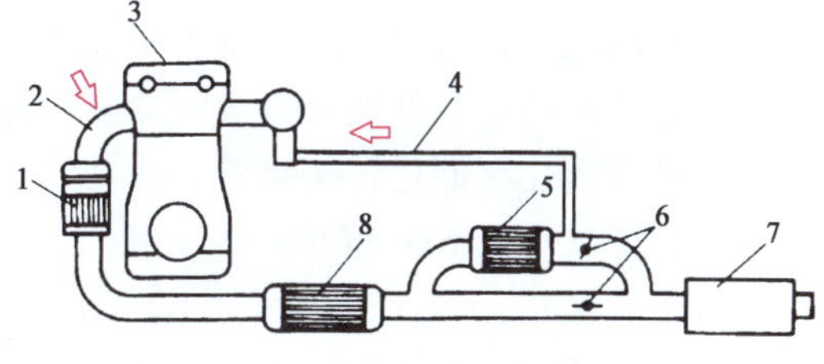

图 7-3　HC 捕集器的安装位置

1、8-三效催化转换装置;2-排气管;3-发动机;4-HC 回流管;5-HC 捕捉器;6-控制阀;7-消声器

4. 二次空气喷射系统

不少汽车发动机上都装有二次空气喷射系统。虽然二次空气喷射系统根据不同发动机有

各种不同结构，但其功用是基本相同的，即利用空气泵将新鲜空气经空气喷管喷入排气道或催化转换装置，使排气中的CO和HC进一步氧化或燃烧成为二氧化碳（CO_2）和水（H_2O）。

图7-4中表示一种电子控制式二次空气喷射系统，主要由空气泵1、旁通线圈及旁通阀2、分流线圈及分流阀4、空气分配管6、空气喷管7和止回阀11等组成。空气泵通常由发动机驱动，空气泵产生的低压空气称为二次空气。在分流阀与排气道之间，以及分流阀与催化转换装置之间均装有止回阀，以防止排气进入二次空气喷射系统。分流线圈及旁通线圈由发动机控制单元（ECU）控制，当接通发动机点火开关后，电源电压便施加在这两个线圈的绕组上，ECU通过对每个绕组提供搭铁使线圈通电。

当发动机起动之后，ECU控制使旁通线圈和分流线圈保持通电状态，于是这两个线圈同时把通向旁通阀和分流阀的真空隔断，这时空气泵送出的空气经旁通阀进入大气。这种状态称为起动工作状态，其持续时间的长短决定于发动机的温度。如果发动机温度很低，起动工作状态将持续较长时间。发动机在预热期间，ECU同时接通旁通线圈和分流线圈。这时进气管真空度分别经旁通线圈和分流线圈传送到旁通阀和分流阀。此时空气泵送出的空气经旁通阀流入分流阀，再由分流阀流入空气分配管，最后由空气喷管喷入到排气道内。

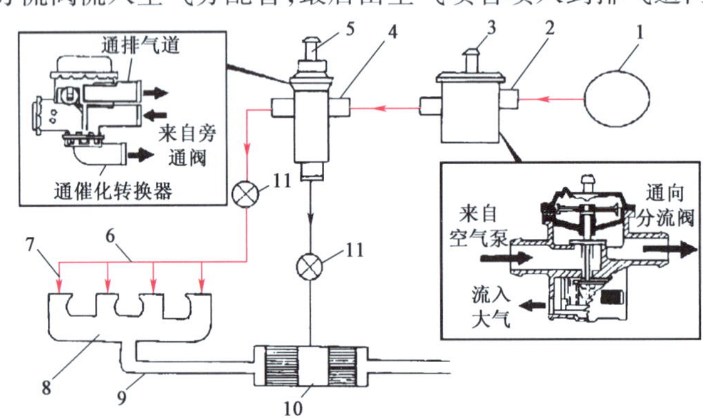

图7-4　二次空气喷射系统

1-空气泵；2-旁通阀；3、5-真空管；4-分流阀；6-空气分配管；7-空气喷管；8-排气歧管；9-排气管；10-催化转换器；11-止回阀

当发动机在正常的冷却液温度下工作时，ECU只接通旁通线圈通电而分流线圈断电，这样通向分流阀的真空度被分流线圈隔断。这时，空气泵送出的空气经旁通阀进入分流阀，再经分流阀进入氧化型催化转换装置。

5.稀薄燃烧的NO_x催化转换装置

对于汽油车，为适应不断严格的节能与排放法规的要求，已开发研究稀薄燃烧技术。由于这种燃烧方式的空燃比大于理论空燃比，所以三效催化转换装置不再适用。因此专门开发应用稀薄混合气下燃烧时的NO_x催化转换装置。这种催化转换装置，主要有NO_x直接分解型和NO_x吸附还原型两种。

直接分解型催化装置，是一种在稀薄混合气下以HC为还原剂直接净化NO_x的方法。这种方法，首先通过Cu-沸石以及Pt（铂）系列贵金属催化剂将NO_x吸附在催化剂表面上，然后由HC还原消除贵金属表面上所吸附的氧，使NO_x直接分解为N_2和O_2。

NO_x吸附还原型催化装置，是一种在稀薄燃烧时吸附NO_x，在浓或者理论空燃比时将吸附的NO_x进行还原净化的系统。其吸附还原机理如图7-5所示，在稀混合气时所排出的NO，在

Pt 表面上氧化成 NO_2，并作为硝酸盐吸附在吸附剂表面上，然后在理论空燃比或浓混合气时，由排气中的 HC、CO、H_2 等气体将吸附的 NO_x 还原净化。

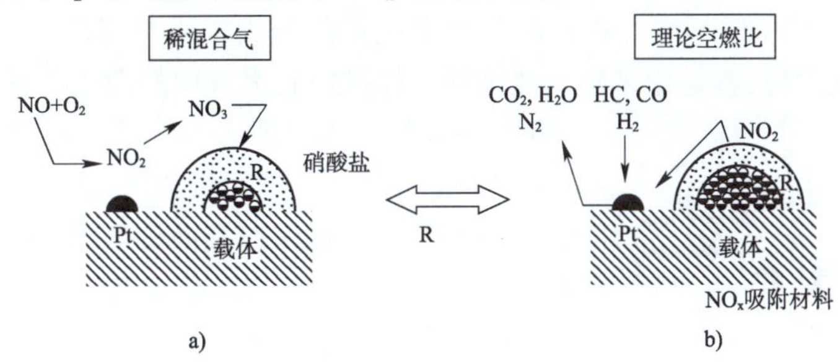

图 7-5　NO_x 的吸附及还原原理

a）吸收 NO_x；b）还原

6. 其他排放物的净化装置

汽油机的有害排放物除尾气排放物以外，还有由燃料供给系统蒸发的 HC 化合物和曲轴箱内形成的含有 HC 的化合物等污染物。对前者专门采用燃油蒸发量的回收装置加以控制，而对后者则采用曲轴箱通风方式加以控制。

1）燃油蒸发量的回收装置

汽油箱等燃料供给系中的燃料随时都在蒸发汽化，若不加以回收或控制，则当发动机停机时，汽油蒸发物（HC）直接逸入大气，造成对环境的污染。因此，燃油蒸发量回收系统的作用就是将这些汽油蒸发物收集和储存在一个炭罐内，在发动机工作时再将其送入到汽缸内烧掉。

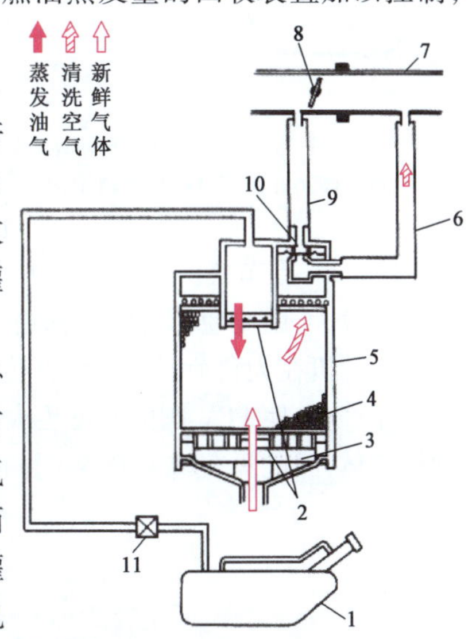

图 7-6　燃油蒸发量回收装置

1-汽油箱；2-滤网；3-过滤器；4-活性炭；5-炭罐；6-蒸气软管；7-进气管；8-节气门；9-真空软管；10-清洗控制阀；11-止回阀

典型的燃油蒸发量回收装置如图 7-6 所示。炭罐 5 外壳一般由塑料制造，内部填充活性炭颗粒。炭罐顶部设有清洗控制阀 10，用来控制进入进气支管的汽油蒸气及空气的数量。炭罐 5 内填满活性炭 4，当发动机停机后，汽油箱 1 中的汽油蒸气，经止回阀 11 和汽油蒸气滤网 2 进入炭罐 5，汽油蒸气进入炭罐后被其中的活性炭 4 吸附。当发动机起动之后，进气管真空度经真空软管 9 传送到清洗控制阀 10，在进气管真空度的作用下，清洗控制阀膜片上移而开启。与此同时，新鲜空气自炭罐底部经过滤器 3 及滤网 2 向上流过炭罐，并携带吸附在活性炭表面的汽油蒸气，经清洗控制阀和汽油蒸气软管 6 进入进气管 7。

有些发动机为了防止液态汽油流入炭罐，在汽油箱顶部设置气-液分离器，以分离液态汽油和汽油蒸气，使汽油蒸气经汽油蒸气管进入炭罐，分离出来的液态汽油则返回汽油箱。

燃油蒸发量回收系统有各种各样的结构形式，但其作用是一致的，即限制 HC 从汽油箱和燃料供给系统向大气的排放量。

2）曲轴箱强制通风系统

曲轴箱强制通风系统又称 PCV 系统。在发动机工作时，会有部分可燃混合气和燃烧产物经活塞环窜入曲轴箱内。当发动机在低温下运行时，还可能有液态燃油漏入曲轴箱。这些物质如不及时清除，将加速机油变质，并使机件受到腐蚀或锈蚀。由于窜入曲轴箱内的气体中含有 HC 及其他污染物，所以不允许把这种气体直接排放到大气中。现代汽车发动机所采用的强制式曲轴箱通风系统，就是用来防止曲轴箱气体排放到大气中的净化装置。

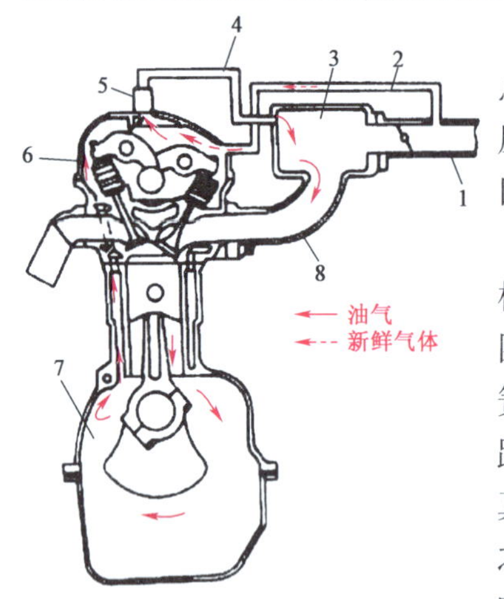

图 7-7　曲轴箱通风系统

1-进气总管；2-通风管；3-稳压箱；4-回流管；5-PCV 阀；6-汽缸盖罩；7-曲轴箱；8-进气支管

PCV 系统的组成如图 7-7 所示。当发动机工作时，进气总管 1 中的部分气流经通风管 2 流入汽缸罩 6 内产生一定的压力，使汽缸罩内的油气以及曲轴箱内的油气经 PCV 阀 5 和回流管 4 进入进气支管 8，最后经进气门进入燃烧室内烧掉。

在 PCV 系统中最重要的控制元件是 PCV 阀，其功用是根据发动机工况的变化自动调节进入汽缸的曲轴箱气体量，图 7-8 表示其工作原理。当发动机不工作时，PCV 阀中的弹簧 2 将锥形阀 3 压在阀座 4 上，关闭曲轴箱与进气支管的通路（图 7-8a）。当发动机怠速或减速时，进气管真空度很大，真空度克服弹簧力把锥形阀吸向右端，使锥形阀 3 与阀体 1 之间只有很小的缝隙（图 7-8b）。由于发动机在怠速或减速时，窜入曲轴箱的气体很少，所以 PCV 阀开度虽小，也足以使曲轴箱气体流出曲轴箱。

当节气门处于部分开度时，由于进气管真空度比怠速时还小，所以在弹簧力的作用下锥形阀与阀体间的缝隙增大（图 7-8c）。在节气门部分开度下，发动机负荷比怠速时大，窜入曲轴箱的气体较多，所以 PCV 阀开度较大，由此使所有的曲轴箱气体尽可能地吸入到进气管。

发动机在大负荷时节气门开度继续增大，进气管真空度进一步减小，弹簧力将锥形阀进一步向左推移，使 PCV 阀的开度更大（图 7-8d）。发动机大负荷时汽缸压力增大，产生更多的曲轴箱气体，因此只有增大 PCV 阀的开度，才能使曲轴箱气体全部流进进气管。当进气管发生

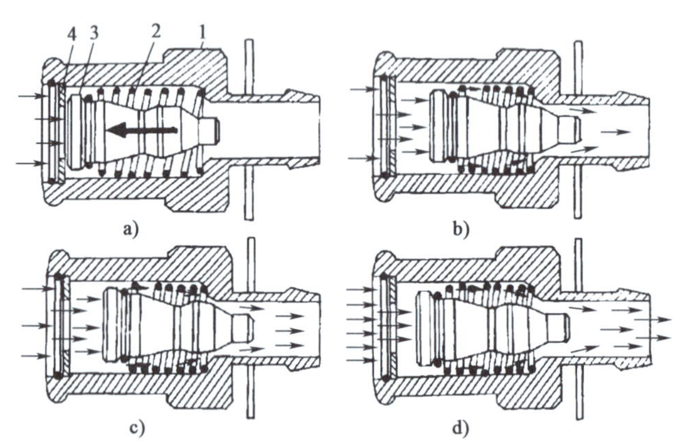

图 7-8　发动机各种工况下的 PCV 阀开度

a）发动机不工作或回火时，PCV 阀关闭；b）怠速或减速时，PCV 阀开度较小；c）中等负荷时，PCV 阀开度较大；d）加速或大负荷时，PCV 阀全开

1-PCV 阀体；2-弹簧；3-锥形阀；4-阀座

回火时，进气管压力增高，锥形阀落在阀座上，以防止回火进入曲轴箱而引起发动机爆炸。

当活塞或汽缸严重磨损时，更多的汽缸内气体将会窜入曲轴箱，这时即使 PCV 阀开度最大也不足以使这些气体都流入进气管。在这种情况下，曲轴箱压力将会升高，部分曲轴箱气体经空气软管进入空气滤清器，再随同新鲜空气一起流入汽缸（图 7-7）。

第三节　柴油机后处理系统

柴油机的主要有害排放物是 NO_x 和微粒，而 CO 和 HC 排放量相对汽油机较小，这是因为柴油机的燃烧过程是在平均过量空气系数较大的条件下进行的。而 NO_x 和微粒的控制技术互相矛盾。所以，如何同时降低 NO_x 和微粒的排放，是车用柴油机面临的至今尚未很好解决的课题。柴油机 NO_x 排放的控制技术，除燃烧系统改善等机内措施之外，很有效的方法之一，就是采用前述的排气再循环（EGR）技术。而微粒的控制主要采用后处理装置，即捕集器。随着排放法规的日趋严格，在车用柴油机上，EGR 系统、氧化型后处理技术、NO_x 还原技术以及微粒捕集器等已被广泛应用。

一、柴油机 EGR 系统

1. EGR 率

虽然 EGR 是降低柴油机 NO_x 排放量的有效技术措施，但如果实施过多的 EGR 反而会造成发动机经济性恶化、动力性下降、炭烟增加。因此根据柴油机的不同工况，需要精确控制再循环的 EGR 量。为此引入 EGR 率的概念。常用 EGR 率的定义如下：

$$\text{EGR 率} = \frac{Q_{W/OEGR} - Q_{EGR}}{Q_{W/OEGR}} \times 100\% \tag{7-2}$$

式中，$Q_{W/OEGR}$ 为无 EGR 时进入汽缸的空气量；Q_{EGR} 为有 EGR 时进入汽缸的空气量。

该定义是通过 EGR 减小的空气量来计算 EGR 率，所以计算比较简单。但由于再循环废气和空气混合使得进气温度变化，所以这种定义并不十分严密。

2. EGR 的作用

对量调式汽油机，通过节气门开度控制负荷，所以在部分负荷时通过减小节气门开度对进气量进行节流。因此汽油机上实施 EGR 时，相当于 EGR 流量部分的进气量减小，此时空燃比不变。但对质调式柴油机不存在进气节流现象，所以实施 EGR 后，不仅减少了相当于 EGR 流量的空气量，而且混合气的空燃比也减小。因此柴油机上通过 EGR 降低 NO_x 的机理与汽油机有所不同。

对汽油机，再循环的废气量（EGR）使燃气的热容量增加，阻碍燃烧反应，相应地平均燃气温度降低，从而抑制 NO_x 的生成；而在柴油机，再循环的废气量（EGR）不仅燃气的平均温度降低，而且空燃比的减小使氧的浓度降低。因此柴油机 EGR 抑制 NO_x 生成的效果比汽油机更明显。

对自然吸气式柴油机实施较大的 EGR 率时，存在燃油经济性的恶化、CO、HC、PM、黑烟等有害排放物的增加，以及直接影响发动机的可靠性、耐久性等问题，所以 EGR 率的精确控制显得很重要。

在增压发动机上实施 EGR 时，排气管压力和进气管压力之差是很重要的。当 EGR 的回入口位置设在压气机的出口端时，在轻负荷低速区由于进气压力较低，易实现EGR。但随负荷及转速的增加，进气压力升高至接近或大于排气压力时，就不能实现EGR。如果将EGR的回入口设在压气机入口端，则虽在高速大负荷区也很容易实现EGR，但废气直接污染压气机叶片，使得压气机的效率和可靠性下降。

3. 柴油机EGR阀

柴油机的EGR阀结构如图7-9所示。由于柴油机的进气和排气压力差比较小，所以为了保证足够的再循环废气流量，柴油机的EGR回流管3直径要比汽油机大，EGR阀也随之变大。图7-9所示中重型柴油机的EGR阀常采用气门式。这种气门式EGR阀是通过气门弹簧和真空度来控制EGR阀的开度。当发动机工作时，控制单元适应发动机工况的要求控制三向电磁阀1，由此控制来自空气泵的高压空气，以控制EGR阀的开度。这种控制方法可提高EGR的控制精度及其响应特性。

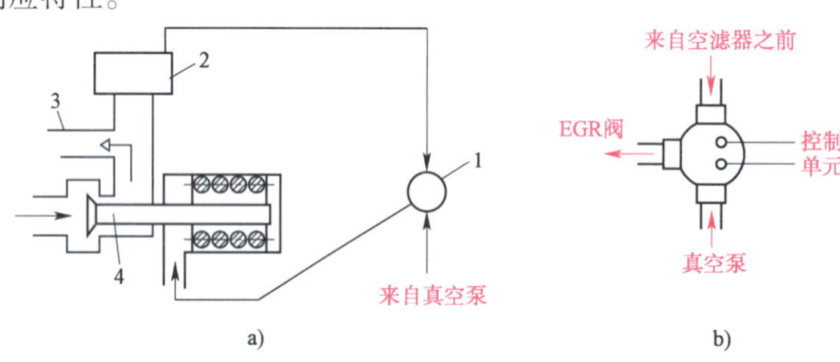

图7-9　EGR阀示意图

a)EGR阀的布置；b)三向电磁阀

1-三向电磁阀；2-空气滤清器；3-EGR回流管；4-EGR阀

4. 柴油机的EGR类型

根据EGR的回流方式，车用增压柴油机的EGR系统分为外部EGR和内部EGR两种。外部EGR根据进、排气管的连接方式，又分为低压回路方式和高压回路方式（如图7-10所示）。

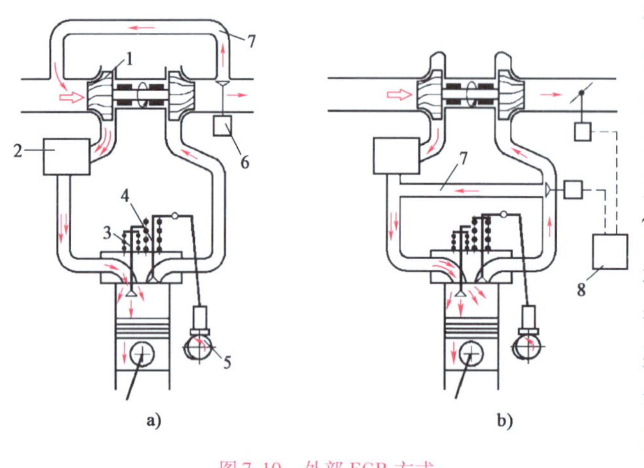

图7-10　外部EGR方式

a)低压回路EGR；b)高压回路EGR

1-压气机；2-中冷器；3-进气门；4-排气门；5-排气凸轮；6-EGR阀；7-EGR回流管；8-控制单元

低压回路EGR方式是直接连接压气机1入口端和废气涡轮出口端来实现EGR的方法（图7-10a）。由于压气机1的入口处为负压，而废气涡轮出口压力为正，所以通过连接适当的EGR回流管7，就可以很容易地实现EGR。但由于这种方式废气直接流过压气机1和中冷器2，所以易造成压气机和中冷器的污染及腐蚀等。考虑到实施EGR后对发动机可靠性和耐久性的影响，常用高压回路EGR方式（图7-10b），即直接连接压气机后中冷器2出口端和废气涡轮入口端来实现EGR。由于这种EGR方式的废气不流过压气机和中冷器，所以不存在对压气机和中冷器的污染和腐蚀的问题，但是可实现的EGR率取决于排气压力和进气压力之差。特别是中、大负荷及高速时，由于增压进气压力提高，所以很难实现EGR。为此，通过节流排气等方法来提高排气压力，以拓宽可实施EGR的领域，但这种措施由于泵气损失增加，经济性有所恶化。

内部EGR方式是利用进排气管中的气体脉动进行的EGR方式。对发动机各工作循环，在进气管和排气管中气流的压力脉动都很大。在排气行程中汽缸内的压力比较接近排气管压力，而进气行程中的汽缸压力与进气管压力相近。在进气行程中，排气管内由于其他汽缸的排气压力的作用也存在较大的压力脉动。因此在这种压力脉动的作用下，在某一缸进气过程中，其排气门处出现正压波，此时，如果能再次开启排气门就可实现EGR。用这种方法实现的EGR叫作内部EGR。为了实现内部EGR（图7-11），在排气凸轮中除控制排气正时所必要的排气凸轮5（主凸轮）以外，又增设了内部EGR专用凸轮6（EGR用凸轮）。通过这种机构，在进气过程的适当时刻再次开启排气门4，使排出的废气回流到汽缸内部，实现内部EGR。

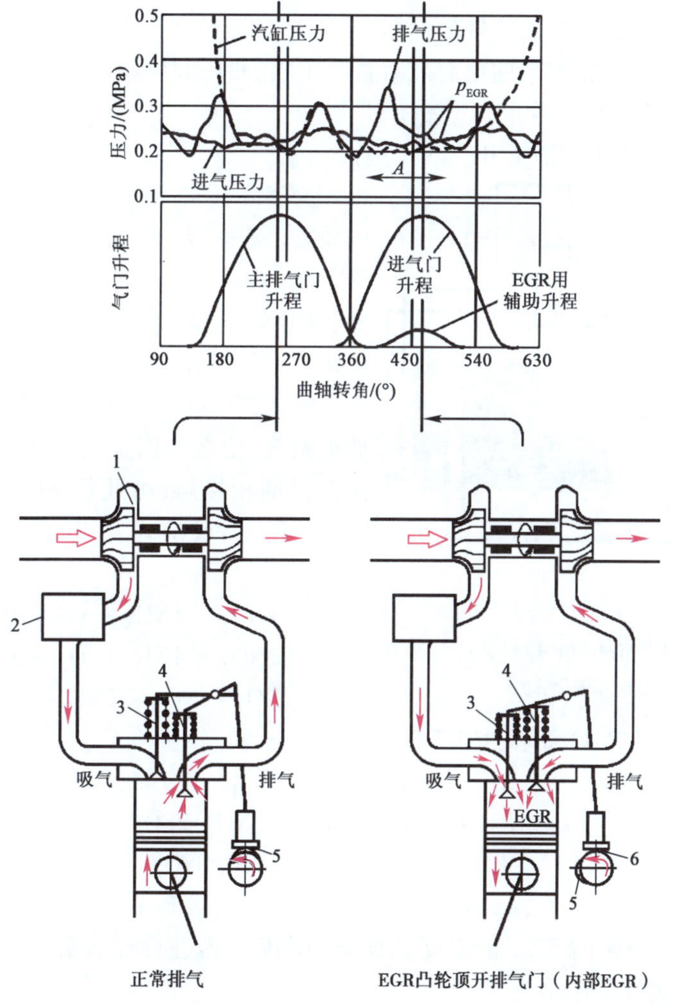

图7-11 内部EGR方式

1-压气机；2-中冷器；3-进气阀；4-排气门；5-排气凸轮；6- EGR用凸轮

由于内部 EGR 系统不需要排气节流，所以不影响泵气损失，从而对经济性无影响，同时不需要 EGR 阀以及 EGR 管路等，所以结构简单。

对于电控可变配气相位系统，实现内部 EGR 更容易，只要根据发动机工况，相对进气门过程控制排气门的开启时刻，即可实现内部 EGR。但内部 EGR 因其温度高，所以对 NO_x 的抑制效果不如外部 EGR。

二、后处理催化装置

柴油机的后处理催化装置包括 NO_x 的还原装置和 CO、HC 的氧化装置等。

1. NO_x 的催化还原装置

作为 NO_x 的催化还原技术，采用的还原剂主要有添加轻柴油、提高排气中的 HC、添加酒精、添加 NH（氨）化合物等几种，其中比较典型的是酒精还原法和氨气还原法。

1）酒精选择还原法

由于酒精具有亲水性，与水蒸气的性质相似，而且酒精和氧化铝具有良好的促进 NO_x 还原反应的性质，所以当氧化铝系催化剂采用酒精还原法时，即使在氧和水蒸气共存的排气中，也表现出显著的降低 NO_x 的效果。

2）尿素（氨气）选择还原法（NH_3-SCR 法）

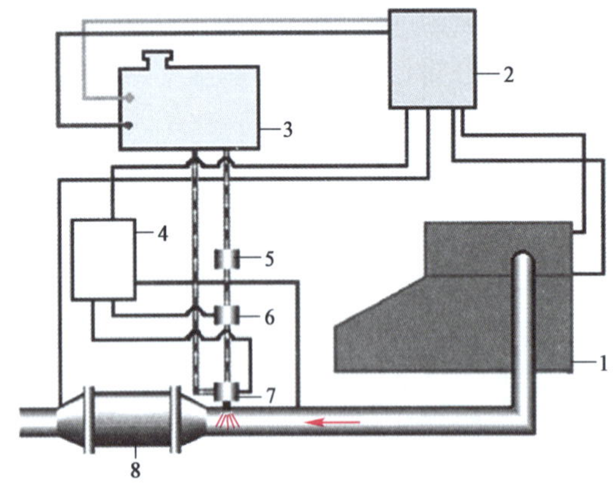

图 7-12　SCR 系统

1-发动机；2-ECU；3-尿素箱；4-SCR 控制单元；5-滤清器；6-泵；7-尿素喷射器；8-SCR 催化装置

为了降低柴油机排气中的 NO_x 排放量，采用以尿素（氨气）为还原剂的选择型还原装置（SCR：Selective catalytic reduction），主要由尿素箱、滤清器、尿素泵、尿素喷射器、SCR 控制单元以及 SCR 催化装置等组成，如图 7-12 所示。尿素还原法是在温度较高（200℃ ~400℃）的排气中导入尿素释放出氨气，使之与以金属氧化物为主要成分的固体催化剂相接触，由此将 NO_x 转换为 N_2、CO_2 和 H_2O。其还原反应式为（7-3），反应过程中需要氧气共存。

$$\begin{aligned} &4NO + 4NH_3 + O_2 \rightarrow 4N_2 + 6H_2O \\ &2NO_2 + 4NH_3 + O_2 \rightarrow 3N_2 + 6H_2O \\ &NO + NO_2 + 2NH_3 \rightarrow 2N_2 + 3H_2O \end{aligned} \tag{7-3}$$

并同时存在下式（7-4）所示的副反应：

$$\begin{aligned} &2SO_2 + O_2 \rightarrow 2SO_3 \\ &2NH_3 + SO_3 + H_2O \rightarrow (NH_4)2SO_4 \\ &NH_3 + SO_3 + H_2O \rightarrow NH_4HSO_4 \end{aligned} \tag{7-4}$$

催化剂一般用 V_2O_2-TiO_2、Ag-Al_2O_3 以及含 Cu、Pt、Co 或 Fe 的人造沸石等。在催化装置前供给相对燃料 3% ~5% 的 32.5% 浓度的尿素，用排气热进行加水分解反应所产生的 NH_3（氨），对 NO 进行选择型还原。

上述反应所需要的最佳工作温度范围是 350 ~450℃。当工作温度过低时，上述 NO 的还原反应不能有效进行；如果温度过高，会造成催化剂过热损伤，而且还会使还原剂 NH_3 直接氧化而损耗，并生成新的 NO_x。特别是可能生成强温室气体 N_2O，即：

$$4NH_3 + O_2 \rightarrow 2N_2O + 6H_2 \tag{7-5}$$

因此，开发 SCR 催化转换器时必须注意控制其温度，以减少 N_2O 的生成。

通过 SCR 装置可降低 NO_x 排放 90% 以上，结合机内措施可达美国 US 2010 实行的排放法规标准和欧洲 VI 排放法规标准。

2. 氧化型催化转换装置

柴油机氧化催化转换装置（DOC：diesel oxidation catalyst），是用来控制 CO、HC 以及微粒中的可溶性有机成分等排放量的。

常采用如前所述的铂（Pt）、钯（Pd）、铑（Rh）等贵金属作为催化氧化剂，主要降低微粒排放中的可溶性有机成分（SOF），净化效率可达 90% 以上，从而降低 PM 的排放 40% ~50%，同时可以有效地减少排气中的 HC、CO 分别达到 88% 和 68%。图 7-13 表示一种氧化型催化转换装置的示意图，其中尾气净化催化反应机理为：

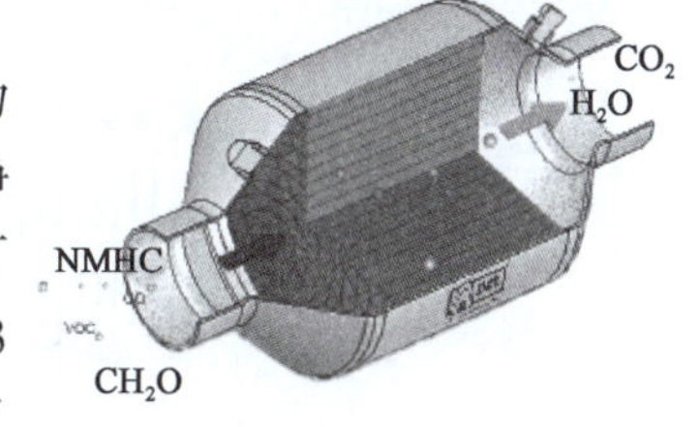

图 7-13　氧化型催化转换器（DOC）

一氧化碳：

$$CO + 1/2O_2 \rightarrow CO_2 \tag{7-6}$$

气相碳氢化合物：

$$CmHn + (m + n/4)O_2 \rightarrow mCO_2 + n/2H_2O \tag{7-7}$$

液相碳氢化合物（SOF）：

$$CmHn + (m + n/4)O_2 \rightarrow mCO_2 + n/2H_2O \tag{7-8}$$

醛 Aldehydes、酮 Ketones 类等：

$$CmHnO + (m + n/4 - 0.5)O_2 \rightarrow mCO_2 + n/2H_2O \tag{7-9}$$

DOC 可单独使用或也可与 POC、DPF 和 SCR 配合使用。

三、微粒捕集器

1. DPF

车用柴油机的微粒物排放主要采用过滤法进行处理。如图 7-14 所示，微粒过滤器的滤芯 4 由多孔陶瓷制造，它有较高的过滤效率。排气穿过多孔陶瓷滤芯进入排气支管 1，而微粒则滞留在滤芯上。过滤器工作一段时间后，需及时清除存积在滤芯上的微粒，以恢复过滤器的工作能力和减小排气阻力。为此，在过滤器入口处设置一个燃烧器 5，通过喷油器 6 向燃烧器内喷入少量燃油，并供入二次空气，利用火花塞或电热塞 3 将其点燃，将滞留在滤芯上的微粒烧掉。

柴油机上常用的微粒过滤器主要是壁流式蜂窝状陶瓷为滤芯的微粒滤清器（WDPF），其结构特点是每相邻两个孔道，一个在进口处被堵住，另一个在出口处被堵住。这样排气从孔道流入后，必须穿过多孔性陶瓷壁面才能从相邻孔道流出，此时将排气中的 PM 过滤在各流入孔道的壁面上。一般，孔道截面积为 2mm ×2mm，壁厚为 0.4mm 左右。蜂窝陶瓷滤芯体积一般为柴油机排量的 1 ~2 倍，其最大直径在 150 ~200mm 范围内，长度不超过 150mm，这种结构的过滤效率高。如果壁流式 WDPF 带有催化剂层的话又简称之为 CDPF。

DPF 滤芯根据材料及结构分为陶瓷纤维板、陶瓷泡沫、金属网以及蜂窝状等几种。滤芯应具有高的微粒捕集效率；同时背压低、耐久可靠，易于生产。目前满足这些要求的微粒过滤器滤芯的结构如图 7-15 所示，主要由多孔薄壁材料 2 和陶瓷孔塞 4 组合成蜂窝状。大排量柴油机可用数个滤芯并联工作。

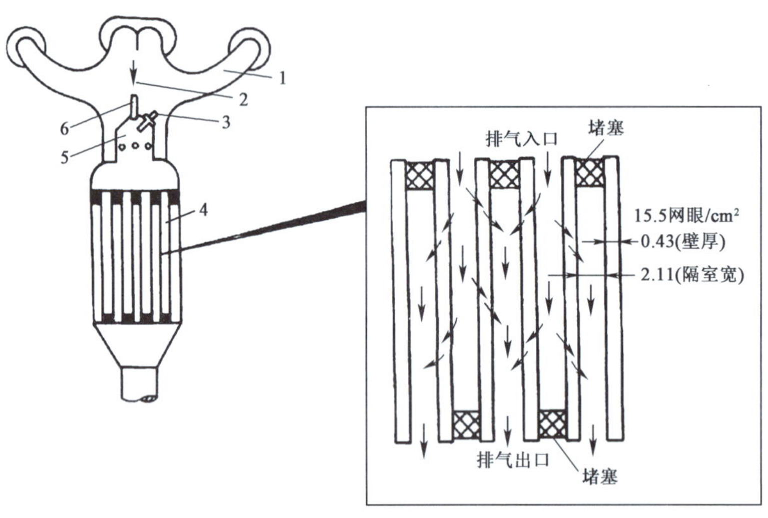

图 7-14　柴油机微粒过滤器

1-排气支管；2-燃油；3-电热塞；4-滤芯；5-燃烧器；6-喷油器

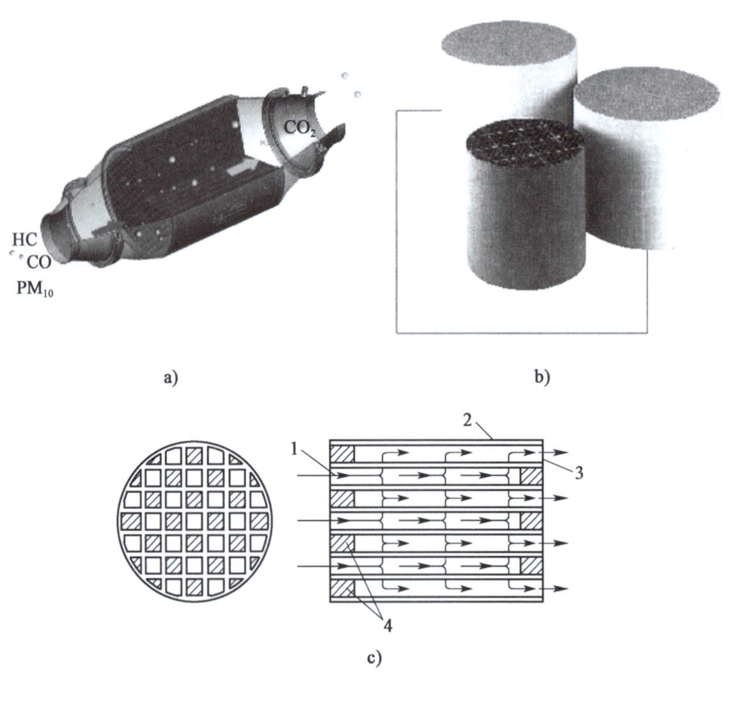

图 7-15　微粒过滤器

a）微粒捕集器；b）滤芯；c）结构原理

1-入口；2-多孔薄壁；3-出口；4-陶瓷孔塞

2. DPNR 系统

微粒-NO_x 净化装置(DPNR：Diesel Particulate and NO_x Reduction)的结构示意图如图 7-16 所示，主要采用陶瓷蜂窝状结构，入口和出口交叉堵塞。在载体内壁设有细孔，保证 PM 顺利流动。而在载体壁面和细孔内部固化 NO_x 吸附还原型催化剂，以便将排气中的 NO_x 吸附还原。即当稀混合气燃烧时将排气中的 NO_x 吸附，而在浓混合气燃烧时，释放被吸附的 NO_x，在排气中的 HC 和 CO 以及还原剂(pt)的作用下使之还原为 N_2。对 PM 的氧化机理是，在混合气浓稀交变的运转过程中，通过吸附和释放 NO_x 时的氧化还原反应，在催化剂表面上生成活性氧，由此促进 PM 的氧化，实现低温领域对 PM 的氧化(图 7-17)。

作为同时降低 NO_x 和 PM 排放的柴油机排放控制技术的一种，主要由第二代的高压共轨系统、低温燃烧控制技术和排气燃料添加系统以及后处理系统(DPNR + 氧化剂)等组成。

其中，通过喷油器喷射压力为 180MPa 的高压共轨系统，进行多段喷射，以有效控制放热规律的同时，以 1MPa 压力向排气喷射燃料，以便使 DPNR 内的 NO_x 还原、PM 氧化，同时防止燃料中硫的侵蚀。

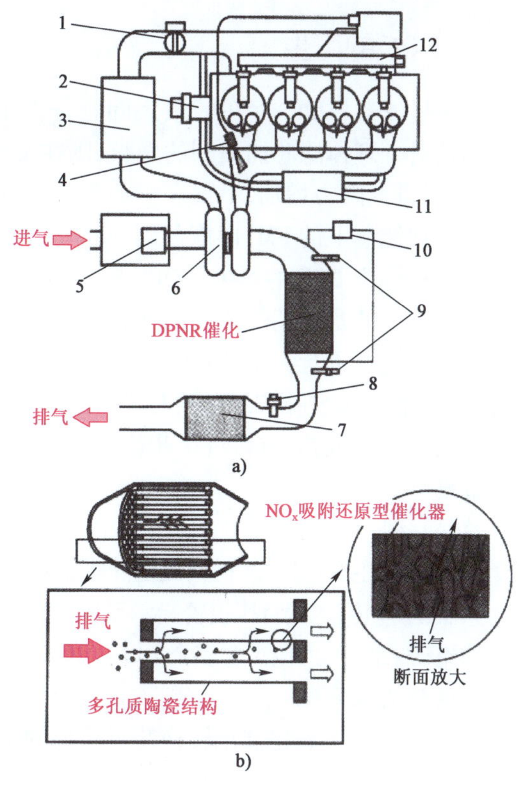

图 7-16　DPNR 结构

a) DPNR 系统组成；b) DPNR 催化器截面

1-节气门；2-EGR 阀；3-中冷器；4-排气燃料添加器；5-进气流量计；6-增压器；7-氧化型催化器；8-空燃比传感器；9-排气温度传感器；10-压差传感器；11-EGR 中冷器；12-高压共轨系统

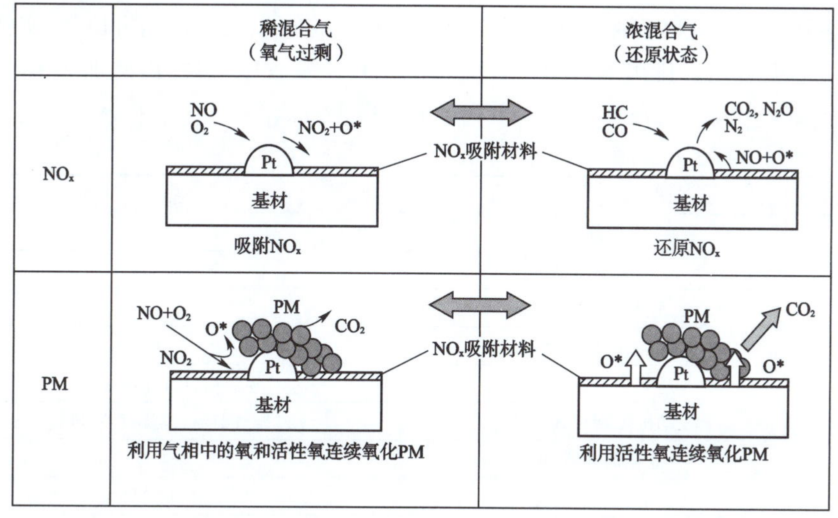

图 7-17　DPNR 净化原理

四、DPF 的再生

微粒过滤器(DPF)存在的最大问题是再生处理技术,即处理滤芯捕集到的微粒的方法。如果不及时处理掉滤芯捕集到的微粒,则在发动机运行过程中 DPF 滤芯上沉积的 PM 就逐渐增多,使得排气阻力增加,不仅影响经济性,严重时还会造成发动机停止工作。因此必须及时清除堆积在滤芯上的 PM,以恢复到 DPF 原来的低阻力状况。这已成为 DPF 非常重要的课题。而这一过程称为 DPF 的再生。DPF 捕集的微粒(PM)中绝大部分是可燃物,因此 DPF 再生的最简便的方法就是定期烧掉。因微粒的着火温度约为 600℃,所以在发动机常用运转状态下,不可能自行燃烧进行再生处理,故需要强制着火燃烧的系统。目前所开发研究的再生技术有燃烧器法、电热塞、进排气节流、对燃料添加催化剂,以及向滤芯喷射催化剂等几种方法,但这些技术尚未十分成熟,有待进一步研究。到目前为止比较典型的 DPF 再生方法有以下几种:

1. 电加热再生系统

这是一种用电加热器加热 DPF,并供给一定量的空气来烧掉 PM 使 DPF 再生的方法,如图 7-18a 所示,主要由进排气管、氧化催化器 DOC、电加热器、耐高温金属烧结毡滤芯或 SiC 滤芯、温度传感器、压差传感器、背压报警指示系统、再生电源与控制系统等组成。这种再生方法采用遮断 DPF 的流动来再生,所以需要多个 DPF。其特点是每个 DPF 再生所需要的能量少,但结构复杂。

2. 连续再生系统

这是通过前置氧化催化转换装置生成的氧化活性很强的 NO_2 来再生后部的 DPF 的方法(图 7-18b)。DPF 中也固化有氧化剂以提高其低温活性。为此将特殊的氧化催化转化装置安装在 DPF 的上游,这样在排气过程中前置氧化催化转换装置中产生的具有 NO_2 气体的废气直接进入 DPF,在排气流动过程中直接对 DPF 进行再生。

3. 强制氧化催化再生系统

这是一种通过发动机控制和氧化催化装置相结合,使 DPF 强制升温的 DPF 再生系统。发动机的控制,主要包括喷射时期、EGR、VGT(可变增压)、排气制动等,其主要目的是提高排气温度,使之达到前置氧化转换装置催化剂的活性温度。也可以结合发动机控制,实施燃料后喷射(如下止点后喷射),以排出未燃 HC,在前置催化转换装置中燃烧,由此加热 DPF 使其达到再生的目的(图 7-19)。表 7-1 中表示 DPF 的主要再生方法。

DPF 的主要再生方法 表 7-1

	再生方法	备注
强制再生	电加热	
	微浓加热	
	轻柴油燃烧加热	
	低温等离子氧化	
	逆流空气喷射清洗	逆流后,PM 用电加热器烧掉
	发动机控制 + 氧化催化	进排气节流,燃烧后喷,排气系喷油
连续再生	催化剂载体 DPF	
	前段氧化催化	生成 NO_2
	催化剂载体 + 前段氧化	
	燃料添加型催化器	燃料添加剂

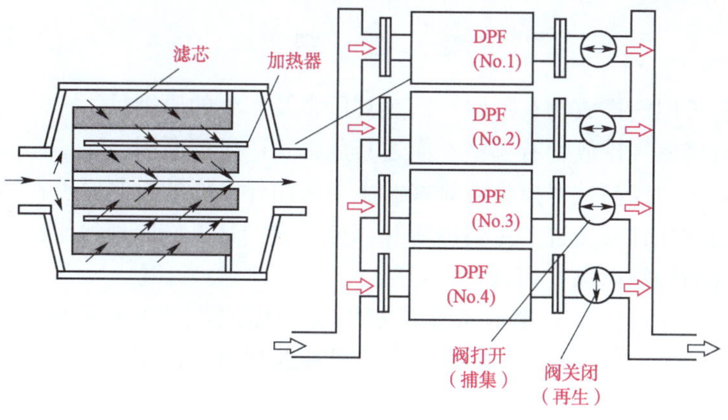

a)

催化器
捕集器滤芯

b)

图 7-18 DPF 再生系统

a)电加热再生系统 b)连续再生系统

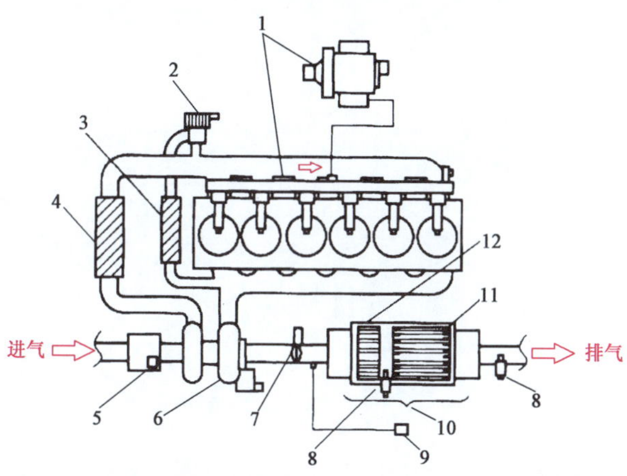

图 7-19 强制催化再生

1-高压共轨喷射系统;2-EGR 阀;3-EGR 中冷器;4-中冷器;5-进气流量计;6-VGT;7-排气制动;8-温度传感器;9-压力传感器;10-DPR 清洗器;11-过滤器;12-氧化催化器

思 考 题

1. 汽油机的有害尾气排放物有哪些？简述其危害及产生的原因。
2. 柴油机的有害尾气排放物有哪些？简述其危害及产生的原因。
3. 汽油机主要排放控制技术措施有哪些？主要采用什么样的控制原理？
4. 什么叫三效催化转换装置？主要由哪几部分组成？其工作原理如何？
5. 发动机实施曲轴箱通风有何意义？
6. 什么叫排气再循环？EGR 率是如何定义的？柴油机排气再循环有何作用？
7. 柴油机排放控制的主要技术有哪些？与汽油机相比有何区别？

第八章　发动机冷却系统

第一节　冷却系统的功用及组成

一、冷却系统的功用

冷却系统的功用是使发动机在所有工况下都保持在适当的温度范围内。冷却系统既要防止发动机过热，也要避免冬季发动机过冷。在发动机冷起动之后，冷却系统还要保证发动机迅速升温，尽快达到正常的工作温度。

在发动机工作期间，最高燃烧温度可能高达2500℃，即使在怠速或中等转速下，燃烧室的平均温度也在1000℃以上。因此，与高温燃气接触的发动机零部件受到强烈地加热，在这种情况下，若不进行适当地冷却，发动机将会过热，工作过程恶化，零部件强度降低，机油变质，零部件磨损加剧，最终导致发动机动力性、经济性、排放性、可靠性及耐久性的全面恶化。但是冷却过度也是有害的，过度冷却会使发动机长时间在低温下工作，均会使散热损失及摩擦损失增加，零部件磨损加剧、排放恶化、工作粗暴，发动机功率下降，燃油消耗率增加。

二、水冷系统的组成

发动机的冷却系统有风冷与水冷之分。以空气为冷却介质的冷却系统称风冷系统；以冷却液为冷却介质的为水冷系统。汽车发动机，尤其是轿车发动机大都采用水冷系统，只有少数汽车发动机采用风冷系统。

汽车发动机的水冷系统均为强制循环水冷系统，即利用水泵提高冷却液的压力，强制冷却液在发动机中循环流动。图8-1所示为该系统组成，其中包括水泵10、散热器1、冷却风扇11、节温器9、补偿水桶3、发动机机体和汽缸盖中的水套13以及其他附加装置等。

冷却液在冷却系统中的循环路径如图8-2所示。冷却液在水泵5中增压后，经分水管10进入发动机的机体水套9。冷却液从水套壁周围流过并从水套壁吸热而升温。然后向上流入汽缸盖水套7，从汽缸盖水套壁吸热之后经节温器6及散热器进水软管流入散热器2。在散热器中冷却液向流过散热器周围的空气散热而降温，最后冷却液经散热器出水软管返回水泵，如此循环不止。

在汽车行驶或冷却风扇工作时，空气从散热器周围高速流过以增强对冷却液的冷却。铜制或不锈钢制的分水管或直接铸在机体上的分水道，沿其纵向开有出水孔，并与机体水套相通，离水泵越远出水孔越大，其数目通常与汽缸数相同。分水管或分水道的作用是使多缸发动机各汽缸的冷却强度均匀一致。

有些发动机的水冷系统，其冷却液的循环流动方向与上述相反，可称其为逆流式水冷系统。在这种水冷系统中，温度较低的冷却液首先被引入汽缸盖水套，然后才流过机体水套。由于它改善了燃烧室的冷却而允许发动机有较高的压缩比，从而可以提高发动机的热效率和功率。

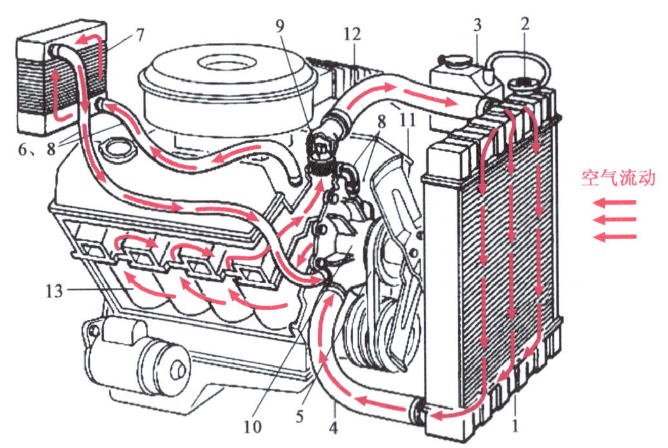

图 8-1　汽车发动机水冷系统组成

1-散热器；2-散热器盖；3-补偿水桶；4-散热器出水软管；5-风扇传动带；6-暖风机出水软管；7-暖风机芯；8-暖风机进水软管；9-节温器；10-水泵；11-冷却风扇；12-散热器进水软管；13-冷却水套

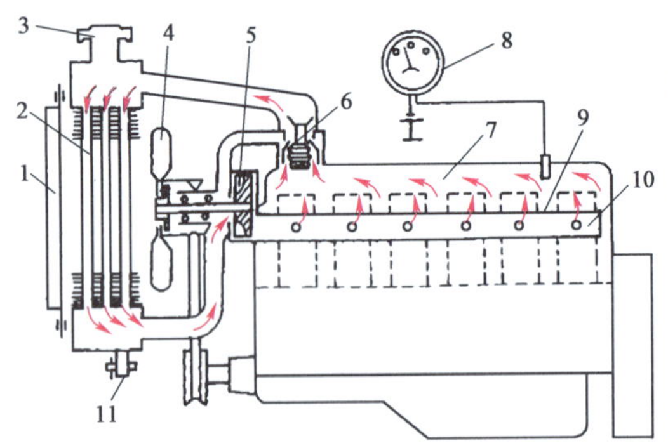

图 8-2　冷却液在强制循环水冷系统中的流动

1-百叶窗；2-散热器；3-散热器盖；4-风扇；5-水泵；6-节温器；7-汽缸盖水套；8-冷却液温度表；9-机体水套；10-分水管；11-放水阀

大多数汽车装有暖风系统。暖风机是一个热交换器，也可称作第二散热器。在装有暖风机的水冷系统中，热的冷却液从汽缸盖或机体水套经暖风机进水软管 6 流入暖风机芯 7，然后经暖风机出水软管 8 流回水泵（图 8-1）。吹过暖风机芯 7 的空气被冷却液加热之后，一部分送到风窗玻璃除霜器，一部分送入驾驶室或车厢。

三、冷却液

冷却液是水与防冻剂的混合物。冷却液最好使用软水，否则将在发动机水套中产生水垢，传热阻力增加，易造成发动机过热。

纯净水在 0℃时结冰。如果发动机冷却系统中的水结冰，将使冷却水终止循环，引起发动机过热。尤其严重的是水结冰时体积膨胀，可能将机体、汽缸盖和散热器胀裂。为了适应冬季行车的需要，在水中加入防冻剂制成冷却液，以防止循环冷却水的冻结。最常用的防冻剂是乙二醇。冷却液中水与乙二醇的比例不同，其冰点也不同（表 8-1）。50% 的水与 50% 的乙二醇混合而成的冷却液，其冰点约为 −35.5℃。

在水中加入防冻剂还同时提高了冷却液的沸点。例如，含 50% 乙二醇的冷却液在大气压力下的沸点是 103℃。因此，防冻剂有防止冷却液过早沸腾的附加作用。

防冻剂中通常含有防锈剂和泡沫抑制剂。防锈剂可延缓或阻止发动机水套壁及散热器的锈蚀或腐蚀。冷却液中的空气在水泵叶轮的搅动下会产生很多泡沫，这些泡沫将妨碍水套壁的散热。泡沫抑制剂能有效抑制泡沫地产生。在使用过程中,防锈剂和泡沫抑制剂会逐渐消耗殆尽,因此,定期更换冷却液是十分必要的。

在防冻剂中一般还要加入着色剂,使冷却液呈蓝绿色或黄色以便识别。

冷却液的冰点与乙二醇质量分数的关系　　表 8-1

冷却液冰点(℃)	乙二醇的质量分数(%)	水的质量分数(%)	密度(kg/m^3)
-10	26.4	73.6	1.0340
-20	36.4	63.8	1.0506
-30	45.6	54.4	1.0627
-40	52.6	47.7	1.0713
-50	58.0	42.0	1.0780
-60	63.1	36.9	1.0833

第二节　水冷系统主要部件的构造

一、散热器

1. 散热器及散热器芯的结构形式

发动机水冷系统中的散热器由进水室、出水室及散热器芯等三部分构成(图 8-3)。冷却液在散热器芯内流动,空气在散热器芯外通过。热的冷却液由于向空气散热而变冷,冷空气则因为吸收冷却液散出的热量而升温,所以散热器是一个热交换器。

按照散热器中冷却液流动的方向可将散热器分为纵流式和横流式两种。纵流式散热器芯竖直布置,上接进水室,下连出水室,冷却液由进水室自上而下地流过散热器芯进入出水室(图 8-3a)。横流式散热器芯横向布置,左右两端分别为进、出水室,冷却液自进水室经散热器芯到出水室横向流过散热器(图 8-3b)。大多数新型轿车均采用横流式散热器,这可以使发动机罩的外廓较低,有利于改善车身前端的空气动力性。

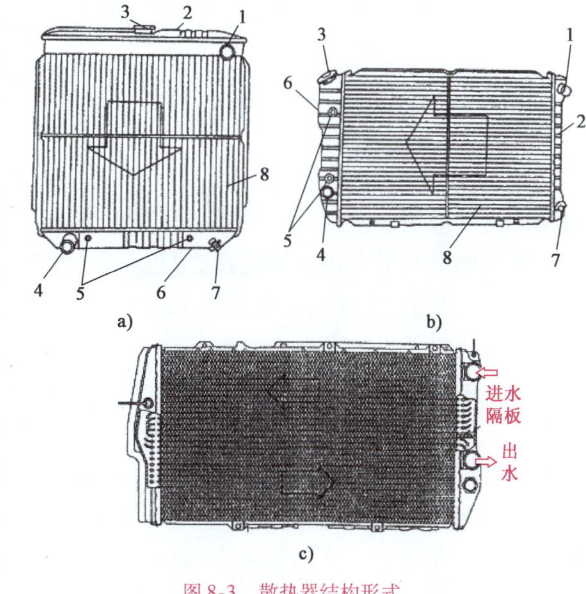

图 8-3　散热器结构形式

a)纵流式散热器;b)、c)横流式散热器

1-进水口;2-进水室;3-散热器盖;4-出水口;5-变速器油冷却器进、出口;6-出水室;7-放水阀;8-散热器芯

红旗轿车的散热器为横流式(图 8-3c)。它由左右两个塑料水室与散热器芯压装而成。右水室中部有隔板,从进水口进入的冷却液由于受隔板的阻挡,只能从散热器芯的上半部横向流入左水室,再经散热器芯的下半部流回右水室,并从出水口流出。这种结构形式由于提高了冷却液在散热器内的流速而增强了散热效果。

散热器芯有多种结构形式(图8-4)。管片式散热器芯由散热管和散热片组成。散热管是焊在进、出水室之间的直管,作为冷却液的通道。散热管有扁管也有圆管(图8-4a、c)。扁管与圆管相比,在容积相同的情况下有较大的散热表面。铝散热器芯多为圆管。在散热管的外表面焊有散热片以增加散热面积,增强散热能力,同时还增大了散热器的刚度和强度。管片式散热器的优点是散热面积大、气流阻力小、结构刚度好及承压能力强等。

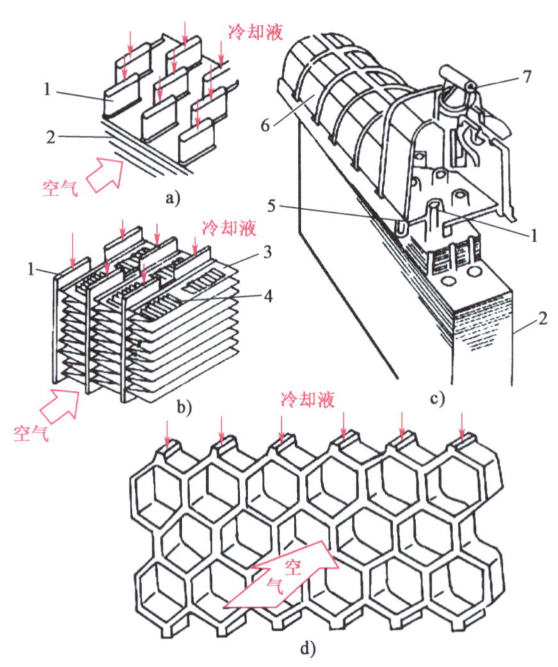

图8-4　散热器芯结构形式

a)管片式(扁管);b)管片式(圆管);c)管带式;d)板式

1-散热管;2-散热片;3-散热带;4-鳍片;5-环氧树脂密封;6-塑料进水室;7-放气阀

管带式散热器芯(图8-4b)由散热管及波形散热带组成。散热管为扁管并与波形散热带相间地焊在一起。为增强散热能力,在波形散热带上加工有鳍片。与管片式散热器芯相比,管带式的散热能力强、制造简单、质量轻、成本低,但结构刚度差。

板式散热器芯(图8-4d)的冷却液通道由成对的金属薄板焊合而成。这种散热器芯散热效果好,制造简单,但焊缝多不坚固,容易沉积水垢且不易维修。

管片式及管带式散热器芯有单列、双列(图8-4b、c)及三列散热管(图8-4a)之分。实践证明,双列散热管散热器能在有限的空间内获得最好的散热效果,因此在轿车上获得了广泛的应用。

传统的散热器芯由黄铜制造,但近年来更多的是用铝制造,而且有些散热器的进、出水室由复合塑料制造,使散热器质量大为减轻。

2. 散热器盖

现代的汽车发动机强制循环水冷系统都用散热器盖严密地盖在散热器冷却液加注口上,使水冷系统成为封闭系统,通常称这种水冷系统为闭式水冷系统。其优点有二:①闭式水冷系统可使系统内的压力提高98～196kPa,冷却液的沸点相应地提高到115～130℃,从而扩大了散热器与周围空气的温差,提高了散热器的换热效率。由于散热器散热能力的增强,可以相应地减小散热器尺寸。②闭式水冷系统可减少冷却液外溢及蒸发损失。

散热器盖的作用是密封水冷系统并调节系统的工作压力。当把散热器盖盖在散热器冷却液加注口上并锁紧时,散热器盖的上密封衬垫在压力阀弹簧的作用下与冷却液加注口的上密封面贴紧,散热器盖的下密封衬垫与冷却液加注口的下密封面贴紧,这时水冷系统被封闭。散热器盖的结构及工作原理如图8-5所示。

当发动机工作时,冷却液的温度逐渐升高。由于冷却液容积膨胀使冷却系统内的压力增高。当压力超过预定值时,压力阀开启,一部分冷却液经溢流管流入补偿水桶,以防止冷却液胀裂散热器。当发动机停机后,冷却液的温度下降,冷却系内的压力也随之降低。当压力降到大气压力以下出现真空时,真空阀开启,补偿水桶内的冷却液部分地流回散热器,可以避免散热器被大气压力压坏。

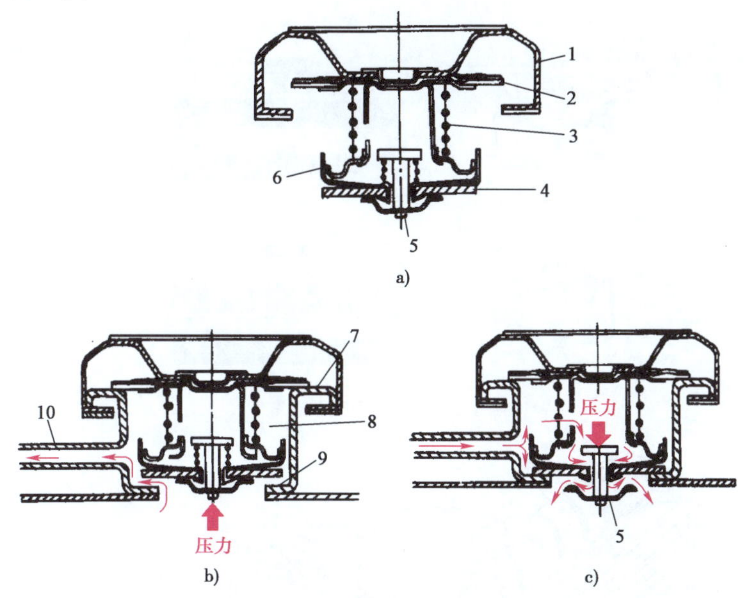

图 8-5　散热器盖结构及其工作原理

a)散热器盖结构;b)压力阀开启;c)真空阀开启

1-散热器盖;2-上密封衬垫;3-压力阀弹簧;4-下密封衬垫;5-真空阀;6-压力阀;7-冷却液加注口上密封面;8-冷却液加注口;9-冷却液加注口下密封面;10-溢流管

3. 补偿水桶

补偿水桶由塑料制造并用软管与散热器冷却液加注口上的溢流管连接(参见图 8-1)。其作用已如上述,即当冷却液受热体积膨胀时,部分冷却液流入补偿水桶;而当冷却液降温时,部分冷却液又被吸回散热器,所以冷却液不会溢失。补偿水桶内的液面有时升高,有时降低,而散热器却总是为冷却液所充满。在补偿水桶的外表面上刻有两条标记线:“低”线和“高”线,补偿水桶内的液面应位于两条标记线之间。若液面低于“低”线时,应向桶内补充冷却液。在向桶内添加冷却液时,液面不应超过“高”线,如图 8-6 所示。

补偿水桶还可消除水冷系统中的所有气泡。不论水冷系统中有空气泡或蒸汽泡,它们都会降低传热效果。当水冷系统中有空气时还会加剧对金属的腐蚀。

4. 散热器百叶窗

有些货车和大客车发动机在散热器前面装有百叶窗,其作用是通过改变吹过散热器的空气流量来调节发动机的冷却强度,以保证发动机经常在适当的温度范围内工作。在发动机冷起动或暖车期间,冷却液的温度较低,这时将百叶窗部分或完全关闭,以减少吹过散热器的空气流量,使冷却液的温度迅速升高。

百叶窗可由驾驶人通过驾驶室内的手柄来操纵其开闭,也可用感温器自动控制。图 8-7 所示为货车上使用的散热器百叶窗的自动控制系统。控制系统中的感温器安装在散热器进水管上,用来感受来自发动机的冷却液温度。在发动机冷起动及暖车期间百叶窗关闭。当发动机达到正常工作温度后,感温器打开空气阀,使制动空气压缩机产生的压缩空气进入空气缸,并推动空气缸内的活塞连同调整杆一起下移，带动杠杆使百叶窗开启。

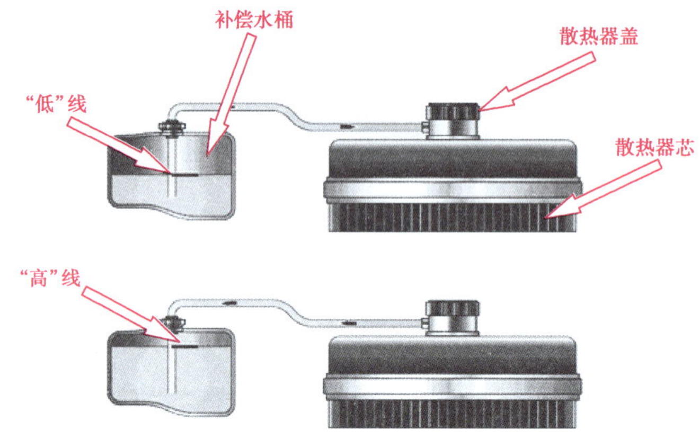

图 8-6　补偿水桶调节示范图

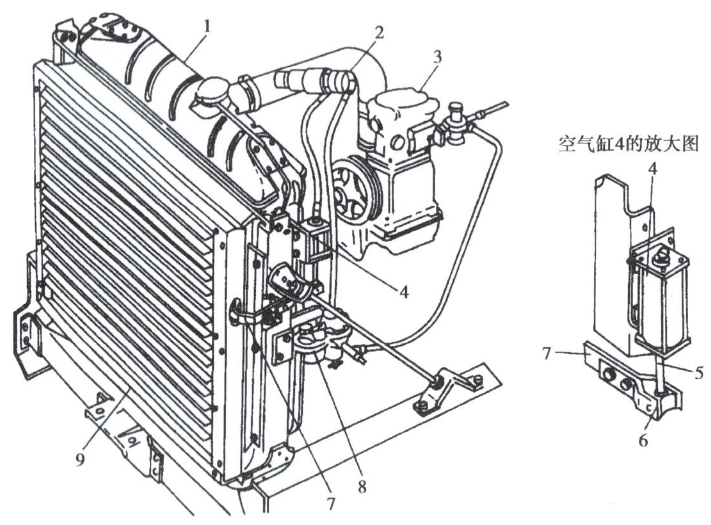

图 8-7　百叶窗自动控制系统

1-散热器；2-感温器；3-制动空气压缩机；4-空气缸；5-调整杆；6-调整螺母；7-杠杆；8-空气滤清器；9-百叶窗

二、冷却风扇

1. 风扇的功用及结构

冷却风扇置于散热器后面（图 8-8）。当发动机在车架上纵向布置时，风扇一般安装在水泵轴上，并由驱动水泵和发电机的同一根 V 带传动。风扇的功用是当风扇旋转时吸进空气使其通过散热器，以增强散热器的散热能力，加快冷却液的冷却速度。汽车发动机水冷系统多采用低压头、大风量、高效率的轴流式风扇，即风扇旋转时，空气沿着风扇旋转轴的轴线方向流动。在风扇外围装设导风罩 2，使风扇 3 吸进的空气全部通过散热器 1，以提高风扇效率。

风扇的扇风量主要与风扇直径、转速、叶片形状、叶片安装角及叶片数有关。叶片的断面形状有圆弧形和翼形两种（图 8-9），前者由薄钢板冲压而成，后者用塑料或铝合金铸制。翼形风扇效率高、消耗功率少，在轿车和轻型汽车上得到了广泛的应用。一般叶片与风扇旋转平面成30°～45°角(叶片安装角)。叶片数为4、5、6或7片。叶片之间的间隔角或相等,或不相等。间隔角不等的叶片可以减小叶片旋转时的振动和噪声。

2. 硅油风扇离合器

汽车在行驶过程中,由于环境条件和运行工况的变化,发动机的热状况也在改变。因此,必须随时调节发动机的冷却强度。例如,在炎热的夏季,发动机在低速大负荷下工作冷却液的温度很高时,风扇应该高速旋转以增加冷却风量,增强散热器的散热能力。而在寒冷的冬天,冷却液的温度较低时,或在汽车高速行驶有强劲的迎面风吹过散热器时,风扇继续工作就变得毫无意义了,不仅白白消耗发动机功率而且还产生很大的噪声。试验证明,水冷系统只有25%的时间需要风扇工作,而在冬季需要风扇工作的时间就更短了。因此,根据发动机的热状况随时对其冷却强度加以调节就显得十分必要了。在风扇带轮与冷却风扇之间装置硅油风扇离合器是实现这种调节的方法之一。

图8-8　冷却风扇与导风罩

1-散热器;2-导风罩;3-风扇

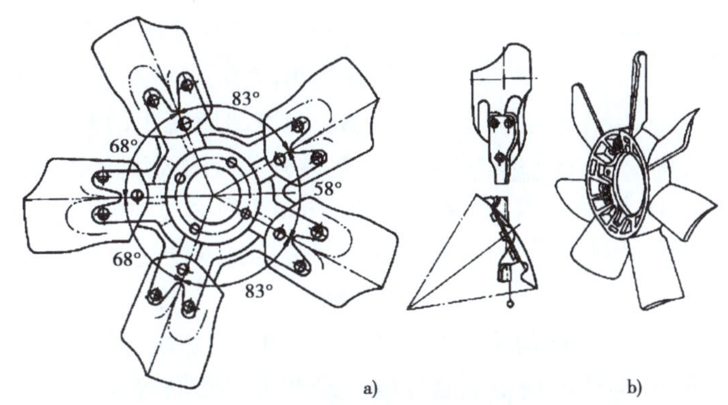

图8-9　叶片断面为圆弧形和翼形的风扇

a)圆弧形叶片断面风扇;b)翼形叶片断面风扇

(1)硅油风扇离合器的结构(图8-10)。主动轴11固定在风扇带轮上由曲轴驱动。主动板7紧固在主动轴的左端随主动轴一起旋转。从动板8、前盖2和壳体9用螺钉连成一体。风扇15固定在壳体上,壳体则通过滚珠轴承10支撑在主动轴上。在前盖上装有螺旋形双金属感温器4。感温器的一端固定在前盖上,另一端嵌在阀片传动销5中。前盖与从动板之间的空腔为储油腔,其中储有高黏度硅油。壳体与从动板之间的空腔为工作腔。从动板上有进油孔A、回油孔B及泄油孔C。

(2)硅油风扇离合器的工作原理。当发动机温度低时,流过散热器的空气温度也较低,从动板8上的进油孔A被阀片6封闭。这时储油腔内的硅油不能进入工作腔,因此工作腔内没有硅油。主动板7的旋转运动不能传给从动板,风扇离合器处于分离状态。这时风扇不转或在密封圈3及轴承10的摩擦力作用下转得很慢。当流过散热器的空气温度超过65℃时,热空气吹在感温器4上使螺旋形双金属片发生变形,并带动阀片传动销5使阀片6转过一定的角度,从动板上的进油孔被打开,硅油从储油腔通过进油孔进入工作腔,并流进从动板与主动板以及主动板与壳体之间的间隙内。由于硅油黏度很大,因此主动板可以通过硅油带动从动

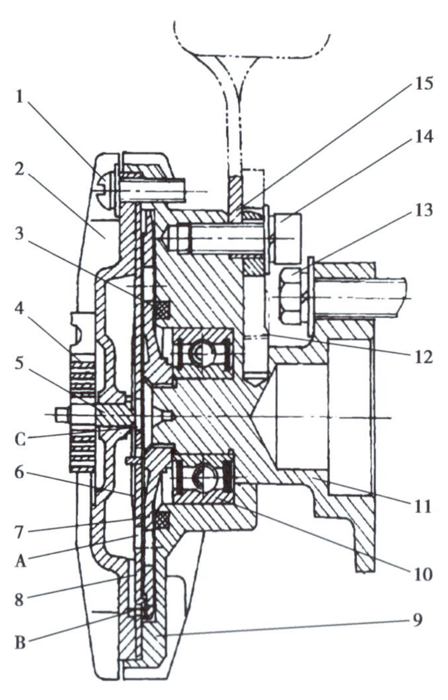

图 8-10 硅油风扇离合器（解放 CA1091 型载货汽车）

1-螺钉；2-前盖；3-毛毡密封圈；4-双金属感温器；5-阀片传动销；6-阀片；7-主动板；8-从动板；9-壳体；10-轴承；11-主动轴；12-锁止板；13-螺栓；14-内六角螺钉；15-风扇；A-进油孔；B-回油孔；C-泄油孔

板及壳体一起高速旋转，这时离合器处于接合状态。进入工作腔的硅油在离心力的作用下被甩向外缘，经回油孔 B 流回储油腔，再经进油孔流回工作腔，如此循环不止。当吹过散热器的空气温度降低到 35℃以下时，感温器操纵阀片将进油孔封闭。这时硅油不再流入工作腔，先前流入工作腔的硅油在离心力作用下返回储油腔，直到甩空为止，离合器又处于分离状态。

3. 电动风扇

很多轿车发动机的水冷系统采用电动风扇，尤其横置发动机前轮驱动的汽车更是如此。电动风扇由风扇电动机驱动并由蓄电池供电，所以风扇转速与发动机转速无关。

我国生产的红旗 CA7220、奥迪 100、捷达和桑塔纳等轿车均采用电动风扇（图 8-11），且风扇转速均为两挡。风扇转速由温控热敏电阻开关控制。当冷却液流出散热器的温度为 92 ~ 97℃时，热敏开关接通风扇电动机的 1 挡，风扇转速为 2300r/min。当冷却液温度升高到 99 ~ 105℃时，热敏开关接通风扇电动机的 2 挡，这时风扇转速为 2800r/min。若冷却液温度降到 92 ~ 98℃时，风扇电动机恢复 1 挡转速。当冷却液温度降到 84 ~ 91℃时，热敏开关切断电源，风扇停转。

在有些电控系统中，电动风扇由电脑控制。冷却液温度传感器向电脑传输与冷却液温度相关的信号。当冷却液温度达到规定值时，电脑使风扇继电器搭铁，继电器触点闭合并向风扇电动机供电，风扇进入工作。

电动风扇的优点是结构简单，布置方便，不消耗发动机功率使燃油经济性得到改善。此外，采用电动风扇不需要检查、调整或更换风扇传动带，因而减少了维修的工作量。

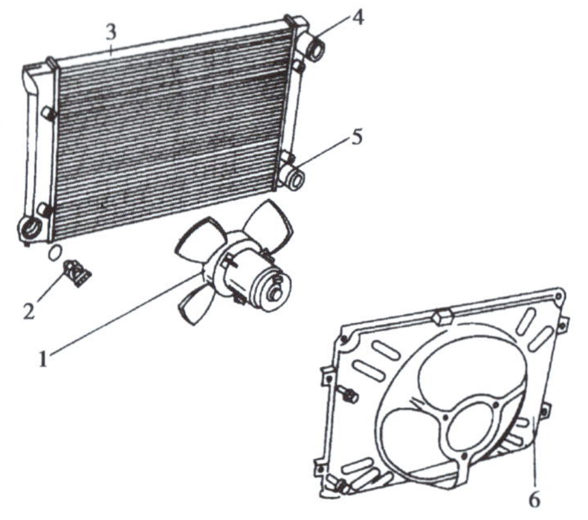

图 8-11 电动风扇、散热器及导风罩（捷达轿车）

1-电动风扇；2-温控热敏电阻开关；3-散热器；4-散热器进水管；5-散热器出水口；6-导风罩

三、节温器

1. 节温器的功用

节温器是控制冷却液流动路径的阀门。当发动机冷起动时，冷却液的温度较低，这时节温器将冷却液流向散热器的通道关闭，使冷却液经水泵入口直接流入机体或汽缸盖水套，以便使冷却液能够迅速升温。如果不装节温器，让温度较低的冷却液经过散热器冷却后返回发动机，则冷却液的温度将长时间不能升高，发动机也将长时间在低温下运转。同时,依靠冷却液加热的车厢暖风系统以及发动机进气管都将在长时间内得不到加热。

2. 节温器结构及工作原理

蜡式节温器有单阀型及双阀型之分,单阀蜡式节温器的结构如图 8-12 所示。推杆 11 的一端紧固在带状上支架 12 上,而另一端则插入感温体 4 内的胶管 3 当中。感温体支撑在带状下支架 13 及节温器阀 5 之间。在感温体外壳与胶管中间充满精制石蜡。

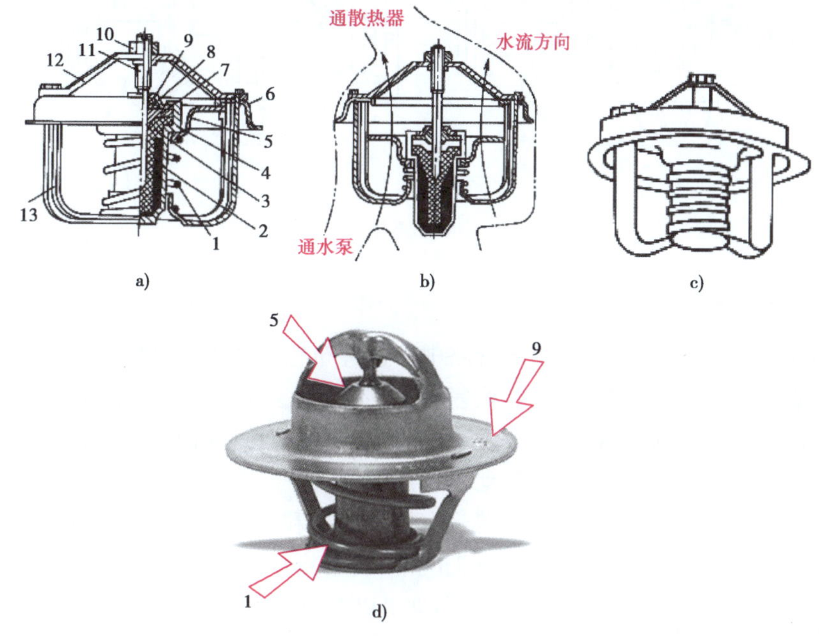

图 8-12　单阀蜡式节温器

a)关闭状态;b)开启状态;c)外形;d)实物

1-弹簧;2-石蜡;3-胶管;4-感温体;5-节温器阀;6-阀座;7-隔圈;8-密封圈;9-节温器盖;10-螺母;11-推杆;12-上支架;13-下支架

当冷却液温度低于规定值时,节温器感温体内的石蜡呈固态,节温器阀在弹簧的作用下关闭发动机与散热器间的通道,冷却液经水泵返回发动机,进行小循环(图 8-13a)。当冷却液温度达到规定值后,石蜡开始熔化逐渐变成液体,体积随之增大并压迫橡胶管使其收缩。在橡胶管收缩的同时对推杆作用以向上的推力。由于推杆上端固定,因此,推杆对胶管和感温体产生向下的反推力使阀门开启。这时冷却液经由散热器和节温器阀,再经水泵流回发动机,进行大循环(图 8-13b)。

国产轿车捷达、桑塔纳及奥迪 100 型等,均采用蜡式节温器。其特性为:当冷却液温度达到 85℃时,节温器阀开始打开。当温度达到 105℃时,节温器阀全开,其升程应超过 7mm。

3. 节温器的布置

一般水冷系统的冷却液都是由发动机的机体流进,从汽缸盖流出。因此大多数节温器布置在汽缸盖出水管路中。这种布置方式的优点是结构简单,容易排除冷却系统中的气泡。其缺点是节温器在工作时会产生振荡现象。例如,在冬季起动冷发动机时,由于冷却液温度低,节温器阀关闭。冷却液在进行小循环时,温度很快升高,节温器开启。与此同时,散热器内的低温冷却液流入机体,使冷却液又冷了下来,节温器阀重新关闭。等到冷却液温度再度升高,节温器阀又再次打开。直到全部冷却液的温度稳定之后,节温器阀才趋于稳定不再反复开闭。

节温器在短时间内反复开闭的现象称作节温器振荡。当出现这种现象时，将增加汽车的燃油消耗量。

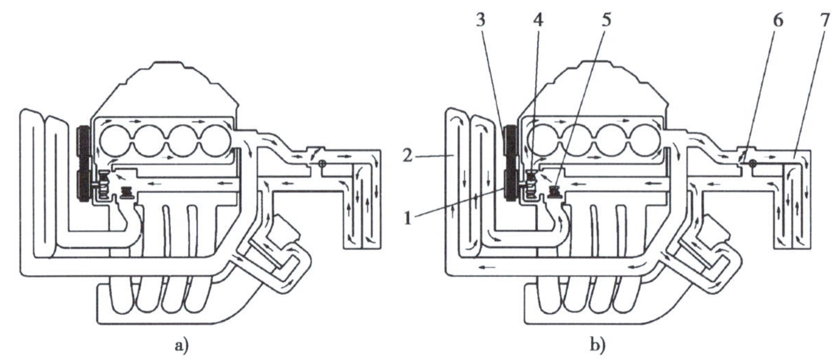

图 8-13　冷却液的大、小循环（桑塔纳 2000GSi）

a）小循环工作状态；b）大循环工作状态

1-水泵齿形带轮；2-散热器；3-曲轴齿形带轮；4-水泵；5-节温器；6-控制阀；7-暖风机

节温器也可以布置在散热器的出水管路中。这种布置方式可以减轻或消除节温器振荡现象，并能精确地控制冷却液温度，但其结构复杂，成本较高。多用于高性能的汽车及在冬季经常高速行驶的汽车上。奥迪 100 型轿车发动机的节温器即布置在散热器出口的管路中。

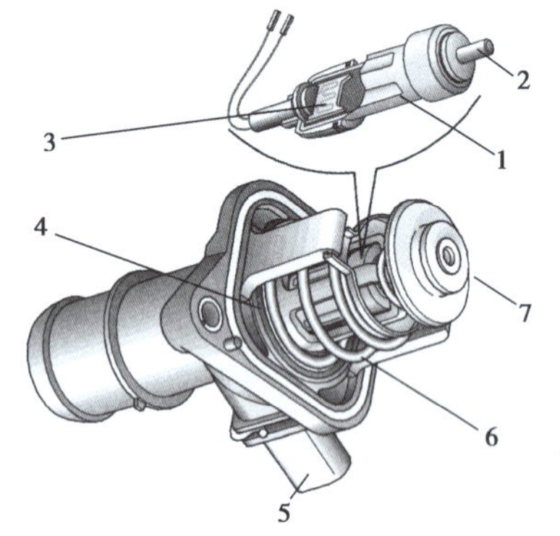

图 8-14　电子节温器（大众奥迪 APF 的 1.6L 直列 4 缸发动机）

1-石蜡；2-推杆；3-电阻丝；4-大循环控制阀片；5-电子节温器接线端子；6-弹簧；7-小循环控制阀片

4. 电子节温器

随着汽车尾气排放和燃油经济性法规的日益严格，在发动机所有工况下，要求冷却液温度都能满足燃烧过程的需求，因此，大众奥迪 APF（1.6L 直列 4 缸）发动机采用电控蜡式节温器实现灵活控制冷却液温度（图 8-14）。发动机 ECU 根据冷却液温度传感器信号，控制电阻丝 3 加热石蜡的强度和时间，通过推杆 2 位移获得预期的发动机冷却液散热流量和冷却液温度。

四、水泵

1. 水泵的功用

水泵的功用是对冷却液加压，保证其在冷却系统中循环流动。

2. 水泵的基本结构及工作原理

汽车发动机广泛采用离心式水泵（图 8-15）。其基本结构由水泵壳体 1、水泵轴 2、叶轮 3 及进出水管等组成。当水泵叶轮按图示方向旋转时，水泵中的冷却液被叶轮带动一起旋转，并在离心力的作用下被甩向水泵壳体的边缘，同时产生一定的压力，然后从出水管流出。在叶轮的中心处由于冷却液被甩出而压力下降，散热器中的冷却液在水泵进口与叶轮中心的压差作用下经进水管流入叶轮中心。

叶轮由铸铁或塑料制造，叶轮上通常有 6 ~ 8 个径向直叶片或后弯叶片（图 8-16）。水泵壳体由铸铁或铝铸制，进出水管与水泵壳体铸成一体。

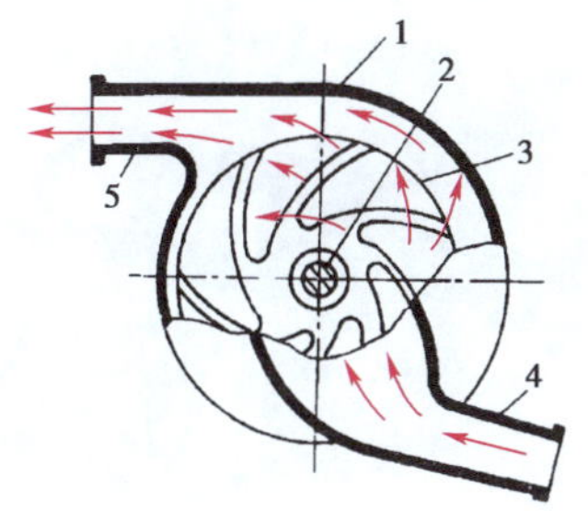

图 8-15　离心式水泵示意图

1-水泵壳体;2-水泵轴;3-叶轮;4-进水管;5-出水管

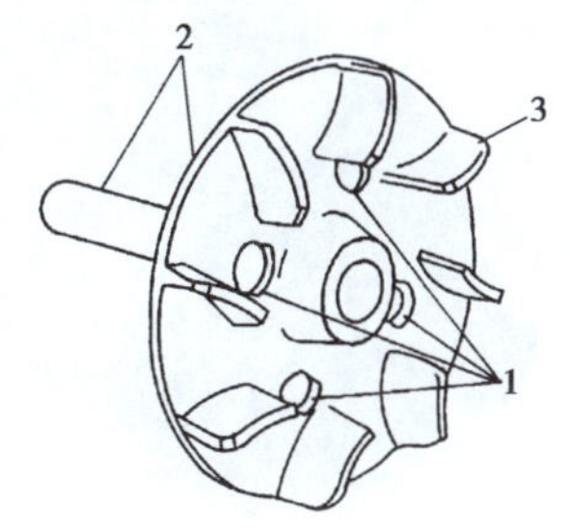

图 8-16　有 8 个后弯叶片的水泵叶轮

1-减压孔;2-叶轮及叶轮轴;3-叶片

图 8-17 所示为 EQ6100—1 型发动机采用的离心式水泵。水泵轴 12 由两个滚动轴承 11 支撑在水泵壳体 1 内,轴端用半圆键 13 与安装风扇带轮的凸缘盘 14 连接。水泵轴的另一端安装水泵叶轮 2,并用螺栓 5 加以紧固。在叶轮 2 与滚动轴承 11 之间装有水封,用来防止水泵内的冷却液沿水泵轴渗漏。水封中的弹簧 7 通过水封环 18 将水封皮碗 6 的一端压在水封座圈 10 上,而将皮碗的另一端压在夹布胶木密封垫圈 3 上。夹布胶木密封垫圈在弹簧的压力下与水泵叶轮毂的端面贴合。密封垫圈上有两个凸耳卡在水泵壳体上的槽孔内。因此,在水泵工作时,水封不随水泵轴旋转。

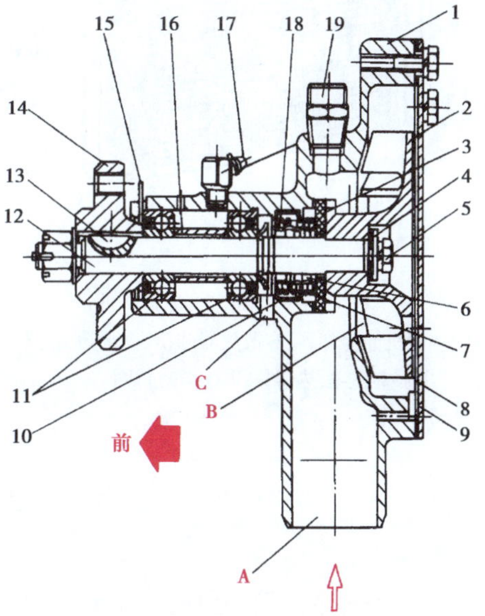

水泵壳体上有泄水孔 C,位于水封之前。一旦有冷却液漏过水封,可从泄水孔泄出,以防止冷却液进入轴承破坏轴承润滑。如果发动机停机后仍有冷却液泄漏,则表明水封已经损坏。

离心式水泵结构简单、尺寸小、排量大且工作可靠,因此得到了广泛的应用。

图 8-17　离心式水泵典型结构(EQ6100—1 型发动机)

1-水泵壳体;2-叶轮;3-夹布胶木密封垫圈;4、8-衬垫;5-螺栓;6-水封皮碗;7-弹簧;9-水泵盖;10-水封座圈;11-滚动轴承;12-水泵轴;13-半圆键;14-凸缘盘;15-轴承卡环;16-隔离套;17-润滑脂嘴;18-水封环;19-管接头;A-进水口;B-水泵内腔;C-泄水孔

3. 水泵的驱动

水泵一般由曲轴通过 V 带驱动。传动带环绕在曲轴带轮和水泵带轮之间,因此水泵转速与发动机转速成比例。奥迪 100 型轿车发动机的水泵即由曲轴通过 V 带驱动,水泵转速为曲轴转速的 1.6 倍。

有些发动机的水泵由凸轮轴直接驱动。

4. 电动水泵

相比传统机械水泵,电动水泵由电动机驱动,因而不受发动机转速的影响。它由发动机 ECU 通过电流控制,根据实际需要调整水泵转速,既能改善发动机的散热控制,提高水泵效率,又可以降低功耗,因此采用电动水泵后,可有效改善发动机的燃油经济性,如图 8-18 所示。

图 8-18　电动水泵结构示意图

五、变速器机油冷却器

装有自动变速器的汽车必须装备变速器机油冷却器，因为自动变速器中的机油可能过热。机油过热会降低变速器性能甚至造成变速器损坏。

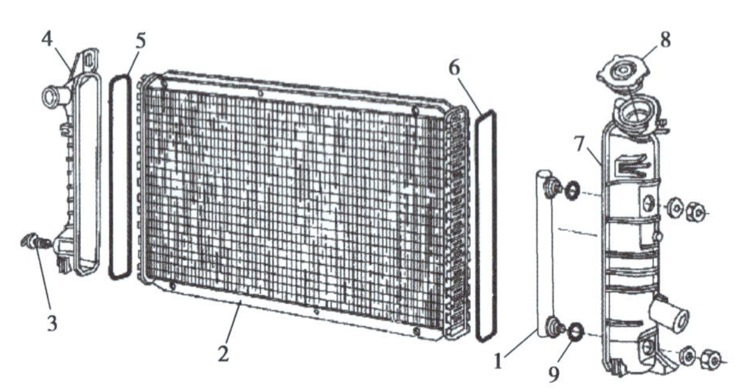

图 8-19　自动变速器机油冷却器

1-变速器机油冷却器；2-散热器芯；3-放水阀；4-进水室；5、6-密封圈；7-出水室；8-散热器盖；9-O 形密封圈

变速器机油冷却器通常就是一根冷却管，置于散热器的出水室内（图 8-19），由冷却液对流过冷却管的变速器机油进行冷却。在变速器和冷却器之间用金属管或橡胶软管连接。

当汽车牵引挂车时，需要对变速器机油进行附加冷却。在这种情况下，可在变速器机油冷却器的管路中串接一个外部变速器机油附加冷却器，并置于散热器前面。

第三节　风 冷 系 统

一、风冷发动机的特点

风冷发动机利用大流量风扇使高速空气流直接吹过汽缸盖和汽缸体的外表面。为了有效地降低受热零件的温度和改善其温度的分布，在汽缸盖和汽缸体的外表面精心布置了一定形状的散热片，确保发动机在最适当的温度范围内可靠地工作。

风冷发动机的主要特点是：

(1) 对地理环境和气候环境的适应性强。风冷发动机特别适于在沙漠或高原等缺水的地区工作。另外，在酷热的气候条件下工作不会过热，在严寒季节也不易过冷。因为散热片的温度很高，散热片与环境空气间的温差远比水冷系统中冷却液与环境空气间的温差大，所以气温的变化对散热片与环境空气间温差的影响相对较小，即风冷发动机对气温的变化不敏感。

(2)热负荷高风冷发动机的汽缸盖、汽缸体等受热零件的温度高。这是因为空气的传热系数只有水的传热系数的1/30～1/20,空气的比热容只有水的1/4。这表明风冷发动机要得到足够的冷却,不仅要合理的布置散热片,而且需要较大的空气流量。

(3)冷起动后暖机时间短。由于风冷发动机在冷起动后汽缸温度上升快,在短时间内即可进入大负荷工作状态。

(4)维护简便。风冷发动机由于省去了散热器和许多管道而减少了维护点,而且由于通用化、系列化的程度高,主要零件均可互换,因此拆装容易,维修简便。

二、冷却系统的布置及冷却风扇

图8-20所示为BF8L413F风冷柴油机冷却系统的示意图。冷却风扇位于两排汽缸中间,由汽缸盖、汽缸体、机油冷却器、前后挡板和顶盖板等构成风压室。在汽缸盖和汽缸体的背风面设有挡风板,用来调节风量的分配。冷空气经冷却风扇增压后进入风压室,再由风压室流过各个需要冷却的零部件表面。由于各零部件的通道阻力不同,因此流过的风量有多有少,以保证其适度而又可靠的冷却。

冷却风扇有轴流式和径流式两种。多缸风冷发动机采用轴流式。图8-21所示为前置静叶轮轴流压风式风扇的结构图。冷却风扇主要由静叶轮和动叶轮两部分组成。静叶轮为铝合金精密压铸件,静叶轮毂内装液力耦合器。动叶轮与风扇外壳之间的间隙很小,以提高风扇效率。动叶片与静叶片的断面均为翼形。

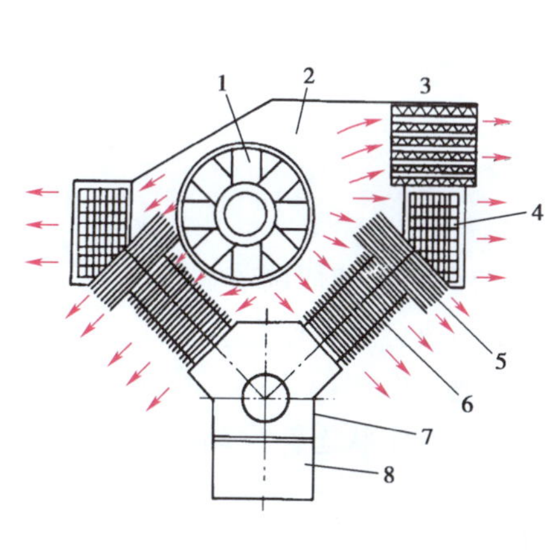

图8-20　冷却系统布置示意图(BF8L413F)

1-冷却风扇;2-风室;3-液力传动油冷却器;4-机油冷却器;5-汽缸盖;6-汽缸体;7-曲轴箱;8-油底壳

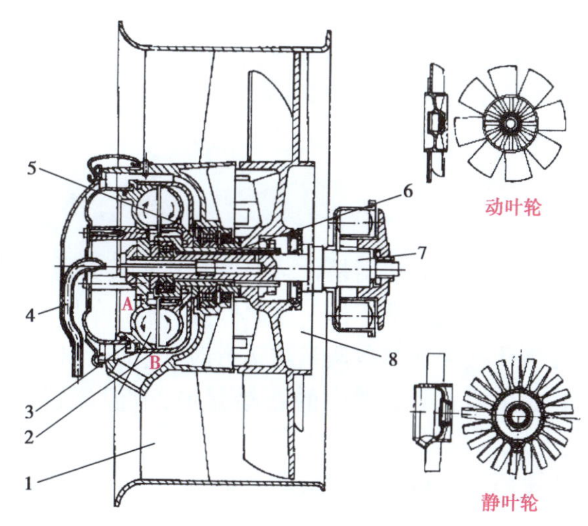

图8-21　轴流式风扇(BF8L413F)

1-风扇静叶轮;2-液力耦合器盖;3-液力耦合器泵轮;4-进油管;5-液力耦合器涡轮;6-从动轴;7-驱动轴;8-风扇动叶轮;A-进油孔;B-出油孔

风扇的传动如图8-22所示,由发动机功率输出端曲轴齿轮1经凸轮轴传动齿轮2、喷油泵传动齿轮3、增速齿轮4和5、连接轴6、一对变速齿轮7和8、胶辊联轴器9,最后传到液力耦合器11的泵轮,再由泵轮耦合到涡轮和风扇动叶轮10。

三、冷却强度的调节

为了保持风冷发动机在不同工况下都能在最适当的温度范围内正常工作，需对其冷却强度随时进行调节。一种能随负荷变化自动调节发动机冷却强度的系统如图 8-23 所示。

机油泵 2 将油底壳 1 内的机油泵入主油道 3，通过外接油管引入温控阀 5，再经温控阀出口引入液力耦合器 7。温控阀装在排气管上，直接感知排气温度的变化。

当负荷增加时，排气温度升高，温控阀开度增大，进入液力耦合器的油量增多，风扇转速增高，风量增加，冷却强度增强；反之，当负荷减小时，冷却强度随之减弱。自动调节系统能够根据发动机负荷的变化自动调节冷却风量，使柴油机始终保持在最佳的热状态。

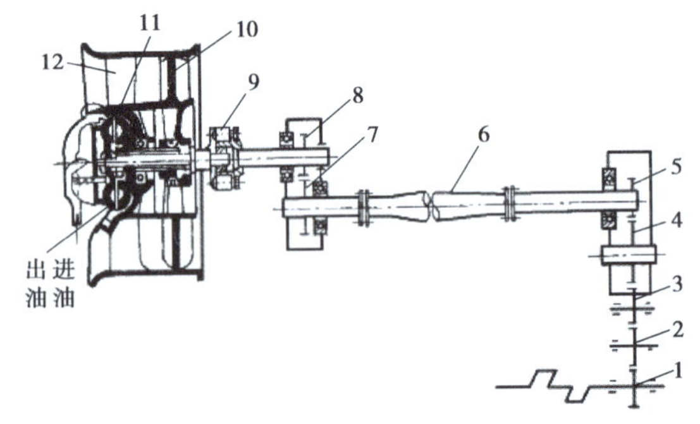

图 8-22　风扇的传动

1-曲轴齿轮；2-凸轮轴传动齿轮；3-喷油泵传动齿轮；4、5-增速齿轮；6-连接轴；7、8-变速齿轮；9-胶辊联轴器；10-动叶轮；11-液力耦合器；12-静叶轮

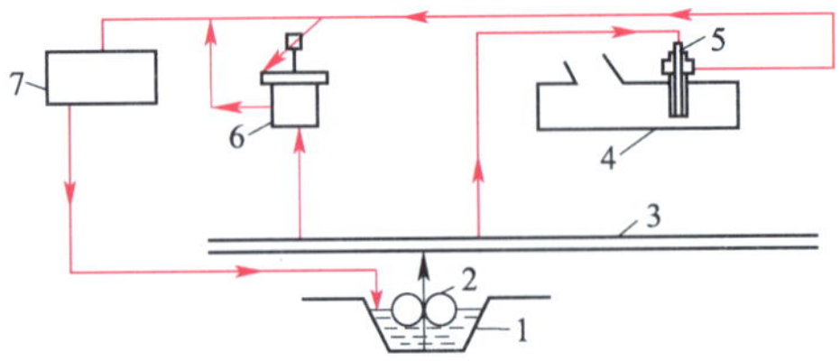

图 8-23　冷却强度自动调节系统示意图

1-油底壳；2-机油泵；3-主油道；4-排气管；5-温控阀；6-电磁阀；7-液力耦合器

思　考　题

1. 冷却系统的功用是什么？发动机的冷却强度为什么要调节？如何调节？

2. 若发动机正常工作一段时间后停机，冷却系统中的冷却液会发生什么现象？

3. 为什么在汽车空调系统运行时，电动风扇需连续不停地工作？

4. 如果蜡式节温器中的石蜡漏失，节温器将处于怎样的工作状态？发动机会出现什么故障？

5. 风冷发动机的冷却系统有何特点？其冷却强度如何调节？

第九章　发动机润滑系统

第一节　润滑系统的功用及组成

一、润滑系统的功用

发动机工作时，很多传动零件都是在很小的间隙下作高速相对运动的，如曲轴主轴颈与主轴承，曲柄销与连杆轴承，凸轮轴颈与凸轮轴承，活塞、活塞环与汽缸壁表面，配气机构各运动副及传动齿轮副等。尽管这些零件的工作表面都经过精细的加工，但放大来看这些表面却是凹凸不平的(图9-1)。若不对这些表面进行润滑，它们之间将发生强烈的摩擦。金属表面之间的干摩擦不仅增加发动机的功率消耗，加速零件工作表面的磨损，而且还可能由于摩擦产生的热将零件工作表面烧损，致使发动机无法运转。

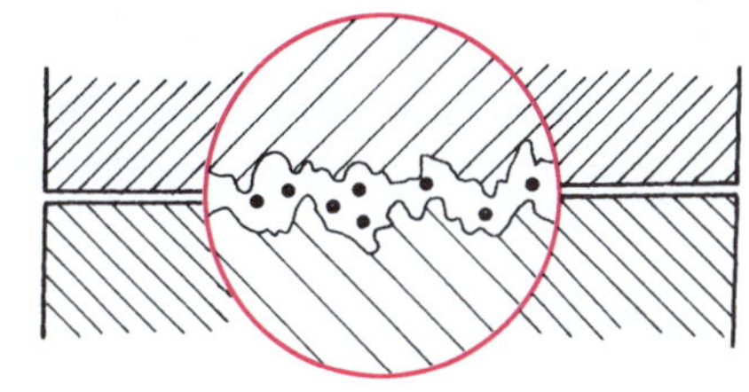

图9-1　干摩擦零件表面局部放大图

润滑系统的功用就是在发动机工作时连续不断地把数量足够、温度适当的洁净机油输送到全部传动件的摩擦表面，并在摩擦表面之间形成油膜，实现液体摩擦，从而减小摩擦阻力、降低功率消耗、减轻机件磨损，以达到提高发动机工作可靠性和耐久性的目的。

二、润滑方式

由于发动机传动件的工作条件不尽相同，因此，对负荷及相对运动速度不同的传动件采用不同的润滑方式。

(1)压力润滑。压力润滑是以一定的压力把机油供入摩擦表面的润滑方式。这种方式主要用于主轴承、连杆轴承及凸轮轴承等负荷较大的摩擦表面的润滑。

(2)飞溅润滑。利用发动机工作时运动件溅泼起来的油滴或油雾润滑摩擦表面的润滑方式，称飞溅润滑。该方式主要用来润滑负荷较轻的汽缸壁面和配气机构的凸轮、挺柱、气门杆以及摇臂等零件的工作表面。

(3)润滑脂润滑。通过润滑脂嘴定期加注润滑脂来润滑零件的工作表面，如水泵及发电机轴承等。

三、润滑系统的组成及油路

润滑系统由机油泵、机油滤清器、机油冷却器、集滤器等组成(图9-2)。此外，润滑系统还包括机油压力表、温度表和机油管道等。

现代汽车发动机润滑系统的油路大致相同。图 9-3 为马自达 6 轿车 L3 型发动机润滑系统。

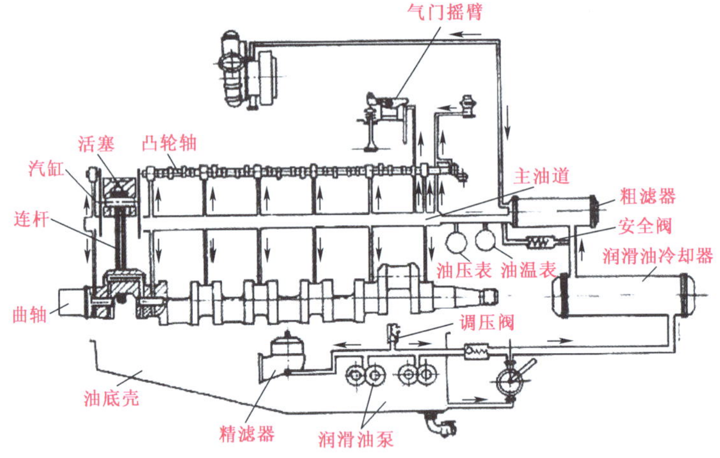

图 9-2 润滑系统油路组成及油路

图 9-3a）和图 9-3b）分别为润滑系统图和油路的方框图。在此系统中，曲轴的主轴颈与主轴承、曲柄销与连杆轴承、凸轮轴颈与凸轮轴承以及平衡轴的轴颈与轴承均采用压力润滑，其余部位则采用飞溅润滑或润滑脂润滑。此外，此润滑系统还向液压可变配气定时机构、传动链液压张紧器以及用来冷却活塞的喷油嘴供给机油。

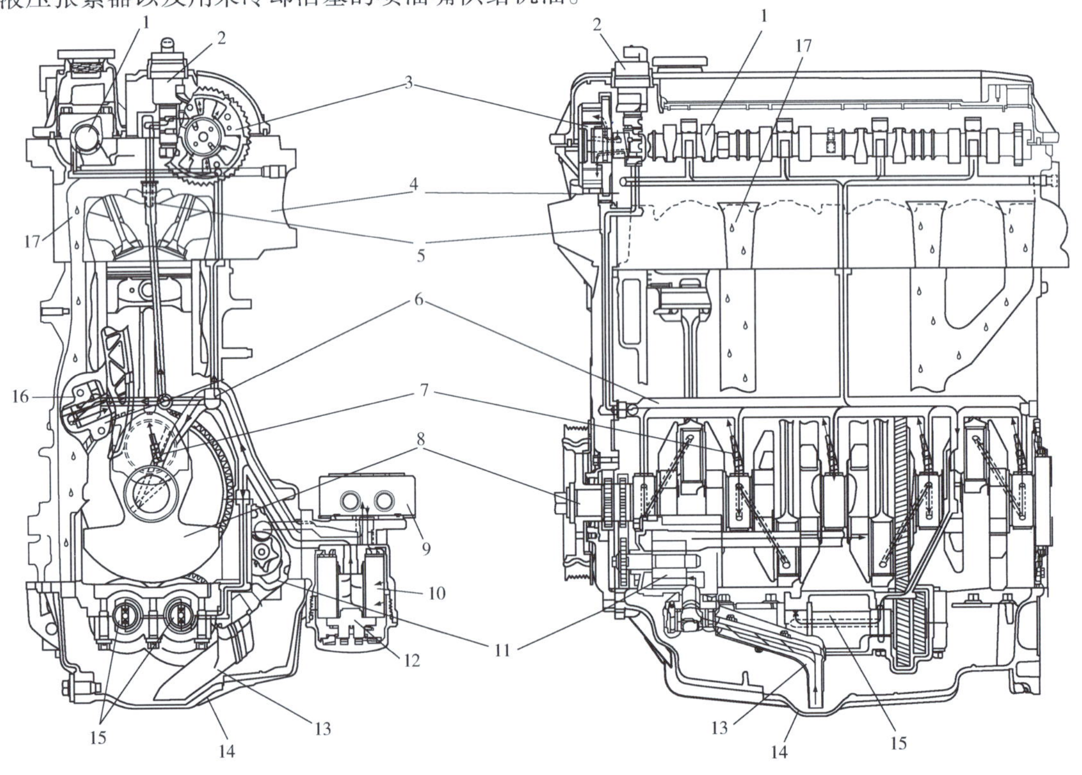

图 9-3

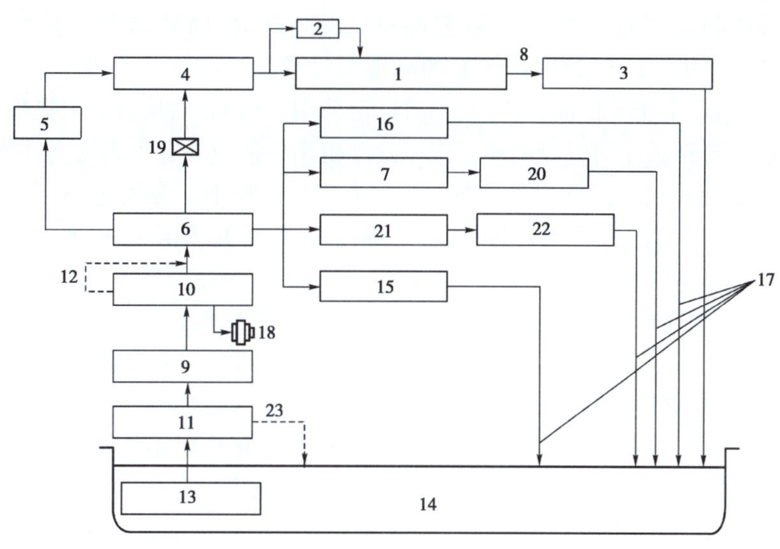

b)

图 9-3　马自达 L3 型发动机润滑系统

a)润滑系统示意图;b)润滑油路方框图

1-凸轮轴;2-机油控制阀;3-可变配气定时机构;4-汽缸盖;5-发动机前端盖内的机油过滤器;6-机体主油道;7-喷油嘴;8-曲轴;9-机油冷却器;10-机油滤清器;11-机油泵;12-机油滤清器旁通阀;13-集滤器;14-油底壳;15-平衡轴;16-传动链张紧器;17-回油;18-机油压力表;19-节流孔;20-活塞;21-主轴承;22-连杆轴承;23-机油泵安全阀

第二节　润　滑　剂

汽车发动机润滑剂包括机油和润滑脂两种。

一、机油的功用

循环在润滑系统中的机油有以下功用:

(1)润滑。机油在运动零件的所有摩擦表面之间形成连续的油膜,以减小零件之间的摩擦。

(2)冷却。机油在循环过程中流过零件工作表面,可以降低零件的温度。

(3)清洗。机油可以带走摩擦表面产生的金属碎末及冲洗掉沉积在汽缸、活塞、活塞环及其他零件上的积炭。

(4)密封。附着在汽缸壁、活塞及活塞环上的油膜,可起到密封防漏的作用。

(5)防锈。机油有防止零件发生锈蚀的作用。

二、机油的使用特性及机油添加剂

汽车发动机机油在润滑系统内循环流动,循环次数每小时可达 100 次,其工作条件十分恶劣。在循环过程中,机油与高温的金属壁面及空气频频接触,不断氧化变质。窜入曲轴箱内的燃油蒸汽、废气以及金属磨屑和积炭等,使机油受到严重污染。另外,机油的工作温度变化范围很大：在发动机起动时为环境温度；在发动机正常运转时，曲轴箱中机油的平均温度可达95℃或更高。同时，机油还与180～300℃的高温零件接触，因此，作为汽车发动机的机油，必须具备优良的耐高温性能。目前，汽车发动机广泛使用的机油，以从石油中提炼出来的润滑油为基础油，再加入各种添加剂混合而成。汽车发动机用机油应具有下列使用性能：

（1）适当的黏度。机油黏度对发动机的工作有很大的影响。黏度过小，在高温、高压下容易从摩擦表面流失，不能形成足够厚度的油膜；黏度过大，冷起动困难，机油不能被泵送到摩擦表面。

机油的黏度随温度而变化。温度升高，黏度减小；温度降低，黏度增大。为了使机油在较宽的温度范围内都有适当的黏度，必须在基础油中加入增稠剂。添加增稠剂之后，可以使机油在高温时保持足够的黏度，而在低温时黏度增加不多。

（2）优异的氧化安定性。氧化安定性是指机油抵抗氧化作用不使其性质发生永久变化的能力。当机油在使用与储存过程中与空气中的氧气接触而发生氧化作用时，机油的颜色变暗，黏度增加，酸性增大，并产生胶状沉积物。氧化变质的机油将腐蚀发动机零件，甚至破坏发动机的工作。

汽车发动机，尤其是高性能发动机的机油，经常在高温下与氧气接触，这就要求机油具有优异的热氧化安定性。为此，要在机油中添加氧化抑制剂。

（3）良好的防腐性。机油在使用过程中不可避免地被氧化而生成各种有机酸。这类酸性物质对金属零件有腐蚀作用，可能使铜铅和镉镍一类的轴承表面出现斑点、麻坑或使合金层剥落。

为提高机油的防腐性，除加深机油的精制程度外，还要在机油中加入防腐添加剂。

（4）较低的起泡性。由于机油在润滑系中快速循环和飞溅，必然会产生泡沫。如果泡沫太多，或泡沫不能迅速消除，将造成摩擦表面供油不足。控制泡沫生成的方法是：在机油中添加泡沫抑制剂。

（5）强烈的清净分散性。机油的清净分散性是指机油分散、疏松和移走附着在零件表面上的积炭和污垢的能力。为使机油具有清净分散性，必须加入清净分散添加剂。

（6）高度的极压性。在摩擦表面之间的油膜厚度小于0.3～0.4μm的润滑状态，称边界润滑。习惯上把高温、高压下的边界润滑，称为极压润滑。机油在极压条件下的抗摩性叫作极压性。现代汽车发动机的轴承及配气机构等零件的润滑，即为极压润滑。为了提高机油的极压性，避免在极压润滑的条件下机油被挤出摩擦表面，必须在机油中加入极压添加剂。极压添加剂与金属表面起化学反应，形成强韧的油膜，以提供对零件的极压保护。

三、机油的分类

国际上广泛采用美国SAE黏度分类法和API使用分类法，而且它们已被国际标准化组织（ISO）确认。

美国工程师学会（SAE）按照机油的黏度等级，把机油分为冬季用机油和非冬季用机油。冬季用机油有6种牌号：SAE0W、SAE5W、SAE10W、SAE15W、SAE20W和SAE25W。非冬季机油有4种牌号：SAE20、SAE30、SAE40和SAE50。号数较大的机油黏度较大，适于在较高的环境温度下使用。

上述牌号的机油只有单一的黏度等级，当使用这种机油时，汽车驾驶人需根据季节和气温的变化随时更换机油。目前使用的机油大多数具有多黏度等级，其牌号有 SAE5W—20、SAE10W—30、SAE15W—40、SAE20W—40 等。例如，SAE10W—30 在低温下使用时，其黏度与 SAE10W 一样；而在高温下，其黏度又与 SAE30 相同。因此，一种机油可以冬夏通用。

API 使用分类法是美国石油学会（API）根据机油的性能及其最适合的使用场合，把机油分为 S 系列和 C 系列两类。S 系列为汽油机油，目前有 SA、SB、SC、SD、SE、SF、SG 和 SH 8 个级别。C 系列为柴油机油，目前有 CA、CB、CC、CD 和 CE 5 个级别。级号越靠后，使用性能越好，适用的机型越新或强化程度越高。其中，SA、SB、SC 和 CA 等级别的机油，除非汽车制造厂特别推荐，否则将不再使用。

我国的机油分类法参照采用 ISO 分类方法。GB/T 7631. 3—1995 规定，按机油的性能和使用场合分为：

（1）汽油机油：SC、SD、SE、SF、SG、SH 等 6 个级别。

（2）柴油机油：CC、CD、CD—II、CE、CF—4 等 5 个级别。

（3）二冲程汽油机油：ERA、ERB、ERC 和 ERD 等 4 个级别。

每一种使用级别又有若干种单一黏度等级和多黏度等级的机油牌号。例如，CC 级机油有三个单一黏度等级和六个多黏度等级的机油牌号。它们分别是 30、40 和 50 号及 5W/30、5W/40、10W/30、10W/40、15W/40 和 20W/40。

我国机油使用分类与 API 使用分类的对应关系见表 9-1。

我国机油分类与 API 分类的对应关系　　表 9-1

我国的分类	API 分类	我国的分类	API 分类
SC≠SC		SF = SF	
SD≠SD		CC = CC	
SE = SE		CD = CD	

四、机油的选用

（1）根据汽车发动机的强化程度选用合适的机油使用级。汽油机的强化程度往往与生产年份有关。后生产的汽车比早年生产的汽车强化程度高，应选用使用级较高的机油。

柴油机的强化程度用强化系数 K 表示。强化系数按下式计算：

$$K = p_{me} c_{m} \tau$$

式中：p_{me}——平均有效压力（MPa）；

c_{m}——活塞平均速度（m/s）；

τ——冲程系数（四冲程 $\tau = 0.5$，二冲程 $\tau = 1$）。

$K \leqslant 50$ 时，选用 CC 级机油；$K > 50$ 时，应选用 CD 级机油。

（2）根据地区的季节气温选用适当黏度等级的机油。按当地的环境温度选用机油时，可参考图 9-4。

五、合成机油

合成机油是利用化学合成方法制成的润滑剂，其主要特点是有良好的黏度——温度特性，可以满足大温差的使用要求；有优良的热氧化安定性，可长期使用不需更换。使用合成机油，发动机的燃油经济性会稍有改善，并可降低发动机的冷起动转速。目前，合成机油的价格比从石油提炼出来的机油贵。但是，随着生产规模的扩大和制造工艺的改进，合成机油的价格将会越来越便宜。未来将是合成机油的时代。

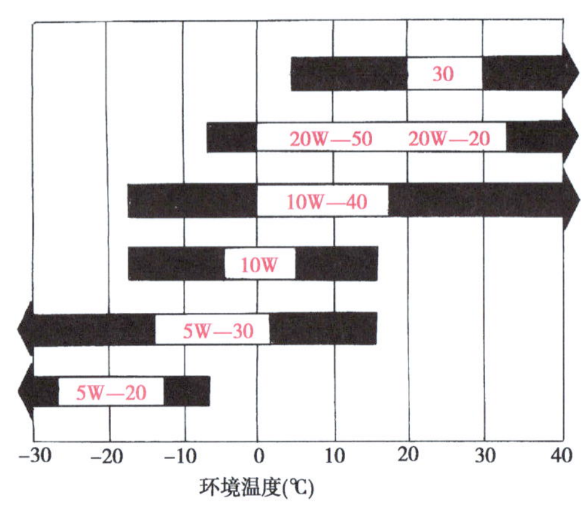

图 9-4 按当地环境温度选择润滑油

六、润滑脂

润滑脂是将稠化剂掺入液体润滑剂中所制成的一种稳定的固体或半固体产品，其中可以加入旨在改善润滑脂某种特性的添加剂。

润滑脂在常温下可附着于垂直表面而不流淌，并能在敞开或密封不良的摩擦部位工作，具有其他润滑剂所不能代替的特点。因此，在汽车的许多部位都使用润滑脂润滑。

目前，进口汽车和国产新车普遍推荐使用汽车通用锂基润滑脂（GB/T 5671—1985）。这种润滑脂具有良好的高低温适应性，可在 -30 ~ 120℃的宽阔温度范围内使用；具有良好的抗水性和防锈性能，可用于潮湿和与水接触的摩擦部位；具有良好的安定性和润滑性，在高速运转的机械部位使用，不变质、不流失，保证润滑。它能够满足我国从哈尔滨到海南岛广大地区汽车的使用要求，与使用钙基或复合钙基润滑脂比较，可以延长换油期 2 倍，使润滑和维护费下降 40% 以上。

第三节 润滑系统主要部件的构造

一、机油泵

机油泵的功用是保证机油在润滑系统内循环流动，并在发动机任何转速下都能以足够高的压力向润滑部位输送足够数量的机油。

机油泵结构形式可分为齿轮式和转子式两类。齿轮式机油泵又分内接齿轮式和外接齿轮式，一般把后者称为齿轮式机油泵。

1. 齿轮式机油泵

齿轮式机油泵的工作原理如图 9-5 所示。在机油泵体 6 内装有一对外啮合齿轮 2 和 5，齿轮的端面由机油泵盖封闭。泵体、泵盖和齿轮的各个齿槽组成工作腔。当齿轮按图示方向旋转时，进油腔 1 的容积由于轮齿逐渐脱离啮合而增大，腔内产生一定的真空，机油从油底壳经进油口被吸入进油腔，随后又被轮齿带到出油腔。出油腔 3 的容积由于轮齿逐渐进入啮合而减小，使机油压力升高，机油经出油口被压入发动机机体上的机油道。在发动机工作时，机油泵齿轮不停地旋转，机油便连续不断地流入机油道，经过滤清之后被送到各润滑部位。

当轮齿进入啮合时，封闭在轮齿径向间隙内的机油，压力急剧升高，使齿轮受到很大的推力，并使机油泵轴衬套的磨损加剧。如能将径向间隙内的机油及时引出，油压自然降低。

为此，特在泵盖上加工一道卸压槽4，使轮齿径向间隙内被挤压的机油通过卸压槽流入出油腔。

齿轮式机油泵的典型结构如图9-6所示。进油口A经进油管与集滤器相连，出油口B经与机体上的油道及机油滤清器相通，管接头10经油管与机油细滤器连接。

在机油泵体4上装有主动齿轮轴1，主动齿轮轴上端通过连轴套2与机油泵传动轴连接，下端则用半圆键6与主动齿轮5装配在一起。从动齿轮16滑套在从动齿轮轴15上，从动齿轮轴压入泵体内。

机油泵的使用性能取决于齿轮与泵体的配合间隙。齿轮与泵体的径向间隙一般不超过0.20mm，齿轮端面间隙不超过0.05～0.20mm。间隙过大，机油压力降低，泵油量减少。

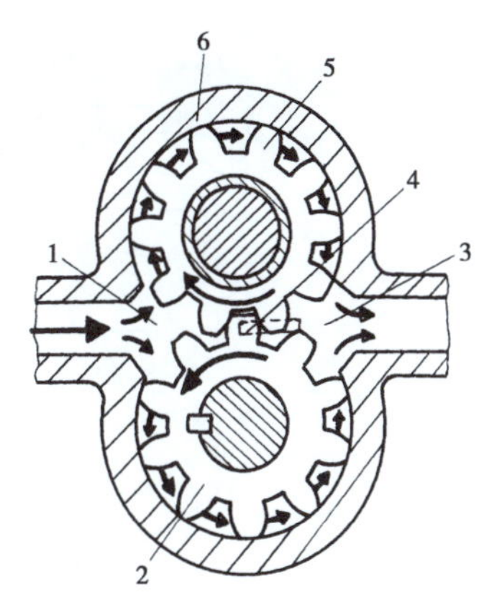

图9-5　齿轮式机油泵工作原理示意图

1-进油腔；2-机油泵主动齿轮；3-出油腔；4-卸压槽；5-机油泵从动齿轮；6-机油泵体

在泵体与泵盖之间有衬垫，既可以防止漏油，又可以用来调整齿轮的端面间隙。

齿轮式机油泵由曲轴或凸轮轴经中间传动机构驱动。汽油机的齿轮式机油泵典型的传动方式是机油泵与分电器由凸轮轴或中间轴上的曲线齿齿轮经同一个传动轴驱动（图9-7）。

齿轮式机油泵的优点是效率高、功率损失小、工作可靠；缺点是需要中间传动机构，制造成本相应较高。国产桑塔纳、捷达和奥迪等轿车都采用齿轮泵。

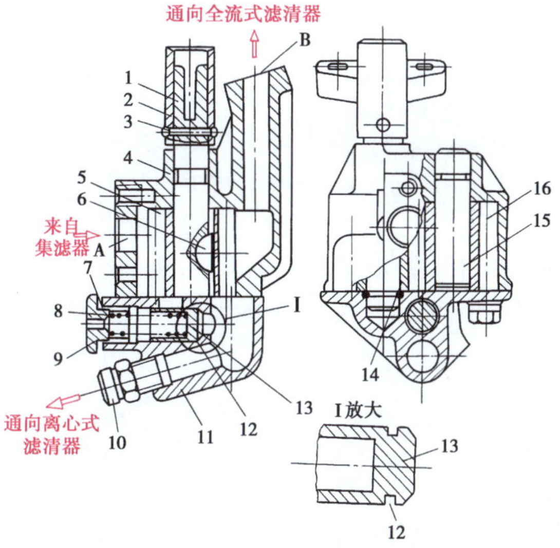

图9-6　齿轮式机油泵结构（东风EQ6100—1型发动机）

1-主动齿轮轴；2-连轴套；3-铆钉；4-机油泵体；5-主动齿轮；6-半圆键；7-垫片；8-限压阀弹簧；9-螺塞；10-管接头；11-机油泵盖；12-集垢槽；13-柱塞式限压阀；14-挡圈；15-从动齿轮轴；16-从动齿轮；A-进油口；B-出油口

2. 内接齿轮式机油泵

内啮合齿轮式机油泵也称内接齿轮泵，其工作原理与外啮合齿轮式机油泵或齿轮式机油泵相同。

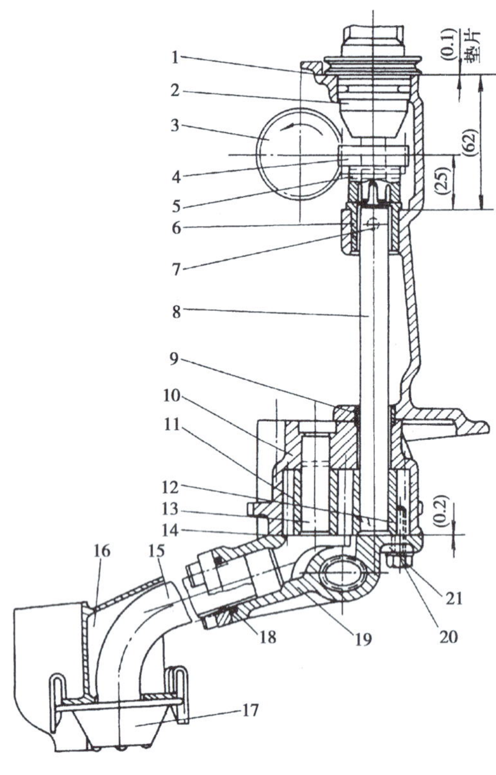

图 9-7　齿轮式机油泵的传动(桑塔纳轿车)

1-密封衬垫;2-分电器轴;3-中间轴曲线齿齿轮;4-分电器轴从动齿轮;5-定位销;6-机油泵主动轴衬套;7-定位销孔;8-机油泵主动轴;9-定位套;10-机油泵体;11-机油泵从动齿轮;12-机油泵主动齿轮;13-从动齿轮轴;14-衬垫;15-进油管;16-支架;17-集滤器;18-O 形圈;19-机油泵盖;20-螺栓;21-垫圈

内接齿轮泵的结构如图 9-8 所示。其外齿轮是主动齿轮,套在曲轴前端,通过花键由曲轴直接驱动。内接齿轮是从动齿轮,装在机油泵体内,泵体固定在机体前端。

因为内接齿轮泵由曲轴直接驱动,无需中间传动机构,所以零件数量少,制造成本低,占用空间小,使用范围广。但是这种机油泵在内、外齿轮之间有一处无用的空间,使机油泵的泵油效率降低。另外,如果曲轴前端轴颈太粗,机油泵外形尺寸随之增大,发动机驱动机油泵的功率损失也相应有所增加。

3. 转子式机油泵

转子式机油泵主要由内、外转子,机油泵体及机油泵盖等零件组成(图 9-9)。内转子固定在机油泵传动轴上,外转子自由地安装在泵体内,并与内转子啮合转动。内、外转子之间有一定的偏心距。一般转子式机油泵的内转子有四个或四个以上的凸齿,外转子的凹齿数比内转子的凸齿数多一个。转子的外廓形状曲线为次摆线。

转子式机油泵的工作原理如图 9-10 所示。当机油泵工作时,主动轴带动内转子旋转,内转子则带动外转子朝同一方向转动。由于内、外转子工作面的轮廓是一对共轭曲线,因此可以保证两个转子相互啮合时既不干涉也不脱离。内、外转子间的接触点将外转子的内腔分成四个工作腔。当某一工作腔转过进油口时,容积增大,产生真空,机油经进油口被吸入工作腔内。当该工作腔转过出油口时,容积减小,油压升高,机油经出油口被压出。

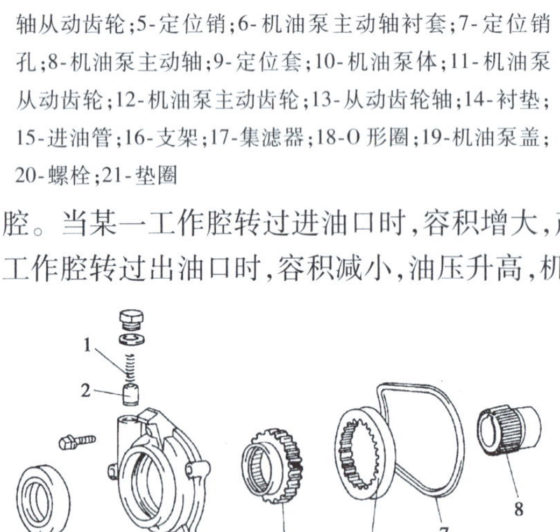

图 9-8　内接齿轮式机油泵(丰田汽车)

1-安全阀弹簧;2-安全阀柱塞;3-曲轴前油封;4-机油泵体;5-主动外齿轮;6-从动内齿轮;7-O 形圈;8-花键套

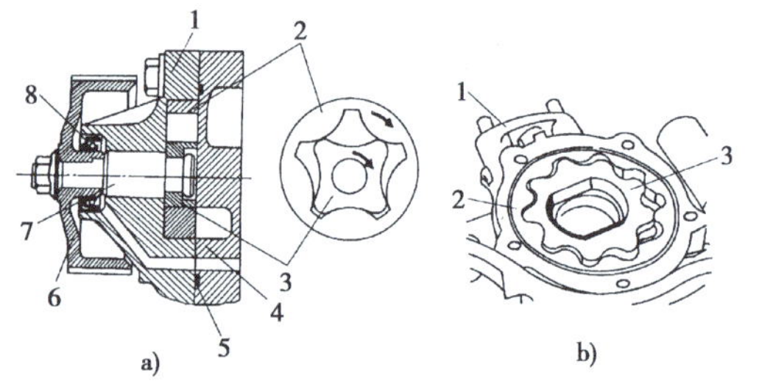

图 9-9　转子式机油泵

a) 克莱斯勒汽车;b) 本田汽车

1-机油泵体;2-外转子;3-内转子;4-机油泵盖;5-密封圈;6-传动带轮;7-机油泵轴;8-油封

转子式机油泵的优点是:结构紧凑、供油量大、供油均匀、噪声小,吸油真空度较高。因此,当机油泵安装在曲轴箱以外或安装位置较高时,采用转子式机油泵比较合适。其缺点是:内、外转子啮合表面的滑动阻力比齿轮泵大,因此,功率消耗较大。

4. 安全阀

机油泵必须在发动机各种转速下都能供给足够数量的机油,以维持足够的机油压力,保证发动机的润滑。机油泵的供油量与其转速有关,而机油泵的转速又与发动机转速成正比。因此,在设计机油泵时,都是使其在低速时有足够大的供油量。但是,在高速时机油泵的供油量明显偏大,机油压力也显著偏高。另外,在发动机冷起动时,机油黏度大,流动性差,机油压力也会大幅度升高。为了防止油压过高,在润滑油路中设置安全阀或限压阀。一般安全阀装在机油泵或机体的主油道上。当安全阀安装在机油泵上时(图 9-6),如果油压达到规定值,安全阀开启,多余的机油返回机油泵进口。如果安全阀安装在主油道上,则当油压达到规定值时,多余的机油经过安全阀流回油底壳。

二、机油滤清器

机油滤清器的功用是滤除机油中的金属磨屑、机械杂质和机油氧化物。如果这些杂质随同机油进入润滑系统,将加剧发动机零件的磨损,还可能堵塞油管或油道。

机油滤清的方式有两种:全流式和分流式。全流式机油滤清器串联于机油泵和主油道之间,因此全部机油都经过它滤清(图 9-11a)。目前在轿车上普遍采用全流式机油滤清器。在货车特别是重型货车上一般采用粗、细双级滤清器。其中,机油粗滤器与主油道串联,而分流式机油细滤器则与主油道并联,经过粗滤器的机油进入主油道,而流过细滤器的机油直接返回油底壳(图 9-11b)。粗滤器滤除机油中粒径为 0.05mm 以上的杂质,细滤器则用来滤除粒径为 0.001mm 以上的细小杂质。

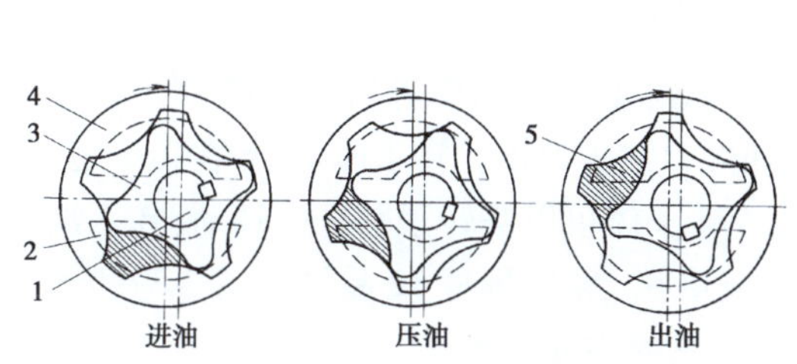

图 9-10　转子式机油泵工作原理

1-机油泵传动轴;2-进油口;3-内转子;4-外转子;5-出油口

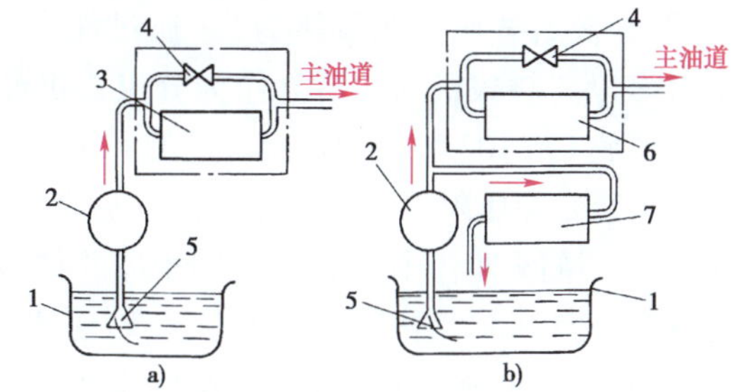

图 9-11　两种机油滤清方式

a)全流式;b)分流式

1-油底壳;2-机油泵;3-全流式机油滤清器;4-旁通阀;5-集滤器;6-机油粗滤器;7-分流式机油细滤器

1. 全流式机油滤清器

现代汽车发动机所采用的全流式滤清器多为过滤式,其构造如图 9-12 所示。纸滤芯 6 装在滤清器外壳 5 内,滤清器出油口 1 是螺纹孔,借此螺纹孔把滤清器拧在机体上的螺纹接头上,螺纹接头与机体主油道相通。在机体安装平面与滤清器之间用密封圈 4 密封。机油从纸滤芯的外围进入滤清器中心,然后经出油口流进机体主油道。机油流过滤芯时杂质被截留在滤芯上。

如果滤清器使用时间达到了更换周期，就把整个滤清器拆下扔掉换上新滤清器。如果滤清器在使用期内滤芯被杂质严重堵塞，机油不能通过滤芯，则滤清器进油口油压升高。当油压达到规定值时，滤清器中的旁通阀片9开启，机油不通过滤芯经旁通阀直接进入机体主油道。虽然这时机油未经滤清便输送到各润滑表面，但是这总比发动机断油不能润滑要好得多。

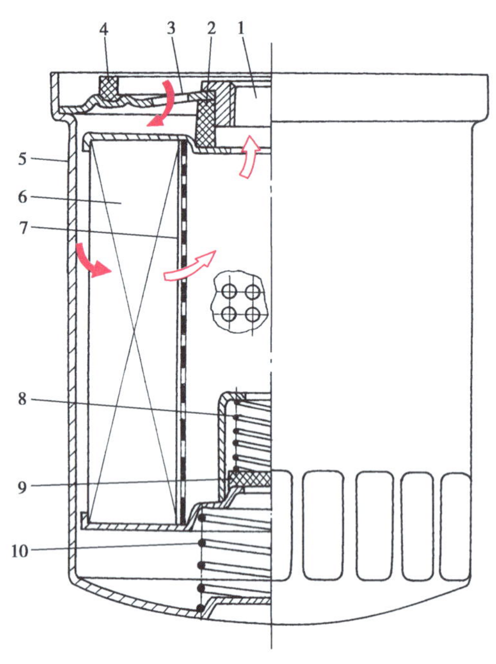

图9-12　全流式机油滤清器

1-出油口；2、4-密封圈；3-进油口；5-滤清器外壳；6-纸滤芯；7-滤芯衬网；8-旁通阀弹簧；9-旁通阀片；10-弹簧

有些发动机的机油滤清器除设置旁通阀之外还加装止回阀。当发动机停机后，止回阀将滤清器的进油口关闭，防止机油从滤清器流回油底壳。在这种情况下，当重新起动发动机时，润滑系能迅速建立起油压，从而可以减轻由于起动时供油不足而引起的零件磨损。

纸滤芯由经过酚醛树脂处理的微孔滤纸制造，这种滤纸具有较高的强度，较好的抗腐蚀性和抗湿性。纸滤芯则具有质量轻、体积小、结构简单、滤清效果好、阻力小和成本低等优点，因而它得到了广泛的应用。

机油滤清器的滤芯还可以采用其他纤维滤清材料制作。

2. 分流式机油细滤器

分流式机油细滤器有过滤式和离心式两种类型。过滤式存在着滤清能力与通过能力的矛盾，而离心式则有滤清能力高，通过能力大，且不受沉淀物影响等优点。因此，汽车用发动机多以离心式机油滤清器作为分流式机油细滤器。

解放CA6102型发动机所采用的FL100型离心式机油滤清器的构造如图9-13所示。在底座4上装有低压限压阀1和转子轴9，后者用转子轴推力片2锁止。转子体15套在转子轴上，在其上下镶嵌两个衬套，以限定转子体的径向位置。转子体可以绕转子轴自由转动，其下端装有两个径向对称水平安装的喷嘴3。转子体外罩导流罩8。紧固螺母12将转子罩7与转子体紧固在一起，形成一个空腔。用冕形螺母14将外罩6紧固在底座上。

发动机工作时，从机油泵来的机油进入进油孔D，若油压低于0.147MPa，进油限压阀1不开启，机油全部进入主油道，保证发动机可靠润滑，若油压超过0.147MPa，进油限压阀开启，机油沿转子轴9的中心油孔，经转子轴油孔B、转子体进油孔C和导流罩油孔A流入转子罩7的内腔，再经导流罩8的引导从两个喷嘴3向着完全相反的方向喷出，转子体在喷射反作用力的推动下高速旋转。当油压为0.3MPa时，转子体的转速可高达5000～6000r/min。机油中的杂质在离心力的作用下被甩向转子罩的内壁，洁净的机油不断从喷嘴喷出，并经出油口流回油底壳。

当机油从喷嘴高速喷出时，将与空气强烈混合并形成泡沫，这将加快机油氧化变质的速度。一种利用偏心设置转子的进油孔和出油孔以获得驱动转子旋转力矩的无喷嘴离心式机油滤清器(图 9-14),可以减轻机油的泡沫化。

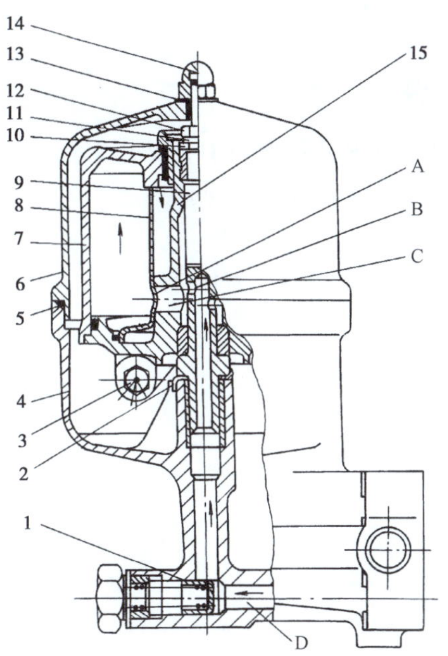

图 9-13　F L100 型离心式机油滤清器

1-进油限压阀;2-转子轴推力片;3-喷嘴;4-底座;5-密封圈;6-外罩;7-转子罩;8-导流罩;9-转子轴;10-推力垫片;11-垫圈;12-紧固螺母;13-垫圈;14-冕形螺母;15-转子体;A-导流罩油孔;B-转子轴油孔;C-转子体进油孔;D-滤清器进油孔

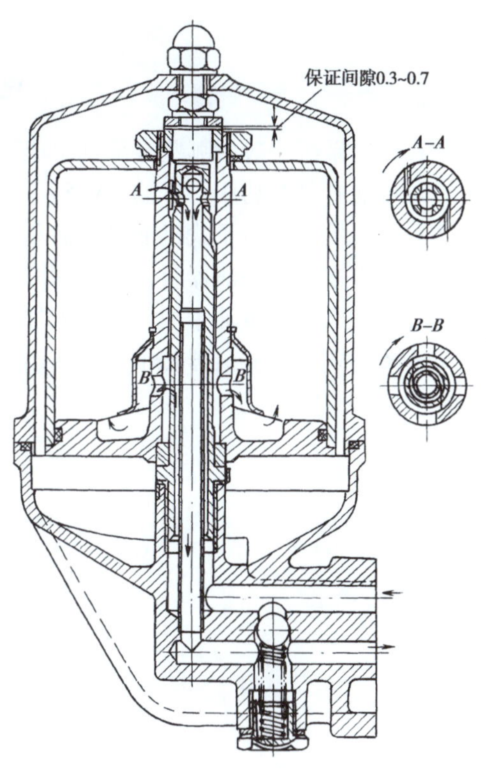

图 9-14　无喷嘴离心式机油滤清器

第四节　机油冷却器

滤芯在高性能大功率的强化发动机上,由于热负荷大,必须装设机油冷却器。机油冷却器布置在润滑油路中,其工作原理与散热器相同。

发动机机油冷却器分为风冷式和水冷式两类。风冷式机油冷却器很像一个小型散热器,利用汽车行驶时的迎面风对机油进行冷却。这种机油冷却器散热能力大,多用于赛车及热负荷大的增压汽车上。但是风冷式机油冷却器在发动机起动后需要很长的暖机时间才能使机油达到正常的工作温度,所以普通轿车上很少采用。

水冷式机油冷却器外形尺寸小,布置方便,且不会使机油冷却过度,机油温度稳定,因而在轿车上应用较广。图 9-15 所示为布置在机油滤清器上的水冷式机油冷却器的实例。机油经滤清器滤清之后直接进入冷却器,机油在冷却器芯内流动,从散热器出水

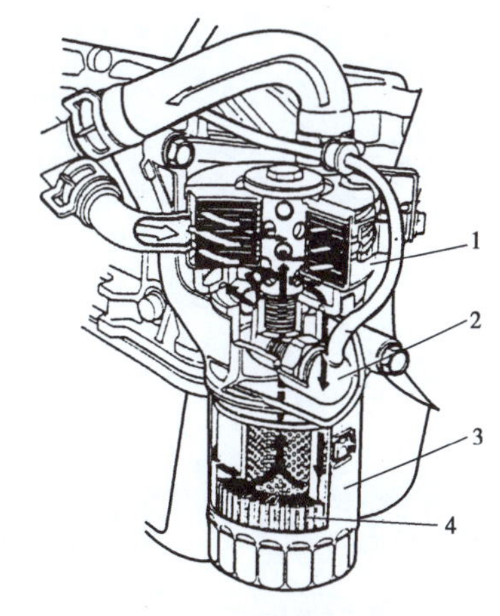

图 9-15　水冷式机油冷却器

1-机油冷却器;2-机油压力开关;3、4-机油滤清器

管引来的冷却液在冷却器芯外流过。两种流体在冷却器内进行热交换，使高温机油得以冷却降温。

思　考　题

1. 润滑系统一般由哪些零部件组成？安全阀、旁通阀和止回阀各有何功用？
2. 机油有哪些功用？机油 SAE5W—40 和 SAE10W—30 有什么不同？
3. 凸齿较多的转子式机油泵有何利弊？
4. 采用双机油滤清器时，它们是并联还是串联于润滑油路中？为什么？
5. 为什么要在机油中加入各种添加剂？
6. 离心式机油滤清器转子的旋转运动是怎样产生的？

第十章 发动机点火系统

第一节 概 述

一、点火系统的功用

汽油发动机汽缸内燃料与空气的混合气(可燃混合气),在压缩行程终了时采用高压电火花点火。为了在汽缸中定时地产生高压电火花,汽油发动机设置了专门的点火装置,称为发动机点火系统。

点火系统的基本功用是在发动机各种工况和使用条件下,在汽缸内适时、准确、可靠地产生电火花,以点燃可燃混合气,使发动机作功。

二、点火系统的类型

发动机点火系统的分类方法很多,按其组成和产生高压电方式的不同可分为传统蓄电池点火系统、电子点火系统(包括有触点及无触点)、微机控制点火系统(包括有分电器及无分电器)和磁电机点火系统。按照蓄能方式的不同可分为电感蓄能式点火系统及电容储能式点火系统。按每缸火花塞数目的不同分为双火花塞点火系统及单火花塞点火系统。按点火开关启动方式的不同分为钥匙启动式点火系统和无钥匙点火系统(包括指纹识别式和普通按钮或旋钮式点火系统)。

1. 传统点火系统

以蓄电池和发电机为电源,借点火线圈和断电器的作用,将电源提供的6V、12V或24V的低压直流电转变为高压电,再通过分电器分配到各缸火花塞,使火花塞两电极之间产生电火花,点燃可燃混合气。传统蓄电池点火系统由于存在产生的高压电比较低,高速时工作不可靠,使用过程中需经常检查和维护等缺点,目前正在逐渐被电子点火系统和微机控制点火系统所取代。

2. 电子点火系统

以蓄电池和发电机为电源,借点火线圈和由半导体器件(晶体三极管)组成的点火控制器将电源提供的低压电转变为高压电,再通过分电器分配到各缸火花塞,使火花塞两电极之间产生电火花,点燃可燃混合气。它根据点火信号产生方式的不同分为触点式和无触点式。与传统蓄电池点火系统相比,电子点火系统具有点火可靠、使用方便等优点,在一定时期内,代替传统点火系在国内外汽车上得到了广泛采用。

3. 微型计算机控制点火系统

又称数字式点火系统。与上述两种点火系统相同,也以蓄电池和发电机为电源,借点火线圈将电源的低压电转变为高压电，再由分电器将高压电分送到各缸火花塞，并由微型计算机控制系统根据各种传感器提供的反映发动机工况的信息，发出点火控制信号，控制点火时刻，点燃可燃混合气。它还可以取消分电器，由微型计算机控制系统直接将高压电分配给各缸。微型计算机控制点火系统是目前最新型的点火系统，已广泛应用于各种各类汽车上。

4. 磁电机点火系统

由磁电机本身直接产生高压电，不需另设低压电源。与传统蓄电池点火系统相比，磁电机点火系统在发动机中、高转速范围内，产生的高压电较高，工作可靠。但在发动机低转速时，产生的高压电较低，不利于发动机起动。因此，磁电机点火系统多用于主要在高速、满负荷下工作的赛车发动机，以及某些不带蓄电池的摩托车发动机和大功率柴油机的发动机上。

5. 电感蓄能式点火系统

点火系统产生高压前以点火线圈建立磁场能量的方式储存点火能量。目前汽车使用的绝大部分点火系统为电感储能式。

6. 电容储能式点火系统

点火系统产生高压前，先从电源获取能量以蓄能电容建立电场能量的方式储存点火能量。多应用于高转速发动机上，如赛车。

7. 单火花塞点火系统

每个汽缸上安置一个火花塞的点火方式，由于布局简单，目前广泛应用。

8. 双火花塞点火系统

即在 1 个汽缸上安装 2 个火花塞，分别设在进气侧（称前火花塞）和排气侧（后火花塞），这两个火花塞与燃烧室中心的距离相等。双火花塞点火系统具有点火可靠性高、火焰传播速度快、发动机热效率高、排放性能好等优点，目前在稀燃发动机和二冲程发动机上有较多应用。

9. 钥匙启动式点火系统

用钥匙作为点火起动开关，将点火钥匙插入并旋转至 START 挡位，汽车便可成功起动。

10. 无钥匙点火系统

发动机起动时，无需插车钥匙，直接按压点火按钮或拧动点火旋钮即可起动汽车。

11. 指纹识别式点火系统

借助于指纹识别系统（Automatic Fingerprint Identification System，简称 AFIS），根据活体人体生物特征中的指纹来控制汽车点火系统的开启和关闭。在原有开关上嵌入指纹模块，起动时只需要输入指纹即可成功点火，无需钥匙。

三、点火系统的基本要求

点火系统应在发动机各种工况和使用条件下保证可靠而准确地点火。为此点火系统应满足以下基本要求：

1. 能产生足以击穿火花塞两电极间隙的电压

使火花塞两电极之间的间隙击穿而产生电火花所需要的电压，称为火花塞击穿电压。火花塞击穿电压的大小与电极之间的距离（火花塞间隙）及形状、汽缸内的压力和温度、电极的温度、发动机的工作状况等因素有关。

电极间隙越大，电极周围气体中的电子和离子距离越大，受电场力的作用越小，越不易发生碰撞电离，因此要求有更高的击穿电压方能点火。

电极的形状对火花塞击穿电压也有一定的影响，在电极间隙相同的情况下，电极尖端棱角越分明，所需的击穿电压越低。

汽缸内的压力越大或者温度越低，则汽缸内可燃混合气的密度越大，单位体积中的气体分子的数量越多，离子自由运动的距离越小，越不易发生碰撞电离。只有提高加在电极上的电压，增大作用于离子上的电场力，使离子的运动加速才能发生离子间的碰撞电离，使火花塞电极间隙击穿。因此汽缸内的压力越大或者温度越低，所要求的火花塞击穿电压越高。

电极的温度对火花塞击穿电压也有影响。电极的温度越高，包围在电极周围的气体的密度越小，越容易发生碰撞电离，所需的火花塞击穿电压越小。实践证明，当火花塞的电极温度超过混合气的温度时，击穿电压可降低30% ~50%。

发动机工况不同时，火花塞的击穿电压将随发动机的转速、负荷、压缩比、点火提前角以及混合气浓度的变化而变化。

起动时的击穿电压最高，因为汽缸壁、活塞及火花塞的电极都处于冷态，吸入的混合气温度低、雾化不良。压缩时混合气的温度升高不大，加之火花塞电极间可能积有汽油或机油，因此所需击穿电压最高。此外，汽车加速时，由于大量冷的混合气被突然吸入汽缸内，也需要较高的电压。试验表明，发动机正常运行时，火花塞的击穿电压为7 ~8kV，冷发动机起动时约达19kV。为了使发动机在各种不同的工况下均能可靠地点火，要求火花塞击穿电压应达到15 ~20kV。

2. 电火花应具有足够的点火能量

为使混合气可靠点燃，火花塞产生的火花应具备一定的能量。发动机工作时，由于混合气压缩时的温度接近自燃温度，因此所需的火花能量较小（1 ~5mJ），传统点火系统能发出15 ~50mJ的火花能量，足以点燃混合气。但在起动、怠速以及突然加速时需较高的点火能量。为保证可靠点火，一般应保证50 ~80mJ的点火能量，起动时应能产生大于100mJ的点火能量。

3. 点火时刻应与发动机的工作状况相适应

首先发动机的点火时刻应满足发动机工作循环的要求；其次可燃混合气在发动机的汽缸内从开始点火到完全燃烧需要一定的时间（千分之几秒），所以要使发动机产生最大的功率，就不应在压缩行程终了（上止点）点火，而应适当地提前一个角度。这样当活塞到达上止点时，混合气已经接近充分燃烧，发动机才能发出最大功率。现代车用汽油机，转速高达6000 ~8000r/min，负荷变化范围广，压缩比增加，排放性能要求高，采用废气再循环和燃用稀混合气，都给汽油机的可靠点燃带来新的困难。要求汽油机点火系统在任何复杂的工况下都能以最佳的点火提前角准时点火。

4. 持久耐用

随着发动机高转速、高负荷的发展，点火系统点火重复性增大，这就要求其持久耐用，以保证发动机正常工作。

四、点火系统的特点

汽车发动机的点火系统与汽车上其他电气设备一样，采用单线制连接，即电源的一个电极用导线与各用电设备相连，而另一个电极则通过发动机机体、汽车车架和车身等金属构件与各用电设备相连，称为搭铁，其性质相当于一般电路中的接地。搭铁的电极可以是正极也可以是负极。

因为热的金属表面比冷的金属表面容易发射电子，发动机工作时，火花塞的中心电极较侧电极温度高，因而电子容易从中心电极向侧电极发射，使火花塞间隙处离子化程度高，火花塞间隙容易被击穿，击穿电压可降低 15% ~20%。因此，无论整车电系统采用正极搭铁还是负极搭铁，点火线圈的内部连接或外部接线，均应保证点火瞬间火花塞中心电极为负极，即火花塞电流应从火花塞的侧电极流向中心电极。

国内外早期生产的汽车曾采用正极搭铁，由于汽车电子设备的广泛应用，目前大多数汽车都改为负极搭铁。

五、点火系统的发展趋势

(1)电子点火系统将全面取代传统点火系统，并向计算机控制点火系、无分电器点火系方向发展。

(2)面对越来越多的大功率大排量的豪华型汽车的问世，发动机的结构越来越紧凑，热负荷也越来越大，火花塞等点火元器件向小型化发展。

(3)微型计算机控制点火系统不断改进与完善。由于闭环控制点火系统借助于爆震传感器，可使点火提前角控制在刚好不发生爆震的临界状态，提高了发动机的燃油经济性及动力性，进而成为发展主流。

(4)针对电喷技术以及代用燃料、稀混合气和无铅汽油等新技术的应用，日益广泛采用高能点火线圈、电子点火器、多极火花塞、双火花塞等措施提高点火能量。

(5)36/42V 高功率蓄电池将逐渐取代 12/14V 蓄电池，起动/发电一体机将被采用。

(6)随着计算机及电子技术的发展，点火系统的智能化技术将不断提高，例如指纹点火系统及无钥匙点火系统的应用等。

第二节　传统点火系统组成与工作原理

一、传统点火系统的组成

传统点火系统的组成如图 10-1 所示，主要由电源(蓄电池 11 和发电机)、点火开关 1、点火线圈 2、电容器 3、断电器 4、配电器 5、火花塞 6、阻尼电阻 7 和高压导线 8 等组成。

1. 点火开关

用以控制仪表电路、点火系统初级电路以及起动机继电器电路的开与闭。有钥匙常规启动及一键启动两种形式。钥匙开关通常按接线柱的数目分为两接线柱式、三接线柱式和四接线柱式等，目前国内常用三接线柱式和四接线柱式。

2. 点火线圈

相当于自耦变压器，由于初级线圈与次级线圈的匝数比大，可将电源供给的 12V、24V 或 6V 的低压直流电转变为 15 ~20kV 的高压直流电。传统点火系各缸共用一个点火线圈，它主要由初级绕组 6、次级绕组 5、铁芯 7 等组成，如图 10-2 所示。独立点火方式的无分电器微机控制点火系统将点火线圈直接安装在火花塞上，取消了高压线，每缸对应一个点火线圈。同时，点火方式的无分电器微机控制点火系统利用一个点火线圈对两个缸进行配电，点火线圈数目为缸数的一半。

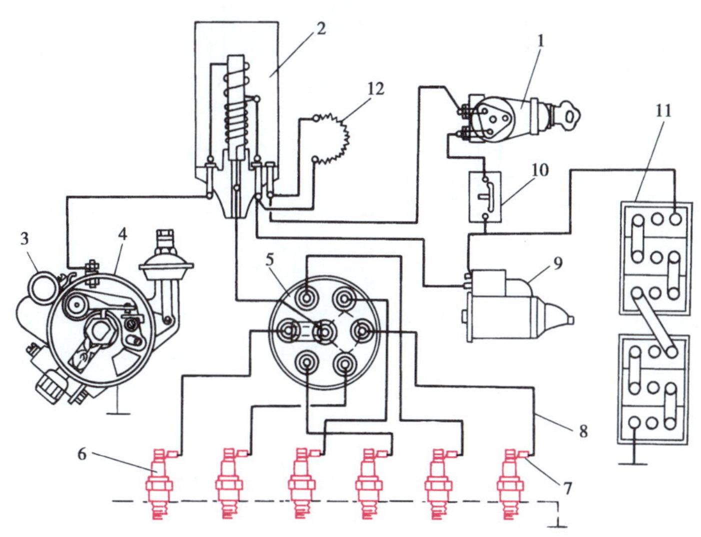

图 10-1　传统点火系统的组成

1-点火开关；2-点火线圈；3-电容器；4-断电器；5-配电器；6-火花塞；7-阻尼电阻；8-高压导线；9-起动机；10-电流表；11-蓄电池；12-附加电阻

3. 分电器

由断电器、配电器、电容器和点火提前调节装置等组成。它用来在发动机工作时接通与切断点火系统的初级电路，使点火线圈的次级绕组中产生高压电，并按发动机要求的点火时刻与点火顺序，将点火线圈产生的高压电分配到相应汽缸的火花塞上。

4. 断电器

主要由断电器凸轮 9（图 10-2）、触点 10、活动触点臂 11 等组成。断电器凸轮由发动机凸轮轴驱动，并以同样的转速旋转，即发动机曲轴每转两圈，断电器凸轮转一圈。为了保证发动机在一个工作循环内（曲轴转两圈）各缸轮流点火一次，断电器凸轮的凸棱数与发动机的汽缸数相等。断电器的触点串联在点火线圈的初级电路中，当断电器凸轮旋转时，凸轮的凸棱顶推断电器活动触点，使触点不断地开闭，用来接通或切断点火线圈初级绕组电路，以使次级电路中感应出高压电。因此，断电器相当于一个由凸轮控制的开关。

5. 配电器

由分电器盖 12 和分火头 13 组成。用来将点火线圈产生的高压电按点火顺序分配到各缸的火花塞。分电器盖上有一个中心电极和若干个旁电极，旁电极的数目与发动机的汽缸数相等。分火头安装在分电器的凸轮轴上，与分电器轴一起旋转。发动机工作时，点火线圈次级绕组中产生的高压电，经分电器盖上的中心电极、分火头、旁电极、高压导线分送到各缸火花塞。

6. 电容器

安装在分电器壳上，与断电器触点并联，用来减小断电器触点断开瞬间，在触点处所产生

的电火花，以免触点烧蚀，延长触点的使用寿命。

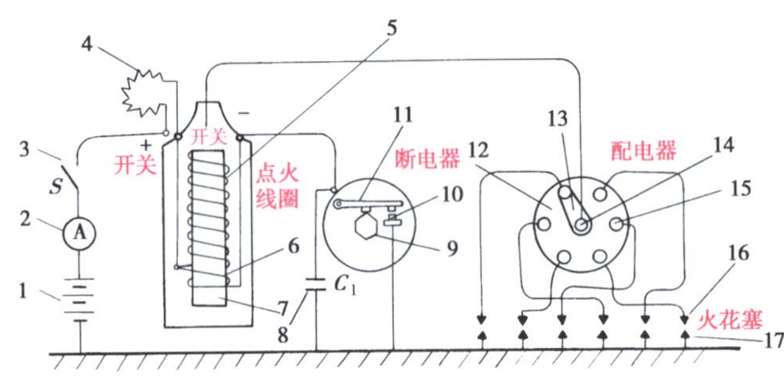

图 10-2　点火系统电路图

1-蓄电池；2-电流表；3-点火开关；4-点火线圈的附加电阻；5-点火线圈的次级绕组；6-点火线圈的初级绕组；7-铁芯；8-电容器；9-断电器凸轮；10-断电器触点；11-断电器活动触点臂；12-分电器盖；13-分火头；14-分电器盖中心电极；15-旁电极；16-火花塞中心电极；17-火花塞侧电极

7. 点火提前调节装置

是传统点火系分电器中调整点火提前角度的装置。它可以根据发动机燃烧过程的需要，用机械的方式，随发动机工况的变化自动调整点火提前角度。由离心和真空两套点火提前调整装置组成，分别安装在断电器底板的下方和分电器的外壳上。

8. 火花塞

由中心电极和侧电极组成，安装在发动机的燃烧室中，用来将点火线圈产生的高压电引入燃烧室，点燃燃烧室内的可燃混合气。

9. 电源

提供点火系统工作时所需的能量，由蓄电池、发电机及其调节器组成，汽油机电源的标称电压一般为 12V，柴油机为 24V。但目前随着汽车用电量的增加，36V 标称电压电源正逐渐取代 12/24V 标称电压电源。

二、传统点火系统的工作原理

图 10-3 是传统点火系统的工作示意图。点火线圈初级绕组 5 的一端经点火开关 6 与蓄电池相连，另一端经分电器壳上的接线柱 11 接断电器的活动触点臂 7，断电器固定触点 8 经断电器底板和分电器壳体接地，触点弹簧作用于断电器活动触点臂上，使活动触点与固定触点保持闭合的趋势。电容器 10 与断电器触点并联。点火线圈次级绕组 4 的一端在点火线圈内与初级绕组相连，另一端经高压导线接分电器盖的中心电极。

接通点火开关，发动机开始运转。发动机运转过程中，断电器凸轮不断旋转，使断电器触点不断地开、闭。当断电器触点闭合时，蓄电池的电流从蓄电池正极出发，经点火开关、点火线圈的初级绕组（200～300 匝的粗导线）、断电器活动触点臂、触点、分电器壳体搭铁，流回蓄电池的负极，如图 10-3a）所示。由于上述电路中流过的电流是低压电流（也称为初级电流），所以这条电路被称为低压电路或初级电路。初级绕组通电时，在其周围产生磁场，并由于铁芯的作用而加强。当断电器的触点被凸轮顶开时，初级电路被切断，点火线圈初级绕组中的电流迅速下降到零，线圈周围和铁芯中的磁场也迅速衰减以至消失，因此在点火线圈的次级绕组中产生感应电压，称为次级电压，其中通过的电流称为次级电流，次级电流流过的电路称为次级电路。由于点火线圈次级绕组的匝数多(11000～23000匝)、导线细，因此次级绕组中所产生的感应电压很高。此高压电经配电器分送到各缸的火花塞，作用于火花塞的中心电极和侧电极之间，当该电压达到火花塞间隙的击穿电压时，火花塞的间隙被击穿，产生电火花，点燃可燃混合气。触点断开后，初级电流下降的速率越高，铁芯中的磁通变化率越大，次级绕组中产生的感应电压越高，越易击穿火花塞间隙。

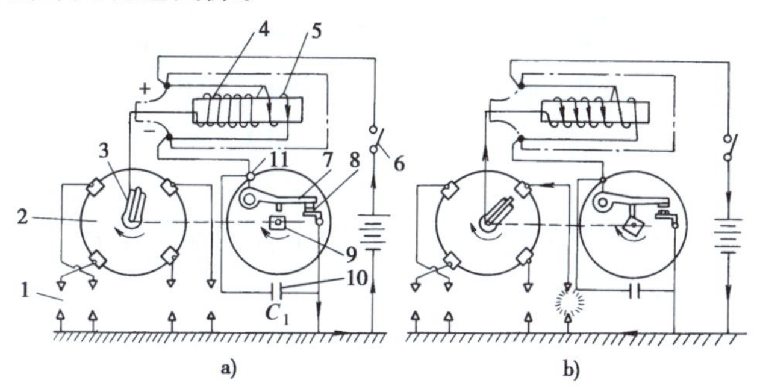

图10-3　传统点火系统工作示意图

a)触点闭合；b)触点断开

1-火花塞；2-配电器；3-分火头；4-点火线圈次级绕组；5-点火线圈初级绕组；6-点火开关；7-断电器活动触点；8-断电器固定触点；9-断电器凸轮；10-电容器；11-分电器接线柱

发动机工作时，在断电器触点分开的瞬间，次级电路中分火头恰好对着分电器盖上的一个旁电极，如图10-3b)所示。次级电流从点火线圈次级绕组出发，经蓄电池正极、蓄电池、机体(搭铁)、火花塞的侧电极、中心电极、高压导线、配电器，流回点火线圈的次级绕组。

在点火线圈铁芯中的磁通发生变化时，不仅在次级绕组中产生高压电(互感电压)，同时也在初级绕组中产生自感电压和电流。在触点分开，初级电流下降的瞬间，自感电流的方向与原初级电流的方向相同，其电压高达300V左右。它将击穿触点间隙，在触点间产生强烈的电火花，这不仅使触点迅速氧化、烧蚀，影响断电器正常工作，同时使初级电流的变化率下降，次级绕组中感应的电压降低，火花塞间隙中的火花变弱，以致难以点燃混合气。

为了消除自感电压和电流的不利影响，在断电器触点之间并联有电容器C_1。在触点分开瞬间，自感电流向电容器充电，可以减小触点之间的火花，加速初级电流和磁通的衰减，并提高了次级电压。

发动机工作时，点火线圈中产生的次级电压的大小，与断电器触点分开瞬间初级电流的大小有关。初级电流越大，铁芯中的磁场越强，当触点分开时磁通的变化率就越大，感应的次级电压也越高。为此，应尽可能地增大流过初级绕组中的电流。但是，在断电器触点闭合、初级电流增长的过程中，由于自感的作用，初级绕组中也产生自感电流，其方向与初级电流的方向相反，阻碍初级电流的增长，使初级电流的增长速度减慢。因此，在触点闭合后，初级电流是按指数规律由零开始逐渐增长的，需要经过一定时间以后，才能达到按欧姆定律得出的稳定值。实际上，发动机正常工作时，由于断电器凸轮转速很高，触点每次保持闭合的时间总是小于初级电流增长到稳定值所需要的时间。所以，在触点分开时的初级电流总是小于其最大稳定值。在触点式点火系统中，一个点火周期内触点闭合时间占固定比例，当发动机转速升高时，由于点火周期缩短使触点闭合时间缩短，初级断开电流减小，感应的次级电压下降；反之，发动机转速降低时,由于触点闭合时间延长,初级电流增大,次级电压升高。

如果点火线圈按发动机高速时的需要设计,则低速时初级电流将过大,使点火线圈过热;如果按低速时点火线圈不过热设计,则高速时由于初级电流过小而次级电压过低,不能保证可靠地点火。为此,点火线圈初级绕组的电路中串联有附加电阻(图10-1中的12),以改善点火系统的高速性能。

附加电阻是一个电阻值随温度迅速变化的热敏电阻,其电阻值随温度升高而增大。当发动机低速运行时,由于触点闭合时间长,初级电流大,附加电阻温度高,电阻值增大,使初级电路的电阻增大,初级电流适当减小,防止点火线圈过热;发动机高速运行时,初级电流减小,附加电阻的阻值也因温度降低而减小,使初级电流适当增大,次级电压适当升高,可以改善发动机高速性能。

在起动发动机时,起动机消耗的电流很大,使蓄电池的端电压急剧降低。此时,为了保证初级电流的必要强度,可将附加电阻短路。在图10-4a)中,当点火开关9处于接通位置且断电器触点闭合时,初级电流经附加电阻2进入初级绕组。起动发动机时,驾驶人接通起动开关,起动继电器的触点8吸合,起动机电磁开关的线圈通电,在起动机的主电路接通之前,电磁开关的接触盘7将接线柱6与蓄电池4接通,于是附加电阻2被短路。由蓄电池(不经点火开关)直接向点火线圈供电。有些车型的点火线圈上无附加电阻,但在点火开关至点火线圈之间的导线采用附加电阻线,其原理与附加电阻相同,起动时也由起动机的电磁开关将附加电阻短路,如图10-4b)所示。

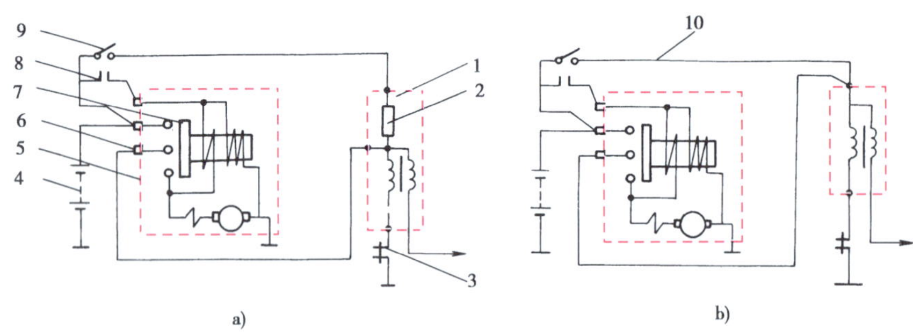

图10-4 具有附加电阻的点火线圈接线示意图

a)附加电阻;b)附加电阻线

1-点火线圈;2-附加电阻;3-断电器触点;4-蓄电池;5-起动机;6-附加电阻短路接线柱;7-起动开关接触盘;8-起动继电器触点;9-点火开关;10-附加电阻线

三、点火时刻

发动机工作时点火时刻(点火提前角)对发动机的工作性能有很大的影响。

混合气燃烧有一定的速度,即从火花塞跳火到汽缸内的可燃混合气完全燃烧需要一定时间。虽然这段时间很短,不过千分之几秒,但是由于发动机的转速很高,在这样短的时间内曲轴却转过较大的角度。若恰好在活塞到达上止点时点火,混合气开始燃烧时,活塞已开始向下运动,使汽缸容积增大,燃烧压力降低,发动机功率下降,如图10-5a)所示。因此,应提前点火,即在活塞到达压缩行程上止点之前火花塞跳火,使燃烧室内的气体压力在活塞到达压缩行程上止点后10°~12°时达到最大值。这样混合气燃烧时产生的热量,在作功行程中得到最有效的利用,可以提高发动机的功率,如图 10-5b)所示。

但是,若点火过早,则活塞还在向上止点移动时,汽缸内压力已达到很大数值,这时气体压力作用的方向与活塞运动的方向相反,如图 10-5c)所示,在示功图上出现了套环,此时,发动机有效功减小,发动机功率也将下降。

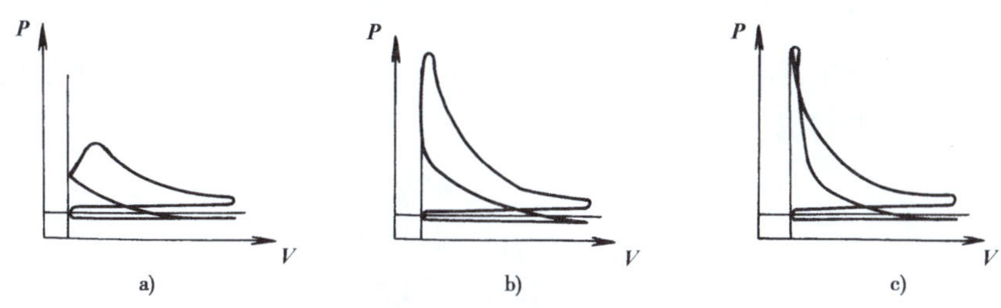

图 10-5 点火时刻对发动机功率的影响

a)点火过迟;b)点火适时;c)点火过早

从点火时刻起到活塞到达上止点,这段时间内曲轴转过的角度称为点火提前角,即点火时曲轴的曲拐所在位置,与压缩行程终了活塞到达上止点时曲拐位置之间的夹角。能使发动机获得最佳动力性、经济性和最佳排放性能的点火提前角,称为最佳点火提前角。

发动机工作时,最佳点火提前角不是固定值,它随很多因素而改变。影响点火提前角的主要因素是发动机的转速和混合气的燃烧速度。混合气的燃烧速度又与混合气的成分、发动机的结构及其他(燃烧室的形状、压缩比等)一些因素有关。

当节气门开度一定时,随着发动机转速升高,单位时间内曲轴转过的角度增大。如果混合气燃烧速度不变,则应适当增大点火提前角,否则燃烧会延续到作功行程,使发动机的动力性、经济性下降。所以,点火提前角应随发动机转速升高而增大。但是,当发动机转速达到一定值以后,由于燃烧室内的温度和压力提高,扰流增强,混合气燃烧速度加快,最佳点火提前角增大的幅度减慢,并非成线性关系。

当发动机转速一定时,随着负荷增加,节气门开度增大,单位时间内吸入汽缸内的可燃混合气数量增加,压缩行程终了时燃烧室内的温度和压力增高。同时残余废气在汽缸内混合气中所占的比例减少,混合气燃烧速度加快,点火提前角应适当减小。反之,发动机负荷减小时,点火提前角应适当加大。

在汽车运行中,发动机的转速和负荷是经常变化的。为了使发动机在各种工况下都能适时点火,在汽车发动机的点火系统中,一般设有两套自动调节点火提前角的装置。其中一套是离心点火提前调节装置,它能随发动机转速的变化自动调节点火提前角;另一套是真空点火提前调节装置,它可以随发动机负荷的变化自动调节点火提前角。

最佳点火提前角还与所用汽油的抗爆性有关。使用辛烷值较高即抗爆性较好的汽油时,点火提前角应适当增大。因此,当发动机换用不同牌号的汽油时,点火提前角也必须作适当调整。为此,要求点火系统的结构还应在必要时能适当地进行点火提前角的手动调节,如有些车型的点火系统中配有辛烷值校正器,可以在进行手动调节时指示调节的角度。

传统点火系统和电子点火系统只能根据转速、负荷及辛烷值的变化来调节点火提前角,微机控制点火系统则考虑了压缩比及混合气浓度等影响因素,并根据发动机实时状态,按照存储器中的有关数据,计算出最佳点火提前角。

第三节　传统点火系统主要元件的结构

一、分电器

分电器由断电器、配电器、电容器和点火提前调节装置等组成。图 10-6 为解放 CA1091 所用的 FD642 型分电器的构造。

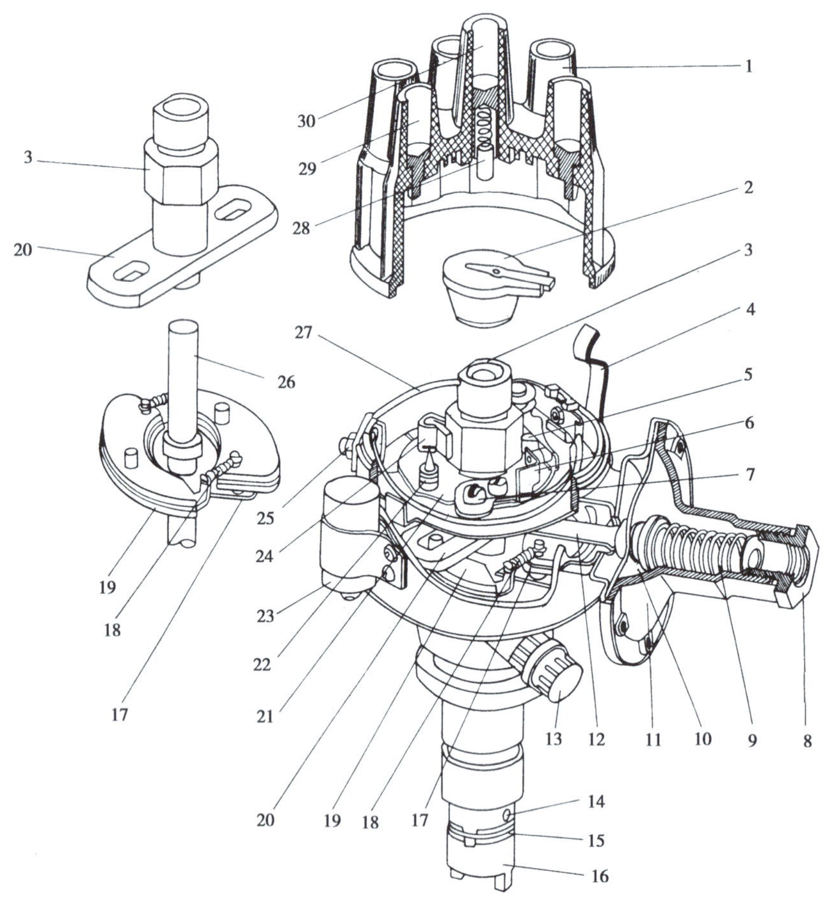

图 10-6　分电器构造

1-分电器盖;2-分火头;3-断电器凸轮和离心调节器横板;4-分电器盖弹簧夹; 5-断电器活动触点臂弹簧及固定夹;6-固定触点及支架;7-调整螺钉;8-接头;9-弹簧; 10-真空点火提前调节器膜片;11-真空点火提前调节器外壳;12-拉杆;13-油杯;14-固定销及联轴器;15-联轴器钢丝;16-扁尾联接轴;17-离心点火提前调节器底板;18-重块弹簧;19-离心调节器重块;20-横板;21-断电器底板;22-真空点火提前调节器拉杆销及弹簧;23-电容器;24-油毡;25-断电器接线柱;26-分电器轴;27-分电器外壳; 28-中心电极;29-分高压线插孔;30-中央高压线插孔

1. 断电器

断电器的功用是周期地接通和切断点火线圈初级绕组的电路,使初级电流和点火线圈铁芯中的磁通发生变化,以便在点火线圈的次级绕组中产生高压电。断电器的构造如图 10-7 所示。

断电器由一对钨质的触点和断电器凸轮组成。固定触点及支架3一端套在轴销12上,另一端由固定螺钉4固定在活动底板6上。活动触点固定在活动触点臂2的一端,活动触点臂的另一端有孔也套装在销轴12上,并由卡簧限位使活动触点可以绕销轴转动。触点臂的中部固定着夹布胶木顶块11,触点臂弹簧片13的弹力使活动触点与固定触点保持闭合,并将胶木顶块压向凸轮。

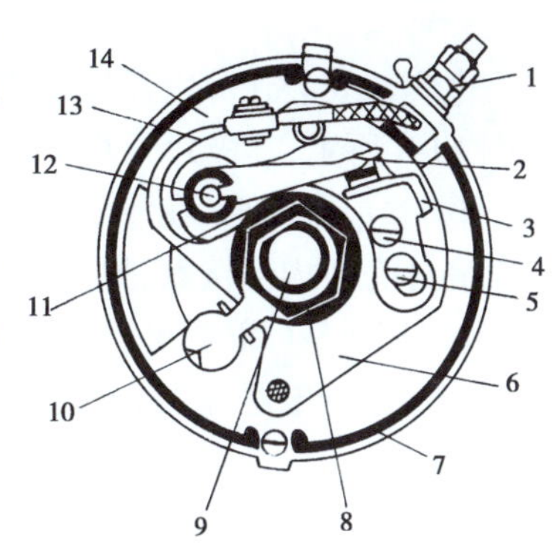

图10-7　断电器

1-接线柱;2-活动触点臂与活动触点;3-固定触点及支架;4-固定螺钉;5-偏心调整螺钉;6-断电器活动底板;7-分电器壳;8-断电器凸轮;9-分电器轴;10-油毡;11-胶木顶块;12-轴销;13-触点臂弹簧片;14-断电器固定底板

断电器凸轮的凸棱数与发动机汽缸数相等。凸轮轴通过离心点火提前调节器与分电器轴相连。分电器轴由发动机的曲轴,通过配气机构的凸轮轴上的齿轮驱动,其转速与配气凸轮轴的转速相等,为曲轴转速的一半(四冲程发动机)。

活动触点经触点臂、触点臂弹簧片和连接导线,与分电器壳上的接线柱和电容器相连;固定触点则通过支架、断电器底板和分电器壳,与发动机机体相连搭铁而接地。

当断电器凸轮旋转时,每当凸轮的一个凸棱顶起顶块使触点分开的瞬间,次级电路中产生的高压电达到最大值,此刻配电器将次级电路接通,使相对应汽缸中的火花塞跳火,点燃混合气。

断电器触点分开时,其触点间的最大间隙称为触点间隙。触点间隙一般规定为0.35~0.45mm。触点间隙过小,触点间易出现火花,使初级电路断电不良,次级电压降低,并使触点氧化和烧蚀;触点间隙过大,则每个点火周期中触点闭合时间缩短,初级电流减小,也使次级电压降低。所以,在结构上必须保证触点间隙的大小可以调整。为此,图10-7中调节螺钉5的头部做成偏心的。旋松固定螺钉4,转动偏心调整螺钉5,整个固定触点支架3将绕销轴12转动,固定触点也随之相对于活动触点移动,从而改变了触点间隙,调整后将固定螺钉旋紧。

2. 配电器

配电器用来将点火线圈中产生的高压电,按发动机的工作次序轮流分配到各汽缸的火花塞。它主要由胶木制成的分电器盖1和分火头2(图10-6)组成。

分电器盖上有一个深凹的中央高压线插孔(中心电极插孔)30,以及数目与发动机汽缸数相等的若干个深凹的分高压线插孔(旁电极插孔)29,各高压线插孔的内部都嵌有铜套。分火头套在凸轮轴3顶端的延伸部分,此延伸部分为圆柱形,但其侧面铣切出一个平面,分火头内孔的形状与之符合,借此保证分火头与凸轮同步旋转,并使分火头与分电器盖上的旁电极保持正确的相对位置。

从点火线圈高压线插孔中引出的高压导线,插入分电器盖的中央插孔中。中央插孔的下部装有用炭精制成的中心电极28,并借助弹簧力与分火头上的铜片紧密接触。由旁电极引出的高压线,应按发动机的工作次序分别接各缸火花塞的中心电极。其接线方法是:首先让第一缸的活塞处于压缩行程终了时的上止点位置,轻微转动分电器外壳使断电器触点张开,此时分火头的铜片恰好与分电器盖上的某一旁电极接通,将该旁电极引出的高压线接到第一缸火花塞。其他各旁电极上的高压线,应按分火头的旋转方向和发动机的工作次序,分别接其他各缸火花塞。因此，发动机工作时，分火头随着断电器凸轮同步旋转，分火头上铜片的外端依次与各旁电极接通，将高压电分配到各缸的火花塞。

3. 电容器

电容器安装在分电器的壳体上，目前发动机点火系统所用的电容器一般均为纸质电容器。如图 10-8 所示，其极片为两条狭长的金属箔带 2，用两条同样狭长的很薄的绝缘纸 1 与极片交错重叠，卷成圆筒形，在浸渍腊绝缘介质后，装入圆筒形的金属外壳 4 中，加以密封。一个极片与金属外壳在内部接触，另一极片与引出外壳的导线 5 连接。

从图 10-8 可以看出，安装电容器时，将电容器 23 的引线与断电器接线柱 25 相连，电容器外壳固定在分电器外壳上而搭铁，使电容器与断电器触点并联。

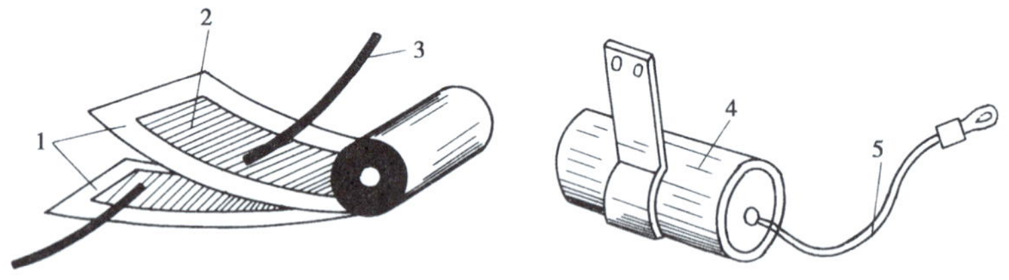

图 10-8　电容器

1-纸带；2-箔带；3-软导线；4-外壳；5-引线

电容器的功用有两点：一是减少触点断开时的火花，保护触点；二是当触点断开时，加速初级电流的损失，增强次级电压。由于触点打开、磁场消失时，在初级线圈中将产生 200～300V 的自感电动势，若没有电容器，该电动势就会在触点间形成火花，使触点烧蚀。此外，触点处形成火花的过程也是导电过程。因此，使初级电流不能迅速中断（图 10-9a），磁场消失速度相应减慢，从而使次级电压降低。在触点间并联电容器后，当触点打开时，初级绕组所产生的自感电动势便迅速向电容器充电，大大减小了触点处的火花，延长了触点的使用寿命，加快初级电流消失的速度（图 10-9b）。同时触点断开后，初级绕组和电容器形成一个振荡回路。充电的电容器通过初级绕组放电。在电容器第一次放电时，电流和原初级电流方向相反，加速磁场的消失，从而使次级电压增高。

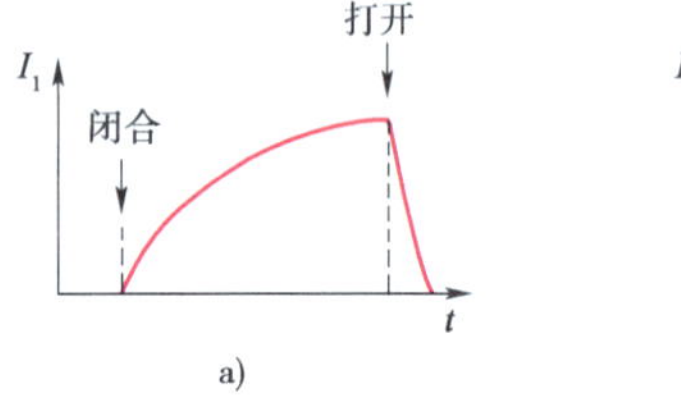

图 10-9　初级电流变化

a）没有电容器；b）触点并联有电容器

电容器工作时要承受 200～300V 的自感电动势，因此其容量一般为 0.15～0.35μF，容量过大，将使次级电压最大值降低；容量过小，使触点火花过强，导致触点烧蚀。另外，还要求其一般在 20℃时的直流绝缘电阻值不得低于 50MΩ，加 600V 交流电压，历时 1min 而不击穿。

4. 点火提前调节装置

为了实现点火提前，必须在压缩行程接近终了，活塞到达上止点之前便使断电器触点分开。从触点分开到活塞到达上止点这段时间越长，曲轴转过的角度越大，即点火提前角越大。因此，调节断电器触点分开的时刻，即改变触点与断电器凸轮或断电器凸轮与分电器轴之间的相对位置，便可以调节点火提前角，如图 10-10 所示。

调节点火提前角的方法有两种，一是保持触点不动，将断电器凸轮相对于分电器轴顺旋转

方向转过一个角度 θ,凸轮提前将触点顶开,使点火提前(图 10-10b)。凸轮相对于轴转过的角度越大,点火提前角越大。另一种调节方法是凸轮不动(不改变凸轮与轴的相对位置),使断电器触点相对于凸轮逆着旋转方向转过一个角度 θ,也可使点火提前(图 10-10c)。触点相对于凸轮转过的角度越大,点火提前角越大。

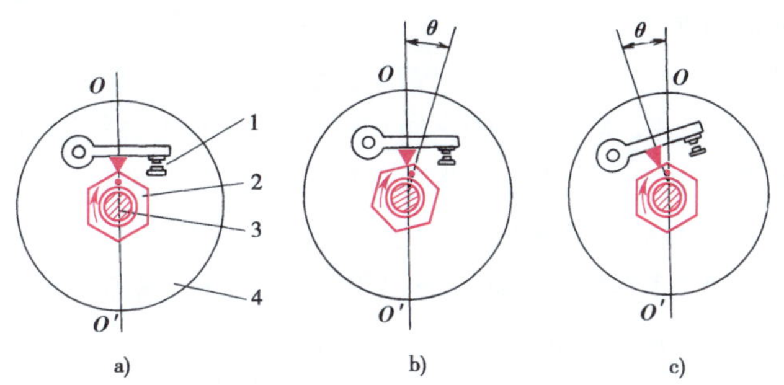

图 10-10　点火提前角的调节方法

a)点火提前角为零;b)改变凸轮与轴的相对位置;c)改变触点与凸轮的相对位置

1-触点;2-断电器凸轮;3-分电器凸轮轴;4-断电器底板;θ-点火提前角

1)离心点火提前调节装置

发动机工作时,离心点火提前调节装置利用改变断电器凸轮与分电器轴之间的相对位置的方法,在发动机转速变化时自动地调节点火提前角。其结构如图 10-11 所示。

托板 7 固定在分电器轴 8 上,重块 4 和 10 分别松套在托板的两个轴销 6 上,两个重块的小端与托板 7 之间借弹簧 3、9 相连。当托板随分电器轴旋转时,重块的离心力能使重块克服弹簧拉力而绕轴销转过一个角度,使重块的小端向外甩开一定距离。

与断电器凸轮制成一体的轴套 11,松套在分电器轴 8 的上部。轴套的下端固定有带孔拨板 2,其两个长方孔分别套在两个重块的销钉 5 上。可见分电器轴 8 不是直接驱动凸轮的,而是分别通过托板 7、重块 10、带孔拨板 2、轴套 11 带动凸轮旋转。

发动机不工作时,弹簧 3 和 9 将重块的小端向内拉到图中双点划线所示位置。

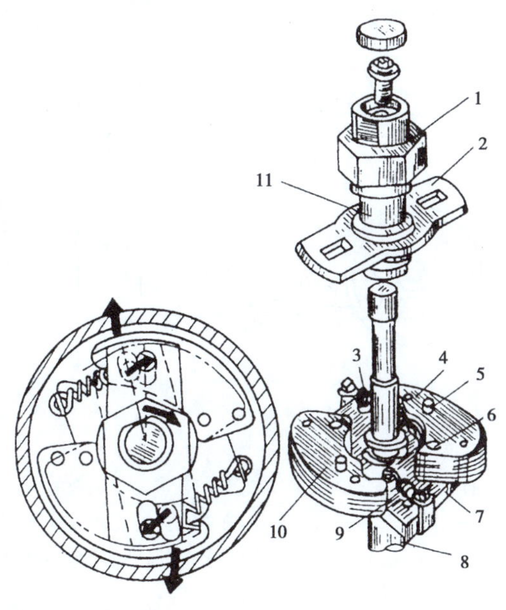

图 10-11　离心点火提前调节装置

1-断电器凸轮;2-带孔拨板;3、9-弹簧;4、10-重块;5-销钉;6-轴销;7-托板;8-分电器轴; 11-轴套

发动机工作时,当曲轴的转速达到 200 ~ 400r/min(开始转速因车型而不同)后,重块的离心力克服弹簧拉力的作用向外甩开。此时,两重块上的销钉推动拨板连同凸轮,顺着旋转方向相对于分电器轴转过一个角度,将触点提前顶开,点火提前角加大。随发动机转速升高,点火提前角不断加大。当分电器轴的转速超过 1500r/min 左右时,销钉 5 顶靠在拨板 2 长方孔的外缘上,重块 4 和 10 不能继续向外甩开,点火提前角达到最大值。发动机转速继续升高,点火提前角不再增大。

离心点火提前调整装置的工作特性取决于3、9两个弹簧的总刚度（两个弹簧的刚度可以相同，也可不同）。若两个弹簧的刚度不等，则发动机转速较低时，刚度小的弹簧先起作用，提前角增加较快；发动机转速较高时，两个弹簧同时起作用，点火提前角增大的幅度减慢，以更好地满足发动机使用性能的要求。

2）真空点火提前调节装置

在发动机工作时，真空点火提前调节装置随着负荷（节气门开度）的变化，自动调节点火提前角。它是利用改变断电器触点与凸轮之间相位关系的方法进行调节的，在发动机负荷增大时自动地减小点火提前角。其结构和工作原理如图10-12所示。

真空点火提前调节装置安装在分电器外壳1的侧面，其内腔被膜片7分割成左、右两个气室，左气室通大气，右气室为真空室，借真空连接管5连接到化油器下体节气门6旁的专用通气孔上。拉杆8一端固定在膜片7的中央，另一端有孔套在断电器底板的销轴上。

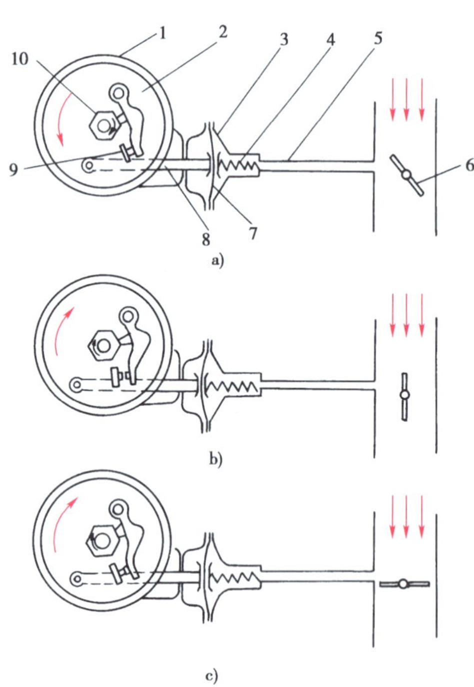

图10-12 真空点火提前调节装置工作原理

a）节气门部分开启；b）节气门全开；c）节气门全闭

1-分电器壳；2-断电器底板；3-真空点火提前调节装置外壳；4-弹簧；5-真空连接管；6-节气门；7-膜片；8-拉杆；9-断电器触点；10-断电器凸轮

发动机小负荷运行时，节气门开度小，节气门后方的真空度大，并从小孔经真空连接管作用于调节装置的真空室，使膜片右方真空度增大，在大气压力的作用下，膜片克服弹簧张力向右拱曲，并带动拉杆向右移动。与此同时，断电器底板连同触点，相对于凸轮逆着旋转方向转过一个角度，使点火提前角加大（图10-12a）。

发动机转速一定时，节气门后方的真空度只取决于节气门的开度。节气门开度越小（负荷越小），节气门后方的真空度越大，点火提前角也越大。

发动机全负荷工作时，节气门全开，上述通气孔处的真空度不大，真空提前调节装置不起作用。弹簧4张力的作用使膜片7向左拱曲，并通过拉杆顺着凸轮旋转方向转动断电器的底板及触点，使点火提前角减小（图10-12b）。

发动机怠速运转时，节气门接近关闭，发动机负荷几乎为零，此时通气孔位于节气门的前方，其真空度几乎为零，弹簧4的张力使膜片7拱曲到最左的位置，并通过拉杆顺着凸轮旋转方向，转动断电器的底板及触点，使真空点火提前调节量最小或为零（图10-12c）。

真空点火提前调节装置有多种形式。图10-13是用于夏利轿车分电器的双膜片式真空点火提前调节装置。它有主、副两个膜片和膜片室（真空室）。在发动机怠速运转时主要靠副膜片的作用来调节点火提前角；而在发动机正常运转时，则靠两个膜片的共同作用来实现。

发动机怠速运转时，节气门几乎关闭，接主膜片室的吸气孔位于节气门的前方，真空度几乎为零，主膜片室内的压力接近大气压力，不起真空点火提前调节作用。但此时节气门后方真空度高，并通过连接管作用于副膜片室，副膜片在真空度的作用下向右拱曲，并通过拉杆拉动断电器底板连同触点逆着凸轮旋转方向转过一个角度，使点火提前角加大。但是，当膜片轴（拉杆15）移动到与主膜片体接触时，膜片的移动被限位。同时，副膜片室的真空度也将主膜片吸向副膜片室一侧，膜片轴被推回，点火提前角又被适当减小，使怠速时的点火提前角约为5°，保证发动机怠速时稳定运转。

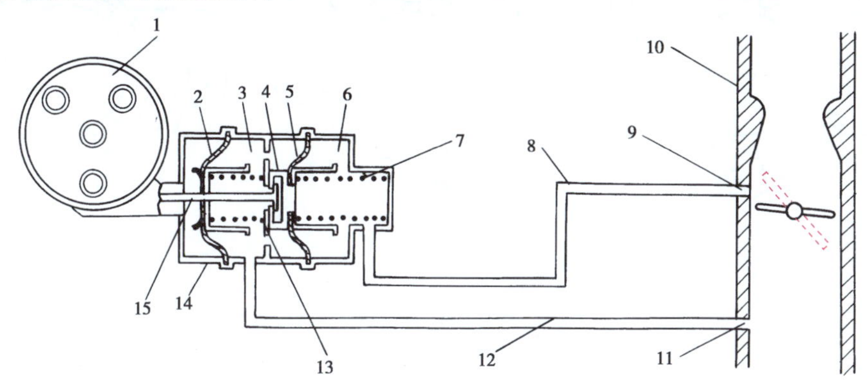

图10-13　双膜片式真空点火提前调节装置

1-分电器壳；2-副膜片；3-副膜片室；4-主膜片体；5-主膜片；6-主膜片室；7-弹簧；8、12-连接管；9-主膜片室吸气孔；10-化油器；11-副膜片室吸气孔；13-限位块；14-真空点火提前调节器壳体；15-拉杆

发动机小负荷运转时，节气门开度小，接主膜片室的吸气孔处于节气门的后方，使主膜室的真空度增大。于是，在主膜片室和副膜片室真空度的共同作用下，拉动断电器底板及触点逆着凸轮旋转方向转过一个角度，使点火提前角增大。提前角的大小主要取决于节气门的开度，并由主、副膜片室中的限位块限位。

图10-14所示是具有两个真空室单膜片式真空点火提前调节装置。其前、后两个真空室1、2分别用管道接至节气门上、下两侧的小孔上。怠速时，节气门处于实线位置，延迟真空室起作用，拉杆左移，使点火延迟；非怠速时，节气门开启，提前真空室起作用，拉杆右移，使点火提前。

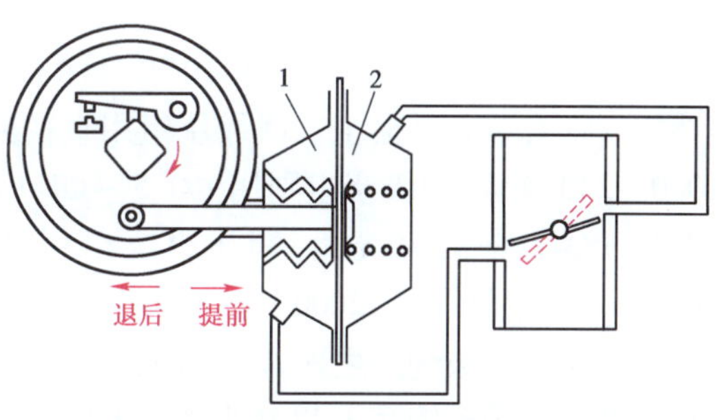

图10-14　双真空室单膜片提前调节装置

1-延迟真空室；2-提前真空室

3）点火提前角的手动调节装置

该装置也称辛烷值校正器。在换用不同品质的汽油时，为适应不同汽油的抗爆性能，常需调整点火初始角，为此在分电器壳体上常装有辛烷值校正器。不同形式的分电器，其辛烷值校正器的结构也不同，但基本原理相同。即逆着凸轮旋转方向转动分电器外壳时，点火提前角增大；反之，则点火提前角减小。壳体转动多少，一般可以从刻度板上读取。每转动一个刻度相当于曲轴转角2°。调整时，先旋松调整托架的固定螺钉，而后转动外壳，顺时针转动为推迟（转至“－”号），逆时针转动为提前（转至“＋”号），如图10-15所示。

二、点火线圈

点火线圈是将蓄电池或发电机输出的低压电转变为高压电的升压变压器，但其工作方式却与普通变压器不同，普通变压器是连续工作的，而点火线圈则是断续工作的，它根据发动机不同的转速以不同的频率反复进行储能及放能。

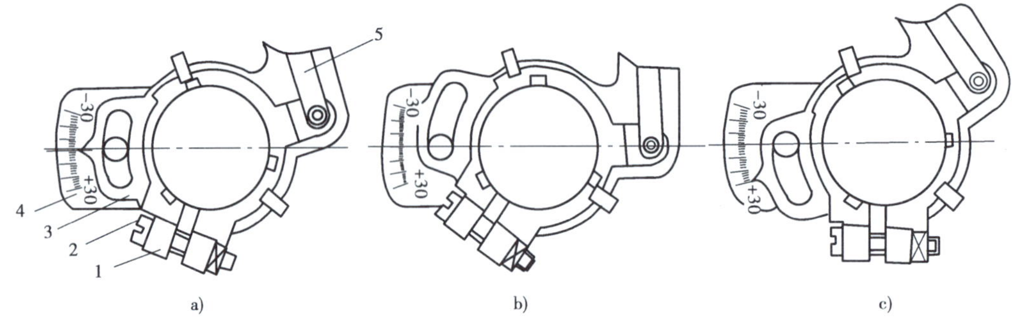

图 10-15 辛烷值校正器

a）标准位置；b）顺时针转动外壳；c）逆时针转动外壳

1-调节臂；2-夹紧螺钉及螺母；3-托架；4-调节底板；5-拉杆

点火线圈由初级绕组、次级绕组和铁芯等组成。当初级线圈接通电源时，随着初级电路中电流的增长，线圈周围产生很强的磁场，铁芯储存了磁场能；当初级线圈断路时，初级线圈的磁场迅速衰减，次级线圈就会感应出很高的电压。初级线圈的磁场消失速度越快、电路断开瞬间的电流越大、两个线圈的匝数比越大，则次级线圈感应电压越高。

点火线圈按磁路结构形式不同分为开磁路点火线圈和闭磁路点火线圈；按线圈冷却方式不同分为沥青式（已被淘汰）、油浸式（也称为充油式）和气冷式（也称为干式）；按接线柱数目的不同分为三柱和四柱式。

1. 开磁路点火线圈

如图 10-16 所示，点火线圈的中心是涂有绝缘漆的硅钢片叠成的铁芯 6，次级绕组 4 和初级绕组 5 都套装在铁芯上。次级绕组用直径为 $\Phi0.06 \sim \Phi0.10$mm 的漆包线在绝缘纸管上绕 11000 ~ 23000 匝；初级绕组则用 $\Phi0.5 \sim \Phi1.0$mm 的漆包线绕 240 ~ 370 匝。例如 CA1091 型汽车用 DQ42 型点火线圈，其初级绕组用 $\Phi0.72$mm 的漆包线绕 330 匝，而次级绕组用 $\Phi0.08$mm 的漆包线绕 22000 匝。由于发动机工作时，流过初级绕组的电流大，发热量大，所以初级绕组绕在次级绕组之外，以利于散热。两个绕组的外面都包着绝缘纸层。在初级绕组之外还套装一个导磁钢套 3，以减小磁路的磁阻，并使初级绕组的热量易于散出。两个绕组连同铁芯浸渍石蜡和松香的混合物后装入外壳 2 中，并支撑于瓷质绝缘座 7 上。在外壳内填充防潮的绝缘胶状物或变压器油之后，用胶木盖 12 盖好，并加以密封。次级绕组的一端与初级绕组的一端焊接在一起，焊接点在点火线圈的内部，次级绕组的另一端则连接在胶木盖 12 中央的高压接线头 11 上。初级绕组的两端分别与低压接线柱 1 和 10 相连。

2. 闭磁路点火线圈

上述的开磁路点火线圈采用柱形铁芯（图 10-17a），初级绕组在铁芯中产生的磁通，通过导磁钢套构成磁回路，而铁芯的上部和下部的磁力线从空气中穿过，空气的导磁能力仅为铁芯导磁能力的万分之一，从而使磁路的磁阻增大，泄漏的磁通量增多，转换效率降低，一般只有 60% 左右。因此，现代汽车正推广使用能量转换效率较高的闭磁路点火线圈。如图 10-17b）所示，与传统点火线圈相比，其铁芯为一带有小气隙的“口”或“曰”字的形状，其磁路如图 10-17c）、 d)所示。初级绕组在铁芯中产生的磁通通过铁芯形成闭合磁路,减少了漏磁损失,转换效率较高,可达75%。闭磁路点火线圈一般采用干式,内部填充物主要是热固性环氧树脂,耐压绝缘性好,散热性、密封性非常优越,另外,闭磁路点火线圈还具有可靠性高、对无线电的干扰小、体积小等优点。目前,闭磁路点火线圈已相当小型化,可与点火器合二为一,甚至可与火花塞一体化,使得发动机的结构更加紧凑。

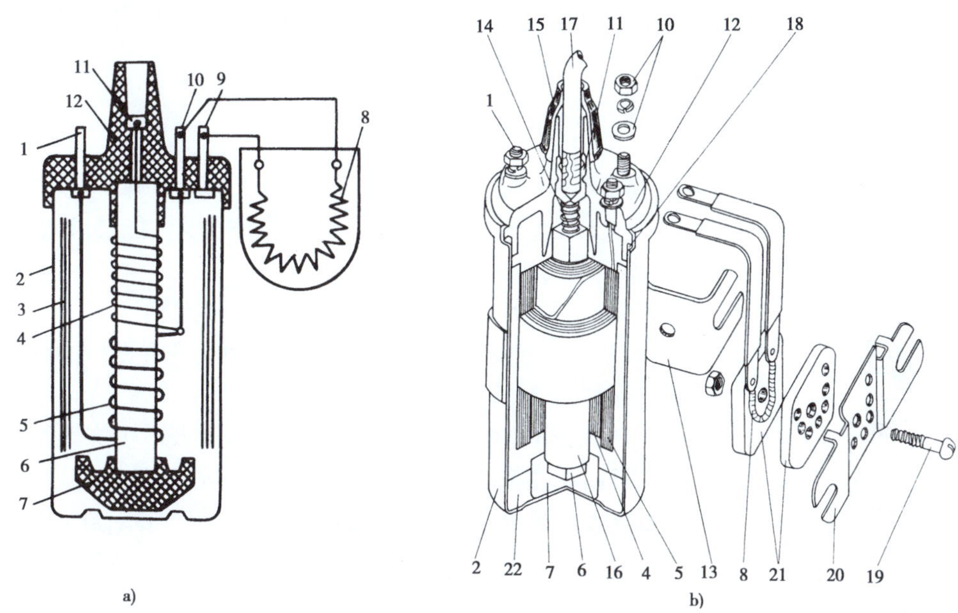

图10-16　开磁路点火线圈

a)电路原理;b)结构示意图

1-"-"接线柱;2-外壳;3-导磁钢套;4-次级绕组;5-初级绕组;6-铁芯;7-绝缘座;8-附加电阻;9-"+"接线柱;10-"+开关"接线柱;11-高压线接头;12-胶木盖;13-附加电阻固定架;14-弹簧;15-橡胶罩;16-绝缘纸;17-高压阻尼线;18-橡胶密封圈;19-螺钉;20-附加电阻盖;21-附加电阻瓷质绝缘体;22-沥青填料或变压油

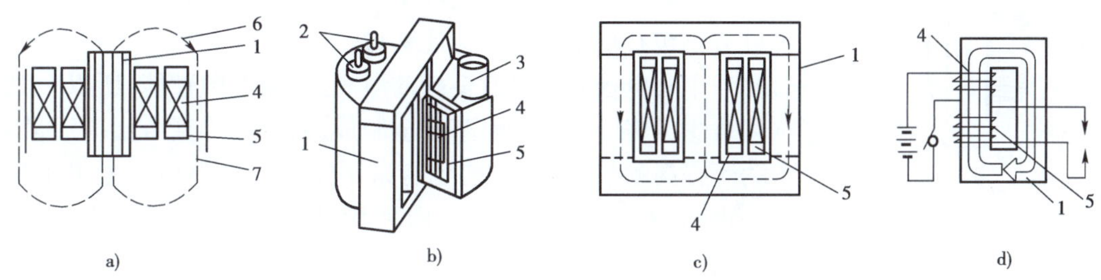

图10-17　点火线圈的磁路

a)开磁路;b)闭磁路点火线圈外形;c)"日"字形铁芯的磁路;d)"口"字形铁芯的磁路

1-铁芯;2-低压接线柱;3-高压插孔;4-初级绕组;5-次级绕组;6-磁力线;7-导磁钢套

3. 四柱式点火线圈

即在点火线圈的壳体上包括高压线接柱在内,具有四个接线柱的点火线圈。如图10-16所示,点火线圈上配有附加电阻8,其低压接线柱共有3个,分别标有"-"、"+"和"+开关"的标记,附加电阻接在"+"和"+开关"之间。

4. 三柱式点火线圈

即在点火线圈的壳体上包括高压线接柱在内，具有三个接线柱的点火线圈。三柱式点火线圈无附加电阻，只有标有“ + ”、“ - ”标记的两个低压接线柱。例如 EQ1090 型汽车上装用的 DQ125 型点火线圈即为两接线柱式点火线圈，其中“ - ”接线柱接至分电器触点，而“ + ”接线柱接有两根导线，其中一根蓝色导线接至起动机电磁开关的附加电阻短路接线柱上，另一根白色导线接至点火开关。这根白色导线就是附加电阻线，电阻值为 1.7Ω，相当于四柱式点火线圈的附加电阻。

三、火花塞

火花塞的功用是将点火线圈或磁电机产生的脉冲高压电（1 万 V 以上）引入燃烧室，并在其中心电极与侧电极之间产生电火花，以点燃可燃混合气。其工作条件及性能要求如下：

（1）受到高压燃气冲击，需要有足够的机械强度；

（2）必须具有耐 20 000V 电压的绝缘强度；

（3）受 1 500 ~ 2 000℃燃气加热，必须具有良好的耐热性及散热性；

（4）必须具有良好的密封性、耐腐蚀性及电击穿性能。

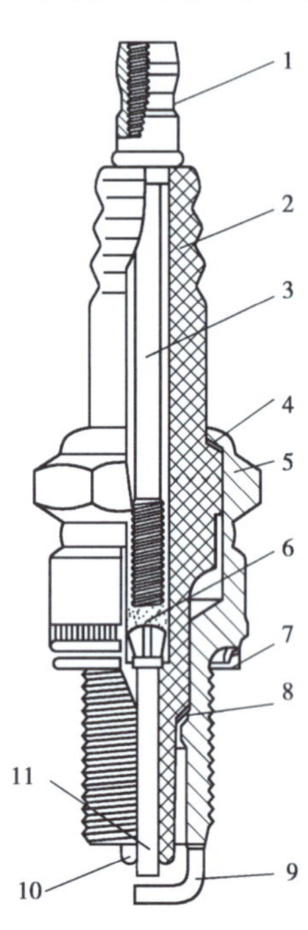

图 10-18 火花塞的结构

1-接线螺母；2-绝缘体；3-接线螺杆；4-垫圈；5-火花塞壳体；6-密封剂；7-密封垫圈；8-紫铜垫圈；9-侧电极；10-绝缘体裙部；11-中心电极

目前火花塞品牌、型号繁多，发火端外形各异，但其基本结构没有大的差异。火花塞的结构如图 10-18 所示，在钢质壳体 5 的内部固定有刚玉陶瓷（氧化铝含量在 90% 以上）制成的绝缘体 2，在绝缘体中心孔的上部有金属接线螺杆 3，接线螺杆的上端旋有接线螺母 1 用来接高压导线；绝缘体中心孔的下部装有中心电极 11。接线螺杆与中心电极之间用由导电玻璃制成的密封剂 6 密封，铜制内垫圈 4 和 8 起密封和导热作用。壳体的上部制成便于拆装的六方形，下部是螺纹以便旋装在发动机汽缸盖内，壳体下端固定有弯曲的侧电极 9。火花塞安装时，与汽缸盖的接触处有铜包石棉垫圈 7 以保证密封。

中心电极要求具有良好的耐高温、耐腐蚀性能，所以一般采用含少量铬、锰、硅的镍基合金制成，其中以镍锰合金应用最多。为了提高耐热性能，目前也有采用铂、铱、钇等稀有金属作为中心电极材料，提高了电极的使用性能及寿命，但价格也有所提高。

火花塞中心电极与侧电极之间的间隙，称为火花塞间隙。火花塞间隙对火花塞及发动机的工作性能均有很大影响。间隙过小，火花微弱，并容易产生积炭而漏电；间隙过大，火花塞击穿电压增高，发动机不易起动，且在高速时容易发生“缺火”现象。因此，火花塞间隙的大小应适当。在传统点火系统中，火花塞间隙一般为 0.7 ~ 0.9mm，但若采用电子点火时，则间隙增大到1.0 ~ 1.2mm。火花塞间隙的调整可通过扳动侧电极来实现。

普通火花塞在使用过程中会发生电极腐蚀，从而使电极间隙变大。近几年 Bosch 公司研制了一款具有增强型接地电极的新型火花塞，不需要调整电极间隙的火花塞。其中，新电极中的铂和铱与独特的表面空气隔离技术相结合，从根本上消除了电极腐蚀，从而防止了电极间隙的变宽，确保了火花塞性能的稳定性和可靠性。

火花塞绝缘体紫铜垫圈8（图10-18）以下的锥形部分10称为绝缘体的裙部。绝缘体的裙部在发动机工作时直接与燃烧的气体接触，周期性地被加热，使绝缘体裙部的温度升高，吸入的热量又不断地经紫铜垫圈、壳体、绝缘体、中心电极、金属杆等传递到汽缸盖、缸体和冷却系统并散发到大气中，使火花塞的各部分保持一定的温度。发动机工作时，火花塞发火部位吸收热量并向冷却系统散发的性能，称为火花塞的热特性。火花塞的热特性对发动机的性能具有十分重要的影响。

试验表明，发动机工作时火花塞绝缘体裙部的温度若保持在500～600℃左右，落在绝缘体裙部的油粒能立即被烧掉，不容易产生积炭。这个温度称为火花塞的自净温度。若裙部温度低于自净温度，落在绝缘体裙部的油粒不能立即烧掉，形成积炭而漏电，将使火花塞间隙不能跳火或火花微弱。若裙部温度过高超过800～900℃时，当混合气与炽热的绝缘体接触时，可能在火花塞间隙跳火之前自行着火，称为炽热点火。炽热点火将使发动机出现早燃、爆燃、进气管回火等不正常现象。

无论哪一种类型的发动机，在发动机工作时，火花塞裙部的温度都应该保持在自净温度的范围内。由于各种发动机汽缸内的燃烧状况是不同的，所以汽缸内的温度也不尽相同，这就要求配用不同热特性的火花塞。火花塞的热特性主要决定于绝缘体裙部的长度。不同的发动机，当汽缸内温度及温度分布状况相同时，火花塞绝缘体裙部越长，其受热面积越大，且传热距离越长，散热困难，火花塞裙部的温度越高，这种火花塞称为“热型”火花塞，如图10-19c）所示，它适用于低速低压缩比的小功率发动机。相反，火花塞绝缘体裙部越短，其受热面积越小，且传热距离缩短，容易散热，火花塞裙部的温度越低，这种火花塞称为“冷型”火花塞，如图10-19a）所示，它适用于高速高压缩比大功率的发动机。裙部长度借于冷型与热型之间的火花塞，称为“普通型”火花塞，如图10-19b）所示。

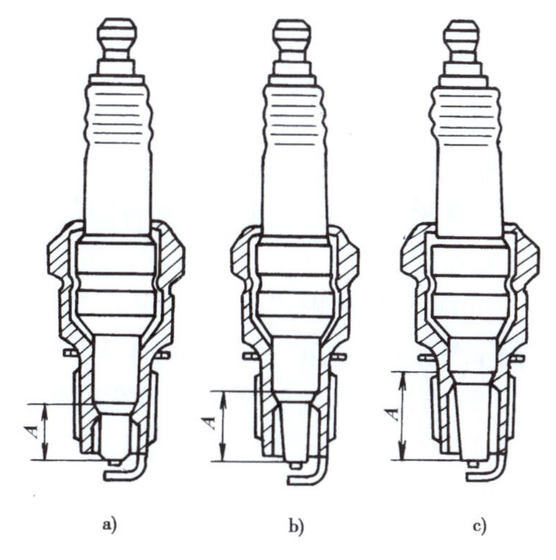

图10-19　火花塞的型式

a）冷型；b）普通型；c）热型

火花塞热特性的标定方法有多种：美国SAE规定用一特定的单缸发动机试验，以火花塞不引起炽热点火极限时刻的汽缸最大平均指示压力来标定，即火花塞开始出现炽热点火时，汽缸的平均指示压力越大，所承受的热负荷也越大，则火花塞为冷型；反之为热型。博世（BOSCH）公司则是以在特定的单缸发动机上测得火花塞开始产生炽热点火所经历的时间来标定的，所经历的时间越长，火花塞承受的热负荷越大，则为冷型；反之则为热型。我国是以火花塞绝缘体裙部的长度来标定的，并分别用热值（1～11的自然数）来表示，1、2、3为低热值热型火花塞；4、5、6为中热值中型火花塞；7以上者为高热值的冷型火花塞。

不同型式的发动机可选用不同的火花塞。火花塞的热值选择是否合适，其判断方法是：如火花塞经常由于积炭而导致断火，表示它太冷，应改用热值较小的火花塞；如发生炽热点火，则表示太热，应改用热值较大的火花塞。

另外，传统的火花塞属于电极型火花塞，这类火花塞在工作过程中会产生高频杂波，对车载无线电设备造成干扰，所以目前又推出了电阻型和屏蔽型火花塞。电阻型火花塞是在火花塞内装有 5 ~ 10kΩ 的电阻，对火花塞工作产生的高频杂波起抑制作用，减少对车载收音机的高频干扰。屏蔽型火花塞是利用金属壳体把整个火花塞屏蔽密封起来，既可以防止无线电干扰，还可用于防水、防爆的场合。

第四节　电子点火系统

传统点火系统虽然历史悠久，但却存在着如下缺点：

(1) 触点容易烧蚀。在传统点火系统中，触点控制电流的通断。当触点打开瞬间，触点间易形成火花，将触点氧化、烧蚀；加之触点反复开闭，触点顶块与凸轮长期摩擦而磨损，触点间隙变化，易导致点火正时不稳，影响点火系统的正常工作。

(2) 由于受触点允许电流强度的限制，初级电流一般不超过 5A，因此次级电压及火花能量的提高受到限制。

(3) 初级电流和次级电压的大小随发动机转速的升高和汽缸数的增多而下降，使多缸发动机高速时点火不可靠。

(4) 次级电压上升速率比较慢，对火花塞积炭和污染比较敏感。

近年来，汽车发动机向着多缸、高转速、高压缩比的方向发展，人们还力图通过改善混合气的燃烧状况，以及燃用稀混合气，以达到减少排气污染和节约燃油的目的。这些都要求汽车的点火系统能够提供足够高的次级电压、火花能量和最佳点火时刻。传统点火系统已经不能满足这些要求。因此，近几十年来各国都在积极探索改进途径，并研制了一系列的电子点火系统。这是因为电子点火系统具有以下优点：

(1) 可以减少触点火花，避免触点烧蚀，延长触点的使用寿命；有的还可以取消触点，因而克服了与触点相关的一切缺点，改善了点火性能。

(2) 可以不受触点的限制，增大初级电流，提高次级电压，改善发动机高速时的点火性能。一般传统点火系统的低压电流不超过 5A，而电子点火系统可提高到 7 ~ 8A，次级电压可达 30kV。

(3) 电磁能量得到充分利用，高电压形成迅速，火花能量大。由于无断电器触点或触点电流很小，因触点产生火花而消耗的电磁能量大大减少，所以高压形成很快，使火花能量增大，提高了点火可靠性。传统点火系统高压电的形成时间需 120 ~ 200μs，而电子点火系统则只需 80 ~ 100μs，有利于汽车的高速化。

(4) 由于次级电压和点火能量的提高，使其对火花塞积炭不敏感，在火花塞积炭阻值达 100kΩ 的严重情况下，仍能维持可靠的点火性能。且可以加大火花塞电极间隙，点燃较稀的混合气，从而有利于改善发动机的动力性、经济性和排气净化性能。

(5) 点火时间精确，混合气能得到完全燃烧，减少废气污染，并获得最好的动力性。

(6)对无线电干扰小,结构简单,质量轻、体积小,保养维修简便。

目前国内外汽车上使用的电子点火系统按是否具有机械触点,分为有触点和无触点的电子点火系统两大类。无论是哪一类电子点火系统,都是利用电子元件(晶体三极管)作为开关来接通或断开点火系统的初级电路,通过点火线圈来产生高压电。

按电子点火系统是否装有爆震传感器分为闭环控制和开环控制电子点火系统。带有爆震传感器,能根据发动机是否发生爆震及时修正点火提前角的电控系统称为闭环控制系统;不带爆震传感器,点火提前控制仅根据电控单元内设定的程序进行控制的称为开环控制系统。

一、有触点电子点火系统

有触点电子点火装置用减小触点电流的方法减小触点火花,改善点火性能,它是一种半导体辅助点火装置,点火信号仍由分电器的凸轮和断电器的触点所产生,如图 10-20 所示。除了与传统点火系统一样具有电源、点火开关、分电器、点火线圈、火花塞之外,还在点火线圈初级绕组的电路中,增加了由三极管 V_T 和电阻、电容等组成的点火控制电路。断电器触点已不再起直接控制一次电流通、断的作用,而是作为晶体三极管的触发控制器串联在三极管的基极电路中,控制三极管的导通与截止。

二、无触点电子点火系统

无触点电子点火系统,称为全晶体管点火系统,利用各种无触点点火信号发生器代替断电器触点,产生点火信号,控制点火线圈的通断和点火系统的工作,由于该系统取消了断电器触点,可以克服与触点相关的一切缺点,在一定时期内,在国内外汽车上得到了广泛应用。

无触点电子点火系统主要由点火信号发生器(传感器)3、点火控制器 4、点火线圈 5、分电器 2、火花塞 1 等组成,如图 10-21 所示。其中分电器主要包括配电器和机械式点火提前装置(离心提前装置和真空提前装置),它们的作用、结构和工作原理与传统点火系统对应部分完全相同。图 10-22 所示为一汽大众捷达轿车的无触点点火系统原理图。

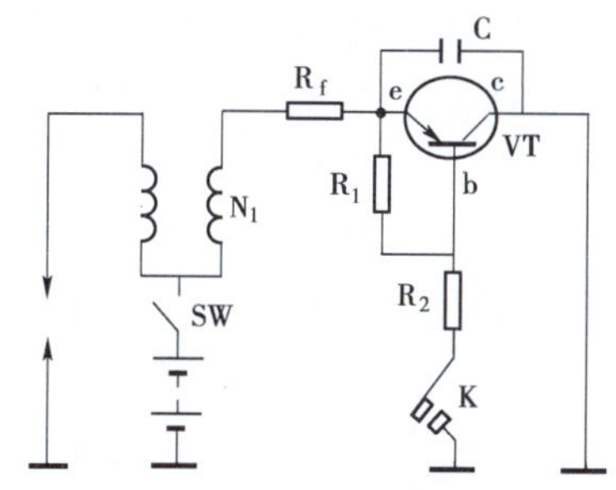

图 10-20　有触点式电子点火系统的电路原理图

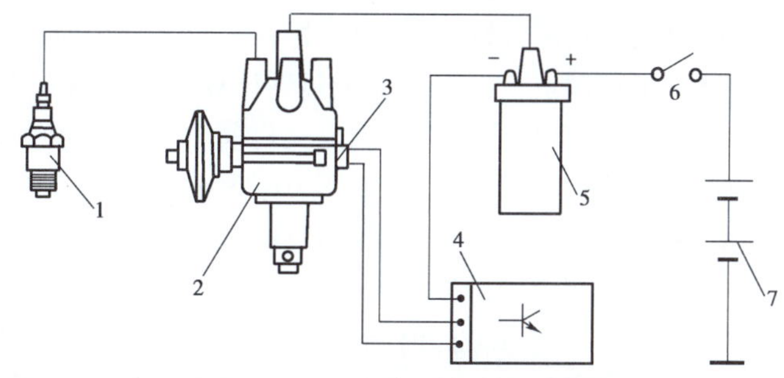

图 10-21　无触点电子点火系统的组成

1-火花塞;2-分电器;3-点火信号发生器;4-点火控制器;5-点火线圈;6-点火开关; 7-电源

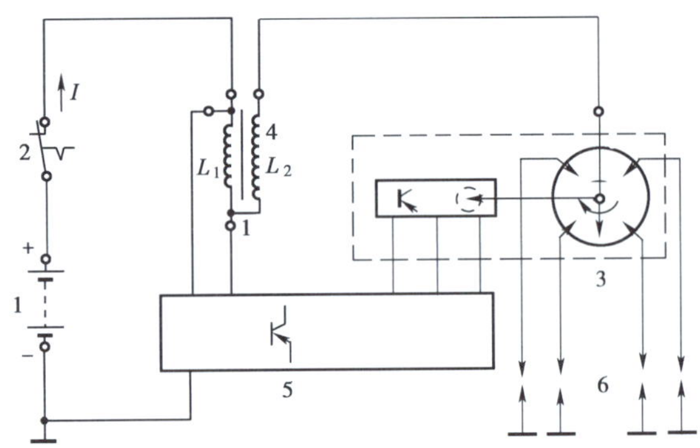

图 10-22 一汽大众捷达轿车的无触点点火系统原理图

1-电源;2-点火开关;3-带点火信号发生器的分电器;4-点火线圈;5-点火控制器;6-火花塞

第五节 微型计算机控制点火系统

前述的电子点火系统解决了触点烧蚀问题,而且具有较高的次级电压和点火能量,有些电子点火系统的控制电路还相当完善,具有导通角控制、恒电流控制、停车断电保护、过电压保护等多种功能,与传统点火系统相比,既改善了点火系统的工作性能,提高了点火系统工作的可靠性,又延长了其自身的使用寿命。但是,电子点火系统对点火时刻的调节,与传统点火系统一样,基本上仍采用离心提前和真空提前两套机械式点火提前调整装置,而它们只能根据发动机转速和负荷的变化来调节点火提前角,且调节特性为线性(或不同线性的组合)规律,如图 10-34 中的曲线 3 所示。而发动机的最佳点火提前角除了随转速和负荷变化外,还受诸多因素的影响,如环境状况、车辆的技术状况、使用状况等,而且最佳点火提前角随发动机转速和负荷变化的规律也不是线性的。因此,各种普通电子点火系统都存在着考虑的控制因素不全面、点火提前角控制不精确的缺陷,影响了发动机性能的充分发挥。此外,离心点火提前调整装置和真空点火提前调整装置中,机械运动部件的磨损、老化和脏污等,都会引起点火提前角调节特性的改变,使发动机性能下降。

在 20 世纪 70 年代后期,随着计算机技术的飞速发展和发达国家对汽车排放限制及对其他性能要求的提高,微型计算机开始在汽车上获得应用——用微型计算机控制点火正时,形成微型计算机控制点火系统。由于微型计算机具有响应速度快、运算和控制精度高、抗干扰能力强等优点,通过微型计算机控制点火提前角要比机械式的离心点火提前调整装置和真空点火提前调整装置的精度高得多,如图 10-23 中的曲线 2 所示;并且微型计算机控制点火系统可以通过各种传感器感知多种因素对点火提前角的影响,使发动机在各种工况和使用条件下的点火提前角都与相应的最佳点火提前角比较接近,还不存在机械磨损等问题,克服了离心点火提前调整装置和真空点火提前调整装置的缺陷,使点火系统的发展更趋完善,发动机的性能得到进一步改善和更加充分的发挥。因此,微型计算机控制点火系统是继无触点的普通电子点火系统之后,点火系统发展的又一次飞跃。

微型计算机控制点火系统按是否配有分电器分为有分电器微型计算机控制点火系统和无分电器微型计算机控制点火系统两种。有分电器式微型计算机控制点火系统点火线圈产生的高压电由配电器按发动机作功顺序分配给各缸火花塞，仍然要产生较多电火花，不仅浪费能量，而且还产生电磁干扰信号。而无分电器微型计算机控制式点火系统没有配电器，点火线圈次级绕组的两端直接与火花塞相连，发动机运转时，微型计算机根据传感器信号，直接控制各个点火线圈产生高压电，使相应火花塞跳火。到目前为止，无分电器微型计算机控制点火系统是技术最先进的点火系统。

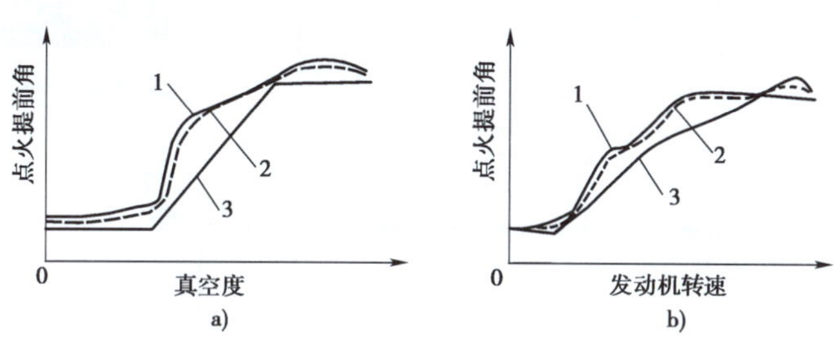

图 10-23　点火提前角随转速和真空度的变化规律和调节特性

a)点火提前角随进气支管真空度的变化规律；b)点火提前角随发动机转速的变化规律

1-理想点火正时曲线；2-微型计算机控制点火正时曲线；3-机械调节装置点火正时曲线

一、有分电器微型计算机控制点火系统

1. 有分电器微型计算机控制点火系统的组成

有分电器微型计算机控制点火系统一般由传感器、微型计算机控制器、点火执行器等组成，图 10-24 是有分电器微型计算机控制点火系统的组成框图。不同发动机的点火系统的结构不尽相同，但其工作原理相似。图 10-25 所示为奥迪 200 型轿车五缸涡轮增压发动机微型计算机控制点火系统结构示意图，其主要组成部分及作用如下。

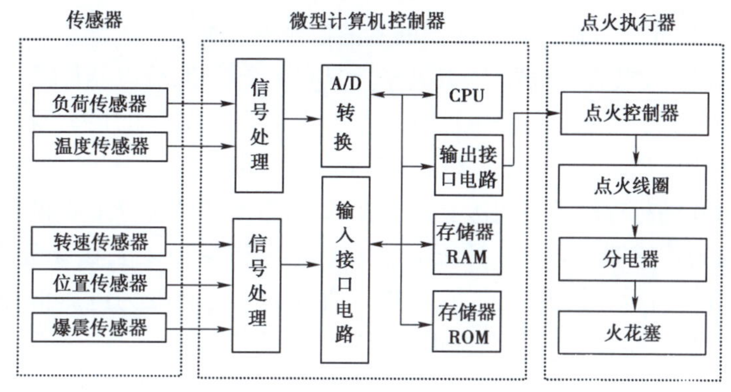

图 10-24　有分电器微型计算机控制点火系统的构成

1)传感器

在微型计算机控制点火系统中，传感器是用来在发动机工作时不断地检测反映发动机工况的信息，并输入控制器，作为控制系统进行运算和控制的依据或基准。

(1)发动机转速传感器。用来检测发动机曲轴的转速，作为控制系统进行运算的主要依据。它是由传感线圈和永久磁铁组成的磁脉冲式信号发生器，安装在飞轮的侧面，线圈的铁芯与飞轮周缘上的 135 个凸齿相对应。

发动机工作时,曲轴不断旋转,飞轮上的凸齿不断地在线圈铁芯的旁边扫过,使线圈中产生交变的电压信号(以下简称脉冲信号),曲轴每转一转,线圈中产生135个脉冲信号输入控制器,作为控制系统进行运算和控制的主要依据。

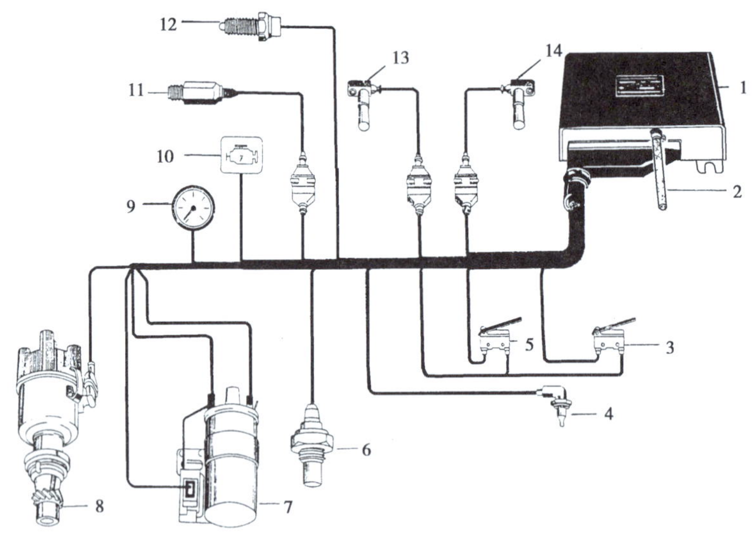

图10-25　奥迪200微型计算机控制点火系统结构示意图

1-微型计算机控制器;2-增压传感器连接管;3-全负荷开关;4-进气温度传感器;5-怠速及超速燃油阻断开关;6-冷却液温度传感器;7-点火线圈;8-霍尔分电器;9-速度表;10-故障灯;11-爆震传感器;12-制动灯开关;13-发动机转速传感器;14-点火基准传感器

(2)点火基准传感器。其结构与发动机转速传感器相同,也安装在飞轮的侧面,线圈的铁芯与固定在飞轮上的一个圆柱销相对应。发动机工作时,当第一缸活塞到达压缩行程上止点前62°时产生信号,以此信号作为点火控制的基准信号。

(3)霍尔传感器。安装在分电器内,其转子上只有一个缺口,分电器每转一转只产生一个脉冲信号,信号的宽度为35°。在安装分电器时,应使该信号出现在一缸压缩行程上止点前80°。霍尔传感器的信号也输入控制器,并使来自点火基准传感器的第二个信号被抵消,从而曲轴每转两转得到一个第一缸压缩行程时活塞到达上止点前62°的信号,作为点火控制的实际基准。

(4)进气管压力传感器。它是一种压电晶体型负压传感器,安装在微型计算机控制器内,通过胶管连接到节气门后方的进气道,它将进气管内的压力转变为电压信号(反映发动机负荷的大小)输入控制器,也作为控制系统进行运算的主要依据。

(5)冷却液温度传感器。采用热敏电阻型温度传感器,安装在发动机的冷却水道上。发动机工作时,检测冷却液的温度信号输入控制器,作为控制系统根据冷却液温度修正点火时刻的主要依据。

(6)爆震传感器。发动机工作时的最佳点火提前角与发动机爆震时的点火提前角极其接近,所以发动机工作时容易产生爆震。爆震传感器可以检测到这一信号,并输入控制器,以便在发生爆震时,控制系统自动地推迟点火提前角以消除爆震。

(7)怠速及超速燃油阻断开关。安装在节气门体总成的底部,将怠速时节气门关闭的电压信号输入控制器,作为怠速点火时刻和怠速转速控制的依据,也作为发动机怠速状态超速运行时切断燃油供给的依据。

(8)全负荷节气门开关。安装在节气门体总成的顶部,将发动机全负荷运行时节气门全开的信号输入控制器,用于发动机全负荷时点火时刻控制和混合气加浓控制。

2)微型计算机控制器

微型计算机控制器简称控制器,或称电子控制单元(ECU)。它是控制系统的中枢,也称为电脑。在发动机工作时,控制器根据各传感器输入的反映发动机工况的信息,按特定的程序计算最佳点火提前角和初级电路导通时间,并将计算的结果转变为点火控制信号,控制点火系统的工作。

微型计算机控制系统的功能很强,一般情况下,它在进行点火控制的同时,还可以同时实现对发动机的汽油喷射(空燃比)控制、怠速转速、废气再循环、燃油泵的工作等多项参数的控制。它还具有故障自诊断和保护功能,当控制系统或某些传感器发生故障时,它能自动地检测到故障的部位,记录故障码并采取相应的保护措施,维持发动机运行。

控制器主要由微处理器、存储器、输入输出接口、模数转换器以及信号滤波整形、驱动放大等大规模集成电路组成。

(1)微处理器。它是控制器的核心部分,具有运算和控制的功能,也称为中央处理器(CPU)。发动机运行时,它不断地采集各传感器输入的信号,进行运算,并将运算的结果转变为控制信号,通过输出电路,控制点火系统的工作;它还实行对存储器、输入输出接口及其他外围电路的控制。

(2)存储器。它也是控制器的重要组成部分,用来存放控制系统运行所需要的全部程序,存放通过大量试验获得的原始数据,例如发动机在各种转速和负荷时的最佳点火提前角、初级电路导通时间及其他有关数据;还要存放运算的中间结果。按着存储对象的性质和要求不同,存储器分为只读存储器(ROM)和随机存储器(RAM)两种形式。前者用来存放程序和原始数据,后者存放运算的中间结果。

(3)输入、输出接口。用英文名称的缩写 I/O 表示,也称为 I/O 接口。由于 CPU 的工作速度极快,而传感器等外部电路的速度又很慢,因此它们之间不能直接进行数据的交换,输入、输出接口的作用是协调 CPU 与外部设备之间的工作。

(4)模数转换器。用英文名称的缩写 A/D 表示,也称为 A/D 转换器。一些传感器输入的信号是连续变化的电流或电压信号,称为模拟信号。而 CPU 只能接受用 0 或 1 表示的数字信号,A/D 转换器是用来将模拟信号转变为数字信号的集成电路芯片。

(5)整形与信号处理电路。用来将传感器输出的信号滤波整形、放大,转变为计算机能接受的理想的波形。

3)点火执行器

点火执行器是微型计算机控制器的执行机构,它可将微型计算机输出的点火信号进行功率放大,驱动点火线圈工作,使火花塞跳火。

2. 有分电器微型计算机控制点火系统的工作原理(图 10-25)

发动机工作期间,各传感器不断地将检测到的信号,如发动机的转速、负荷、冷却液的温度、节气门的状态以及是否发生爆震等与发动机工况有关的信息,经接口电路输入微型计算机控制器。控制器根据发动机的转速和负荷信号,按存储器中存储的程序以及与点火提前角和初级电路导通时间等有关的数据,计算出与该工况相对应的最佳点火提前角和初级电路导通时间，并根据冷却液的温度加以修正。最后根据计算结果和点火基准信号，在最佳时刻向点火控制器发出控制信号，接通点火线圈的初级电路，经过最佳导通时间后，再发出控制信号，切断点火线圈的初级电路，使点火线圈的次级电路中产生高压电，并经分电器送往火花塞，点燃混合气。曲轴每转两圈，各缸火花塞按点火次序轮流跳火一次。发动机工作时，上述过程周而复始，若要停止发动机工作，只要断开点火开关，切断初级电路即可。点火控制主要有三个方面：点火提前角控制、闭合角控制和爆燃控制。

1）点火提前角的控制

在微型计算机控制点火系统中，点火提前角按发动机起动与正常运行两种基本工况实现控制。

（1）发动机起动工况。发动机刚起动时，其转速较低（一般认为在500r/min以下），且进气歧管压力信号或进气量信号不稳定。此时可由ECU根据所控制的发动机工作特性预置一个固定的点火提前角，称为初始点火提前角。也就是说，ECU检测到发动机处于起动工况，就按预置的初始点火提前角控制各缸点火，此时ECU检测的控制信号主要是发动机转速信号（n_e）和起动开关信号（STA）。初始点火提前角的设定因发动机而异，但一般为压缩行程中活塞到达上止点前10°左右。

（2）发动机正常运行工况。发动机正常运行期间，ECU要根据实测的有关发动机各种工况信息确定最佳点火提前角，该最佳点火提前角由初始点火提前角、基本点火提前角和修正点火提前角构成。

①基本点火提前角。基本点火提前角通常以二维表格的形式存储在CPU的ROM存储器中，分为怠速和正常行驶两种工况进行控制。在怠速工况下，节气门开度传感器怠速触点闭合，ECU接受怠速触点闭合的信息后，便根据发动机转速和空调开关是否接通确定基本点火提前角，如图10-26所示。正常行驶工况时，由于影响点火提前角的因素较多，关系复杂，其中最主要的是发动机的转速和负荷。通过发动机的大量试验，测出在不同工况下，使其动力性、燃油经济性、排放净化性能等达到最佳值时的点火提前角数值，对这些数据进行处理，得出点火提前角与发动机转速、负荷之间的关系图，称之为脉谱（MAP）图，如图10-27所示，将该图以数据表格的形式储存到CPU的存储器（ROM）中。发动机正常运行时，ECU接受怠速触点断开的信息后，根据实测的发动机转速信号和进气流量信号（或进气歧管压力信号），在内存数据表中查找出相应的角度，该角度称为这一工况下的基本点火提前角。基本点火提前角一般情况下随发动机转速升高而增大，随进气流量（或进气歧管压力）增加而减小。

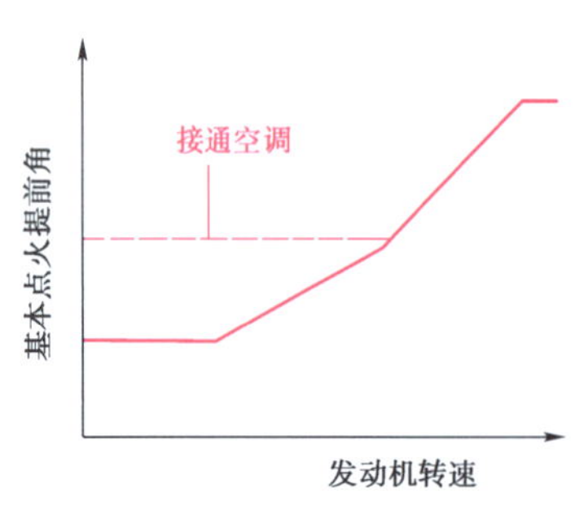

图10-26　怠速时的基本点火提前角

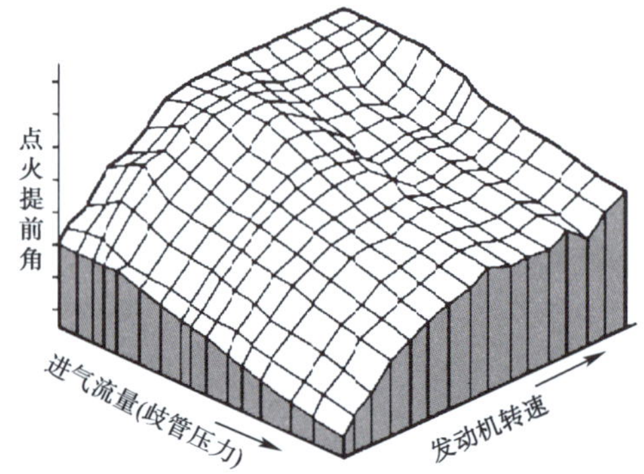

图10-27　点火提前角脉谱图

②修正点火提前角。发动机正常运行时，将根据发动机冷却液温度、进气温度、混合气空燃比、爆震、废气中氧的含量等诸多因素对点火提前角进行修正。

a. 暖机修正。如图 10-28 所示，当发动机起动后，节气门位置传感器怠速触点闭合时，微型计算机根据发动机冷却液温度修正点火提前角。当冷却液温度较低时，由于混合气的燃烧速度慢，应适当增大点火提前角，以使发动机尽快暖机。控制暖机修正量的主要信号有节气门开度和冷却液温度信号。

b. 怠速稳定修正。发动机在怠速运行期间，由于发动机负荷变化，会引起发动机转速改变而偏离怠速工况设定的目标转速。为了能保证稳定怠速运转，就必须相应地修正点火提前角。如图 10-29 所示，当检测到的实际转速低于怠速目标转速时，应相应增大点火提前角；相反，减小点火提前角。控制怠速稳定性修正量的主要信号有发动机转速信号、节气门开度信号、车速信号和空调信号等。

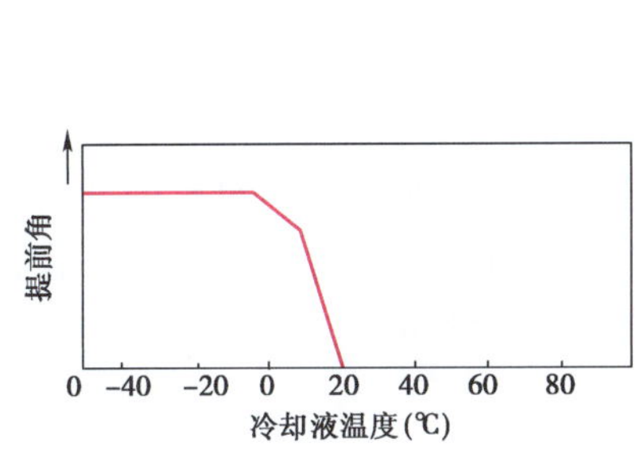

图 10-28　点火提前特性的暖机修正

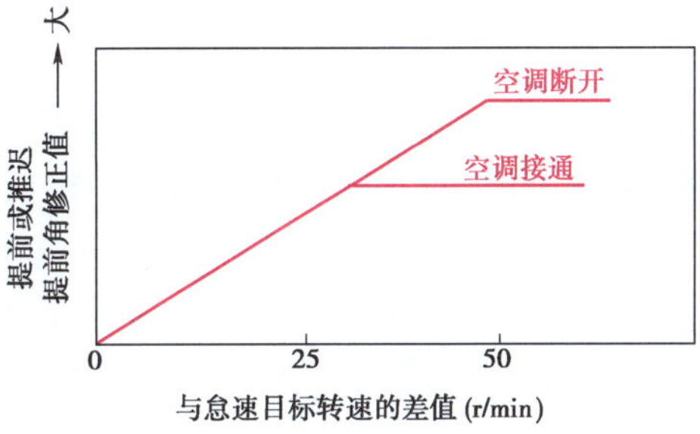

图 10-29　点火提前角的怠速稳定修正

c. 过热修正。发动机处于非怠速正常运行工况时，若冷却液温度过高，为了避免发动机过热产生爆燃，应减小点火提前角。但当发动机处于怠速工况时，若冷却液温度过高，为了避免发动机长时间过热，则应增加点火提前角，其过热修正特性如图 10-30 所示。控制过热修正量的主要信号有冷却液温度信号和节气门开度信号。

d. 空燃比反馈修正。当装有氧传感器的电控燃油喷射系统进入闭环控制时，ECU 通常根据氧传感器的反馈信号对空燃比进行修正。随着修正喷油量的增加和减少，发动机的转速在一定范围内波动。为了提高发动机转速的稳定性，当反馈修正油量减少而导致混合气变稀时，点火提前角应适当地增加，反之则减小。其修正特性如图 10-31 所示。

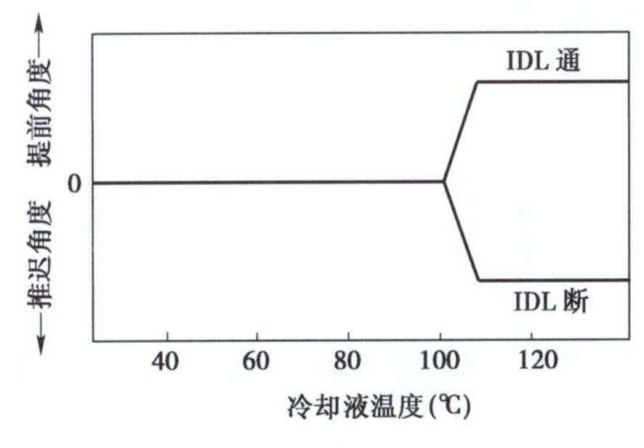

图 10-30　点火提前角的过热修正

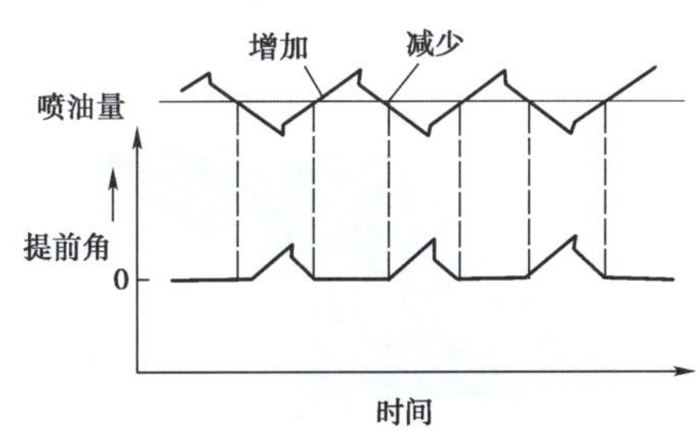

图 10-31　点火提前角的空燃比反馈修正

发动机的实际点火提前角是初始点火提前角、基本点火提前角和修正点火提前角三者之和，如图10-32所示。

当发动机工作时，曲轴每旋转一圈，ECU就会根据所测得的参数值确定点火提前角并发出点火信号，并随着发动机的转速和负荷变化进行实时控制。当发动机的初始点火提前角设定之后，受ECU控制的点火提前角只有基本点火提前角和修正点火提前角，此两项之和一般最大为35°~45°，最小为-10°~0°。ECU设置有点火提前角限值调整功能，若点火提前角超过限值范围时，ECU就会把实际点火提前角调整到最大或最小允许提前角。

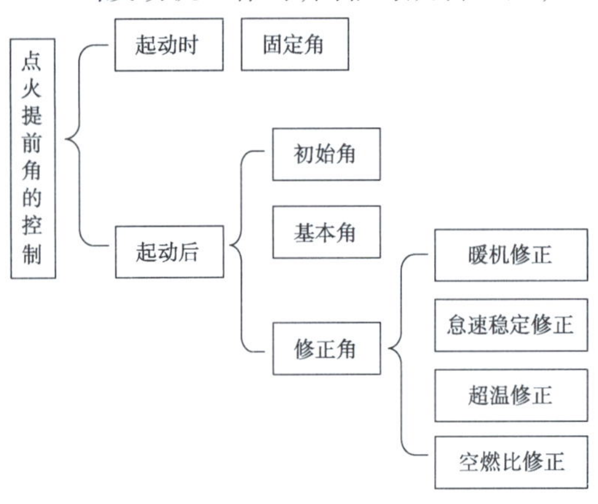

图10-32 实际点火提前角

2）初级电路导通时间的控制

该控制又称闭合角控制。对于电感储能式点火系统，点火线圈初级绕组的导通时间直接影响初级断电电流 I_p 和点火能量，为了确保点火可靠，必须控制最佳导通时间。一方面，当点火线圈初级电路被接通时，只有导通时间达到一定长度，才能保证初级电流有足够的增长值，初级电路断开时，次级电路方能产生足够的放电电压和点火能量。另一方面，当发动机低速运转时，如果初级电路导通时间过长，点火线圈因过热而易损坏。因此，需要对点火线圈初级电路导通时间即闭合角进行适当控制。

初级电路导通时间（闭合角）的主要信号是发动机转速信号和电源电压信号。对于某一确定形式的发动机，通过实验确定初级电路的最佳导通时间与发动机转速和蓄电池电压的变化关系，图10-33是实验确定的某型发动机最佳闭合角的脉谱图，该图或以数据表格的形式存储到ECU的存储器（ROM）中，供发动机工作时调用。当发动机工作时，ECU不断检测电源电压和发动机转速的实际值，从脉谱图或数据表中查找到相应的闭合角，然后用1°曲轴转角的指令精度进行控制。

发动机点火闭合角脉谱图在电源电压一定时，采用闭合角控制后，在转速变化时闭合角相应调整，使通电时间不随转速变化。但是，当电源电压变化时，初级电流上升速率将发生变化：电源电压高时初级电流上升快，电源电压低时初级电流上升慢，其结果是虽然通电时间不变，但初级断电电流 I_p 发生了变化。为了保证 I_p 不受电源电压变化的影响，当电源电压升高时，通电时间应适当减小；反之，应适当增加，如图10-34所示。

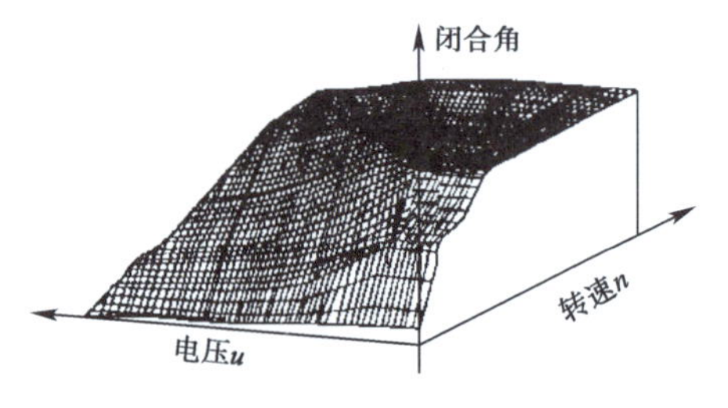

图10-33 某型发动机最佳闭合角的脉谱图

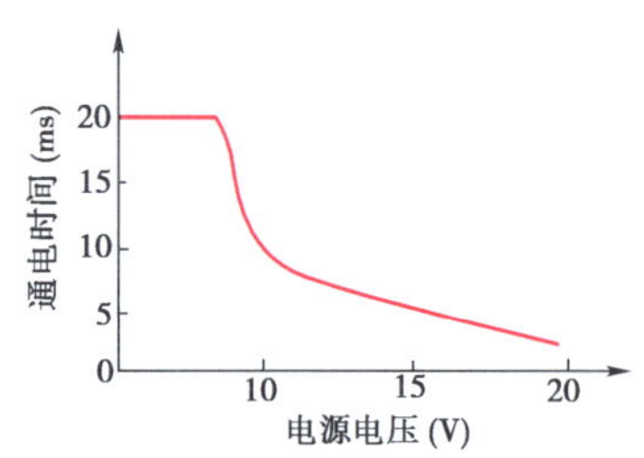

图10-34 初级电路导通时间的修正曲线

表10-1给出了当电源电压为额定值12V时，发动机不同转速下闭合角 β 的变化情况。如

当电源电压为12V，曲轴转速为2000r/min时，闭合角$\beta=42°$（换算成曲轴转角84°），即开关管的导通角84°，ECU然后按1°的控制精度，从开关管导通的时刻开始，计数曲轴84个1°的控制信号后，立即令开关管截止，从而保证这种工况下初级绕组的通电时间。

不同发动机转速下的闭合角　　表10-1

发动机转速 n(r/min)	600	1000	1500	2000	2500	3000	3500
闭合角β(°)	17	24	33	42	51	60	68

在有些点火装置中，为了减小转速对次级电压的影响，提高点火能量，采用初级线圈电阻很小的高能点火线圈，其饱和电流可达30A以上，这一技术称之为高能点火技术（HEI）。为了防止初级电流过大烧坏点火线圈，在点火控制电路中增加了恒流控制电路，如图10-35所示，从而保证任何转速下初级电流都能达到规定值7A，一方面改善了点火性能，另一方面又能防止初级电流过大而烧坏点火线圈。

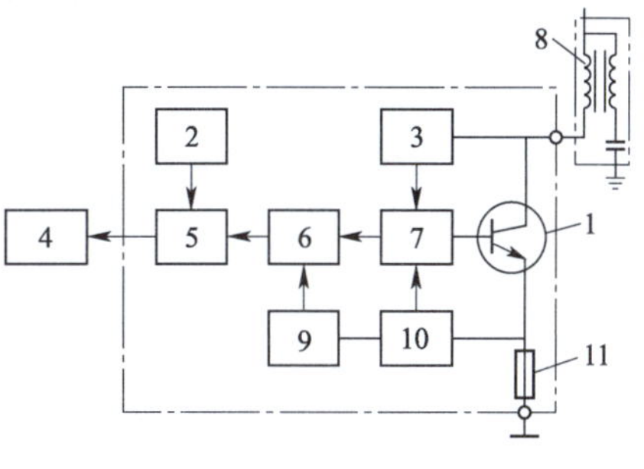

图10-35　点火线圈的恒流控制电路

1-达林顿功率管；2-偏流回路；3-过电压保护回路；4-磁电敏感元件；5-波形整形回路；6-通电率发生回路；7-放大回路；8-发火器；9-通电率控制回路；10-恒定电流控制回路；11-电流检测电阻

3）爆燃控制

汽油机在压缩行程接近终了时，由火花塞跳火点燃可燃混合气，火焰便以火花塞为中心迅速向外传播，从而完成发动机的膨胀作功冲程。在此期间，如果汽缸压力和温度异常升高，就可能会发生部分混合气在火焰尚未传播到位时就自行着火燃烧的现象。燃烧室内会瞬时形成多火源燃烧，这种燃烧现象称为爆燃，爆燃时还伴随产生高温和强大的压力波。如果持续产生爆燃，会引起汽缸体、汽缸盖和进气歧管等薄壁构件的高频振动，运动机构产生冲击载荷，产生很大的噪声和机件损坏，这种现象称为敲缸。除此之外，爆燃还很可能产生火花塞电极或活塞过热、熔损等现象，造成发动机的严重故障，因此必须尽力防止爆燃的产生。在电控点火系统中，若采用带有爆燃传感器的闭环控制系统，则可以有效地防止爆燃的产生。

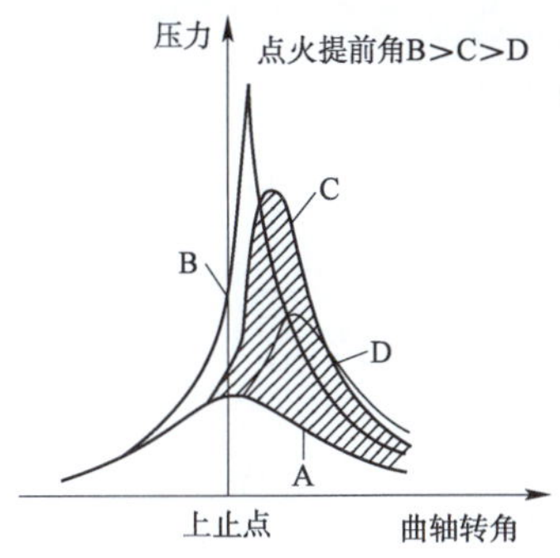

图10-36　汽缸压力与点火时刻的关系

爆燃与点火提前角有直接的关系，如图10-36所示。曲线A是汽缸内不燃烧时的压力波形，曲线B、C、D分别表示不同点火时刻汽缸内的燃烧压力波形，点火提前角B>C>D。显然，点火提前角越大，燃烧压力越大，则越容易产生爆燃，如曲线B所示。此外，从图10-37中还可以看出，使发动机发出最大转矩的点火时刻（MBT曲线）出现在爆燃界限附近。因此，可以利用爆燃传感器实时检测临界爆燃的状态，将点火时刻控制在爆燃界限附近，以提高发动机的动力性。

爆燃传感器大多数安装在发动机的缸体上，利用压电元件的压电效应，把爆燃传到缸体上的振动转换成电压信号，再通过ECU对信号进行处理和识别，进而控制发动机的点火提前角。

爆燃传感器的种类有很多，可分为共振型、非共振型和火花塞座金属垫型三种。但是广泛采用的是宽幅共振压电式爆燃传感器。该类传感器虽输出电压的峰值较低，但可以在较大振动频率范围内检测出共振电压信号，适用于随发动机转速变化而产生不同爆燃频率信号的检测。

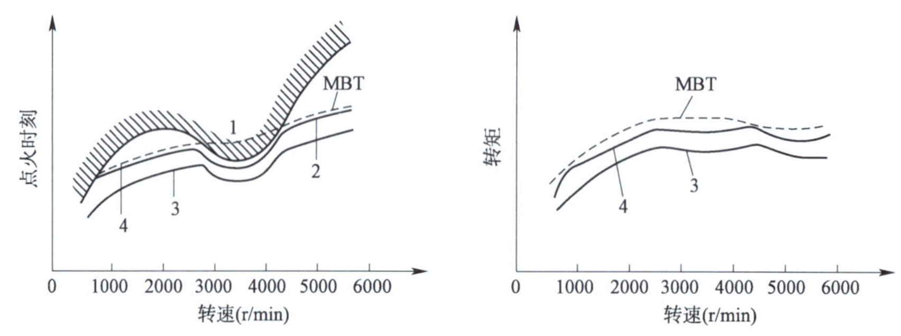

图 10-37 爆燃与点火时刻的关系

1-爆燃范围；2-余量幅度；3-无爆燃控制；4-有爆燃控制

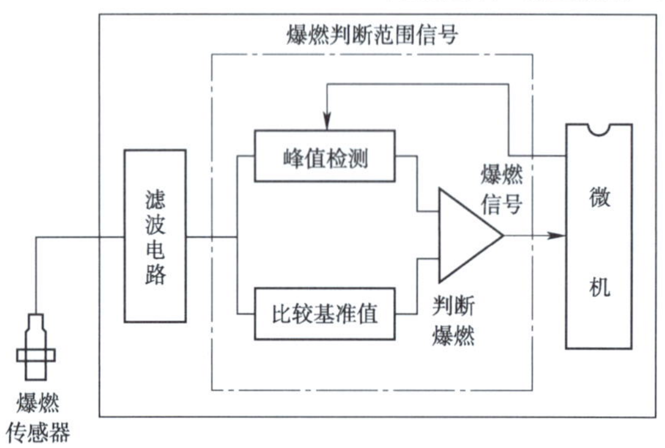

图 10-38 ECU 中的爆燃信号识别电路

爆燃状态的识别可通过 ECU 中的爆燃信号识别电路来完成。如图 10-38 所示，先用滤波电路将爆燃信号进行过滤，只允许特定频率范围的爆燃信号通过滤波电路。再将滤波后信号的峰值电压与爆燃强度基准值进行比较，若其值大于爆燃强度基准值，控制系统可由此判定爆燃程度，并以某一固定值（1.5°～2°曲轴转角）逐渐减小点火提前角，直至无爆燃信号出现，则在一段时间内保持其值不变。若又有爆燃发生，继续前一控制过程；若无爆燃发生，则又开始以相同固定值逐渐增大点火提前角，一直到爆燃重新产生，周而复始。图 10-39 为爆燃控制原理，其实际点火提前角的控制过程如图 10-40 所示。

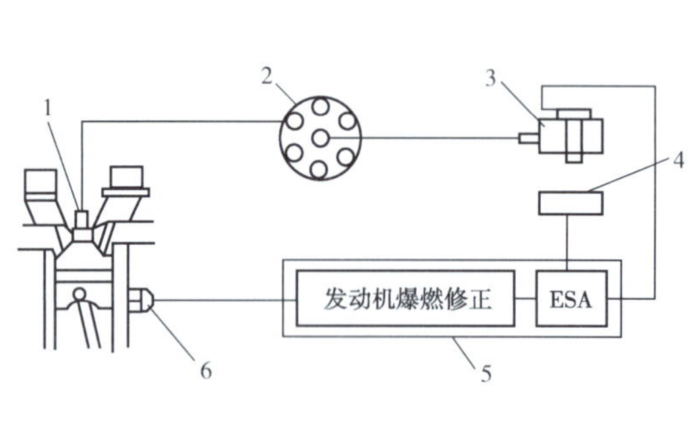

图 10-39 爆燃控制原理

1-火花塞；2-分电器；3-点火器和点火线圈；4-传感器；5-ECU；6-爆燃传感器

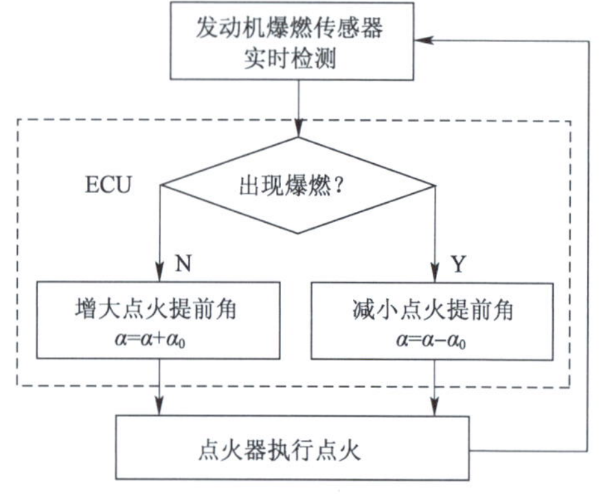

图 10-40 点火提前角的控制过程

为了提高点火系统控制的可靠性，并非任何时间均进行爆燃反馈控制。通常设定的爆燃范围，只限于能够识别发动机点火后爆燃且可能发生的一段曲轴转角范围内。只有在该范围内，控制系统才允许对爆燃信号进行信号识别。另外，当发动机的负荷低于某一值时，一般也不会出现爆燃。此时,点火控制系统亦采用开环控制。

为防止传感器失灵、检测电路发生故障、线缆断裂等意外情况,爆燃控制系统内设置了一个安全电路。一旦出现上述情况,安全电路将点火时刻推迟,并且点亮仪表警告灯,警告驾驶人爆燃控制系统发生了故障。

二、无分电器微型计算机控制点火系统

1. 无分电器微型计算机控制点火系统的优点

无分电器微型计算机控制点火系统,又称为直接点火系统,高压配电方式由原来的机械式配电改为电子式配电,它除了具有有分电器微型计算机控制点火系统的优点以外,因取消了分电器总成,还具有以下优点:

(1)在不增加电能消耗的情况下,进一步增大了点火能量。有分电器点火系统中,机械分火头与侧电极之间存在一定的间隙,分火头上的高压电需跳过该间隙才能经高压线传至需点火汽缸的火花塞,因而必然在该间隙处产生附加电火花。采用无分电器点火系统,则可以完全避免这部分能量损失,使有效点火能量进一步提高,从而有利于采用混合气燃烧来降低排放污染物含量和油耗量。

(2)对无线电的干扰大幅度降低。机械分火头与侧电极之间的附加电火花会向周围辐射频带较宽的电磁波,形成危害较大的无线电污染。无分电器点火系统,则消除了这种干扰波,减轻了无线电干扰。当采用无高压线直接点火系统时,还可以消除高压线辐射的无线电干扰波,将无线电干扰几乎降到零水平。

(3)避免了与分电器有关的一些机械故障,如分电器盖裂损、碳棒磨损、分电器轴及衬套磨损、分电器盖和分火头受潮漏电等造成的点火失常等故障将不复存在,使点火系统的故障率降低,工作可靠性提高。

(4)高速时点火能量有保证。无分电器点火系统采用多个点火线圈轮流点火,使得每个点火线圈的初级绕组都有足够的通电时间,保证了高速情况下充足的点火能量,以适应现代高速发动机的点火要求。

(5)节省了安装空间,有利于发动机的合理布置,为汽车车身的流线型设计提供了有利条件。

(6)无需进行点火正时方面的调整,使用、维护方便。

由于无分电器点火系统具有上述突出特点,所以自 20 世纪 80 年代问世以来,它在美、日以及欧洲发达国家得到迅速发展和广泛应用,带来了点火系统发展的又一次飞跃。进入 90 年代后,无分电器点火系统在发达国家的应用已经比较普遍,我国一汽大众生产的部分奥迪轿车和捷达轿车、上海大众汽车公司生产的部分桑塔纳 2000 型轿车等也相继采用了无分电器点火系统。无分电器点火系统正逐步成为点火系统的主流。

2. 无分电器微型计算机控制点火系统的组成

无分电器微型计算机控制点火系统由低压电源、点火开关、微型计算机控制单元 ECU、点火控制器、点火线圈、火花塞、高压线和各种传感器等组成,如图 10-41 所示。有的无分电器点火系统还将点火线圈直接安装在火花塞上方(点火线圈的数目与汽缸数目一致),取消了高压线,如图 10-42 所示。

3. 无分电器微型计算机控制点火系统的工作原理

无分电器微型计算机控制点火系统根据高压配电方式的不同分为DIS(Direct Ignition System)独立点火方式和DLI(Distributorless Ignition)同时点火方式两种,其工作原理也各不相同。

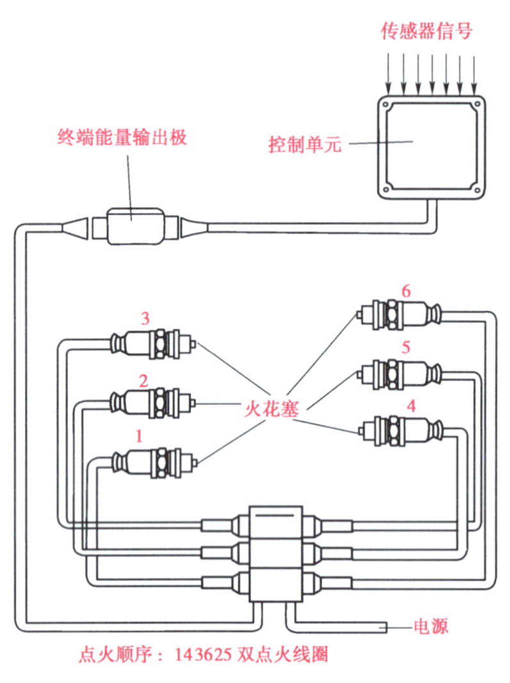

图10-41　无分电器微型计算机控制点火系统组成

1)独立点火方式

独立点火方式是一个缸的火花塞配用一个点火线圈,各个独立的点火线圈直接安装在火花塞上,独立向火花塞提供高压电,各缸直接点火。这种点火方式通过凸轮轴传感器或通过监测汽缸压缩来实现精确点火,它适用于任何缸数的发动机,特别适合每缸4气门的发动机使用。因为火花塞点火线圈组合可安装在双顶置凸轮轴(DOHC)的中间,充分利用了间隙空间。这种结构的特点是去掉了高压线,因此可以使高压电能的传递损失和对无线电的干扰降低到最低水平;且由于一个线圈向一个汽缸提供点火能量,与分电器系统相比,在相同的转速和相同点火能量下,单位时间内线圈中通过的电流要小得多,线圈不易发热,所以这种线圈的初级电流可以设计的较大,即使在发动机以9000r/min高速运行时,也能够提供足够的点火能量。

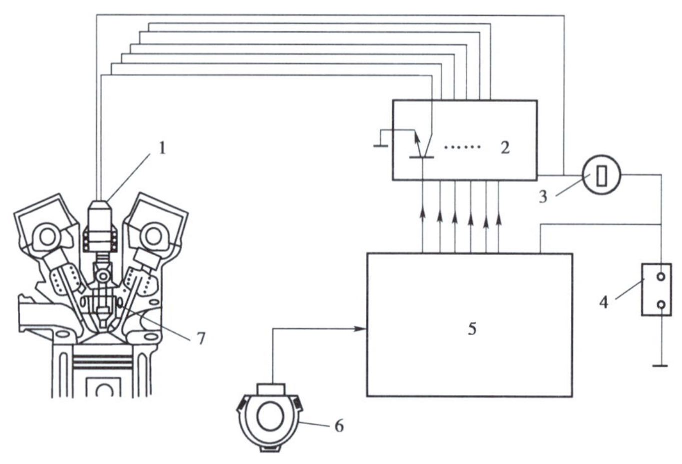

图10-42　无高压线微型计算机控制点火系统组成

1-点火线圈;2-点火控制器;3-点火开关;4-蓄电池;5-微型计算机控制单元(ECU);6-传感器;7-火花塞

独立点火方式因车型的不同,其控制电路也存在一定的差异,有些采用一个点火控制器,如日产地平线2000轿车RB20DC发动机,如图10-43所示;有些则采用多个点火控制器,如奥迪五缸发动机(图10-44),但其工作原理相同。发动机工作时,微型计算机控制单元(ECU)不断检测传感器的输入信号，根据存储器存储的数据计算并求出最佳点火提前角和通电时间，以点火基准传感器为标准，按照发动机各缸的作功顺序，确定每一缸点火线圈的接通时间和通电时间，并将其转换为该缸点火线圈的控制信号 IG_i（i 指第 i 个汽缸）。当某缸的控制信号为低电平时，点火控制器中对应此缸的功率晶体管导通，点火线圈通电；当该缸的控制信号变为高电平时，对应的晶体管截止，线圈中电流被切断，次级线圈产生高压电，将火花塞电极击穿点火。独立点火的点火控制器需要判别的点火汽缸的数目多，因此汽缸判别电路较复杂。单独点火方式是目前点火系统发展的最高阶段，帕萨特 B5、部分奥迪 A6 及日产风度等乘用车都采用这种点火方式。

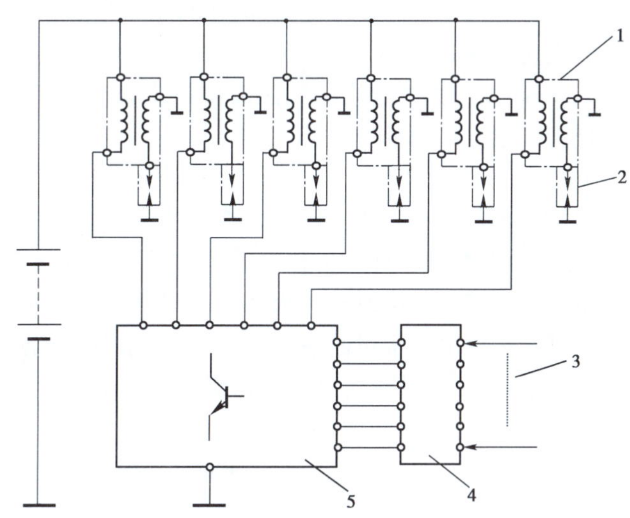

图 10-43 点火线圈独立、共用一个点火控制器的点火系统工作原理图

1-点火线圈；2-火花塞；3-传感器输入信号；4-微型计算机控制单元；5-点火控制器

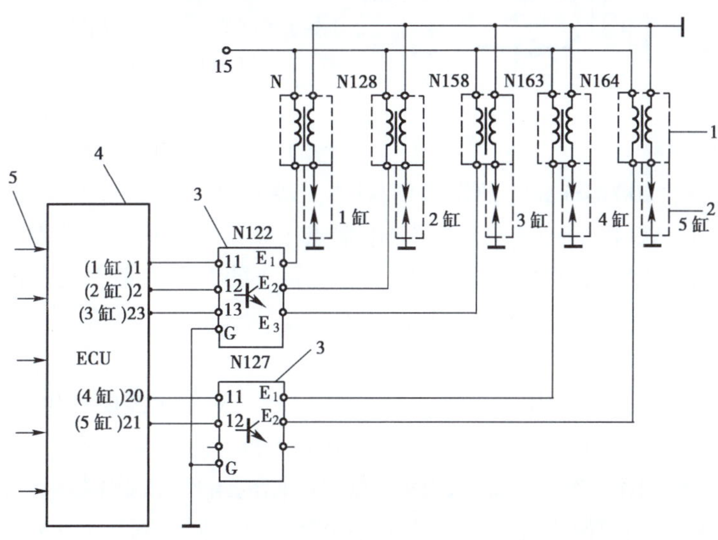

图 10-44 点火线圈独立、分组共用点火控制器的点火系统工作原理图

1-点火线圈；2-火花塞；3-点火控制器；4-微型计算机控制单元；5-传感器信号

2）同时点火方式

同时点火方式是利用一个点火线圈对两个活塞位置同步缸（两个缸相位相差360°，活塞同时到达上止点位置，但一个缸为压缩行程的上止点，另一个缸为排气行程的上止点。例如点火顺序为1-5-3-6-2-4的发动机中，1、6缸，2、5缸及3、4缸分别为同步缸），同时进行点火的高压配电方法。其中，活塞接近压缩行程上止点的汽缸点火后，混合气燃烧作功，该汽缸火花塞产生的电火花是有效火花；活塞接近排气行程上止点的汽缸，火花塞产生的电火花是无效火花。由于排气汽缸内的压力远低于压缩汽缸内的压力，火花塞处于低压高温的废气中电极之间的电阻很小，加之废气中导电离子较多，其火花塞很容易被高压击穿，排气汽缸中的火花塞的击穿电压也远低于压缩汽缸中火花塞的击穿电压，消耗的能量非常少，因而绝大部分点火能量主要释放在压缩汽缸的火花塞上，约占总能量的80%左右。同时点火方式中，由于点火线圈仍然远离火花塞，所以点火线圈与火花塞之间仍然需要高压线连接。同时点火方式又分为点火线圈配电方式和二极管配电方式两种。

（1）点火线圈配电方式，是一种直接用点火线圈分配高压电的同时点火方式。几个相互屏蔽的、结构独立的点火线圈组合成一体，称为点火线圈组件。4缸机的点火线圈组件有两个独立的点火线圈，6缸机的点火线圈组件有三个独立的点火线圈。每个点火线圈供给配对的两个缸的火花塞以高压电。点火控制器中有与点火线圈数量相等的功率三极管，各控制一个点火线圈的工作。点火控制器根据电脑提供的点火信号，由汽缸判别电路按点火顺序轮流激发功率三极管，使其导通或截止，以此控制点火线圈初级绕组的通断，产生次级电压而点火。有些点火线圈配电方式点火系统，在点火线圈的次级绕组中串联一个高压二极管，其作用是防止高速时初级绕组导通而产生的次级电压形成误点火，如图10-45所示。还有的无分电器点火系统点火线圈的次级绕组与火花塞之间的高压电路中留有3～4mm的间隙，其作用与次级绕组中串联的高压二极管的作用一样，也是防止初级电路接通时的误点火。

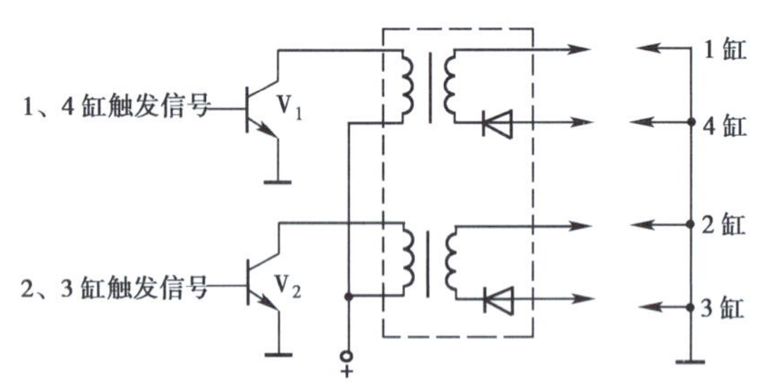

图10-45　点火线圈配电方式

点火线圈配电方式点火系统是应用最广泛的一种无分电器微型计算机控制点火系统，如捷达王、桑塔纳2000GSi轿车的发动机、日本三菱公司的部分直列4缸机和部分V6发动机、美国福特公司的V6和V8发动机的无分电器点火系统均采用点火线圈配电方式；丰田皇冠轿车的DLI、通用别克轿车的C31、雪佛兰、旁蒂克轿车的DIS、奥兹莫比尔轿车的IDI以及韩国大宇、超级沙龙轿车的DIS等也都是点火线圈配电方式的无分电器微型计算机控制点火系统。

（2）二极管配电方式，是利用二极管的单向导通特性，对点火线圈产生的高压电进行分配的同时点火方式，如图10-46所示。与二极管配电方式相配的点火线圈有两个初级绕组、一个次级绕组，相当于是共用一个次级绕组的两个点火线圈的组件。次级绕组的两端通过四个高压二极管与火花塞组成回路，其中配对点火的两个活塞必须同时到达上止点，即一个处于压缩行程上止点时，另一个处于排气行程上止点。微型计算机控制单元根据曲轴位置等传感器输入的信息，经计算、处理，输出点火控制信号，通过点火控制器中的两个大功率三极管（V_1和

V_2)，按点火顺序控制两个初级绕组的电路交替接通和断开。当1、4缸点火触发信号输入点火控制器时，大功率三极管V_1、初级绕组N_1断电，次级绕组产生虚线箭头所示方向的高压电动势，此时1、4缸高压二极管正向导通而使火花塞跳火。当2、3缸点火触发信号输入点火控制器时，大功率三极管V_2截止，初级绕组N_1断电，次级绕组产生实线箭头所示方向的高压电动势，此时2、3缸高压二极管导通，故2、3缸火花塞跳火。二极管配电方式的主要特点是一个点火线圈组件为四个火花塞提供高压电，因此特别适宜于4缸或8缸发动机。日产(如尼桑蓝鸟)、福特等汽车公司的部分4缸发动机上采用了二极管配电方式无分电器点火系统。

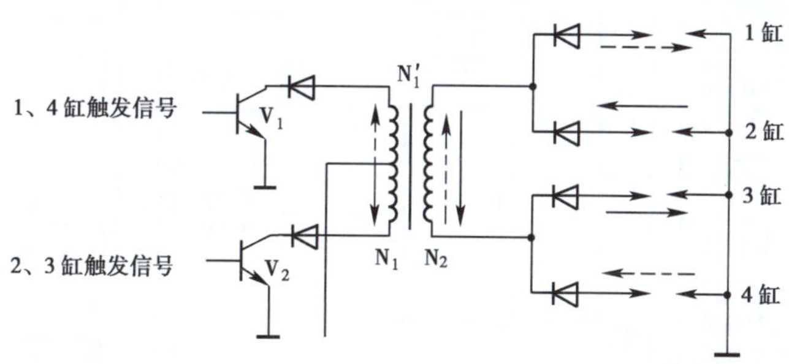

图10-46　二极管配电方式

4. 主要元器件的结构及原理

无分电器微型计算机控制点火系统与有分电器微型计算机控制点火系统相比，火花塞、高压线和主要传感器的结构和原理基本相同，但是微型计算机控制单元、点火控制器和点火线圈在结构和原理方面存在一些差异。

1)微型计算机控制单元

由于无分电器点火系统取消了机械式高压配电而改为电子式高压配电，因此，微型计算机控制单元不再只控制一个点火线圈初级绕组的通断，而是要根据曲轴的不同位置，按一定顺序控制两个或多个点火线圈初级绕组，以实现电子式高压配电。

微型计算机控制单元(图10-47)除了包括输入接口电路(I/O)、A/D转换器、计算控制单元(CPU)、只读存储器(ROM)、随机存储器(RAM)等组成部分外，还增加了汽缸判别(简称判缸)电路(又称为分电电路)，以根据曲轴位置传感器或汽缸判别信号传感器确定需要控制的点火线圈初级绕组。同理，输出接口电路也不只输出一路点火控制信号，而是依次输出多路点火控制信号，分别控制点火控制器中与各点火线圈初级绕组对应的大功率三极管的通断；或者输出接口电路在输出一路点火控制信号的同时输出一路判别汽缸信号，由点火控制器根据点火控制信号和判别汽缸信号控制与各点火线圈初级绕组对应的大功率三极管的通断，使需要点火汽缸的火花塞适时跳火。

2)点火控制器

由于无分电器点火系统有两个或多个点火线圈或点火线圈初级绕组，所以点火控制器一般除了具有自动断电功能、导通角控制、恒流控制等电路外，还有汽缸判别电路和多个大功率三极管及相应的控制电路。

由于大功率三极管工作电流大、温度高，故障率相对较高，为了便于散热、检修，许多无分电器点火系统将点火控制器分为两部分：控制电路和大功率三极管输出电路。控制电路直接合入微型计算机控制单元,大功率三极管输出电路则自成一体,成为结构单一的点火控制器(如日产地平线 Skyline 轿车和部分三菱汽车采用的无分电器点火系统)或与点火线圈集成在一起(如一汽捷达使用的 EA113 5V 发动机点火系统)。

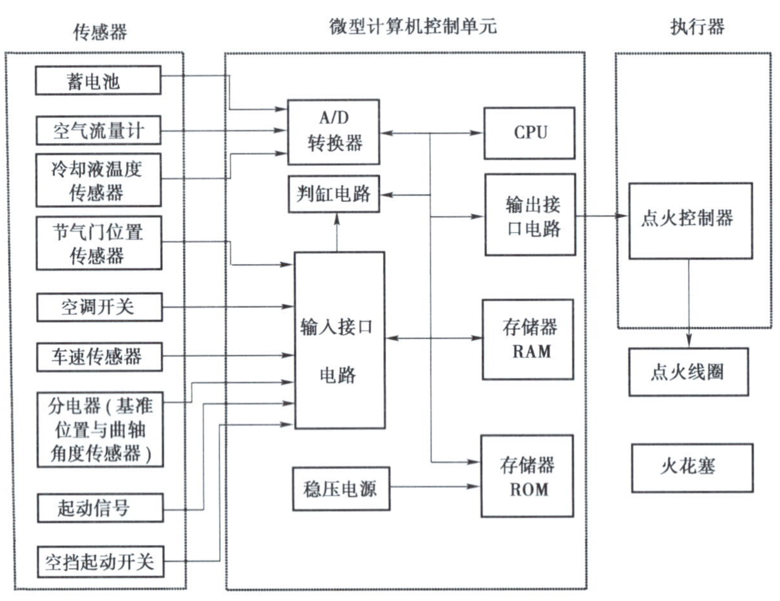

图 10-47　无分电器点火系统组成框图

3)点火线圈

由于无分电器点火系统有两个或多个点火线圈初级绕组,一个发动机的工作循环,每个点火线圈初级绕组只通断一次(独立点火)或两次(同时点火),所以点火线圈初级绕组能够有较长的通电时间,点火线圈可以采用完全的闭磁路结构,提高能量利用率。点火线圈具体结构因高压配电方式的不同而不同。

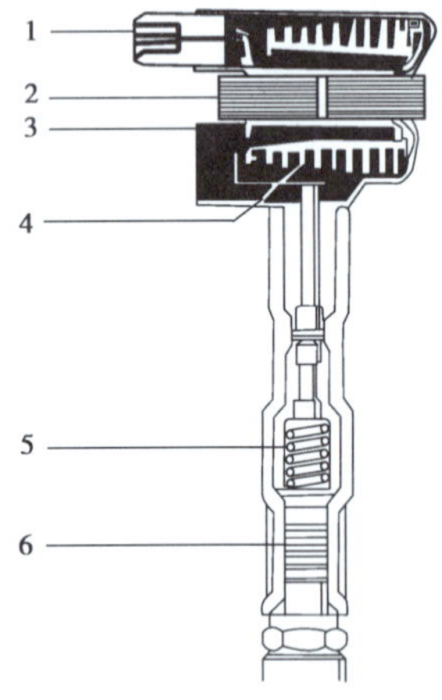

图 10-48　独立点火方式配电用点火线圈

1-低压线插头;2-铁芯;3-初级线圈;4-次级线圈;5-高压线插头;6-火花塞

(1)独立点火方式配电用点火线圈。采用独立点火方式时,发动机每个汽缸都有自己的点火线圈,每个点火线圈的结构完全相同,如图 10-48 所示。

独立点火方式特别适合在双凸轮轴发动机上配用,点火线圈安装在两根凸轮轴中间,每一点火线圈压装在各缸火花塞上,在布置上很容易实现。图 10-49 为奥迪轿车四气门五缸发动机的点火线圈安装情况,每个点火线圈通过导向座用四个螺钉固定在汽缸盖的盖板上,然后再扣压到各缸火花塞上。

(2)点火线圈配电方式配用的点火线圈。该点火线圈实际是由若干个相互屏蔽的、独立的点火线圈组装起来形成的一个点火线圈组件。每个独立的点火线圈初级绕组的一端通过点火开关与电源正极相连,另一端由点火控制器的大功率三极管控制搭铁;次级绕组两端分别接到两个汽缸的火花塞上,使两个汽缸的火花塞同时跳火。图 10-50 所示为六缸发动机无分电器同时点火系统采用的点火线圈组件的结构及电路图。

(3)二极管配电方式配用的点火线圈。该点火线圈有两个初级绕组(或一个初级绕组被中心抽头分成两个部分,组成两个初级绕组)和一个次级绕组。次级绕组有两个输出端,每个输出端又分别接两个方向相反的高压二极管,这样次级线圈通过四个高压二极管与火花塞组成回路;两个初级绕组的电路由点火控制器中的两个大功率三极管控制轮流接通和断开。点火线圈有两种形式:一种是点火线圈只包含初级绕组和次级绕组,不包含高压二极管,高压二极管装在火花塞上方,便于高压二极管检修,点火线圈有两个高压插座,如图 10-51 所示;另一种是点火线圈既包含初级绕组和次级绕组,又包含四个高压二极管,点火线圈有四个高压插座,这种结构有利于简化线路结构,高压线连接简便,但是一旦有一个高压二极管损坏,点火线圈就需要更换。

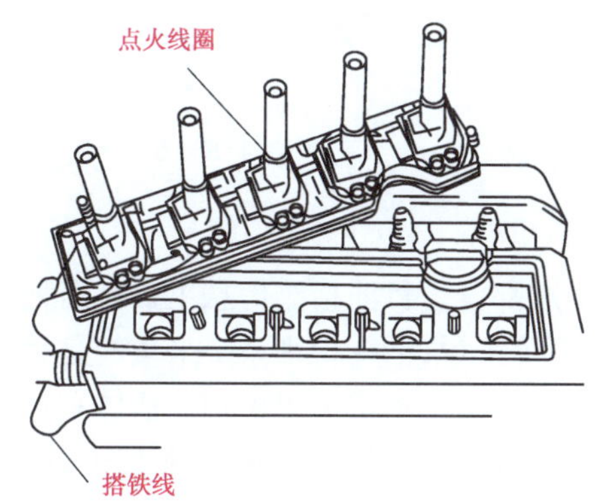

图 10-49　奥迪五缸发动机点火线圈的安装

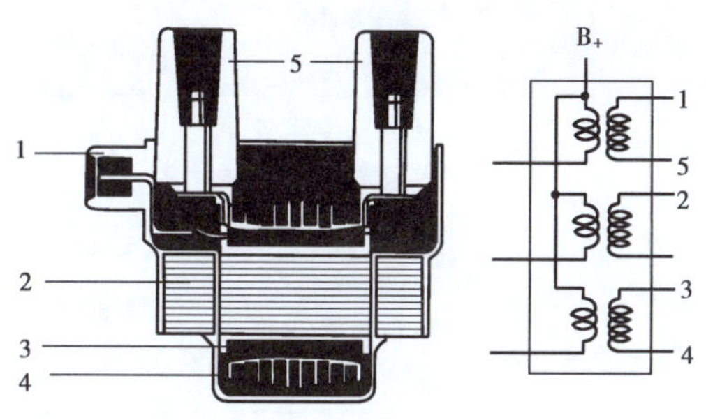

图 10-50　点火线圈配电方式配用的点火线圈组件结构及电路图

1-低压线插头;2-铁芯;3-初级线圈;4-次级线圈;5-高压线头

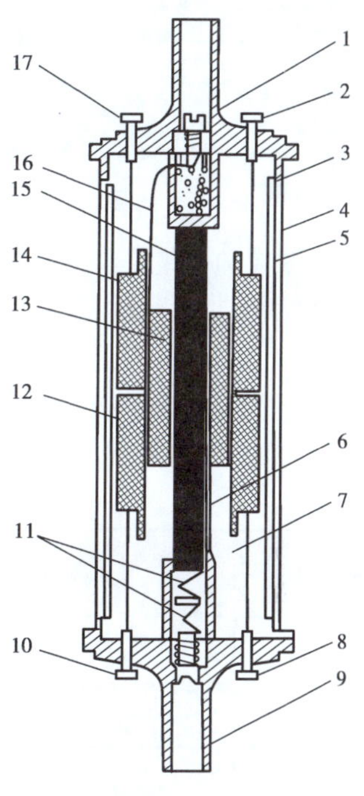

图 10-51　二极管点火方式配用的点火线圈

1、9-高压插座;2、10-组件接柱;3-外壳;4-导磁板;5-衬纸;6、16-高压导线;7-变压器油;8、17-电源接柱;11-弹簧;12、14-初级绕组;13-次级绕组;15-铁芯

第六节　发动机点火新技术

一、指纹点火系统

指纹点火系统是继汽车指纹防盗技术后指纹生物识别技术在汽车领域的又一大具体应用,其得益于现代电子集成制造技术和快速而可靠的算法研究。借助于指纹识别系统(Automatic Fingerprint Identification System，简称 AFIS），根据活体人体生物特征中的指纹来控制汽车点火系统的开启和关闭。在原有开关上嵌入指纹模块，起动时只需要输入指纹即可点火成功，无需钥匙，图 10-52 为指纹点火系统外观图。

与以往的点火系统相比，除常规的点火线圈、火花塞等零部件外，还增添了了指纹识别系统。指纹识别系统由指纹采集模块、指纹处理模块组成，该系统首先通过指纹图像采集器采集用户指纹图像，并将其转换为二进制数据输出。借助于微处理器对输入的指纹图像数据进行预处理、后处理和特征提取，并将得到的指纹特征数据存入指纹库或与已有的指纹模板进行匹配识别，然后发出控制信号。若匹配正确，则接通点火系统，汽车点火起动；若匹配出错，则点火系统无法接通，汽车未起动，图 10-53 为指纹点火系统工作流程图。

图 10-52　指纹点火系统外观图

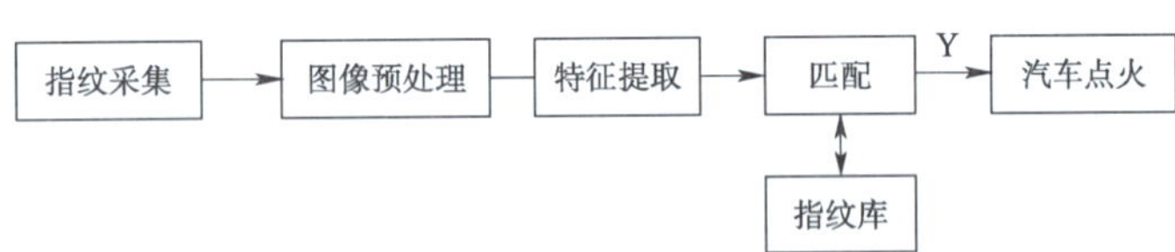

图 10-53　指纹点火系统工作流程

指纹图像的采集是自动指纹识别系统的重要组成部分。目前指纹信息主要有两种采集技术：光学指纹采集及活体指纹采集。相对光电识别系统来说，活体识别系统采集的是手指的真皮层，需要血液循环，有温差，是电容式感应。破皮手指，脏手指都可以识别。活体采集不可复制，如果是断手指、死手指，人工做的假塑料模手指都不能通过识别。识别速度 0.2s，活体识别系统优势如表 10-2 所示。

活体识别系统优势　　表 10-2

识别类型	是否可复制	适应温度	特殊识别率	温差大是否可正常使用	安全级别
光电识别系统	可复制、对死体指纹、指纹图片、人造指纹可识别	-10～60℃	湿手指、干手指、脏手指识别率很低	冬夏两季室外温差很大，很难正常使用	未达到汽车工业级的产品
活体识别系统	不可复制，只能识别活体指纹	-30～85℃	湿手指、干手指、脏手指识别率也高	冬夏两季室外温差很大，都可以正常使用	达到银行及汽车工业级的产品

为了保证获取完整的指纹信息，便于与已储存在指纹库的指纹相匹配，避免驾驶人反复操作，缩短汽车起动时间。操作时，指纹纹心与指纹采集器中间部分应对正，如图 10-54 所示。

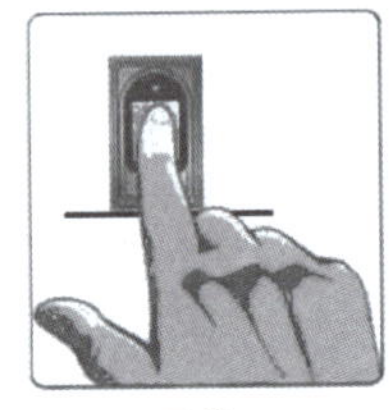

正确

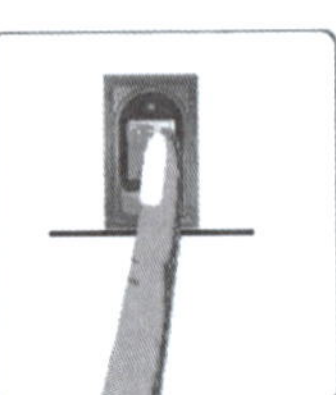

倾斜

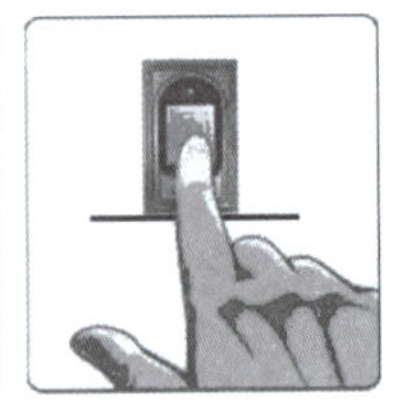

纹心没对准

图 10-54　指纹识别操作方式

汽车指纹点火控制系统具有以下特点：

（1）指纹识别解锁、自动点火，彻底杜绝目前汽车防盗技术中存在的有可能被破密码的缺陷，完美地解决汽车防盗技术上遇到的安全漏洞隐患，同时避免因车钥匙遗失、盗用、伪造等原因造成汽车被盗的安全问题。

(2)安装简单方便,适用于各种车型。汽车指纹点火控制系统在汽车安装或改装时非常简单,不破坏原有任何线路结构,适合在各种品牌车型上加装使用。

(3)指纹点火系统能储存数枚指纹,并具有删改指纹功能,目前一般可以存储30枚左右,一辆车可供多人使用。

(4)可以设定借用者指纹存储时间,规定时间一到指纹就自动失效,不能再起动汽车。

由于指纹识别起动系统具有诸多优点,所以在现代车辆上的应用日益增多。

二、无钥匙点火系统

通常,驾驶人需要将钥匙插入汽车点火钥匙孔并将其旋转至START挡位来起动发动机。随着无线射频识别(RFID)技术的发展,促进了汽车点火钥匙的智能化。智能点火是智能钥匙系统自动解锁、智能点火和识别车主三个基本功能之一。通过车主随身携带的智能卡里的芯片感应自动开关门锁,车主无需按动遥控钥匙上的任何一个按键,即可拉动把手进入车内。当车主进入车内时,中央处理器感知钥匙卡在汽车内,经过确认后车内的电脑才会进入工作状态,对于自动挡的汽车,驾驶人即可按下起动按钮或者旋转按钮起动发动机;手动挡的车同时得挂空挡踩离合或制动才能起动,整个过程车钥匙无须拿出,给车主减少到处找钥匙的烦恼。

由于不同厂商对起动的方式有着不同的设计理念,因此目前的起动形式具有多样性,主要可分为四类:(1)按钮式,点火按钮位于中控台伸手可及之处,因此也称"一键起动",例如宝马、奔驰等;(2)旋钮式,点火旋钮一般位于原始的钥匙插口处,但是无需插车钥匙,直接拧动旋钮即可起动,例如日产、马自达等;(3)"有钥匙"的一键起动方式,需将钥匙插入指定钥匙孔方可起动;(4)按一下为自检,再按一下或旋转一下起动。图10-55及图10-56分别为智能钥匙及点火按钮。

下面以日产天籁轿车为例说明无钥匙点火系统工作过程,如图10-57所示。其主要由控制发动机起动的智能钥匙控制单元、智能钥匙、天线、点火旋钮开关、转向闭锁装置及发动机电脑等组成。按下点火旋钮时,智能钥匙控制单元通过内部钥匙天线发送请求信号,智能钥匙将使用双向通信执行钥匙ID校验,如果校验通过,则向转向锁装置发送解除点火旋钮禁止旋转(锁定)的信号,转向锁装置解除点火旋钮的锁定,此时可以转动点火旋钮到"START"位置起动发动机。

图10-55　智能钥匙

图10-56　点火按钮

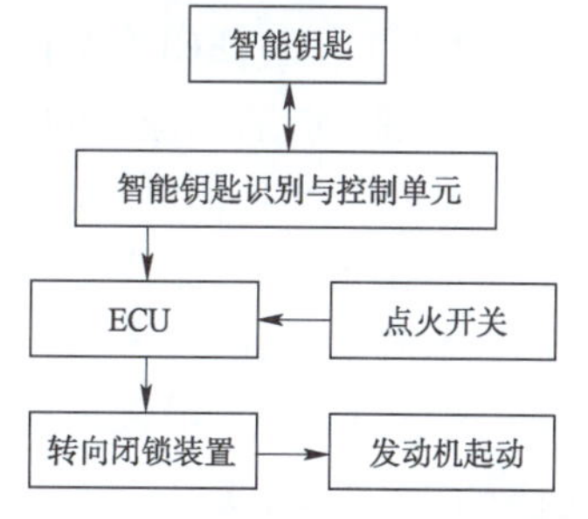

图10-57　无钥匙点火系统工作原理示意图

三、智能双火花塞点火技术

由于常规四冲程发动机火花塞的位置不在燃烧室中间,使得全部可燃混合气被点燃的时间延缓了很多，其中多数混合气是在点火燃烧过程的后期才被引燃，导致发动机最大压力值下降，作功效益降低；另外，火焰传播距离长，不利于发动机的高速运转；而且在四冲程发动机中，可燃混合气的不均匀性也严重影响了燃烧性能，因为事实上，常规四冲程发动机的燃烧室是很难得到理想均匀的混合气，可燃混合气很难完全燃烧，所以燃油效率较低，排气污染物也比较多。采用双火花塞点火技术，是很好的补救手段。

双火花塞点火系统是在半球形燃烧室两侧对称布置两个同型号火花塞，安装位置如图 10-58 所示，这两个火花塞与燃烧室中心的距离相等，发动机低速运行时仍采用单火花塞点火；正常工作后，两个火花塞才同时点火，这样，不仅火焰传播距离缩短了一半，而且两个火花塞同时点火燃烧，可形成较强气压加快火焰的传播速度。

在使用两只火花塞的同时，分别采用两套点火器，将第二点火器的触发灵敏度设置得低些。低转速时使用主点火器，到中、高转速时，充电线圈输出的电压较高，第二点火器也被起动，两个火花塞同时点火，加速油汽燃烧进程。

图 10-59 所示为广州本田飞度轿车双火花塞结构布置示意图。每个火花塞上都单独配置了 1 个点火线圈，每个点火线圈内都有 1 个独立的点火控制模块（ICM），与点火线圈制成一体，没有高压线，点火时刻由 ECU（装手动变速器的车）或 PCM（装自动变速器的车）通过 ICM 控制。发动机的 4 个汽缸共有 8 个火花塞和 8 个点火线圈，分前后 2 排布置。

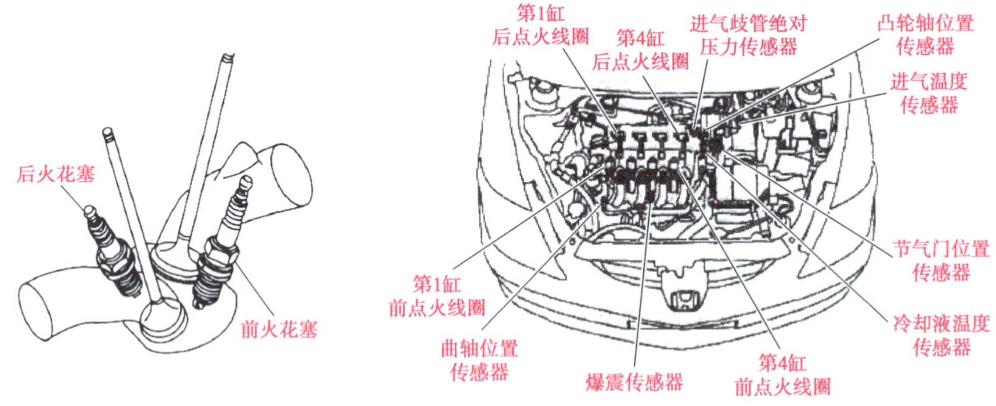

图 10-58　双火花塞安装位置　　图 10-59　广州本田飞度轿车双火花塞点火系统结构示意图

发动机工作时，ECU（或 PCM-Pulse Code Modulation）主要根据发动机转速及进气歧管绝对压力来控制前、后火花塞的点火时刻。

发动机怠速时，前、后火花塞同时点火，使混合气燃烧速度加快，从而降低油耗；

低速、小负荷时，燃烧室内温度较低处的前火花塞先点火，后火花塞随后再点火，以促进混合气燃烧，降低油耗；

低速、大负荷时，前火花塞按点火提前角点火，后火花塞按点火延迟角点火，以增大转矩，同时防止混合气爆燃；

高速时，前、后火花塞同时点火，通过加快混合气的燃烧速度来提高发动机的输出功率。

每个点火线圈上均有一个 3 端子连接器，其上的 3 根导线分别为控制线（接 ECU 或 PCM）、搭铁线和电源线（点火开关 ON 位时的火线），如图 10-60 所示。点火控制模块中有大功率三极管，点火线圈初级绕组串联在大功率三极管的集电极电路中，大功率三极管的发射极搭铁，这样ECU（或PCM）通过控制大功率三极管基极电流来控制其导通和截止，即控制点火线圈初级电路的通断，从而控制发动机的点火。

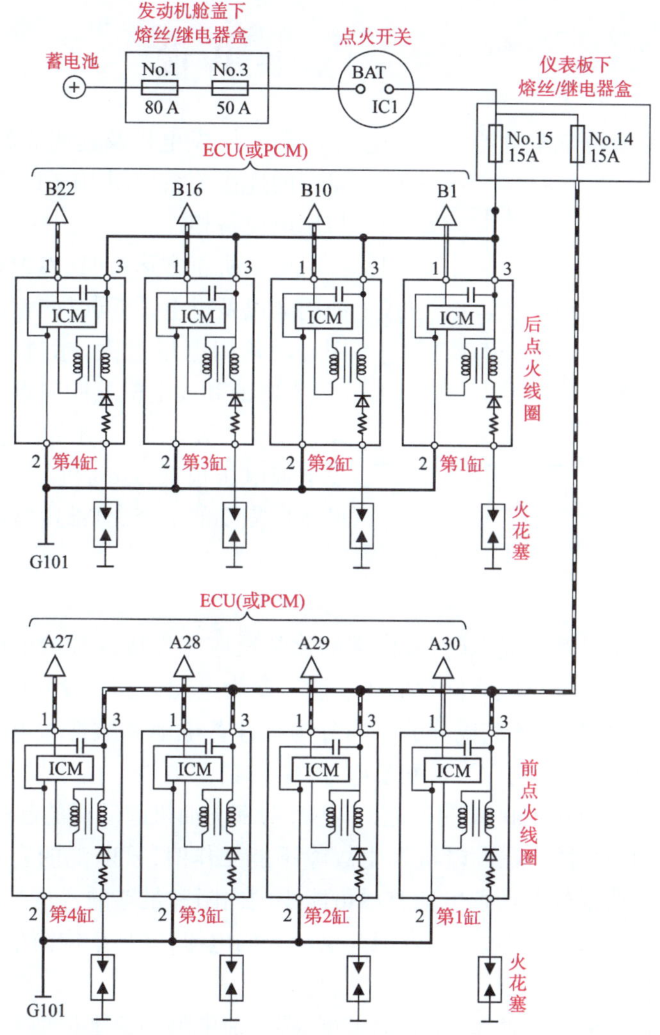

图10-60　广州本田飞度轿车双火花塞点火系统电路原理图

双火花塞点火的突出优点是：

(1)采用双火花塞点火，使活塞压缩行程到达上止点时混合气爆炸燃烧，急速形成较强烈的涡流，大幅度加快了火焰的传播速度，同时火焰传播距离缩短1/2，燃烧所用的时间也相应缩短，大幅度提高了热量利用率。

(2)由于燃烧时间缩短，最大转矩的点火提前角可以适当推迟，因此，点火时，燃烧室混合气的温度和压力都较高，有利于着火和速燃。

(3)混合气在燃烧室内无论在空间和时间上都是不均匀的，因此存在电火花点火的着火概率问题，而两个火花塞同时点火，可使着火概率提高一倍。在稀燃发动机中，利用双火花塞的高能点火也是有利的。

(4)可实现稳定燃烧。

由于以上优点，采用双火花塞点火技术使发动机的动力性有所提高，同时油耗和排放也大幅度地降低。

第七节　汽 车 电 源

汽车上的点火系统及全车电器设备的电源由蓄电池、发电机及其调节器组成，其在汽车电路中的连接关系如图10-61所示，两电源并联后与用电设备相连。

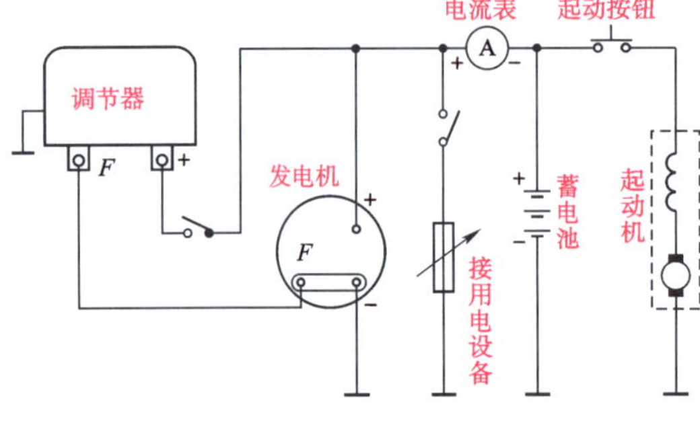

图10-61　汽车电源电路

发动机正常运行时，发电机向点火系统及其他用电设备供电，并同时向蓄电池充电。汽车的用电设备用电量过大，超过发电机的供电能力时，蓄电池和发电机共同向点火系统及其他用电设备供电。发动机起动或低速运行时，发电机不发电或电压很低，起动机、点火系统及其他用电设备所需要的电能，全部由蓄电池供给。

一、蓄电池

蓄电池是一个化学电源。充电时，其内部的化学反应将外接电源的电能转变为化学能储存起来；用电时，再通过化学反应将储存的化学能转变为电能，输出给用电设备。

蓄电池的种类繁多，按电解液成分的不同分为碱性蓄电池和酸性蓄电池。由于酸性蓄电池电极的主要成分是铅，所以也称为铅酸蓄电池，简称铅蓄电池。由于发动机起动时，蓄电池必须能够为起动机提供200~600A的电流，有些大功率柴油机起动机的起动电流高达1000A，且要持续5~10s以上的时间；在发电机发生故障不能工作时，蓄电池的容量应能维持车辆行驶一定的时间。所以要求汽车用蓄电池有尽可能小的内阻和足够的容量。铅蓄电池虽然比能较低，但其内阻小、电压稳定，在短时间内能提供较大的电流，并且结构简单、原料丰富，因而在汽车上得到广泛的应用。

汽车用铅蓄电池又分为普通型、干式荷电型、湿式荷电型和免维护型。

干式荷电型蓄电池除具有普通型铅蓄电池的全部功能外，其主要特点是蓄电池内部无电解液储存，极板是干的，且处于荷电状态，新的蓄电池不必经过长时间的初充电即可投入使用。

湿式荷电型蓄电池的极板为荷电状态，蓄电池内部有少量的电解液，大部分电解液被极板和隔板吸收并储存起来。

免维护型蓄电池是在汽车合理使用过程中，不需要添加蒸馏水的一种新型蓄电池。免维护蓄电池的电解液，由制造厂一次性加注，并密封在壳体内，因此电解液不会泄漏、不会腐蚀接线柱和机体，在使用中不需加注蒸馏水或补充电解液来调节液面高度，无需保养与维护。同时，它具有耐震、耐高温、自放电少、使用寿命长等许多优点，是车用蓄电池的发展趋势。

图10-62所示为免维护蓄电池的结构图。

车用蓄电池由三只或六只单格电池串联而成，每只单格电池的电压约为2V，串联后电压为6V或12V。图10-63所示为6V铅蓄电池的结构，它主要由极板、隔板、电解液、壳体、连接条和接线柱等组成。

为了提高蓄电池的容量，每一个单格蓄电池中有多片正极板4和多片负极板3。所有正极板或负极板分别用铅焊接在横板上，形成正极板组和负极板组。两片极板之间留有间隙，横板上部连有接线柱。正极板组和负极板组穿插在一起，使每片正极板都插在两片负极板之间，因此负极板比正极板多一片。为了防止极板之间短路，相邻两片极板之间夹有一片多孔性的(木质或塑料)隔板1，组成正负极板组。

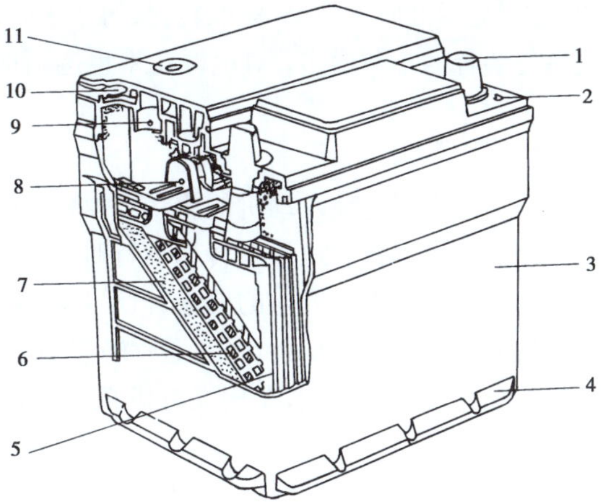

蓄电池的极板是在用铅锑合金铸成的栅架上涂敷活性物质而成的。活性物质的主要原料是四氧化三铅和一氧化铅，经处理后，正极板上的活性物质转变为红棕色的二氧化铅，负极板上的活性物质则转变为青灰色的海绵状铅。这种活性物质具有多孔性的结构，电解液可以自由渗入活性物质的孔隙中，从而使参加化学反应的活性物质的表面积增加。

图10-62　免维护蓄电池的结构图

1-接线柱；2-模压代号；3-壳体；4-用于安装的下滑面；5-带状隔板；6-铅钙合金的栅架；7-高密度的活性物质；8-极板连接夹和单格连接器；9-液、气隔板；10-安全通气孔；11-电解液密度观测孔

硬橡胶或塑料制成的壳体5分成三个或六个单格，每一个单格中装入一个正、负极板组，壳体的底部有凸棱支撑极板，防止极板上脱落下来的活性物质将极板短路。壳体的上部用盖密封，并用特殊胶质塑料填充所有接缝。三个或六个单格蓄电池用连接条8串联，并在两端的正负电桩上分别焊接正极接线柱7和负极接线柱11。

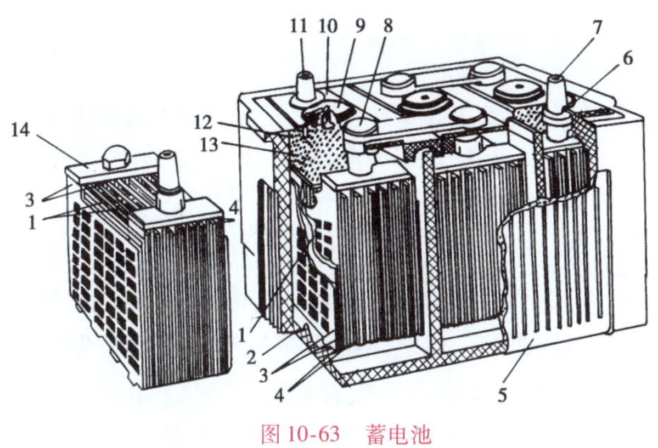

图10-63　蓄电池

1-隔板；2-凸棱；3-负极板；4-正极板；5-壳体；6-密封环；7-正极接线柱；8-连接条；9-加液孔盖；10-蓄电池盖；11-负极接线柱；12-封口料；13-护板；14-横条

蓄电池盖上每个单格电池有一个加液孔，用来加注电解液、检查和调节电解液的密度、检查充电状况等。每个加液孔都用加液孔盖9封闭，加液孔盖上有通气孔，以便使化学反应中产生的气体能自由溢出。

蓄电池的电解液是化学上的纯净硫酸(H_2SO_4)和蒸馏水(H_2O)，按一定比例配制成的硫酸水溶液，从加液孔加入蓄电池内。充足电的蓄电池电解液的密度为1.24～1.31g/cm^3。

每个蓄电池的端电压，在充足电时约为2.1V，完全放电时的电压约为1.7～1.75V。

目前，国内外汽油发动机汽车一般仍选用12V蓄电池。在使用柴油机的汽车上，因起动电压一般为24V，故常将两个12V蓄电池串联使用。有些柴油机的汽车，只有起动机的电压为24V，其他用电设备的电压仍为12V。因此，车上装有两个12V的蓄电池，在起动发动机时，将

两个蓄电池串联；起动完毕后，再将两个蓄电池并联。串联与并联的转换由专用的转换器来完成，其操纵机构与起动开关联动。近年来，由于汽车用电设备越来越多，汽车供电系统由现有的 12/14V 标准向 36/42V 标准转化，对于 36/42V 蓄电池，车上应装有三个 12V 的蓄电池，来满足电气装置的不断增多，对电源功率也逐渐增加的需求。

二、发电机

车用发电机是在发动机的驱动下，将机械能转变为电能的装置。它作为汽车的主要电源，其作用是在发动机怠速以上转速运行时，为电气设备供电且不断地给蓄电池充电。

为了满足蓄电池充电的要求，汽车用发电机的输出电压必须是直流电压；在汽车运行中，发电机的端电压必须保持恒定，且保持发电机的输出电压既不低于蓄电池电压，又不高于电气设备的允许电压。为此，车用发电机必须配有电压调节器，在发动机转速变化时保持发电机电压稳定。

目前，国内外汽车使用的发电机几乎都是交流发电机。这是因为交流发电机与直流发电机相比，具有体积小、重量轻、结构简单、维修方便、寿命长、发动机低速时充电性能好、配用的调节器结构简单、产生的无线电干扰信号弱、能节省大量铜材等优点，因此，交流发电机自诞生后即得到迅速普及。

汽车用交流发电机通过二极管整流，使其输出直流电，由于整流二极管是硅材料的，所以也称为硅整流交流发电机。

硅整流交流发电机由一台三相同步交流发电机和硅二极管整流器组成。发电机工作时产生的三相交流电通过整流器进行三相桥式全波整流后转变为直流电。

硅整流交流发电机是由转子、定子、整流器、端盖、风扇叶轮等组成。图 10-64 所示为硅整流交流发电机的结构示意图。

1）转子

用来在发电机工作时建立磁场。它由压装在转子轴上的两块爪形磁极 5、两块磁极之间的励磁绕组 6 和压装在转子轴上的两个滑环 7 组成。两个滑环彼此绝缘，并与轴绝缘，励磁绕组的两端分别焊接在两个滑环上。

2）定子

用来在发电机工作时，与转子的磁场相互作用产生交流电压。它由内圆带槽的硅钢片叠成的铁芯和对称地安装在铁芯上的三相定子绕组组成。三相定子绕组按星形或按三角形接法连接。按星形接法连接时，三相绕组的首端分别与整流器的硅二极管相连，三相绕组的尾端连在一起作为发电机的中性点。按三角形接法连接时，将三相绕组中一相绕组的首端与另一相绕组的尾端相连，并将连接点接整流器的硅二极管。

3）整流器

是由 6 个（8 个、9 个或 11 个）硅二极管组成的三相桥式全波整流电路，在发动机工作时将三相定子绕组中产生的交流电转变为直流电。在负极接地的发电机中，3 个（或 4 个）二极管的壳体为负极，压装在与发电机机体绝缘的元件板上，并与发电机的输出端（正极）相连，其引线为二极管的正极，称为正极二极管；另外 3 个（或 4 个）二极管的壳体为正极，压装在不与机体绝缘的元件板上，或直接压装在电刷端盖上，作为发电机的负极，其引线为负极，称为负极二

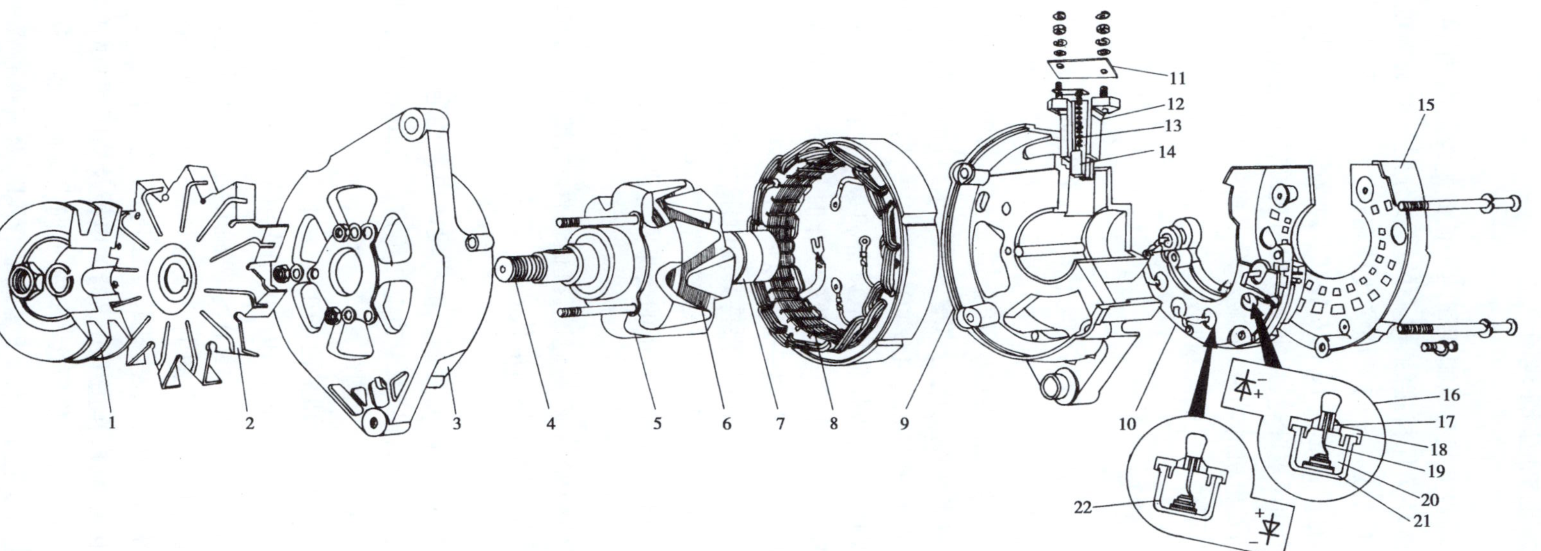

图10-64　硅整流交流发电机结构示意图

1-带轮；2-风扇叶轮；3-驱动端盖；4-转子轴；5-爪形磁极；6-励磁绕组；7-滑环；8-定子总成；9-电刷端盖；10-整流器总成；11-电刷弹簧盖板；12-电刷架；13-电刷弹簧；14-电刷；15-防护罩；16-硅二极管电极；17-绝缘体；18-盖；19-引出线（二极管的一个电极）；20-硅组合体；21、22-外壳（二极管的另一个电极）

极管。图10-77所示为硅整流交流发电机电路原理图。

4）驱动端盖和电刷端盖

作为发电机的前后支撑。电刷端盖上装有电刷架和两个彼此绝缘的电刷14，并通过电刷弹簧13，使电刷与转子轴上的两个滑环7保持接触，电刷的引线分别与电刷端盖上的两个磁场接线柱相连（外搭铁式交流发电机），或一个与磁场接线柱相连，另一个在发电机内部搭铁（内搭铁式交流发电机）。发电机的整流器总成10也安装在驱动端盖上，以有利于检修。

此外，发电机的前端还装有带轮和风扇叶轮，用来驱动发电机旋转和强制通风散热。为了提高发电机的散热强度，有效地提高发电机的功率，或减小发电机的体积，有些发电机在转子的爪形磁极上加工出风扇叶片，取消了外装式的风扇叶轮。

三、发电机的电压调节器

汽车上的发电机是由发动机通过风扇传动带驱动旋转的，由于发动机工作时的转速在很宽的范围内变化，使发电机的转速随之变化，发电机的电压也将在很宽的范围内变化。汽车电器系统的标称电压有12V、24V两种等级，相应额定电压分别为14V和28V。为了满足汽车电器装置日益增多、用电量越来越大、电源系统供电功率增大的要求，目前世界各国都在研究开发42V电器系统，欧洲共同体从2008年开始试用14/42V或42V电器系统。为此，要求在发动机工作时，发电机的输出电压也保持恒定，以便使用电设备和蓄电池正常工作。因此，汽车上使用的发电机，必须配用电压调节器，以便在发电机转速变化时，保持发电机端电压恒定。

发电机工作时，电压调节器在发电机电压超过一定值以后，通过调节经过励磁绕组的电流强度来调节磁场磁通的方法，在发电机转速变化时，保持其端电压为规定值。

按工作原理来分类，电压调节器有触点振荡式电压调节器、晶体管电压调节器、集成电路电压调节器和电脑控制调节器等多种形式。按所匹配的交流发电机搭铁形式分类分为内搭铁和外搭铁两类。

触点振荡式电压调节器存在着体积大、触点易烧蚀、机械惯性大、被调电压起伏幅度大等缺点，逐步被晶体管和集成电路电子电压调节器所取代。

1. 晶体管电压调节器

晶体管电压调节器利用晶体管的开关作用，控制发电机励磁电路的通、断，调节励磁电流和磁极磁通，在发电机转速超过一定值以后维持发电机电压恒定。图10-65所示为CA1091型汽车发电机上配用的晶体管电压调节器电路原理图。

接通点火开关，蓄电池的电压作用于发电机的磁场接线柱“F”，并经调节器的“+”端作用于分压器R_1、R_2的两端，使稳压管VS_1承受反向电压。由于作用于分压器两端的电压是蓄电池的电压，低于发电机的调节电压，使作用于稳压管VS_2两端的电压也低于它的反向击穿电压，稳压管VS_2截止，三极管VT_1也截止。“b”点的电位接近电源电位。使二极管VD_2、三极管VT_2、VT_3导通，接通发电机励磁绕组的电路，发电机建立磁场，开始发电。

随着发电机转速升高，发电机电压上升，作用于分压器的电压及稳压管两端的反向电压升高。当发电机电压略高于规定的调节电压时，稳压管VS_2被反向击穿而导通，三极管VT_1也导通。VT_1导通后，“b”点的电位降低到接近地电位，于是二极管VD_2及三极管VT_2、VT_3截止，切断发电机励磁绕组的电路，发电机的励磁电流中断，磁场迅速消失，发电机电压下降。发电机电压下降到略低于规定的调节电压时，稳压管 VS_2 已截止，发电机电压又上升，如此反复使发电机转速变化时，发电机电压保持恒定。

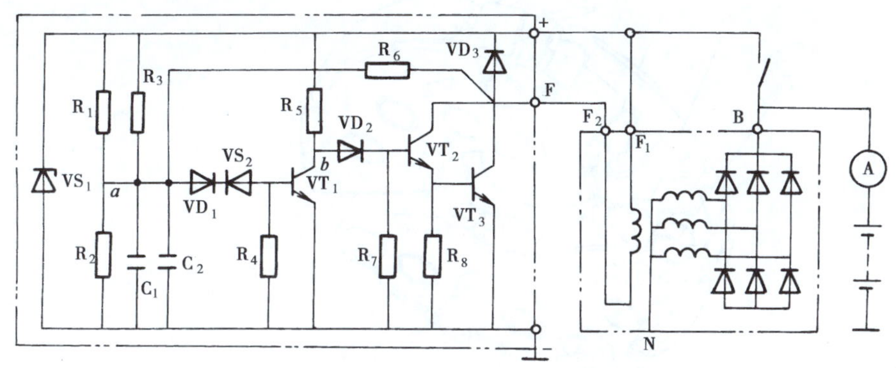

图 10-65　JFT-106 型晶体管电压调节器电路原理图

可见，晶体管电压调节器在发动机工作时，由电阻 R_1、R_2 组成的分压器感受发电机电压的变化，利用稳压管和晶体三极管的开关作用控制发电机励磁电路的通断，调节发电机的励磁电流和磁极磁通，在发电机转速超过一定值后保持发电机电压恒定。

2. 集成电路电压调节器

集成电路电压调节器的组成和工作原理与晶体管电压调节器相似，但集成电路调节器中的所有元件都制作在同一个半导体基片上，形成一个独立的、相互不可分割的电子电路。集成电路调节器具有体积小、工作可靠、不需维护等特点，在现代汽车上应用十分广泛。

由于集成电路调节器体积小巧，外部结构十分简单，它可以安装在发电机的内部或安装在发电机的壳体上，与发电机组成一个完整的充电系统，简化了充电系统的结构。安装在发电机内部的调节器，称为内装式调节器。具有内装式调节器的发电机和调节器安装在发电机壳体上的发电机都称为整体式交流发电机。

图 10-66 和图 10-67 所示，分别为桑塔纳轿车上采用的整体式交流发电机的结构图和电路原理图。桑塔纳轿车采用 JFZ1913Z 和 JFZ1813Z 整体式外搭铁十一管交流发电机，额定功率 1.2kW。

发电机共有两个接线柱，输出接线柱 10 直接与蓄电池正极相连对外供电；磁场接线柱 9 通过二极管、充电指示灯、熔断器和点火开关与蓄电池正极连接，为发电机提供它激电流、控制充电指示灯。

调节器采用发电机电压检测法，通过三个端子分别与发电机的激磁二极管输出端、电刷和壳体连接。

工作时，接通点火开关，蓄电池通过点火开关 7、熔断器 6、充电指示灯 5、二极管 4 给发电机提供它激电流和为调节器检测控制部分提供电压。由于蓄电池电压低于调节器的调节电压上限值，调节器使激磁电路接通，同时充电指示灯亮。它激电路和充电指示灯电路为：

蓄电池正极→点火开关 7→熔断器 6→充电指示灯 5→二极管 4→激磁绕组→调节器→搭铁→蓄电池负极。

随着发动机转速升高，当发电机端电压超过蓄电池的端电压时，发电机开始自激并给负载供电，给蓄电池充电，以及为调节器检测控制部分提供电压。充电指示灯 5 因两端的电压几乎

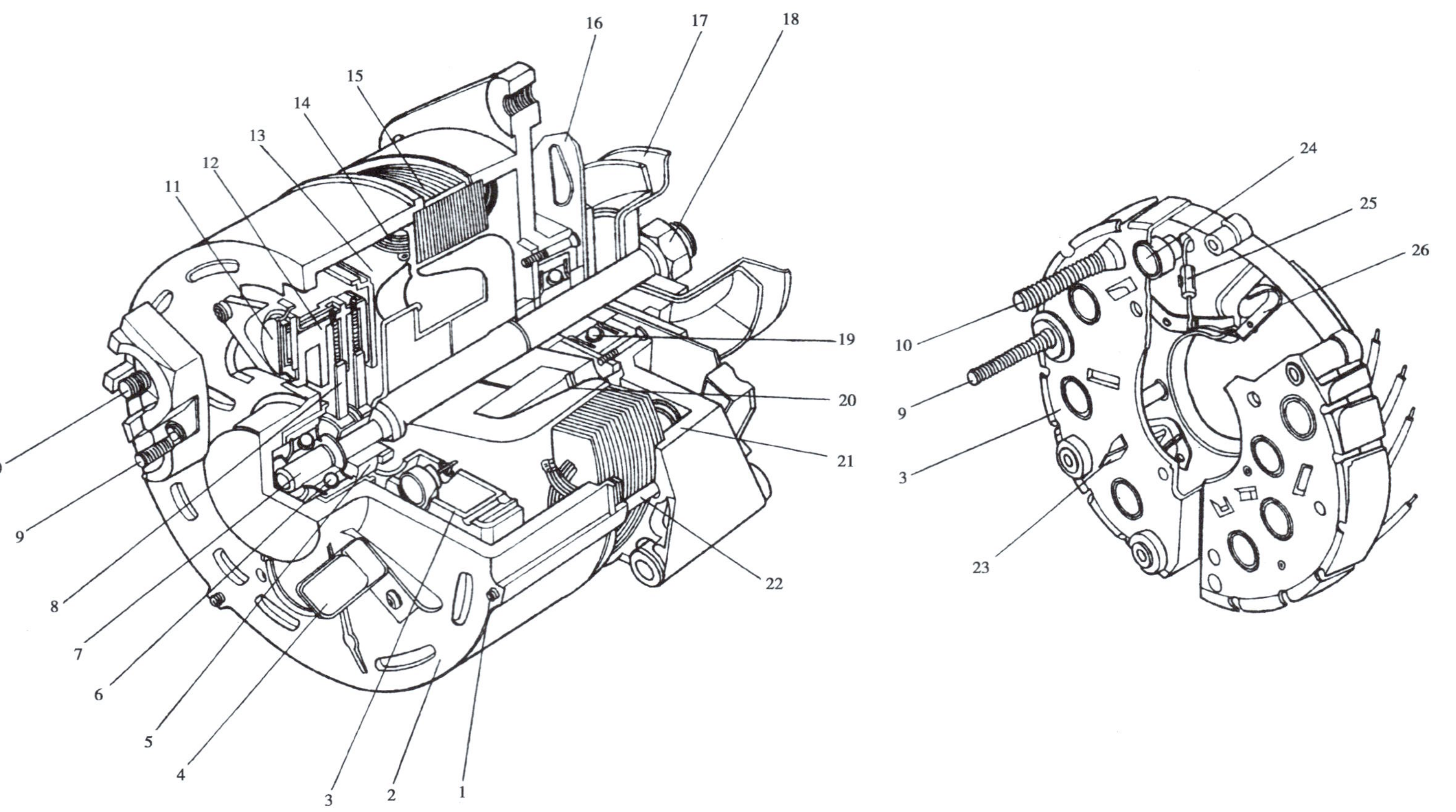

图 10-66　桑塔纳轿车的整体式交流发电机的结构图

1-联接螺栓；2-后端盖；3-元件板；4-防干扰电容器；5-滑环；6、19-全封闭轴承；7-转子轴；8-电刷；9-磁场接线柱；10-输出接线柱；11-电压调节器；12-电刷架；13-磁极；14-定子绕组；15-定子铁芯；16-风扇叶轮；17-带轮；18-紧固螺母；20-励磁绕组；21-前端盖；22-定子槽楔子；23-电容器插接片；24-输出整流二极管；25-励磁整流二极管；26-电刷架压紧片

为零而熄灭，指示发电机正常工作。如果发电机端电压还未升高到调节器的调节电压上限值，则调节器使激磁电路接通。发电机自激电路为：发电机定子绕组→激磁二极管→激磁绕组→调节器→搭铁→负极管→发电机定子绕组。当发电机端电压高于调节器的调节电压上限值时，调节器使激磁电路断开，发电机磁通减弱，端电压降低；当发电机端电压低于调节器的调节电压下限值时，调节器又使激磁电路接通，发电机电压上升。如此循环，调节器不断控制激磁电路通断，维持发电机端电压不超过调节器调节电压。

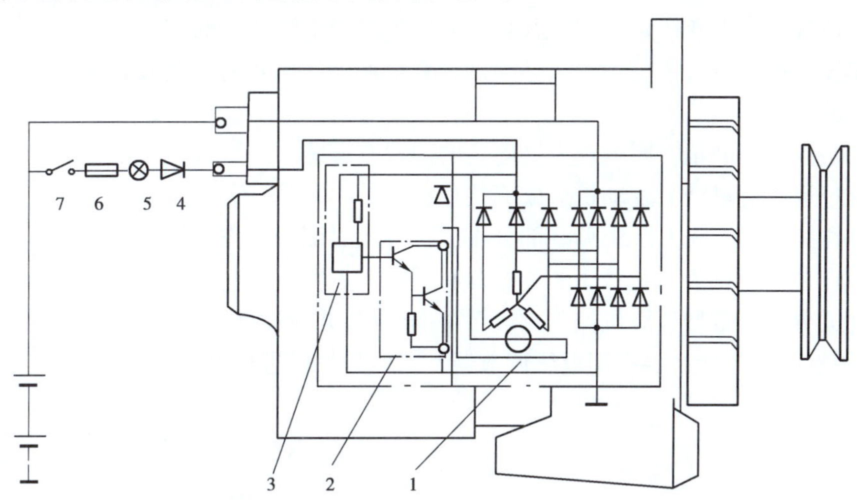

图 10-67　桑塔纳轿车采用的整体式交流发电机的电路原理图

1-交流发电机；2-内装式调节器；3-调节器的检测控制部分；4-二极管；5-充电指示灯；6-熔断器；7-点火开关

与充电指示灯串联的二极管 4 的作用是：在发电机端电压高于蓄电池端电压时，保证发电机不通过激磁二极管和充电指示灯对外供电，以免充电指示灯亮给驾驶人造成错觉，以及激磁二极管过载损坏。

奥迪 100 轿车采用的交流发电机结构与桑塔纳轿车发电机相同，只是输出电流有 55A、65A、90A 几种。

3. 电脑控制电压调节器

电脑控制电压调节器是现代轿车采用的一种新型调节器，由电负载检测仪测量系统总负载后，向发动机电脑发送信号，然后由发动机电脑控制发电机电压调节器，适时地接通和断开磁场电路，既能可靠地保证电器系统正常工作，使蓄电池充足电，又能减轻发动机负荷，提高燃油经济性，如上海别克、广州本田等轿车发电机上使用了这种调节器。

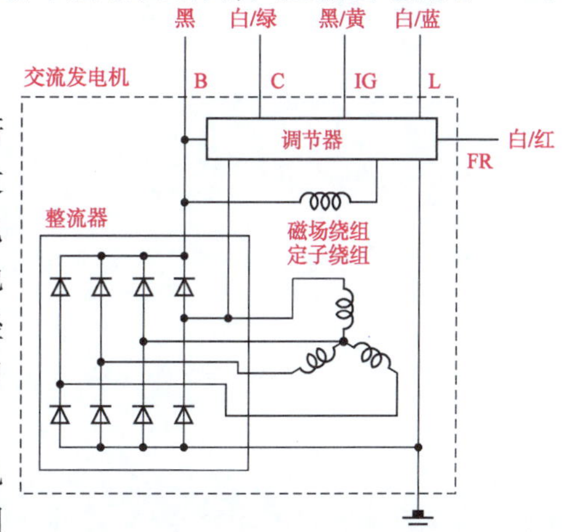

图 10-68　广州本田发电机调节电路图

C、FR-接电脑；L-接充电指示灯；IG-接点火开关；B-发电机输出接柱

图 10-68 为广州本田雅阁轿车直列 4 缸发动机配用的发电机调节电路图，发电机整流器为八管。调节器为内装外搭铁型式，由发动机电脑控制。汽车电路中的负载检测仪检测电路中总电流负载大小，送信号到电脑，调节器 C 接线端子送发电机电压信号到电

脑，电脑根据这两个信号判断磁场电路应该接通还是断开，输出控制信号到 FR 端子，驱动调节器的控制电路，适时地接通和断开磁场绕组电路，以控制发电机的输出电压。

思　考　题

1. 点火系统的基本功用和基本要求有哪些？

2. 试说明传统点火系统由哪些部分组成？各组成部分的作用是什么？

3. 画出传统点火系统线路图，并指出高、低压电路中电流流动的方向。

4. 汽车发动机的点火系统为什么必须设置真空点火提前和离心点火提前调节装置？它们是怎样工作的？

5. 什么是点火提前角？影响点火提前角的因素有哪些？

6. 点火过迟或过早会对发动机造成哪些危害？

7. 无触点式电子点火系统由哪些部分组成？各组成部分的作用如何？

8. 无触点式电子点火系统常用的传感器有哪些类型？说明它们的结构和工作原理。

9. 试述无分电器微型计算机控制点火系统的组成，并简述其工作原理。

10. 车用发电机为什么要配用电压调节器？它们是怎样进行电压调节的？

第十一章　发动机起动系统

第一节　概　述

一、起动系统的功用

为了使静止的发动机进入自行运转状态，必须先依靠外力带动发动机曲轴，使活塞开始上下运动，汽缸内吸入可燃混合气，并将其压缩、点燃，体积迅速膨胀产生强大的动力，推动活塞运动并带动曲轴旋转，发动机才能自动地进入工作循环。通常把发动机的曲轴在外力作用下开始转动到发动机自动怠速运转的全过程，称为发动机的起动过程。

起动系统的作用就是在正常使用条件下，通过起动机将蓄电池储存的电能转变为机械能带动发动机以足够高的转速运转，以顺利起动发动机。当发动机进入自行运转状态后，起动系统应立即与曲轴分离并停止工作，以防止发动机高速运转时起动机产生很大离心力致使损坏。

二、起动系统的基本要求

(1)必须有足够的起动转矩和转速。发动机起动时，必须克服汽缸内被压缩气体的阻力和发动机本身及其附件内相对运动的零件之间的摩擦阻力，克服这些阻力所需的力矩称为起动转矩。起动阻力矩与发动机压缩比、温度、机油黏度等有关。能使发动机顺利起动所必须的曲轴转速，称为起动转速。车用汽油发动机在温度为0～20℃时，最低起动转速一般为30～40r/min。为了使发动机能在更低的温度下迅速起动，要求起动转速不低于50～70r/min。若起动转速过低，压缩行程内的热量损失过多，气流的流速过低，将使汽油雾化不良，导致汽缸内的混合气不易着火。

对于车用柴油机的起动，为了防止汽缸漏气和热量散失过多，保证压缩终了时汽缸内有足够的压力和温度，还要保证喷油泵能建立起足够的喷油压力，使汽缸内形成足够强的空气涡流，要求的起动转速较高，可达150～300r/min，否则柴油雾化不良，混合气质量不好，发动机起动困难。此外，柴油发动机的压缩比较汽油机大，因此起动转矩也大，所以起动柴油发动机所需要的起动机功率也比汽油机大。

(2)起动转矩应能随转速的升高而降低。因为在起动之初，曲轴由静止开始转动时，机件做加速运动须克服很大的静止惯性力，同时各摩擦副处于半干摩擦状态，摩擦阻力较大，这时需要较大的起动转矩，才能带动发动机曲轴转动，并使转速很快升高，但随着曲轴转速升高，加速阻力减小，油膜也逐渐形成，所需的转矩相应减小，而当曲轴转速升至起动转速，发动机一旦起动后，自己就能够独立工作，就不需要电动机带着转动了。所以，希望转矩能随着转速的升高而降低。

(3)为了保证起动机具有足够大的起动电流和必要的持续时间，要求蓄电池必须有足够的容量。且起动主电路的导线电阻和接触电阻要尽可能的小，一般在 0.01Ω 左右，所以起动主电路中导线的截面积比普通导线大得多。

三、起动方式

发动机常用的起动方式，有人力起动、辅助汽油机起动和电力起动机起动等多种形式。

(1)人力起动。即手摇起动或绳拉起动。其结构简单，主要用于单缸柴油机的起动或大功率柴油机的辅助汽油机的起动，或在有些装用中、小功率汽油发动机的车辆上作为后备起动装置。手摇起动装置由安装在发动机前端的起动爪和起动摇柄组成。在起动机出现故障时起动发动机或在检修、调整发动机或起动电路故障时转动曲轴。各型轿车由于电力起动系统工作可靠，不需要后备起动装置，不安装起动爪和配备起动摇柄。对于多缸柴油发动机，由于起动转矩大、起动转速高，不可能使用手摇起动。

(2)辅助汽油机起动。起动装置的体积大、结构复杂，只用于大功率柴油发动机的起动，如拖拉机和工程机械发动机的起动装置。

(3)压缩空气起动。压缩空气起动机目前分为两类，一种是将 1.5～3.5Mpa 的压缩空气按照工作顺序和规定的起动定时在汽缸处于膨胀行程时喷入汽缸，用压缩空气代替燃气推动活塞运动，带动曲轴旋转，当达到起动转速后自行燃烧，完成起动过程。另一种是使用气动马达驱动飞轮。压缩空气起动机的用途接近于辅助汽油起动机，通常用于特种用途或大型内燃机的起动，如船用发动机的起动。

(4)电力起动机起动。以电动机作为动力源。当电动机轴上的驱动齿轮与发动机飞轮周缘上的环齿啮合时，电动机旋转时产生的电磁转矩，通过飞轮传递给发动机的曲轴，使发动机起动。

电力起动机简称起动机。它以蓄电池为电源，结构简单、操作方便、起动迅速可靠。目前，几乎所有的汽车发动机都采用电力起动机起动。

四、起动系的基本结构与原理

目前汽车用发动机广泛采用电力起动系。电力起动系(简称起动系)由提供动力的蓄电池、电力起动机(简称起动机)、起动控制机构和起动传动机构等四个部分构成，如图 11-1、图 11-2 所示。起动机的作用是产生驱动转矩，普遍采用串激式直流电动机。控制机构用来接通和切断起动机与蓄电池之间的电路及控制起动机驱动齿轮与飞轮的啮合与分离。传动机构在发动机起动时，使起动机驱动齿轮与飞轮齿圈啮合，将起动机转矩传给发动机曲轴；而在发动机起动后，使驱动齿轮与飞轮齿圈自动脱开，断开发动机向起动机的逆向动力传递。在有些汽车上，还具有接入和断开点火线圈附加电阻的作用。起动机在点火开关或起动按钮控制下，将蓄电池的电能转化为机械能，通过飞轮齿圈带动发动机曲轴转动。为增大转矩，便于起动，起动机与曲轴的传动比：汽油机一般为 13～17，柴油机一般为 8～10。

五、改善发动机低温冷起动的主要措施

在寒冷地区和严寒季节起动发动机时，由于机油黏度增高，起动阻力矩增大，同时燃料汽

化不良，蓄电池内阻增加，起动性能变坏，使发动机起动困难。即使低温条件下能顺利起动发动机，但由于蓄电池大电流放电致使其使用寿命大大缩短，同时机件磨损加剧，对发动机的使用寿命影响极大。为此，在冬季起动时应设法将进气、润滑油、冷却液和蓄电池加以预热，或采用减速起动机及起动液等来改善发动机的低温起动性能。

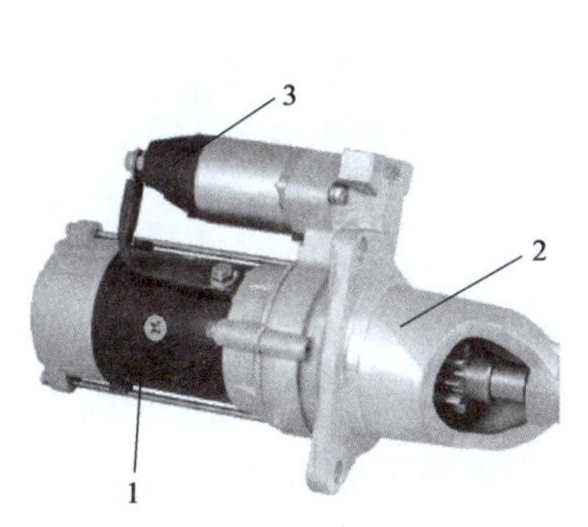

图 11-1　起动系统的组成

1-起动机；2-传动机构；3-控制机构

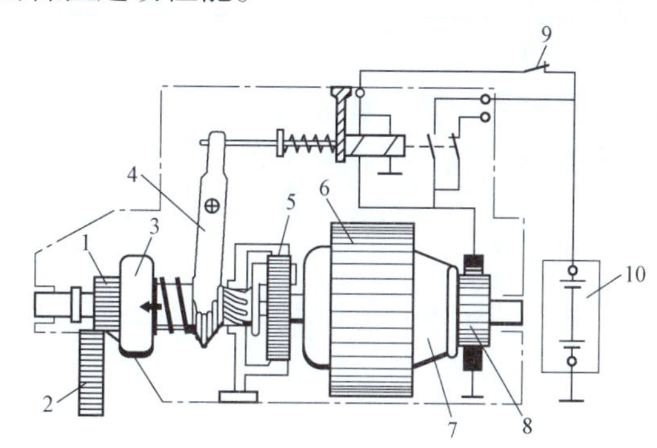

图 11-2　起动系统结构示意图

1-驱动小齿轮；2-发动机飞轮环齿；3-单向离合器；4-驱动叉；5-行星齿轮减速器；6-永久磁铁；7-电枢；8-电磁开关；9-开关；10-蓄电池

1. 进气预热装置

按照进气加热源的不同，分为火焰预热装置和电预热装置两大类。

1）火焰预热装置

火焰进气预热装置是利用本车蓄电池和燃油作能源，通过火焰预热塞使柴油在进气管内燃烧，用来预热进气管内的空气，提高进气温度，改善燃烧条件。但由于火焰燃烧消耗进气流中的部分氧气，产生部分废气和功率损失，因此需要对燃烧器的供油量进行较精确的控制和调节，以避免耗氧量和废气过多。起动时燃烧器所消耗的空气量为发动机进气量的 15% ~20% 时，冷起动的效果最好。

根据火焰产生控制方式，分为智能式及手动式火焰预热装置。图 11-3 为智能式火焰预热系统组成示意图，在智能式火焰预热装置中，电子控制器以单片机为控制核心，根据设定参数和温度传感器测得的环境温度判定是否需要预热，并由其控制预热时间、喷火时间、后加热时间及关闭时间，电磁阀与低压油泵相连，根据控制器的信号控制预热系统油路的断通，为预热塞提供燃油。一般预热温度设定在 0 ~10℃。

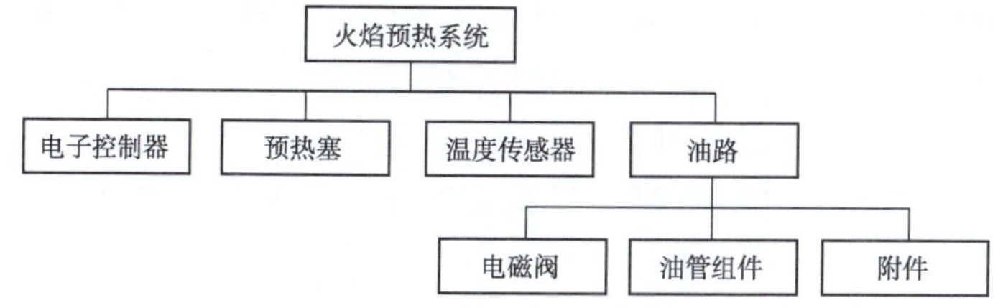

图 11-3　智能式火焰预热系统组成示意图

手动式火焰预热装置是一种使用比较简单的火焰预热方式，只要接通电源给预热塞预热 15 ~25s 后，就可以起动发动机，此时预热塞油路也自动开启，喷出火焰给发动机进气加热。发动机起动完成后关闭电源，预热塞油路亦自动关闭；也可以根据环境温度情况进行后加热，只要用开关控制时间即可。一般后加热时间可参考表 11-1 执行。

手动式火焰预热装置加热时间参考表　　表 11-1

温度(℃)	-10~0	-20~-10	-30~-20	<-30
时间(min)	0.5	1	1.5	2

2)电预热装置

电预热装置以蓄电池为能源，通过电热丝或电热塞来预热进气。电预热的类型有集中预热和分缸预热两种。集中式预热装置安装在发动机的进气管上，分缸式预热装置安装在各汽缸内或进气歧管上。汽油机和一部分柴油机的预热采用集中式，分缸式预热装置一般用在柴油机上。

(1)集中式预热装置。奥迪 100、捷达(2 气门发动机类)、桑塔纳等轿车采用集中式起动预热系统，它们结构与原理相似。下面以奥迪 100 为例说明，它主要由陶瓷热敏电阻混合气预热器、温控开关、继电器等组成，如图 11-4 所示。混合气预热器安装在发动机的进气管里，预热器上压铸有 45 个铝合金的散热柱，以增大受热面积，对流经进气歧管的混合气进行加热。

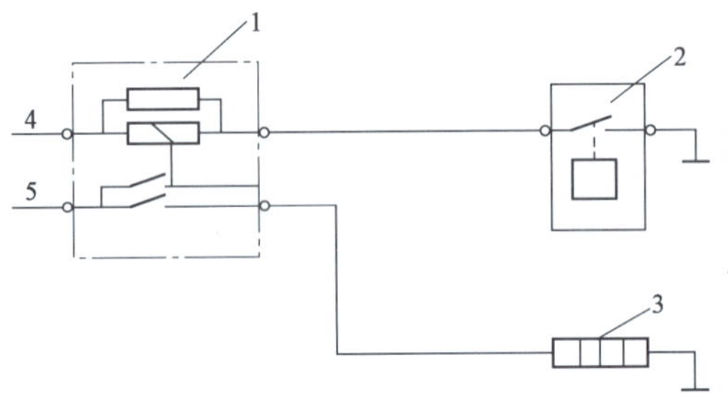

图 11-4　奥迪混合器预热装置

1-预热继电器;2-温控开关;3-预热器;4、5-起动机端子

如图 11-5 所示，混合气预热器的发热元件是具有正温度系数的陶瓷热敏电阻，它具有随温度升高阻值增大的特性，因此可使加热温度得到自动控制。当其温度超过某一温度时，其电阻值会增加几十倍，从而使电流减小，温度下降，直到热敏电阻冷却下来，重新恢复到正常工作状态。利用这一特性，在发动机起动时，可在短时间内迅速对可燃混合气进行预热，使汽车低温起动性能大为改善。

温控开关安装在发动机冷却水出口处，其触点为常闭触点，它可通过发动机冷却液的温度变化来控制混合气预热器的电控装置。当冷却液温度低于 55~65°C 时，温控开关的触点处于闭合状态，此时电流流过闭合的温控开关触点，使得继电器的双触点闭合，接通混合器预热器电路，使混合气预热器散热柱发热，对流过进气歧管的混合气进行加热，确保发动机能在低温下顺利起动。同时还使汽车起动时的 HC 和 CO 的排放量大大减少，经济性得到明显提高。当发动机冷却液温度升至 65°C 以上时，装在发动机冷却液出口处的温控开关的触点断开，使混合气预热器断电，自动停止工作。

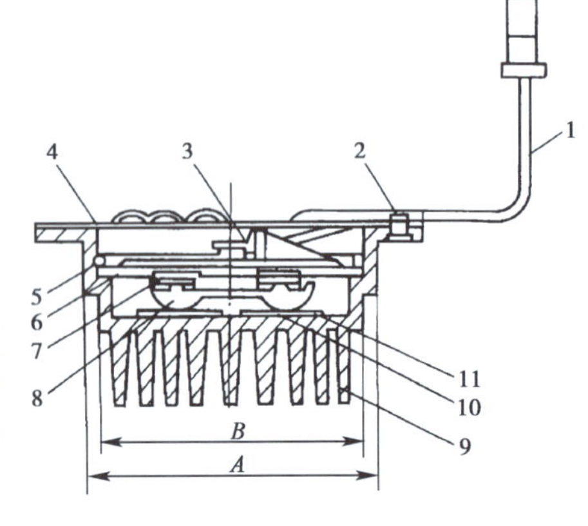

图 11-5　陶瓷热敏电阻预热器

1-耐温 200℃ 导线;2-铆钉;3-镍银合金电极(4 个);4-屏蔽板;5-固定卡紧环;6-弹簧固定板;7-不锈钢弹簧;8-镍银接触电极(4 个);9-铝合金散热柱(45 个);10-银导电硅胶;11-陶瓷片(4 片);A-与进气歧管相匹配尺寸(有锥度);B-与密封圈相匹配尺寸(有锥度)

(2)分缸式预热装置(燃烧室电热塞)。采用涡流室式或预燃室式燃烧室的柴油发动机。由于燃烧室表面积大，在压缩行程中的热量损失比较大，更难以起动。因此，在涡流室式或预燃室式柴油机的燃烧室中安装预热塞，在起动时对燃

烧室内的空气进行预热。日本五十铃轻型汽车快速起动系统即采用燃烧室电热塞预热装置。

常用的电热塞有开式电热塞、密封式电热塞等多种形式。图 11-6 所示为密封式电热塞的结构示意图。螺旋型电阻丝 2 用铁镍铝合金制成，其一端焊接于中心螺杆 9 上，另一端焊接在用耐高温不锈钢制成的发热体钢套 1 的底部，中心螺杆通过高铝水泥胶合剂 8 固定于瓷质绝缘体 7 上。外壳 5 上端翻边，将绝缘体、发热体钢套、密封垫圈 6 和外壳相互压紧。在发热体钢套内填充具有绝缘性能、导热好、耐高温的氧化铝填充剂 3。

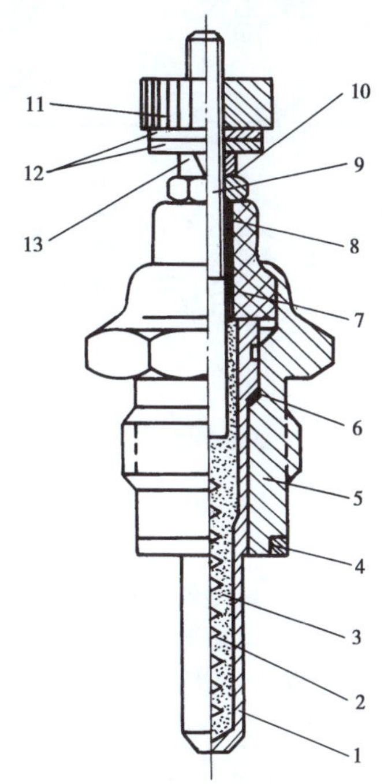

图 11-6　电热塞

1-发热体钢套；2-电阻丝；3-填充剂；4、6-密封垫圈；5-外壳；7-绝缘体；8-胶合剂；9-中心螺杆；10-固定螺母；11-压紧螺母；12-压紧垫圈；13-弹簧垫圈

每缸一个电热塞，每个电热塞的中心螺杆并联与电源相接。发动机起动前首先接通电热塞的电路，电阻丝通电后迅速将发热体钢套加热到红热状态，使汽缸内的空气温度升高，从而可提高压缩终了时的温度，使喷入汽缸的柴油容易着火。电热塞通电时间一般不应超过 1min。发动机起动后，应立即将电热塞断电。若起动失败，应停歇 1min 后再进行第二次起动，否则将降低电热塞的使用寿命。

2. 起动液喷射装置

自燃点越低的燃油，越容易着火。因此，采用起动液喷射装置向进气管喷入自燃点低的起动液，可提高柴油机的低温起动性能。图 11-7 是起动液喷射装置示意图，喷嘴 3 安装在发动机进气管 4 上，起动液喷射罐 1 内充有压缩气体氮气和乙醚、丙酮、石油醚等易燃燃料。当低温起动柴油机时，将喷射罐倒置，罐口对准喷嘴上端的管口，轻压起动液喷射罐，打开其端口上的止回阀 2，起动液即通过止回阀、喷嘴喷入发动机进气管，并随着吸入进气道的空气一起进入燃烧室。由于起动液是易燃燃料，可以在较低的温度下迅速着火，点燃喷入燃烧室内的柴油。

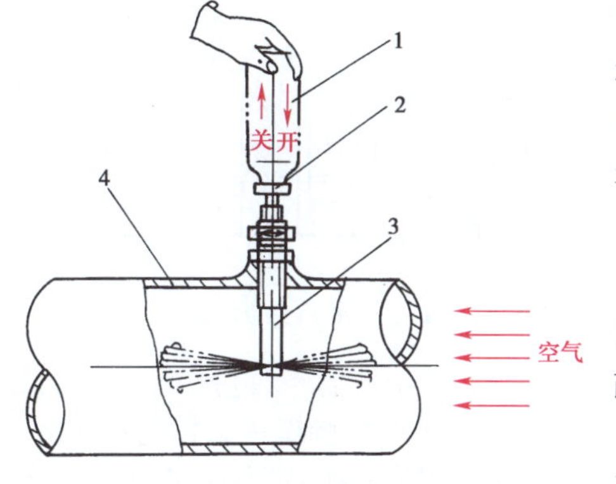

图 11-7　起动液喷射装置

1-起动液喷射罐；2-止回阀；3-喷嘴；4-发动机进气管

3. 起动减压装置

图 11-8 所示是起动减压装置的结构和工作示意图。它采用降低起动转矩、提高起动转速的方法来改善柴油机的起动性能。

起动发动机时，将转换手柄 1 转到减压位置，使调整螺钉 3 按图中箭头方向转动，并微微顶开气门（气门一般压下 1 ~ 1.25mm），以降低压缩行程的初始阻力，使起动机转动曲轴时的阻力矩减小。此后，将手柄扳回原位，发动机即可顺利起动。

发动机各缸的减压装置是一套联动机构。中、小型柴油机的联动机构一般采用同步式，即各减压气门同时打开，同时关闭。大功率柴油机减压装置的联动机构一般为分级式，即起动前

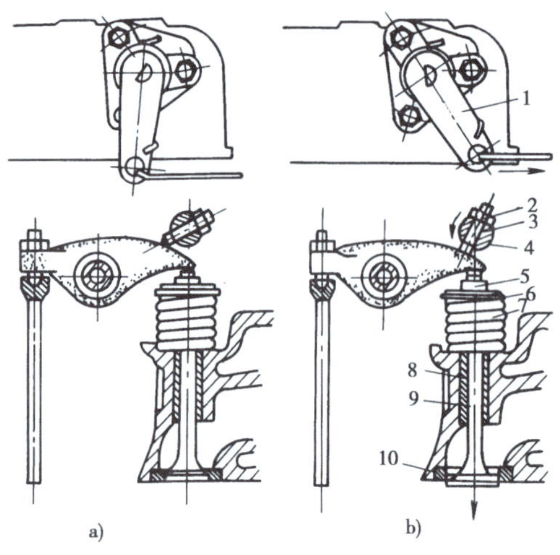

图 11-8　起动减压装置的组成和工作示意图

a)非减压位置;b)减压位置

1-转换手柄;2-锁紧螺母;3-调整螺钉;4-轴;5-气门顶帽;6-气门弹簧座;7-气门弹簧;8-气门导管;9-气门; 10-气门座

各减压气门同时打开,起动时各减压气门分级关闭,使部分汽缸先进入正常工作,发动机预热后其余各缸再转入正常工作。

减压的气门可以是进气门,也可以是排气门。用排气门减压会造成炭粒吸入汽缸,加速机件的磨损,所以一般多采用进气门减压。

4. 冷却液预热装置

1)冷却液加热系统

冷却液加热系统也称驻车加热器。其与发动机冷却系串联,驾驶人可以通过定时器来设定加热时间,在低温起动前对发动机进行预热;同时也可以用来对车内供暖。这种低温预热方式的整个加热过程需 30 ~ 40min,能将发动机机体温度加热到 40 ~ 50℃左右,此时发动机机体温度上升,机油的黏度降低,润滑条件改善,使发动机在低温条件下的阻力矩减小,得以顺利起动。驻车加热器是与发动机相对独立的采暖设备,可在发动机不起动的情况下,预热发动机,提高发动机使用寿命,全面取代发动机怠速暖机过程,降低发动机怠速排放。

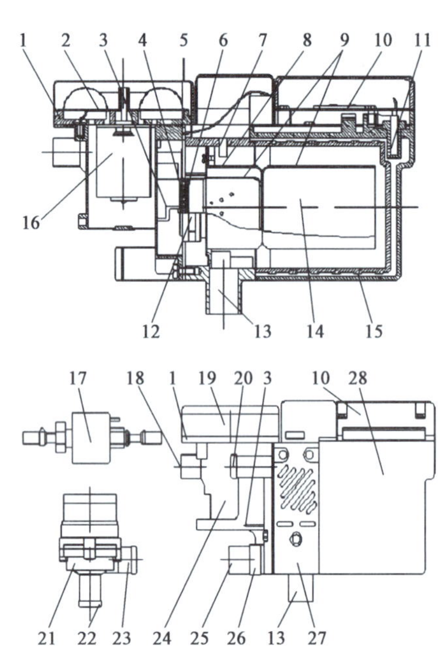

图 11-9　加热器结构示意图

1-风扇底座;2-进气导流片;3-进油管;4-盖本体;5-隔热垫;6-金属油毡;7-点火传感器;8-进气导流筒;9-燃烧筒;10-控制组件;11-冷却液温度传感器;12-电热塞;13-排气口;14-燃烧室;15-热交换器;16-风扇电动机;17-燃油泵;18-进风口;19-风机盖;20-出水口;21-水泵;22-水泵进水口;23-水泵出水口;24-上体;25-连接管;26-进水管; 27-中间体;28-热交换体

图 11-9 和图 11-10 所示为驻车加热器的结构图,该加热器有自己独立的燃油管路、电路、燃烧加热装置和控制装置,利用本车的蓄电池和油箱来瞬间供电和少量供油,并通过燃烧汽油所产生的热量来加热发动机循环水,进而使发动机预热,同时使驾驶室升温。

工作时,首先由无线电遥控器、电话或可控数字计时器给 ECU 发出起动信号,计量泵开始从油箱取油并以脉冲形式将燃料输送到加热器中,当笔状点火器被加热到 900℃左右时,将喷溅的细小油滴气化并点燃,火焰加热发动机冷却液。当达到预先设定的起动温度时,空调鼓风机开始运转,向车内吹入热风。同时热水从热交换器循环流入发动机中,发动机被预热。

2)热水预热法

将温度为 90℃左右的热水注入冷却系,其预热部位有限,用在月平均气温最低不低于

-15℃地区效果较好。

3)电预热法

将电加热器直接插入冷却系内进行加热，此法使用方便。适合在更低的环境温度下使用。

5.预热蓄电池

在低温状态下，蓄电池电解液黏度增加，电容量、放电电流、放电功率都锐减，难以提供发动机足够的起动转矩。改善蓄电池低温性能的方法主要有两种：①使用低温蓄电池；②采用加热或加热保温的方法，即用电热板或热水、热空气预热蓄电池，并将蓄电池放入保温箱内，使蓄电池在升温后能处于温暖状态，保证蓄电池具有正常的容量和输出功率，使起动系统保持正常工作状态。

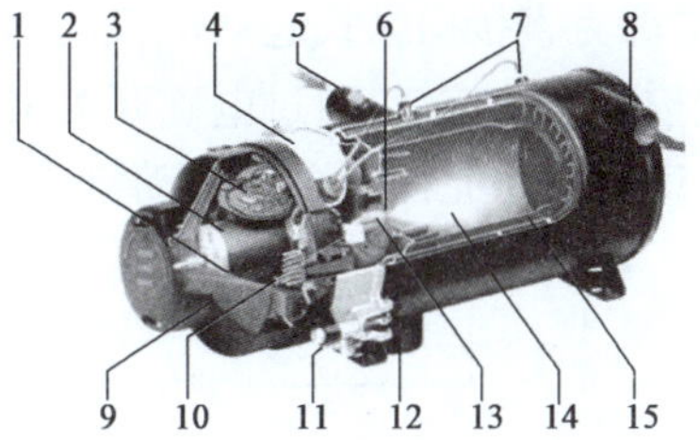

图 11-10　加热装置结构图

1-助燃空气风扇轮；2-电动发动机；3-控制器（带有火焰监视器）；4-燃烧器头；5-进水口；6-点火火花器（带有两个点火电极）；7-温度传感器；8-出水口；9-助燃空气入口；10-内置燃油泵（带有电磁阀）；11-燃油接口；12-废气出口；13-喷油嘴；14-燃烧室；15-热交换器

6.使用减速起动机

在起动机的电枢轴与驱动齿轮之间装有齿轮减速器的起动机，称为减速起动机。由于在低温条件下，蓄电池的容量大幅降低，使起动机转矩也大幅下降，不能满足起动发动机的要求。为此，在电动机的电枢轴与驱动齿轮之间安装齿轮减速器，可以在降低电动机转速的同时提高其转矩。在蓄电池容量较低的情况下，通过降低转速增加起动力矩，解决低温条件下起动力矩不足的问题。

第二节　起　动　机

一、概述

1.起动机的分类

起动机按驱动齿轮啮合方式的不同分为惯性啮合式起动机、电枢移动式起动机和齿轮移动式起动机三种。惯性啮合式起动机，起动时依靠离合器旋转的惯性力产生的轴向移动，使驱动齿轮啮入或退出飞轮齿圈。这种起动机因工作可靠性差，现很少采用。电枢移动式起动机是靠磁极产生的电磁力使电枢作轴向移动，带动固定在电枢轴上的驱动齿轮啮入或退出飞轮齿圈。此种起动机结构较为复杂，在欧洲国家生产的柴油机上应用较多。齿轮移动式起动机，起动时靠电磁开关推动电枢轴孔内的啮合杆，使小齿轮啮入飞轮齿圈。齿轮移动式起动机结构也比较复杂，一般用于大功率的发动机。强制啮合式起动机靠人力或电磁力经拨叉推移离合器，强制地使驱动齿轮啮入或退出飞轮齿圈。这种起动机结构简单，工作可靠，操纵方便，应用最为广泛。

按传动机构的不同，起动机分为非减速起动机和减速起动机两种。非减速起动机在起动机与驱动齿轮之间直接通过单向离合器传动。一直以来，汽车上使用的起动机基本都是这种结构。减速式起动机在起动机与驱动齿轮之间增设了一组减速齿轮，使得起动机具有结构尺寸小、质量轻、起动可靠等优点，在轿车上的应用日渐增多。

按控制装置的不同起动机分为机械控制式起动机和电磁控制式起动机两种。机械控制式起动机，起动时由驾驶人利用脚踏（或手动）操纵机构直接控制起动开关接通或切断起动电路，通常称为直接操纵式起动机，现已淘汰。电磁控制式起动机在起动时，由驾驶人旋动点火开关或按下起动按钮，通过电磁开关来接通或切断起动电路，也称电磁操纵式起动机，目前各类汽车广泛采用此种操纵式起动机。

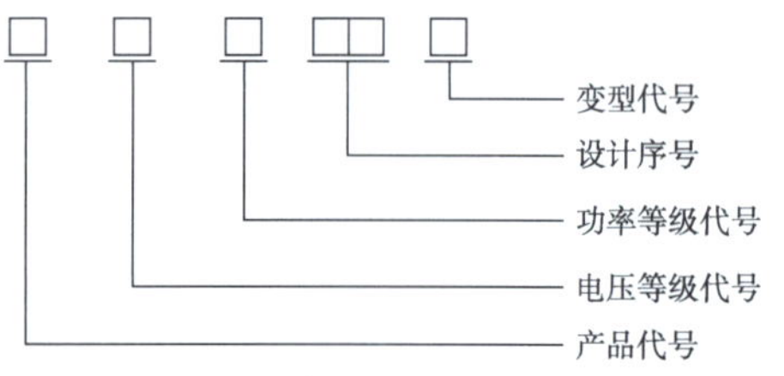

图 11-11　起动机的型号

2. 起动机的型号

根据 QC/T 73—1993《汽车电气设备产品型号编制方法》的规定，起动机的型号由以下五部分组成，图 11-11 为起动机的型号。

（1）产品代号：QD、QDJ 和 QDY 分别表示起动机、减速型起动机和永磁型起动机。

（2）电压等级代号：1——12V；2——24V。

（3）功率等级代号：含义如表 11-2 所示。

起动机的功率等级代号　　表 11-2

功率等级代号	1	2	3	4	5	6	7	8	9
功率（kW）	~1	>1 ~2	>2 ~3	>3 ~4	>4 ~5	>5 ~6	>6 ~7	>7 ~8	>8 ~9

例如：QD124 表示额定电压为 12V，功率为 1 ~2kW，第四次设计的起动机。

二、直流电动机

直流电动机在蓄电池直流电压（柴油机 24V、汽油机 12V）的作用下，根据载流导体在磁场中受到电磁力作用而发生运动的原理产生旋转力矩。接通起动开关起动发动机时，电动机轴旋转，并通过驱动齿轮和飞轮的环齿驱动发动机曲轴旋转，使发动机起动。如图 11-12 所示，电动机由磁极 4、电枢 7、换向器、机壳 5、端盖 1 和 8 等组成。

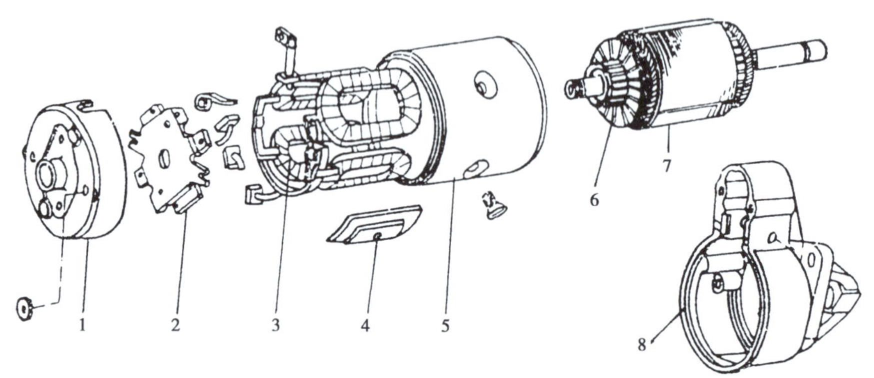

图 11-12　直流电动机

1-前端盖；2-电刷和电刷架；3-励磁绕组；4-磁极铁芯；5-机壳；6-整流子；7-电枢；8-后端盖

1. 磁极

磁极是直流电动机的定子部分，用来产生电动机运转所必须的磁场，分励磁式和永磁式两类。励磁式电动机定子铁芯为低碳钢，铁芯磁场要靠绕在外面的励磁绕组通电建立。永磁式电动机不需要电磁绕组，可节省材料，而且能使电动机磁极的径向尺寸减小；在输出特性相同的情况下其质量比励磁定子式电动机可减轻 30% 以上。图 11-13 为励磁式磁极，它由磁极铁芯 4、安装在铁芯上的励磁绕组 3 及机壳 5 组成。

磁极铁芯用硅钢片叠加而成，并用螺钉固定在机壳内壁上（图 11-13），为加强磁场、增大转矩，车用起动机通常采用 4 个磁极，少数大功率起动机采用 6 个磁极，每个磁极铁芯上都缠有励磁绕组，并通过外壳构成磁回路。励磁绕组通常是用较粗的矩形截面的裸铜线绕制，匝间用绝缘纸绝缘，外部用玻璃纤维带包扎后套在磁极铁芯上。当直流电压作用于励磁绕组的两端时，励磁绕组的周围产生磁场并使磁极铁芯磁化，成为具有一定极性的磁极，且四个磁极的 N 极与 S 极相间排列，形成起动机的磁场。

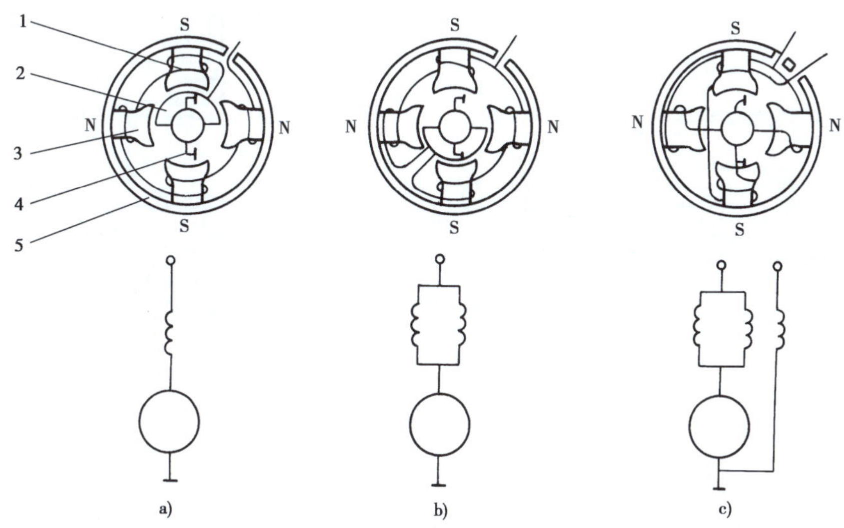

图 11-13　励磁绕组与电枢绕组的联接方式

a）各励磁绕组串联后与电枢绕组串联；b）两个串联的励磁绕组并联后与电枢绕组串联；c）主励磁绕组与电枢绕组串联辅助励磁绕组与电枢并联

1-励磁绕组；2-换向器；3-磁极铁芯；4-电刷；5-外壳

2. 电枢

电枢是直流电动机的转子部分，用来将电能转变为机械能，即在起动机通电时，与磁场相互作用而产生电磁转矩。如图 11-14 所示，它由换向器 1、铁芯 2、绕组 3 和电枢轴 4 组成。电枢铁芯由外圆带槽的硅钢片叠成，压装在电枢轴上；铁芯的外槽内绕有绕组，绕组用粗大的矩形截面裸铜线绕制而成，并且多采用波绕法，以便结构紧凑，并可通过较大的电流，获得较大的电磁力矩。为防止电枢绕组搭铁和匝间短路，在电枢绕组与铁芯之间和电枢绕组匝间用绝缘纸隔开。

当电枢绕组中有电流通过时，电枢导体的周围产生磁场，该磁场与磁极磁场相互作用，产生使电枢轴旋转的力矩，称为电磁力矩或电磁转矩。电磁转矩的大小与流过电枢导体中的电流（电枢电流 I）和磁极磁场的强度（磁极磁通 Φ）有关。

为了在起动发动机时，起动机能产生强大的电磁转矩，励磁绕组与电枢绕组一般采用串联方式连接，称为串激式直流电动机。串激式直流电动机具有起动转矩大、起动转速低、起动安全可靠等许多优点适于发动机起动。励磁绕组与电枢绕组可以以不同的方式串联，如图 11-14 所示。

3. 换向器

换向器用来连接励磁绕组与电枢绕组的电路，并使处于同一磁极下的电枢导体中流过的电流保持固定方向。其结构如图 11-15 所示，它由一定数量的燕尾形铜片 1 组成，并用轴套 2 和压环 3 组装成一个整体，压装在电枢轴上，各铜片之间以及铜片与轴套、压环之间均用云母或硬塑料片绝缘。电枢绕组各线圈的两端焊接在相应铜片的接线凸缘 4 上，经过绝缘电刷和搭铁电刷分别与起动机磁场绕组一端和起动机壳体连接。电枢轴除了铁芯和换向器外，还制有螺旋槽或花键槽，以便安装传动装置，电枢轴两端通过轴承支撑在起动机前后端盖上。

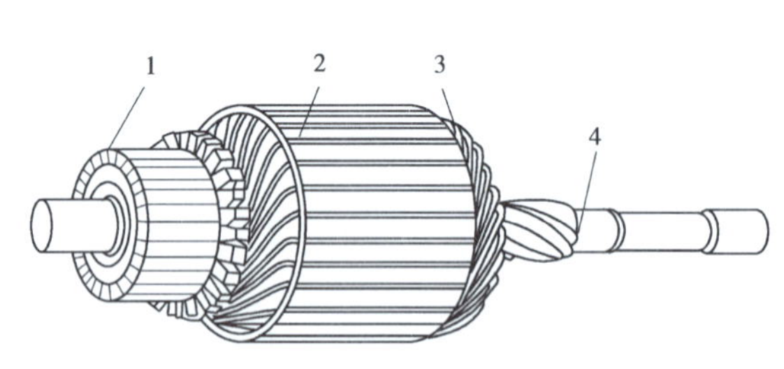

图 11-14　电枢总成

1-换向器；2-铁芯；3-绕组；4-电枢轴

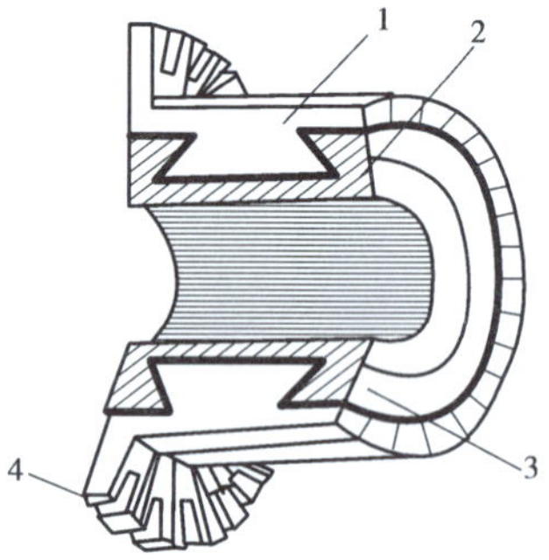

图 11-15　换向器

1-铜片；2-轴套；3-压环；4-接线凸缘

4. 电刷及电刷架

电刷用来将电流引入到电枢绕组中。电刷用铜和石墨粉压制而成，一般含铜 80% ~ 90%，石墨 10% ~ 20%，以减小电刷电阻并增加其耐磨性。一般起动机电刷个数等于磁极个数，也有的大功率起动机电刷个数等于磁极个数的两倍，以便减小电刷上的电流密度。有些小功率高速起动机的电刷弹簧采用螺旋弹簧，多数起动机采用碟形弹簧。

电刷架采用箱式结构，铆装于前端盖上。电刷装于架内，并用弹簧压紧在换向器的外圆表面；电刷与换向器有较大的接触面积，以尽量减小电刷与换向器之间的接触电阻，并延长电刷使用寿命。

三、起动机的传动机构

1. 传动机构的作用

起动机的传动机构安装在电动机电枢的延长轴上，用来在起动发动机时，将驱动齿轮与电枢轴联成一体，将起动机转矩传给发动机曲轴使发动机起动。发动机起动后，飞轮转速提高，它将带着驱动齿轮高速旋转，会使电枢轴因超速旋转产生很大离心力致使损坏，因此，在发动机起动后，驱动齿轮的转速超过电枢轴的正常转速时，传动机构应使驱动齿轮与电枢轴自动脱开，防止电动机超速。起动机的传动机构实际上是一个带有驱动齿轮的单向离合器，实现单方向（从直流电动机到曲轴）转矩的传递。

2. 传动机构结构与原理

车用起动机的传动机构也称为啮合机构，主要有惯性啮合式传动机构、强制啮合式传动机构构和电枢移动式啮合机构等三种类型。

(1)惯性啮合式传动机构。接通点火开关起动发动机时,驱动齿轮靠惯性力的作用,沿电枢轴移出与飞轮啮合,使发动机起动;发动机起动后,当飞轮的转速超过电枢轴转速时,驱动齿轮靠惯性力的作用退回,脱离与飞轮的啮合,防止电动机超速。这种啮合机构结构简单,但不能传递较大的转矩,而且可靠性较差,已很少采用。

(2)强制啮合式传动机构。接通起动开关起动发动机时,驱动齿轮靠杠杆机构(拨叉)的作用沿电枢轴移出,与飞轮环齿啮合,使发动机起动;发动机起动后,切断起动开关,外力的作用消除后,驱动齿轮在复位弹簧的作用下退回,脱离与飞轮环齿的啮合。

如图 11-16 所示,起动机不工作时,驱动齿轮处于图 11-16a)所示位置;当需要起动时,拨叉在人力或电磁力的作用下,将驱动齿轮推出与飞轮齿圈啮合,如图 11-16b)所示;待驱动齿轮与飞轮齿圈接近完全啮合时,起动机主开关接通,起动机带动发动机曲轴运转,如图 11-16c)所示。发动机起动后,如果驱动齿轮仍处于啮合状态,则单向离合器打滑,小齿轮在飞轮带动下空转,不能带动电枢转动,电动机处于空载下旋转,避免了被飞轮反拖高速旋转的危险。起动完毕后,起动机拨叉在复位弹簧作用下回位,带动驱动小齿轮退出飞轮齿圈的啮合,如图 11-16d)所示。

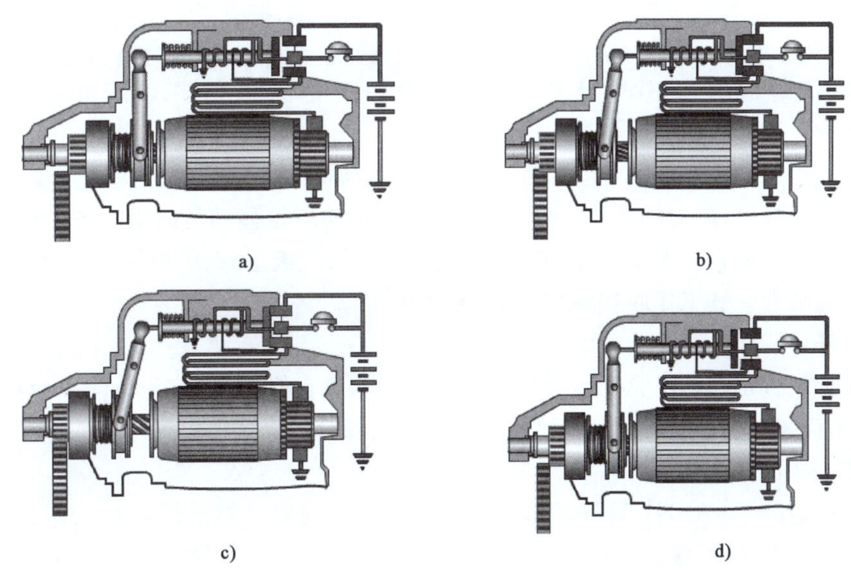

图 11-16　强制啮合式传动机构工作原理

a)分离状态;b)逐渐啮合状态;c)完全啮合状态;d)分离状态

图 11-17 所示为德国博世公司生产的 TB 型起动机的传动机构,其电枢轴为空心的,内装啮合杆,起动机驱动齿轮轴与啮合杆固连在一起。

发动机不工作时,继电器 5 的常开、常闭触点处于初始状态,电磁开关主触点 S_3 处于开启位置。发动机起动时,接通起动开关 6,蓄电池电流经接线柱 50 流经继电器 5 的线圈和电磁开关的保持线圈 12,于是触点 S_1 打开,切断了制动绕组 16 的电路;触点 S_2 闭合,接通了电磁开关中吸引线圈 14 和阻尼线圈 13 的电路。在三个线圈磁力的共同作用下,电磁开关中的活动铁芯 11 向左移动,推动啮合杆 15 使驱动齿轮向飞轮齿圈方向移动。由于此时吸引线圈 14

和阻尼线圈 13 与电枢串联，相当于串入一个电阻，使电枢电流很小，电枢缓慢转动，齿轮啮入柔和。当驱动齿轮与飞轮齿环完全啮合时，释放杆 8 立即将扣爪 10 顶开，使挡片 9 脱扣，电磁开关主触点 S_3 闭合，起动机主电路接通，通过摩擦片式单向离合器起动发动机。发动机起动后，离合器打滑，起动机处于空载状态。断开起动开关 6，驱动齿轮退出啮合，起动机停止转动。此时与电枢绕组并联的制动绕组 16 起耗能制动作用，使起动机迅速停止转动。

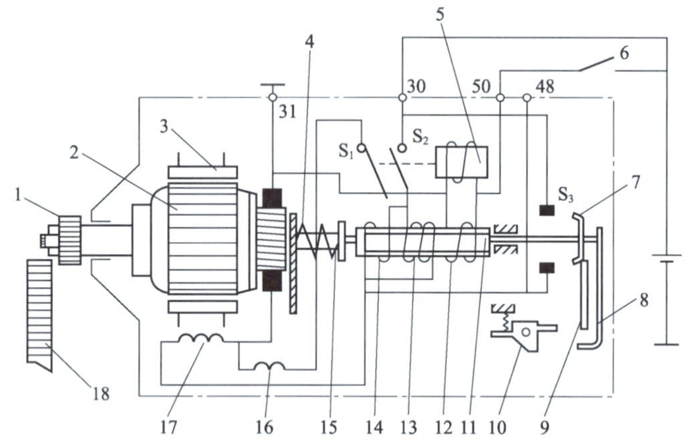

图 11-17　博世 TB 型齿轮移动式起动电路图

1-驱动齿轮；2-电枢；3-磁极；4-复位弹簧；5-控制继电器；6-起动开关；7-接触盘；8-释放杆；9-挡片；10-扣爪；11-活动铁芯；12-保持线圈；13-阻尼线圈；14-吸引线圈；15-啮合杆；16-制动绕组；17-磁场绕组；18-飞轮；S_1-常闭触头；S_2-常开触头；S_3-电磁开关触头

（3）电枢移动式啮合机构。起动机不工作时，起动机的电枢与磁极错开。接通起动开关起动发动机时，在磁极磁力的作用下，整个电枢连同驱动齿轮移动与磁极对齐的同时，驱动齿轮与飞轮环齿进入啮合。发动机起动后，切断起动开关，磁极退磁，电枢轴连同驱动齿轮退回，脱离与飞轮的啮合。其工作原理图如图 11-18 所示。

3. 超速保护装置

超速保护装置是起动机驱动齿轮与电枢轴之间的离合机构，也称为单向离合器。常用的单向离合器有滚柱式、弹簧式、摩擦片式（图 11-21）、棘轮式等多种形式。

1）滚柱式单向离合器

图 11-19 是用于 CA1091 型汽车起动机的滚柱式单向离合器的结构与工作原理示意图。它由外座圈 2、内座圈 3、滚柱 4 以及装在内座圈孔中的柱塞 5 和弹簧 7 等组成。驱动齿轮 1 与外座圈 2 联成一体。花键套筒 6 与内座圈 3 联成一体，并通过花键套装在起动机电枢的延长轴上。

接通起动开关起动发动机时，起动机的电枢轴连同内座圈按图 11-19b）中所示的箭头方向旋转，由于摩擦力和弹簧张力的作用，滚柱 4 被带到内、外座圈之间楔形槽窄的一端，将内、外座圈联成一体，于是电枢轴上的转矩通过内座圈、楔紧的滚柱传递到外座圈和驱动齿轮，驱动齿轮与电枢轴一起旋转使发动机起动。

发动机起动后，曲轴转速升高，飞轮齿圈将带着驱动齿轮高速旋转。虽然驱动齿轮的旋转方向没有改变，但它由主动轮变为从动轮。当驱动齿轮和外座圈的转速超过内座圈和电枢轴的转速时，在摩擦力的作用下，滚柱克服弹簧张力的作用滚向楔形槽宽的一端，使内、外座圈脱离联系而可以自由地相对运动，高速旋转的驱动齿轮与电枢轴脱开，防止电动机超速。

图 11-19d）所示的滚柱式单向离合器，其楔形缺口开在外座圈上，工作原理与上述单向离合器相同。

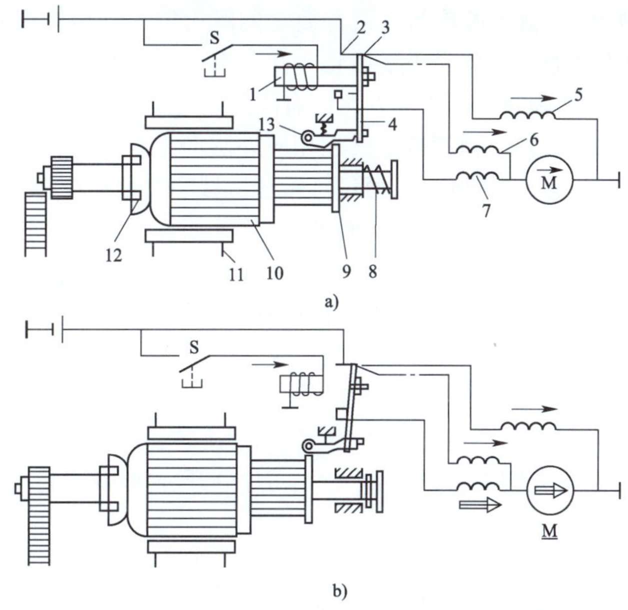

图 11-18　电枢移动式起动机工作原理图

a）进入啮合；b）完全啮合

1-电磁铁；2-静触点；3-接触桥；4-挡片；5-并联辅助磁场绕组；6-串联辅助磁场绕组；7-主磁场绕组；8-复位弹簧；9-圆盘；10-电枢；11-磁极；12-摩擦片离合器；13-扣爪

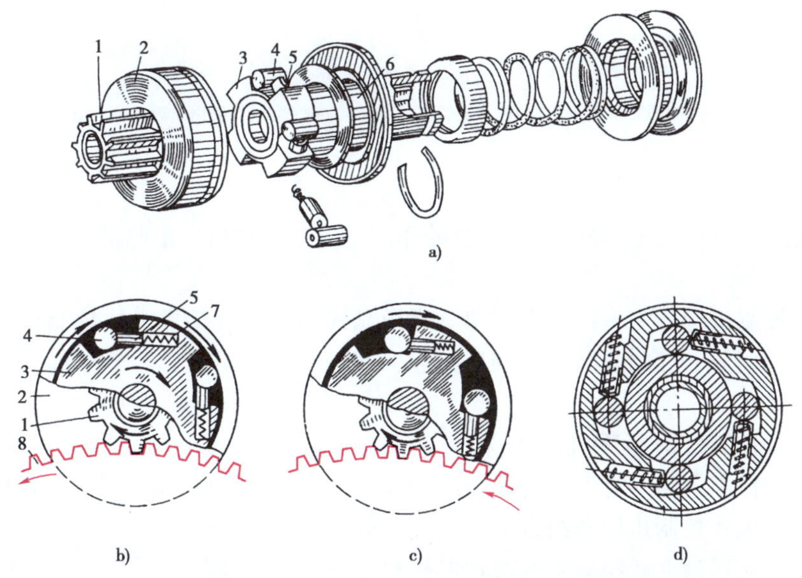

图 11-19　滚柱式单向离合器

a）零件分解图；b）起动时；c）起动后；d）楔形缺口开在外座圈上的单向离合器

1-驱动齿轮；2-外座圈；3-内座圈；4-滚柱；5-柱塞；6-花键套筒；7-弹簧；8-飞轮齿圈

2）弹簧式单向离合器

图 11-20 是弹簧式单向离合器的结构图。它安装在电枢的延长轴上，驱动齿轮 2 的右端空套在花键套筒 7 左端的外圆面上，两个扇形块 4 装入驱动齿轮右端的相应缺口中，并伸入花键套筒 7 左端的环槽内，使驱动齿轮与花键套筒之间既可以一起做轴向移动，又可以相对滑转。离合弹簧 5 在自由状态下的内径小于齿轮 2 和花键套筒 7 相应外圆面的外径，在安装状态下弹簧紧套在外圆面上，弹簧 5 与护套 6 之间有间隙。起动时，起动机的电枢轴带动花键套筒旋转，有使弹簧 5 收缩的趋势，弹簧被箍紧在相应外圆面上。于是，起动机的转矩靠弹簧与外圆面之间的摩擦作用传递给驱动齿轮，通过飞轮环齿带动曲轴旋转，使发动机起动。发动机一旦起动，驱动齿轮的转速超过花键套筒的转速，弹簧 5 张开，驱动齿轮 2 在花键套筒 7 上滑转，与电枢轴脱开，防止电动机超速。接通起动开关起动发动机时，起动机的电磁转矩通过电枢轴传递给花键套筒，由于内接合鼓与花键套筒之间存在转速差，内接合鼓沿花键套筒左移，将从动片与主动片压紧使外接合鼓与内接合鼓连成一体，即驱动齿轮与电枢轴连成一体，起动机的转矩通过驱动齿轮和飞轮传递给发动机的曲轴，使发动机起动。

发动机起动后，飞轮带着驱动齿轮和外接合鼓高速旋转，外接合鼓的转速超过电枢轴和花键套筒的转速，内接合鼓沿花键右移，从动片与主动片分开，使驱动齿轮与电枢轴脱开，防止电动机超速。

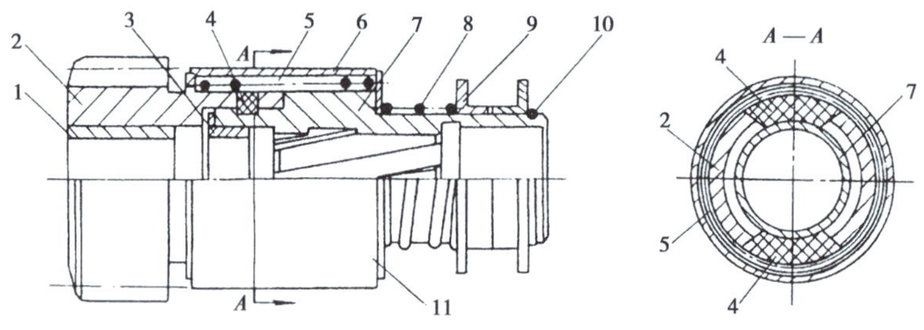

图 11-20　弹簧式单向离合器

1-衬套；2-起动机驱动齿轮；3-限位套；4-扇形块；5-离合弹簧；6-护套；7-花键套筒；8-缓冲弹簧；9-滑套；10-卡环；11-电枢延长轴

四、起动机的控制机构

起动机的控制机构也称为操纵机构，它的作用是控制起动机主电路的通、断和驱动齿轮的移出和退回。

起动机的控制机构分为直接操纵式和电磁操纵式两种。直接操纵式控制机构检修方便，且不消耗电能，有利于提高起动转速。但驾驶人劳动强度大，不易远距离操纵，所以目前已很少应用。

电磁操纵式控制机构，俗称电磁开关，其使用方便，工作可靠，并适合远距离操纵，所以目前应用广泛。按控制电路中有无继电器，分为无起动继电器的电磁操纵式控制机构、带有起动继电器的电磁操纵式控制机构和组合继电器的电磁操纵式控制机构。

1. 无起动继电器的电磁操纵式起动控制机构

电磁操纵式控制机构的结构如图 11-22 中的点划线框内部分所示，主要由电动机开关和电磁线圈组成。作为操纵元件的活动铁芯 4 由驾驶人用开关通过电磁线圈进行控制。多数起动机的电磁线圈由保持线圈 5 和吸拉线圈 6 两部分组成。主接线柱 14、15 和接触盘 13 组成主开关。在黄铜套11上绕有吸拉线圈6和保持线圈5，两线圈的绕向相同，吸拉线圈和电动机电枢绕组串联（主电路未接通时），保持线圈的一端搭铁，另一端与吸拉线圈接在同一接线柱7上；在黄铜套内装有活动铁芯4和挡铁12，活动铁芯的后端与拨叉3的上端相连接，挡铁12是固定不动的，其中心孔内穿有推杆，推杆端部的接触盘13用以接通起动机的主电路。拨叉3通过销钉支撑在起动机上，拨叉下端插入单向离合器的移动衬套中。

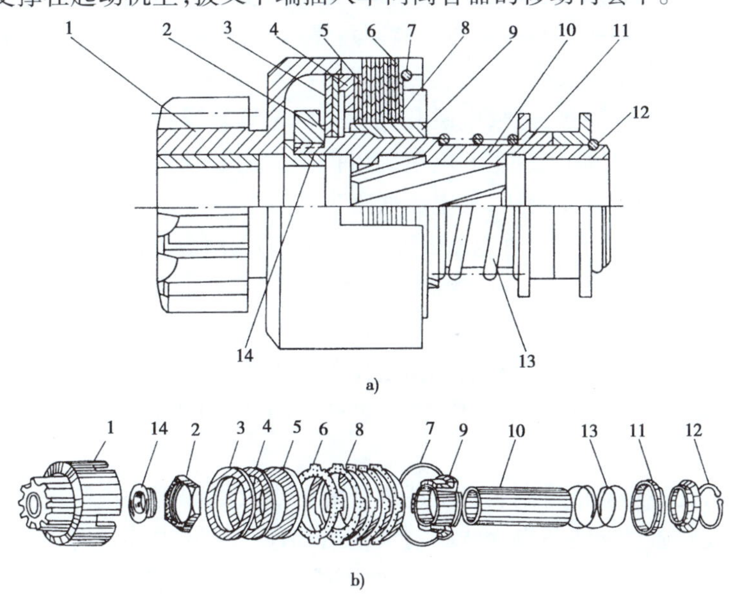

图11-21　摩擦片式单向离合器

a）结构图；b）零件分解图

1-起动机驱动齿轮；2-螺母；3-弹性垫圈；4-压环；5-调整垫圈；6-从动摩擦片；7-卡环；8-主动摩擦片；9-内接合鼓；10-花键套筒；11-滑套；12-卡环；13-弹簧；14-限位块

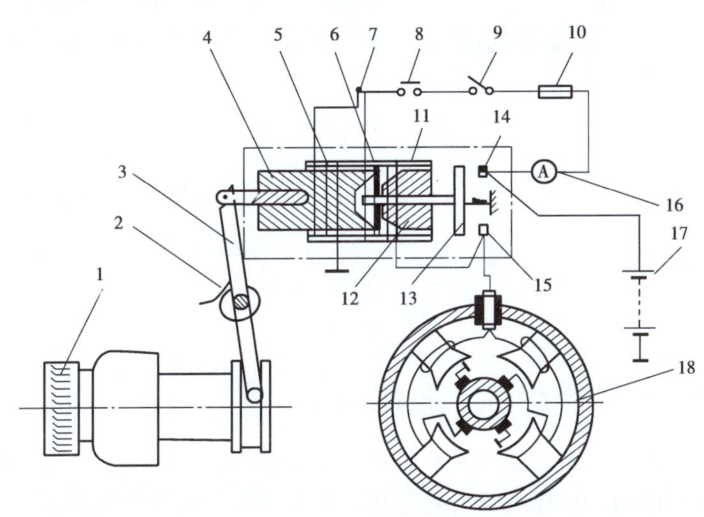

图11-22　无起动继电器的电磁操纵式起动控制机构示意图

1-单向离合器；2-复位弹簧；3-拨叉；4-活动铁芯；5-保持线圈；6-吸拉线圈；7-接线柱；8-起动按钮；9-总开关；10-熔断器；11-黄铜套；12-挡铁；13-接触盘；14、15-主接线柱；16-电流表；17-蓄电池；18-电动机

起动发动机时，接通总开关，按下起动按钮，吸拉线圈和保持线圈的电路被接通，其电流通路为：蓄电池正极 → 主接线柱 14 → 电流表 → 总开关 → 起动按钮 → 接线柱 7 → $\left\{\begin{array}{l}\text{吸拉线圈} \rightarrow \text{主接线柱 15} \rightarrow \text{电动机} \\ \text{保持线圈}\end{array}\right\} \rightarrow$ 搭铁 → 蓄电池负极，这时吸拉线圈和保持线圈产生的电磁力方向相同，互相叠加，使活动铁芯很容易地克服复位弹簧的弹力而右行，一方面带动拨叉将单向离合器推出，使驱动齿轮与飞轮齿圈可靠啮合；另一方面通过推杆推动接触盘与主接线柱 14、15 接触，接通主开关。

主开关接通后，吸拉线圈被短路，电磁开关的工作位置靠保持线圈的吸力来维持，同时蓄电池经过主开关给电动机的励磁绕组和电枢绕组提供大的起动电流，使电枢轴产生足够的电磁力矩，带动曲轴旋转而起动发动机，其电流通路为：

$$\text{蓄电池正极} \rightarrow \text{主接线柱 14} \rightarrow \left\{\begin{array}{l}\text{电流表等} \rightarrow \text{接线柱 7} \rightarrow \text{保持线圈} \\ \text{接触盘} \rightarrow \text{主接线柱 15} \rightarrow \text{电动机}\end{array}\right\} \rightarrow \text{搭铁} \rightarrow \text{蓄电池负极}$$

发动机起动后，在松开起动按钮的瞬间，吸拉线圈和保持线圈是串联关系，两线圈所产生的磁通方向相反，互相抵消，于是活动铁芯在复位弹簧的作用下迅速回位，使驱动齿轮退出啮合，接触盘在其右端小弹簧的作用下脱离接触，主开关断开，切断了起动机的主电路，起动机停止运转。

许多汽油发动机的起动机控制装置中还装有短路点火线圈附加电阻的接触片，控制装置外壳上对应的接线柱通过导线与点火线圈初级绕组相连。主开关接通时，短路点火线圈附加电阻的接触片与蓄电池正极直接接通，将点火线圈附加电阻短路，改善起动时的点火性能。

2. *有起动继电器的电磁操纵式起动控制机构*

电磁操纵式控制机构的起动开关通常与点火开关制成一体，为了减少流过点火开关的电流，防止点火开关的早期损坏，有些起动机的控制电路中接有继电器。起动继电器有四个接线柱分别标有起动机、蓄电池、搭铁和起动开关，起动开关与搭铁接线柱之间是继电器的电磁线圈，起动机和电池接线柱之间是继电器的触点。接线时，“起动开关”接线柱接起动开关的起动接，“电池”接线柱接电源，“搭铁”接线柱直接搭铁，“起动机”接线柱接起动机电磁开关上起动机接线柱，图 11-23 所示为具有起动继电器的起动电路。

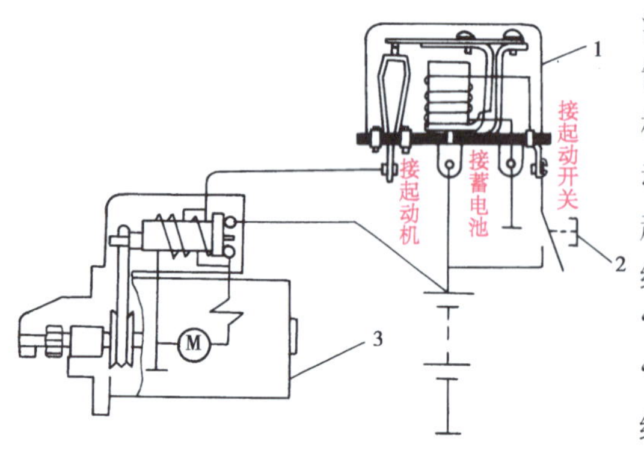

图 11-23 具有起动继电器的起动机构示意图

1-起动继电器；2-起动开关；3-起动机

发动机起动时，将起动开关起动挡接通，继电器的电磁线圈通电，使触点闭合，电源的电流便经继电器的触点通往起动机电磁开关的起动机接线柱，电磁开关通电后，便控制起动机进入工作状态，从电路中可以看出，起动期间流经起动开关起动挡和继电器线圈的电流较小，大电流经过继电器开关流入起动机，保护了起动开关。

装有自动变速器的轿车，在自动变速器上装有空挡起动开关，空挡起动开关串联于起动继电器线圈搭铁端，只有自动变速器变速杆处于停车（P）挡和空（N）挡时才接通，其他挡位时均处于断开状态，有利于保护起动机和蓄电池。

3. 有组合继电器的电磁操纵式起动控制机构

为了防止发动机起动以后起动电路再次接通，一些起动电路中还安装了带有保护功能的组合式继电器。组合继电器由两部分构成，一部分是起动继电器，其作用与前述起动继电器的作用相同；另一部分是保护继电器，它的作用是与起动继电器配合，使起动电路具有自动保护功能，另外还控制充电指示灯。

图 11-24 所示为用于 CA1091 型汽车的具有组合继电器的起动电路。它利用发动机中性点电压，在发动机起动后尚未切断起动开关时，自动停止起动机的工作。

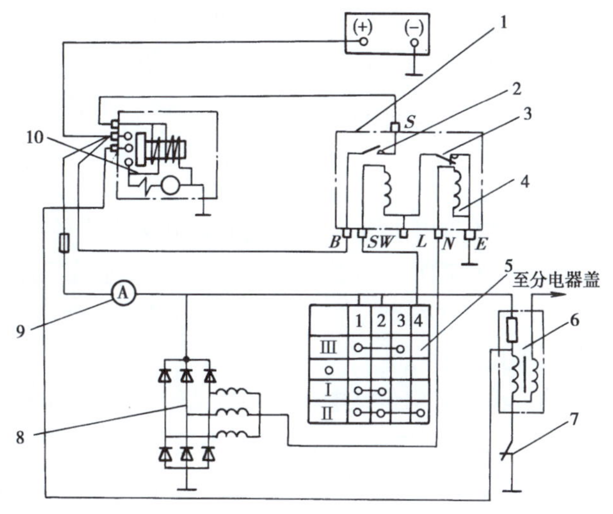

图 11-24　CA1091 型汽车发动机的起动电路

1-组合继电器；2-起动继电器；3-充电继电器；4-充电继电器线圈；5-点火开关；6-点火线圈；7-断电器触点；8-发动机；9-电流表；10-起动机

如图 11-24 所示，当点火开关 5 置于起动挡（Ⅱ挡）时，起动继电器线圈通电，电流回路为蓄电池正极→熔断器→电流表→点火开关起动触点Ⅱ→起动继电器线圈→保护继电器常闭触点→搭铁→蓄电池负极。起动继电器线圈通电使起动继电器的常开触点闭合，接通了起动机电磁开关电路，使起动机进入起动状态。发动机起动后，松开点火开关，钥匙自动返回点火挡（Ⅰ挡），起动继电器触点打开，切断了起动机电磁开关电路，电磁开关复位，停止起动机工作。发动机起动后，如果点火开关没能及时返回Ⅰ挡，这时组合继电器中保护继电器线圈由于承受交流发电机中性点的电压，使常闭触点断开，自动切断了起动继电器线圈的电路，触点断开，使起动机电磁开关断电，起动机便自动停止工作。发动机起动后，由于触点的断开，也切断了充电指示灯的搭铁电路，充电指示灯也熄灭。在发动机运行时，如果误将点火开关置于起动挡，由于在此控制电路中，保护继电器的线圈总加有交流发电机中性点电压，常闭触点处于断开状态，起动继电器线圈不能通电，起动机电磁开关不能动作，避免了发动机在运行中使起动机的驱动齿轮进入与飞轮齿圈的啮合而产生的冲击，起到了保护作用。

有的汽车起动继电器线圈通过防盗系统搭铁，发动机起动时，只有防盗系统发出起动信号后，继电器线圈才能搭铁，如果防盗系统没有收到起动信号，则继电器线圈中无电流，起动机就不能工作，实现了防盗功能。

随着汽车电气系统的电压从 14V 提高到 42V 及电动汽车的推广，结合微电子技术、计算机技术和信息技术的发展，汽车继电器的触点负载等技术参数必然提出新的要求。汽车继电器触头间电弧的能量增加，燃弧时间变长，从而造成触点被电弧烧坏、寿命降低。可采取的有效措施有：(1)适中的爬电距离；(2)新的插接配合形式；(3)用双触点复合多触点替代单触点；(4)用固态继电器及具有故障诊断、报警和模糊控制功能的多功能智能化组合继电器替代机械式继电器；(5)开发 42V 继电器。

近几年，42V 汽车混合式继电器由于集电磁电器和电子开关两者的优点成为研究热点，采用电磁开关与电子开关器件（MOSFET）并联，由逻辑（或微处理器）控制电路，控制在机械触头通断瞬间，由电子开关承担负荷，稳态时由机械触头承载工作电流。混合式继电器接触器的技术特点是：①长寿命高可靠性；②绿色环保；③防爆。但此项技术还不成熟，混合式继电器目前只是用于 CH05N11 型机车上，汽车上用的 12V 混合式继电器和 42V 混合式继电器仍处于研究阶段。

此外，为了在起动发动机时，曲轴能获得足够的起动转矩和必要的起动转速，使发动机能迅速可靠地起动，除选用足够功率的起动机和简单可靠的控制电路外，还必须正确选择驱动齿轮和飞轮齿圈的齿数，以获得适当的传动比，该传动比一般为 10 ~ 15。

五、其他形式的起动机

1. 减速起动机

在起动机的电枢轴与驱动齿轮之间装有齿轮减速器的起动机，称为减速起动机。减速起动机主要由电磁啮合开关，减速齿轮，电动机、起动齿轮（小齿轮）及单向啮合器等部分组成。减速起动机和传统起动机一样，都是串激式起动机，它们的结构大体相似。但是，减速起动机具有以下显著特点：

动力输出结构包括电枢轴和传动轴两部分。电枢轴两端用滚珠轴承支撑，负荷分布均匀，使用时间长，不易磨损，电枢较短，不易出现电枢轴弯曲，磨坏磁场绕组的情况。

采用了减速装置，在转子和起动齿轮之间，安装有减速齿轮（减速比一般为 3 ~ 5），以增大起动齿轮的输出转矩。利用电磁开关，使承担电动机（经减速齿轮后）动力输出的是起动齿轮和起动齿轮轴，而啮合器部分不动。输出功率小的起动机，常采用外啮合方式，输出功率大的起动机采用内啮合方式。

减速起动机采用电磁开关操纵，有些备有辅助开关（或称副开关），以防止烧坏电磁开关和起动开关。分级接通电源，大大降低了起动机损坏的可能性，从而延长了起动机的使用寿命。

减速起动机的体积和重量大约是传统起动机的一半，节约了原材料，同时拆装修理很方便。

减速起动机的磁极对数与传统的起动机一样，但磁场线圈绕组常采用小导线多根并联的方法，电枢绕组的绕法虽与传统的原理相同，但制造工艺先进。

减速起动机的齿轮减速器有外啮合式、内啮合式、行星齿轮式等三种不同形式，如图 11-25 所示。

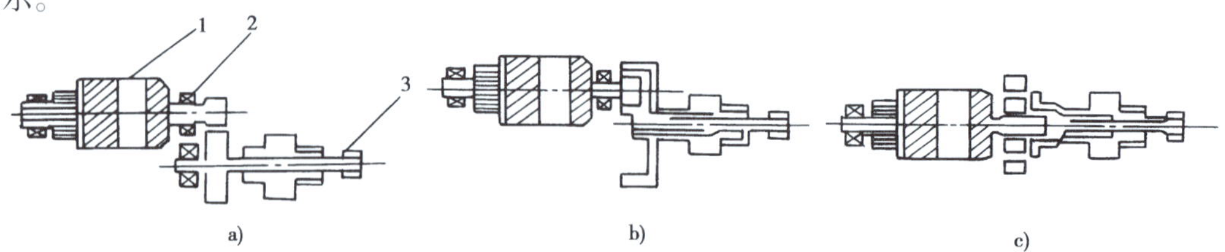

图 11-25　减速起动机的三种形式

a）外啮合式；b）内啮合式；c）行星齿轮式

1-电动机；2-齿轮减速器；3-驱动齿轮

外啮合式减速起动机，其减速机构在电枢轴和起动机驱动齿轮之间利用惰轮作中间传动，且电磁开关铁芯与驱动齿轮同轴心，直接推动驱动齿轮进入啮合，无需拨叉。因此，起动机的外形与普通的起动机有较大的差别。图 11-26 是丰田系列汽车用外啮合式减速起动机的分解图。但有些外啮合式减速机构中间不加惰轮，驱动齿轮必须通过拨叉拨动才能进行啮合，如图 11-27 所示。

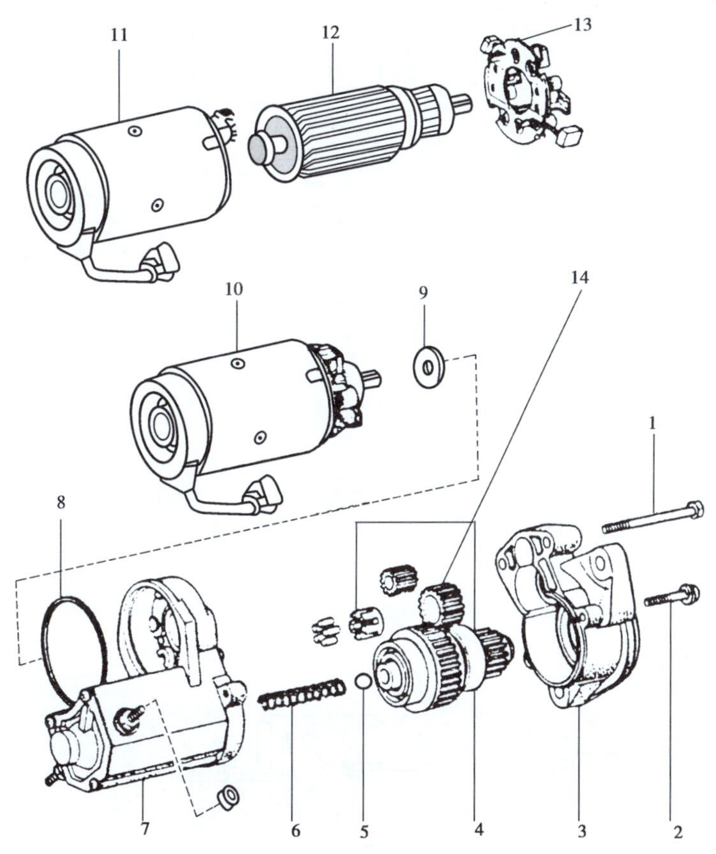

图 11-26　有惰轮外啮合式减速起动机

1、2-连接螺栓；3-驱动端盖；4-单向离合器及齿轮减速器；5-钢珠；6-复位弹簧 7-电磁开关；8-O 形橡胶圈；9-毡垫圈；10-直流电动机；11-电动机外壳；12-电枢；13-电刷及电刷架；14-惰轮

外啮合式减速机构的传动中心距较大，因此受起动机构的限制，其减速比不能太大，一般不大于 5，多用在小功率的起动机上。

内啮合式减速起动机，其减速机构传动中心距小，可有较大的减速比，故适用于较大功率的起动机。但内啮合式减速机构噪声较大，驱动齿轮仍需拨叉拨动进入啮合，因此，起动机的外形与普通起动机相似。图 11-28 所示的是国产 QD254 型减速起动机原理图。

图 11-29 所示是行星齿轮式减速起动机的结构原理图。行星齿轮式减速起动机减速机构结构紧凑、传动比大、效率高。由于输出轴与电枢轴同轴线、同旋向，电枢轴无径向载荷，振动轻，整机尺寸减小。另外，行星齿轮式减速起动机还具有如下优点：

（1）负载平均分配在三个行星齿轮上，可以采用塑料内齿圈和粉末冶金的行星齿轮，使质量减轻、噪声降低；

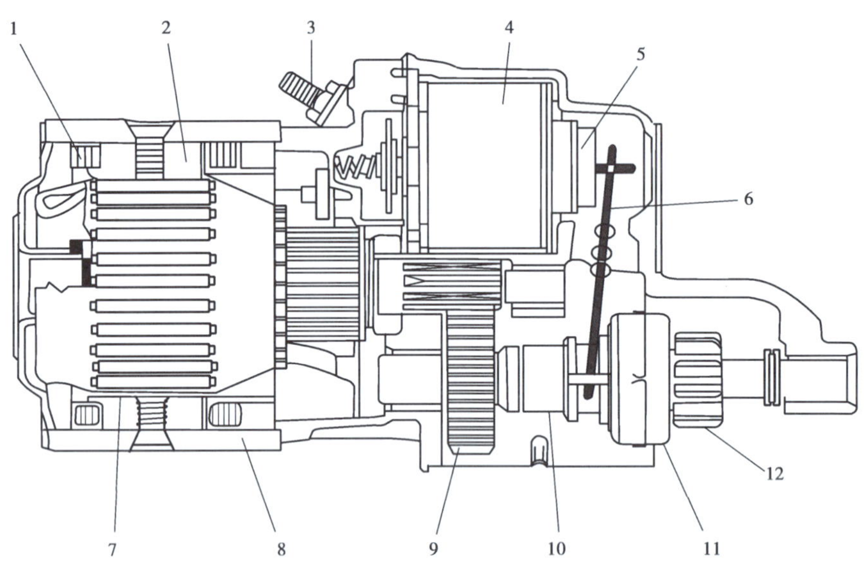

图 11-27　无惰轮外啮合式减速起动机

1、2-励磁绕组；3-主接线柱；4-电磁线圈；5-活动铁芯；6-拨叉；7-电枢；8-外壳；9-减速齿轮；10-花键轴；11-单向离合器；12-驱动齿轮

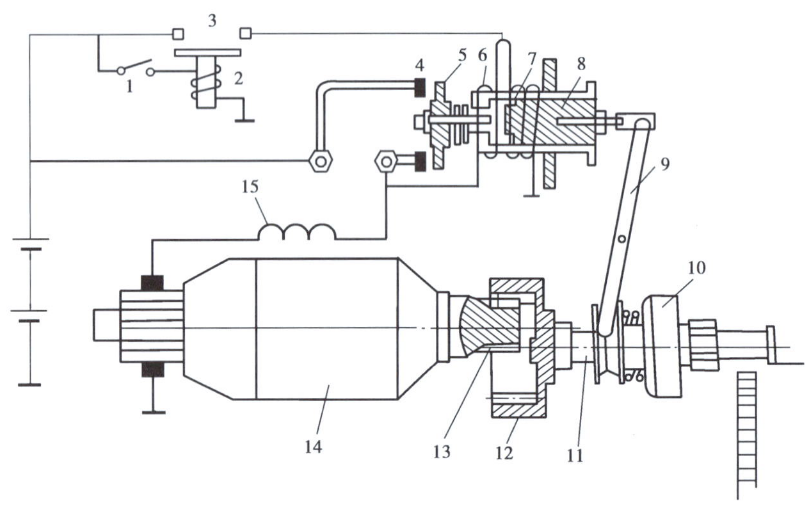

图 11-28　内啮合式减速起动机

1-起动开关；2、3-起动继电器线圈和触点；4-主接线柱；5-接触盘；6-吸拉线圈 7-保持线圈；8-活动铁芯；9-拨叉；10-单向离合器；11-螺旋花键轴；12-内啮合减速齿轮；13-主动齿轮；14-电枢；15-磁场绕组

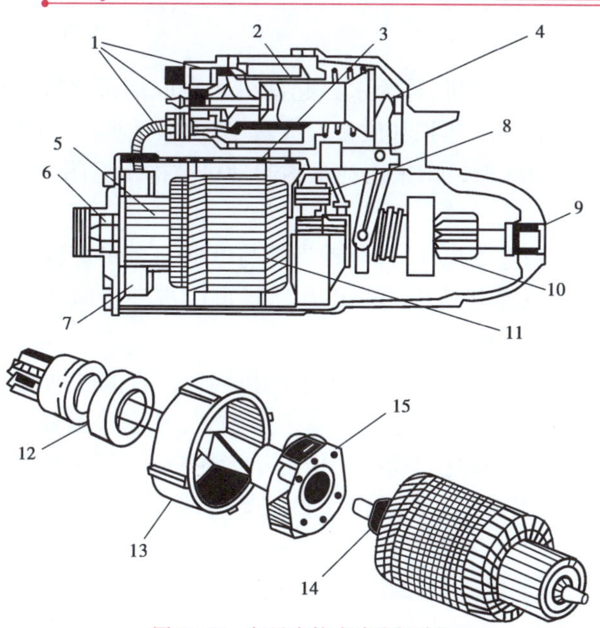

图 11-29　行星齿轮式减速起动机

1-接线柱;2-活动铁芯;3-磁极;4-拨叉;5-换向器;6、9-轴承;7-电刷;8-行星齿轮减速器;10、12-单向离合器;11-电枢;13-固定内齿圈;14-主动齿轮;15-行星齿轮架

(2)尽管增加行星齿轮减速机构,但是起动机的轴向其他结构与普通起动机相同,故配件可以通用。

因此,行星齿轮式减速起动机应用越来越广泛,丰田系列轿车和部分奥迪轿车也都采用了行星齿轮式减速起动机。

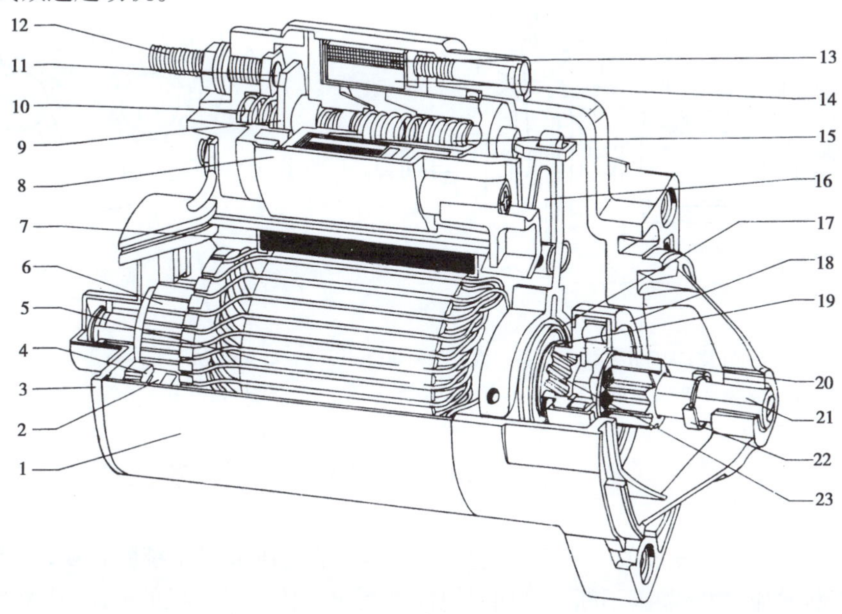

图 11-30　永磁起动机

1-起动机外壳;2-电刷;3-后端盖;4-电刷架;5-电枢;6-换向器;7-磁极;8-电磁开关外壳;9-电磁开关接触盘;10、15-复位弹簧;11-触点;12-接线螺栓;13-保持线圈;14-吸引线圈;16-传动叉;17-导环;18-滚柱式单向离合器;19-啮合弹簧;20-驱动齿轮;21-电枢轴;22-推力垫圈;23-螺旋花键

2. 永磁起动机

以永磁材料作为磁极的起动机,称为永磁起动机。它取消了传统起动机中的励磁绕组和磁极铁芯,使起动机的结构简化,体积和质量大大减小,可靠性提高,并节省了金属材料。

图 11-30 所示为奥迪 100 型轿车采用的永磁起动机结构示意图。

3. 永磁减速起动机

采用高速低转矩的永磁电动机,并在驱动齿轮与电枢轴之间安装齿轮减速器的起动机,称为永磁减速起动机。永磁减速起动机的体积和质量可以进一步减小,目前已得到广泛应用。图 11-31 所示为永磁减速起动机示意图。

相对于常见串励减速式起动机,永磁减速起动机同样由直流电动机、驱动机构和控制装置三大部分组成。较特殊的部分是直流电动机属于永磁式,其定子磁场有别于常见直流电动机永久磁场的特殊磁场。永磁式减速起动机采用行星齿轮减速,行星齿轮总成由装在电枢轴端的太阳轮(图 11-32 所示)、装在行星齿轮架上的三个行星齿轮和与行星齿轮啮合的内齿齿环组成,齿环是保持不动的。当电枢旋转时,太阳轮带动三个行星齿轮绕内齿齿环的内齿旋转,行星齿轮绕内齿齿环的运动,带动行星齿轮架旋转。行星齿轮架与输出轴连接。用这种齿轮配置得到的减速比为 4.5:1。这样大的减速比,大大减少了起动机的电流。

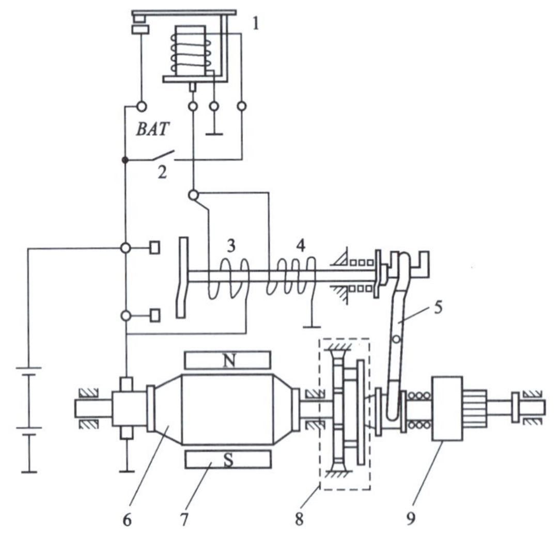

图 11-31　永磁减速起动机结构原理示意图

1-起动继电器;2-点火开关;3-吸引线圈;4-保持线圈复位弹簧;5-传动叉;6-电枢; 7-永久磁极;8-行星齿轮减速器;9-单向离合器

图 11-32　行星齿轮减速器装置齿轮啮合关系

1-太阳轮;2、3、4-行星齿轮;5-行星轮支架;6-内齿圈

第三节　汽车起动发电一体化系统

当今汽车电气系统发展的一个主要趋势是从 14V 系统到 42V 系统的转换,以满足当代汽车电器的不断增加,功率需求不断提高而对电能的需求。传统发电机的电压、功率和效率都不能满足未来 42V 电气系统汽车的需求。

另外由于汽车数量的迅速增加,目前许多大城市道路经常发生交通堵塞现象。一旦发生堵塞或者等候交通灯,如果停车时不熄火,汽车不但白白消耗燃油,而且会排放出更多的废气、热量和噪声等，造成很大的空气污染，最近中国香港已通过停车熄火强制法例草案，一些汽车制造厂家推出了有针对性的无空转技术，即发动机不会在汽车静止的状态下空转，也就是说汽车停止时自动关闭发动机，从而达到节省燃油和降低排放的目的。但传统的汽车起动系统机械件比较复杂、零件多、联接点多、过电流大，随着使用时间的延长，尤其汽车频繁起动，会使其可靠性下降。而且起动转速低，起动时间长，汽车耗油量大。所以，实现无空转技术，就要改革传统的汽车起动系统，消除弊病以适应新的情况。

针对上述问题，起动机-发电机一体化系统（ISA：Integrated Starter/Alternator）应运而生。该系统集成起动机和发电机的功能，把装在传统汽车上各自独立的起动机和发电机集成在一起，形成能完成以上两种电机功能的新型机器，其结构如图 11-33 所示。ISA 系统可在城市交通堵塞或遇到交通灯时实现快速起动，在汽车加速阶段给发动机提供较强的助力，汽车制动减速时可回收能源再利用和减振等功能。目前普遍采用 42V/12V 双电源系统的 ISA 系统作为过渡方案，既可保证现有 12V 电器设备的继续使用，又满足了新型车载电器用电需求。

图 11-33　ISA 系统结构图

ISA 采用了电机理论的可逆变原理，即一台直流电机原则上既可作为电动机运行，也可以作为发电机运行，只是施加的条件不同而已。在发动机起动过程中，电能由蓄电池经功率变换器逆变给 ISA 电机，快速起动发动机至起动速度后点火，完成起动功能；发动机起动后，带动 ISA 电机运行，完成发电机功能，电能通过功率变换器给蓄电池充电，并为整车用电设备提供电源。因此 ISA 既是电能生产装置又是耗电装置。

1. ISA 系统功能

1）快速起动

低转速时，ISA 系统提供的大转矩使发动机转速能在 0.2s 内从零提升到怠速转速，之后才开始正常点火工作。这不但显著改善了发动机起动性能，缩短起动时间，提高起动转速，降低起动噪声和排放；也使 ISA 系统通过与点火系统的配合实现了无空转功能。在发动机需要频繁起停的城市路况，这一功能可以明显减少由于发动机长时间怠速运转造成的燃油消耗和排放。快速起动时，ISA 系统需在短时间内获得很高的工作电流，这对车辆的储能系统提出较高的功率要求。同时，随着温度的降低，蓄电池内阻会增加，这增加了发动机冷起动时的困难。综合以上原因，储能系统的功率成为制约发动机冷起动性能的关键因素。

2）高效率发电

ISA 系统工作在发电机状态时具有很高的效率，500r/min 时具有 70% 的效率，1000r/min 以上时效率保持在 80% 以上，整个工作区间内的平均效率超过 70%。传统发电机在整个工作区间内的平均效率低于 50%，ISA 系统比其有明显提高。高效率的发电特性将显著减少燃油消耗，随着车用电器的不断增加，其节能效果将更加显著。

3）动力辅助

发动机工作时，ISA 系统可同时工作在电动机状态，向动力系统提供额外的输出转矩，这种功能被称为动力辅助功能。实现该功能有两个优点：①可在不改变车辆动力特性的条件下选用更小排量的发动机，从而降低油耗和排放；②整车转矩输出曲线将变得平滑，保证在所有转速下都具有足够的动力输出：低转速时，由ISA系统提供起动转矩；高转速时，发动机成为主要的动力源。动力辅助功能对整车性能的影响取决于该功能的应用程度。当该功能的应用不受限制时，可大大提高整车性能，但是这将对储能系统提出很高的功率和能量要求，尤其需要很大的能量吞吐能力。综合考虑现有的能量存储技术和车辆性能要求，动力辅助功能多被限制在低挡位时使用。

4）制动能量回馈

ISA系统的发电特性在汽车制动时可用于回收制动能量。这部分回馈能量可由储能系统回收并再次利用以降低燃油消耗。制动能量回收的比例与ISA系统电机的功率水平和路况有关，通常只有部分能量可以回收利用。但在频繁起停的城市工况，即使ISA系统的电机功率较小也能回收相当多的制动能量。储能系统的瞬时存储能力会制约该功能的使用效果。相对于接收高电流，蓄电池更易于释放高电流，而且储能系统多将高起动电流作为优化目标，所以制动回馈功能一般得不到充分的利用。

5）主动减振

ISA系统同时具有发电机和电动机特性，使其可实现主动减振功能以补偿发动机的瞬时转速波动，提高传动系统的稳定性。这一功能的实质是发动机旋转机构和ISA储能系统之间的能量交换：当转速较高时，ISA系统工作在发电机状态以降低转速，同时回收能量；当转速过低时，ISA系统可利用回收的能量工作在电动机状态以提高转速。主动减振功能具有比普通机械减振（被动减振）更多的优点：可实现离散的减振频率和可调的减振强度，同时也可补偿负载波动。主动减振功能对燃油经济性的影响取决于机械能与电能之间互相转换的效率。

2. ISA系统组成

ISA系统包括ISA电机、能量转换器及各部件控制器和储能元件（主要为蓄电池）。其系统构成如图11-34所示。

1）电机

当前使用的车用发电机是Lundell发电机，其优点是低成本、长寿命，缺点是输出功率低、效率低，不能满足车载电力系统的要求。目前ISA系统更多地采用感应电机和永磁电机。这是因为在有限的空间内，永磁电机和感应电机有更好的输出功率和输出转矩。但永磁电机控制会困难些，成本高。

2）能量转换器

能量转换器实现DC/AC和DC/DC两个功能。前者完成ISA电机所需的三相交流电与储能系统所需的直流电之间的能量转换；后者完成42V电源系统与12V电源系统之间的能量转换。虽然两者功能上是相互独立的，但多将两者设计在同一部件内，以便共用同一套冷却系统和控制系统。由于42V电源系统的峰值电压较低，所以能量转换器一般采用MOSFET工艺器件。

3）储能系统

储能系统是实现ISA系统功能的关键因素，对应不同的功能，储能系统的功率密度和能量吞吐能力都会有显著变化。ISA系统功能对功率密度、能量吞吐能力的要求及对燃油经济性的影响如表11-3所示。

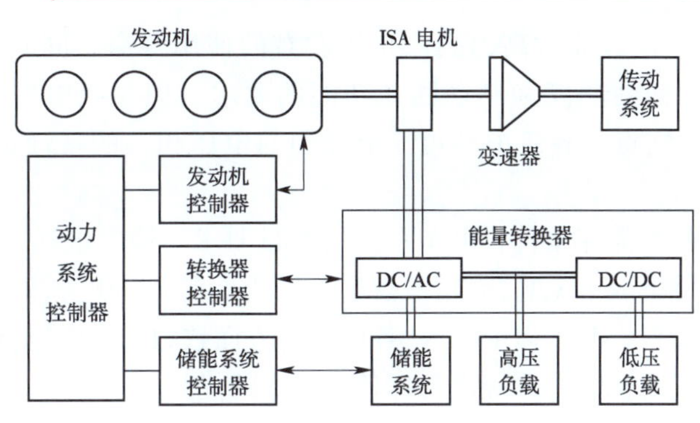

图 11-34 ISA 系统构成示意图

ISA 系统功能对储能系统的要求及对燃油经济性的影响 表 11-3

ISA 系统功能	燃油经济性	功率密度	能量吞吐能力
快速起动	大	很高	低
高效发电	大		
制动回馈	大	高	高
动力辅助	小	高	很高
主动减振	小	高	高

其中,快速起动功能和动力辅助功能分别要求储能系统具有很高的冷起动功率和能量吞吐能力。这使得储能系统将冷起动功率作为最重要的设计目标,并且由于现有技术的限制,动力辅助功能的应用将限定在一定范围内。储能系统的其他技术指标还包括能量存储量、可充电程度、可充电次数、机械强度、质量、尺寸、价格等。现有的主要储能设备包括铅酸电池、超级电容、镍氢电池三种,其部分技术指标如表 11-4 所示。

三种储能技术的部分技术指标 表 11-4

	铅酸电池	超级电容	镍氢电池
名义电压(V)	2		1.3
最高充电电压(V)	2.7	3.0	1.7
最低放电电压(V)	1.5	0	0.8
能量密度(Wh/kg)	30	4	70
功率密度(W/kg)	400	9000	900
充放电次数	300	500000	1500
温度范围(℃)	-30 ~ 60	-30 ~ 80	-25 ~ 55

如表 11-4 中所示,铅酸电池的功率较低,这将制约 ISA 系统的冷起动性能。而且铅酸电池还有质量大、充放电次数低的缺点,后者将导致储能系统的能量吞吐能力过低。但是铅酸电池具有价格优势,当只需满足怠速停机功能时,综合考虑价格和技术因素,铅酸电池是最佳选择。

镍氢电池具有较高的功率密度和充放电次数。但镍氢电池也有明显的缺点:①过低的单电池电压,只有 1.3V,使用时必须将大量的单电池串联,这对电能和热量管理都不利;②自放电速度过快,一个月内可能因此而损失初始电量的 10% ~20%;③低温特性不好,多数性能指标在低温时都有较大幅度的下降,尤其是功率;④使用寿命较短,可能只有 1 ~2 年,这将导致频繁更换电池。

超级电容的充放电次数非常高，具有10年左右的使用寿命。同时，它的功率密度也非常高，这非常适合动力辅助功能和制动回馈功能的要求。但超级电容也有自放电率较高、能量密度低、价格高的缺点。超级电容可充电能力与电压相关的特性也制约其作为储能系统的应用。

现阶段没有一种技术能完全符合ISA系统的能量要求。镍氢电池、超级电容等技术在实现ISA系统功能的条件下成本太高，而铅酸蓄电池虽然具有价格优势，但是其性能并不能满足所有ISA系统功能的要求。基于以上原因，各厂商一方面致力于新电池技术的开发，一方面将各种技术结合起来开发混合储能系统以发挥各种技术的优势。

3. 安装方案

起动机/发电机一体化系统安装方案有以下两种：

(1)间接连接方式，通过带轮或齿轮与发动机前端或飞轮连接，分别如图11-35及图11-36所示。采用带传动，发动机的布置只需稍加变动，不用改变发动机与离合器之间的轴向距离，可用于在用的汽车上。但由于电动机输出的功率很大，传动带的传动性能难以控制，且传动噪声大，因此使用上还存在较大问题。

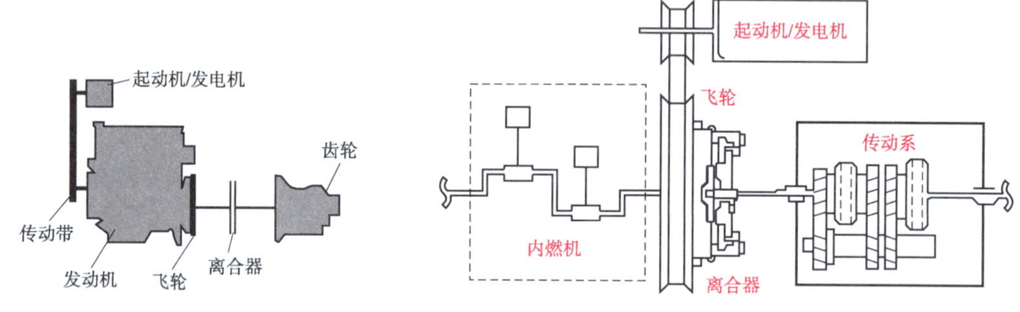

图11-35　ISA系统发动机前端带传动方式

图11-36　ISA系统发动机飞轮带传动方式

(2)直接传动方式，将ISA系统直接安装在曲轴的任意一端，当ISA系统安装在变速器一侧时，可省去飞轮、传动带等部件，减小了空间要求，其功率输出大，但维护时需拆卸较多的部件，且只能用于传动系改变后的新车上。当ISA系统安装在发动机前端时，维护较方便，但需占用前端一定的空间。开发该类产品的公司包括GM公司、Bosch公司、Visteon公司、Siemens公司和Sachs公司。图11-37所示为ISA系统发动机后端曲轴传动方式结构布置示意图。

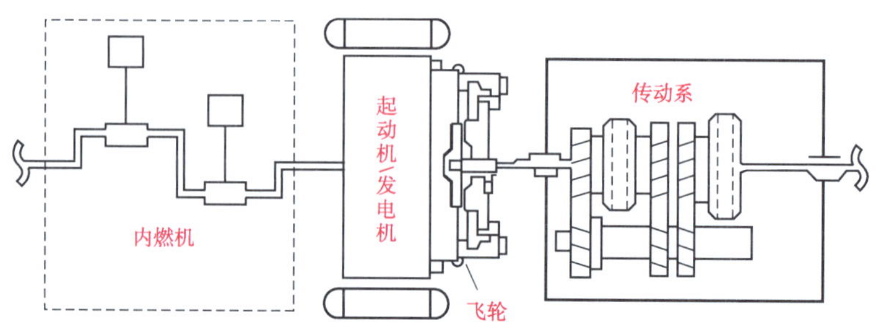

图11-37　ISA系统发动机后端曲轴传动方式

从电动机的功能和效率来看，曲轴式直接传动效果最好，能有效地利用能量，发挥起动机/发电机一体化的诸多功能；带传动仅可作为过渡期的一种替代方式加以考虑使用，电动机的传动最终将集成于汽车传动系，是起动机/发电机一体化传动的发展方向。

4. ISG(Integrated starter/generator)系统在轻度混合动力汽车上的应用

混合动力汽车是具有低污染、低油耗特点的新一代清洁能源汽车，通过储能装置(蓄电池等)和控制系统对能量的调节，实现最佳的能量分配，达到整车的低排放、低油耗和高性能，正逐步得到推广与应用。目前制造成本最低、最容易实现批量生产的是采用起动机/电动机一体化(ISG)技术的轻度混合动力汽车(ISG-MHV)。它只需要对内燃机进行改造，比较容易在现有传统内燃机汽车上实现，混合程度小、电机功率低，尤其适合在轿车上实现。

当混合动力汽车上坡及加速工况时，ISG 用作电动机使用，对整车进行助力，提高汽车的爬坡能力和动力性；当下坡或制动工况时，ISG 作发电机使用，再生或制动的能量通过 ISG 发电，将电能储存在蓄电池中；当汽车处于长期怠速的驻车工况时，系统通过 ECU 自动使发动机熄火，达到节能、环保的目的。

运行结果表明，ISA 系统对燃油经济性的改善具有较大作用，如本田 INSIGHT 车型，采用 ISA 系统后，其油耗降低 30% 左右。ISA 系统改善燃油经济性的原因包括：采用小排量的发动机；怠速停机；制动时的能量回馈与断油；发电效率的提高。各因素对燃油经济性的影响随动力系统的组成、测试工况和怠速转速等因素的不同而不同。Nissan 公司的资料显示，当动力系统采用 4 缸 1.8L 汽油机 + 自动变速器 + ISA 系统时，在日本 10 ~ 15 工况下，燃油经济性可提高 15% 左右，其中，怠速停机这一功能贡献了近 10%。在 ECE(15 工况) + EUDC(城郊高速公路工况)工况下，燃油经济性提高近 10%，怠速停机功能和制动回馈功能各贡献了近 4%。通用 2004 年在其全尺寸的皮卡车上装备这种起动机/发电机一体化系统使其燃油经济性提高 15%。上海交通大学自主研发的中度混合动力轿车，采用 ISG 1.5 发动机曲轴并联电动机的一体化设计，可节省燃料 20% 左右。总之，ISA 和 ISG 系统对改善汽车均有一定的贡献，满足现代汽车对节能环保的要求，是一定时期内混合动力汽车的发展方向。

思　考　题

1. 为什么发动机低温起动困难？为使发动机在低温下迅速可靠地起动，常采用哪些辅助起动装置？

2. 起动机的直流电动机由哪些基本部分构成？

3. 车用起动机为什么采用串激直流电动机？

4. 为什么必须在起动机中安装离合机构？常用的起动机离合机构有哪几种？

5. 试述滚柱式单向离合器的结构及工作原理？

6. 为什么电磁操纵式起动机的电磁开关必须有吸引和保持两个线圈？

7. ISA 系统有哪些功能？

第十二章 压缩天然气、液化石油气及醇类燃料发动机燃料系统

第一节 概 述

目前国内开发使用的发动机代用燃料包括天然气、液化石油气、甲醇、乙醇、生物质燃料、氢气以及二甲基醚等，这些代用燃料各有优缺点，对比分析如表12-1所示。

发动机代用燃料基本比较 表12-1

代用燃料	资源	使用类型	优点	需要注意的问题
天然气	陆地及海洋资源丰富	压缩天然气及双燃料汽车	辛烷值高、燃料成本低、CO排放低、形成臭氧可能性小、无蒸发排放	储运不便、汽车改动较大、加速性及续驶里程有待提高、缸外混合时发动机性能欠佳，需投资建基础设施
液化石油气	石油伴生气、资源丰富	液化石油气及双燃料汽车	储存运输方便、加气站设施相对简单、体积能量密度比压缩天然气高出两倍左右、续驶里程长、热值高于天然气、CO和HC排放较少	NO_x排放与汽油机相差不多、密度大于空气，如有泄漏会向地面沉积
甲醇	可由煤、天然气、原油残渣、木材、生物质、有选择的垃圾、海藻等生产	掺烧（M5、M15等）、M100醇燃料汽车、灵活燃料汽车（FFV）（M0→M100）	资源广泛、是可再生能源、车辆性能好、比能耗较低、NO_x和CO及形成臭氧排放物低、液态易于储运	汽车改装费用高、容积油耗高、纯醇汽车冷起动及低负荷性能有待提高、需降低未燃醇及甲醛排放、需投资扩大醇的生产
乙醇	甘蔗、薯类、玉米等谷物、生物质纤维、野生植物	掺烧（E5、E10、E15）、E100乙醇汽车、灵活燃料汽车（FFV）（E0→E100）	基本与甲醇一样，稍有差异	主要来源于农业及林业、要降低乙醛排放、其他和甲醛基本相同
生物质燃料	能源植物、野生植物、草类、生物质残渣、可食用及不可食用植物油、动物油	生物质燃料单脂汽车尚未正式推广	资源广泛、可再生、热值与柴油接近、排放不及醇燃料	主要来源于农业及林业、燃料中胶质及杂质多、易使供油设备堵塞和结焦
氢气	水、煤、渣油等	在内燃机中掺烧氢、气态及液态氢汽车都在开发中，尚未推广	燃烧产物只是水及NO_x，是较理想的清洁燃料、燃烧完全、热效率高	成本及汽车装置费用高、储运不方便、缸外形成混合气的方式使功率下降、易回火、爆燃
二甲醚	可用H_2及CO合成，和甲醇基本相同	少数试验样车，尚未推广	十六烷值高达60，排气烟度及微粒排放很低，是良好的着火改善剂	常温常压下是气体、产量少、生产成本高

燃料的能量密度是否便于储存及运输，对汽车的使用性能有一定的影响。德国大众汽车公司以各种燃料的能量相当于55L汽油为标准，对各种燃料应占的体积及质量进行了比较，结果如图12-1所示。图中所列的清洁燃料尤其是天然气油箱体积及质量都比汽油、柴油大，储存液态石油气及液态氢气还需要夹层绝热良好的气瓶，其质量更大。加大的油箱增加汽车自重，占用部分空间，在不同程度上要影响汽车的性能及一次加油后的续驶里程，也必然影响商品化的进程。

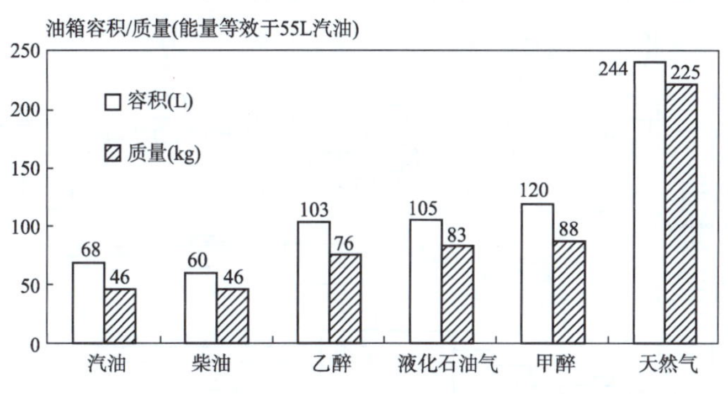

图12-1　几种燃料储存性能的比较

第二节　天然气发动机燃油系统

天然气（英文缩写NG）是一种高效、洁净、价廉的民用燃料、化工原料和工业用燃料。我国有着丰富的天然气资源，目前已探明的气田包括陕北的陕中气田、四川东部的大天池构造带、新疆三大盆地、青海的涩北气田、云南的陆良盆地以及海上的莺歌海地区和渤海湾气田。不同产地的天然气成分有所不同，因此天然气的热值为33550～38170kJ/m^3，与汽油热值43960kJ/m^{3}和柴油热值42510kJ/m^{3}相比，1m^{3}天然气的能量只相当于0.76～0.87kg汽油或0.79～0.90kg柴油的能量，所以要在车上以不大的容器携带足够能量的天然气，只能采用高压储存或液压储存的办法。车用压缩天然气（compressed natural gas，CNG）就是把经过"三脱"处理（脱水、脱重烃、脱酸性气体）的天然气压缩到20MPa后存入特制的耐高压气瓶中，经过减压器减压后供发动机使用。车用液化天然气（liquefied natural gas，LNG）则是把经过三脱处理的天然气深度冷却到－160℃左右，使其成为液态后装入耐压0.05～0.5MPa的绝热罐中，经过蒸发减压器汽化减压后供发动机使用。由于膨胀制冷和保持低温储存、运输的技术难度较大，因此LNG的应用远不如CNG多。在本书中重点介绍压缩天然气发动机。

一、预混点燃式压缩天然气发动机的燃料供给

在加气站尚未形成网络，或气源没有稳定保证时，要求发动机既能用气体燃料工作，又能在缺气时随时改换到用汽油工作，因此汽油/CNG两用燃料发动机是预混点燃式发动机最常应用的。将汽油机改装为汽油/CNG两用燃料发动机的供给系统有多种类型。国产CYTZ—100型CNG供给系统是采用步进电动机伺服阀和比例调节式混合器的闭环控制系统，其组成如图12-2所示。

车用气瓶的容量为50L，压力为20MPa，通过安装在每个气瓶上的连通阀及高压管路将数

个气瓶连通。当驾驶人将汽油/CNG 转换开关 25 置于“气”位置时，电控单元（ECU）24 向 CNG 电磁阀 10 通电，电磁阀开启。车用气瓶 6 内的 CNG 经充气阀 7、过滤器 8、手动截止阀 9 和电磁阀进入减压调节器 14。CNG 在减压调节器内降压，低压的天然气经步进电机 15 控制的低压通道进入混合器 16。在混合器中天然气与空气混合后进入汽缸。ECU 根据氧传感器 21 和发动机转速传感器 20 的信号，通过调节步进电动机伺服阀的行程来改变减压调节器至混合器之间的低压通道通过面积，以控制天然气的流量。

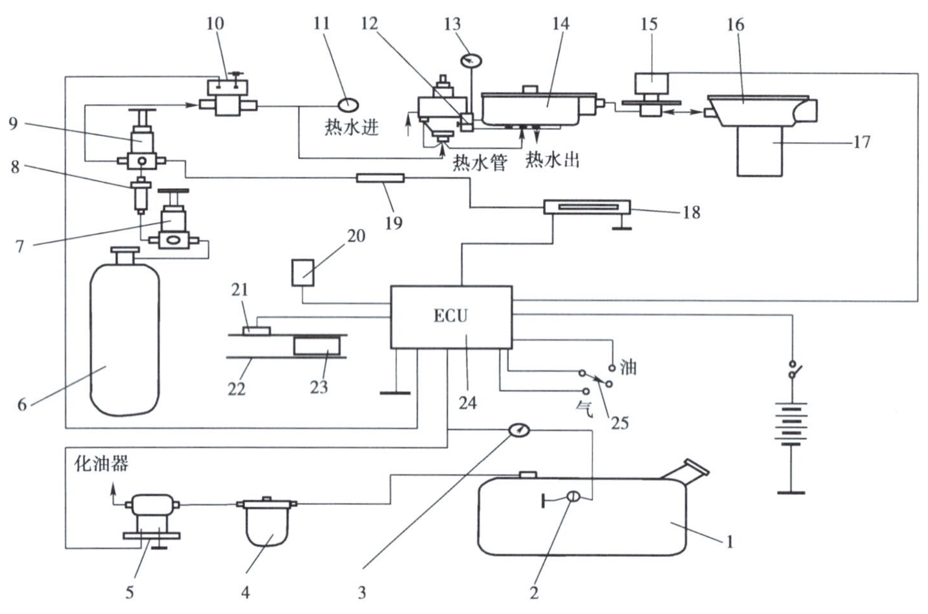

图 12-2　CYTZ—100 型混合器式闭环控制 CNG 供给系统

1-汽油箱；2-油位传感器；3-汽油表；4-汽油滤清器；5-电动汽油泵；6-车用气瓶；7-充气阀；8-过滤器；9-手动截止阀；10-CNG 电磁阀；11-高压表；12-安全阀；13-低压表；14-减压调节器；15-步进电机；16-混合器；17-化油器；18-压力显示器；19-压力传感器；20-发动机转速传感器；21-氧传感器；22-发动机排气管；23-三元催化转换器；24-电控单元（ECU）；25-汽油/CNG 转换开关

1. 减压调节器

由于气瓶内的 CNG 压力随着燃料的消耗不断变化，因此要想保持稳定的天然气与空气的混合比例，需安装减压调节器。减压调节器可以保证在气瓶内的压力发生变化时进入混合器的天然气压力基本恒定。

减压调节器将气瓶内 CNG 的压力由 20MPa 降至常压一般要经过三级减压。CYTZ—100 型三级减压调节器的结构如图 12-3 所示。

减压调节器工作原理：当发动机不工作或不燃用 CNG，即没有 CNG 进入减压调节器时，一级阀口 17、二级阀口 26 和三级阀口 2 均处于常开状态。当发动机工作时，CNG 经进气口 22 进入减压调节器，并通过一级阀芯 19 和密封片 18 之间的一级阀口 17 进入减压调节器 A 腔，进行一级减压，压力由 20MPa 降至 0.8MPa 左右。若压力超过 0.8MPa，则一级膜片 15 在 CNG 的压力作用下克服主弹簧 13 的预压力而向上弯曲，并带动一级阀芯向上将一级阀口关闭。A 腔内的 CNG 经二级阀口 26 进入 B 腔，进行二级减压，压力降至 0.02kPa。随着 CNG 进入 B 腔，A 腔内的压力逐渐降低，若压力低于 0.8MPa，则一级膜片在主弹簧预压力的作用下向下弯曲，并带动一级阀芯向下使一级阀口开启。进入 B 腔的 CNG 经三级阀口 2 进入 C 腔，进行三级减压,压力降至 3.0MPa,然后经步进电动机伺服阀进入混合器。若 B 腔内的 CNG 压力超过 0.02MPa,则 CNG 压力经通气孔 30 作用到二级膜片 28,使其向上压缩二级弹簧 29,同时压迫二级顶杆 25 将二级阀口关闭。若由于 B 腔内的 CNG 不断流入 C 腔而使 B 腔内的压力下降至 0.02MPa 以下时,则二级膜片在二级弹簧的作用下放松二级顶杆及二级阀片 27 将二级阀口开启。

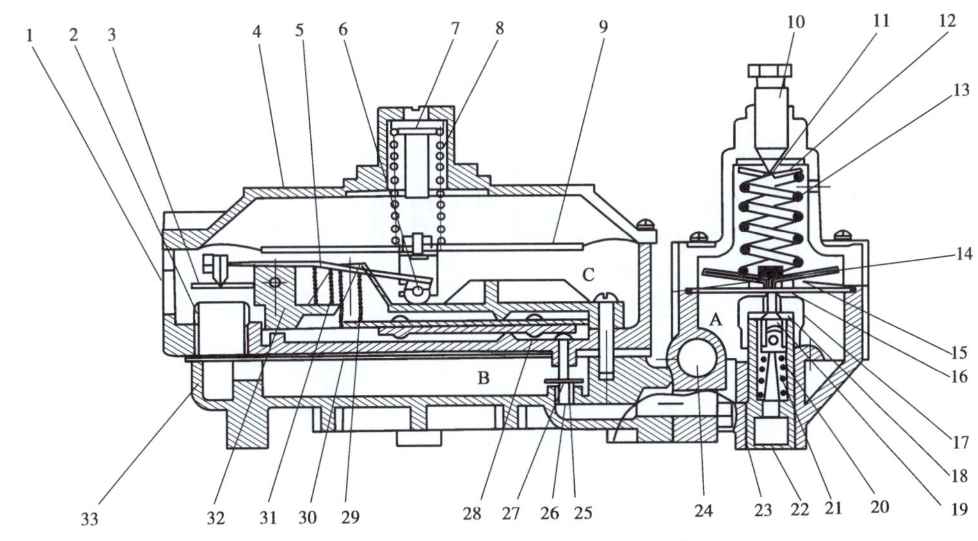

图 12-3　CTYZ—100 型三级减压调节器结构

1-出气孔;2-三级阀口;3-三级阀片;4-三级上盖;5-杠杆;6-挂钩;7-三级调压螺栓;8-正压弹簧;9-三级膜片;10-一级调压螺栓;11-一级上盖;12-小顶板;13-主弹簧;14-大压板;15-一级膜片;16-小压板;17-一级阀口;18-密封片;19-一级阀芯;20-一级滤芯;21-滤芯弹簧;22-进气口;23-一级壳体;24-加热用循环水套;25-二级顶杆;26-二级阀口;27-二级阀片;28-二级膜片;29-二级弹簧;30-通气孔;31-负压弹簧;32-二级内盖;33-二级底盖

减压调节器上装有一级调压螺栓 10 和三级调压螺栓 7,分别用来调节一级减压压力和三级减压压力。

CNG 流过减压调节器时,压力大幅度降低,温度也随之急剧下降,CNG 中的水分可能结冰,造成阀口和管道堵塞。因此,减压调节器设有加热用循环水套 24,利用发动机的冷却液对 CNG 加热,以防止其减压后温度降至冰点以下。

2. 比例调节式混合器

混合器的作用是将空气和天然气按一定比例混合,形成一定浓度的可燃混合气。比例调节式混合器的工作原理是利用进气管真空度同时控制空气和天然气通道的通过面积,以控制混合气的空燃比。

CYTZ—100 型比例调节式混合器结构如图 12-4 所示。

混合器安装在化油器的进气口上。混合器的 C 腔经化油器与进气歧管连通,A 腔与发动机的空气滤清器相连,D 腔则通天然气低压通道,膜片室 B 通过气孔 7 与 C 腔相通。当发动机工作时,进气管真空度传至 C 腔,并通过气孔 7 传入膜片室 B,使膜片室产生真空。由于 A 腔接近于大气压力,因此膜片 8 在 A 腔与膜片室的压力差作用下,克服膜片自身的重力和弹簧 4 的弹簧力向上弯曲,打开天然气阀口 10 和空气入口 11,使天然气和空气进入 C 腔并在其中混合后进入发动机(图 12-4b)。在发动机工作期间,膜片将随着进气管真空度的变化而上下运动，天然气阀口和空气入口的开度也就随之变化。当发动机停机时，A腔、C腔和膜片室B均为大气压力，膜片在其自身的重力和弹簧力的共同作用下，向下弯曲并将天然气阀口和空气入口关闭(图12-4a)。

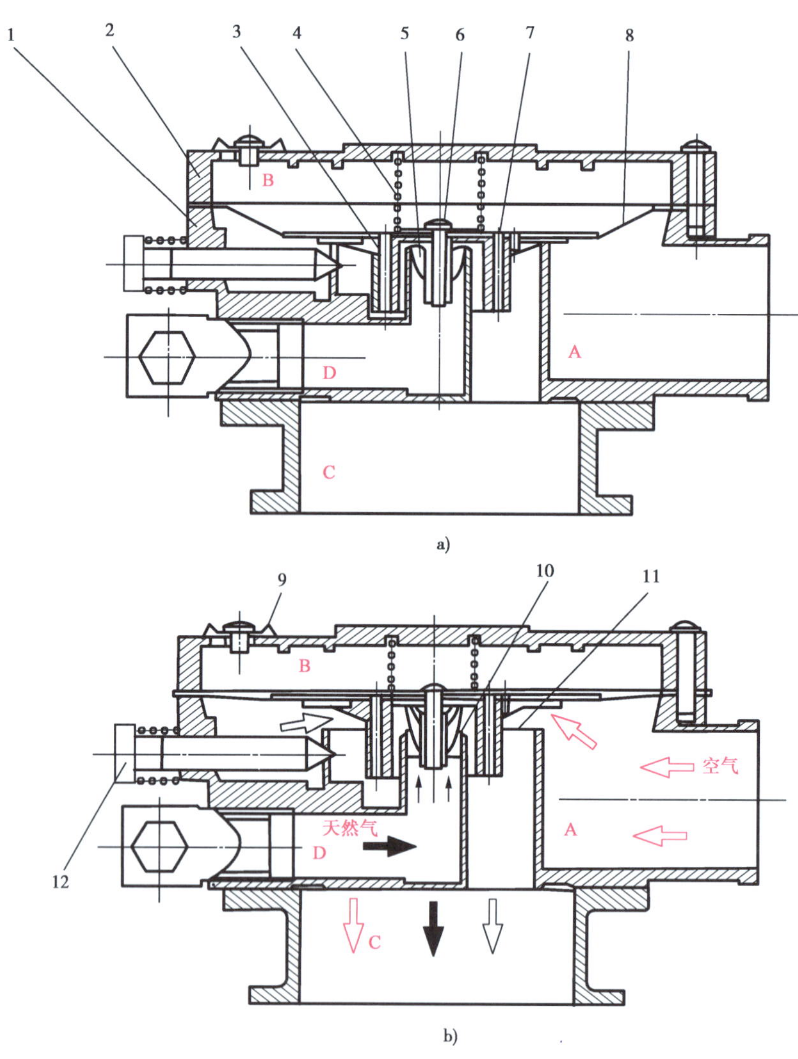

图12-4　CYTZ—100型比例调节式混合器结构及其工作状态

a)停机状态；b)工作状态

1-壳体；2-盖；3-膜片阀；4-弹簧；5-阀芯；6-螺栓；7-气孔；8-膜片；9-防爆膜片；10-天然气阀口；11-空气入口；12-怠速调节螺钉

3. 手动截止阀

我国汽车行业标准QC/T 245—1998规定天然气汽车应安装手动截止阀，当CNGV在充气、修理或入库停车时，用其截断气瓶到减压调节器之间的CNG通路。手动截止阀的结构如图12-5所示。

在截止阀阀体14内装有柱阀12，柱阀左端面嵌有密封垫13，弹簧11的预压力作用在柱阀的右端，保持柱阀常开，CNG从气瓶经柱阀流出截止阀。当转动手轮8时，心轴7向左压迫膜片4并推动柱阀左移压在阀座上，使截止阀关闭。膜片由薄钢片或黄铜片制造，其作用是防止 CNG 通过心轴向外泄漏。在心轴上接一个加长轴 10,目的是为了把手轮 8 装入驾驶室,以便驾驶人能在驾驶室内操纵截止阀的开闭。

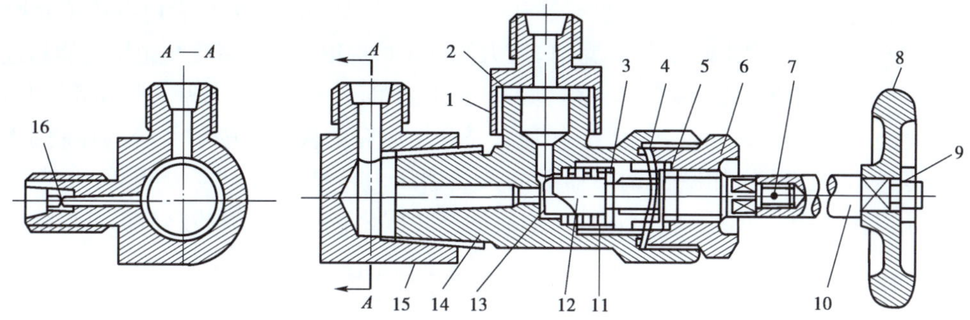

图 12-5　手动截止阀结构

1-接头;2、5-垫圈;3、6-压紧螺母;4-膜片;7-心轴;8-手轮;9-螺母;10-加长轴;11-弹簧;12-柱阀;13-密封垫;14-阀体;15-三通接头;16-量孔

4. 汽油/CNG 转换开关

汽油/CNG 转换开关有三个位置,当转换开关置于"油"位置时,接通电动汽油泵电路,同时切断 CNG 电磁阀电路;当转换开关置于"气"位置时,接通 CNG 电磁阀电路,同时切断电动汽油泵电路;转换开关置于"中间"位置时,不接通两者之中任何一个电路。

二、电控汽油/CNG 两用燃料发动机的燃料供给

虽然利用步进电动机伺服阀和比例调节式混合器的电控 CNG 闭环控制系统能够改善空燃比的控制精度,但是小气量工况的空燃比仍然难以准确稳定地控制。因此,近年来电控 CNG 喷射系统得到了快速发展。图 12-6 是电控汽油/CNG 两用燃料发动机的燃料供给系统组成示意图,CNG 和汽油的供给都采用电控喷射方式。

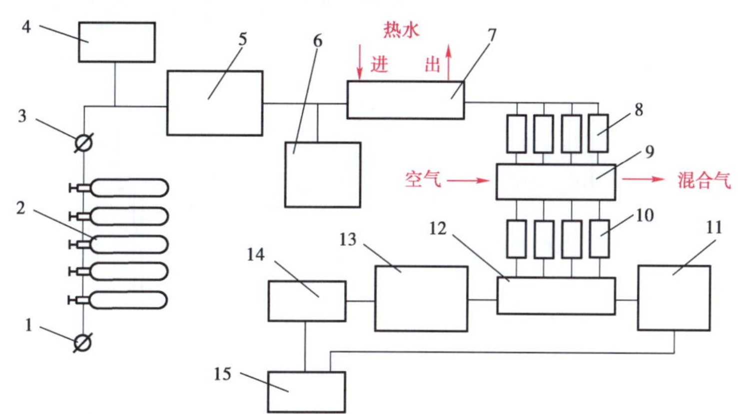

图 12-6　电控两用燃料发动机供给系统组成示意图

1-充装阀;2-车用气瓶;3-输出阀;4-压力表;5-CNG 电磁阀;6-气量显示器;7-两级减压调节器;8-天然气喷射器;9-进气歧管;10-喷油器;11-油压调节器;12-燃油分配管;13-汽油电磁阀;14-汽油泵;15-汽油箱

电控单元根据来自各种传感器和各种开关的信号(包括曲轴位置、节气门开度、进气压力、进气温度、汽油/CNG 转换开关、减压调节器后的天然气压力、天然气温度和氧传感器等),

利用其内存的软件进行运算、判断和处理后，向天然气喷射器发出适时启闭的指令。

天然气喷射器的结构及工作原理与电控汽油喷射系统的喷油器类似。在减压调节器后的天然气压力稳定的条件下，喷气量与喷射器开启的持续时间成正比，而后者由电控单元控制。

电控 CNG 喷射系统要求减压调节器出口压力保持在 0.6MPa 左右，其变化范围不能超过平均值的 ±3%。一般采用两级减压调节器，第一级减压到 1.2MPa 左右，第二级减压到 0.6MPa 左右。

对于汽油/CNG 两用燃料发动机来说，通常是利用原有电控汽油喷射系统的控制系统，只增加几个传感器、执行器（如减压调节器后的天然器压力传感器和温度传感器，天然气喷射器、汽油电磁阀等）和一个供气控制摸块。原有的三元催化转换器和氧传感器仍可继续使用。

三、预混柴油引燃式压缩天然气发动机的燃料供给

对压缩天然气和液化石油气都可以用缸外预混、柴油引燃的方式加以利用，但实际上柴油/CNG 发动机要比柴油/LPG 发动机多得多，这有两方面的原因：一方面，双燃料机都是由柴油机改装而来的，而柴油机原来大多用在 5t 以上的货车和公交车上，功率较大，燃料耗费是这些车辆运行成本中的大项，使用和汽油价格相差不多的 LPG 不如使用较便宜的天然气合算。另一方面，LPG 的抗爆性比天然气差些，不改变原柴油机的压缩比而避免爆燃的难度就比用天然气大一些，一般不得不加大引燃油量而少用 LPG，因此用 LPG 所能获得的节约柴油的效果就比天然气差，改善排放的效果也不如天然气。基于上述情况，只介绍柴油/CNG 双燃料发动机的燃料供给问题。

柴油/CNG 双燃料发动机的燃料供给系统是在原柴油机燃油系统之外增加一套 CNG 供给装置而构成的，如图 12-7 所示。

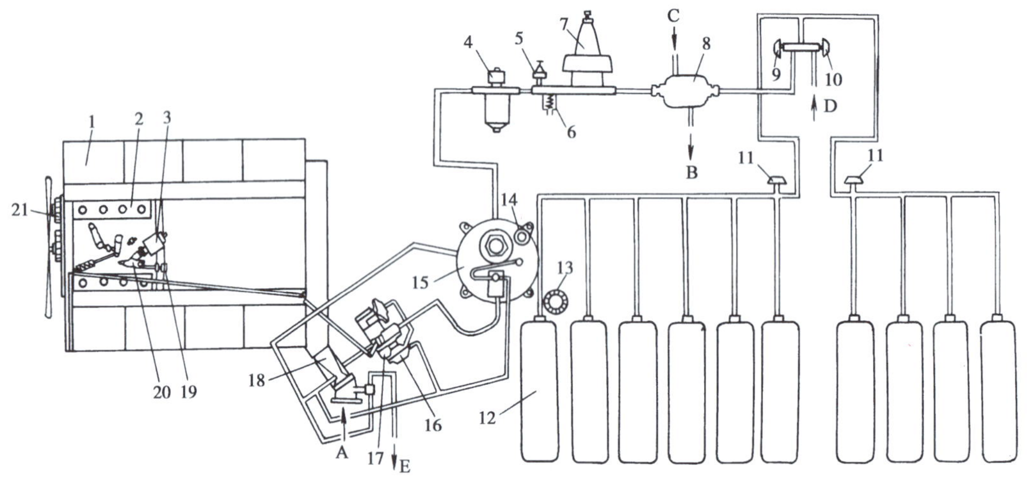

图 12-7　柴油/CNG 双燃料发动机燃料供给系统示意图（卡马兹）

1-柴油机；2-喷油泵；3-喷油泵供油量调节齿杆限位器；4-电磁阀；5-气体压力异常信号发生器；6-安全阀；7-高压减压器；8-预热器；9-供气阀；10-充气阀；11-总阀；12-车用气瓶；13-压力表；14-气体压力传感器；15-低压减压器；16-三通阀；17-计量器；18-混合器；19-联锁传感器；20-活动挡铁；21-曲轴转速传感器；A-来自空气滤清器；B-通向柴油机冷却系统；C-来自柴油机冷却系统；D-充气；E-通向堵塞显示器

由于天然气的自燃温度高出柴油一倍以上，不容易自燃，因此柴油/CNG 发动机，在每一个工作循环，均由喷油泵经喷油器向汽缸内喷入少量柴油作为“引燃燃料”，待柴油着火燃烧

后再将天然气点燃。

CNG 储存在车用气瓶 12(图 12-7)内,压力为 20MPa,打开供气阀 9,CNG 沿管道进入预热器 8,由发动机的循环冷却液对 CNG 加热。升温后的 CNG 进入高压减压器 7,将压力降至 0.95 ~0.10MPa。在高压减压器之后设有气体压力异常信号发生器 5 和安全阀 6。当高压减压器失灵并造成管道内气体压力过高时,信号发生器将发出信号报警,同时安全阀开启放出部分天然气,以避免由于气体压力过高而损坏系统内的其他元器件。如果因为密封失效天然气外泄而引起管道内气体压力过低时,信号发生器也将发出信号报警,这时驾驶人应关闭供气阀,停止向发动机供气,检查管路,排除故障。

CNG 流经电磁阀 4 并进入低压减压器 15,在其中经两级降压后压力降到 0.1 ~0.15MPa。随后天然气经计量器 17 进入混合器 18,并在其中与空气混合后进入汽缸,在压缩行程结束之前被已经着火燃烧的柴油点燃。

当发动机按柴油/CNG 双燃料工作时,作为引燃燃料的柴油,其每循环供油量较少且不随发动机工况变化。为此特设置喷油泵供油量调节齿杆限位器 3(图 12-6),用来限定喷油泵供油量调节齿杆的位置,其构造如图 12-8 所示。支架 2 固定在喷油泵盖上。当电磁铁 4 通电时,电磁铁推动拉杆 1,拉杆推动挡铁 7,使喷油泵供油量调节齿杆保持在作为引燃燃料的供油量位置不动。若电磁铁失灵,则联锁传感器 5 将自动切断电磁阀 4(图 12-8)的电源电路,使电磁阀关闭停止供气。

电磁阀 4(图 12-7)的上部是电磁阀体,下部是滤清器(图 12-9)。CNG 在 0.95 ~1.10MPa 的压力下首先经过滤清器滤除其中的机械杂质,然后进入电磁阀,并经过带橡胶衬垫的平面阀 9 通向低压减压器。

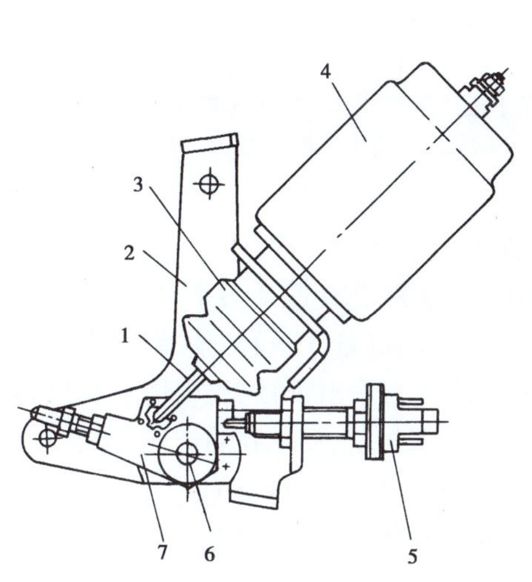

图 12-8 喷油泵供油量调节齿杆限位器

1-拉杆;2-支架;3-保护套;4-电磁铁;5-联锁传感器;6-挡铁轴;7-挡铁

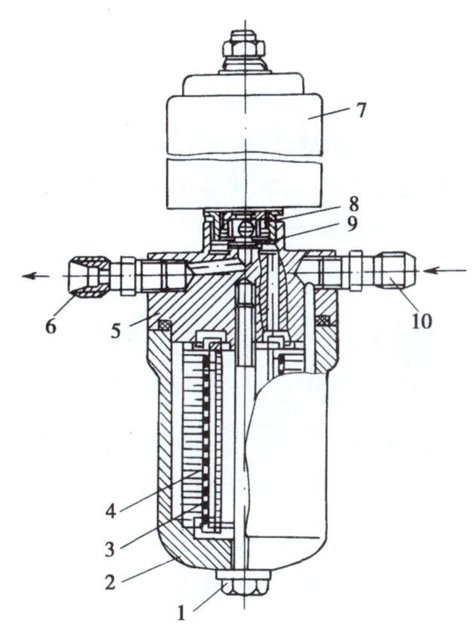

图 12-9 电磁阀

1-中心螺栓;2-滤清器外壳;3-金属滤网;4-毡质滤芯;5-滤清器盖;6-天然气出口管接头;7-电磁阀体;8-电磁铁;9-带橡胶衬垫的平面阀;10-天然气进口管接头

计量器是控制供给发动机天然气量的装置(图 12-10),实际上就是一个节流阀,由驾驶人直接操纵。节流阀开大,供气量增多,发动机的功率增加。

通常计量器与限速器制成一体。限速器用来限制发动机的转速不使其超速。当发动机转速超过允许的转速时，混合器18（图12-7）喉管处的真空度经三通阀16（图12-7）传入限速器膜片2（图12-10）的下方并吸引膜片向下弯曲。膜片带动膜片拉杆9向下移动。同时推动节流阀轴7朝关闭节流阀的方向转动。由于节流阀关小，供气量减少，从而限制了发动机转速的升高。当发动机恢复正常转速之后，三通阀使限速器膜片下方与大气相通，膜片恢复到原来的位置，限速器不起作用。

高压减压器的构造，如图12-11所示。进入高压减压器的天然气先经滤芯1滤除其中的杂质，然后进入高压腔A，再经过减压阀14与减压器体13之间的缝隙及减压阀与减压阀座10之间的通道进入工作压力腔B，最后经减压器出口恒压输出。在此过程中，天然气由于在工作压力腔内膨胀而降压。

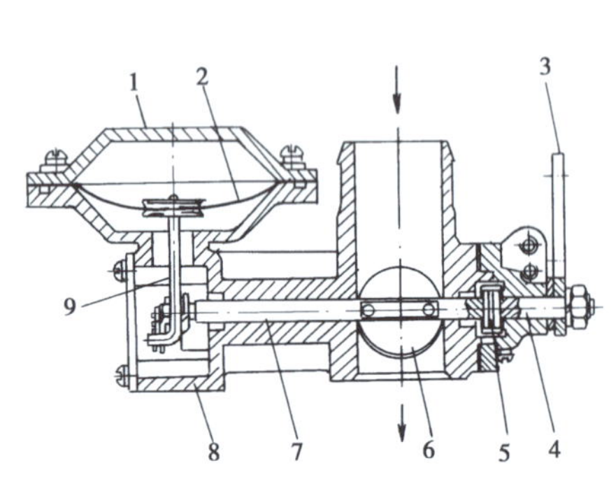

图12-10 计量器

1-限速器盖；2-限速器膜片；3-节流阀操纵杆；4-节流阀传动轴；5-叉式联轴器；6-节流阀；7-节流阀轴；8-计量器壳体；9-膜片拉杆

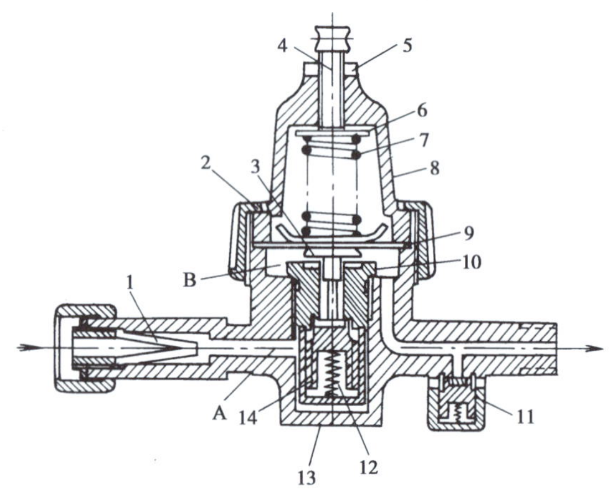

图12-11 高压减压器

1-滤芯；2-弹簧下座；3-推杆；4-调整螺钉；5-锁紧螺母；6-弹簧上座；7-压力调节弹簧；8-减压器盖；9-膜片；10-减压阀座；11-安全阀；12-平衡弹簧；13-减压器体；14-减压阀

在减压器内，作用于膜片上方的压力调节弹簧7的弹簧力与作用在膜片下方的天然气压力和平衡弹簧12的弹簧力保持相对平衡。当天然气输出量增多时，B腔压力下降，上述平衡被破坏。这时膜片9在压力调节弹簧7的作用下向下弯曲，带动推杆3下移，使减压阀14开大，进入B腔的天然气增多，B腔的压力又可复原。如果天然气的输出量减少，则情形相反，B腔的压力将会升高，使膜片向上弯曲并带动推杆上移，减压阀关小，进入B腔的天然气减少，B腔内的压力又降回到原来的水平。这样，减压器出口的天然气压力可以保持恒定。

减压器出口压力可以根据需要进行调节。当旋入压力调整螺钉4时，减压器出口压力增高，反之亦然。

低压减压器是一个二级减压器（图12-12），其一级减压机构由一级弹簧1、一级膜片2、一级杠杆3和一级阀门4等组成。二级减压机构由二级弹簧6、二级膜片7、二级杠杆11和二级阀门12等组成。此外，还有一个膜片8与减压器壳体之间形成空腔B，B腔有孔通到混合器（图12-13）的喉管，因此B腔中的压力等于喉管真空度。膜片8与二级膜片7中间的空腔D与二级减压腔E相通。当发动机工作时，CNG经一级阀门4首先进入一级减压腔C，进行一级减压。若压力超过设定值，则一级膜片 2 克服一级弹簧 1 的压力向上弯曲，带动一级杠杆 3 将一级阀门关闭，中止 CNG 流入 C 腔。随着 CNG 经二级阀门 12 不断流入二级减压腔 E，C 腔内的压力逐渐下降，若压力低于设定值，则一级弹簧推压一级膜片向下弯曲，并带动一级杠杆将一级阀门开启，使 CNG 充入 C 腔。CNG 进入 E 腔后，进行二级减压，压力降至 0.1～0.15MPa，然后经减压器出口被吸入混合器。E 腔内天然气的压力由二级减压机构控制，其动作与一级减压的情况类似。在发动机低速工作时，由于混合器喉管真空度减小，B 腔内的压力增大，膜片 8 被弹簧 9 压在二级膜片 7 的托架上，使二级膜片向下弯曲并带动二级杠杆 11 将二级阀门 12 关闭，停止向混合器供给天然气。这时柴油机由燃用双燃料转换为全部燃油的工作状态。当转速升高时，混合器喉管真空度增大，膜片 8 被吸向上弯曲，解除对二级膜片的限制，二级减压机构恢复正常的减压供气。

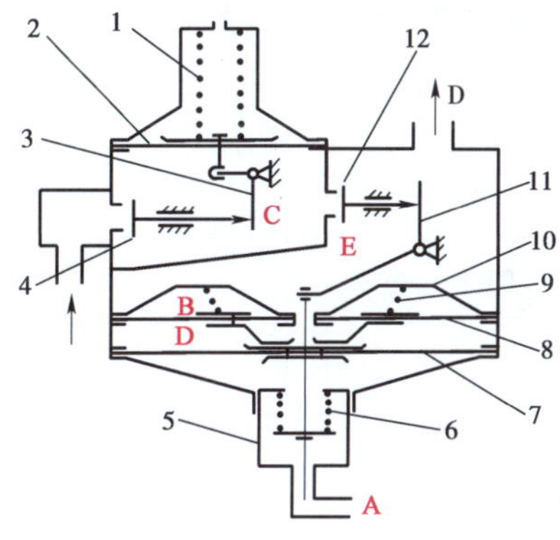

图 12-12　低压减压器示意图

1-一级弹簧；2-一级膜片；3-一级杠杆；4-一级阀门；5-滑套；6-二级弹簧；7-二级膜片；8-膜片；9-弹簧；10-减压器壳体；11-二级杠杆；12-二级阀门

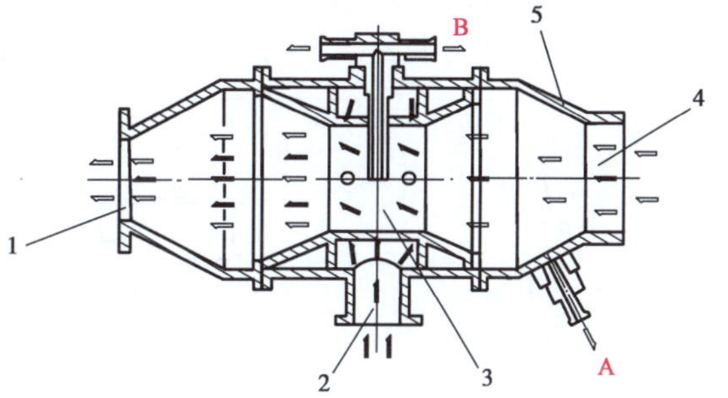

图 12-13　混合器结构示意图

1-混合气出口；2-天然气入口；3-喉管；4-空气入口；5-混合器壳体

二级弹簧座滑套 5 可在减压器壳体 10 中上下调节其位置以改变二级弹簧的预紧力，从而可在一定范围内改变二级减压后的天然气压力。滑套上的孔 A 与混合器喉管前的孔 A 相通，其作用是减缓由于空气滤清器阻力增大而引起的空燃比变化。

图 12-13 所示为混合器的结构示意图，它是天然气与空气的混合装置。

实践证明，柴油 /CNG 双燃料发动机与柴油机相比有许多优点：排气烟色减轻，微粒排放量减少，噪声降低，机油使用期可延长一倍以上，活塞磨损小，在低转速时也可获得较大的转矩等。

第三节　液化石油气发动机燃油系统

液化石油气（liquefied petroleum gas，简称 LPG）是油田伴生气处理过程中和石油炼制过程中获得的副产品，能在常温下稍加压（小于 1.6MPa），即液化。由油田气获得的液化石油气成分主要是丙烷和丁烷，不含烯烃。而由炼油厂产出的液化石油气中则含有较多的丙烯和丁烯成分，必须经过脱烯烃的处理才能用作汽车发动机的燃料（因为烯烃会产生胶质和腐蚀蒸发器、减压器中的橡胶件）。总之，车用液化石油气基本上是丙烷和丁烷的混合物，通常在夏季用丙烷分量较少，冬季加多丙烷分量，使液化气瓶内液面上保持适当的饱和蒸气压，以保证安全和正常供给液化气。在国外液化石油气汽车比天然气汽车多。

一、预混点燃式液化石油气发动机的燃料供给

预混点燃式LPG发动机有单一用LPG燃料的发动机，也有汽油/LPG两用燃料发动机。前者可针对LPG的混合气热值比汽油低、着火温度比汽油高、抗爆性优于汽油等优点，采用较高的压缩比（可到10）来减少功率损失和改善起动性能，但发动机结构改动较大，因此最常用的是汽油/LPG两用燃料发动机。

1.汽油/LPG两用燃料发动机供给系统组成及工作原理

LPG供给系统与CNG供给系统有很多相同之处。目前国内外大多数厂家生产的车用LPG供给装置与CNG供给装置的基本部件都可以通用，但LPG供给系统的车用气瓶及其附件、管阀件有些特殊的要求。

CYTZ—100型混合器式闭环控制LPG供给系统的组成如图12-14所示。

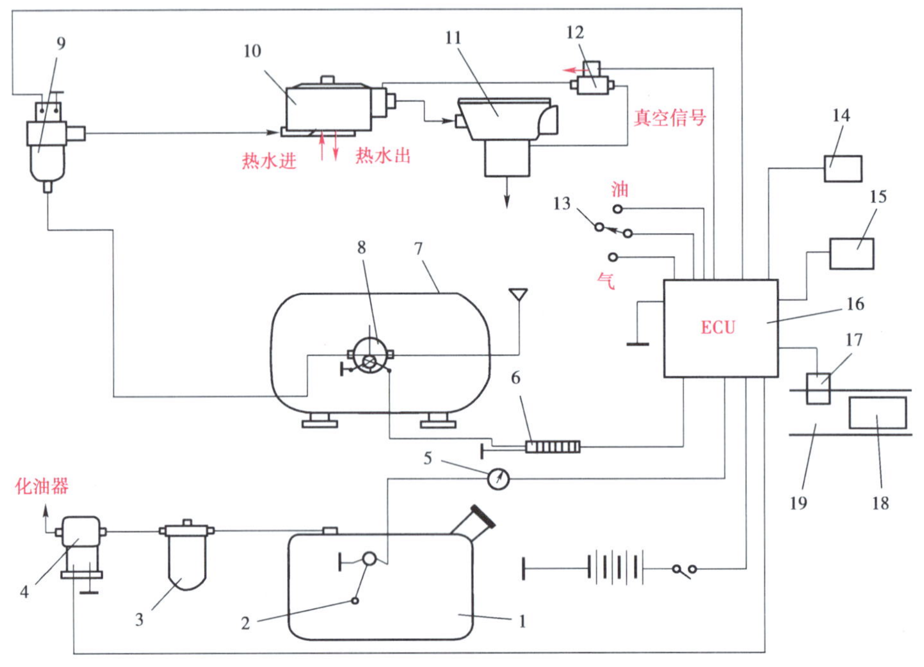

图12-14　CYTZ—100型混合器式闭环控制LPG供给系统

1-汽油箱；2-油位传感器；3-汽油滤清器；4-电动汽油泵；5-汽油表；6-辅助液面显示器；7-气瓶；8-集成阀；9-LPG电磁阀；10-蒸发调压器；11-混合器；12-真空电磁阀；13-汽油/LPG转换开关；14-节气门位置传感器；15-发动机转速传感器；16-电控单元（ECU）；17-氧传感器；18-三元催化转换器；19-发动机排气管

当汽油/LPG转换开关13置于LPG位置时，LPG电磁阀9开启，LPG从气瓶7流入蒸发调压器10，并在其中蒸发减压，然后进入混合器11，在混合器中与空气混合后进入发动机汽缸。ECU根据氧传感器17和发动机转速传感器15的信号，通过改变通向真空电磁阀12的脉冲信号占空比来调节蒸发调压器膜片室的压力，以控制蒸发调压器的输出压力和供气量，从而实现供气量的闭环控制。

充装液化石油气的充装口设在气瓶上方，充液时气瓶不能充满，当充装到气瓶容积的80%时，限量充装阀自动关闭充装口。限量充装阀、手动截止阀、液位计、安全阀以及出液限流阀等附件全部集成在一个集成阀8中。

出液口设在气瓶的下方。气瓶内液面上方是LPG蒸气，借助饱和蒸气压将液化石油气从出液口压出。不从气瓶上方直接输出LPG蒸气原因有二：①因为LPG蒸发需要吸收大量的热，如果直接从气瓶输出LPG蒸气，则即使在夏天通过气瓶由大气传来的热量也不足以使LPG大量蒸发。如果气瓶外壁结冰，则传热更差，将导致气瓶内蒸气压力低到不能维持供给的程度。②LPG是由物理、化学特性不同的多种组分构成的混合物，各组分的蒸发速度不同，先后蒸发出来的气体各有不同的化学当量比。因此，从气瓶上方直接输出LPG蒸气就意味着在同一混合器的调整下，相同工况的空燃比不断在变化，这将使发动机不能稳定工作。

2. 蒸发调压器

蒸发调压器的作用是使LPG蒸发和减压。由于LPG的饱和蒸气压最大不超过1.43MPa（气温为38℃时的表压力），比CNG气瓶内的压力低得多，一般只需要一级或二级减压。CYTZ—100L型LPG蒸发调压器的结构如图12-15所示。

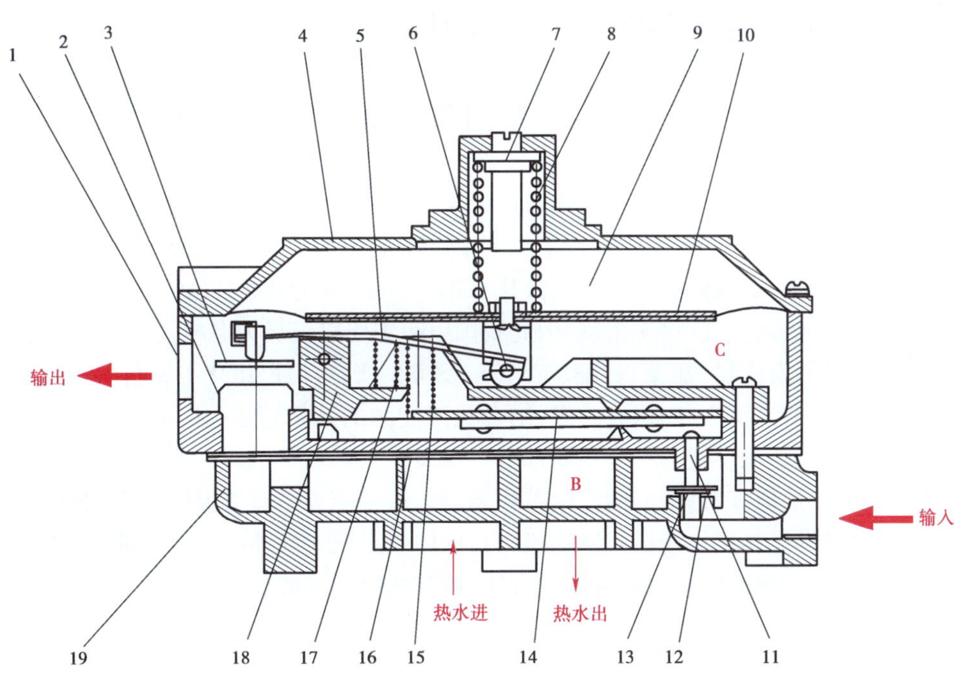

图12-15 CYTZ—100L型LPG蒸发调压器结构示意图

1-出气孔；2-二级阀口；3-二级阀片；4-上盖；5-杠杆；6-挂钩；7-调压螺栓；8-正压弹簧；9-膜片室；10-膜片；11-一级顶杆；12-一级阀口；13-一级阀片；14-一级膜片；15-一级弹簧；16-通气孔；17-负压弹簧；18-一级内盖；19-一级底盖

这是一个二级减压装置，它与CYTZ—100型CNG减压调节器（参见图12-3）的二级减压和三级减压部分的结构相同，零部件可以互换，工作原理也相同，只是参数调整不同而已。在蒸发调压器的一级底盖19的下方设有水套，发动机的冷却液循环其中，对LPG加热，以使其蒸发汽化。

3. 混合器

LPG 供给系统的混合器,其结构及工作原理与 CNG 供给系统的混合器相同。

4. 气瓶附件

气瓶附件包括各种阀门和液面计等。在轿车用气瓶上,多将这些附件集成一体构成集成阀,它具有限量充装、储量显示、出液、手动截止和安全防护等多项功能。

在气瓶充液时,当 LPG 达到气瓶容积的 80% 时,集成阀内的限量充装阀自动关闭,停止充液。

利用集成阀内的液面计指示气瓶内 LPG 的储量。

集成阀上装有安全阀,该阀能在(2.5 ±0.2)MPa 的压力下自动开启放气。另外,在出液口还装有一个安全阀,当发生供气管路破裂而有大量 LPG 泄漏时,只要该阀两侧的压力差超过 0.1MPa,该阀就自动关闭出液口。

二、电控 LPG 喷射系统

如果取消混合器式闭环控制 LPG 供给系统(参见图 12-14)中的混合器,代之以气体喷射器,再将蒸发调压器的出口压力调节到 0.5MPa,就构成了电控 LPG 喷射系统。

第四节　醇类燃料发动机燃油系统

醇类燃料主要是甲醇和乙醇,醇类燃料可以与汽油或柴油按一定的比例掺烧,也可以直接采用醇类燃料作为发动机的替代燃料。目前,国际上甲醇主要由天然气(目前约占世界 78%)、重油(占 10%)、石脑油(占 7%)、液化石油气(占 3%)和煤炭(占 2%)生产。由于我国能源基本状况是缺油少气,煤炭丰富,因此我国甲醇主要以煤炭为原料进行生产。乙醇既可以用含糖、含淀粉的农作物(甜菜、甘蔗、玉米等)发酵生产,也可以用化工原料(乙烯、乙炔)制备。由于醇类燃料的来源广,制取方式多,结合我国能源的结构特点,拓展区域性醇类燃料的替代功能,将是我国能源发展的一个重要部分。

醇类燃料的辛烷值高,是良好的汽油替代燃料。由于醇类燃料着火性能差,十六烷值比柴油低好多,所以醇类燃料用作压燃式发动机燃料比用作点燃式发动机燃料困难,不是醇类燃料应用的主渠道。应用醇类燃料主要有两种方法:掺醇燃烧和纯醇燃烧。

一、掺醇燃烧

甲醇汽油混合燃料通常用 M(Methanol)加一数字 X 表示,X 表示甲醇掺烧的容积比例,如甲醇占 10%、20% 即表示为 M10、M20。纯甲醇燃料用 M100 表示,实际上纯甲醇燃料中甲醇含量最多为 85% ~90%,其他都是添加剂。乙醇汽油混合燃料通常用 E(Ethanol)加一数字 X 表示,X 表示乙醇掺烧的容积比例。如乙醇占 10%、20%,表示为 E10、E20。纯乙醇是掺烧的特例,以 E100 表示。掺烧按醇的比例高低又有高、中、低之分。以甲醇燃料为例:低比例醇混合燃料,指醇掺烧比例小于 10%,如 M5、M8;中比例醇混合燃料,指醇掺烧比例为 10% ~20%,如 M15、M20;高比例醇混合燃料,指掺烧比例大于 20%,如 M85、M90。

二、乙醇/汽油掺烧

乙醇与汽油可以互溶，但抗水性较差，乙醇汽油一旦遇水就会发生相分离，影响使用效果。当然这种分层并不意味着截然分开，而是造成油箱上、中、下各部乙醇与汽油的配比不同。有试验表明，乙醇汽油的相分离温度随乙醇汽油中含水量的增加而增高。以E10为例，当调和汽油中含水量小于3000×10^{-6}时，相分离温度为-30℃以下；当调和汽油中含水量增加到4000×10^{-6}时，相分离温度增高到-16℃。因此，通过严格限制基础油的含水量，采取切实可行的管理措施消除储运、销售系统中的水分，并尽量减少储运、销售过程中吸水的可能性，乙醇汽油就不会因含水而带来麻烦。现在，各国用得较多的是E10，因为它不需要改动发动机，性能就很好。我国使用的汽油乙醇混合燃料E10的组成为90%无铅汽油、10%变性燃料乙醇（在无水乙醇中加5%的无铅汽油）和300μL/L石油化工科学研究院开发的抗腐蚀添加剂及少量的汽油清洁分散剂。

三、甲醇/汽油掺烧

甲醇与汽油在常温下不能互溶，混合燃料存在分层现象。由于混合不均，导致燃料供给实际失控，发动机性能下降，运转不稳。因此分层问题是甲醇/汽油发动机必须解决的问题。解决甲醇与汽油分层问题通常有两种方法：一是在预混情况下采用的化学混合法，二是在即混情况下的量孔配比法。除此之外还有甲醇改质的方法。

1. 化学混合法

在甲醇与汽油混合液中加助溶剂是改善甲醇与汽油互溶性的有效措施。有、无助溶剂时甲醇与汽油的互溶性有很大差别，如图12-16所示。当有助溶剂时分层区域减小、互溶区域扩大。可用作甲醇与汽油助溶剂的物质有：异戊醇、异丁醇、正丁醇、异丙烯、加基叔丁基醚（MTBE）、乙醇、杂醇等。

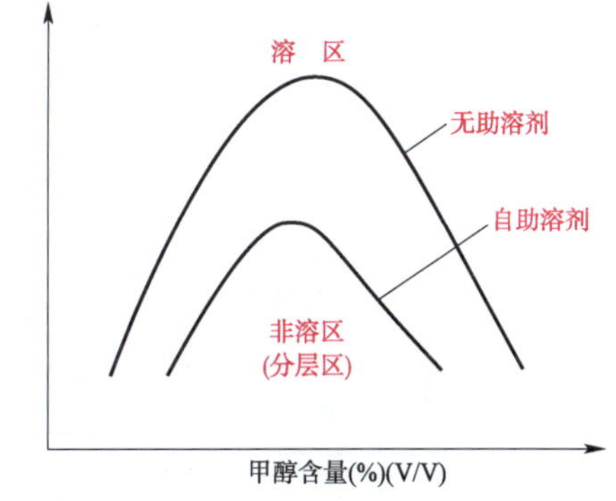

图12-16　有、无助溶剂时甲醇与汽油的互溶特性

2. 量孔配比法

量孔配比法采用甲醇和汽油两套供油系统，甲醇和汽油按一定比例进入配比器，通过搅动实现机械混合，然后供给汽缸，如图12-17所示。这种方法的缺点是供油系统复杂。

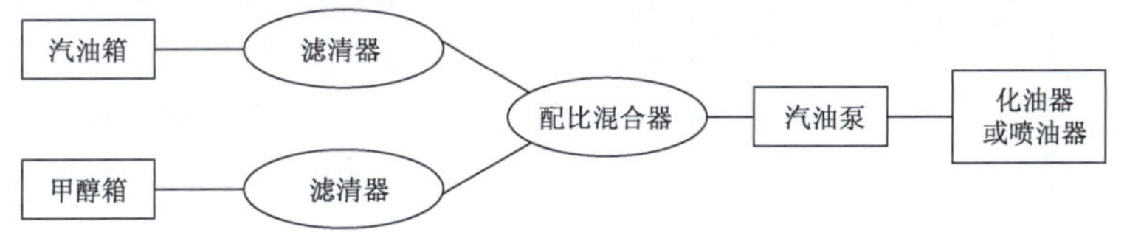

图12-17　量孔配比法

3. 甲醇改质

甲醇/汽油混合气易分层，纯甲醇燃料冷起动困难，而且其热效率也不很理想。人们试图寻求一种新的应用方式，以期达到更好的效果，甲醇改质就是其中一个有益的尝试。

甲醇改质是利用发动机排气的余热将甲醇改成为H_2和CO，然后再输往发动机。甲醇改质的化学反应方程式如下：

$$CH_3OH(\text{液态}) \xrightarrow{\text{吸热}} CH_3OH(\text{气态}) \xrightarrow{250\sim500℃\text{催化剂}} 2H_2 + CO$$

甲醇在热量和催化剂作用下可分解为 H_2 和 CO。热量来源于发动机排气余热，催化剂采用金属钯，改质气的成分和数量取决于催化剂的温度。催化剂的温度越高，转换率越大，H_2 和 CO 生成的数量越多。当催化剂温度大于300℃之后，绝大多数甲醇参与了改质，H_2和 CO 基本上保持不变。

改质气的理论成分为：含氢 66.7%（mol），含一氧化碳 33.3%（mol）。实际上还会含有少量的甲烷和甲醛等。甲醇改质后的燃料特性发生了很大变化，其燃料特性如表 12-2 所示。

甲醇改质气燃料特性比较　　表 12-2

项　目	甲醇改质气	甲　醇	汽　油
分子式或成分	66.7%（mol）H_2 33.3%（mol）CO	CH_3OH	C_8H_{18}（以辛烷为代表）
分子量	10.65	32	114
理论空燃比	6.51	6.51	14.8
低热值（kJ/kg）	24.31	20.26	44.52
理论混合气热值（kJ/m^3）	3.433	3.56	3.82
最大火焰传播速度（cm/s）	215		30
着火界限（过量空气系数）	0.4～7	0.4～7	0.5～1.3
最小点火能量（理论混合比下）	0.018（H_2）		0.25～0.3

从上表可以看出，甲醇改质气的低热值比甲醇高，但混合气热值比甲醇略低；甲醇改质气所含 H_2的最大火焰传播速度为 291.2cm/s，虽然所含 CO 的火焰传播速度较低，改质气的最大火焰传播速度仍然高达 215cm/s，远远大于汽油，这个特性有利于热效率的提高；甲醇改质气的着火界限宽，下限为 7（过量空气系数），很容易实现稀燃，提高热效率；甲醇改质气的辛烷值高，压缩比高；甲醇改质气有效地回收了一部分排气热量，有利于热效率提高；甲醇改质气的混合气形成质量好，燃烧完全度高，CO 和 HC 排放少，由于采用稀混合气，燃烧温度低，NO_x 的排放浓度也较低。

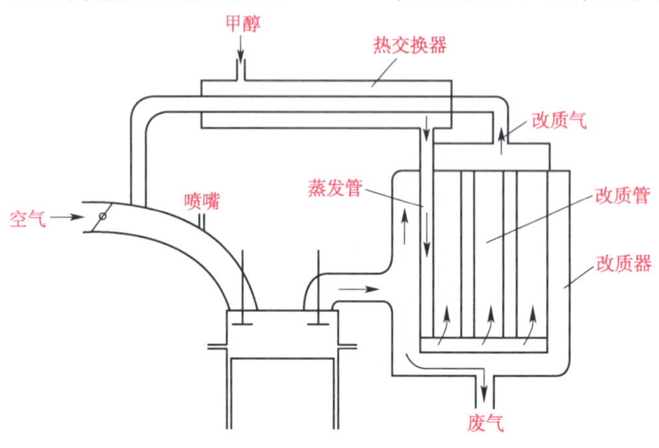

图 12-18　甲醇改质发动机示意图

甲醇改质装置如图 12-18 所示。

甲醇改质装置是一个可以将甲醇汽化并分解为可燃气的装置，一般利用发动机排气的余热进行加热，故又称为排气余热改质器。它安装在排气管附近，发动机排出的废气流经，提供甲醇改质所需热量，然后再通过排气总管排入大气。排气余热改质器的基本结构是一个多管式的散热器，少数管道用作使甲醇汽化的蒸发管，多数管道用作使甲醇蒸汽发生分解的改质管。改质管中置有促进甲醇分解的催化剂。甲醇改质的流程为：甲醇先经热交换器预热，之后进入排气余热改质器的蒸发管，受热变成气态，然后流入改质管，温度进一步升高并且在催化剂的作用下，分解为 H_2 和 CO，再经热交换器冷却后进入发动机进气管。

由于发动机排气温度随工况变化，甲醇改质气的成分随发动机的排气温度变化，因此工况不同，提供的甲醇改质气成分也不同。

对排气余热改质器的要求是：热交换性能好，阻力小，寿命长。

对催化剂的要求是：低温分解能力强，抑制副反应能力强，寿命长，传热性好。可用作甲醇改质催化剂的品种有：钯、铑、铬、铜镍等，钯的性能最好。

四、纯醇燃烧

纯烧甲醇或乙醇时，应对发动机进行必要的改动：提高压缩比（9～11），以充分发挥甲醇或乙醇辛烷值高的优势。压缩比提高后，适宜采用冷型火花塞；加大输油泵的供油能力，避免气阻；用附加供油系统及加强预热等措施，改善冷起动；加大燃料箱，以保证必要的续驶里程；改善有关零件的抗腐蚀性和抗溶胀性等。

优化设计后，纯烧甲醇的动力性、燃料经济性和排放性能可不低于汽油机。

现代醇燃料汽车大多数采用电磁阀喷油器，其结构如图 12-19 所示。用不锈钢制造喷油器本体，避免零件在醇燃料作用下发生锈蚀，各处密封件的材料是氟化橡胶，其中小型醇燃料过滤器则是用能与醇燃料相容的金属粉末烧结而成，孔隙甚小。喷油器的流量范围既要满足全负荷时醇燃料循环供应量的要求，又要满足使用汽油时小流量的要求。

M2566LUH 型增压中冷甲醇发动机是德国 MAN 公司研究开发的，该发动机与非增压的 M2566LUH 型发动机属于同一系列，基本零件可通用，混合气形成方法和燃烧方式均与非增压相同。单孔喷嘴的喷孔直径为 1.1mm，采用 Bosch P7-100 型喷油泵，柱塞直径为 13mm。图 12-20 是该发动机的点火系统。

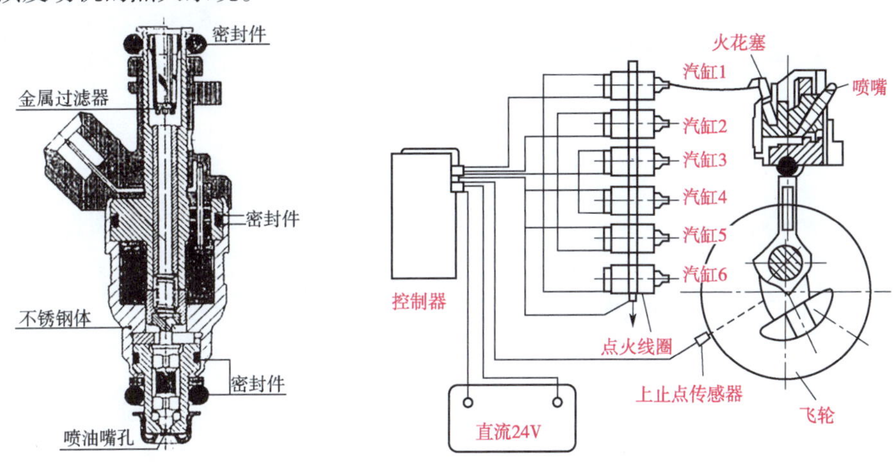

图 12-19　醇燃料汽车电磁阀喷油器

图 12-20　M2566LUH 型发动机的点火系统

起动时，使用电动燃料泵供给燃料。运转时，由直接装在喷油泵上的机械式输送泵供给燃料，火花塞由高压电容放电点火装置供给能量，点火装置由电子控制，各火花塞都分别带有专用的高压点火线圈。

思 考 题

1. 代用燃料发动机有哪几种？各自的优缺点是什么？
2. 请说明预混点燃式压缩天然气发动机的燃料供给系统。
3. 请说明预混点燃式液化石油气发动机的燃料供给系统。
4. 如何解决醇类燃料与汽油的分层问题？
5. 什么是甲醇改质？

参考文献

[1] 陈家瑞. 汽车构造[M]. 第5版. 北京:人民交通出版社,2005.
[2] 徐清富. 国外汽车最新结构图册[M]. 北京:机械工业出版,1996.
[3] GP企画室. 汽车车身底盘图解[M]. 宋桔桔,董国良,译. 长春:吉林科学技术出版社,香港万里机构联合出版,1995.
[4] 中国第一汽车集团公司. 红旗[M]. 北京:北京理工大学出版社,1998.
[5] 一汽大众汽车有限公司. 捷达[M]. 北京:北京理工大学出版社,1998.
[6] 上海大众汽车有限公司. 上海桑塔纳[M]. 北京:北京理工大学出版社,1998.
[7] 神龙汽车有限公司. 富康[M]. 北京:北京理工大学出版社,1998.
[8] 北京吉普汽车有限公司. 切诺基[M]. 北京:北京理工大学出版社,1998.
[9] 陆际清,等. 汽车发动机燃料供给与调节[M]. 北京:清华大学出版社,2002.
[10] 姚国忱. 电子控制汽油喷射系统的构造与维修[M]. 沈阳:辽宁科学技术出版社,1997.
[11] 林平. 汽车电子控制汽油喷射系统:结构、原理、检修[M]. 福州:福建科学技术出版社,1996.
[12] 徐家龙. 柴油机电控喷油技术[M]. 北京:人民交通出版社,2004.
[13] GP企画室. 汽车发动机图解[M]. 刘若南,译. 长春:吉林科学技术出版社,香港万里机构联合出版,1995.
[14] 徐寅生,汪立亮,赵晓忠,等. 现代汽车自动变速器原理与检修[M]. 北京:电子工业出版社,2000.
[15] 庄野心司,四轮驱动汽车构造图解[M]. 刘茵等,译. 长春:吉林科学技术出版社,香港万里机构联合出版,1995.
[16] 李春明. 宝来轿车维修手册[M]. 北京:北京理工大学出版社,2003.
[17] 何凤,陈燕. 新款广州雅阁轿车维修手册[M]. 北京:人民交通出版社,2004..
[18] 戴焯. 汽车电子控制装置[M]. 北京:北京理工大学出版社,1999.
[19] 司利增. 汽车防滑控制系统——ABS与ASR[M]. 北京:人民交通出版社,1996.
[20] 简晓春,杜仕武. 现代汽车技术与应用[M]. 北京:人民交通出版社,2004.
[21] 林学东,王霆. 车用发动机电子控制技术[M]. 北京:机械工业出版社. 2008.
[22] 刘越琪,张海峰. 发动机电控技术[M]. 北京:机械工业出版社. 2002.
[23] 周龙保,刘巽俊,高崇英,等. 内燃机学[M]. 北京:机械工业出版社,2005.
[24] 王燕军. 基于两次喷射的汽油缸内直喷式燃烧系统的研究[D]. 北京:清华大学,2004.
[25] 王燕军,王建昕,帅石金,等. 汽油机稀薄燃烧研究的新进展——从GDI到HCCI综述[J]. 汽车技术,2002(8).
[26] 张西振. 汽车发动机电控技术[M]. 北京:机械工业出版社,2010.
[27] 吴森译. 汽油机管理系统[M]. 北京:北京理工大学出版社,2002.
[28] R. 巴斯怀森. 汽油机直喷技术[M]. 北京:机械工业出版社,2012.

[29] 戴汝泉,郝晨声. 汽车运行材料[M]. 北京:机械工业出版社,2005.
[30] 邵毅明,刘建勋. 汽车新能源与节能技术[M]. 北京:人民交通出版社,2008.
[31] 崔心存. 车用替代燃料与生物质能[M]. 北京:中国石化出版社,2005
[32] 崔心存. 现代汽车新技术[M]. 北京:人民交通出版社,2001.
[33] 陈礼璠,杜爱民,陈明. 汽车节能技术[M]. 北京:人民交通出版社,2005.
[34] 边耀璋. 汽车新能源技术[M]. 北京:人民交通出版社,2003.